suhrkamp taschenbuch
wissenschaft 1332

Der erste Teil des Bandes – »Die Verbindlichkeit des Rechts« – zeigt die systematische Gegenwärtigkeit der praktischen Philosophie Kants auf. Der zweite Teil bietet »Bausteine einer modernen Gerechtigkeitstheorie«, der dritte – »Pragmatische Rationalität und demokratische Tugend« – demokratieethische Überlegungen.
Die gerechtigkeitstheoretischen Untersuchungen konzentrieren sich auf die beiden politischen Problembereiche des Sozialstaats und der internationalen Beziehungen. Sie entwickeln zum einen einen institutionalistischen Begriff der Verteilungsgerechtigkeit und verknüpfen die Konzeption des menschenrechtlichen Egalitarismus, die Theorie der transzendentalen Güter und einen erweiterten, den Rawlsschen Rahmen beträchtlich überschreitenden Kontraktualismus zu einem komplexen gerechtigkeitstheoretischen Argument, das die kooperationsgemeinschaftlichen und solidaritätsgemeinschaftlichen Gerechtigkeitsschulden der entwickelten Marktgesellschaft einzutreiben versucht. Zum anderen vertreten sie einen kosmopolitischen Kognitivismus, der das Kantische Argument von der internationalen Geltungsreichweite des Menschenrechts aufgreift, jedoch im Gegensatz zu Kant für eine institutionell gefestigte globale Rechtsordnung und kooperative Sicherheitsordnung mit Gerechtigkeitsverpflichtung plädiert.
In den demokratieethischen Überlegungen geht es um die Spannung zwischen universalistischen und partikularistischen Orientierungen auf dem Gebiet der Theorie und der gesellschaftlichen Integration. Nur wenn die Anerkennung der universalistischen Prinzipien, die vernunftbewirkte Achtung gegenüber Recht und Gerechtigkeit mit dem partikularistischen Prinzip des praxisbewirkten Bürgersinns und der demokratischen Tugend vermittelt ist und fester Bestandteil einer ethisch durchwirkten, partikularen Konzeption des gemeinschaftlich guten Lebens wird, ist das Erbe der Aufklärung in guten Händen.

Wolfgang Kersting ist Professor für Philosophie und Direktor am philosophischen Seminar der Christian-Albrechts-Universität zu Kiel. Veröffentlichungen in der stw: *Wohlgeordnete Freiheit. Immanuel Kants Rechts- und Staatsphilosophie* (stw 1097); Herausgeber von: *Gerechtigkeit als Tausch? Auseinandersetzungen mit der politischen Philosophie Otfried Höffes* (stw 1297).

Wolfgang Kersting

Recht, Gerechtigkeit und demokratische Tugend

Abhandlungen zur praktischen Philosophie der Gegenwart

Suhrkamp

Die Deutsche Bibliothek – CIP-Einheitsaufnahme
Kersting, Wolfgang:
Recht, Gerechtigkeit und demokratische Tugend ;
Abhandlungen zur praktischen Philosophie der Gegenwart /
Wolfgang Kersting. –
1. Aufl. – Frankfurt am Main : Suhrkamp, 1997
(Suhrkamp-Taschenbuch Wissenschaft ; 1332)
ISBN 3-518-28932-2

suhrkamp taschenbuch wissenschaft 1332
Erste Auflage 1997

Druck: Wagner GmbH, Nördlingen
Printed in Germany
Umschlag nach Entwürfen von
Willy Fleckhaus und Rolf Staudt

1 2 3 4 5 6 – 02 01 00 99 98 97

Inhalt

II. Bausteine einer modernen Gerechtigkeitstheorie

Vorwort

Die ersten vier und hier nahezu unverändert wiederabgedruckten Aufsätze dokumentieren die systematische Gegenwärtigkeit der praktischen Philosophie Kants. Sie greifen Themen meines Kant-Buches auf (*Wohlgeordnete Freiheit. Immanuel Kants Rechts- und Staatsphilosophie*, Berlin: de Gruyter 1984; erweiterte Taschenbuchausgabe stw 1097, Frankfurt/M.: Suhrkamp 1993), teils um sie systematisch zuzuspitzen und im Lichte der Fragestellungen der Gegenwartsphilosophie schärfer zu konturieren, teils um sie historisch zu vertiefen. So diskutiert der erste Aufsatz die auch für die gegenwärtige rechtsphilosophische Diskussion bedenkenswerten verbindlichkeitstheoretischen Argumente der Kantischen Rechtsphilosophie und das sich in ihnen ausdrückende Aufgabenprofil jeder rechtsphilosophischen Unternehmung. Der zweite Aufsatz verteidigt noch einmal und unter zusätzlicher Heranziehung der eigentumstheoretischen Diskussion der Gegenwart meine Überzeugung, daß die transzendentalphilosophische Eigentumsbegründung Kants die systematisch reifste Konzeption der modernen Rechtsphilosophie ist. Und der vierte Aufsatz untersucht die Verwendbarkeit der praktischen Philosophie Kants für das Programm einer nicht-reduktionistischen Gesellschaftsbegründung.

Ironischerweise erweist sich der Essay mit der scheinbar geschichtlich wie systematisch entlegensten Thematik der pflichtentheoretischen Recht-Moral-Abgrenzung wohl als aktuellster: denn nichts anderes als das Verhältnis der Gerechtigkeit zum Anderen der Gerechtigkeit haben Kant und die naturrechtlichen Pflichtenlehrer im Blick, wenn sie sich um eine begriffsgenaue Abgrenzung der Rechtssphäre von der der Liebe, des Wohlwollens und der mitmenschlichen Sorge bemühen. Bereits im 18. Jahrhundert hat also die Pflichtenlehre mit zwei verschiedenen Stimmen gesprochen; und die gegenwärtigen Bemühungen insbesondere der feministischen Philosophie, in der Ethik eine *care*-Orientierung von einer *justice*-Orientierung zu trennen, können von der begrifflichen Vorarbeit der naturrechtlichen Differenzierungsvorschläge nur profitieren. Die These von den zwei differenten Moralen wird sich im Lichte der pflichtentheoretischen Unterscheidungen des 18. Jahrhunderts als Mythos erweisen. Und betrachtet man Kants doppelte Deontologie von Handlungsgesetz und Zweckgesetz genau, wird man auch feststellen, daß eine wirklichkeitsaufmerksame, problembewußte und ihrer begrifflichen Mittel sichere moderne Moralphilosophie sich schon immer im Spannungsgebiet zwischen Universalismus und Kontextualismus bewegt hat.

Die gegenüber ihrer erstveröffentlichten Fassung beträchtlich erweiterten fünf Beiträge des nächsten Abschnittes liefern Bausteine einer modernen Gerechtigkeitstheorie. Sie konzentrieren sich auf die beiden politischen Problembereiche des Sozialstaats und der internationalen Beziehungen und bemühen sich zum einen um eine gerechtigkeitstheoretische Sozialstaatsbegründung und zum anderen um den normativen Grundriß einer internationalen Rechts- und Friedensordnung. Die Sozialstaatsrechtfertigung entwickelt einen institutionalistischen Begriff der Verteilungsgerechtigkeit und verknüpft die Konzeption des menschenrechtlichen Egalitarismus, die Theorie der transzendentalen Güter und einen erweiterten, den Rawlsschen Rahmen beträchtlich überschreitenden Kontraktualismus zu einem komplexen gerechtigkeitstheoretischen Argument, das die kooperationsgemeinschaftlichen und solidaritätsgemeinschaftlichen Gerechtigkeitsschulden der entwickelten Marktgesellschaft einzutreiben versucht. Der Sozialstaat ist keine Schönwetterveranstaltung, die abgebrochen wird, wenn die meteorologischen Dienste der Wirtschaft eine Verschlechterung der Großwetterlage prophezeien. Wohlfahrtsstaatliche Grundversorgung ist nicht das Almosen einer gnädigen Wirtschaft, das dann ausbleibt, wenn das herablassende Lächeln der Hochkonjunktur verschwindet. Der Sozialstaat ist kein moralischer Luxus, sondern moralische Notwendigkeit. Er muß sich nicht durch Standortdiskussionen, Globalisierungsdrohungen und Privatisierungsdebatten einschüchtern lassen. Wenn er selbst durch ökonomische Disziplin die Transaktionskosten der Gerechtigkeit so niedrig wie möglich hält, ist er gut gerüstet, um in die moralische Offensive zu gehen. Die systematische Ausarbeitung der bei dieser philosophischen Sozialstaatsverteidigung herangezogenen Begründungselemente des menschenrechtlichen Egalitarismus, der erstaunlich leistungsstarken Theorie der transzendentalen Güter und der ihr eingeschriebenen Polarität von Normalität und Grenzsituation und des erweiterten, den unterschiedlichen gesellschaftlichen Verteilungsregionen angepaßten Kontraktualismus wird im Rahmen einer zukünftigen umfassenden Theorie der sozialen Gerechtigkeit erfolgen. Die in diesem zweiten Abschnitt versammelten Aufsätze verstehen sich als Vorarbeiten dazu.

Den zweiten thematischen Schwerpunkt der gerechtigkeitstheoretischen Abhandlungen bilden die internationalen Beziehungen, die sich seit einiger Zeit zunehmender philosophischer Aufmerksamkeit erfreuen. Ich vertrete hier einen kosmopolitischen Kognitivismus, der das Kantische Argument von der internationalen Geltungsreichweite des Menschenrechts aufgreift, jedoch im Gegensatz zu Kant für eine institutionell gefestigte globale Rechtsordnung und kooperative Sicherheitsordnung mit Gerechtigkeitsverpflichtung argumentiert. Deren Autoren jedoch sind und bleiben die modernen Nationalstaaten, die nicht im mindesten an ethnische Homogenität gebunden sind und sich durch kein dogmatisches Souveränitätsverständnis an einer subsidiären Übertragung der erforderlichen hoheitsrechlichen Befugnisse auf supranationale Organisationen mit begrenzt eigenstaatlicher Struktur hindern lassen. Weltgemeinschaftliche Überschwänglichkeit und anti-nationalstaatliche Affekte stiften keine tragfähigen Fundamente für eine internationale Rechtsordnung. Nur auf der Grundlage eines stabilen nationalstaatlichen Sockels kann das Experiment der Globalisierung rechtsförmiger und demokratischer Ordnung gelingen. Auch zukünftig ist der Nationalstaat für die Aufgaben der Rechtssicherung, Demokratiefestigung und sozialen Gerechtigkeit unentbehrlich. Und nur durch kooperative Verflechtung der Nationalstaaten kann sich eine internationale Rechtsgemeinschaft etablieren. Insofern verdient der Nationalstaat auch kosmopolitisches Lob. Man sollte ihn nicht als politisches Biotop ethnisch-völkischer Exklusivität denunzieren, vor dem nur die Flucht in die konturenverschluckende Weite einer weltbürgerlichen Gesellschaft hilft. In der Welt zwischen den Staaten ist der institutionenfeindliche Moralismus noch schädlicher als sonst.

Vor dem Hintergrund der zeitgenössischen Liberalismus-Kommunitarismus-Kontroverse behandeln die teilweise gegenüber ihrer erstveröffentlichten Fassung beträchtlich erweiterten vier Abhandlungen des dritten Abschnitts die beiden Probleme einer angemessenen Theoriekonzeption der praktisch-politischen Philosophie einerseits und der sozialen Einheit und politischen Integration der modernen Gesellschaft anderseits. Daß diese beiden Problembereiche systematisch zusammenhängen, sich die Normen- und Normativitätskonzeption der Theorie in ihren verwirklichungspraktischen, motivationspsychologischen und integrationspolitischen Auskünften spiegelt, wird deutlich. Das Philosophieverständnis, das allen Abhandlungen der beiden letzten Abschnitte des Bandes zugrundeliegt und hier mit dem Stichwort »Pragmatische Rationalität« besonders angesprochen wird, läßt die Konkurrenz liberalistischer und kommunitaristischer Theoriekonzeptionen hinter sich. Praktisch-politische Philosophie ist für mich ein sowohl hermeneutisches als auch konstruktivistisches Unternehmen. Sie legt die Fundamente unserer intuitiven moralischen Überzeugungen frei, hebt sie explikativ in die kalte Luft des Prinzipiellen und stellt sie für eine Rationalitätsüberprüfung der gesellschaftlichen Diskurse bereit. Ist sie sich dieser Bedingtheit, dieser Gebundenheit an ihre Zeit bewußt, wird sie den so alten wie hartnäckigen Illusionen zeitüberhobener Gültigkeit und monistisch-absolutistischer Einfachheit erfolgreich widerstehen. Unerschütterbare Fundamente stehen nicht mehr zur Verfügung; der Philosoph sollte nicht wie Moses vom Berge der Erkenntnis herabsteigen, die Gesetzestafeln unter den Arm geklemmt, und dem unwissenden Volk in den Ebenen den Weg zu Sinn, Heil und Grund weisen wollen; und er sollte dies auch dann nicht tun, wenn auf den Tafeln nur Verfahrensvorschriften stehen.

Eine Philosophie, die ihre Zeit nicht überspringen kann, wird auch in ihrem begrifflichen Raffinement nicht die pluralistischen Orientierungen auflösen und in das monistische Korsett eines Prinzipienabsolutismus zwängen oder der lexikographischen Disziplin einer Hierarchie unterwerfen dürfen. Der Pluralismus der kulturell-politischen Diskussionsniederungen kann durch die Philosophie nicht überwunden und sediert werden; er sperrt sich gegen die vormodernen Muster ordnungsstiftender Rationalität und verlangt die Entwicklung pluralismusgeeigneter neuer Rationalitätsformen, verlangt ein gelassenes theoretisches und praktisches Pluralismusmanagement. Wenn die gegenwärtige Aristoteles-Renaissance einen Sinn hat, dann nur den, die praktische Philosophie von ihren szientistischen Vorurteilen zu befreien: weder kann eine rationalistische Begründung der Moral nach der Logik des Gefangenendilemmas gelingen, noch kann es das epistemologische Ziel eines moralischen Überzeugungssystem sein, eine allzuständige Entscheidungsregel zu formulieren. Normative praktische Philosophie ist weder präsuppositionslogische Letztbegründung noch deduktive Anwendungslogik, auch nicht präzisionstrivialistische Formelbastelei, die eine weitere Version des Universalisierungsprinzips produziert. Moralphilosophische Tätigkeit beruht auf pragmatischer, pluralismustauglicher Rationalität, Urteilskraft und Interpretation; sollte ihr Vorgehen begrifflich gefaßt werden, dann böten sich die kontextualistischen Konzepte des dynamischen Überlegungsgleichgewichts und des Kohärentismus an.

Die certistischen Ideale der *episteme apodeiktike* liegen außer aller moralischen und moralphilosophischen Reichweite. Die heutige Philosophie muß vor den Verführungen der Einfachheit, der stets vorhandenen besseren Lösung warnen und selbst im Dogma des allzeit identifizierbaren besseren Arguments die schwundmetaphysischen Ablagerungen ans Licht bringen. Sie muß den Umgang mit Ungewißheit und Dilemmatik lehren; Unerlöstheit muß als Dauerzustand akzeptiert werden. Innerhalb des hermeneutisch zu vermessenden und explikativ zu erhellenden Rahmens unserer politisch-kulturellen Basisüberzeugungen hat die praktisch-politische Philosophie freilich die kulturelle Praxis der Begründung zu überprüfen und zu verbessern; dazu darf und muß sie sich aller konstruktivistischen Mittel bedienen. Freilich wird dabei der Kontraktualismus nicht als ein Verfahren der Letztbegründung in Anspruch genommen, sondern er bleibt ein hermeneutischer Kontraktualismus, der sich auf der Grundlage der normativen Grammatik unserer geteilten Wertüberzeugungen als Gerechtigkeitsheuristik bewährt und situationsrelative und den einzelnen gesellschaftlichen Distributionszonen zugeordnete Gerechtigkeitsregeln formuliert und es dabei sogar bis zu einer Sozialstaatsbegründung bringen kann, die bis heute ein gerechtigkeitstheoretisches Desiderat der politischen Philosophie ist.

Die dritte Säule der hier vertretenen praktisch-politischen Philosophie – neben dem epistemologischen Pluralismus der Prinzipien und dem begründungstheoretischen Pluralismus der Rationalitätsformen einerseits und der Kooperation von hermeneutischem Kontextualismus und konstruktivem Kontraktualismus andererseits – ist das Konzept einer vollständigen Theorie der Verpflichtungen. Unter einer vollständigen Theorie der Verpflichtungen verstehe ich eine Konzeption praktischer Philosophie, die die universalistischen Bereiche des Rechts und der Moral mit den vielfältigen Verpflichtungsformen der ethisch asymmetrischen partikularen Gemeinschaften verknüpft und damit der komplementären Verarmung der sozialen Wirklichkeit durch den liberalistischen und diskursethischen Kantianismus zum einen und den parochialen Kommunitarismus zum anderen entgegentritt, denn weder vernachlässigt sie den moralischen Universalismus zugunsten des ethischen Partikularismus noch opfert sie den Bereich der besonderen ethischen Verpflichtungen einem universalistischen Verpflichtungsmonopol.

Eine vollständige praktische Philosophie umfaßt die Semantik der Unparteilichkeit und die Semantik der Parteilichkeit, der Zugehörigkeit und der normativ-praktischen Jemeinigkeit. Sie wendet sich gegen die verhängnisvolle Lebensweltvergessenheit des Universalismus: das Allgemeine ist unbewohnbar, daher ist der sich verselbständigende Universalismus fragil und stets in Gefahr, in partikularistische Regression umzuschlagen, wenn er nicht in lebensweltlicher Ethik verwurzelt ist. Nur insofern universalistische Einstellungen und demokratische Überzeugungen Ingredienzien eines identitätsstiftenden und daher immer partikularistischen Systems politisch-kultureller Selbstverständigung sind, gewinnen sie Stabilität und dauerhafte Wirksamkeit.

Die letzten beiden Abhandlungen beschäftigen sich mit den moralischen Ressourcen gesellschaftlichen Zusammenlebens, mit den Bedingungen politischer Einheit, mit den Schwierigkeiten, unter den Gegebenheiten der Moderne Sittlichkeit, lebendige Allgemeinheit, subjektiv bedeutungsvoll erlebbare politische Gemeinschaftlichkeit zu erlangen und zu bewahren. Sie diskutieren die zeitgenössischen Antworten auf dieses Integrationsproblem, dem der Liberalismus in den Zeiten seiner unangefochtenen kulturellen Hegemonie keine sonderliche Aufmerksamkeit geschenkt hat, das aber infolge des Einspruchs der konkurrierenden kommunitaristischen Theorien und wohl nicht zuletzt auch aufgrund der zunehmenden Unwirtlichkeit der liberalen Lebenswirklichkeit selbst auf der Tagesordnung der politischen Reflexion jetzt ganz oben steht. Und auch hier wende ich mich gegen einfache und monistische Vorstellungen und spreche mich für komplexe und synthetische Lösungen aus. Ich argumentiere für eine kommunitäre Demokratie, für eine gemeinsame politische Praxis, für Bürgersinn, politische Erziehung und demokratische Tugend. Die Vorstellungen des universalistischen Liberalismus, der den Minimalnormativismus unser Demokratie- und Menschenrechtskultur selbst in den Rang eines Guten erhebt und Verfassung und Menschenrechtsdeklaration zum Vaterland erklärt, sind integrationspolitisch nicht zureichend. Der Verfassungspatriotismus liefert nur kognitivistisch halbierten Bürgersinn und ist daher integrationspolitisch ein hölzernes Eisen. Es bedarf der Ergänzung durch kommunitäre Demokratie, durch die Teilnahme an der deliberativen Meinungsbildung einer bestimmten, sich ihrer Herkunft bewußten und sich um ihre Zukunft sorgenden politischen Gemeinschaft. Nur wenn die Anerkennung der universalistischen Prinzipien, die vernunftbewirkte Achtung gegenüber Recht und Gerechtigkeit mit dem partikularistischen Prinzip des praxisbewirkten Bürgersinns und der demokratischen Tugend vermittelt ist und fester Bestandteil einer ethisch durchwirkten, partikularen Konzeption des gemeinschaftlich guten Lebens wird, ist das Erbe der Aufklärung in guten Händen.

I. Die Verbindlichkeit des Rechts

1. Die Verbindlichkeit des Rechts

Die zentrale begründungstheoretische Aufgabe, die eine normative Rechtsphilosophie gleich zu Anfang, noch vor aller systematischen Ausdifferenzierung und bereichsspezifischen Entfaltung lösen muß, ist zweifacher Natur: einmal muß sie das fundamentale Rechtsprinzip, das grundlegende, Recht von Unrecht scheidende Kriterium finden, begrifflich explizieren und rechtfertigen, d. h. seinen Verbindlichkeitsanspruch begründen; zum anderen muß sie eine Zwangslegitimation liefern. Mit der Frage nach den Legitimationsbedingungen von Zwangshandlungen läßt sich die eigentümliche Region der Rechtsphilosophie aus dem Gegenstandsbereich der gesamten normativen Philosophie ausgrenzen. Eine praktische Philosophie, die sich allein als – und sei es auch als möglicherweise letztbegründete, also transzendentalpragmatische – Philosophie der Normenrechtfertigung präsentiert, wird daher nicht als Rechtsphilosophie angesprochen werden können. Im Kontext der Normenrechtfertigungsproblematik stellt sich die Frage nach den Legitimationsbedingungen von Zwangshandlungen selbst nicht; sie muß als definierend-einschlägiges Problem der Rechtsphilosophie eigens ausgewiesen und von außen an die Theorie der Normenrechtfertigung herangetragen werden, die dann zu untersuchen hat, ob sich mit den ihr vertrauten methodischen Verfahren und argumentativen Mitteln verbindliche normative Prinzipien finden lassen, die als Legitimationsbedingungen für Zwangshandlungen fungieren können.

1. Die beiden Aufgaben der Rechtsphilosophie

Die beiden begründungstheoretischen Teilaufgaben der rechtsphilosophischen Prinzipienaufstellung und der Zwangslegitimation verweisen aufeinander und sind voneinander nicht logisch unabhängig. Eine Rechtsphilosophie wäre eine theoretische Absurdität, wenn sie Handlungsnormierung und legitimierten Zwang entkoppelte und die rechtlich verbindlichen, also durch das Grundprinzip des Rechts normativ ausgezeichneten Handlungen und die legitim erzwingbaren Verhaltensweisen zwei verschiedenen

Klassen zuweisen würde. Eine Lösung des rechtsphilosophischen Begründungsproblems verlangt vielmehr, in der Perspektive des Problems der Zwangsrechtfertigung, insbesondere im Licht des Begriffs der Erzwingbarkeit überhaupt, aus der Gesamtmenge verbindlicher, durch eine allgemeine Theorie der Verbindlichkeit ausgewiesener Prinzipien die Teilmenge der Gesetze auszusondern, die sich normierend auf solche Gegenstände beziehen, die mit dem möglichen Adressaten legitimer Zwangsanwendung typengleich sind und daher als Kandidaten für eine Legitimation von Zwangshandlungen dienen könnten. Näherhin wäre es denkbar, daß legitimer Zwang dann vorliegt, wenn er der Erzwingung von Handlungen dient, deren Ausführung durch ein allgemein verbindlichkeitstheoretisch ausgewiesenes Gesetz G gefordert wird, so daß dann das Gesetz G zugleich als Legitimationsprinzip von Zwangshandlungen angesprochen werden kann. Die Pointe dieser Überlegung ist, daß der allgemeine Begriff der Erzwingbarkeit als Selektionskriterium dient und in der Gesamtmenge verbindlicher Gesetze diejenigen Prinzipien kenntlich macht, deren Regelungsmaterie die allgemeinen Charaktere der Erzwingbarkeit repräsentiert und damit die formale Voraussetzung dafür allererst sicherstellt, daß die Verbindlichkeitseigenschaft des Gesetzes legitimationstheoretisch für einen Zwangsbeweis ausgemünzt werden kann.

Dieses rechtsphilosophische, eine rechtsphilosophische Identität stiftende Beweisprogramm ist ersichtlich mit Blick auf Kant skizziert. Es enthält das Diagramm einer Argumentation, die um die drei thematischen Schwerpunkte: allgemeine Verbindlichkeitstheorie – Rechtsgesetzformulierung – Zwangslegitimationsaufgabe kreist und sie systematisch miteinander verbindet und dadurch die Grundlagen der Kantischen Rechtsmetaphysik bereitstellt und expliziert. Diese Argumentation verknüpft auf komplizierte Weise zwei Begründungsargumente: ein rechtsphilosophieinternes und ein rechtsphilosophieexternes.

Das letztere exponiert die geltungstheoretische Abhängigkeit des Rechtsgesetzes – und mit ihm der gesamten, sich in reines Privatrecht und reines Staatsrecht teilenden Rechtsmetaphysik – von der Moralphilosophie der gesetzgebenden reinen praktischen Vernunft, die Kant in der Grundlegungsschrift und in der zweiten ›Kritik‹ entwickelt hat und die den metaethischen Status einer allgemeinen Verbindlichkeitstheorie besitzt. Das andere, rechtsphilosophieinterne Begründungsargument beleuchtet den Zusammenhang von Rechtsgesetz und Zwang, macht einerseits das Rechtsgesetz als kategorisches Handlungsgesetz, als unmittelbar gebietenden Imperativ kenntlich, der nicht auf mentale Zustände, Zwecksetzungen und Willensdispositionen, sondern einzig und allein auf äußere Handlungen sich richtet, und zeigt andererseits, daß Zwang nur als Verhinderungsursache von rechtsgesetzlich verbotenen Handlungen, als Triebfeder zur Wirklichmachung des Rechtsgesetzes und umwegiges Befolgungsmotiv legitimierbar ist. Dabei wird deutlich, daß das Rechtsgesetz aus der Gesamtmenge der Pflichten die erzwingbaren ausgrenzt und als auf die Begründung eben dieser zwangsbewehrten Pflichten spezialisierte Version des aus der Moralphilosophie bekannten kategorischen Imperativs zugleich auch die Legitimationsbedingungen von Zwangshandlungen darstellt – oder allgemeiner: die moralische Grenze der Gewaltanwendung zwischen freien und vernünftigen Wesen formuliert.

Allerdings hat Kant diese Argumentation selbst nicht in der gebotenen Klarheit und Ausführlichkeit entwickelt – nicht die beiden genannten Begründungsargumente für sich und schon gar nicht den sie integrierenden, topographischen Gedankengang, der den Ort der rechtsphilosophischen Zuständigkeit im Kompetenzbereich der reinen praktischen Vernunft zu bestimmen hätte. Kants *Metaphysik der Sitten* ist ein sprödes, sperriges Alterswerk, ersichtlich unter Lebenszeitdruck entstanden und in einem überaus darstellungsmangelhaften Zustand. Aber so verdorben der Text auch immer sein mag – die einen meinen, aufgrund der vergreisungsbedingten Dekonzentration seines Autors[1], die anderen vermuten, infolge einer unbeachtet gebliebenen Schlamperei des Setzers[2] –, in seiner überlieferten Form enthält er hinreichend

1 Seit Schopenhauers Rede von dem ›deplorablen‹ Zustand des Kantischen Spätwerks ist die Senilitätsthese immer wieder vertreten worden; zuletzt von K. H. Ilting: »Gibt es eine kritische Ethik und Rechtsphilosophie?«, *Archiv für Geschichte der Philosophie* 63/1981, S. 325-345; S. 326/Anm.

2 Diese These hat kürzlich Bernd Ludwig veranlaßt, Kants ›Metaphysische Anfangsgründe der Rechtslehre‹ in einer völlig neuen Textgestalt herauszugeben, die, so die editorische Hoffnung, der setzerisch unverdorbenen Originalfassung Kants so nahe wie möglich gekommen ist, ohne jedoch irgendeine interpretationsexterne philologische Evidenz

gehaltvolle Hinweise und systematische Anreize, die eine Rekonstruktion der Kantischen rechtsphilosophischen Begründungsargumentation durchaus anzuleiten und zu orientieren vermögen. Ich werde im folgenden einige Passagen dieser rekonstruierten Argumentation darstellen und diskutieren[3]. Beginnen werde ich mit einer knappen Schilderung der Kantischen Zwangsbegründung im Rahmen des Lehrstücks von den zwei Stücken aller Gesetzgebung; sie wird deutlich machen, daß Kants Zwangslegitimation sich die Theorie von den Triebfedern, also das moralpsychologische Komplement der moralphilosophischen Prinzipienlehre, geschickt zunutze macht. Als Überleitung zur Klärung der Bedeutung des rechtsgesetzlichen Verbindlichkeitsprädikats werde ich dann Kants Begriff der legitimen Erzwingbarkeit und den seit Pufendorf naturrechtsnotorischen und auch in der gegenwärtigen Diskussion noch vertretenen sanktionistischen Obligationsbegriff konfrontieren und zeigen, daß aus der Perspektive Kants dem sanktionistischen Obligationskonzept eine Verwechslung von Grund und Folge vorzuwerfen ist. Danach werde ich mich dem zuwenden, was ich oben das rechtsphilosophieexterne Begründungsargument genannt habe, also der geltungstheoretischen Beziehung des allgemeinen Rechtsgesetzes und aller in ihm verwurzelten rechtsphilosophischen Folgeprinzipien des Privatrechts und des Staatsrechts zur allgemeinen Verbindlichkeitstheorie Kants. Hier ist das seit den Rezeptionsanfängen der praktischen Philosophie Kants bei seinen zeitgenössischen Anhängern bis heute zuverlässig strittige Verhältnis zwischen Kantischer Rechtsphilosophie und Kantischer Moralphilosophie Thema[4]. Hier ist zu klären, was Kants Rede von der Verbindlichkeit des Rechtsge-

dafür nachweisen zu können; siehe dazu meine Besprechung im *Archiv für Geschichte der Philosophie* 71/1989.

3 In aller Ausführlichkeit habe ich diese Argumentation dargestellt in: *Wohlgeordnete Freiheit. Immanuel Kants Rechts- und Staatsphilosophie*, Frankfurt/M. 1993 (erweiterte Taschenbuchausgabe der Erstauflage Berlin 1984).

4 Eine klare Darstellung des Verhältnisses von Rechtsphilosophie und Moralphilosophie bei Kant, die die hier vertretene Überzeugung von dem systematischen Zusammenhang beider teilt, bietet Ralf Dreier, »Zur Einheit der praktischen Philosophie Kants. Kants Rechtsphilosophie im Kontext seiner Moralphilosophie«, in: ders.: *Recht-Moral-Ideologie*, Frankfurt/M. 1981, S. 286-315.

setzes impliziert und seine These, daß das Rechtsgesetz ein unbedingt gebietender Imperativ und ein moralisches, ein Gesetz der Freiheit sei, genau bedeutet. Hier muß der Geltungsgrund des Rechts freigelegt und seine Tragfähigkeit bedacht werden.

2. Kants Zwangsbegründung

Daß es nicht hinreichend ist, die Gültigkeit einer Norm einzusehen, um auch nach ihr zu handeln, gehört zu den endlichkeitsbedingten Grundwahrheiten des menschlichen Handlungslebens. Kant verlangt daher von der Moralphilosophie auch zweierlei: »1. Lehren der Moralischen Beurtheilung, zu erkennen, was gut und böse sey, ... und also Gründe der Billigung und Misbilligung; 2. Gründe der Ausübung, caussas subiective moventes, damit man das, was man billigt, wirklich liebe und, was man verabscheuungswürdig findet, wirklich verabscheue«[5]. An der Wirklichkeit des Gesollten interessiert, muß die Moralphilosophie also dem moralepistemologischen Prinzip, Kant spricht von einem »principium der Diiudikation der Verbindlichkeit«, ein moralpsychologisches Prinzip, ein »principium der Execution oder Leistung der Verbindlichkeit«, beigesellen[6]. Dieser doppelten moralphilosophischen Aufgabenstellung entspricht genau das Lehrstück von den zwei Stücken aller Gesetzgebung, empirischer wie rein vernünftiger, aus der ›Einleitung in die Metaphysik der Sitten‹, das deren Einteilung in Rechtslehre und Ethik begründet. »Zu aller Gesetzgebung (sie mag nun innere oder äußere Handlungen, und diese entweder a priori durch bloße Vernunft oder durch die Willkür eines andern vorschreiben) gehören zwei Stücke: erstlich ein Gesetz, welches die Handlung, die geschehen soll, objectiv als nothwendig vorstellt, d. i. welches die Handlung zur Pflicht macht; zweitens eine Triebfeder, welche den Bestimmungsgrund der Willkür zu dieser Handlung subjectiv mit der Vorstellung des Gesetzes verknüpft; mithin ist das zweite Stück dieses: daß das Gesetz die Pflicht zur Triebfeder macht. Durch das

5 Es wird nach der Akademie-Ausgabe der Schriften Kants zitiert: *Kant's gesammelte Schriften*, hrsg. von der Preußischen Akademie der Wissenschaften, Berlin 1900ff. (=AA), Bd. XIX, Refl. 6988).

6 AA XXVII, 1, S. 274.

erstere wird die Handlung als Pflicht vorgestellt, welches ein bloßes theoretisches Erkenntniß der möglichen Bestimmung der Willkür, d.i. praktischer Regeln ist: durch das zweite wird die Verbindlichkeit so zu handeln mit einem Bestimmungsgrunde der Willkür überhaupt im Subjecte verbunden.
Aller Gesetzgebung also (sie mag auch in Ansehung der Handlung, die sie zur Pflicht macht, mit einer anderen übereinkommen, z.B. die Handlungen mögen in allen Fällen äußere sein) kann doch in Ansehung der Triebfedern unterschieden sein. Diejenige, welche eine Handlung zur Pflicht und diese Pflicht zugleich zur Triebfeder macht, ist ethisch. Diejenige aber, welche das Letztere nicht im Gesetz mit einschließt, mithin auch eine andere Triebfeder als die Idee der Pflicht selbst zuläßt, ist juridisch. Man sieht in Ansehung der letztern leicht ein, daß diese von der Idee der Pflicht unterschiedene Triebfeder von den pathologischen Bestimmungsgründen der Willkür der Neigungen und Abneigungen und unter diesen von denen der letzteren Art hergenommen sein müssen, weil es eine Gesetzgebung, welche nöthigend, nicht eine Anlockung, die einladend ist, sein soll»[7].

Die beiden Gesetzgebungsweisen des Gesetzes unterscheiden sich darin, daß die Pflichtidee, die sittliche Einsicht, die Erkenntnis der Verbindlichkeit des Gebotenen oder Verbotenen als Ausführungsgrund und Ausführungsmotiv des gesetzlich Geforderten einmal mitgeboten und zum anderen nicht mitgeboten wird. Die gesetzgebende Vernunft ersetzt etwa nicht selbst das von ihr normativ ausgezeichnete Befolgungsmotiv Pflicht durch ein anderes, das ebenfalls und in gleicher Weise von ihr geboten würde. Daraus folgt, daß die innere Triebfeder der Pflicht und die äußere Triebfeder des Zwangs nicht alternative und gleichberechtigte Exekutionsprinzipien der Vernunftgesetzgebung sind. Das Pflichtmotiv ist notwendiger Bestandteil der alle Pflichten in gleicher Weise und ausnahmslos umfassenden ethischen Gesetzgebung; der Zwang ist jedoch in diesem Sinne nicht notwendiger Bestandteil der juridischen Gesetzgebungsweise; anderenfalls würde der Zwangsandrohung der Charakter praktischer Notwendigkeit verliehen, würde Zwangsanwendung selbst zur Pflicht werden und ein Rechtsverzicht die Qualität einer sittlichen Verfehlung bekommen – wie Kant in seiner Hufeland-Rezension gezeigt hat,

7 AA VI, S. 218.

bewegt sich die Hufelandsche Zwangsbegründung genau auf diese Ungereimtheit einer Zwangspflicht, also einer Pflicht zum Zwang, hin[8]. Kants Lösung ist hingegen, daß die gesetzgebende Instanz auf die Idee der Pflicht als Triebfeder verzichtet und damit das Exekutionsprinzip der vom Gesetz als notwendig vorgestellten Handlungen unbestimmt läßt. Die »rechtliche Gesetzgebung«[9] beschränkt sich folglich auf die Aufstellung eines Erkenntnisprinzips verbindlicher Handlungen und verzichtet auf jede Normierung der Ausführungsmotivation, des Befolgungsmotivs. Nicht gesinnungsinteressiert, ohne Herrschaftsambitionen in der menschlichen Innenwelt, ist ihr jeder Ausführungsgrund in gleicher Weise recht. Es ist also keinesfalls so, daß die Triebfeder-Leerstelle bei der juridischen Gegebenheitsweise von Gesetzen nur durch den Zwang besetzt werden kann, es ist aber einsichtig, daß die rechtliche Gesetzgebung auf den Zwang ausgerichtet ist, daß sie dort, wo die ethische Gesetzgebungsweise ihren Befolgungsmodus festlegt, nur darum ein Vakuum läßt, um der Erzwingbarkeit rechtlich gebotener Handlungen einen Platz zu schaffen. Anderenfalls wäre die Konzeption einer rechtlichen Vernunftgesetzgebung überflüssig. Nur vor dem Hintergrund des von Kant in Übereinstimmung mit den Naturrechtslehren seines Jahrhunderts in das Zentrum der Rechtsphilosophie gerückten Problems der Zwangsbegründung[10] wird die Diremption der Gesetzgebungsweisen verständlich. Und Kant löst dieses Problem, indem er den Zwang motivationspsychologisch buchstabiert und so als Triebfeder und möglichen Kandidaten eines principium executionis der Verbindlichkeit in den Blick nehmen kann. Und dann bedarf es nur noch eines geeigneten, auf äußere Handlungen zugeschnittenen praktischen Vernunftgesetzes, das sich mit dieser Triebfeder verknüpfen läßt. Es erscheint seltsam, aber in der Tat hat Kant den Unterschied zwischen Recht und Moral, der Moralphilosophie des kategorischen Imperativs ebenso wie der zweckgebietenden Tugendlehre, motivationspsychologisch ausgelegt. Die spezifische Differenz des Rechts zeigt sich einzig und allein »in Ansehung der Triebfeder«[11].

8 Vgl. AA VIII, S. 128 f.
9 AA VI, S. 219.
10 Vgl. G. Hufeland: *Versuch über den Grundsatz des Naturrechts*, Leipzig 1785, S. 132.
11 Das unterscheidet Kant von den Rechtsbegründungsversuchen der

In und mit dem Zwang findet die Rechtsvernunft außerhalb ihrer selbst das Exekutionsprinzip ihres Gesetzes, denn auch sie bedarf, um nicht ohnmächtiges Sollen zu bleiben, aufgrund der prinzipiellen Zufälligkeit menschlicher Gesetzestreue »einer für Gesetze schicklichen«[12], das heißt eben: befolgungswirksamen Triebfeder. Indem der Zwang den Status einer rechtsgesetzlichen Triebfeder bekommt[13], dient umgekehrt das Rechtsgesetz als Legitimationskriterium der Zwangsanwendung. Aus der Klasse der Zwangshandlungen sortiert es die rechtmäßigen aus, und das sind die Zwangshandlungen, die ihrerseits auf Handlungen gerichtet sind, die die Ausführung von Handlungen extern bewirken, die mit Hilfe des Rechtsgesetzes als verbindlich, als Rechtspflicht zu erkennen sind. Mit einem Wort: der Zwang muß sich als Erfüllungsbedingung des Rechtsgesetzes legitimieren.

frühen Kantianer, die auf die Rechtslehre des Meisters nicht länger warten wollten und sich daranmachten, das Rechtsprinzip auf die eine oder andere Weise aus dem kategorischen Imperativ zu deduzieren, um damit den Unterschied zwischen Recht und Moral hinsichtlich des ersten der beiden Stücke aller Gesetzgebung herauszustellen; dazu W. Kersting: »Sittengesetz und Rechtsgesetz. Die Begründung des Rechts bei Kant und den frühen Kantianern«, in: R. Brandt (Hrsg.): *Rechtsphilosophie der Aufklärung*, Berlin 1982, S. 148-177.

12 AA VI, S. 219.

13 Die Rede von der Triebfeder Zwang darf nicht vergessen machen, daß der Mensch natürlich nur »comparative«, nicht »stricte« zu zwingen ist (Paul Menzer, *Eine Vorlesung Kants über Ethik*, Berlin 1924, S. 34). Die Wirksamkeit des Zwangs gründet in der Einsicht, zur Vermeidung zu erwartender negativer Nebenfolgen einer erwogenen Unrechtshandlung freiwillig auf diese zu verzichten. Entscheidend ist aber, daß Zwang in Aussicht gestellt und gegebenenfalls auch angewandt werden darf, die Durchsetzung eines Rechtsanspruchs, das Einklagen einer Rechtspflicht sich nicht auf einen möglicherweise folgenlosen Appell beschränken muß. Der in Aussicht gestellte Zwang ist eine Information, die der handlungsvorbereitende Verstand in sein Kalkül einbezieht und so die Selbstliebe vor einer Dummheit bewahrt. Als rechtmäßiger nimmt der Zwang gleichsam die Gestalt einer List der Vernunft an: unter seinem Diktat besorgt das Eigeninteresse die Sache des Allgemeinen gerade, indem es ganz bei sich bleibt. Daher ist das Problem der Staatserrichtung auch für ein Volk von Teufeln jenseits aller Pflicht und Verbindlichkeit technisch-pragmatisch zu bewältigen.

3. Kategorischer Imperativ, Zwang und Rechtspflicht

Von Hermann Cohen bis Waldemar Schreckenberger haben viele philosophische und juristische Interpreten Schwierigkeiten mit der Kantischen Rechtsphilosophie bekommen, weil sie diesen Zusammenhang nicht durchschaut haben. Für Cohen ist das Zwangsthema in einer Theorie der reinen praktischen Vernunft grundsätzlich deplaziert, er spricht vom »psychologisch abschüssigen« Zwangsprinzip[14]; nach seiner Einschätzung kommt die reine praktische Vernunft in der Kantischen Rechtsphilosophie entschieden auf die schiefe Bahn: der Zwang ist einfach kein Umgang für die Vernunft. Gleiche Entrüstung und Verständnislosigkeit auch bei Schreckenberger[15], für den Kants *Metaphysik der Sitten* an einem unüberwindlichen Widerspruch zwischen sittlicher Freiheit und physischem Zwang leidet. Diese und ähnliche Vorwürfe wären allesamt berechtigt, wenn Kant eine Ableitung eines Zwangsgesetzes aus dem Grundprinzip der reinen praktischen Vernunft vorgenommen hätte; in der Tat kann zwischen der Autonomie, dem Geltungsgrund aller moralischen Gesetze, und dem Zwang, der Heteronomie katexochen, keinerlei Ableitungsbeziehung bestehen. Aber ein solches Deduktionsargument findet sich nirgends bei Kant. Sein Gedankenweg führt nicht von der sittlichen Freiheit zum äußeren Zwang, sondern er nimmt die umgekehrte Richtung vom Zwang zu den allgemeinen Bedingungen seiner legitimen Handhabung. Wenn Cohen moniert, daß Kant den Zwang »nur in fremder Lehre annimmt«[16], dann ist daran insofern Richtiges, als Kant seine Rechtslehre an der naturrechtlichen Tradition orientiert und sich ihrer Begründungsprobleme annimmt. Das Zwangsthema wird daher von außen an die Lehre von der gesetzgebenden praktischen Vernunft herangetragen; ein immanenter Übergang von der Moralphilosophie zur Rechtsphilosophie ist nicht möglich; möglich ist aber, die normativen Prinzipien der Moralphilosophie zur Beantwortung der genuin rechtsphilosophischen Frage nach den zulässigen Bedingungen der Zwangsanwendung nutzbar zu machen. Die Rechtsphilo-

14 H. Cohen: *Kants Begründung der Ethik nebst ihren Anwendungen auf Recht, Religion und Geschichte*, Berlin 1910, S. 403.
15 W. Schreckenberger: *Legalität und Moralität*, Heidelberg 1959, S. 54.
16 Cohen a.a.O., S. 396.

sophie ist auf der Suche nach den Legitimationsbedingungen von Zwangshandlungen – und die können nicht nur unter den Vernunft- und Freiheitsgesetzen gesucht werden, die können auch nur dort gefunden werden, denn allein die reine praktische Vernunft besitzt für Kant die erforderliche Rechtfertigungskompetenz.

Wenn eine Zwangshandlung sittlich zulässig sein soll, muß sie den moralisch Mögliches von moralisch Unmöglichem scheidenden Kriterien des Grundgesetzes der reinen praktischen Vernunft entsprechen, muß sie den Universalierungstest bestehen, also als allgemeines Gesetz gewollt werden können. Da ein seine Unfreiheit wollender Wille sich selbst durchstreicht, denn jedes willensfähige und vernunftfähige Wesen will notwendig Zwangsfreiheit als analytischen Bestandteil seiner Selbstbejahung, kann sich die Frage nur auf die Vereinbarkeit von Freiheit und Zwang richten. Wann können also Freiheit und Zwang zugleich als allgemeines Gesetz gewollt werden? Offenbar nur dann und unter der Bedingung, wenn die durch den Zwang bewirkte Freiheitseinschränkung der Verhinderung eines Freiheitsgebrauchs dient, der seinerseits nicht mit dem Rechtsgesetz übereinstimmt und selbst nicht als allgemeines Gesetz gewollt werden kann. Die Unterlassung von Handlungen, die nicht als allgemeines Gesetz gewollt werden können, ist moralisch notwendig, ist Pflicht. Die Frage nach der sittlichen Zulässigkeit von Zwangshandlungen deckt demnach ein Korrespondenzverhältnis auf zwischen dem vernunftbegründeten, das heißt nicht mehr und nicht weniger als: dem mit Hilfe der normativen Kriterien der Kantischen Moralphilosophie als moralisch möglich ausgewiesenen Zwang und der Pflicht, den äußeren Freiheitsgebrauch an den Bedingungen seiner Kompatibilität mit dem von jedermann nach einem allgemeinen Gesetz zu orientieren. Das heißt einmal: nur dann ist eine Zwangshandlung legitim, wenn sie auf eine Handlung gerichtet ist, deren Ausführung bzw. Unterlassung moralisch notwendig ist; und das heißt zum anderen: diejenigen moralischen Pflichten, die eine Handlung zum Gegenstand haben, deren Gegenteil mit der Freiheit von jedermann nach einem allgemeinen Gesetz nicht übereinstimmend ist, können als zwangsermöglichende Pflichten, als Pflichten, denen Zwangsbefugnisse korrespondieren, betrachtet werden. Der kategorische Imperativ ist als Prinzip des moralisch Notwendigen wie auch des moralisch Möglichen immer auch das Prinzip moralisch möglicher Zwangshandlungen und legitim erzwingbarer moralisch notwendiger Handlungen. Das Rechtsgesetz ist folglich eine auf die Begründung von erzwingbaren Pflichten spezialisierte Version des kategorischen Imperativs.

Die Tatsache, daß in der ethischen Gesetzgebung zusätzlich zur Forderung der Befolgung des Gesetzes auch noch der Befolgungsmodus normiert wird, die juridische Gesetzgebung sich hingegen mit einer bloßen Befolgungsforderung begnügt, darf nicht zu dem Schluß verleiten, die juridische Gesetzgebung sei sittlich medioker und im Vergleich mit ihrem ethischen Gegenstück minderwertig. Nicht in einer Anspruchsminderung seitens der reinen praktischen Vernunft, in einer Entlastungswirkung liegt das Eigentümliche der juridischen Gesetzgebung, sondern in der Möglichkeit der Verknüpfung des Prinzips der Handlungspflichten mit der äußeren Triebfeder des Zwangs. Zweifellos stellt eine zwangsbewirkte Pflichterfüllung das Maximum an für den sittlich privativen Charakter der Legalität verantwortlicher Heteronomie dar; aber es geht der Rechtsphilosophie nicht darum, Autonomieanstrengungen zu mildern, die Last der Freiwilligkeit zu verkleinern und den internen Verbindlichkeitsdruck auf das verpflichtete Subjekt zu minimieren, sondern darum, die Erzwingbarkeit von Schuldigkeitspflichten[17] seitens des Berechtigten zu sichern[18]. Die Rechtsphilosophie bietet keine klug-pragmatische Schwundform der Sittlichkeit für moralische Anspruchsflüchter und Pflichtbelastungsunwillige.

17 Zur Kantischen Pflichtenlehre und ihrem Verhältnis zur Pflichtenlehre des Naturrechts siehe W. Kersting, »Das starke Gesetz der Schuldigkeit und das schwächere der Gültigkeit. Kant und die Pflichtenlehre des 18. Jahrhunderts«, *Studia Leibnitiana* XIV/1982, S. 184-220 (Kap. 3 in diesem Band).

18 Zum Begriff des Berechtigten und des subjektiven Rechts bei Kant vgl. Kersting: *Wohlgeordnete Freiheit* a.a.O., S. 147 ff., S. 198 ff.; die Besonderheit des Kantischen Konzepts des subjektiven Rechts liegt darin, daß Kant Berechtigung als Verpflichtungsbefugnis, als Befugnis, fremde Willkür nach Maßgabe der Rechtsvernunft einzuschränken versteht, damit begegnet dem rechtlich Verpflichteten in Gestalt des ihn verpflichtenden Berechtigten die eigene praktische Vernunft, die qua Vernunft der Grund aller Pflichten überhaupt ist.

4. Obligation und Sanktion

Nicht darum sind wir verbunden, rechtsgesetzkonform zu handeln, weil die Befolgung des Gesetzes erzwingbar ist und wir darum gegebenenfalls gar keine andere Wahl haben; sondern in der Umkehrung zeigt sich die Wahrheit: die Befolgung des Rechtsgesetzes ist legitim erzwingbar, weil wir verbunden sind, die Handlungsnormierung zu beachten. Die Erzwingbarkeit ist kein konstitutiver Bedeutungsbestandteil des Begriffs der rechtlichen Verbindlichkeit. Kants Verbindlichkeitstheorie negiert darum den obligationstheoretischen Sanktionismus des neuzeitlichen Naturrechts. Nach Pufendorf erweist sich der Mensch als »aptus ad recipiendum obligationem«[19], »obligationis capax«[20], insofern er »normam praescriptam potest cognoscere«[21] und, was den Ausschlag gibt, insofern er »superiorem habet«[22], also, so eine zeitgenössische Übersetzung, »würklich der Bothmäßigkeit seines Oberen unterworffen ist«[23]. Als Grund der naturrechtlichen Verbindlichkeit entdeckt sich somit ein Herrschaftsverhältnis, die Herrschaft Gottes über die Menschen und, wie es bei Crusius heißt[24], die Dependenz der Menschen vom Willen und der Macht Gottes. Daß diese Psychologisierung des Obligationsbegriffs unbefriedigend ist und unser intuitives Verständnis sittlich-normativer Notwendigkeit verfehlt, ist schon von Zeitgenossen vermerkt worden. Der englische Übersetzer der Cumberlandschen *De legibus naturae disquisitio philosophica*, 1672, im gleichen Jahr wie Pufendorfs *De jure naturae* erschienen, hat sich von der ebenfalls pragmatisch-sanktionistischen Obligationstheorie seines Autors zur folgenden bemerkenswerten Überlegung veranlaßt gesehen. Maxwell, so sein Name, schreibt: wenn »the whole of the law's obligation« in der Glückseignung und Unglücksvermeidung und also auch in der Furcht vor Strafe liegt, »the transgression of the law is not unrighteousness, sin and crime, but only imprudence and infelicity ... But the obligation or bond of the law is the jural

19 Samuel Pufendorf, *De jure naturae et gentium* I (1672), I.6.6.
20 Samuel Pufendorf, *De officio hominis et civis* (1673), I.2.4.
21 Ebd.
22 Ebd.
23 *Herrn Samuels Freyherrn von Pufendorffs Acht Bücher vom Natur- und Völcker-Rechte* (1711), I.6.8.
24 Chr. A. Crusius, *Anweisung Vernünftig zu leben* (1744), § 168.

restraint which is expressed by non licet ...; but because a bare non licet of prohibition is not sufficient to enforce the law, therefore the sin and punishment, the precept and sanction both concur to make the jural restraint, which must be thus fully expressed non licet impune ... Because the obligation of non licet, is antecedent to the obligation of non impune, the precept to the sanction, and the sin is made by the law, the law hath so much obligation, as to make the sin before the penalty is enacted; therefore the law hath an obligation antecedently to the sanction of it. For every one is bound to avoid what is sin ... It is not possible to deduce a conscientious obligation, merely from the politick and prudential regard of our own happiness«[25].

Kant geht nun noch einen Genauigkeitsschritt weiter und beseitigt aus dem ansonsten klugen Maxwellschen obligationsbegrifflichen Dualismus die noch verbleibende, ersichtlich von einer Äquivokation herrührende Undeutlichkeit, indem er die ›non-impune-Obligation‹ gänzlich streicht und den von allen obligationstheoretischen Konnotationen völlig freien Zwang als principium executionis der beibehaltenen ›non-licet-Obligation‹ versteht, die allerdings eine völlig neue, von der Theoriegestalt des neuzeitlichen Naturrechts in allem abweichende, begriffliche Fassung erhält. Und dieser möchte ich mich nach der kurzen historischen Abschweifung jetzt zuwenden.

Die in der *Metaphysik der Sitten* vorgetragenen »Lehren der Sittlichkeit ... gebieten für jedermann ... blos weil und sofern er frei ist und praktische Vernunft hat«[26]. Dieser Satz ist alles andere als eine ethische Trivialität, denn die von ihm als Verbindlichkeitsbedingungen für praktische Gesetze behaupteten Eigenschaften der Freiheit und praktischen Vernunft dürfen nicht in ihrer anthropologischen Normalbedeutung genommen werden. Die Freiheit, von der Kant hier spricht, ist die transzendentale Freiheit, die positiv-praktische Freiheit, die völlig naturkausalitätsenthobene Willensautonomie; und die erwähnte praktische Vernunft meint die durch die Kritik der praktischen Vernunft freigelegte reine praktische Vernunft, der die Eigenschaft zukommt, für sich selbst,

25 J. Maxwell, *Appendix to Cumberland's treatise of the laws of nature*, in: R. Cumberland, *Treatise of the Laws of Nature*, translated by J. Maxwell (1722), S. 55.

26 AA VI, S. 216.

unabhängig von allen empirischen Bestimmungen, praktisch werden zu können. Der Protagonist der Sittlichkeitslehren, also auch des Vernunftrechts, ist der Mensch als Freiheits- und Vernunftswesen, nicht als kommunikatives Wesen, nicht als lebensweltlich integrierter Handelnder. Nur insofern der Mensch neben allem, was wir empirisch von ihm wissen, auch diese nichtempirischen Eigenschaften emphatischer Vernünftigkeit und transzendentaler Freiheit besitzt, ist er – aus der Kantischen Sicht der Dinge – »capax obligationis«.

Haben wir Veranlassung zu der Annahme, »daß reine Vernunft einen praktisch, d. i. zur Willensbestimmung hinreichenden Grund in sich enthalten könne«[27], dann sind wir auch berechtigt, von der Existenz praktisch-unbedingter Gesetze auszugehen, dann sind »Lehren der Sittlichkeit« als Wissenschaft von den Gesetzen der Freiheit auch möglich. Denn, so der Beginn des berühmten Lehrsatzes IV aus der ›Analytik der reinen praktischen Vernunft‹, »die Autonomie des Willens ist das alleinige Princip aller moralischen Gesetze und der ihnen gemäßen Pflichten« und gründet allein alle Verbindlichkeit[28]. Dieser geltungstheoretische Sachverhalt betrifft auch das allgemeine Rechtsgesetz: ›moralische Gesetze‹, ›Gesetze der Sittlichkeit‹, ›Gesetze der reinen praktischen Vernunft‹ sind für Kant Begriffe mit identischer Bedeutung. Das Rechtsgesetz setzt also als kategorischer Imperativ und unbedingt verbindliche Handlungsregel wie das Sittengesetz und alle anderen Prinzipien der Metaphysik der Sitten die transzendentale Freiheit als *ratio essendi* voraus. Kant hat das auch klar herausgestellt: in der Friedensschrift etwa heißt es: »Freilich, wenn es keine Freiheit und darauf gegründetes moralisches Gesetz giebt, sondern alles, was geschieht oder geschehen kann, bloßer Mechanism der Natur ist, so ist Politik ... die ganze praktische Weltweisheit und der Rechtsbegriff ein sachleerer Gedanke«[29], eine »chimärische Idee ohne Wahrheit«[30]. Und in den *Metaphysischen Anfangsgründen der Rechtslehre* treffen wir auf den gleichen Gedanken: »Wir kennen unsere eigene Freiheit (von der alle moralischen Gesetze, mithin auch alle Rechte sowohl als Pflichten aus-

27 AA V, S. 19.
28 AA V, S. 33.
29 AA VIII, S. 372.
30 AA IV, S. 445.

gehen) nur durch den moralischen Imperativ, welcher ein pflichtgebietender Satz ist, aus welchem nachher« – und dieses ›nachher‹ meint natürlich kein temporales Später, sondern weist auf ein logisch-begriffliches Abhängigkeits- und Nachträglichkeitsverhältnis hin – aus welchem also nachher »das Vermögen, andere zu verpflichten, d. h. der Begriff des Rechts, entwickelt werden kann«[31]. Wenn man gemeinhin Kants Rechtsgesetz als Gesetz der Freiheit bezeichnet, dann ist daran zu denken, daß das ein doppeldeutiger Ausdruck ist, daß ›Freiheit‹ hier einmal im genitivus subjectivus und einmal im genitivus objectivus steht, dabei aber, anders als der Ausdruck ›Vernunft‹ im Titel ›Kritik der reinen Vernunft‹, je eine verschiedene Bedeutung besitzt. Ein Freiheitsgesetz ist das Rechtsgesetz als ein Gesetz der transzendentalen Freiheit, als ein in der Willensautonomie gründender kategorischer Imperativ: der hier zuständige Gegenbegriff ist der Begriff des Naturgesetzes. Ein Freiheitsgesetz ist das Rechtsgesetz aber auch als allgemeines Prinzip der Handlungsfreiheit: hier wäre ein passender Gegenbegriff etwa der Begriff eines bedürfnis- oder glücks- oder erziehungsorientierten Gesetzes. Eine vollständige Formulierung des Rechtsgesetzes, die diese beiden Freiheitsbedeutungen als Verbindlichkeitsgrund und Regelungsadressat ausdrücklich unterscheidet, könnte so lauten: das allgemeine vernunftrechtliche Prinzip ist ein in der transzendentalen Freiheit geltungslogisch gründendes, allgemeingültiges und alle vernünftigen Wesen verbindendes Gesetz, das die Handlungsfreiheit und den äußeren Willkürgebrauch nach Maßgabe formaler Verträglichkeitskriterien regelt, kurz: ein Gesetz der transzendentalen Freiheit für die Handlungsfreiheit.

Wie die Reflexion 6859 zeigt, hat Kant ursprünglich eine ganz andere Vorstellung von Freiheitsgesetzen gehabt: »In der Moral bedürfen wir keinen anderen Begriff von freyheit, als daß unsere Handlungen der Erfahrung gemäß nicht am faden des Instinkts fortlaufen, sondern Reflexionen des Verstandes sich unter die triebfedern einmischen. Dadurch wird ein Mangel des Zusammenhanges, weil der Instinkt, wo er allein herrscht, Regeln ... hat, der Verstand aber, der sich selbst nicht regeln vorschreibt, wenn er den Mangel des instinkts ausfüllt, alles unregelmäßig macht. freyheit also vom Instinkt erfordert Regelmäßigkeit im praktischen

31 AA VI, S. 239.

Gebrauch des Verstandes. Wir stellen uns also die Regelmäßigkeit und Einheit im Gebrauch unserer Willkühr blos dadurch als möglich vor, daß unser Verstand solche an Bedingungen knüpfe, welche sie mit sich selbst einstimmig machen. Woher aber dieser Gebrauch des Verstandes wirklich werde, ob er selbst seine in der Reihe der Erscheinungen vorbestimmte Ursache habe oder nicht: ist keine praktische Frage«[32]. Die Gesetze der Freiheit formulieren hier die Einheitsbedingungen des inneren und äußeren Willkürgebrauchs. Sie empfehlen sich durch ihre Ordnungsleistung. Das Bedürfnis nach lebensweltlicher Übersichtlichkeit und lebensgeschichtlicher Kontinuität motiviert regelkonformes Verhalten. Kant antizipiert hier Gehlen. Die praktische Vernunft wird im Rahmen dieser vorkritischen Konzeption wirksam als intelligente Willkür, die den »Mangel des Instinkts« kompensiert und das »Ungeheuer«[33] Freiheit durch ein kontingenzdepotenzierendes Regelwerk domestiziert. Diese rationalen Organisationsprinzipien individueller und gesellschaftlicher Existenz sind hinsichtlich ihrer Denkbarkeit wie auch ihrer Wirksamkeit von der Möglichkeit reiner praktischer Vernunft, von der Möglichkeit eines autonomen Willens unabhängig. Das Problem der freiheitsbeherrschenden Transformation des Zustandes innerer und äußerer Gesetzlosigkeit in einen Zustand der Ordnung und Verläßlichkeit ist durch das Zusammenspiel zwischen dem verständigen Regelvermögen und dem aus der Einsicht in die negativen Folgen eines ungeregelt-naturwüchsigen Willkürgebrauchs erwachsenden Ordnungsinteresse lösbar. Es bedarf dazu lediglich einer Anwendung der Synthesisfunktion der theoretischen Vernunft auf die Mannigfaltigkeit freier Handlungen, die analog zur kategorialen Konstitution eines gesetzlichen Naturzusammenhangs die Grundregeln für eine rationale Organisation menschlicher Freiheit bereitstellt – und sich dabei, darauf weisen die zwischen Hobbes und Höffe immer wieder neuaufgelegten begründungspragmatischen Argumente des neuzeitlichen Individualismus mit Nachdruck hin, der Zustimmung und Anerkennung aller rational Handelnden und klug ihr Interesse verwaltenden Individuen sicher sein kann.

32 AA XIX, Refl. 6859.
33 AA XIX, Refl. 6795.

5. Der Verbindlichkeitsbegriff der kritischen Rechtsphilosophie

Kant hat die sogenannte kritische, im Konzept der Gesetzgebung der reinen praktischen Vernunft radizierte Moral- und Rechtsphilosophie entwickelt, nachdem er die Einsicht gewonnen hat, daß die objektive Gültigkeit und unbedingte Verbindlichkeit, die praktischen Prinzipien seiner Überzeugung nach zugesprochen werden müssen, nicht hinreichend begründet werden können, wenn die Freiheitsgesetze, die moralischen, für den inneren Willkürgebrauch zuständigen, wie auch die den äußeren Willkürgebrauch regelnden rechtlichen, gleich den wahrnehmungsformierenden Kategorien als Einheitsregeln des inneren und äußeren Willkürgebrauchs im Organisationsvermögen und in der Synthesisleistung der spekulativen Vernunft verankert werden und die transzendentale Apperzeptionseinheit auch zum höchsten Punkt der inneren und äußeren Lebensorganisation erklärt wird[34]. Rationalen Prinzipien, die die Willkür klug und verständig machen und eine geordnete Lebensführung ermöglichen, eignet keine unbedingte Verbindlichkeit. Die transzendentale Analytik enthält eine Logik der Wahrheit, jedoch nicht eine Logik der Verbindlichkeit. Auf der Basis der Prinzipienrationalität, auf dem Grund instrumenteller Vernunft, und sei diese auch transzendentalphilosophisch zugespitzt, läßt sich keine Theorie der Verpflichtung errichten. Für den Menschen als *homo phaenomenon*, der sich seines Verstandes zur Bewältigung seiner Lebensprobleme bedient, der Ordnung in seine Interessen bringt und sich bemüht, an erkannten Präferenzen festzuhalten, für diesen *homo phaenomenon* »kommt der Begriff der Verbindlichkeit noch nicht in Betrachtung«[35]. Die rationalen Bedingungen einer geregelten Lebensführung wie eines friedvollen Zusammenlebens besitzen *als solche* keine verpflichtende Kraft. Sich den verständigen Regelungen der Willkürfreiheit zu unterwerfen, entspricht nicht sittlichen Motiven, ist nur klug, aber nicht Pflicht. Die Rationalitätsbedingungen des Freiheitsgebrauchs sind theoretische Sachverhalte und als Ver-

34 Vgl. D. Henrich: »Der Begriff der sittlichen Einsicht und Kants Lehre vom Faktum der Vernunft«, in: G. Prauss (Hrsg.): *Kant – Zur Deutung seiner Theorie von Erkennen und Handeln*, Köln 1973, S. 223-254.

35 AA VI, S. 418.

standesprodukte theoretischer Einsicht zugänglich. Ihre Betrachtung empfiehlt sich angesichts der negativen Folgen regellosen Handelns, ihnen haftet aber kein unbedingter Verbindlichkeitsanspruch an. Hier herrscht nur die verbindlichkeitstheoretisch zwielichtige ›non-impune-Obligation‹, ist das Niveau unbedingter ›non-licet-Obligation‹ noch nicht erreicht.

Nur dann vermag die Gesetzgebung der Vernunft nicht nur Ursprung rationaler, sondern auch kategorisch gültiger und unbedingt verbindlicher Gesetze zu sein, wenn die Vernunft »blos sich selbst« voraussetzen kann[36], nicht nur den Inhalt und Zweck ihrer Gesetze bestimmt, sondern zugleich auch den einzigen Bestimmungsgrund des Willens bildet, selbst Wille wird. Damit aber der Wille allein durch die Form der Vernünftigkeit, durch die Form der Allgemeinheit, durch Gesetzesförmigkeit bestimmbar sein kann, muß er als frei »im strengsten, d. i. transcendentalen Verstande« gedacht werden[37], muß die Vernunft selbst eine eigene, die Motivationskraft der Sinnlichkeit aufhebende Handlungskausalität entwickeln können.

Daß wir reine praktische Vernunft besitzen und im transzendentalen Verstande frei sind, erkennen wir nicht auf empirischem Wege, sondern wissen wir aufgrund der sich uns unabweislich und unnachsichtig aufdrängenden Forderungen des in uns wirksamen Sittengesetzes. Dieses Wissen um das unbedingte moralische Sollen, um die Unabweisbarkeit, pflichtmäßig aus Pflicht zu handeln, ist nicht aus Erfahrung ableitbar, vielmehr ein »aus allen Datis der Sinnenwelt und dem ganzen Umfange unseres theoretischen Vernunftgebrauchs unerklärliches Factum«[38], ist ein apodiktisch gewisses reines Vernunftfaktum, dem selbstlegitimierende Evidenz eignet. In dem rational unauflösbaren und empirisch unerklärlichen, gleichwohl in seiner Unnachsichtigkeit einsehbaren unbedingten Geltungsspruch des Sittengesetzes offenbart sich dem Menschen das von aller Kontingenz freie, notwendige und selbstgesetzliche Sein der reinen praktischen Vernunft.

Hier ist nicht der Ort, auf dieses Lehrstück vom Faktum der reinen Vernunft und seine These von der Irreduzibilität des Verbindlichkeitsbegriffs näher einzugehen. Ohne jeden Zweifel mar-

36 AA v, S. 20.
37 AA v, S. 29.
38 AA v, S. 43.

kiert es die Stelle, an der die Moralphilosophie Kants am verwundbarsten ist. Für unsere Zwecke muß nur folgendes festgehalten werden: unbedingte Verbindlichkeit, praktisches Gesetz, transzendentale Freiheit, Vernunftautonomie und Vernunftkausalität stehen in einem unauflöslichen wechselseitigen Verweisungszusammenhang. In dem Anspruch des verpflichtenden Gesetzes gewinnt der Mensch zugleich das Bewußtsein der Wirklichkeit seiner Freiheit und damit seiner Zugehörigkeit zu einer nicht der naturgesetzlichen Kausalität unterworfenen Welt. Es ist hilfreich, dieser mit prekären ontologischen Implikationen belasteten Argumentation eine semantische Lesart zu geben. Der Willensautonomieannahme kommt dann der Status einer Voraussetzung zu, an der – als höchstem Punkt – die irreduzible normative Bedeutung der gesamten Begrifflichkeit unserer sittlich-rechtlichen Diskurse hängt. In der Zwei-Welten-Theorie begegnete uns dann die spekulative Ausdeutung unserer lebensweltlichen Überzeugung, daß unsere normativen Begriffe und nicht-empirischen, wertimprägnierten Selbstzuschreibungen ohne Bedeutungsverlust nicht auf empirisch-deskriptive Bestimmungen zurückgeführt werden können.

6. Recht, Willensfreiheit und Handlungsfreiheit

Das Problem der Freiheit des Willens beginnt also keinesfalls erst jetzt jenseits der Rechtsphilosophie, wie die Ebbinghausianer meinen[39]. Es stimmt nicht, daß die Geltung des Rechtsgesetzes nicht in Mitleidenschaft gezogen wäre, wenn sich Kants Willensautonomie als Traum eines Geistersehers erweisen sollte. Wenn die Moralphilosophie fällt, fällt auch die Rechtsphilosophie: reine Moral und reines Recht sind bei Kant verbindlichkeitstheoretische Schicksalsgenossen[40]. Sicherlich würde ein Nachweis der Unhaltbarkeit des Konzepts emphatischer Vernünftigkeit nicht die Rationalität des Rechtsgesetzes gefährden, aber Rationalität ist eines, Verbindlichkeit etwas anderes. Für Kant besteht zwischen der Sprache der Verbindlichkeit und der Sprache der Rationalität ein unüberbrückbarer semantischer Graben. Denn, so würde er

39 Vgl. J. Ebbinghaus: *Gesammelte Aufsätze, Vorträge und Reden*, Darmstadt 1968, S. 114.
40 Dagegen Ebbinghaus a.a.O., S. 111.

fragen, können wir andere darum zur Befolgung des Rechtsgesetzes verpflichten und darum dann auch zwingen, weil rechtswidriges Verhalten irrational ist, der Unrechthandelnde sich in einen Widerspruch zwischen dem auch von ihm notwendig geteilten Rechtsinteresse und der rechtswidrigen Handlung verwickeln würde?[41]

In der Ebbinghausschen Perspektive verwandelt sich das Vernunftrecht Kants in eine verstandesanalytische Rechtsphilosophie. Im Recht wird hier die freie intelligente Willkür über ihre eigenen, mit jeder Handlung implizit gesetzten Voraussetzungen aufgeklärt. Im Rechtsinteresse wird das formale Freiheitsinteresse thematisiert, das in den ungestörten Verrichtungen des Alltags verborgen bleibt und durch das unmittelbare Interesse an dem Gelingen bestimmter Handlungen überlagert wird. Reflektiert der Mensch jedoch die Bedingungen seines freien Handelns, so stellt er fest, daß mit jedem gesetzten Zweck die Freiheit zu seiner Verwirklichung mitgewollt wird und damit auch die notwendigen Bedingungen zu ihrer Sicherung. Da die sich im Recht manifestierende Freiheitsordnung von jedem materialen Zweck absieht und sich nur auf den allseits geteilten, also gleichen formalen Zweck der Handlungsfreiheitsregulierung bezieht, ist die von ihr gesicherte Freiheit notwendig maximal und ebenso notwendig konsensfähig. Aber daran muß nachdrücklich erinnert werden, der rationale Konsens selbst stiftet für Kant keinerlei Verbindlichkeit. Die Ebbinghausianer schließen fälschlich von der verwirklichungspraktischen Unabhängigkeit des Rechts von der Moralphilosophie auf die verbindlichkeitstheoretische Unabhängigkeit des Rechts von der Moralphilosophie. Jedoch dürfen die dem Recht eigentümlichen Momente der Äußerlichkeit, der Gesinnungsgleichgültigkeit und der Erzwingbarkeit nicht als Anzeichen seiner Geltungsindependenz von der Moralphilosophie, von der Lehre von der im moralischen Handeln für sich selbst praktisch werdenden reinen Vernunft gelesen werden. Das Kantische Rechtsgesetz erhebt den Anspruch der Verbindlichkeit und praktischen Notwendigkeit. Es ist ein praktisches Vernunftgesetz, keine analytisch aus dem Begriff der äußeren Freiheit zu gewinnende koexistenztechnische Verstandesregel. Obwohl es sich

41 Eine ausführliche Kritik dieser Interpretationsthese findet sich in Kersting: *Wohlgeordnete Freiheit* a.a.O., 136ff.

selbst nicht als gültigkeitsevidentes Vernunftfaktum offenbart, wird es verbindlichkeitstheoretisch durch das autonomieanzeigende moralische Bewußtsein kategorischen Sollens getragen. Der hier herausgestellte verbindlichkeitstheoretische Status der Kantischen Rechtsmetaphysik wird nicht nur durch eine Interpretation mißachtet, die die Rechtsvernunft auf das Niveau analytischer Rationalität herabzieht, sondern auch dann verkannt, wenn man, wie es merkwürdigerweise vorwiegend bei juristischen Kant-Interpreten beliebt ist, zwischen Moral und Recht einen teleologischen Zusammenhang, eine instrumentelle Beziehung erblickt und das Recht – mit einer Formulierung von René Marcic – zu einem »Dienstboten der Ethik«[42] degradiert. Allerdings, das ist die Pointe dieser Interpretationsthese: die Degradation ist in Wirklichkeit gar keine Degradation, sondern eine umwegige Nobilitierung. Denn einer vermuteten sittlichen Inferiorität des Rechts soll dadurch begegnet werden, daß das Recht als unverzichtbare Verwirklichungsbedingung ethischer Forderungen ausgewiesen wird[43]. Aber diese Befürchtung ist das Resultat einer Verkennung des verbindlichkeitstheoretischen Zuschnitts des Kantischen Vernunftrechts. Der absolute Normativismus, der die Moralphilosophie des kategorischen Imperativs bestimmt, prägt auch Kants Rechtsphilosophie. Eine sittliche Nobilitierung des Rechts ist nicht vonnöten, denn sittliche Dignität eignet gleichermaßen auch dem Recht. Das Recht ist kein minderwertiger Sittlichkeitsmodus. Zwischen Moral und Recht besteht im Kontext der Kantischen Philosophie der reinen praktischen Vernunft nicht das kleinste Verbindlichkeitsgefälle. Auch für das Recht gilt, daß es sich jeder Mediatisierung und Instrumentalisierung entzieht; es gibt keinen rechtstranszendenten Zweck, der dem Recht als einem Mittel seiner Erreichung Sinn und Legitimation geben würde; es gibt keinen rechtsjenseitigen Wert, dem zu dienen das Recht adelte. Das Recht ist an sich selbst verbindlich, an sich selbst wertvoll. Kein Philosoph vor Kant hat dem Recht solche Wertschätzung zuteil werden lassen.

42 René Marcic, *Geschichte der Rechtsphilosophie*, Freiburg 1971, S. 306.

43 Daß diese moralteleologische Rechtsauffassung gerade im Hinblick auf den Kantischen Formalismus zu ungereimten Auffassungen hinsichtlich der Bedeutung der Begriffe der transzendentalen Freiheit und der ethischen Gesetzgebungsweise führen muß, wird gezeigt in Kersting, *Wohlgeordnete Freiheit* a.a.O., S. 142-150.

Freilich dürfen diese explikatorischen Überlegungen nicht vergessen machen, daß Kants alle Lasten tragendes verbindlichkeitstheoretisches Hauptargument einem Hochseilakt gleicht. Ein Hochseilakt ist ein Unternehmen mit in höchstem Maße sinnfälliger Riskanz – darin unterscheidet er sich von anderen gefährlichen Dingen, die ihre Risiken verbergen, etwa in einer ferner liegenden Zukunft, und daher nicht sensationell sein können. Die Folgen des Scheiterns eines Hochseilaktes sind an ihm selbst unmittelbar ersichtlich. Auch Kants Verbindlichkeitstheorie wirbt mit den negativen Folgen ihres Scheiterns, ist ein riskantes, begrifflich aufs Äußerste zugespitztes Unternehmen mit großer Fallhöhe. Sollten sich die Konzepte der emphatischen Vernünftigkeit und Willensautonomie, das Faktum der reinen Vernunft und der unabweisbare absolute Sollensanspruch im harten Licht der psychologischen und soziologischen Aufklärung des Menschen über den Menschen als Begriffschimären und ethische Gespenster erweisen, dann kollabiert die gesamte Verbindlichkeitstheorie. Der stürzende kategorische Moralimperativ würde dann das allgemeine Rechtsgesetz mit allen ihm anhängenden privatrechtlichen und staatsrechtlichen Folgeprinzipien mit sich reißen, und das vernunftherrschaftliche Gebäude der Kantischen praktischen Philosophie würde gänzlich in der Empirie versinken; es bliebe nur die von Kant verachtete bescheidenere Klugheit für die Wiederaufbauarbeiten übrig, und die dabei auch in der Rechtsphilosophie anfallenden schmaleren Begründungsrechnungen müßten wir dann in der kleinen Münze der hypothetischen Imperative, guten Gründe und geteilten Bedürfnisse begleichen.

2. Transzendentalphilosophische Eigentumsbegründung

1. Vier Probleme einer philosophischen Eigentumstheorie

Das vollständige Rechtfertigungsprogramm einer philosophischen Theorie des Privateigentums enthält folgende Aufgabenstellungen:
Erstens: *Kommunismuswiderlegung*. Den systematischen Anfang der Privateigentumsbegründung bildet die Auseinandersetzung mit Aristoteles' grundlegender Frage, wie es denn »die Menschen, die ihrem öffentlichen Leben die beste Verfassung geben wollen, mit dem Besitz halten müssen, ob dieser gemeinschaftlich oder nicht gemeinschaftlich zu sein habe«[1]. Es geht zu Beginn darum, das Prinzip des Privateigentums, daß Individuen überhaupt das Recht haben können, exklusiv über Gegenstände verfügen und die Welt verbindlich von ihrem ungenehmigten Gebrauch ausschließen zu können, begrifflich zu klären und zu begründen. Die Qualität der Begründungsargumentation zeigt sich in ihrer Eignung, privateigentumsskeptische Einwände zu entkräften und die normativen Überzeugungen des direkten kommunistischen Gegenspielers zu widerlegen. ›Kommunismus‹ bezeichnet hier nicht mehr als eine eigentumstheoretische Position im wirklichkeits- wie ideologieentrückten Bereich philosophischer Prinzipienbegründung. Der Kommunist spielt daher in der philosophischen Theorie des Privateigentums eine ähnliche Rolle wie der Anarchist im Kontext der politischen Herrschaftslegitimation[2]. Er bildet den theoretischen Widersacher, der seinen Platz räumen muß, damit sich überhaupt eine Philosophie des Privateigentums entfalten kann.

1 Aristoteles, *Politik* 1262 b 37-40.
2 Zur Bedeutung der Anarchismuswiderlegung für die Begründung einer politischen Philosophie vgl. R. Nozick: *Anarchy, State, and Utopia*, Oxford 1974, S. 3ff; O. Höffe: *Politische Gerechtigkeit. Grundlegung einer kritischen Philosophie von Recht und Staat*, Frankfurt/M. 1987, Zweiter Teil; zur Nozickschen Anarchismuskritik vgl. W. Kersting: »Naturzustand und Minimalstaat«, *Allgemeine Zeitschrift für Philosophie* 4/1979, S. 23-54.

Zweitens: *Charakter des Eigentumsrechts.* Die zweite Aufgabe gilt der näheren Bestimmung des rechtlichen Profils des Privateigentums: ist das Eigentumsrecht ein generell-notwendiges oder ein speziell-kontingentes, ein unbedingtes oder ein bedingtes Recht?[3] Wäre das Eigentumsrecht generell-notwendig, dann müßte jeder Mensch *ab initio* ein Recht auf Eigentum besitzen. Würde jedoch das Eigentumsrecht von der Theorie als speziell-kontingentes bestimmt, dann würde es allein in kausaler Abhängigkeit von bestimmten menschlichen Handlungen entstehen können. Beispiele des generell-notwendigen Rechtstyps sind Rechte, die Menschen aufgrund nicht-kontingenter Eigenschaften zukommen. Beispiele für speziell-kontingente Rechte sind Ansprüche, die aus Versprechen und Verträgen erwachsen. Allerdings besteht zwischen einem Eigentumsrecht als einem speziell-kontingenten Recht und versprechens- und vertragskonstituierten Rechten der entscheidende Unterschied, daß der Leistungsanspruch letzterer an den jeweiligen Interaktionspartner gerichtet ist, die Ausschließungsbefugnis des ersteren hingegen die ganze Welt betrifft. Wie im Fall des naturrechtlichen oder menschenrechtlichen *neminem laedere* ist der Verpflichtungsadressat von Eigentumsrechten die Gesamtheit der Mitmenschen.

Würde das Eigentumsrecht als generell-notwendiges und also menschenrechtsanalog aufgefaßt und begründet, dann fände es seinen normativen Halt in der sittlichen Qualität menschlicher Eigenschaften. Ein solches Argument könnte etwa auf die Hegelsche Rechtsphilosophie blicken und dann geltend machen, daß das Eigentum unerläßlich ist für die Entwicklung der positiven Freiheit und sittlichen Persönlichkeit des Individuums[4]. Das als generell-notwendiges Recht ausgelegte Eigentumsrecht ist immer ein Seinsrecht[5]. Seine Rechtfertigung ist stets eine Interpretation des folgenden syllogistischen Schemas (1): 1. Der Mensch hat den Zweck Z, um dessen Erfüllung er nicht gebracht werden darf, die

3 Zur Unterscheidung zwischen generellen Rechten und speziellen Rechten vgl. H. L. A. Hart: »Are There Any Natural Rights«, in: J. Waldron (ed.), *Theories of Rights*, Oxford 1984, S. 77-90; J. Waldron: *The Right to Private Property*, Oxford 1988, S. 106 ff.

4 Vgl. Waldron: *Right to Private Property*, a.a.O., chap. 10.

5 Vgl. E. Vollrath: »Ist Eigentum als Menschenrecht begründbar?«, in: J. Schwartländer (Hrsg.): *Das Recht des Menschen auf Eigentum*, Kehl am Rhein 1983, S. 109-120; S. 114.

sittliche Bestimmung S, deren ungehinderte Entfaltung zu befördern ist. 2. Das Eigentum ist für den gesellschaftlichen Menschen ein unabdingbares Mittel, um diesen Zweck, um diese Bestimmung zu erreichen. 3. Also muß jedermann Eigentum haben. Theorien hingegen, die das Eigentumsrecht als speziell-kontingentes Recht exponieren und begründen, sind allesamt Variationen des Schemas (11): X hat ein Eigentumsrecht an Y, weil er A hinsichtlich Y getan hat.

Drittens: *Ursprüngliche Erwerbung*. Die dritte Aufgabe beschäftigt sich mit der Frage, welche A-Handlungen aufgrund welcher Eigenschaften und unter welchen Bedingungen einen rechtlichen Besitzanspruch konstituieren können. Die einschlägige Frage betrifft hier die Möglichkeit einer ursprünglichen Erwerbung: Auf welche Weise können Menschen in einem angenommenen vorstaatlichen Zustand, also unabhängig von jedem erdenklichen geltenden positiven Recht, etwas als ihr Eigentum erwerben, und mit welchen Argumenten können sie ihren Eigentumsanspruch begründen? Ist es beispielsweise möglich, Eigentumsrechte durch einseitige Handlungen zu erzeugen, oder bedarf das Eigentum eines konventionell-kontraktuellen Fundaments?

Philosophische Theorien der ursprünglichen Erwerbung sind Eigentumsentstehungstheorien, die die Gründe bereitstellen, warum die paradoxe Nutzungs- und Streitgemeinschaft der Gemeinbesitzmythologie[6] durch eine Ordnung des Privateigentums abzulösen ist. Oder sprachphilosophisch gewendet: Sie klären die Semantik des eigentumsrechtlichen Grundurteils ›Das ist mein‹, indem sie die Wahrheits- und Legitimationsbedingungen derartiger Sätze erforschen und nachsehen, ob sich auch unter Naturzustandsbedingungen, also unabhängig von allen begrifflichen Festlegungen und Entscheidungsprozeduren des positiven Rechts, Wahrheits- resp. Legitimitätsbedingungen für rechtliche Besitzbehauptungen angeben lassen.

Viertens: *Verteilungsgerechtigkeit*. Das vierte Problem einer philosophischen Eigentumstheorie endlich wird durch die Gerechtigkeitsfrage geprägt, die das Faktum der Güterknappheit norma-

6 Vgl. N. Luhmann: *Gesellschaftsstruktur und Semantik*, Band 3, Frankfurt/M. 1989, S. 24; Luhmann charakterisiert die Transformation der *communitas prima* des Naturzustandes in eine Ordnung des Privateigentums als »Entparadoxierung des Rechts« (26).

tiv reflektiert. Es ist dabei erfolgversprechend, von der Nozickschen Unterscheidung zwischen strukturellen und historisch-genetischen Gerechtigkeitsgrundsätzen auszugehen[7]. Die Eigentumsphilosophie hat zu untersuchen, ob sie sich mit einem Prinzip der gerechten Aneignung begnügen kann oder ob dieser Grundsatz nach einer verteilungspolitischen Korrektur mittels struktureller Gerechtigkeitsgesichtspunkte verlangt. Sie hat zu fragen, ob der aus der Tatsache gerechter Aneignung (und gerechter Übertragung) erwachsende eigentumsrechtliche Anspruch an einer Sache nach Maßgabe der Verteilungsmuster zustandsorientierter Gerechtigkeitsnormen zu relativieren ist, oder ob gar allein strukturelle, alle Ansprüche aus der kontingenten Verteilungsgeschichte der Güter aberkennende Gerechtigkeitsgrundsätze anzuwenden sind.

Die vier Aufgabenfelder einer philosophischen Rechtfertigung des Privateigentums machen insgesamt, aber auch schon jedes für sich allein deutlich, daß philosophische Eigentumsbegründungen – ebenso wie die in die entgegengesetzte Richtung weisenden kommunistischen Konzepte des Ressourcengebrauchs – prinzipienlogisch notwendig sekundär sein müssen. Sie machen Gebrauch von normativen Grundbegriffen, die als gültig vorauszusetzen sind. *Es ist nicht möglich, daß eine Eigentumsbegründung den Eröffnungszug eines normativen philosophischen Diskurses bilden könnte*. Dieser kann nur mit der Entfaltung rechtsphilosophischer, moralphilosophischer oder sittlich-anthropologischer Grundlagen gemacht werden, und er wird die Strategie, den systematischen Ort und die Folgerungen des eigentumstheoretischen Arguments entsprechend den gewählten normativen Rahmenbedingungen bestimmen. Wenn das Eigentumsrecht im Licht des »westlichen Radikalismus der natürlichen Rechte«[8] entwickelt wird, dann trägt es ein anderes Gesicht, als wenn es im Schatten des Pflichtradikalismus des deutschen Naturrechts des 17. und 18. Jahrhunderts – »omne ius oritur ex obligatione«[9] – steht oder vor dem Hintergrund einer sittlichen Persönlichkeitskonzeption Kontur gewinnt.

7 Vgl. Nozick: *Anarchy, State, and Utopia*, a.a.O., Kap. 7.
8 N. Luhmann: *Gesellschaftsstruktur und Semantik*, a.a.O., S. 39.
9 J. G. Daries: *Institutiones iurisprudentiae universalis*, Jena ^{6}1764, S. 152; vgl. Chr. Wolff, *Ius naturae*, Bd. 1, Frankfurt u. Leipzig 1740, S. 23, S. 24.

Ein erster Blick auf die obige Programmskizze einer Eigentumsbegründung zeigt auch, daß die vier Aufgabenbereiche nicht logisch unabhängig voneinander behandelt werden können, daß zwischen den möglichen Antworten auf die vier Problemfragen eindeutige Implikations- und Exklusionsverhältnisse bestehen[10]. Wird die Theorie das Eigentumsrecht als speziell-kontingentes Recht entwickelt, dann muß sie auch ein Konzept gerechter ursprünglicher Aneignung präsentieren; und folglich wird sie ihre Distributionsvorstellungen nicht allein an einem rein strukturellen Gerechtigkeitsbegriff orientieren können. Umgekehrt gilt, daß eine Philosophie des Eigentums als eines generell-notwendigen Rechts an dem Lehrstück einer *acquisitio originaria* nicht das mindeste systematische Interesse zeigt, darum auch historische Anspruchstheorien als gerechtigkeitstheoretisch insuffizient ablehnt und eine starke Tendenz zu strukturellen Gerechtigkeitsgrundsätzen aufweist. Das generell-notwendige Eigentum reagiert anders als das moralisch unsensible speziell-kontingente Eigentum empfindlich auf Ungleichheit; ihm inhärieren verteilungspolitische Leitvorstellungen, es hat weitreichende distributive und redistributive Implikationen[11]. Ich werde mich im folgenden mit dieser eigentumstheoretischen Programmskizze den Rechtsphilosophien Kants und Lockes nähern und die Positionen der beiden Philosophen auf den vier Problemfeldern *Kommunismuswiderlegung, Charakter des Eigentumrechts, Ursprüngliche Erwerbung* und *Verteilungsgerechtigkeit* vortragen, vergleichen und diskutieren.[12]

10 Vgl. Beckers Unterscheidung zwischen einer »general justification«, einer »particular justification« und einer »specific justification of property rights« (L. C. Becker: *Property Rights. Philosophic Foundations*, London 1977, S. 23) und die kritischen Äußerungen Reeves dazu (A. Reeve: *Property*, London 1986, S. 29); in dieser in der Reihe ›Issues in Political Philosophy‹ erschienenen Monographie taucht übrigens der Name ›Kant‹ kein einziges Mal auf.

11 Vgl. Waldron: *Right to Private Property*, a.a.O., S. 444

12 Ich stütze mich dabei auf folgende frühere Untersuchungen von mir: »Transzendental-philosophische und naturrechtliche Eigentumsbegründung«, *Archiv für Rechts- und Sozialphilosophie* LXVII/1981, S. 157-175; »Freiheit und intelligibler Besitz. Kants Lehre vom synthetischen Rechtssatz a priori«, *Allgemeine Zeitschrift für Philosophie* 6/1981, S. 31-51; »Kant und der staatsphilosophische Kontraktualis-

2. Grundriß der Eigentumsbegründung Kants

»Das rechtlich Meine (meum iuris) ist dasjenige, womit ich so verbunden bin, daß der Gebrauch, den ein Anderer ohne meine Einwilligung von ihm machen möchte, mich lädieren würde« (VI, 245)[13]. Mit dieser Definition beginnt Kants Privatrecht. Wenn etwas mein ist, habe ich das ausschließliche Recht auf seinen Gebrauch, das Recht, die restliche Welt von seiner Benutzung auszuschließen. Selbstverständliche Voraussetzung dieser Exklusionsbefugnis ist der Besitz, denn »im Besitze muß derjenige sein, der eine Sache als das Seine zu haben behaupten will« (VI, 247). Und bin ich im Besitz eines Gegenstandes, dann ist dieser eben »so mit mir verbunden, daß seine Veränderungen durch jemand außer mir zugleich meine Veränderungen sind« (XXIII, 212). Diese Verknüpfung von Eigentumsprädikat und Besitzverhältnis scheint es nicht zuzulassen, daß ich etwas Äußeres, etwas von mir räumlich und zeitlich Getrenntes als mein ansehen und behaupten

mus,« *Allgemeine Zeitschrift für Philosophie* 8/1983; *Wohlgeordnete Freiheit. Immanuel Kants Rechts- und Staatsphilosophie*, Berlin 1984, (erweiterte Taschenbuchausgabe Frankfurt/M. 1993) Teil B. R. Brandt kommt das Verdienst zu, in einer ersten knappen Gesamtdarstellung der eigentumstheoretischen Argumentation Kants einen Eindruck von der philosophischen Qualität dieser späten Leistung Kants vermittelt zu haben; Brandt hat auch als erster auf den Bruch zwischen der frühen, Locke-inspirierten Privatrechtstheorie Kants und der späteren der Druckschrift aufmerksam gemacht (R. Brandt: *Eigentumstheorien von Grotius bis Kant*, Stuttgart-Bad Cannstatt 1974, S. 167ff.; darin auch ein originelles Locke-Kapitel, das die besonders hierzulande arg ausgetretenen Pfade der besitzindividualistischen Interpretation verläßt). Weitere Darstellungen der Kantischen Eigentumstheorie in: H.-G. Deggau: *Die Aporien der Rechtslehre Kants*, Stuttgart-Bad Cannstatt 1983; K. Kühl: *Eigentumsordnung als Freiheitsordnung. Zur Aktualität der Kantischen Rechts- und Eigentumslehre*, Freiburg/München 1984; B. Ludwig: *Kants Rechtslehre*, Hamburg 1988 (analytischer Kommentar) – Die umfassendste systematische Überprüfung der Lockeschen Eigentumstheorie findet sich in Waldron, *Right to Private Property*, a.a.O., S. 137-253.

13 Ich zitiere nach der Akademie-Ausgabe der Schriften Kants: *Kants gesammelte Schriften*, hrsg. von der Preußischen Akademie der Wissenschaften, Berlin 1900-; die römische Ziffer bezeichnet den Band, die arabische die Seite.

kann. Denn daß Äußeres nicht in meinem Besitz ist, liegt in seinem Begriff. Um aber durch seinen uneingewilligten Gebrauch in meinem Recht verletzt werden zu können, muß ich in seinem Besitz sein. »Also«, so schließt Kant vorerst, »widerspricht es sich selbst, etwas Äußeres als das Seine zu haben«, es sei denn, der Begriff des Besitzes wäre einer zweifachen Bedeutung fähig, der des »sinnlichen« und der des »intelligiblen Besitzes«, und es könnte »unter dem einen der physische, unter dem andern aber ein bloß rechtlicher Besitz ebendesselben Gegenstandes verstanden werden« (VI, 245).

Die tranzendentalidealistische Aufspaltung des Besitzbegriffs soll einen Weg aus der Schwierigkeit weisen, in die die Bestimmung des rechtlich Meinen einen Vertreter des Privateigentumsprinzips stürzt. Sie versorgt ihn mit den nötigen begrifflichen Mitteln, um das Prädikat des rechtlich Meinen auf äußere Gegenstände anwenden zu können. Denn es ist offenkundig, daß ein intelligibles, ein Besitzverhältnis ohne physische Inhabung, ein von allen räumlichen und zeitlichen Distanzen zwischen der Willkür und ihrem Gegenstand absehender Besitz der Möglichkeit nach angenommen werden muß, wenn Äußeres rechtlich mein sein können soll. Aber ist eine derartige Annahme berechtigt? Begriffliche Implikationsverhältnisse sagen als solche ja noch nichts über die Realität und Gültigkeit der dabei beteiligten Begriffe aus.

Um den Begriff des intelligiblen Besitzes zu rechtfertigen, zu deduzieren, inszeniert Kant einen eigentumstheoretischen Thesenwettstreit, der zu einer Kommunismuswiderlegung und Bestätigung der besitzidealistischen These des Verfechters des Privateigentums an äußeren Sachen führt. Die besitzempiristische Position lautet: Es gibt kein intelligibles Besitzverhältnis, daher ist eine rechtmäßige Anwendung des Prädikats des rechtlich Meinen auf Inhabungsfälle, auf Fälle empirischen oder physischen Besitzes einzuschränken. Der Besitzempirist ist die rechtsphilosophische Verkörperung eines radikalen Kommunisten, der alle Gegenstände, die nicht mit irgendjemandem physisch verbunden sind, also alle äußeren Gegenstände, für unbeschränkt aneignungsfrei erklärt. Äußerlichkeit impliziert für ihn stets Herrenlosigkeit. Für ihn ist es unvorstellbar, in seiner rechtlich definierten Freiheit auf andere Weise als durch die unmittelbare Beeinträchtigung der Handlungsfreiheit verletzt werden zu können. Der Besitzempirist zieht die Grenze rechtlicher Ausschließungsbefugnis entlang der physischen Inhabung. Damit bestimmt die sinnliche Inhabung die rechtlichen Bedingungen der Nutzung von Gegenständen. Können für den Besitzidealisten der physische Inhaber einer Sache und dessen rechtlicher Besitzer oder Eigentümer verschiedene Personen sein, so geht der Besitzempirist notwendig von der numerischen Identität von physischem Inhaber und rechtlichem Besitzer aus, weil eben allein der sinnliche Besitz das Rechtmäßigkeitskriterium für die Verwendung des Prädikats ›mein‹ bildet. Nach Gründen für seine These gefragt, kann der Besitzempirist nur auf das allgemeine Prinzip des Vernunftrechts verweisen. Er muß in seiner eigentumspolemischen Argumentation immer von der Annahme ausgehen, daß die von ihm behauptete Unmöglichkeit eines äußeren Mein und Dein von dem allgemeinen freiheitsgesetzlichen Grundsatz des Rechts gedeckt wird, mithin die Behauptung der unbegrenzten Aneignungsfreiheit aller äußeren Gegenstände mit jedermanns Freiheit nach einem allgemeinen Gesetz zusammen bestehen kann. Kant weist nun nach, daß die besitzempiristische Überzeugung auf einem mangelhaften Verständnis des vernunftrechtlichen Formalismus und einer gedankenlosen Konzeption des angeborenen Freiheitsrechts und seiner Implikationen basiert.

3. Zwei antikommunistische Argumente Kants

Seine Kommunismuswiderlegung stützt sich im wesentlichen auf zwei Argumente. Das erste Argument, das sich nur in Kants Nachlaß findet und von ihm nicht in die Druckschrift übernommen wurde, versucht eine eigentumstheoretische Ausmünzung der Beweisidee der Idealismuswiderlegung und Realismusbegründung aus der zweiten Auflage der ›Kritik der reinen Vernunft‹[14]. Es stellt die Eigentumsbedürftigkeit des angeborenen Freiheitsrechts heraus, zeigt, daß das innere Mein um seiner selbst willen die Möglichkeit eines äußeren Mein und Dein verlangen muß. Der Kern des Außenweltbeweises der Erkenntnistheorie ist, »daß selbst unsere innere, dem Cartesius unbezweifelte, Erfahrung nur unter Voraussetzung äußerer Erfahrung möglich sei« (KrV B 275). Die vom Idealisten betriebene epistemologische Privilegierung

14 Vgl. Brandt: *Eigentumstheorien*, a.a.O., S. 188.

des Vorstellungsbewußtseins verkennt die Bedingtheit aller Erfahrung innerer Zuständlichkeit durch Außenwelterfahrung. Kein Bewußtsein der eigenen mentalen Aktivitäten und Ereignisse ohne ein Bewußtsein des Daseins äußerer Dinge. In genauer Entsprechung zu dieser Entkräftung des Außenweltskeptizismus hält Kant dem Besitzempiristen die Zerstörung des angeborenen Mein durch seine eigentumspolemische Haltung vor Augen. Bei der besitzempiristischen Regelung des Umgangs der freien Willkür mit den brauchbaren äußeren Dingen »bliebe ... nur die Befugnis des Subjects übrig sich seiner ihm selbst inhärirenden Bestimmungen ausschließlich zu bedienen ... Weil aber in dem Verhältnis darin dieses gegen äußere Objecte steht die innere Bestimmungen auch von äußeren Dingen abhängen und ohne dieselben nicht existieren könnten so würde es Recht seyn jedermann zu hindern die innere Bestimmungen zu haben ohne die er doch sich auch seiner selbst nach dem Princip der Freyheit nicht bedienen kann, d. i. die Abhängikeit des freyen Gebrauchs äußerer Gegenstände vom physischen Besitz hebt zugleich das angebohrne Recht aus dem Besitze seiner selbst auf oder die Willkühr beraubt sich selbst ihres angebohren Rechts welches sich wiederspricht« (XXIII, 309/10).
Wie der dogmatische Idealismus sich sagen lassen muß, daß die von ihm einzig akzeptierte innere Erfahrung ihren Realgrund in den bewußtseinsunabhängigen Dingen hat, so muß sich auch der Besitzempirismus darüber belehren lassen, daß das von ihm allein eingeräumte innere und angeborene, den physischen Besitz rechtlich umfassende Mein abhängig ist von dem geleugneten, inhabungsunabhängigen äußeren Mein und Dein. Die Freiheit ist unteilbar; wenn sie nicht als Gebrauchsfreiheit rechtlich gesichert werden kann, dann geht sie auch als Handlungsfreiheit, Unabhängigkeit und Freiheit zur Entwicklung der inneren Bestimmungen zugrunde. Sollte es rechtlich nicht möglich sein, die Befugnis des Ausschlusses aller anderen vom Gebrauch von Willkürgegenständen über den Bereich des sinnlichen Besitzes hinaus auszudehnen, dann führt das zu dem widersprüchlichen Resultat einer Zerstörung der persönlichen Freiheit nach Rechtsbegriffen. Akzeptieren wir dieses Argument – ob es einen verteidigungsfähigen sachlichen Kern hat oder nur eine zu Recht beiseite gelegte Probe der bekannten Kantischen Analogisierungsneigung darstellt, soll hier nicht entschieden werden –, dann müssen wir das von ihm expo-

nierte Eigentumsrecht als generell-notwendiges Recht verstehen und handhaben. Allein mit der Etablierung einer Ordnung des Privateigentums wäre dem Argument noch nicht Genüge getan, denn die Existenz einer Privateigentumsordnung schließt die Existenz von Nichteigentümern nicht aus. Nichteigentümer darf es aber nicht geben, wenn jedermann ein angeborenes Freiheitsrecht besitzt. Denn hat das ursprüngliche Freiheitsrecht im Eigentum Außenhalt, Bestandsgarantie und Entwicklungsmöglichkeit, dann folgt daraus, daß jeder Mensch aufgrund der ihm kraft seiner Menschheit zustehenden rechtlichen Freiheit und Unabhängigkeit auch ein Eigentumsrecht haben muß, ja mehr noch, Eigentum mindestens in dem Maße haben muß, das erforderlich ist, um die externe Stabilisierung der individuellen rechtlichen Freiheit gewährleisten zu können. Die Verankerung des Eigentumsprinzips im angeborenen Menschenrecht hat offenkundig verteilungspolitische Implikationen und führt zur Ermächtigung eines staatlichen Systems der distributiven Gerechtigkeit.

Das zweite antikommunistische Argument Kants findet sich im § 2 der ›Metaphysischen Anfangsgründe der Rechtslehre‹[15]. Es enthüllt ebenfalls die Widerrechtlichkeit einer eigentumstheoretischen Position, die den Anwendungsspielraum des Prädikats des rechtlich Meinen auf Inhabungsfälle einschränken will. »Es ist möglich, einen jeden äußern Gegenstand meiner Willkür als das Meine zu haben; d. i.: eine Maxime, nach welcher, wenn sie Gesetz würde, ein Gegenstand der Willkür an sich (objectiv) herrenlos (res nullius) werden müßte, ist rechtswidrig. Denn ein Gegenstand meiner Willkür ist etwas, was zu gebrauchen ich physisch in meiner Macht habe. Sollte es nun doch rechtlich schlechterdings nicht in meiner Macht stehen, d. i. mit der Freiheit von jedermann

15 Neuerdings sind hinsichtlich des Ortes des § 2 Zweifel aufgekommen; vgl. B. Ludwig: »Der Platz des rechtlichen Postulats der praktischen Vernunft innerhalb der Paragraphen 1-6 der kantischen Rechtslehre«, in: R. Brandt (Hrsg.): *Rechtsphilosophie der Aufklärung*, Berlin 1982, S. 218-232; ders.: *Kants Rechtslehre*, a.a.O., S. 60-65; B. Tuschling: »Das ›rechtliche Postulat der praktischen Vernunft‹: seine Stellung und Bedeutung in Kants ›Rechtslehre‹«, in: H. Oberer/G. Seel (Hrsg.), *Kant*, Würzburg 1988, S. 273-292; vgl. W. Kersting: Rezension der Ludwigschen Neuedition von Kants ›Metaphysischen Anfangsgründen der Rechtslehre‹ in: *Archiv für Geschichte der Philosophie* 71/1989, S. 100ff.

nach einem allgemeinen Gesetz nicht zusammen bestehen können (unrecht sein), Gebrauch von demselben zu machen: so würde die Freiheit sich selbst des Gebrauchs ihrer Willkür in Ansehung eines Gegenstandes desselben berauben, dadurch daß sie brauchbare Gegenstände außer aller Möglichkeit des Gebrauchs setzte, d. i. diese in praktischer Hinsicht vernichtete und zur res nullius machte; obgleich die Willkür formaliter im Gebrauch der Sachen mit jedermanns äußeren Freiheit nach allgemeinen Gesetzen zusammenstimmte« (VI, 246). Diese erste Hälfte des Arguments stellt heraus, daß die freie Willkür als zwecksetzendes, absichtsverfolgendes und über die Dinge Gewalt habendes Vermögen in einem herrschaftlichen Verhältnis zur Welt als dem Inbegriff des Brauchbaren steht: »alles in der Welt ist der freyen Willkühr unterworfen« (XXIII, 303). Der Mensch ist der Herr der Welt, sie steht ihm zur beliebigen Verfügung. Die Dinge sind nicht an sich herrenlos, sind nicht rechtlich selbständig. Sie unterstehen der Gewalt der Willkür, und da die Ausübung dieser Verfügungsgewalt der Willkür über ihre Gegenstände mit dem allgemeinen Rechtsgesetz konform geht – denn die Dinge haben keine Rechte –, ist jede rechtliche Regelung abzulehnen, die diese uneingeschränkte Verfügungsgewalt aushöhlt, insonderheit die, die die Verfügungsgewalt über Dinge an deren physischen Besitz bindet. Denn, und das ist die zweite Hälfte des Arguments, hinsichtlich der freien, der handlungsfreien wie der gebrauchsfreien Willkür gilt, daß sie als Willkür des menschlichen Vernunftwesens allein den formalen Gesetzen der Rechtsvernunft unterworfen ist. Sowenig bei der rechtlichen Beurteilung von Handlungen deren inhaltliche Bestimmtheit in Betracht gezogen werden darf, sowenig kann sich eine rechtliche Beurteilung des Willkürgebrauchs von Sachen an empirischen Bestimmungen orientieren. Es widerspricht dem Begriff des Rechts, wenn Menschen hinsichtlich des Sachengebrauchs einander nach Maßgabe von Naturbedingungen einschränken. Das aber tut der den Besitzempirismus verabsolutierende Kommunist. Er hält Tatsachen für Rechtsbedingungen und zerstört so den Rechtsbegriff durch dessen Empirisierung. »Würde nun kein äußeres Mein und Dein möglich seyn so würde die Freyheit sich selbst vom physischen Besitz d. i. von Sachen in Raum und Zeit abhängig machen folglich der Rechtsbegriff selbst von empirischen Bedingungen apriori abhängig mithin selbst empirisch seyn welches dem Begriffe des Rechts wiederspricht« (XXIII, 336).

In dem freiheitstheoretischen Kerngedanken dieser Kantischen Begründung des Privateigentums manifestiert sich die naturexterne Position der neuzeitlichen Vernunft. Band noch das traditionelle Naturrecht – und mit ihm auch noch John Locke – die menschliche Verfügungsgewalt über die Natur und die aus ihr abgeleiteten Rechtsbestimmungen an menschliche Selbsterhaltungserfordernisse und den Schöpfungszweck, somit an Kriterien, die den Menschen als natürliches Wesen betrachteten, so wird mit der Ablösung des Naturrechts durch das Vernunftrecht die freiheitstheoretische Position uneingeschränkter Naturjenseitigkeit bezogen. Hinter dem Brauchen der Dinge steht kein anthropologisch bestimmtes Erhaltungsinteresse, schon gar nicht ein gesellschaftlich vermitteltes Verwertungsinteresse, sondern da steht allein die aus der maßgeblichen freiheitstheoretischen Perspektive notwendig selbstzweckhafte Verfügungsgewalt über Dinge. Der Naturbegriff der Kantischen Eigentumstheorie vermag keine Erinnerung mehr an die Erde der Genesis, an das Gottesgeschenk an das menschliche Geschlecht hervorzurufen. Der Definalisierungsprozeß, der der Wissenschaft und Philosophie der Neuzeit eine verdinglichte, szientistisch ernüchterte Welt verschaffte, findet im Kontext der Kantischen Eigentumstheorie in der Versachlichung der Schöpfung, in ihrer Reduktion auf ein Insgesamt von Willkürgegenständen, auf Brauchbares, ihre praktische Entsprechung.

Man muß auf die Radikalität des kargen und schroffen Kantischen Arguments für die rechtliche Notwendigkeit des Prinzips des Privateigentums achten. Natürlich begrenzt die besitzempiristische Position des Kommunisten die rechtlich geschützte Gebrauchsfreiheit auf Nutzungsweisen, die allein im Rahmen des physischen Besitzes eines Gegenstandes vollziehbar sind. Derartige an die Inhabung gebundene und sich in der Zeitspanne der Inhabung realisierende Gebrauchsweisen taugen lediglich zur unmittelbaren und sofortigen Befriedigung der Primärbedürfnisse. Jede den Zweck der fundamentalen Selbsterhaltung überschreitende und planend in die Zukunft blickende Gebrauchsabsicht muß im Rahmen des Besitzempirismus notwendig illusionär bleiben. Jedoch sind es nicht die von der gesetzlichen Geltung der kommunistischen Maxime ausgelösten Konsequenzen einer gesellschaftlichen Verwilderung resp. einer prinzipiellen Zivilisationshemmung, die den Besitzempirismus für Kant unannehmbar machen; und entsprechend ist es auch nicht die zivilisatorische Effizienz der eigentumsrechtlichen Organisation der Naturbeherrschung und Naturverwertung, die nach dem Prinzip der Idealität des Besitzes, nach der rechtlichen Notwendigkeit, das Prädikat des rechtlich Meinen auf äußere Gegenstände anzuwenden, verlangt. Kants Vernunftrecht hat kein Ohr für pragmatische Überlegungen, zumindest nicht während der prinzipientheoretischen Aufbauphase. Der Grund, warum der besitzempiristische Kommunismus abzulehnen ist, liegt allein in seiner Rechts- und Freiheitswidrigkeit, in seiner Unvereinbarkeit mit der reinen, die Willkürfreiheit im Handeln wie im Brauchen nur durch formale Gesetze einschränkenden Rechtsvernunft.

Der Kommunist ist widerlegt. Die rechtsphilosophische Überprüfung seiner These ergab, daß es »eine Voraussetzung apriori der praktischen Vernunft (ist), einen jeden Gegenstand meiner Willkür als objectiv mögliches Mein oder Dein anzusehen und zu behandeln« (VI, 246). Des näheren besagt dieses »rechtliche Postulat der praktischen Vernunft« dreierlei:

I. Es ist möglich, einen jeden äußern Gegenstand meiner Willkür als das Meine zu haben.

II. Es ist erlaubt, Dinge in meinen Besitz zu bringen und sie rechtlich zu besitzen, d.h. alle anderen rechtmäßig von ihrem Gebrauch auszuschließen.

III. Jedermann ist verpflichtet, gegenüber anderen sich so zu verhalten, »daß das Äußere (Brauchbare) auch das Seine von irgend jemanden werden könne« (VI, 252).

Alle Dinge sind eigentumsfähig. Jedes Ding kann von jedermann angeeignet werden, und jeder, der sich ein Ding zuerst angeeignet hat, ist befugt, alle anderen zu verpflichten, sich des Gebrauchs dieses Gegenstandes zu enthalten, und das heißt: er ist befugt, durch seine Willkür die Freiheit aller anderen um alle von ihm nicht genehmigten Behandlungs- und Benutzungsweisen eben dieses Gegenstandes zu verringern. Und alle sind im Gegenzug verpflichtet, Eigentum zu ermöglichen, die Gebrauchsfreiheit der Willkür hinsichtlich ihrer Gegenstände nach dem Prinzip der Idealität des Besitzes zu behandeln. Das rechtliche Vernunftpostulat stellt also einmal die rechtliche Notwendigkeit des Prinzips des Privateigentums heraus, erteilt zum anderen die generelle, keinen ausschließende Befugnis zur Erstaneignung äußerer Gegenstände, und begründet drittens eine ebenfalls generelle, jeden betreffende Verpflichtung auf das Eigentumsprinzip, und damit auf alle Handlungen, die zu seiner Realisierung erforderlich sind. Aus der generellen Aneignungsbefugnis folgt freilich ebensowenig wie aus der rechtlichen Notwendigkeit des Prinzips des Privateigentums und der allgemeinen Pflicht, Eigentumsverhältnisse zu ermöglichen und dem besitzidealistischen Grundsatz Wirksamkeit zu verschaffen, daß jedermann Eigentümer sein soll, und schon gar nicht, daß jeder Eigentum eines bestimmten Mindestmaßes haben soll. Das rechtliche Vernunftpostulat hat hinsichtlich der Verteilung von Eigentumsrechten keinerlei universalistische Implikationen. Anders also als in Kants erstem antikommunistischen Argument, dem von der Angewiesenheit des Menschenrechts auf Eigentum, wird in seinem zweiten antikommunistischen Argument, dem von der nur rechtsgesetzlich einschränkbaren Gebrauchsfreiheit der Willkür, das Eigentumsrecht selbst nicht als generell-notwendiges Recht entwickelt. Ihm kommt jetzt der Charakter eines speziell-kontingenten Rechts zu, dessen normatives Profil durch eine Theorie der ursprünglichen Erwerbung noch näher zu bestimmen ist. Kants reife, in der Druckschrift ausgearbeitete Eigentumstheorie entdeckt sich damit als zweistufig: sie kombiniert eine freiheitsgesetzliche Rechtfertigung des Prinzips des Privateigentums mit einer, wie sich zeigen wird, überaus komplexen Konzeption des individuellen Eigentums als eines speziell-kontingenten Rechts. Dadurch unterscheidet sie sich von der Eigentumstheorie Lockes, die eine gesonderte Begründung des Eigentumsprinzips nicht kennt und das Eigentum ineins mit der Rechtswirkung der Erstbearbeitung eines Gegenstandes rechtfertigt.

4. Vernunftrechtliche Eigentumsbegründung und *contractus originarius*

»Wir können nicht verstehen«, so schreibt Pufendorf in seinem *Naturrecht* von 1672, »wie eine lediglich körperliche Handlung, wie es eine Bemächtigung und Besitzergreifung ist, in der Lage sein könnte, Rechtswirkung zu entfalten und das Recht und die Verfügungsmacht anderer einzuschränken, wenn nicht deren bestätigende und sanktionierende Zustimmung hinzukäme, wenn nicht ein Vertrag geschlossen würde«[16]. Lockes Theorie der ursprünglichen Erwerbung widerspricht dieser These von der Unmöglichkeit, durch einseitige Handlungen ein die Welt verpflichtendes Eigentumsrecht zu konstituieren, und verwirft darum auch ihre kontraktualistische Konsequenz. Im Rahmen des rechtsphilosophischen Apriorismus Kants, der die für Geltungsfragen zuständige begrifflich-normative Ebene sorgsam von der für Anwendungs- und Darstellungsfragen zuständigen empirischen Ebene trennt, ist Pufendorfs These eine blanke Selbstverständlichkeit. Gleichwohl übernimmt Kant nicht die vertragstheoretische Lösung der der ursprünglichen Erwerbung inhärierenden rechtstheoretischen Schwierigkeit: der obligationstheoretische Voluntarismus des Vertrags unterbietet das metaphysische Niveau unbedingter praktischer Notwendigkeit, an dem sich Kants Philosophie der gesetzgebenden Vernunft orientiert. Ist es eine Voraussetzung eben dieser gesetzgebenden Vernunft, daß jedermann verpflichtet ist, das Erforderliche zu tun, um zu ermöglichen, daß Brauchbares das Seine von irgend jemand werden kann, dann verbietet sich eine voluntaristische Konsenstheorie des Eigentums. Aber auch Kants Konzept der ursprünglichen Erwerbung bedarf des Konsensmomentes, weil eben einseitigen Willkürakten keine Verpflichtungswirkungen zugeschrieben werden können. Wenn aber die eigenmächtige Inbesitznahme eines Gegenstandes nur unter der Bedingung der Zustimmung aller davon Betroffenen Rechtskraft erlangt, dann kann es sich nicht mehr um eine ursprüngliche Erwerbung handeln, denn eine ursprüngliche Erwerbung ist definitionsgemäß die ursprüngliche Erwerbung eines Rechts durch einseitige Handlungen, durch die eigenmächtig die normative Position aller verändert wird. Kants Ausweg aus dieser Situation ist die paradoxieverdächtige Konstruktion einer *nichtvoluntaristischen Konsenstheorie des Eigentums*, deren systematische Pointe darin besteht, daß erstens eine rechtsphilosophische Deutung der empirischen Erstaneignung eines Landstücks als Zueignungsakt seitens des allgemeinen Willens des ideellen Gesamtbesitzers alles ursprünglich Erwerblichen überhaupt ermöglicht wird und zweitens eine Verpflichtung begründet wird, sich mit allen – ich greife eine überaus gelungene Begriffsprägung von

16 S. Pufendorf: *De jure naturae et gentium libri octo*, Amsterdam 1672, IV, IV, 5.

Reinhard Brandt auf – »Eigentumsbetroffenen«[17] zum Zwecke der Etablierung eines öffentlichen Systems der Rechtsbestimmung und Rechtsprechung zusammenzuschließen. Somit treten an die Stelle des Pufendorfschen Vertrags in der Kantischen Philosophie des Eigentums die praktischen Vernunftideen des ursprünglichen Gesamtbesitzes und des in ihm vereinigten Willens aller a priori.

Die Konstruktion der vereinigten Willkür a priori besitzt den Status einer notwendigen geltungstheoretischen Annahme. Ist ein äußeres Mein objektiv möglich, ist eine Inbesitznahme von freiem Land, eine ursprüngliche Okkupation möglich, ist aber andererseits eine eigenmächtige Erwerbung eines rechtlichen Besitzes einer Sache unmöglich, dann bedarf es eines Arguments, das diese beiden Stränge zusammenknüpft, das die Okkupationsbefugnis des Vernunftpostulats mit dem allgemeinen Rechtsgesetz versöhnt, das das Recht zur ursprünglichen Erwerbung mit dem Konsensprinzip des erwerblichen Rechts in Übereinstimmung bringt. Und dieses Argument ist die geltungstheoretische Annahme einer verteilenden Gesamtwillkür, die eine mit dem allgemeinen Gesetz der äußeren Freiheit zusammenstimmende Interpretation der Aneignungshandlung ermöglicht, indem sie diese Handlung auf eine empirische Zeichenhandlung reduziert, deren rechtliche Bedeutung sich allein durch die Subsumtion unter normative Prinzipien ergibt, die den für die Rechtskonstitution wesentlichen Übergang von dem physischen Inhabungsbesitz zum bloß rechtlichen Besitz organisieren. Da erst die vereinigte Willkür diesen Übergang erlaubt, kann Kant sagen, daß sie »allein

17 Im Zusammenhang einer kritischen Sichtung des Verhältnisses von Selbständigkeit und allgemeinem Willen in Kants Staatsrecht schreibt Brandt: »Der allgemeine Wille sollte jedoch ... der Wille aller sein, die in ihrer Freiheit durch das Eigentum eingeschränkt sind, ohne zu dieser Rechtsverpflichtung ihre an sich notwendige Zustimmung gegeben zu haben. Der allgemeine Wille ist also der Wille der Bewohner nicht nur als freier und gleicher, sondern als eigentumsbetroffener Bürger eines Staates. Das dritte Merkmal neben Freiheit und Gleichheit muß entsprechend erhalten werden, es ist nicht das der Selbständigkeit, sondern der Eigentumsbetroffenheit« (»Menschenrechte und Güterlehre. Zur Geschichte und Begründung des Rechts auf Leben, Freiheit und Eigentum«, in: J. Schwartländer/D. Willoweit (Hrsg.): *Das Recht des Menschen auf Eigentum*, Kehl am Rhein 1983, S. 19-31; S. 31).

jedem das Seine bestimmt« (XXIII, 236). Die *prima occupatio* ist nur als gedachte »Austheilung durch den gemeinschaftlichen Willen« im Sinne einer allseitigen »Verwilligung« (XXIII, 223; 286) ein Rechtserwerb. *Die Aneignung entpuppt sich im geltungstheoretischen Licht als Zueignung.* Die apriori notwendige Vereinigung der Willen aller Besitzer aller möglichen eigentumsfähigen Gegenstände ist genau die normative Prämisse, die den empirischen Handlungen der Inbesitznahme und Deklaration des Besitzwillens hinzugefügt werden muß, um der Behauptung, dieser Gegenstand ist mein, und der damit verbundenen Anmaßung, alle anderen von seinem Gebrauch auszuschließen, Rechtsgültigkeit zu verleihen. Sie ist geltungstheoretisch den empirischen Aneignungshandlungen vorgeordnet und reduziert diese auf die Funktion der gegenständlichen Identifikation und inhaltlichen Bestimmung. Ohne diese den Vernunfttitel des Rechts verleihende synthetisch-allgemeine Willkür wären Okkupationshandlungen hinsichtlich der Fundierung eines äußeren Mein rechtlich genauso bedeutungslos wie Naturereignisse.

Diese rechtsphilosophische Deutung der Erstbemächtigung eines freien Landstücks als eines Zueignungsakts seitens des allgemeinen Willens wird vervollständigt durch die Idee vom Gesamtbesitz. Die systematische Pointe der Vernunftkonzeption der ursprünglichen positiven Bodengemeinschaft ist die Negation der Vorstellung eines ursprünglich herrenlosen Bodens. *Gegenstand einer ursprünglichen Erwerbung ist keine Sache, die niemandem gehört, sondern eine Sache, die allen gehört.* Der Erstokkupant trifft also auf einen Boden, der sich im Besitz aller, und zwar im rechtlichen Besitz aller befindet, daher in rechtlicher Hinsicht gar nicht auf einen Gegenstand, sondern auf die Gemeinschaft der in ihm als einem ursprünglichen Besitz vereinigten Mitbesitzer. Durch die Idee des Gesamtbesitzes wird die Erstbemächtigung rechtlich als ursprüngliche Erwerbung und zeitlicher Beginn eines sachenrechtlichen Verhältnisses interpretierbar. Sie ist die Subsumtion eines empirischen Gegenstandes unter das formale Distributionsgesetz des Gesamtbesitzes durch die vereinigte Willkür, durch den ideellen Gesamtbesitzer. Somit liegt dem Eigentumsrecht im Sinne eines ursprünglich erwerbbaren Rechts an einer Sache eine Privatgebrauchsbewilligung für den Okkupanten seitens des ursprünglichen und apriori auf das Prinzip des Besitzidealismus verpflichteten Gesamtbesitzers zugrunde.

5. Grundriß der Lockeschen Konzeption des Arbeitseigentums

Theorien der ursprünglichen Erwerbung sind in der Regel Interpretationen des folgenden Schemas: *Für alle x und für alle g: wenn x hinsichtlich g A tut, dann wird x der Eigentümer von g und erhält gegenüber allen anderen Personen y das Recht, y vom Gebrauch von g auszuschließen, und aufgrund der mit dem Recht analytisch verbundenen Zwangsbefugnis auch die Berechtigung, dabei Zwang anzuwenden*[18]. Die bekannteste Interpretation dieses Schemas ist ohne Frage Lockes Konzeption des Arbeitseigentums: Für alle Menschen und für alle natürlichen Güter von den Früchten bis zum Boden: wenn jemand in ein natürliches Gut Arbeit investiert und dabei seine natürliche Gestalt verändert, dann erhält diese Person ein Eigentumsrecht an diesem Gegenstand und darf alle anderen rechtmäßig von seinem Gebrauch ausschließen. Durch die Arbeit »vermischt« sich die Person mit der Natur, fügt dieser Eigenes hinzu und verändert so einen Teil des ursprünglichen Gemeinbesitzes, so daß dieser nicht mehr unter das »gemeinsame Recht der anderen Menschen« fällt (§ 26)[19]. Locke hat nicht der empirischen Arbeitshandlung als solcher eigentumskonstitutive Funktion zugesprochen. Ihm ist kein naturalistischer Fehlschluß vorzuwerfen. Erst dann werden die normativen Konsequenzen sichtbar, wenn die Arbeitshandlung ihrerseits in einen normativen Kontext integriert wird, den Locke als Eigentum an der eigenen Person bezeichnet. Mit der in einen Gegenstand investierten Arbeit wird die Rechtsqualität der Person auf den Gegenstand übertragen. Der Gegenstand wird somit in die menschenrechtlich geschützte ursprüngliche Eigensphäre integriert und zu einem Teil der Person. Diese Vorstellung von der Übertragung der rechtspersonalen Qualität auf Gegenstände durch Arbeit, dieses *Subjektivierungsmodell*, ist der Kerngedanke der Lockeschen Eigentumsbegründung. Sie ist unabhängig von dem allgemeinen und traditionellen selbsterhaltungsteleologi-

18 Dies Schema ist eine Erweiterung der Formeln in Waldron: *Right to Private Property*, a.a.O., S. 263-266.

19 Ich zitiere Locke nach: J. Locke: *Zwei Abhandlungen über die Regierung*, Frankfurt/M. 1977 resp. J. Locke: *Two Treatises of Government, Critical Edition*, ed. by P. Laslett, Cambridge 1960.

schen Rahmen seiner Naturrechtskonzeption und kann daher auch, wie die nach-kantischen Eigentumstheorien des Deutschen Idealismus, aber auch die einschlägigen Überlegungen so gegensätzlicher Denker wie Schopenhauer und Trendelenburg zeigen, mit gänzlich anderen systematischen Prämissen zusammengehen[20]. Nirgendwo sagt Locke, daß eine Privateigentumsordnung um des Überlebens der menschlichen Gattung willen notwendig sei[21]. Erst in der berühmten Lehre von den Aneignungsschranken kommt der Gesichtspunkt des Selbsterhaltungszwecks der Menschengattung wieder zur Geltung. In Bezug auf die Begründung des Eigentums selbst aber sind diese teleologischen Bestimmungen externer Natur; sie sind nicht immanent aus dem die gesamte rechtsphilosophische Begründungslast tragenden Subjektivierungsmodell zu entwickeln.

Das als Subjektivierungsmodell bezeichnete eigentumsbegründende Argument kombiniert drei Thesen:

I. Der Mensch ist Eigentümer seiner Persönlichkeit und seiner Handlungen.

II. Durch die Bearbeitung eines Gegenstandes vermischt sich die Persönlichkeit mit dem Gegenstand.

III. Damit wird das Eigentum des arbeitenden Menschen um den rechtlichen Besitz des mit seiner Persönlichkeit Vermischten erweitert.

Die Rede von der Vermischung von Persönlichkeit und Gegenstand erweckt den Verdacht eines Kategorienfehlers[22]; schließlich besteht ein gravierender Unterschied zwischen der Nozickschen Tomatensaftdose[23] und menschlicher Subjektivität. Gleichwohl

20 Belege in Kersting: *Wohlgeordnete Freiheit*, a.a.O., S. 166 f.; (Taschenbuchausgabe S. 286 f.).

21 So J. Tully: *A Discourse on Property. John Locke and His Adversaries*, Cambridge 1980, S. 99; dazu Waldron: *Right to Private Property*, a.a.O., S. 157 ff.

22 Vgl. Waldron: *Right to Private Property*, a.a.O., S. 185.

23 Vgl. »Why does mixing one's labor with something make one the owner of it? Perhaps because one owns one's labor, and so one comes to own a previously unowned thing that becomes permeated with what one owns. Ownership seeps over into the rest. But why isn't mixing what I own with what I don't own a way of losing what I own rather than a way of gaining what I don't? If I own a can of tomato juice and spill it in the sea to that its molecules ... mingle evenly throughout the

muß Lockes Rede von der Vermischung möglichst wörtlich genommen werden[24]. Der Arbeitsakt darf nicht den Charakter eines quasi-gegenständlichen Transfers von Subjektivität in das bearbeitete Objekt verlieren; anderenfalls wäre die eigentumsrechtliche Ausschlußkonsequenz der Erstbearbeitung nicht begründbar. Die Vermischungsthese gewährleistet die Anwesenheit des Erstbearbeiters im bearbeiteten Gegenstand und damit auch die rechtliche Ausschlußwirkung, die auch den Zweitbearbeiter trifft, der nicht eigentumsrechtlich ausgeschlossen werden könnte, wenn das Eigentumsrecht in einer allgemeinen Beschreibung der Arbeit verankert wäre, die die Eigenschaften aufzählte, die jede Arbeitshandlung instantiiert.

Aber noch problematischer als die verdinglichende Rede von der Vermischung von Person und Objekt durch Arbeit ist die These, daß der Mensch ein Eigentum an seiner Person habe. R. Brand hat vor einiger Zeit auf die Parallelität zwischen der Lockeschen Eigentumskonzeption und seiner Theorie der personalen Identität hingewiesen[25]. In seiner Untersuchung der letzteren hat Thiel diese Beobachtung zu der Behauptung von der systematischen Vorrangigkeit der Persönlichkeitstheorie vor der Eigentumstheorie zugespitzt[26]. Ist nun die Theorie der personalen Identität in einem nicht-trivialen Sinn – denn natürlich setzt jede Eigentumstheorie Subjekte voraus – systematisch grundlegend für die Eigentumskonzeption, dann muß Lockes subjektivitätstheoretische Innovation Begründungsfunktion für seine eigentumstheoretische Innovation haben, dann muß sich der Sinn der merkwürdigen These von dem Eigentum an der eigenen Person subjektivitätstheoretisch aufklären lassen.

Lockes Neuerung in der Subjektivitätstheorie besteht darin, Per-

sea, do I thereby come to own the sea, or have I foolishly dissipated my tomato juice? Perhaps the idea, instead, is that laboring on something improves it and makes it more valuable; and anyone is entitled to own a thing whose value he has created« (R. Nozick: *Anarchy, State, and Utopia*, a.a.O., S. 174/5).

24 »The idea that labour is literally mixed with an object is crucial to this argument« (Waldron: *Right to Private Property*, a.a.O., S. 184).

25 R. Brandt: »Zu Lockes Lehre vom Privateigentum«, *Kant-Studien* 63/1972, S. 426-435; S. 431.

26 U. Thiel: *Lockes Theorie der personalen Identität*, Bonn 1983, S. 116f; S. 116 A.28.

sonalität nicht länger substanzbegrifflich, sondern funktionsbegrifflich zu buchstabieren, nicht in einer immateriellen Seelensubstanz zu lokalisieren, sondern als Resultat einer Synthesis von gegenwärtigen Empfindungen und Zuständen, zukünftigen Plänen und vergangenen Handlungen zu einer kohärenten Lebensgeschichte eines sich im zeitlichen Fluß als identisch festhaltenden Selbstbewußtseins zu explizieren. Freilich dürfte eine angenommene Begründungsleistung dieser synthetischen Personalitätskonzeption für die These vom rechtlichen Besitz der eigenen Persönlichkeit auf einer schlichten Äquivokation beruhen. Die Selbstzuschreibungssynthesen, die Personalität als kontinuierliche Biographie eines identischen Selbstzuschreibungssubjekts konstituieren, haben nichts mit einem rechtstheoretisch konturierten Eigentumsverhältnis zu tun. Von der persönlichkeitstheoretischen Selbstzuschreibungsmeinigkeit führt kein Weg zur rechtstheoretisch gehaltvollen und für ein eigentumstheoretisches Begründungsargument verwendbaren Meinigkeit und Mirzugehörigkeit, da sie selbstverständlich keinerlei normative Konnotationen besitzt. Eine für die Eigentumstheorie brauchbare These von dem Eigentum an der eigenen Person kann allenfalls eine umwegige Beschreibung des angeborenen Freiheitsrechts sein, aus dem sich zwar das Recht auf Aneignung und Bearbeitung eines Gegenstandes ableiten läßt, aber eben nicht das Recht, das Angeeignete und Bearbeitete als Eigentum zu behandeln und die Welt von seinem Gebrauch auszuschließen.

Lockes Eigentumstheorie beantwortet nicht die Frage nach der Möglichkeit eines *äußeren* Meinen; ihre systematische Pointe liegt in dem, wie ich meine: gescheiterten Versuch, das äußere Meine als Bestandteil des inneren Mein zu rekonstruieren. Lockes Konzeption des Arbeitseigentums sucht einen Übergang von dem inneren Mein zum Eigentum ohne irgendeine Vermittlung durch die Allgemeinheit zu finden, die bei den Naturrechtsjuristen als stillschweigender oder ausdrücklicher Vertrag fungiert, die bei Kant in Gestalt der Vernunftidee vom ideellen Gesamtbesitzer aus der empirischen Bemächtigungshandlung überhaupt erst eine rechtsbedeutsame Erwerbung macht. Mit der Eliminierung des Konsensgedankens aus der Eigentumstheorie verliert bei Locke auch der Gemeinbesitzbegriff seine rechtlichen Implikationen. Die durch den Gemeinbesitz hervorgerufenen Schwierigkeiten werden nur noch als verteilungsökonomische Probleme angesehen.

Der Miterdbewohner ist nicht mehr der Rechtspartner in einer über die rechtliche Figur des Gemeinbesitzes vermittelten Rechtsgemeinschaft, sondern nur noch der Bedürftige, der durch das Eigentumsrecht nicht in seinem grundlegenden Subsistenzrecht gekränkt werden darf.

6. Kants Kritik des Arbeitseigentums

Kant hat in der ›Rechtslehre‹ die Konzeption des Arbeitseigentums ausdrücklich verworfen, dabei wohl weniger Locke als Rousseau im Auge gehabt[27]: »Ist die Bearbeitung des Bodens ... zur Erwerbung desselben nothwendig? Nein! denn da diese Formen (der Specificirung) nur Accidenzen sind, so machen sie kein Object eines unmittelbaren Besitzes aus und können zu dem des Subjects nur gehören, so fern die Substanz vorher als das Seine desselben anerkannt ist. Die Bearbeitung ist, wenn es auf die Frage von der ersten Erwerbung ankommt, nichts weiter als ein Zeichen der Besitznehmung, welches man durch viele andere, die weniger Mühe kosten, ersetzen kann« (VI, 265). Was für Locke rechtskonstitutive Bedeutung besitzt, hat nach Kant nur den Charakter eines Zeichens[28], eines beliebigen und austauschbaren Erkenntnismittels. Während in der Eigentumstheorie Lockes Entstehungsursache, Erkenntnisgrund und Geltungsgrund des Eigentums zusammenfallen, trennt Kant scharf die empirische und die normative Ebene voneinander. Dadurch kommt es zu einer Entmystifizierung der Arbeit. Sie ist für Kant nicht mehr diese geheimnisvolle Expansion der Willensdomäne und Persönlichkeitssphäre in die Dingwelt hinein, die die Gegenstände als Werkzeuge und äußere Körperglieder der personalen Willensherrschaft unterstellt, sondern eine schlichte empirische Handlung, die als solche nicht die mindeste rechtskonstitutive Bedeutung besitzen kann, soviel sich durch sie auch immer Subjektives und Objektives mischen und vereinigen mögen, welche positiven anthropologischen, sittlichen und ökonomischen Eigenschaften ihr auch immmer zu-

27 J. J. Rousseau: *Du contrat social*, I, 9; J. J. Rousseau: *Emile oder Über die Erziehung*, Paderborn 1978, S. 78 f.

28 Vgl. W. Bartuschat: »Über Eigentum und Zeichen«, in: R. Claussen/R. Daube-Schackat (Hrsg.): *Gedankenzeichen. Festschrift für Klaus Oehler*, Tübingen 1989, S. 111-117.

kommen. Eines ist es, die Natur menschlichen Zwecken zu unterwerfen und den Dingen das Muster menschlichen Geistes aufzuprägen, ein ganz anderes hingegen ist es, ein Recht auf den ausschließlichen Gebrauch eines Dinges zu begründen, denn letzteres ist eine Einschränkung fremder Willkür und bedarf, da nicht unmittelbar aus dem Menschheitsrecht ableitbar, deren wie auch immer im einzelnen theoretisch zu rekonstruierender Zustimmung.

Überdies verkennt die Konzeption des Arbeitseigentums den Unterschied zwischen Substanz und Akzidenz. Die stoffliche Materie, der substanzhafte Boden ist durch Bearbeitung nicht in Subjektivität auflösbar, ist keine freie Wirkung des Willens, sondern dessen Schranke. Eine eigentumsrechtliche Normierung des Gebrauchs äußerer Willkürgegenstände auf der Basis des Modells eines Subjektivitätstransfers durch Arbeit wäre möglich, wenn die Gegenstände wirklich und gänzlich Objektivationen unseres Willens wären, dann aber auch überflüssig: das Eigentumsrecht des Schöpfers an seinen Schöpfungen ist unbestreitbar und nur ein Anwendungsfall des angeborenen Freiheitsrechts[29].

Kants Lehre von der synthetischen Einheit des Willens apriori tritt der Auffassung von der Möglichkeit einer eigenmächtigen Ausdehnung der angeborenen Rechts- und Freiheitssphäre, sei es durch blanke Okkupation von Freiland, sei es durch dessen Bearbeitung, und der damit verbundenen These von der unmittelbar rechtskonstitutiven Funktion empirischer Handlungen entgegen. Man verfehlt daher die systematische Pointe seiner Eigentumstheorie gründlich, wenn man die *prima occupatio* als eine Alternative zur Lockeschen Erstbearbeitung behandelt. Kants Eigentumstheorie läßt sich nicht in das oben angegebene Schema der ursprünglichen Erwerbung pressen. Es ist auch nicht möglich, ein moralisch honoriges Arbeitseigentum gegen ein sittlich inferiores Okkupationseigentum auszuspielen, ersterem geltungstheoretische Überlegenheit zu attestieren und letzteres als Dokument eines rechtsphilosophischen Niveauverlusts abzutun, als Gewalteigentum zu denunzieren. Auch wenn es seit Schopenhauer immer von neuem behauptet worden ist: Kant hat nicht »die Inhabung oder das in meiner Gewalt seyn ... als Princip des Eigenthum-

29 Zum Verhältnis von Arbeit und Schöpfung bei Locke siehe Tully: *A Discourse on Property*, a.a.O., S. 116f.

Rechts« gesetzt[30], auch nicht das Eigentum auf Gewalt gegründet[31], es gibt kein »Gewaltmoment in der Kantischen Eigentumsdeduktion«[32]; Kant ist nicht »the most influential philosopher to argue for the derivation of property rights from the first occupancy«[33]. Die so reden, haben Kants Eigentumstheorie nicht verstanden. Ihre verzerrende Kritik beraubt sie ihres zentralen philosophischen Arguments, des Nachweises, daß Besitznehmung, Deklaration und Inhabung, allesamt empirische einseitige Handlungen, kein Recht konstituieren können und für eine ursprüngliche Erwerbung nicht ausreichen, sondern nur den hinsichtlich seiner rechtlichen Sanktionierung auf die Zueignung durch die vereinigte Willkür angewiesenen privaten Verfügungsbereich öffentlich kenntlich machen.

7. Okkupation, Gewalt und Eigentum

»Was ich nach Gesetzen der äußeren Freiheit in meine Gewalt bringe, und will, es solle mein sein, das wird mein« (VI, 264). Genau das ist jedem der Idee nach von der Allgemeinheit verwilligt, was dieser auf rechtmäßige Weise in seine Gewalt bringen kann, und das heißt letztlich, was er in seiner Gewalt behalten kann. »Wie weit erstreckt sich die Befugniß der Besitznehmung eines Bodens? So weit, als das Vermögen, ihn in seiner Gewalt zu haben, d. i. als der, so ihn sich zueignen will, ihn vertheidigen kann« (265). Stellen wie diese dürften der Anlaß für die Entrü-

30 A. Schopenhauer: *Der handschriftliche Nachlaß*, Zweiter Band, Frankfurt/M. 1967, S. 262.

31 K. Lisser: *Der Begriff des Rechts bei Kant*, Kant-Studien Erg.-Heft 58, Berlin 1922, S. 39.

32 R. Saage: *Eigentum, Staat und Gesellschaft bei Immanuel Kant*, Stuttgart 1973, S. 27; zur Kritik der Saageschen Kant-Interpretation vgl. W. Kersting: »Neuere Interpretationen der Kantischen Rechtsphilosophie«, *Zeitschrift für philosophische Forschung* 37/1983, S. 282-298.

33 A. Carter: *The Philosophical Foundations of Property Rights*, New York 1989, S. 79; mißglückt ist auch Beckers Darstellung der Kantischen Theorie: »He argued that an act of will in appropriating a thing creates a property right in that thing if the act satisfies the moral law and if anyone else's subsequent use or possession of it would injure the appropriator« (Becker: *Property Rights*, a.a.O., S. 28).

stung über Kants angebliches Okkupations- und Gewalteigentum sein. In der Tat ist Kants Theorie des ursprünglichen Bodenerwerbs Verteilungsfragen gegenüber gleichgültig. Wenn sie nur durchgängig die Bedingung der zeitlichen Priorität bei ihrer Konstitution erfüllt hat, kann sich jede nur denkbare Bodenverteilung ohne Widerspruch in die apriorische normative Struktur des natürlichen Privatrechts einlagern. Indem die Okkupation zum Verteilungsprinzip erhoben wird, scheint die Natur die Rechtsrealisierung zu organisieren und der Freiheitsvernunft nur die Möglichkeit zu bleiben, die Entscheidungen ihrer ewigen Widersacherin ohnmächtig abzusegnen. Doch darf nicht vergessen werden, daß Freiheit, Recht und Vernunft auch und gerade darum gebieten, den Naturzustand zu verlassen.

Die Gewalt, die Kritiker in der Kantischen Eigentumsdeduktion selbst vermutet haben, hat ihren Ort in der Durchsetzung der Besitzansprüche von Erstokkupanten unter Naturzustandsbedingungen. Sie ist daher strukturell nicht verschieden von jenem Zwang, den auch nach Locke jedem Eigentümer zur Verteidigung seines Arbeitseigentums anzuwenden erlaubt ist. Gleichwohl ist da ein bedeutsamer Unterschied: das Arbeitseigentum Lockes ist auch unter Naturzustandsbedingungen eine relativ stabile Rechtsfigur; es ist ja der politische Sinn der Lockeschen Arbeitstheorie, rechtlich zweifelsfreie Eigentumsverhältnisse bereits im Naturzustand zu gewährleisten, um dadurch den Staat auf eine eigentumsexterne Sicherungsfunktion beschränken zu können. Diese Stabilität vermag das Kriterium der Erstokkupation den Eigentumsansprüchen im Kantischen Naturzustand nicht zu geben. Die distributive Willkür kann ihre Zueignung nicht mit inhaltlichen Auflagen verbinden. Die »Unbestimmtheit in Ansehung der Quantität sowohl als der Qualität des äußeren erwerblichen Objects« (VI, 266) ist der Preis, den die auf jede teleologische Unterstützung verzichtende freiheitstheoretische Fundierung des Rechts entrichten muß. Das Vernunftrecht kann keine Aneignungsschranken aufstellen, kann den *prior occupans* nicht mit dem Kriterium des ›having to leave enough and as good in common for others‹[34] oder auch nur dem Nozickschen Proviso[35] eingrenzen. Es muß der Entscheidung des *prior occupans* überlassen bleiben, wann ein An-

34 Locke: *Two Treatises*, a.a.O., II, 27.
35 Dazu Nozick: *Anarchy, State, and Utopia*, a.a.O., S. 178f.

griff auf seinen Besitz vorliegt, und damit der gewaltsamen Auseinandersetzung, die Besitzgrenzen abzustecken. Fehlt es an einer rechtssichernden Zentralgewalt, fehlt es aber auch an Kriterien, die die Okkupationsbefugnis inhaltlich definieren, dann wird im Konfliktfall der Besitzwille den empirischen Beweis antreten müssen. Im Naturzustand wird »nach jedes seinen Rechtsbegriffen etwas Äußeres durch Bemächtigung ... erworben« (VI, 312). Die mangelnde Bestimmungsreichweite der vernunftrechtlichen Prinzipien führt dazu, daß jeder für sich die Ausübungsbedingungen der natürlichen Gesetze über das äußere Mein und Dein festlegt. Das aber führt notwendig zu Rechtskontroversen, die mangels aller öffentlichen Schlichtungsinstanzen die Gewalt auf den Plan rufen. Die Konfliktträchtigkeit des Naturzustands hat ihren Grund in der Mannigfaltigkeit gleichberechtigter Rechtsmeinungen und Privatrechtsinterpretationen, die die natürlichen Gesetze des Mein und Dein nach je eigenen Rechtsbegriffen anwenden. Der Naturzustand, der bei Kant wesentlich ein »Zustand ... des Privatrechts« (VI, 306)[36] ist, muß verlassen werden. Sein Naturzustandskonzept ist ein Theorielabor, in dem die Fähigkeit des natürlichen Privatrechts geprüft wird, den gesellschaftlichen Sachengebrauch friedlich zu organisieren. Aufgrund des negativen Ergebnisses verlangt das Vernunftrecht selbst nach seiner Positivierung, die Idee der vereinigten Willkür selbst nach ihrer Insti-

36 Daher greift Höffes These, Kant habe den Hobbesschen Naturzustand von einigen überflüssigen anthropologischen Bestimmungen befreit und auf einen »Zustand steter Konfliktgefahr« allein schon aufgrund des geteilten Lebensraumes reduziert, wohl zu kurz (O. Höffe: »Zur vertragstheoretischen Begründung politischer Gerechtigkeit: Hobbes, Kant und Rawls im Vergleich«, in: ders.: *Ethik und Politik*, Frankfurt/M. 1979, S. 195-226; S. 209). Aus einer wie auch immer verursachten Konfliktsituation läßt sich keine Rechtspflicht a priori zum Staatsbeitritt gewinnen; jedoch aus einem Zustand, in dem natürliche Gesetze des Mein und Dein in Geltung sind, die ihrerseits selbst nach einer positivrechtlichen Bestimmung verlangen, in dem Aneignungsbefugnisse gelten, deren erhoffte und aufgrund der reinen praktischen Vernunft auch notwendige eigentumsrechtliche Wirkung jedoch nur im Kontext der Gesetzgebung des allgemeinen Willens sich entfalten kann. Daß Kant wie kein anderer Philosoph den Staat mit rechtlicher Notwendigkeit ausstatten kann, hat seinen Grund in einem antihobbesianischen, eigentumstheoretisch konzipierten Naturzustand. Hier zeigt sich eine unvermutete Nähe Kants zu Locke.

tutionalisierung und Transformation in ein System der austeilenden Gerechtigkeit, die einem jeden das Seine rechtsverbindlich bestimmt.

Lockes Arbeit bildet einen »unschuldigen Anfang«[37] des Eigentums vor dem Hintergrund einer negativen *communio* der Güter des Naturzustandes. Niemandes Recht wird durch den von ihr erzeugten Eigentumsanspruch verletzt. Kants Okkupation, die ja, wie wir gesehen haben, für alle empirischen Handlungen steht, durch die eine ursprüngliche Erwerbung beginnen kann, einschließlich der Arbeit, ist vergleichsweise ein schuldiger Anfang des Eigentums vor dem Hintergrund einer positiven *communio fundi* des Naturzustandes. Sie ist legitim, aber der durch sie konstituierte Besitz ist noch rechtlich unfertig. Sie ist nur der erste Zug in einem normativen Sanktionsspiel, das den *prior occupans* von Anfang an und a priori der Pflicht unterwirft – einer Variation der schon bekannten, zu ermöglichen, daß Äußeres, Brauchbares das Seine von irgend jemandem werden könne –, »sich mit allen anderen ... dahin vereinigen, sich einem öffentlich gesetzlichen äußeren Zwange zu unterwerfen, also in einen Zustand treten, darin jedem das, was für das Seine anerkannt werden soll, gesetzlich bestimmt und durch hinreichende Macht (die nicht die seinige, sondern eine äußere ist) zu Theil wird, d. i. er solle vor allen Dingen in einen bürgerlichen Zustand treten« (VI, 312). Nur so kann er die Rechtsschuld abtragen, die er sich mit der *prima occupatio* ungeachtet ihrer Legitimität aufgeladen hat.

8. Auch Kommunisten müssen Staaten gründen

Kants reines Privatrecht kann nur die prinzipielle Rechtmäßigkeit einer Sachaneignung mit Eigentumspräsumtion aufzeigen; die rechtliche Bestimmung des Eigentums aber, dessen also, »was für das Seine anerkannt werden soll« (VI, 312), muß dem vereinigten Willen, dem sich zu diesem Zweck vereinigenden Willen übertragen werden. Das Recht im Naturzustand verknüpft die Okkupationsbefugnis mit der Pflicht, einen Zustand distributiver Gerechtigkeit herbeizuführen. Jede ursprüngliche Erwerbung steht daher unter der Bedingung der Übereinstimmung mit dem vereinigten

37 Luhmann: *Gesellschaftsstruktur und Semantik*, a.a.O., S. 33.

Willen, unter der Bedingung der »Konformität mit der Idee eines bürgerlichen Zustandes« (VI, 264). Der Okkupationsbesitz selbst ist folglich immer nur vorläufig und vorbehaltlich einer gesetzlichen, d.h. positivrechtlichen Regelung als rechtlicher zu betrachten. Gleichwohl ist der provisorische Besitz unter Naturzustandsbedingungen durchaus ein wahrer Besitz und mit allen Rechtswirkungen ausgestattet. Eine provisorische Erwerbung ist keine von rechtlichen Implikationen freie empirische Handlung, sondern ein rechtlicher Akt mit verpflichtender Wirkung, begründet im rechtlichen Postulat der Vernunft. Gäbe es diese provisorisch-rechtlichen Verhältnisse im Naturzustand nicht, gäbe es kein Rechtsargument für die Notwendigkeit des Staates. »Wollte man vor Eintretung in den bürgerlichen Zustand gar keine Erwerbung, auch nicht einmal provisorisch für rechtlich erkennen, so würde jener selbst unmöglich sein. Denn der Form nach enthalten die Gesetze über das Mein und Dein im Naturzustande ebendasselbe, was die im bürgerlichen vorschreiben, so fern dieser bloß nach reinen Vernunftbegriffen gedacht wird: nur daß im letzteren die Bedingungen angegeben werden, unter denen jene zur Ausübung (der distributiven Gerechtigkeit gemäß) gelangen. – Es würde also, wenn es im Naturzustande auch nicht provisorisch ein äußeres Mein und Dein gäbe, auch keine Rechtspflichten in Ansehung desselben, mithin auch kein Gebot geben, aus jenem Zustande herauszugehen« (VI, 313).

Dies Argument Kants kann nur schwer überzeugen, behauptet es doch implizit, daß allein Eigentumsfragen den Naturzustand in einen Zustand gewaltsam ausgetragener Rechtskontroversen versetzen würden. Aber es ist gar nicht einzusehen, daß im Naturzustand kein Problem der Koordination der äußeren Freiheit als solcher auftauchen kann, daß das vernunftrechtliche Rechtsgesetz keinerlei Interpretations- und Anwendungskontroversen heraufbeschwören würde, obwohl es nicht minder allgemein und formal ist als die in ihm wurzelnden Prinzipien des natürlichen Mein und Dein. Im Gegenteil ist davon auszugehen, daß die Kantische Argumentation vom Naturzustand als einem Zustand der gewalttätigen privaten Vernunftrechtsvollstreckung auch bereits für das Rechtsgesetz und die ihm obliegende Regelung der äußeren Handlungsfreiheit als solcher gilt. Damit ist aber die enge Verknüpfung zwischen den natürlichen Gesetzen des Mein und Dein und dem Postulat des öffentlichen Rechts aufzulösen. Dann verlangt auch bereits das Rechtsgesetz allein aufgrund seiner mangelnden Fähigkeit, Handlungs- und Freiheitskonflikte als solche zu bereinigen, daß der Naturzustand zu verlassen ist und jedermann die Pflicht hat, sich dem System der öffentlichen Gerechtigkeit zu unterwerfen. Mit einem Wort: *auch Kommunisten müssen Staaten gründen.*

9. Eigentum und Staat

Kein Philosoph hat jemals Eigentum und Staat so eng miteinander verknüpft wie Kant. Für den Autor des *Leviathan* ist das Eigentum eine vom Staat geschaffene, allein positiv-rechtliche Institution, begründet in der souveränen Entscheidung der politischen Macht. Es kann im Rahmen der praktische Wahrheitsfragen strikt ablehnenden politischen Philosophie Hobbes' nur unter dem Aspekt der innerstaatlichen Friedenssicherung in Betracht kommen, als ein geeignetes Instrument der vom Leviathan-Staat zu verfolgenden Befriedungsstrategie des Naturzustandes. Die politische Dimension selbst ist in der Hobbesschen Theorie systematisch und begrifflich völlig unabhängig von Eigentum begründet und konzipiert. In der liberalen Theorie Lockes verhält es sich umgekehrt: das Eigentum ist nicht Instrument des Staates im Rahmen einer übergeordneten, von allen Eigentumsbezügen freien politischen Aufgabe, sondern der Staat ist Instrument des Eigentums, zu dessen Sicherung instituiert. In rechtlicher Hinsicht ist der Lockesche Staat dem Eigentumsbegriff äußerlich; dieser ist einer vollrechtlichen Bestimmtheit allein im Rahmen des natürlichen Rechts fähig, das bei Locke nicht selbst zu seiner Positivierung drängt, sondern nur an einer effektiveren Lösung seiner Durchsetzungsprobleme interessiert ist. Bei Kant nun tritt an die Stelle des eigentumsunabhängigen Staates Hobbes' und des staatsunabhängigen Eigentums Lockes die geltungstheoretische Verschränkung von Eigentum und Staat, die beide Begriffe in ein Verhältnis der wechselseitigen systematischen Abhängigkeit voneinander versetzt. Der Staat ist die Voraussetzung des peremtorischen Besitzes, steht seinerseits aber unter der Bedingung der Möglichkeit eines provisorischen Besitzes. Kants Eigentumstheorie setzt den in der staatlichen Gemeinschaft wirksam werdenden allgemeinen vereinigten Willen in den Rang eines eigentumstheoretischen Rechtsgrundes.

Wir können nur dann das eigenmächtig Erworbene in einen peremtorischen Besitz überführen, Äußeres nur dann als Eigentum ansehen, wenn wir uns mit allen anderen zu einer einem jeden das Seine rechtlich zuteilenden Gesetzgebung vereinigen. Nach welchen Kriterien aber soll diese verfahren? Sicherlich ist es nicht so, daß das System der öffentlichen Gerechtigkeit lediglich die kontingenten Verteilungsordnungen des Naturzustandes konfirmiert. Der eigentumstheoretische Modalitätssprung vom Provisorischen zum Peremtorischen schließt staatliche Verteilungskorrekturen und verteilungspolitische staatliche Initiativen nicht aus. Was als peremtorisches Mein oder Dein zu gelten hat, ist ohne Zweifel historischen Wandlungen ausgesetzt und der Bestimmungskompetenz des jeweiligen Gesetzgebers überantwortet[38]. Zu fragen ist aber, ob er dabei Normen der Verteilungsgerechtigkeit unterworfen ist. Enthält das Vernunftrecht Kants, enthält das reine Privatrecht verbindliche Prinzipien der Gestaltung der Eigentumsordnung? Sind in dem komplexen eigentumstheoretischen Begründungsargument Kants Elemente enthalten, denen normative Richtlinien für eine gestaltende Eigentumspolitik zu entnehmen sind? Wie verhält es sich überhaupt mit der Beziehung zwischen Eigentum und Gerechtigkeit bei Kant, bei Locke?

Aus gerechtigkeitstheoretischer Perspektive betrachtet bietet Lockes Konzeption des Arbeitseigentums ein lupenreines Beispiel der historischen Anspruchstheorie der Verteilungsgerechtigkeit. Eine Theorie dieses Typs betrachtet die Gerechtigkeit einer Besitzverteilung als Funktion der Gerechtigkeit der ursprünglichen Erwerbung von Gütern einerseits und der Gerechtigkeit der Übertragung von Besitztümern andererseits[39]. Der Grundsatz der gerechten Eigentumsübertragung verlangt lediglich die Zwanglosigkeit, die Freiwilligkeit der einschlägigen Übertragungshandlungen vom Vertrag bis zur Schenkung. Und dem Grundsatz der gerechten Erwerbung entspricht man nach Locke dann, wenn das durch Arbeit konstituierte Eigentumsrecht den Selbsterhaltungszweck der Menschen nicht vereitelt; und genau dann kann sich das Arbeitseigentum seiner Übereinstimmung mit dem Selbsterhaltungszweck sicher sein, wenn es die Antiverderblichkeitsbedingung beachtet und sich nicht über die vom allgemeinen Subsi-

38 Vgl. R. Brandt: *Eigentumstheorien*, a.a.O., S. 193.
39 Vgl. Nozick: *Anarchy, State, and Utopia*, a.a.O., S. 150ff.

stenzrecht gezogenen Appropriationsschranken hinwegsetzt. Lockes Theorie hat also nicht die mindeste Veranlassung, die für den vertraglich vereinigten Willen der Eigentümer treuhänderisch tätig werdende staatliche Gesetzgebung mit verteilungspolitischen Aufgaben zu versehen, oder ihr gar eine strukturelle Gerechtigkeitsaufsicht zu übertragen. Der Gerechtigkeit ist Genüge getan, wenn nach dem Grundsatz der ursprünglichen Erwerbung durch eigenbedarfsorientierte Arbeit verfahren worden ist. Aufgabe des Staates ist es lediglich, die naturrechtlich entstandene Ordnung des Privateigentums durch gesetzgeberische Präzisierung, durch die Etablierung von Streitschlichtungsinstanzen und Entscheidungsprozeduren zu stabilisieren und zu beruhigen. Genau dies meint Locke, wenn er davon spricht, daß die positiven Gesetze das Eigentum »bestimmen«, daß im Staat die Gesetze »das Eigentumsrecht regulieren«[40]. Tullys heterodoxe These, daß im Lockeschen Zivilzustand das Eigentum zu einer Schöpfung der politischen Gesellschaft werde, diese Eigentum zur Gewährleistung einer komfortablen Subsistenz und nach Maßgabe des Engagements für das öffentliche Wohl zuteile, wird weder durch den Geist noch durch die Buchstaben des *Second Treatise* gedeckt[41].

Kants Eigentumskonzeption, die die Bestimmung der Qualität und Quantität des äußeren erwerblichen Rechts nicht im Rahmen einer Theorie der ursprünglichen Akquisition leisten kann, sondern sie dem gesetzgeberischen allgemeinen Willen übertragen muß, ist mit einer historischen Anspruchstheorie der Gerechtigkeit von Lockeschem oder Nozickschem Zuschnitt nicht vereinbar. Zwar begründet die *prima occupatio* eine Eigentumspräsumtion, gibt es vernunftrechtliche Wahrheitsbedingungen für rechtliche Besitzbehauptungen unter Naturzustandsbedingungen, aber die inhaltliche Ausgestaltung des beanspruchten Besitztitels kann nur durch das positive Recht erfolgen, obliegt der staatlichen Gesetzgebung, die die Zueignungsleistung der a priori vereinigten Willkür konkretisiert. Die gesetzgeberische Feststellung und Ausgestaltung der Eigentumsordnung ist dabei dem vernunftrechtlichen Grundsatz unterworfen, der für die gesetzgeberische Tätig-

40 Locke: *Zwei Abhandlungen*, a.a.O., II; § 30; § 50.

41 Vgl. Tully: *A Discourse on Property*, a.a.O., S. 99; zur Kritik dieser unkonventionellen Locke-Interpretation vgl. auch Waldron: *Right to Private Property*, a.a.O., S. 232 f.

keit generell verbindlich ist. So wie die Gerechtigkeit staatlicher Gesetze allgemein durch ihre – auch in einem Gedankenexperiment simulierbare – demokratische Genese garantiert wird, so wird auch eine gerechte Eigentumsordnung durch eine Gesetzgebung gewährleistet, die dem kontraktualistischen Kriterium genügt. Kants Gerechtigkeitsbegriff ist prozeduraler Natur; auch die die Idee des ideellen Gesamtbesitzes und des a priori vereinigten Willens in eine vernunftrechtskonforme Ausgestaltung der positiven Eigentumsordnung umsetzende Gerechtigkeitskonzeption ist prozeduralistisch. Keinesfalls ist es so, daß der Kantischen Eigentumstheorie durch die Begründungsfiguren des Gesamtbesitzes und des allgemeinen vereinigten Willens eine gerechtigkeitstheoretische Konkretion zuwächst, die über den von Kant erst später im Staatsrecht herausgestellten demokratischen Prozeduralismus hinausginge[42]; kein verbindliches Verteilungsmuster ist der Gesamtbesitzidee und dem allgemeinen vereinigten Willen zu entnehmen, sondern nur das Vorbild einer Einigungs- und Entscheidungsprozedur[43]. Und dann wird die positivrechtliche Ausgestaltung der Eigentumsordnung dem Gerechtigkeitskonzept des Vernunftrechts genügen, wenn die Gesetzgebung diese Eini-

42 Es ist die Interpretationsidee von C. Langer: *Reform nach Prinzipien. Untersuchungen zur politischen Theorie Immanuel Kants*, Stuttgart 1986, 4. Kapitel, Kants apriorisches Eigentumsrecht rechtsethisch zu interpretieren und unmittelbar in die Konzeption der politischen Reform einzufügen, so daß dieses dann in die zwei Komponenten einer republikanisch-herrschaftsorganisatorischen Reform und einer Reform der Eigentumsordnung zerfiele, wobei letztere sich an dem normativen Potential der eigentumstheoretischen Begründungsideen des Gemeinbesitzes und der vereinigten Willkür orientieren sollte und könnte; vgl. W. Kersting: Rezension von C. Langer, Reform nach Prinzipien, *Zeitschrift für philosophische Forschung* 43/1989, S. 186-190.

43 Zum Versuch, den eigentumstheoretischen Begründungsideen strukturelle Gesichtspunkte für eine gerechte Eigentumsverteilung zu entnehmen, siehe G. Luf: *Freiheit und Gleichheit. Die Aktualität im politischen Denken Kants*, Wien 1978. Zur Kritik dieser sozialstaatlichen Ausmünzung der Gemeinbesitzidee und des Konzepts des vereinigten Willens vgl. H. G. Deggau: »Ein Aktualisierungsversuch der politischen Philosophie Kants«, *Allgemeine Zeitschrift für Philosophie* 5/1980, S. 58-64; W. Kersting: »Neuere Interpretationen der kantischen Rechtsphilosophie«, a.a.O.

gungs- und Entscheidungsprozedur befolgt. Der Vertrag ist nicht nur der kategorische Imperativ des Staatsrechts, er ist auch der kategorische Imperativ für das Privatrecht. Er ist herrschaftsorganisatorische Grundnorm und Kriterium der Gerechtigkeit staatlicher Gesetzgebung und legt damit auch das vernünftige Verfahren der notwendigen rechtlich-legislatorischen Präzisierung und Fortbestimmung der natürlichen Gesetze des Mein und Dein fest.

3. »Das starke Gesetz der Schuldigkeit und das schwächere der Gütigkeit«

Kants *Metaphysik der Sitten* von 1797 gehört als »System der allgemeinen Pflichtenlehre« (6,379)[1] in den Umkreis der naturrechtlichen Pflichtenlehren des 18. Jahrhunderts. Deren grundlegende, gleichwohl nie präzis abgegrenzte und zufriedenstellend begründete Unterscheidung zwischen vollkommenen und unvollkommenen, zwischen Rechts- oder Schuldigkeitspflichten und Liebes- oder Gewissenspflichten wird von ihr, in Rechtslehre und Tugendlehre zweigeteilt, übernommen, inhaltlich klar bestimmt und neu begründet. Weder die *Kritik der praktischen Vernunft* noch die *Grundlegung zur Metaphysik der Sitten* entwickeln selbst eine Pflichtenlehre: beide Schriften verstehen sich trotz unterschiedlichen systematischen Profils und methodischen Vorgehens gleichermaßen als begründungstheoretische Vorarbeit zu einer Metaphysik der Sitten. Die »im Vorsatze ..., eine Metaphysik der Sitten dereinst zu liefern«, abgefaßte Grundlegungsschrift bietet die »Vorarbeiten der Grundlage« für ein künftiges moralphilosophisches System (4,391). Die ihr zugeteilte Aufgabe ist allein auf das schwierige Grundlegungsgeschäft, auf die »Aufsuchung und Festsetzung des obersten Princips der Moralität« (4,392) gerichtet, »um das Subtile, was darin unvermeidlich ist, künftig nicht faßlicheren Lehren beifügen« und die pflichtentheoretische Doktrin der »Metaphysik der Sitten«, die, »ungeachtet des abschreckenden Titels, dennoch eines großen Grades der Popularität und Angemessenheit zum gemeinen Verstande fähig ist«, nicht damit belasten zu müssen (4,391/2). Auch die *Kritik der praktischen Vernunft* qualifiziert Kant als eine sich auf die Darstellung von »Grundzügen« beschränkende »Vorübung« zu dem »weitläufige[n] Geschäfte einer systematischen Ordnung der »Mannigfaltigkeit der Pflichten« (5,161)[2]. Diese entfaltet dann

1 Alle Kant-Zitate sind der Akademie-Ausgabe der *Gesammelten Schriften* Kants entnommen und werden mit Band- und Seitenangabe im Text ausgewiesen.

2 »Denn die besondere Bestimmung der Pflichten als Menschenpflichten, um sie einzutheilen, ist nur möglich, wenn vorher das Subject dieser

rund zehn Jahre später die *Metaphysik der Sitten;* sie ist das »System der allgemeinen Pflichtenlehre«, das die geltungstheoretischen Anstrengungen der *Grundlegung* und *Kritik* hinter sich weiß und sich daher allein auf die vollständige Darstellung der einzelnen Pflichtenarten und die systematische Entwicklung der sie definierenden Einteilungsprinzipien konzentrieren kann.

1. Die pflichtentheoretische Einteilung der Grundlegungsschrift

Gleichwohl finden sich auch schon in der Grundlegungsschrift Bemerkungen zum pflichtentheoretischen Einteilungs- und Abgrenzungsproblem[3]. Kant greift dort auf die »nach der gewöhnlichen Eintheilung« der naturrechtlichen Tradition unterschiedenen Pflichtklassen zurück, allerdings nur vorläufig, wie er ausdrücklich versichert, und nur, um die Anwendungsbeispiele des kategorischen Imperativs zu ordnen, da ja eine systematische Pflichtenklassifikation einer künftigen Metaphysik der Sitten vor-

Bestimmung (der Mensch) nach der Beschaffenheit, mit der er wirklich ist, obzwar nur so viel als in Beziehung auf Pflicht überhaupt nöthig ist, erkannt worden; diese aber gehört nicht in eine Kritik der praktischen Vernunft überhaupt, die nur die Principien ihrer Möglichkeit, ihres Umfanges und Grenzen vollständig ohne besondere Beziehung auf die menschliche Natur angeben soll. Die Eintheilung gehört also hier zum System der Wissenschaft, nicht zum System der Kritik« (5,8). Alle Moral bedarf »zu ihrer *Anwendung* auf Menschen der Anthropologie« (4,412), jedoch wird sie damit nicht zu einer moralischen Anthropologie; angewandte Moral oder, was dasselbe meint, die Lehre von den Menschenpflichten ist »Anthroponomie, welche von der unbedingt gesetzgebenden Vernunft aufgestellt wird« (6, 406); die anthropologische Definition des Anwendungsbereichs der Moral ist nicht mit den Geltungsbedingungen ihrer Normierung zu verwechseln.

3 »Man muß hier wohl merken, daß ich die Eintheilung der Pflichten für eine künftige Metaphysik der Sitten mir gänzlich vorbehalte, diese hier also nur als beliebig (um meine Beispiele zu ordnen) dastehe. Übrigens verstehe ich hier unter einer vollkommenen Pflicht diejenige, die keine Ausnahme zum Vortheil der Neigung verstattet, und da habe ich nicht bloß äußere, sondern auch innere vollkommene Pflichten, welches dem in Schulen angenommenen Wortgebrauch zuwider läuft ...« (4,421/Anm.).

behalten bleiben muß. Jedoch ersetzt er bei diesem Rekurs auf das überlieferte Pflichtenschema das vollkommenen Pflichten gewöhnlich definitorisch zugeordnete Merkmal der Erzwingbarkeit durch das der ausnahmslosen Gültigkeit und gewinnt so entgegen »dem in Schulen angenommenen Wortgebrauch« (4,421/Anm.) vollkommene Pflichten gegen sich selbst als vierte Pflichtklasse, neben den unvollkommenen Pflichten gegen sich selbst, den unvollkommenen Pflichten und den vollkommenen Pflichten gegen andere. Soll es diese vierte Pflichtklasse geben, dann muß in der Tat von der Erzwingbarkeit als pflichtentheoretischem Vollkommenheitskriterium abgerückt werden, da eine erzwungene Pflichterfüllung nur die von einem pflichtbegünstigten Gegenüber erzwungene Pflichterfüllung sein kann, bei Pflichten gegen sich selbst aber der Verpflichtete und der Pflichtbegünstigte trivialerweise numerisch identisch sind. Was Kant jedoch als Neudefinition dieser pflichtentheoretischen Modalität anbietet, kann nicht überzeugen. Wenn eine vollkommene Pflicht dadurch gekennzeichnet sein soll, daß sie »keine Ausnahme zum Vortheil der Neigung verstattet«, dann bleibt die spezifische Differenz Vollkommenheit unbestimmt, da der Pflicht als solcher doch schon ausnahmslose Gültigkeit zukommt. Nach der hier vorgeschlagenen Definition wäre der Ausdruck »vollkommene Pflicht« eine Tautologie und sein Gegenstück eine logische Ungereimtheit; impliziert der Begriff der Pflicht die »praktisch-unbedingte Nothwendigkeit einer Handlung« (4, 425), dann kann das Merkmal der ausnahmslosen Gültigkeit nicht die Eigentümlichkeit vollkommener Pflichten begründen[4].

4 W. D. Ross spricht in seinem Kommentar von einer »inadmissable distinction; what sort of duty would that be, which we are free to do or not to do as we feel inclined« (*Kant's Ethical Theory. A Commentary on the »Groundwork of the Metaphysics of Morals«*, Oxford 1954, S. 45). Siehe auch den Brief C. Chr. E. Schmids an Kant vom 21.2.1789, in dem der Autor sein Unvermögen eingesteht, »mir und andern klar auseinander zu setzen, wie die Begriffe *Pflicht u. erlaßlich, verdienstlich* etc. sich miteinander ohne Widerspruch vereinigen lassen, wie die Notwendigkeit einer Handlung verschiedene Arten und Grade haben könne, und inwiefern die eigne Neigung freien Spielraum in Ansehung einiger pflichtmäßigen (durch Vernunft notwendig bestimmten) Handlungen behalten könne und dürfe« (11.1, Nr. 343); vgl. auch P. J. A. Feuerbach: *Kritik des natürlichen Rechts als Propädeutik zu einer Wissenschaft der natürlichen Rechte*, Altona 1796, S. 175ff.

Die pflichtentheoretischen Äußerungen der Schrift von 1785 reichen jedoch noch weiter, denn bemerkenswerterweise versucht Kant trotz des versicherten provisorischen Charakters der Pflichteneinteilung deren zentrales, nämlich »die Art der Verbindlichkeit« betreffendes Unterscheidungsmerkmal aus der Anwendungsweise des kategorischen Imperativs und damit letztlich aus dem obersten Moralprinzip selbst zu gewinnen. Kant beschließt nämlich die Präsentation der Beispiele, und das heißt auch: den Beweis der Leistungsfähigkeit seines Pflichterkennungsprinzips mit folgendem Resumee:» Einige Handlungen sind so beschaffen, daß ihre Maxime ohne Widerspruch nicht einmal als allgemeines Naturgesetz *gedacht* werden kann; weit gefehlt, daß man noch *wollen* könne, es *sollte* ein solches werden. Bei anderen ist zwar jene innere Unmöglichkeit nicht anzutreffen, aber es ist doch unmöglich zu *wollen*, daß ihre Maxime zur Allgemeinheit eines Naturgesetzes erhoben werde, weil ein solcher Wille sich selbst widersprechen würde. Man sieht leicht: daß die erstere der strengen oder engeren (unnachlaßlichen) Pflicht, die zweite nur der weiteren (verdienstlichen) Pflicht widerstreite, und so alle Pflichten, was die Art der Verbindlichkeit (nicht das Object ihrer Handlung) betrifft, durch diese Beispiele in ihrer Abhängigkeit von dem einigen Princip vollständig aufgestellt werden« (4, 424). Der kategorische Imperativ besitzt nach diesen Worten eine universale pflichtentheoretische Zuständigkeit; er ist, wie es in der *Kritik der praktischen Vernunft* heißt, ein Erkenntnisprinzip »in Ansehung aller Pflichten überhaupt« (5,8/Anm.). Er erreicht diese umfassende Kompetenz durch die Kombination zweier Universalisierungshinsichten im Rahmen des von ihm geforderten Verallgemeinerungstests, diese führen zu zwei unterschiedlichen Kriterien der Pflichtwidrigkeit, mit deren Hilfe die Pflichten der Verbindlichkeitsart nach identifiziert und in vollkommene und unvollkommene getrennt werden können. Mittels des Kriteriums des Nicht-als-Gesetz-denken-Könnens lassen sich die vollkommenen, oder wie Kant auch sagt, die strengen, engeren, unnachlaßlichen, »nothwendigen« oder »schuldigen« (4, 429) Pflichten erkennen, und mittels des Kriteriums des Nicht-als-Gesetz-wollen-Könnens lassen sich die unvollkommenen, die weiteren, verdienstlichen oder »zufälligen« (4, 430) Pflichten erkennen. Dabei gilt folgender logischer Zusammenhang zwischen den beiden Kriterien: kann ich eine Maxime nicht als Gesetz denken, so kann ich

sie a fortiori nicht als solches wollen; ist hingegen eine Maxime in dem angegebenen Sinn universalisierbar, dann ist damit noch nicht ausgemacht, daß ich sie auch als Gesetz wollen kann.
In den pflichtentheoretischen Bemerkungen der Grundlegungsschrift lassen sich somit zwei unterschiedliche Versuche ausmachen, die Grenze zwischen den vollkommenen und unvollkommenen Pflichten zu ziehen: die vollkommenen Pflichten werden einmal als Pflichten qualifiziert, die keine Ausnahme dulden, und zum anderen als solche bestimmt, die dadurch erkannt werden können, daß ihr praktisches Gegenteil nicht als Gesetz denkbar ist; entsprechend sind unvollkommene Pflichten solche, die neigungsbedingte Ausnahmen zulassen und die dadurch erkannt werden können, daß ihr praktisches Gegenteil nicht als Gesetz gewollt werden kann. Kant hat diese beiden Unterscheidungen nur angedeutet, auch nicht aufeinander bezogen. Um dem von ihnen getragenen pflichtentheoretischen Schema mehr Kontur zu verleihen, müßten die den Beweis der pflichtentheoretischen Universalität des kategorischen Imperativs führenden Anwendungsbeispiele genau untersucht werden. Jedoch will ich mich auf dieses wohl meisttraktierte Textstück der moralphilosophischen Überlieferung selbst nicht einlassen und die lange Kette der Beispielanalysen um kein weiteres Glied verlängern[5]. Mein Thema ist die Pflichtenlehre Kants, ihr systematischer Gehalt und ihr historischer Hintergrund; und diese Pflichtenlehre ist erst in der *Metaphysik der Sitten* entwickelt worden. Ihre Untersuchung wird zeigen, daß das Alterswerk Kants die pflichtentheoretische Skizze der systemvorbereitenden *Grundlegung* nicht fortschreibt. Von der Überzeugung, mit dem kategorischen Imperativ ein den gesamten Pflichtenkatalog des neuzeitlichen Naturrechts neubegründendes Erkenntnisprinzip zu besitzen, rückt Kant mit der Ausarbeitung des moralphilosophischen Systems ab; der Versuch, den pflichtentheoretischen Fundamentalunterschied zwischen vollkommenen und unvollkommenen Pflichten in dem einen Sittengesetz selbst zu verankern und allein durch eine Unterschei-

5 Eine ausführliche Dokumentation der Auseinandersetzung mit den Beispielen der *Grundlegung* von Hegel und Schopenhauer bis heute findet sich bei Leo Henri Wilde: *Hypothetische und kategorische Imperative*, Bonn 1975; vgl. W. Kersting: »Der kategorische Imperativ, die vollkommenen und die unvollkommenen Pflichten«, *Zeitschrift für Philosophische Forschung* 37 (1983), S. 404-421.

dung zweier Universalisierungshinsichten eine Differenz zu begründen, die den tradierten Pflichtendualismus trägt, findet keine Fortsetzung. Bevor wir uns jedoch der Pflichtenlehre des Kantschen Alterswerks selbst zuwenden, wollen wir ihren historischen Hintergrund ein wenig ausleuchten und die Entwicklung der naturrechtlichen Pflichtenlehre bis zur *Metaphysik der Sitten* in ihren wesentlichen Zügen nachzeichnen.

2. Die Pflichtentheorie des frühen modernen Naturrechts

2.1 Grotius

Die ersten Anklänge einer Unterscheidung zwischen vollkommenen und unvollkommenen Pflichten[6], einer Differenzierung der sich im vormodernen Naturrecht überlagernden Normbereiche des Rechts und der Ethik durch pflichtentheoretische Grenzzie-

6 Als pflichtentheoretischer Terminus taucht der Ausdruck »vollkommene Pflicht« wohl zuerst bei Cicero auf. Cicero hat ihn als Übersetzung des stoischen κατόρθωμα gewählt; den Begriff καθῆκον hat er dagegen mit *officium* oder *medium officium* übersetzt; vgl. *De officiis* I, 3.8; *De finibus* III, 6.20. Die *officia media* und die *officia perfecta* bezeichnen also nicht »zwey verschiedene Arten der Pflichten; es sind nur verschiedene Arten, eine und eben dieselbe Pflicht zu betrachten« (Chr. Garve: *Philosophische Anmerkungen und Abhandlungen zu Cicero's Büchern von den Pflichten. Anmerkungen zu dem Ersten Buche*, Breslau ^{2}1784, S. 20). Der Ausdruck *officium perfectum* bezieht sich auf den sittlich vollkommenen Ausführungsmodus einer naturgemäßen Handlung, bezeichnet die »recta effectio« einer Pflichthandlung, richtet sich auf das subjektive Handlungs-Wie, nicht auf das objektive Handlungs-Was (Cicero, *De finibus* III,14.45). Ciceros Unterscheidung zwischen *officium medium und officium perfectum* hat Ambrosius in seiner 386 verfaßten Abhandlung *De officiis ministrorum* aufgegriffen, ihr jedoch – im Gegensatz zum stoischen Verständnis des Begriffspaars καθῆκον und κατόρθωμα bzw. *officium medium* und *officium perfectum* – zwei inhaltlich verschiedene Handlungsklassen und Pflichtarten zugewiesen. Mittlere Pflichten sind dem Mailänder Bischof zufolge solche, »quibus aliquid deest«; gemeint ist damit, daß sie Schuldigkeiten zum Inhalt haben; sie entstammen im wesentlichen den Handlungsverboten des Dekalogs. Vollkommene Pflichten sind dagegen solche, durch die »corriguntur omnia, quae aliquos potuerunt lapsus habere«. Beispiele dieser

hung, finden sich bei Hugo Grotius. Er war »der erste, welcher die eigentlichen Lehren des Naturrechts, abgesondert von den übrigen Lehren der praktischen Weltweisheit, in der Form einer eigenen Wissenschaft zusammentrug, und kann in dieser Absicht als der wahre Vater der Naturrechtswissenschaft angesehen werden. Nach ihm hat es Puffendorf – der erste Professor des Naturrechts für Teutschland – fortgesetzt. Aber wo scheiden sich nun diese Wissenschaften voneinander? ... [Der Unterschied] scheinet ... dadurch am besten begründet zu seyn, wenn man dem eigentlichen Naturrecht blos diejenigen Grundsätze zueignet, welche bestimmen, was Menschen auf eine vollkommene Weise, der Strenge nach, auch mit Gewalt von einander fordern können: officia necessitatis; dahingegen alle übrigen Pflichten und Rechte der Menschen, deren Ausübung auf Gewissen, Tugend und Redlichkeit, liebreicher und billiger Gesinnung beruhet (officia humanitatis) ... in das Gebiet der Moral gehören.«[7]

Die Pioniertat, die Grotius diesen Ruhm verschafft hat, besteht genauer in der Unterscheidung zweier Rechtsarten. Das (subjektive) Recht, von Grotius bestimmt als »qualitas moralis personae competens ad aliquid juste habendum vel agendum«, kann entwe-

Pflichtklassen sind Barmherzigkeit, Hilfsbereitschaft etc. *Officia perfecta* haben bei Ambrosius – im Gegensatz zur späteren Bedeutung dieses Terminus – nicht die gebotenen, sondern die supererogatorischen Werke zum Inhalt; sie haben ihren Grund nicht in den göttlichen *praecepta*, sondern in den *consilia*, die den Menschen hinsichtlich ihrer Befolgung und inhaltlichen Ausgestaltung freie Wahl lassen. Durch die Erfüllung vollkommener Pflichten vermag sich der Handelnde um sein Heil verdient zu machen, dagegen sind die mittleren Pflichten auf die Vermeidung der Sünde gerichtet (*De officiis ministrorum*, lib. I, cap XI, § 36, § 37, MPL 16, S. 34); zum Gegensatz *praeceptum – consilium* bei Ambrosius vgl. Ambrosius, *De viduis*, cap. XII, § 72, MPL 16. Eine ausführliche Darstellung der Begriffsgeschichte der Pflicht und der wesentlichen pflichtentheoretischen Unterscheidungen findet sich in: Wolfgang Kersting: »Pflicht«, in: *Historisches Wörterbuch der Philosophie*, hrsg. von J. Ritter / K. Gründer, Bd. 7, Basel 1989, Sp. 405-433; ders.: »Vollkommene und unvollkommene Pflichten«, in: *Historisches Wörterbuch der Philosophie*, hrsg. von J. Ritter / K. Gründer, Bd. 7, Basel 1989, Sp. 433-439.

7 Gottlieb August Tittel: *Erläuterungen der theoretischen und praktischen Philosophie nach Herrn Feders Ordnung. Natur- und Völkerrecht*, Frankfurt 1786, S. 6.

der »perfecta« oder »minus perfecta« sein; ersteres nennt Grotius eine »facultas«, letzteres eine »aptitudo«[8]. Hinter der »aptitudo« verbirgt sich eine Art moralisches Recht, ein Billigkeitsanspruch ohne Rechtsmacht, ein »Recht ohne Erpressung«[9], wohingegen die »facultas« einen zwangsbewehrten Rechtsanspruch einschließt, der gegen Widerstände legitim durchsetzbar ist. Der »facultas« korrespondiert daher die von Grotius als »iustitia expletrix« bezeichnete iustitia commutativa der aristotelischen Tradition; es ist dies die sich im Leisten des Schuldigen erschöpfende, unauffällige Rechtsschaffenheit. Wer auch den hinter der »aptitudo« stehenden moralisch-ohnmächtigen Ansprüchen Gehör schenkt, beweist zusätzlich »iustitia attributrix«, beweist ein – nicht einklagbares – Gerechtigkeits- und Billigkeitsempfinden, das die Grenzen der Legalität überwindet und dort freiwillig leistet, wo der Rechtszwang nicht hinreicht[10].

2.2 Pufendorf

Pufendorf übernimmt diese grotianische Unterscheidung und führt sie weiter aus, indem er dem Dualismus von vollkommenem und unvollkommenem Recht einen entsprechenden Pflichtdualismus zur Seite stellt. Die durch das »lumen rationis« erkennbaren und im socialitas-Prinzip begründeten »officia hominis communissima« sind entweder vollkommen oder unvollkommen[11]. Die ersteren sind vollkommenen Rechten entspringende Schuldigkeiten und als solche erzwingbar: »vi belloque« im Naturzustand und auf dem Rechtsweg im status civilis; ein »debere ex iure imperfecto« kann jedoch nur durch freiwillige Leistung abgetragen werden[12]. Ihren Grund findet diese Pflichtendifferenz in einer »diversitas praeceptorum iuris naturalis, quorum alia ad esse, alia duntaxat ad bene esse societatis faciunt«[13].

8 Hugo Grotius: *De jure belli ac pacis libri tres*, lib. I, cap. I, n. IV.
9 Augustin Schelle: *Praktische Philosophie.* Erster Theil, welcher die allgemeine praktische Philosophie und die Moral enthält, Salzburg ²1792, § 110, S. 232.
10 Grotius: *De jure belli ac pacis*, lib. I, cap. I, n. VIII.
11 Samual Pufendorf: *De officio hominis et civis juxta legem naturalem libri duo*, praefatio.
12 Pufendorf: *De jure naturae et gentium libri octo*, lib. I, cap. VII, § VIIf.
13 Ebd.

Im Zentrum der vollkommenen, auf die Erhaltung des gesellschaftlichen Seins gerichteten Pflichten steht die fundamentale Unverletzlichkeitsvorschrift aus der Ulpianschen Formeltrias, das Gebot, »ne quis alterum laedat. Est quippe hoc officium omnium latissimum, omnes homines ut tales complexum. Idemque facillimum, utpote nuda actionis intermissione constans ... compescendae sunt. Quin et maxime necessarium idem est, quod citra illud socialis hominum vita nullo modo consistere queat«.[14] Die unvollkommenen Pflichten, die der Errichtung einer guten und solidarischen Gemeinschaft dienenden officia humanitatis seu caritatis sind hingegen nur im Rahmen von aktiven, von Begehungshandlungen erfüllbar; es sind Ausübungspflichten, die nutzenmehrende Leistungen fordern. Wer ihre Erfüllung verweigert, beweist eine »detestanda malignitas et inhumanitas« und verfällt der moralischen Ächtung[15]; fehlende Mitmenschlichkeit ist jedoch nicht im juridischen Sinne, sondern nur im ethischen Sinne beklagbar. Dieser Unterschied zwischen Recht und Ethik, zwischen dem negativen Prinzip der Koexistenz und dem positiven Prinzip der guten Gemeinschaft, zwischen den »Pflichten der Nothwendigkeit« und den »Pflichten der Bequemlichkeit«[16] wird jedoch von Pufendorf vor dem Hintergrund des naturrechtlichen Grundprinzips der socialitas relativiert: die grundlegende Sozialitätspflicht verbindet beide Normelemente als gleichkonstitutive Bestandteile: »Cuilibet homini, quantum in se, colendam et conservandam esse pacificam adversus alios socialitatem, indoli et scopo

14 Pufendorf: *De officio hominis,* lib I, cap. VI, § II.
15 Ebd., lib. I, cap. VIII, § VI.
16 Pflichten gegen andere sind »in Ansehung der Absicht und Verbindlichkeit ... entweder Pflichten der Nothwendigkeit; oder Bequemlichkeit, durch jene leisten wir den andern dasjenige, ohne das er nicht leben und bestehen kann, durch diese hingegen erweisen wir ihm dasjenige, so sein Leben bequem machet. Jene haben eine vollkommene Verbindlichkeit, das derjenige, welcher sie einem versaget, zur Leistung derselben kann gezwungen werden, und zwar im natürlichen Stand durch Gewalt, daher der Krieg entstehet; im bürgerlichen Stand aber durch obrigkeitliche Hülfe ... Diese, oder die Pflichten der Bequemlichkeit haben eine unvollkommene Verbindlichkeit, das ist, sie geben dem andern kein Recht in die Hände, im Weigerungsfall jemand dazu zu zwingen« (Johann Georg Walch: *Philosophisches Lexikon,* Bd. II, Leipzig ^{4}1775, Sp. 385).

generis humani in universum congruentem. Per socialitatem innuimus eiusmodi dispositionem hominis erga quemvis hominem, per quam ipsi benevolentia, pace et caritate, mutuaque adeo obligatione coniunctus intelligitur«[17].

Auch Leibniz[18] übernimmt die grotianische Einteilung und unterscheidet innerhalb seines dreistufigen Naturrechtssystems ein »ius strictum seu merum« (» ... est... nihil aliud quam Ius belli et pacis«)[19] von der »aequitas«: »Juris meri sive stricti praeceptum est neminem laedendum esse, ne detur ei in civitate actio, extra civitatem jus belli. Hinc nascitur justitia, quam Philosophi vocant commutativam, et jus quod Grotius appellat facultatem. Superiorem gradum voco aequitatem, vel si mavis caritatem (angustiore scilicet sensu), quam ultra rigorem juris meri ad eas obligationes porrigo, ex quibus actio iis quorum interest non datur, qua nos cogant; veluti ad gratitudinem, ad Eleemosynam, ad quae aptitudinem, non facultatem habere Grotio dicuntur. Et quemadmodum infimi gradus erat, neminem laedere, ita medii est cunctis prodesse; sed quantum cuique convenit, aut quantum quisque meretur, quando omnibus aeque favere non licet. Itaque huius loci est distributiva justitia et praeceptum juris, quod suum cuique tribui jubet«[20]. Entsprechend definiert dann auch Wolff: »Imperfecta dicitur obligatio, cui ut satisfaciat nemo cogi potest: sicuti ex adverso perfecta vocatur, cui ut satisfaciat alter cogi potest. Et propterea porro Jus perfectum dicitur, quod conjunctum est cum jure cogendi alterum, si obligationi satisfacere nolit, ut satisfaciat; Jus autem imperfectum, quod jus ad coactionem non continet«[21].

17 Pufendorf: *De jure naturae,* lib. II, cap. III, § XV.

18 Zu Leibniz' Naturrecht allgemein siehe Werner Schneiders: »Naturrecht und Gerechtigkeit bei Leibniz«, in: *Zeitschrift f. phil. Forschung* 20/1966, S. 607-650; Hans Peter Schneider: *Justitia universalis. Quellenstudien zur Geschichte des »Christlichen Naturrechts« bei Gottfried Wilhelm Leibniz,* Frankfurt/M. 1967.

19 Leibniz: *Nova methodus discendae docendaeque Jurisprudentiae,* Pars II, § 73, in: ders.: *Sämtliche Schriften und Briefe,* Akademie Ausgabe Reihe VI, Bd. 1, S. 343.

20 Leibniz: *Codex juris gentium diplomaticus,* Einleitung in : C. I. Gerhardt (Hrsg): *Die philosophischen Schriften von G. W. Leibniz,* Berlin 1875 ff., III, S. 387 f.

21 Weiter heißt es: »Jus perfectum etiam simpliciter Jus appellatur, praesertim in Jure civili, ubi nonnisi Juris perfecti habetur ratio: imperfec-

2.3 Thomasius

Thomasius gilt als der Philosoph, der mit der Ablösung der bislang naturrechtsimmanenten Unterscheidung zwischen vollkommenen und unvollkommenen Pflichten durch den Dualismus von äußerer und innerer Verbindlichkeit und der Ausdifferenzierung des Geltungsbereichs des jus naturae in die drei Normsphären des justum, decorum und honestum die Verschiedenheit von Recht und Moral präzisiert und die »Grenze der Tugend und des Zwangs«[22] deutlich gezogen hat[23]. Die »norma universalis«, auf die Thomasius in den *Fundamenta juris naturae et gentium* die gesamte praktische Philosophie stellt, steht nicht mehr im Dienst der »custodia socialitatis«[24]; in deutlicher Abkehr von den Voraussetzungen eines Grotius und Pufendorf (wie auch seiner eigenen *Institutiones jurisprudentiae divinae* von 1688) macht er in seinem späten Naturrecht das individuelle Glücksstreben des Menschen zur allgemeinen und umfassenden Grundlage: »Facienda esse, quae vitam hominum reddunt et maxime diuturnam et felicissimam; et evitanda, quae vitam reddunt infelicem et mortem accelerant«[25].

Die Realisierung dieses anthropologisch verankerten Glückszwecks ist gefährdet durch äußere, aber auch durch innere Friedlosigkeit. Daher zerlegt sich die allgemeine felicitas-Formel in drei

tum autem a Grotio dicitur Aptitudo, ab Aristotele vero Meritum, quatenus dignus est, cui quid praestandum, ut praestetur. Meritum itaque officium humanitatis petentis indigentia est« (*Institutiones juris naturae et gentium*, pars I, cap. III, § 80).

22 G. A. Tittel, *Erläuterungen*, a.a.O., S. 23.

23 Zur praktischen Philosophie des Thomasius siehe die gründliche Abhandlung von Werner Schneiders: *Naturrecht und Liebesethik. Zur Geschichte der praktischen Philosophie im Hinblick auf Christian Thomasius*, Hildesheim 1971.

24 Christian Thomasius: *Fundamenta juris naturae et gentium ex sensu communi deducta, in quibus ubique secernuntur principia honesti, justi ac decori*, Halle ^{4}1718: »Custodia socialitatis hactenus quidem a nobis contra objectiones dissentientium non male defensa, jam displicet, quia partim ambagibus opus est in deducendis hominis officiis erga seipsum; partim non adeo perspicue comprehendit praecepta honesti, partim etiam vel miscet vel certe non accurate secernit praecepta justi & decori« (lib. I, cap. VI, § XIX (S. 171)).

25 Ebd. § XXI (S. 172).

inhaltlich differente und ihr subordinierte Friedensnormen, denen die einzelnen Risikozonen des Glücks als Regelungsbereiche zugewiesen werden. Diese drei Friedensprinzipien sind die Regeln des justum (»Quod tibi non vis fieri, alteri ne feceris«), des decorum (»Quod vis ut alii tibi faciant, tu ipsis facies«) und des honestum (»Quod vis, ut allii sibi faciant, tute tibi facies«)[26]. Sie zielen im einzelnen »ad acquirendam quietem internam hoc est ad moderandas stultias concupiscentiarum trium primarum; ad procurandam quietem externam actionibus pacifis; ad evitandam turbationem quietis externae ommissione actionum pacem turbantium«[27]. Gerechtes Handeln ist nach Thomasius wesentlich *ommissio actionum pacem turbantium*; die Pflichten des *justum* sind auf die Vermeidung von friedensstörenden Handlungen gerichtet; sie haben negative Vermeidungshandlungen zum Inhalt. Die *justum*-Norm ist daher auch prohibitiver Natur, sie begründet Handlungsverbote. Die Pflichten des *decorum* hingegen gehen auf die Herstellung mitmenschlicher, solidarischer Verhältnisse; sie umfassen die Pufendorfschen *officia humanitatis seu caritatis* ebenso wie die legalitätskritischen Aspekte der *aequitas*[28]: der *decens* ist der, der durch Hilfsbereitschaft und Wohlwollen, auch durch die Härten des Rechts mildernde Billigkeit die Qualität des menschlichen Zusammenlebens steigert. Ist das *justum* auf das grenzenrespektierende Nebeneinander gerichtet, so das *decorum* auf das Miteinander durch wechselseitige Zuwendung. Gegenstand des *honestum* sind dagegen innere Handlungen; die *regula honesti* ist das Prinzip der inneren Verfassung; der Ehrbare beweist sich als »dominus passionum suarum«[29]; Ausgeglichenheit und Selbstbeherrschung schaffen Ordnung im Affekthaushalt und

26 Ebd. § XL ff. (S. 177).

27 Ebd., lib I, cap. IV, § LXXIII (S. 137).

28 Locus classicus der auf eine Rechtsverfolgung »in kleinlicher Genauigkeit« verzichtenden und sich zur freiwilligen »Berichtigung der Gesetzes-Gerechtigkeit« bereitfindenden »Güte in der Gerechtigkeit« oder Billigkeit ist das 14. Kapitel des V. Buches der *Nikomachischen Ethik*. Zum von der regula decori geforderten Rechtsverzicht siehe Thomasius: *Fundamenta juris naturae*, a.a.O., lib. I. cap. VI, § LVI; auch § LXXI: »Non faciendae sunt actiones justae & licitae, si aliis sint parum gratae, est praeceptum decori«.

29 Thomasius: *Fundamenta juris naturae*, a.a.O., lib. I, cap. VI, § LXXV (S. 184).

damit die Grundlage individuellen Glücks; der nicht in sich ruhende und der »tranquillitas animi« entbehrende, von seinen Affekten aufgestörte und von seinen Passionen umgetriebene Mensch ist ein zutiefst unglücklicher Mensch; er ist innerlich unfriedlich.

Für ein geglücktes Leben ist die Beachtung aller drei Normen unerläßlich; gleichwohl befinden sie sich nicht auf gleicher Werthöhe[30]. Die *honestum*-Norm ist für Thomasius die ranghöchste: allein ein ehrbares Leben, allein ein auf Lasterbekämpfung und Selbstbeherrschung gerichtetes Handeln besitzt eine affirmative, sittlich positive Bedeutung, besitzt eine wertschaffende Qualität[31]. Das *justum*-Prinzip ist das rangniedrigste; auf Abwehr des *summum malum* gerichtet[32], ist ein ihm entsprechendes Handeln ein

30 »Contra homo justus & non decorus vel honestus inter sapientes infimus est: homo decore vivens & juste, sed non honeste, est sapiens medius: honeste vivens, id est, dominus passionum suarum, est sapiens maximus, quia non potest non simul & juste vivere & decore« (ebd.). Schroffer urteilt Gundling: von dem, der »justissimus ... und doch nicht honestus« ist, gilt: »wer bloß lebet als ein strenger Jurist, der kommt in die Hölle« (Nikolaus Hieronymus Gundling: *Ausführlicher Discours über das Natur- und Völcker-Recht*, Frankfurt u. Leipzig ^{2}1747, S. 19; zit. n. Hinrich Rüping: *Die Naturrechtslehre des Christian Thomasius und ihre Fortbildung in der Thomasius-Schule*, Bonn 1968, S. 106).

31 Die Höchstwertigkeit des *honestums*-Prinzips und des von ihm regierten moralischen Innenbereiches läßt Thomasius von der vollkommen-unvollkommen-Einteilung abrücken, denn deren axiologische Implikation gibt dem Außenbereich den Vorrang: »Patet porro, divisionem juris Grotianam in perfectum & imperfectum non bene se habere. Nam omne jus est perfectum, & jus imperfectum non habet propositam injuriam: jus imperfectum non ulterius tendit, quam ad ea, quae ab altero peto ex regulis decori, non justi. (§ XXIII) Eadem ratio quoque est divisionis, qua obligatio dividitur in perfectam & imperfectam. Nam nec datur obligatio imperfecta. Et cum obligatio interna sit perfectior externa, ea non potest dici imperfecta, haec perfecta. Adde, quod regulae decori & honesti proprie me non obligent alii homini, sed mihi. (§ XXIV)« (*Fundamenta juris naturae*, a.a.O., S. 150).

32 »Regulae justi coercent malum summum, quia facta, quae iis prohibentur, per se causae bellorum & odii extremi sunt ex natura communi humani generis« (ebd., lib. I, cap. VI, § LXXII/S. 183); »... regulae justi promovent bonum infimum, quia parum juvat, nullos habere inimicos, si non sint & amici« (§ LXXIII/S. 184).

solches, das die Realität des Bösen verhindert, damit aber nicht schon selbst von wertschaffender Bedeutung: der *honestus*, der Weise, wird gelobt und verehrt, der *decens* erfreut sich gesellschaftlicher Anerkennung, der *justus*, der Rechtschaffene (weil Recht Schaffende), bleibt unauffällig. Trotz der axiologischen Unterlegenheit ist das Gerechtigkeitsprinzip angesichts des unvermeidlichen Nebeneinanders der Menschen und der Notwendigkeit des äußeren Friedens das praktisch wichtigere: ohne die Regeln des Gerechten »genus humanum interiret et stulti non possent duci in viam sapientiae«[33]. Die *pax externa* ist die *conditio sine qua non* der Erhaltung der Menschen und zugleich unabdingbare Moralisierungsbedingung der Unvernünftigen.

Neben diese teleologisch orientierte Sonderung dreier unterschiedlicher Friedensbedingungen und zugleich dreier naturrechtlicher Pflichtgruppen tritt bei Thomasius noch eine verbindlichkeitstheoretische Unterscheidung. »Obligatio vero duplex est, alia interna quae oritur ex conscientia periculi naturalis ex ordinatione potentiae et aeternae necessario operantis, ut evitari non possit, vel lucri ex natura rei etiam necessario profluentis; et externa, quae oritur ex metu et spe lucri et periculi incerti ab arbitrio humano dependentis, quod astutia forte elidi vel alio modo evitari potest«[34]. Thomasius unterscheidet in Anlehnung an den Unterschied zwischen göttlichen Geboten und evangelischen Ratschlägen, der dem anderen und für die katholische Moraltheologie wichtigen Unterschied zwischen den sündenvermeidenden Gebotsbefolgungen und den heilsbringenden supererogatorischen Werken zugrundeliegt[35], zwischen Ratschlägen und Befehlen. Erstere verpflichten innerlich, letztere verpflichten äußerlich: Normbefolgung wird in jedem Fall nach Thomasius durch das Motiv der Vermeidung negativer Folgen verursacht, nur gehen diese bei Normübertretung zu erwartenden negativen Folgen einmal von der natürlichen Ordnung und im anderen Fall von menschlichen Handlungen aus. Sind es diese, sind es von Menschen angedrohte Zwangshandlungen, die zu vermeiden den naturrechtlich Obligierten zu normgerechtem Verhalten motiviert,

33 Ebd., § LXXIX/S. 185.

34 Ebd., lib. I, cap. IV, § LXI.

35 Dazu David Heyd: *Supererogation. Its Status in Ethical Theory*, Cambridge 1982, chap. 1.

dann liegt nach Thomasius eine *obligatio externa* vor. Ist die Sanktion nicht künstlicher, sondern natürlicher Art, dann handelt es sich um eine *obligatio interna*. Entscheidend ist nun, daß die Regel des *honestum* und auch die des *decorum* immer den Status einer *norma consilii* besitzen wird; allein das *justum*-Prinzip kann ein wirkliches Gesetz werden und imperative Qualität erlangen, und das heißt: allein die natürliche Rechtsregel ist positivierbar, nur der äußere Frieden ist erzwingbar[36].

Erst im Gewand des positiven Rechts ist die *regula justi* ein gesetzlicher Befehl. Als naturrechtliche Norm unterscheidet sich das Gerechtigkeitsprinzip in verbindlichkeitstheoretischer Hinsicht nicht von den Regeln des *decorum* und *honestum*. Jedoch muß der Grund der ausschließlichen Positivierbarkeit des naturrechtlichen *justum* in diesem selbst liegen, in den seine normenspezifische Differenz anzeigenden Merkmalen. Und diese sind zu finden in der inhaltlichen Eindeutigkeit und dem hohen Invarianzgrad der *praecepta justi*[37]. Vorstellungen der Lebensqualität, des Glücks sind vielfältig, von den Umständen abhängig, geschichtlich und sozial in großem Maße variabel, auch die Einzelvorschriften der inneren Ordnungsstiftung hängen von den umständebedingten Unruheherden, von den geschichtlich und gesellschaftlich vermittelten Begierden ab. Die auf die *pax externa* zielenden Gerechtigkeitsanstrengungen sind jedoch von übergeschichtlicher Allgemeinheit und unter allen Umständen dieselben.

36 Gäbe es nur Weise, wäre das positive Recht nach Thomasius' Überzeugung überflüssig; »Necessitas juris positivi ob stultos. Quia praemia & poenae juris naturalis operantur invisibiliter« (*Fundamenta juris naturae*, a.a.O., S. 145); für das staatliche Recht jedoch gilt: »Poenae vero juris positivi magis palpabiles sunt & visibiles inde magis aptae sunt ad metum incutiendum stultis« (ebd., lib. I, cap. V, § LVII/S. 158).

37 »Etsi enim jus naturae omne non mutetur, magis tamen universalia ac perpetua et natura sua sunt praecepta justi, quam honesti & decori. Inde illa semper eadem sunt, haec variant, certe multas limitationes admittunt« (ebd., lib. I, cap. V, § XLVII/S. 155). »Regulae justi coercent extreme mala, i.e. intuitu omnium hominum talia: regulae honesti respiciunt quidem extreme bona, sed modus tamen ad ea perveniendi variat, quia modus aberrationis variat. Regulae decori respiciunt diversos gradus bonitatis & malitiae intermediae, qui infiniti sunt« (ebd., § XLVIII/S. 155).

Neben diesen inhaltlichen Merkmalen zeichnet das thomasianische *principium justi* aus, daß es als einziges naturrechtliches Prinzip eine Recht-Pflicht-Korrespondenz begründet, die allerdings erst im Rahmen positiven Rechts Realität gewinnt. Für Thomasius gibt es keine unvollkommenen Rechte. War vorher die Recht-Pflicht-Beziehung ein generelles Strukturmerkmal des gesamten naturrechtlichen Normenbereichs, so wird diese Korrespondenz jetzt zu einem besonderen Merkmal des auch dadurch seine Eigenständigkeit anzeigenden Naturrechts im engeren Sinne, das bei Thomasius weitgehend mit dem positiven Recht zusammenfällt. Zwang, Recht und äußere Verbindlichkeit werden damit für ihn zu Begriffen, die sich wechselseitig definieren. Das moralische Recht findet in dieser Konzeption keinen Platz mehr. Erzwingbarkeit wird zu einem analytischen Merkmal des Rechtsbegriffs selbst, und entsprechend der Rechtsbezug zu einem analytischen Merkmal der Zwangspflicht.

3. Die Begründung der »sehr auffallenden Verschiedenheit unter unsern Pflichten«

Daß es zwei wesentlich verschiedene Pflichtarten gibt und sich anhand dieser pflichtentheoretischen Differenz Recht und Ethik unterscheiden lassen, ist für die Naturrechtslehrer des 18. Jahrhunderts ein Gemeinplatz. »Daß die Pflichten des Menschen gegen den Mitmenschen in Zwangs- und Liebespflichten, oder vollkommene und unvollkommene, wie andere sagen, abgetheilt zu werden pflegen, wissen auch die, welche sonst nicht viel wissen. Jene geben dem Menschen, dem ich sie schuldig bin, ein vollkommnes Recht, diese ein unvollkommnes. Die Verletzung der ersten heißt Beleidigung, der letzten Lieblosigkeit. Das ist trivial genug«[38].Wie diese »sehr auffallende Verschiedenheit unter unsern Pflichten«[39] jedoch von den Naturrechtsjuristen und -philo-

38 Ludwig Julius Friedrich Höpfner: *Warum sind die Menschenpflichten entweder vollkommene oder unvollkommene? und welche Pflichten gehören zu der ersten, welche zu der letzten Gattung?*, als Anhang abgedruckt in: ders., *Naturrecht des einzelnen Menschen, der Gesellschaft und der Völker*, [6]1801 (1. Aufl. 1780) S. 289.

39 Johann Georg Sulzer: *Versuch einen festen Grundsatz zu finden, um*

sophen bisher behandelt, erklärt und begründet wurde, vermochte die Pflichtentheoretiker aus der zweiten Jahrhunderthälfte nicht zufriedenzustellen. Zunehmend wurde nach dem systematischen Grund dieser fundamentalen Differenz gefragt, nach einem verläßlichen Erkenntnis- und Unterscheidungsprinzip, nach dem verbindlichkeitstheoretischen Verhältnis dieser beiden Pflichtklassen. So lautet eine Abhandlung Höpfners: *Warum sind die Menschenpflichten entweder vollkommene oder unvollkommene? und welche Pflichten gehören zu der ersten, welche zu der zweiten Gattung?* Und Sulzer bemängelt in seinem Versuch, *einen festen Grundsatz zu finden, um die Pflichten der Sittenlehre und des Naturrechts zu unterscheiden:* »So gewiß und ausgemacht diese Verschiedenheit ist; so ist es doch den Philosophen bisher nicht leicht gewesen, dieselbe auf so deutliche und so allgemeine Grundsätze zurück zu führen, die auf alle Fälle angewandt werden könnten. Sie haben niemals deutlich und genau genug einen Grundsatz festgesetzt, der die wesentliche Nothwendigkeit dieser Verschiedenheit zeigte, und eine allgemeine Vorschrift für alle Fälle seyn könnte«[40].

Auch Hufeland stellt nach einer Durchsicht der Naturrechtsgeschichte seit Grotius fest, daß eine Begründung der intuitiv einleuchtenden Differenz zwischen erzwingbaren und nur freiwillig zu leistenden Pflichten immer noch ausstehe, da »keiner von den bisherigen Versuchen, den Zwang zu beweisen, ganz geglückt sei«[41]. Anders als Hufeland, der davon Abstand nimmt, die Grenzstreitigkeiten zwischen Ethik und Naturrecht im Rahmen einer ausdifferenzierten Pflichtenlehre entscheiden zu können, hält Sulzer an der Möglichkeit einer deutlichen »Gränzlinie« fest[42]. Das von ihm vorgeschlagene Kriterium orientiert sich an

die Pflichten der Sittenlehre und des Naturrechts zu unterscheiden, in: ders. *Vermischte philosophische Schriften*, Leipzig 1773, S. 390.

40 Ebd.

41 Gottlieb Hufeland: *Versuch über den Grundsatz des Naturrechts*, Leipzig 1785, S. 132.

42 »Die Moral lehrt Pflichten; warum soll denn das Naturrecht auch Pflichten lehren? Das Reich der Sittlichkeit muß im allerhöchsten Verstande eins seyn, folglich können Pflichten keiner Art aus einem anderen Grundsatze fließen, als aus dem Grundsatze der Moral oder einem derselben untergeordneten, der dann auch zur Moral gehört; wie kan also das Recht der Natur sich anmaßen, Pflichten zu lehren,

der Möglichkeit der Universalisierung: »Dieß können wir also als einen allgemeinen Grundsatz annehmen, daß die Gesetze alles dasjenige zur Pflicht machen müssen, was seiner Natur nach durch sie gemacht werden kann; und daß sie nur dasjenige übergehen müssen, was gar kein Gegenstand der Gesetze seyn kann ... Eine Pflicht, die zu einem Gesetze gemacht werden kann, ist eine vollkommne Pflicht: eine Pflicht, die niemals durch ein Gesetz kann befohlen werden, ist eine unvollkommne Pflicht«[43]. Die Idee, die hinter diesem Kriterium der Gesetzesfähigkeit steht, verdeutlicht folgende Passage: »Hieraus können wir nun sehr leicht den Grundsatz folgern, den wir suchen, und der gewiß entscheiden wird, was eine vollkommne oder unvollkommne Pflicht sey. Er ist dieser: diejenigen sittlichen Pflichten, welche ganz unumstößlich gewiß, und allgemein bekannt sind, sind vollkommne Pflichten; diejenigen aber, von denen ein jeder Mensch nur selbst urtheilen, und sie nur sich selbst auflegen kann, sind unvollkommne Pflichten, und keinen Gesetzen unterworfen ...; ... jede Pflicht, welche nur aus den persönlichen Umständen, aus der Kenntniß des Vermögens, der Kräfte und Fähigkeiten eines einzelnen Menschen hergeleitet werden kann, nur auch von ihm allein genau gekannt werden, ... [kann] nur zu den unvollkommnen Pflichten gerechnet werden«[44].

ohne einen Eingriff in das Eigenthum der Moral zu thun, ohne einen Theil des Gebiets sich zuzueignen, welches einzig und allein der letztern Wissenschaft zugetheilt ist. Diese Zwistigkeit zwischen beiden dadurch beylegen zu wollen, daß man jenem die Zwangspflichten, dieser die Gewissenspflichten zutheilt, ist ein eitles Unternehmen. Es kan zwischen beiden Arten von Pflichten keine bestimmte Gränzlinie gezogen werden« (Hufeland: *Versuch* ..., a.a.O., S. 218) »Der Unterschied zwischen Pflichten der Moral und Pflichten des Naturrechts nebst der Vorspiegelung, als ob diese auf einem andern und festern Grund als jene beruhten, und daher größere Verbindlichkeit hätten, man sich auch wohl diesen unterwerfen könne, ohne jene anzuerkennen, ist also nach der vorhergehenden Betrachtung nicht, da alle Pflichten eigentlich in die Moral gehören« (G. Hufeland: *Lehrsätze des Naturrechts und der damit verbundenen Wissenschaften*, Jena 1790, S. 27).

43 Sulzer: *Versuch einen festen Grundsatz zu finden*, a.a.O., S. 396.

44 Ebd., S. 396 f.

Inhalt eines positiven Gesetzes können nur solche Pflichten sein, die jedem ungeachtet aller ihn von anderen unterscheidenden Bestimmtheiten auferlegt sind, und die von ihm ebenfalls ungeachtet aller ihn von anderen unterscheidenden Bestimmtheiten immer erfüllbar sind. Als positivierbar erweisen sich damit Pflichten, die ihrerseits Gegenstand einer allgemeingültigen Gesetzgebung nicht-positiver Natur sein können. Die Eignung, Gegenstand einer vernunftrechtlichen Gesetzgebung zu sein, wird damit als Positivierbarkeitskriterium ausgegeben. Sulzers Kriterium ist auf subtile Art tautologisch: Was Gegenstand einer trans-positiven Gesetzgebung sein kann, kann auch Gegenstand einer positiven Gesetzgebung sein. Die Tautologizität ist darin begründet, daß Sulzer Anhänger der modernen prozeduralistischen Rechtfertigungsmethodologie ist und normative Kriterien nur über die Angabe von Verfahrensbestimmungen definieren kann. Freilich bleibt dies alles bei Sulzer noch gänzlich unausgearbeitet.

Nicht positivierbar und nicht gesetzesfähig sind dagegen solche Pflichten, die unauflöslich mit der durch vielerlei kontingente Faktoren bestimmten besonderen Lebens- und Handlungssituation des einzelnen Menschen verknüpft sind, die daher auch nur von diesem einzelnen Menschen allein gewußt werden können. Abgesehen davon, daß Sulzers Originalitätsanspruch unbegründet ist – daß »Liebes-Dienste« nicht gesetzesfähig sind, hat auch schon Wolff gelehrt[45] –, ist die pflichtentheoretische Inanspruchnahme der Situationsbedingtheit von Handlungen, des Unterschiedes von Allgemeinheit und Besonderheit, des Unterschiedes von individuellen und unwiederholbaren Pflichterfüllungen und allgemeinen Pflichterfüllungsschemata noch unscharf. Auch ist das Universalisierungskriterium noch nicht zureichend ausgearbeitet; der Hinweis auf das Merkmal der allgemeinen Gewißheit führt in die Irre und führt eine intuitionistische Dimension ein.

45 »Atque hinc porro liquet, in praestandis officiis humanitatis standum esse judicio praestantis, num in potestate sua sint, sicuti petentis de indigentia, consequenter si officium humanitatis denegetur, id petenti ferendum esse, nec ab eo alterum ad praestandum cogi posse. Hoc tamen non obstante, qui officium humanitatis sine jure denegat, peccat« (*Institutiones juris naturae* § 79).

Zurecht wendet Höpfner gegen diesen Differenzierungsversuch ein: »Viele Liebespflichten sind ja eben so unumstößlich gewiß, und eben so allgemein bekannt, als die Zwangspflichten. Wer weiß nicht, wer zweifelt daran, daß man einem Verirrten den Weg zu zeigen, einem der in Gefahr zu ertrinken ist, die Hand zu reichen, dem zur Arbeit unvermögenden Armen Allmosen zu reichen schuldig sey?«[46]. Höpfner orientiert sich bei seinem eigenen pflichtentheoretischen Differenzierungsversuch an dem Unterschied zwischen negativen und positiven Handlungen, zwischen Zweckverhinderungen und Zweckbeförderungen. »Andern nichts zu entziehen von den Vollkommenheiten, die sie wirklich besitzen, ist Zwangspflicht ... Liebespflicht ists, die Summe der Vollkommenheiten bey meinem Mitmenschen zu vermehren«[47]; oder: »Die Pflicht, fremde Perfectionen nicht zu vermindern, ist an sich Zwangspflicht; die Pflicht, sie zu vermehren, ist an sich, ohne Rücksicht auf die Umstände, Liebespflicht«[48]. Er knüpft damit an die Pufendorfsche Begründung der *diversitas praeceptorum juris naturalis* an. Pufendorf hatte ja zwischen dem Bestand und dem bloßen Dasein der Gesellschaft einerseits und der sittlichen Qualität des gesellschaftlichen Zusammenlebens andererseits unterschieden[49], zwischen der äußeren Ruhe und der »inneren Glückseligkeit der Gesellschaft«[50], und dabei die vollkommenen Rechte und Pflichten der notwendigen Bedingung und die unvollkommenen Rechte und Pflichten der hinreichenden Bedingung der *socialitas* zugeordnet. Pufendorf hat darüberhinaus festgehalten, daß die Erfüllung der notwendigen *socialitas*-Bedingung Unrechtsun-

46 Höpfner: *Menschenpflichten*, a.a.O., S. 298f; zur Kritik Sulzers vgl. Hufeland, *Versuch* ... a.a.O., S. 111 (»Es ist viel zu auffallend unzusammenhängendes in dem System ...«).

47 Höpfner: *Menschenpflichten*, a.a.O., S. 300.

48 Ebd., S. 331

49 Vgl. auch Thomasius: »Daß das Recht der Natur die Haupt-Regul habe; Man solle nichts thun/dadurch die Menschliche Gesellschafft verunruhiget werde. Gleich wie die Sitten-Lehre dahin zielet/daß man alles thun soll/dadurch die Menschliche Gesellschafft in Ruhe und Liebe erhalten werde« (*Summarischer Entwurff der Grund-Lehren*, Halle 1699, S. 107).

50 Moses Mendelssohn: *Jerusalem, oder über religiöse Macht und Judentum*, in: *Moses Mendelssohn's Schriften zur Philosophie, Aesthetik und Apologetik*, hg. v. Moritz Brasch, Leipzig 1880, Bd. II, S. 376.

terlassungen verlangt, die Erfüllung der hinreichenden Bedingung hingegen positive Leistungen erfordert. Das Prinzip der Rechtssphäre hat daher den Status eines »Gesetz[es] der Unterlassungspflichten«, das Prinzip der Ethik tritt dagegen als »Gesetz der Ausübungspflichten«[51] auf. Diese Korrelation von unvollkommenen Pflichten und Ausübungshandlungen einerseits und vollkommenen Pflichten und Unterlassungshandlungen andererseits ist auch der Grund für die signifikante Bestimmtheitsdifferenz zwischen den beiden Pflichtklassen: unvollkommene Pflichten sind unbestimmt, weil sie zweckbefördernde Ausübungshandlungen sind, die immer von den Umständen abhängig sind; vollkommene Pflichten sind bestimmt, weil sie Unterlassungen verlangen, und einem Unterlassungsgebot zu entsprechen ist immer, unter allen Umständen möglich[52]. »Da der Mensch verbunden ist, . . .das Be-

51 Karl Heinrich Heydenreich: *System des Naturrechts nach kritischen Prinzipien*. Erster Theil, Leipzig 1794, S. 118.

52 »Nach Ihrer Erklärung werden alle Gerechtigkeitspflichten in Unterlassungen bestehen, und Handlungen werden nur zu den Liebespflichten gehören können. Nur kann es aber bey Unterlassungen nie auf die Umstände ankommen: indem da, wo niemand wirkt, wo nichts sich ändert, auch nichts hindern und stören kann. Sobald aber positive Thätigkeit erfordert wird: sobald kömmt das Vermögen des Handelnden, sobald kommen die Hinternisse, mit einem Worte, die Umstände in Betrachtung: über welche dann, wie Wolf, meinem Bedünken nach, mit Recht sagt, nur der Handelnde selbst zu entscheiden hat« (Höpfner, *Menschenpflichten* a.a.O., S. 304/5); siehe auch Garve: »Alle Unterlassung kann eher eine Folge bloßer Vorsätze seyn, als das Thun. Dieß erfordert Kraft, welche man sich nicht geben kann: jene erfordert das Zurückhalten der Kraft, wozu man nur den Willen nöthig hat, und also Grundsätze die den Willen bestimmen. Daher die Gerechtigkeit die unerläßlichste Tugend ist, weil sie ganz in Unterlassungen besteht. Zuneigung ist schwerer einzupflanzen, wo die Natur den Saamen dazu nicht gegeben hat, als Abneigung und Abscheu zu mäßigen. Diese sind nie von der Natur, sondern immer Folgen erfahrner Leiden, Beleidigungen, Schmerzen; und der Furcht vor ähnlichen. Zu lieben im verzüglichsten Verstande, wenn sich kein Trieb des Herzens findet, ist unmöglich: nicht zu hassen, ist möglich. Zu jenem gehöret eine uns einleuchtende Liebenswürdigkeit, wozu dem Objekte die Eigenschaften, oder uns die Empfindungsfähigkeit fehlen können: zu diesem gehöret nur; daß das Objekt, und daß wir in Ruhe sind; und in dieses Verhältniß können wir gegen alle Dinge kommen. Gerechtigkeit aber entsteht aus einer Seele ohne Haß« (*Philosophische Anmerkungen und*

ste zu thun, die Kentniß dessen aber, so in jedem Zeitpunkte für jede handelnde Person ist, von Umständen abhängt, die der handelnden Person allein bekant und bestimmbar seyn können; so giebt es von Natur keine positiven Zwangspflichten, keine vollkommene Pflicht, etwas zu thun; und alle Zwangspflichten sind blos negative Pflichten, Pflichten zu unterlassen«[53].

3.2 Mendelssohn, Heydenreich, Schmid

Mendelssohn hat diesem Unbestimmtheitscharakteristikum der unvollkommenen Pflichten in seinen zahlreichen pflichtentheoretischen Äußerungen große Aufmerksamkeit geschenkt. Im Fall vollkommener Pflichten ist die Pflichterfüllungssituation durch das Fehlen jedes Entscheidungsspielraums charakterisiert, sie ist eindeutig und transparent: der Pflichtbegünstigte und (vollkommen) Berechtigte weiß genau, daß ihm der Verpflichtete etwas schuldig ist, und auch, was er ihm schuldig ist. Hingegen ist es für die unvollkommene Pflicht wesentlich, daß es bei ihrer Ausübung einen Entscheidungsspielraum gibt, der letztlich nur dem Verpflichteten bekannt ist[54]: nur er kann die den Entscheidungsspielraum definierenden Pflichterfüllungsmöglichkeiten kennen und zwischen ihnen eine Wahl treffen. Mendelssohn hat dieses Merkmal pflichtentheoretischer Unvollkommenheit mit dem Begriff des »Collisionsfalls« zu fassen versucht: »... da ich schuldig bin, von meinen Kräften den bestmöglichen Gebrauch zu machen, so kommt es auf die Auswahl und nähere Bestimmung an, wie viel von dem Meinigen ich zum Wohlwollen bestimmen soll. Gegen wen, zu welcher Zeit, und unter welchen Umständen? Wer soll dies entscheiden? wer die Collisionsfälle schlichten? ... Mir, und mir allein kommt im Stande der Natur das Entscheidungsrecht zu, ob und wie viel, wenn, wem, und unter welchen Bedingungen ich zum Wohltun verbunden bin, und ich kann im Stande der Natur durch keine Zwangsmittel, zu keinerlei Zeit, zum Wohlthun an-

Abhandlungen zu Cicero's Büchern von den Pflichten. Anmerkungen zu dem Ersten Buche, Breslau [4]1792, S. 234).

53 M. Mendelssohn: *Von vollkommenen und unvollkommenen Rechten und Pflichten,* in: ders., *Gesammelte Schriften* (Jubiläumsausgabe), Band III.1, Stuttgart-Bad Cannstatt 1972, S. 280/1.

54 Vgl. auch John Stuart Mill: *Der Utilitarismus,* Stuttgart 1976, S. 86.

gehalten werden ... Niemand hat ein Zwangsrecht, mir vorzuschreiben, wie viel ich von meinen Kräften zum besten anderer anwenden, und wem ich die Wohlthat davon angedeihen lassen soll. Auf mein Gutdünken allein muss es an kommen, nach welcher Regel ich die Collisionsfälle entscheiden will«[55].

Wie ersichtlich handelt es sich bei den Mendelssohnschen »Collisionsfällen« nicht um Pflichtkollisionen und Gewissenskonflikte, wie Altmann behauptet[56], sondern um die für unvollkommene,

55 Mendelssohn: *Jerusalem* ... a.a.O., S. 380/1; vgl.: »Nach meiner Theorie gründen sich die unvollkommenen Rechte und Pflichten auf die Möglichkeit der Collisionsfälle, deren Entscheidung bloß dem Pflichttragenden zusteht« (Mendelssohn: *Über vollkommene Pflichten* (1784), ders., *Schriften zur Philosophie, Aesthetik und Apologetik* ... a.a.O., S. 277).

56 Alexander Altmann: »Moses Mendelssohn über Naturrecht und Naturzustand«, in: Norbert Hinske (Hrsg.): *Ich handle mit Vernunft. Moses Mendelssohn und die europäische Aufklärung*, Hamburg 1981, S. 70: »Im Grunde tat er nichts anderes, als die vollen Konsequenzen aus dem Begriff der Gewissenspflicht zu ziehen und die Zwangspflichten als solche zu definieren, bei denen kein Gewissenskonflikt stattfinde«. Abgesehen davon, daß die definitorische Verwendung des Merkmals der Pflichtenkollision (Altmann S. 69) zum Zwecke der Bestimmung einer Pflichtklasse auf einen Definitionszirkel hinausliefe, kann die Altmannsche Interpretation auch darum nicht stimmen, weil Mendelssohn nahezu alle unvollkommenen Pflichten als in vollkommene Pflichten verwandelbar betrachtete, sei es auf dem Wege einer vertraglichen Selbstbindung einerseits und einer Berechtigung des Kontrahenten andererseits, sei es auf dem Wege der positiven Gesetzgebung. »Habe ich mich aber gegen jemanden durch ein pactum verbindlich gemacht, d. h. habe ich ihm einmal das Recht abgetreten, diese nähere Umstände, das *Wem, Wie* und *Wenn* nach seiner Willkür zu bestimmen, so hört meine Concurrenz zur Festsetzung der Bedingung des Satzes auf, und die Pflicht wird vollkommen. Der Stand der Natur ist derjenige Zustand des Menschen, in welchem alle seine positiven Pflichten gegen andere blos unvollkommene Pflichten sind. Durch die bürgerlichen Gesetze wird ein großer Theil der unvollkommenen, positiven Pflichten in vollkommene, Liebespflichten in Zwangspflichten verwandelt ... Es ist aber nicht gut, alle Liebespflichten in Zwangspflichten zu verwandeln, damit die Menschen im gesellschaftlichen Leben Gelegenheit finden mögen, sich im Wohlthun und Erzeigung der Liebesdienste zu üben. Wo der Staat mir durch ein Gesetz Almosen abfordert und vertheilt, da finde ich keine Gelegenheit, meine Theil-

auf Zweckbeförderung, auf Wohltaten und Liebesdienste gerichtete Pflichten charakteristische Konkurrenz von mehreren Pflichterfüllungsmöglichkeiten, die nach einer »vernunftmäßige[n] Entscheidung«[57] verlangt; das Prinzip der unvollkommenen Pflichten ist »nur im Allgemeinen verpflichtend, ausserwesentlich; ... undeterminiert«[58]. »Ein vollkommenes Gesetz enthält einen zureichenden Grund zu einer Handlung, d. i. einen solchen, welcher die Handlung ganz und nothwendig bestimmt. Ein unvollkommnes enthält nur überhaupt einen Grund dazu, und läßt sowohl die Fälle der Anwendung überhaupt, als auch das Wieviel? in jedem gegebenen Falle einigermaassen unbestimmt«[59].

nehmung und mein Erbarmen werkthätig zu üben« (*Von vollkommenen und unvollkommenen Rechten und Pflichten*, a.a.O., S. 281/2). Mendelssohns Pflichtentheorie hat ersichtlich eine antirechtsstaatliche Pointe. Ist die verborgene Intention des pflichtentheoretischen Einteilungsversuchs, mit dem Nachweis eines substantiellen Unterschiedes zwischen erzwingbaren und nicht erzwingbaren Pflichten der staatlichen Gesetzgebung eine deutliche Grenze zu ziehen – sowenig ich ein Recht habe, Wohltaten zu erzwingen, sowenig kann der Staat gerechtfertigt die Erfüllung unvollkommener Pflichten zum Inhalt seiner zwangsbewehrten Gesetze machen –, so wird ein derartiges Ansinnen von Mendelssohn durchkreuzt. Der staatliche Zwang ist für ihn nicht mehr eine Rechtsfrage, sondern allein eine technische Frage. Prinzipiell kann jede Liebespflicht zu einer Zwangspflicht werden, es bedarf nur einer geeigneten Gesetzgebung, und der Umstand, daß jedermann natürlicherweise das Recht hat, nicht zur Erfüllung unvollkommener Pflichten gezwungen zu werden, ist völlig bedeutungslos; nur sollte eine derartige Positivierung der Liebespflichten nicht jede Gelegenheit zur freiwilligen Wohltat zerstören, sollte die Bewaffnung der Ethik unter moralisierungstechnischer Kontrolle stehen. Man darf sich von diesem pragmatischen Argument nicht täuschen lassen: die These von der prinzipiellen Verwandelbarkeit aller Liebespflichten in Zwangspflichten stellt sich zur gesamten pflichtentheoretischen Diskussion des 18. Jahrhunderts quer und bedeutet einen Rückfall hinter die Positionen von Pufendorf und Grotius.

57 Mendelssohn: *Jerusalem*, a.a.O., S. 381.

58 Carl Christian E. Schmid: *Versuch einer Moralphilosophie.* Zweyte, vermehrte Auflage, Jena 1792 (1. Aufl. 1790), § 370/S. 416.

59 Ebd., § 371/S. 417. Bemerkenswerterweise hat Schmid diesen pflichtentheoretischen Unterschied als einen solchen qualifiziert, der nicht an sich, sondern nur für uns besteht; man denkt da an Leibniz' Sichtweise des Verhältnisses von analytischen und synthetischen Urteilen,

Das unvollkommene Gesetz erlaubt daher nicht die strenge Handlungsbeurteilung, die das vollkommene Gesetz ermöglicht; es hält auch keine Kriterien bereit, unter mehreren möglichen wohltätigen Handlungen zu wählen, so daß der Verpflichtete, der im allgemeinen Verpflichtete, durchaus bei genereller Pflichterfüllungsbereitschaft seine Neigungen und Interessen in Anschlag bringen kann. Die Prinzipien der Ethik sind daher auch als »nachlassende Gesetze«[60] bezeichnet worden, die, wie Kant in der *Grundlegung* sagt, Ausnahmen zum Vorteil der Neigung gestatten. Offenkundig macht Kants provisorische Einteilung der Pflichten in der *Grundlegung* von eben diesem Argument der Bestimmtheitsdifferenz Gebrauch, das, wie wir gesehen haben, mit variablem Ausdruck die pflichtentheoretische Diskussion des ganzen Jahrhunderts durchzieht und in Ansätzen auch schon bei den Naturrechtsjuristen des 17. Jahrhunderts zu finden ist: die vollkommenen Pflichten sind von ausnahmsloser Geltung, »strengverpflichtend« und handlungsdeterminierend, d. h. auf die Frage, was zu tun bzw. zu unterlassen ist, gibt es im Fall einer vollkommenen Pflicht eine eindeutige pflichtgesetzliche Antwort; unvollkommene Pflichten sind »nur im Allgemeinen verpflichtend« und nicht handlungsdeterminierend, die pflichtgesetzliche Bestimmung reicht im Fall unvollkommener Pflichten nicht bis zur konkreten Handlungsebene, daher kann bei der Erfüllung unvollkommener Pflichten die Mitwirkung der Neigung nicht ausgeschlossen werden. Stellt man Kants Unterscheidung vor den jetzt ein wenig erhellten Hintergrund der pflichtentheoretischen Diskussion des 18. Jahrhunderts, dann gewinnt sie Sinn, dann läßt sich eine Lesart verteidigen, die die Kantische Qualifikation der unvollkommenen Pflichten nicht als eine den Pflichtbegriff selbst tangierende Geltungseinschränkung auffaßt, sondern als fehlende pflichtgesetzliche Determinierung der Handlung: unvollkommene Pflichten sind Ausübungspflich-

von ewigen und Tatsachenwahrheiten: »Dieser Unterschied bezieht sich nur auf die subjektive Möglichkeit oder Unmöglichkeit einer durchaus bestimmten Erkenntnis dessen, was in irgend einem gegebenen Falle ... zu thun oder zu lassen ist, – gilt also nur für eingeschränkte vernünftige Wesen. Objektiv (an sich selbst) muß jeder Handlungsfall der genauesten moralischen Bestimmung fähig seyn« (ebd.).

60 Tittel: *Erläuterungen*, a.a.O., S. 6.

ten und müssen daher prinzipiell hinsichtlich der näheren Bestimmung ihrer handlungsmäßigen Umsetzung an die Umstände und an das empirische Handlungssubjekt verwiesen werden.
Auch die Freunde und Anhänger der kritischen Philosophie, die auf die Pflichtenlehre des Meisters nicht warten und auf den Prinzipien der reinen praktischen Vernunft selbst ein System der natürlichen Pflichten aufbauen wollen, greifen auf die vorfindlichen Distinktionen der pflichtentheoretischen Diskussion zurück und versuchen, sie in die neubegründete praktische Philosophie Kants zu integrieren und zugleich die pflichtentheoretische Einteilungsskizze aus der *Grundlegung* zu vervollständigen. Ausgangspunkt ist zumeist die Zweck-Mittel-Formel des kategorischen Imperativs, denn sie scheint eine Differenzierung zu gestatten, die der negativ-abwehrenden und der affirmativ-befördernden Komponente des Pflichtendualismus genau entspricht. So heißt es etwa bei Schmalz hinsichtlich des Pflichtenpaars: »Die vollkommenen bestimmt der Grundsatz: Behandle die Menschheit weder in dir noch in anderen ja als bloßes Mittel, die unvollkommenen der Grundsatz: Behandle die Menschheit in dir und in anderen als Zweck«[61]. Eine differenzierte, dem Argumentationsgang der *Grundlegung*, insbesondere dem wichtigen Unterschied zwischen Grundlegung und System, Kritik und Doktrin, Prinzipienbegründung und Prinzipienanwendung auch angemessenere Darstellung findet diese Idee bei Heydenreich: Wendet man das »höchste Grundgesetz der praktischen Vernunft«, das Heydenreich in die Formel faßt: »Handle jederzeit nach solchen Maximen, die du zugleich als allgemeine Gesetze für alle vernünftige Wesen gültig wollen kannst«, wendet man also den kategorischen Imperativ an »auf den Begriff vernünftig-sinnlicher Wesen, welche vermittelst ihrer sinnlichen Natur und der durch diese nur möglichen Thatkraft einander dem äußeren und dadurch auch dem innern Zustande nach verändern können, um einander in den wesentlichen Zwecken zu unterdrücken, oder zu fördern, so ergeben sich zwey abgeleitete Gebothe der Vernunft, 1) das Geboth der Gerechtigkeit: Unterlaß alle Handlungen, mit welchen du dich eines vernünftigen Wesens, als eines bloßen Mittels für deinen beliebigen Zweck,

61 Theodor Schmalz: *Das reine Naturrecht*, Königsberg 1795, § 36.

bedientest, 2) das Geboth der Güte: Uebe alle mögliche Handlungen aus, mit welchen du die vernünftigen Wesen in ihren Zwecken fördern kannst«[62].

Deutlicher noch läßt eine andere Stelle das Profil des Heydenreichschen Deduktionsversuchs des Pflichtendualismus hervortreten: »Diese Deduktion geht ... von dem obersten formalen Sittengesetz aus: Handle nur nach solchen Maximen, die du zugleich als allgemeine Gesetze für alle vernünftige Wesen wollen kannst ... Aus diesem obersten formalen Gesetze wird ein anderes hergeleitet, in welchem ein objektiver Bestimmungsgrund des Willens, ein Zweck aufgestellt wird ... Dieser Zweck ist Vernunft und Menschheit an sich; das Gesetz, welches ihn aufgiebt, heißt: Handle so, daß du die Menschheit sowohl in deiner Person als in der Person eines jeden andern jederzeit zugleich als Zweck, niemals blos als Mittel brauchest. Aus diesem Gesetze ergiebt sich: 1) ein Gesetz, welches alle Handlungen gegen sich selbst und gegen seine Mitmenschen verbiethet, welche aus Maximen hervorgehen können, in denen die Menschheit nicht als Zweck an sich, sondern blos als Mittel vorgestellt wird; 2) ein Gesetz, welches alle Handlungen gegen sich, und seine Mitmenschen gebiethet, welche durch die Vorstellung der Menschheit als Zweckes an sich möglich sind. (Gesetz der Unterlassungspflichten; Gesetz der Ausübungspflichten)«[63].

Dieses Ableitungsargument ist falsch, so elegant es auch Begriffe, Formeln und Prinzipien der *Grundlegung* verknüpft. Zwar hat Heydenreich darin recht, daß zu dem negativen und formalen Sittengesetz ein materielles Zweckprinzip hinzutreten, das Gesetz des allgemein gesetzgebenden Willens mit einer materialen Teleologie verknüpft werden muß, um für den Pflichtendualismus ein tragfähiges Fundament zu erhalten, um insbesondere die Klasse der unvollkommenen Pflichten prinzipienlogisch zu verankern, doch ist in der herangezogenen Zweck-Mittel-Formel dieser Zweckbezug nicht zu finden. Der Mensch ist als vernünftiges Wesen Zweck an sich selbst, und dieser Zwecknatur entsprechend handeln heißt nach allgemeingültigen und gesetzgebungsfähigen Maximen zu handeln; der Menschheitszweck wird, so sagt Kant ausdrücklich, »nicht als ein zu bewirkender, *sondern selbständiger*

62 Heydenreich: *System des Naturrechts*, a.a.O., S. 88/9.
63 Ebd., S. 116ff.

Zweck, mithin nur negativ gedacht werden müssen, d. i. dem niemals zuwider gehandelt, der also niemals bloß als Mittel, sondern jederzeit zugleich als Zweck in jedem Wollen geschätzt werden muß« (4, 437).

Verlangt das Sittengesetz nur allgemeingültige Maximen, verlangt es also nur solche Maximen, die als Wollensgesetze für jeden vernünftigen Willen möglich sind, dann ist damit eine Reduktion anderer zu bloßen Mitteln der Zweckverwirklichung ausgeschlossen. Die sittengesetzliche Verpflichtung auf den Menschheitszweck zielt auf ein gleichberechtigtes und herrschaftsfreies Nebeneinander von individuellen Handlungen und Handlungssystemen; sondert die Gesetzesformel des Imperativs alle nicht-verallgemeinerungsfähigen Maximen aus, so sondert die Zweck-Mittel-Formel des Imperativs alle nicht-verallgemeinerungsfähigen Zwecke aus. Ein »Ausübungspflichten« verlangendes »Geboth der Güte« läßt sich aus der Zweck-Mittel-Formel nicht herausspinnen; sie ist so formal und so negativ wie die Gesetzesformel. Der Menschheitszweck impliziert das Verbot der Verdinglichung anderer; er ist nicht mit dem Menschlichkeitszweck und dem mit ihm verknüpften Gebot der aktiven Beförderung der partikularen Zwecke anderer zu verwechseln; denn der Menschheitszweck zielt auf den Menschen als freies und vernünftiges, zur Zwecksetzung fähiges Wesen, der Menschlichkeitszweck hingegen zielt auf den Menschen als bedürftiges, auf Hilfe angewiesenes, in seinen Zweckrealisierungen scheiterndes Wesen. Der Versuch einer unmittelbaren Begründung des Pflichtendualismus in dem Grundgesetz der reinen praktischen Vernunft verlangt, im Moralprinzip selbst eine für den Bereich der vollkommenen Pflichten zuständige formale und negativ-abwehrende Komponente von einer die unvollkommenen Pflichten definierenden materialen und affirmativ-befördernden Komponente zu unterscheiden. Aufgrund der durchgängigen Formalität des Sittengesetzes muß dieser Versuch jedoch scheitern. Das zeigt auch die Konzeption des Kantianers Schmid. In seinem *Grundriß des Naturrechts* heißt es: » Das Sittengesetz *untersagt* schlechthin einen jeden Gebrauch der Freyheit, welcher sich, als allgemein gedacht, selbst zerstören würde. Das Sittengesetz *gebietet* einen solchen Gebrauch der Freyheit, welcher als allgemein gedacht, sich nicht nur nicht selbst zerstört, sondern selbst befördert. Darauf beruht der Unterschied zwischen dem unvollkommenen Rechte, (dem Rechte der Güte) und dem vollkommenen strengen Rechte«[64].

Diese Behauptung der doppelten Zuständigkeit des »einzigen allgemeinen und nothwendigen praktischen Gesetzes«[65] für Recht und Ethik, für die vollkommenen und die unvollkommenen Pflichten beruht auf einem logischen Fehler. Das Sittengesetz kann nur das praktische Gegenteil dessen gebieten, was es verbietet. Durch die Negation des Verbotsobjekts, der freiheitszerstörenden Handlungen, kann jedoch nicht die von Schmid dem gebietenden Sittengesetz zugeschriebene affirmative Ausrichtung gewonnen werden. Das allein ableitbare Gebot nicht-freiheitszerstörender Handlungen ist von einem Gebot freiheitsbefördernder Handlungen zu unterscheiden; durch die Negation der Ungerechtigkeit erreicht man die Position der Güte selbst noch nicht. Ein von einem negierten verbietenden Sittengesetz zu unterscheidendes gebietendes Sittengesetz, und nur ein solches kann als Prinzip unvollkommener Pflichten und Gebot der Güte fungieren, muß ein materiales, teleologisches Prinzip sein. So ein Prinzip konnten die Kantianer jedoch in der *Grundlegung* ebensowenig finden wie in der *Kritik der praktischen Vernunft*, denn Kant hat es erst in der *Metaphysik der Sitten*, im »System der allgemeinen Pflichtenlehre«, als Grundgesetz der Tugendlehre und Ethik im engeren Sinne eingeführt[66].

4. Rechtspflichten und Tugendpflichten in der *Metaphysik der Sitten*

Gehen die systemvorbereitenden Schriften Kants von der universalen pflichtentheoretischen Zuständigkeit des einen Sittengesetzes aus, sehen sie »alle Pflichten, was die Art der Verbindlichkeit ... betrifft, ... von dem einigen Prinzip« (4, 424) abhängig, mithin den kategorischen Imperativ als gemeinsamen Grund pflichtentheoretischer Vollkommenheit wie Unvollkommenheit an, so legt

64 Carl Christian E. Schmid: *Grundriß des Naturrechts,* Frankfurt u. Leipzig 1795, § 7.

65 Ebd., § 6.

66 Zu den Naturrechts- und Ethikentwürfen der Kantianer vgl. Wolfgang Kersting: »Sittengesetz und Rechtsgesetz – Die Begründung des Rechts bei Kant und den frühen Kantianern«, in R. Brandt (Hrsg.), *Rechtsphilosophie der Aufklärung,* Berlin 1982, S. 148-177.

die *Metaphysik der Sitten* jedem ihrer Teile ein gesondertes und selbständiges Pflichtprinzip zugrunde und stellt neben das formale Apriori des Rechtsgesetzes das materiale Apriori des ethischen Zweckprinzips[67]. Das Rechtsgesetz ist ein formales und negatives Prinzip. Rechte Handlungen sind solche, die der negativen Bedingung, »einem Gesetz überhaupt nicht zu widersprechen« (6, 389), genügen, der »einschränkenden Bedingung der Habilität zu einer allgemeinen Gesetzgebung« entsprechen. Die durch das Rechtsprinzip erkennbare Rechtmäßigkeit einer Handlung impliziert nicht deren Pflichtcharakter; der Schluß von der moralisch-rechtlichen Unmöglichkeit einer Handlung auf die moralisch-rechtliche Notwendigkeit ihrer Unterlassung ist zwingend, nicht hingegen der von ihrer moralisch-rechtlichen Möglichkeit auf ihre moralisch-rechtliche Notwendigkeit. Der Rechtspflichtcharakter einer Handlung ist daher nur über die Gesetzwidrigkeit ihres praktischen Gegenteils erschließbar[68]. Eine Rechtspflicht hat folglich immer eine Unrechtsunterlassung zum Gegenstand. Da eine Unrechtshandlung dadurch gekennzeichnet ist, daß sie mit der Freiheit von jedermann nach einem allgemeinen Gesetz, mit der gesetzlichen Freiheit des Handlungsadressaten nicht vereinbar ist, ein jeder aber ein Recht auf diese gesetzliche Freiheit hat, korrespondiert jeder Rechtspflicht ein subjektives Recht. Da das Rechtsgesetz ein rein handlungsbezogenes Prinzip ist, der motivbildenden Gesinnung gegenüber gleichgültig, ist es im Rahmen einer äußeren Gesetzgebung auferlegbar, kann, was dasselbe

67 Einen derartigen Prinzipiendualismus erwähnt Kant explizit zuerst im *Ewigen Frieden* »Um die praktische Philosophie mit sich selbst einig zu machen, ist nöthig, zuvörderst die Frage zu entscheiden: ob in Aufgaben der praktischen Vernunft vom materialen Princip derselben, dem Zweck (als Gegenstand der Willkür), der Anfang gemacht werden müsse, oder vom formalen, d. i. demjenigen (bloß auf Freiheit im äußeren Verhältniß gestellten), darnach es heißt: handle so, daß du wollen kannst, deine Maxime solle ein allgemeines Gesetz werden (der Zweck mag sein, welcher er wolle). Ohne alle Zweifel muß das letztere Princip vorangehen: denn es hat als Rechtsprincip unbedingte Nothwendigkeit, statt dessen das erstere nur unter Voraussetzung empirischer Bedingungen des vorgesetzten Zwecks, nämlich der Ausführung desselben, nöthigend ist« (8, 376/7).

68 Vgl. Theodor Ebert: »Kants kategorischer Imperativ und die Kriterien gebotener, verbotener und freigestellter Handlungen«, in: *Kant-Studien* 67/1976, S. 570-583.

meint, der es auferlegende, nach Maßgabe seiner Bestimmungen verpflichtende Wille »auch der Wille anderer sein« (6, 388). Gegenstand einer Rechtspflicht ist somit eine Handlung, zu deren Durchführung mich ein anderer aufgrund des Rechtsgesetzes und seines in diesem fundierten Rechts verpflichten kann. Der dem rechtlich Verpflichteten gegenüberstehende Berechtigte tritt als äußerer Gesetzgeber auf, und seine Berechtigung besteht in eben dieser Verpflichtungs- und Gesetzgebungskompetenz. So definiert Kant denn auch das subjektive Recht als »(moralisches) Vermögen, andere zu verpflichten« (6, 237).

Ein Recht haben, bedeutet, Subjekt äußerer Gesetzgebung zu sein und nach den Bestimmungen des vernunftbegründeten Rechtsprinzips über fremde Willkür verfügen zu können, entsprechend eine Rechtspflicht haben, äußerer Vernunftgesetzgebung unterworfen und dem auf die Erfüllung von Rechtspflichten zielenden und sich so als mögliche Befolgungsursache rechtsgesetzlicher Forderungen legitimierenden Zwang ausgesetzt zu sein[69]. »Aller Pflicht korrespondiert ein Recht, als Befugnis (facultas moralis generatim) betrachtet, aber nicht aller Pflicht korrespondieren Rechte eines anderen (facultas juridica), jemand zu zwingen; sondern diese heißen besonders Rechtspflichten« (6, 383).

Da nach Kant der Rechtsbegriff die Zwangsbefugnis impliziert, es also keine unbewaffneten Rechte geben kann, wird das moralische, das unvollkommene Recht der Tradition im Rahmen der *Metaphysik der Sitten* pflichtentheoretisch bedeutungslos. Die Recht-Pflicht-Korrespondenz ist ein wesentliches Charakteristikum der Rechtssphäre; es gibt für Kant kein moralisches Recht des Bedürftigen, das analog zu dem juristischen Recht des Berechtigten eine pflichtbegründende und -erzeugende Wirkung hätte. Tugendpflichten stehen keine Rechtsforderungen gegenüber, denn der *doctrina officiorum virtutis* liegt ein materiales Prinzip zugrunde, das die Setzung und Verfolgung objektiver Zwecke verlangt; der Bereich der Zwecksetzung und Motivbildung kann kein Betätigungsfeld äußerer Gesetzgebung sein, ebensowenig der

69 Eine ausführliche Darstellung des Verhältnisses von Recht, Pflicht und Zwang in der Rechtsphilosophie Kants findet sich in Wolfgang Kersting: *Wohlgeordnete Freiheit. Immanuel Kants Rechts- und Staatsphilosophie,* Berlin 1984; erweiterte Taschenbuchausgabe (stw 1097) Frankfurt/M. 1993.

Zwang eine mögliche Erfüllungsbedingung tugendgesetzlicher Gebote: ich »kann ... zwar zu Handlungen, die als Mittel auf einen Zweck gerichtet sind, nie aber einen *Zweck zu haben* von anderen gezwungen werden, sondern ich kann nur selbst mir etwas zum Zweck machen ... Es giebt nämlich keine andere Bestimmung der Willkür, die durch ihren Begriff schon dazu geeignet wäre, von der Willkür Anderer selbst physisch nicht gezwungen werden zu können, als nur die zu einem Zwecke« (6, 381).

4.1 Recht und Ethik

Die Grenze zwischen Recht und Ethik ist in beiden Richtungen unüberschreitbar: weder vermag die äußere Gesetzgebung im Bereich der Zwecksetzung Geltung zu erlangen noch die materiale innere Gesetzgebung der Ethik[70] sich über die Zwecke hinaus auf das Feld der Handlungen auszudehnen. Die Konsequenz dieser wechselseitigen Ausgrenzung der beiden Pflichtklassen des Rechts und der Ethik ist die Gesinnungsindifferenz des Rechts einerseits und die Handlungsunbestimmtheit der Ethik anderseits[71]. Das

70 Man muß bei Kant die materiale und die formale ethische Gesetzgebung unterscheiden. Erstere ist die Gesetzgebung der von den Rechtspflichten verschiedenen Tugend- oder Zweckpflichten, letztere »geht auf alles, was Pflicht ist, überhaupt« (6, 219); erstere zielt auf einen besonderen Gesetzgebungsinhalt, eben die praktisch-notwendigen Tugendzwecke, letztere hingegen auf das Pflichtbefolgungsmotiv überhaupt. Daher ist jede Rechtspflicht immer auch eine indirekt-ethische Pflicht; der jeder Pflicht a priori zukommende ethische Verpflichtungsmodus wird für die Klasse der Rechtspflichten nicht dadurch aufgehoben, daß diese Pflichten von den korrespondierenden Berechtigten erzwingbar sind; mit einem Wort: die obligatio ethica erstreckt sich sowohl auf die officia ethica sive virtutis als auch auf die officia juris sive justi; vgl. 6, 220f., 23, 395f.

71 Diese wechselseitige Ausgrenzung der natürlichen Pflichten des Rechts und der Ethik signalisiert auch die Grenze staatlicher Herrschaft. Eine Transformation der unvollkommenen Liebespflichten in staatlich verwaltete Zwangspflichten Mendelssohnschen Zuschnitts ist natürlich für den Rechtsstaatstheoretiker Kant undenkbar. Ist Zwang allein als mögliche Erfüllungsursache von Rechtspflichten legitimierbar – und genau das ist die Quintessenz des von Kant gelieferten Zwangsbeweises –, dann kann staatliche Gesetzgebung den Bereich nicht überschreiten, der durch die Bestimmung des natürlichen Rechts

Rechtsgesetz unterwirft die Handlungen der »Bedingung der Qualifikation zu einer möglichen allgemeinen Gesetzgebung« (6, 389) und überläßt es ansonsten »jedermanns freier Willkür ..., welchen Zweck er sich für seine Handlungen setzen wolle« (6, 382). Ebenfalls an den Motiven seiner Befolgung uninteressiert sondert es aus der Menge der möglichen Zweckverwirklichungen, und das heißt auch: aus der Menge aller Handlungen überhaupt mit Hilfe seines formalen Koexistenzkriteriums genau die Handlungen aus, deren Unterlassung Pflicht ist. Das Rechtsgesetz ist daher ein reines »Pflichtgesetz der Handlungen« (6, 391). Das ethische Gesetz hingegen ist ein Zweckprinzip, ein materiales »Princip der Intention« (23, 382), das in seinen Forderungen, über die »formale Tugendverbindlichkeit« (23, 396) der Moral hinausgehend, das Haben und Verfolgen bestimmter Zwecke zur Pflicht macht. Aber da es nicht als Handlungsnorm auftritt, »nur die Maximen der Handlungen, nicht die Handlungen selbst gebieten kann, so ist's ein Zeichen, daß es der Befolgung (Observanz) einen Spielraum (latitudo) für die freie Wahl überlasse, d. i. nicht bestimmt angeben könne, wie und wieviel durch die Handlung zu dem Zweck, der zugleich Pflicht ist, gewirkt werden solle« (6, 390).
Mit der Setzung der beiden ethischen Hauptzwecke, der Glückseligkeit anderer und der eigenen Vollkommenheit, ist natürlich auch deren Verwirklichung geboten – das folgt schon allein aus dem Begriff des Zwecks –, jedoch vermag die ethische Vernunft keine bestimmten Handlungen den von ihr gebotenen Intentionen zuzuordnen: die Beförderungsmittel eigener Vollkommenheit und fremder Glückseligkeit sind nicht a priori bestimmbar; das affirmative, auf positive oder Ausübungshandlungen gerichtete Prinzip der Tugendlehre impliziert im Gegensatz zum kategorischen Imperativ und zum Rechtsgesetz kein analytisches Verfahren, mit dessen Hilfe die ethische Modalität von Handlungen eindeutig bestimmbar wäre. Die Ethik enthält keine »strickt-bestimmende[n] Grundsätze« (23, 392); ihr Zweckprinzip kann »nur im Allgemeinen nicht praecise die Handlungen bestimmen« (23, 391), nicht die Einzelhandlung, sondern nur die »Gattung der

definiert wird; die Tugend ist nicht Sache des Staates; vgl. O. Höffe: »Recht und Moral: ein kantischer Problemaufriß«, in: *Neue Hefte für Philosophie* 17/1979, S. 1-36.

Handlungen so daß ein Spielraum der Freyheit zu Bestimmung derselben übrig bleibt« (23, 393)[72]. Ethisches Handeln ist von einer Fülle kontingenter Faktoren abhängig: von den subjektiven Fähigkeiten und Fertigkeiten, vom Kenntnisstand, von den Mitteln, vom Einfühlungsvermögen, von den Umständen. Die Realisierung der moralisch-notwendigen Zwecke muß Erfahrungswissen in Anspruch nehmen und ist daher in erheblichem Maß irrtumsanfällig; die von mir gewählten Mittel zur Beförderung der Glückseligkeit anderer können ihren Zweck verfehlen, ja ihn sogar verkehren; die beste Absicht kann ein verhängnisvolles Mißverständnis exekutieren; auch meine Selbstvervollkommnungsbemühungen können auf einer falschen Selbsteinschätzung basieren; nie werde ich endgültige Sicherheit darüber erlangen können, ob ich in meinem Leben den mir gebotenen Zwecken auch wirklich entsprochen habe. Aufgrund des von der moralischen Teleologie eingeräumten Entscheidungsspielraums bedarf die Ethik eines ihre Gesetzgebung begleitenden Verfahrens, das unter den vielen Handlungsmöglichkeiten, unter den vielen von der jeweiligen Situation gestatteten Möglichkeiten, den gebotenen Zweck zu realisieren, eine begründete Wahl zu treffen erlaubt. Die mit der Zwecksetzung endende, das Handlungsfeld selbst nicht erreichende ethische Gesetzgebung verlangt nach einer Kasuistik, einer die moralischen Zwecke mit den kontingenten Situationen

72 Diese objektive Unbestimmtheit des Zweckprinzips ist mit möglichen subjektiven Evidenzen des Pflichterfüllenden durchaus vereinbar, nur ist daraus weder ein Argument gegen die Unbestimmtheit als pflichtentheoretisches Unvollkommenheitskriterium noch für die Verwandlung unvollkommener Pflichten in vollkommene abzuleiten; genau das aber glaubt der späte Wolffianer Schwab gegen Kant vorbringen zu können: »Es werden sich aber doch bey einer jeden freyen Handlung ... überwiegende Bestimmungsgründe finden lassen, warum ich sie vielmehr thun als unterlassen, unterlassen als thun; warum ich sie so und nicht anders thun, so weit thun und so weit unterlassen soll ... So bald aber nach einer vernünftigen Überlegung ... überwiegende Bestimmungsgründe für oder gegen eine Handlung vorhanden sind; so ist es Pflicht für mich, sie zu thun oder sie zu unterlassen und zwar vollkommene Pflicht, denn ich würde unvernünftig, mithin pflichtwidrig handeln, wenn ich das Gegentheil thäte. Ich sehe also gar nicht ein, wie man hier von unvollkommenen Pflichten reden kann« (Johann Christoph Schwab: *Vergleichung des Kantischen Moralprincips mit dem Leibnitzisch-Wolffischen,* Berlin und Stettin 1800, S. 86/7).

verknüpfenden Anwendungslehre[73]; ohne die Unterstützung durch eine erfahrene Urteilskraft bleibt die ethische Vernunft wirkungslos.

Jede Verwirklichung einer Tugendpflicht steht als Handlung unter dem »Pflichtgesetz der Handlungen«. Rechtmäßigkeit ist die conditio sine qua non auch jeder Tugendhaltung. »Complexus legum debiti: Jus, meriti: Ethica. respectu officiorum erga alios vis necessitans prioris est perfecta, quoniam est absoluta, vis necessitans prioris est imperfecta, quoniam est hypothetica sub conditione praestati officii debiti. sed actionum bonitas moralis in priori casu est negativa, h. e. minimum morale, in posteriori casu est affirmativa, plerophoria moralis« (19, R 6498). Nach dieser frühen Reflexion sind Recht und Ethik, sind »das starke Gesetz der Schuldigkeit und das schwächere der Gütigkeit« (2, 335) hinsichtlich der ihren Pflichten eignenden vis necssitans verschieden. Die Verpflichtungskraft, die Verbindlichkeit der Rechtspflicht ist absolut, durch keine Bedingung eingeschränkt, und daher vollkommen; die Verpflichtungskraft der ethischen Pflicht dagegen ist hypothetisch, weil an die Bedingung der Rechtmäßigkeit gebunden. Die ethische Forderung ist demnach gegenüber der Forderung des Rechts zweitrangig; das Tugendgesetz besitzt im Rechtsprinzip eine Geltungsvoraussetzung. Die ausdrückliche Priorität des Rechts vermeidet eine Pflichtenkollision, die ihrerseits nur denkbar ist, wenn, was für die pflichtentheoretischen Überlegungen Kants aus der Zeit vor der *Metaphysik der Sitten* durchgängig zutrifft, Rechtsgesetz und ethisches Prinzip gleichermaßen handlungsgebietend sind. Die *Metaphysik der Sitten* kennt diese Differenz zwischen vollkommenen und absoluten Pflichten einerseits und unvollkommenen und hypothetischen Pflichten andererseits nicht mehr. Sie greift den Gedanken der Bestimmtheitsdifferenz, der die pflichtentheoretische Diskussion des 18. Jahrhunderts – wie oben aufgezeigt – bereits ausgiebig beschäftigt hat, auf und

73 »Die Ethik hingegen führt wegen des Spielraums, den sie ihren unvollkommenen Pflichten verstattet, unvermeidlich dahin, zu Fragen, welche die Urtheilskraft auffordern auszumachen, wie eine Maxime in besonderen Fällen anzuwenden sei und zwar so: daß diese wiederum eine (untergeordnete) Maxime an die Hand gebe, (wo immer wiederum nach einem Princip der Anwendung dieser auf vorkommende Fälle gefragt werden kann); und so geräth sie in eine *Casuistik*, von welcher die Rechtslehre nichts weiß« (6, 411); vgl. 23, 389; 23, 419.

bringt ihn mit dem Dualismus von Handlungsnorm und Zweckprinzip auf den Begriff. Ihr zufolge entstammen die Rechtspflichten einem unmittelbar den äußeren Handlungsbereich regierenden und keiner kasuistischen Vermittlungsdienste bedürftigen Handlungsnorm: Rechtspflichten sind daher inhaltlich genau bestimmt und eben aus diesem Grund vollkommen. Bei ihnen wird »der mathematischen Abgemessenheit analog auf der Waage der Gerechtigkeit das Mein und Dein, nach dem Prinzip der Gleichheit der Wirkung und Gegenwirkung« das Pflichtschuldige geradezu ausgemessen (6, 375/Anm.). Entsprechend sind Tugendpflichten darum unvollkommen[74], weil ihre Erfüllung dem Einfluß kontingenter Faktoren unterliegt; das ethisch Erforderliche ist nicht durch ein objektives Verfahren definierbar: »die Schuldigkeit ... hat ein bestimmtes maaß, die Liebespflicht keines« (20, 157). Wenn ethische Pflichten unvollkommen und von weiter Verbindlichkeit, Rechtspflichten hingegen von enger Verbindlichkeit und vollkommen sind, dann ist damit allein die unterschiedliche Bestimmungs- und Normierungsreichweite des jeweiligen Pflichtprinzips angezeigt. Dieser unterschiedlichen Bestimmungsreichweite entspricht ein unterschiedlicher Informations-

74 Es gibt allerdings nach Kant auch vollkommene Tugendpflichten: es sind dies die – uns hier nicht interessierenden – offica erga seipsum, die auf die physisch-moralische Integrität sich beziehen und den Status von Unterlassungspflichten haben, als Unterlassungspflichten jedoch nicht unter das Unbestimmtheitsmerkmal fallen und daher von Kant als vollkommen qualifiziert werden; schon in der *Grundlegung* hatte Kant ja die Erzwingbarkeit als pflichtentheoretisches Vollkommenheitskriterium verabschiedet: »Es wird ... eine objektive Eintheilung der Pflichten gegen sich selbst in das Formale und Materiale derselben statt finden; wovon die einen einschränkend (negative Pflichten), die anderen erweiternd (positive Pflichten gegen sich selbst) sind: jene, welche dem Menschen in Ansehung des Zwecks seiner Natur verbieten, demselben zuwider zu handeln, mithin bloß auf die moralische Selbsterhaltung, diese, welche gebieten sich einen gewissen Gegenstand der Willkür zum Zweck zu machen und auf die Vervollkommnung seiner selbst zu gehen: von welchem beide zur Tugend, entweder als Unterlassungspflichten ... oder als Begehungspflichten ..., beide aber als Tugendpflichten gehören« (6, 419); zu Kants Konzept der Pflichten gegen sich selbst vgl. Mary J. Gregor: *Laws of Freedom. A Study of Kant's Method of Applying the Categorial Imperative in the »Metaphysik der Sitten«*, Oxford 1963, S. 113ff.

gehalt beider Gesetze. Als Antwort auf meine Frage: Was soll ich tun? gibt mir das Recht ein Kriterium an die Hand, das bei jeder Handlung zu eindeutigen Entscheidungen führt, kann die Tugendlehre mir aber nur Zwecke nennen, die ich mir zu eigen machen soll, und muß mich hinsichtlich der weiteren Frage nach der Weise ihrer Realisierung an die Umstände verweisen. »Alle Verbindlichkeit setzt ... ein Gesetz voraus. Geht dieses Gesetz bestimmt und unmittelbar auf die Handlung so daß die Art wie? und der Grad wie viel? in ihr ausgeübt werden soll im Gesetz bestimmt ist so ist die Verbindlichkeit vollkommen (obligatio perfecta) und das Gesetz ist stricte obligans es bleibt keine Wahl übrig weder für Ausnahmen wenn das Gesetz in seiner allgemeinheit gültig ist noch für das Maas der Befolgung desselben. Gebietet das Gesetz nun nicht unmittelbar die Handlung sondern nur die Maxime der Handlung läßt es dem Urtheil des Subjects frey die Art wie und das Maas in welchem Grad das Gebotene ausgeübt werden solle nur daß so viel als uns unter den gegebenen Bedingungen möglich ist davon zu thun nothwendig sey so ist die Verbindlichkeit unvollkommen und das Gesetz nicht von enger sondern nur weiter Verbindlichkeit late obligans« (23, 394)[75].

4.2 Doppelte Deontologie: Handlungsgesetz und Zweckgesetz

Die pflichtentheoretische Grenzziehung Kants orientiert sich weder am Merkmal der Erzwingbarkeit noch an teleologischen Aspekten, die die Eignung der Pflichtarten zur Erreichung pflichtjenseitiger Ziele thematisieren, der Verbindlichkeitsdualismus hat nicht in den unterschiedlichen Erfüllungsbedingungen und -motiven seinen Grund und auch nicht in den unterschiedlichen Pflichtfolgen: nicht darum sind für Kant vollkommene Pflichten vollkommen, weil sie als Zwangspflichten ein verläßlicheres Befolgungsmotiv erzeugen können, weil sie als Rechtspflichten auf einen Friedenszustand sich richten, der die notwen-

75 In den »Vorarbeiten zur Tugendlehre« hat Kant der Ethik gelegentlich die Gesetzlichkeit abgesprochen, da ihr Prinzip eben nicht zu einer definitiven Handlungsnormierung tauge, und den ethischen Regeln den Status von »admonitiones« gegeben, in Anwendung der alten moraltheologischen Unterscheidung zwischen befehlenden Gesetzen und ermahnenden Ratschlägen; vgl. 23, 393; 23, 380.

dige und umfassende Voraussetzung sowohl des Überlebens wie des guten Lebens ist. Kants Verbindlichkeitstheorie ist frei vom Makel des psychologischen, den Geltungsgrund im Befolgungsgrund auflösenden Reduktionismus etwa eines Thomasius und ebenso frei von allen teleologischen, die Pflichthandlungen instrumentalisierenden Implikationen. Zwar ist Kants Ethik eine Teleologie, aber erstens kennt Kant keine umfassende, die grundlegende pflichtentheoretische Differenz in sich begreifende und also auch das Recht begründende Teleologie, und zweitens ist seine ethische Teleologie nicht endzustandsorientiert, sondern deontologischen Zuschnitts[76]. Letzlich liegt dem Kantischen Verbindlichkeitsdualismus ein informationstheoretischer Unterschied zugrunde, der die unterschiedliche Normierungsreichweite der beiden Pflichtprinzipien reflektiert, die ihrerseits Konsequenz des unterschiedlichen Ortes der beiden Gesetzgebungen und damit des zu bestimmenden Gegenstandes ist[77].

76 Dreier charakterisiert Kants Ethik als »deontologische Teleologie« (R. Dreier, »Zur Einheit der praktischen Philosophie Kants«, in: ders., *Recht-Moral-Ideologie*, Frankfurt/M. 1981, S. 297).

77 Kants Zeitgenossen haben häufig gegen die scharfe Trennung von Recht und Ethik eine Konzeption des fließenden Übergangs gestellt: »... (auch die Rechtspflichten) haben ihre Grade. Es ist hier so wenig ein Abschnitt, eine bestimmte Gränzlinie vorhanden, als bey irgend einem andern moralischen Unterschiede. Die Zwangspflicht geht in die Gewissenspflicht durch unmerkliche Abstufungen über. Sie sind beyde nur das erste und letzte Glied einer ganzen Reihe von Pflichten von anwachsender Verbindlichkeit« (Chr.Garve: *Philosophische Anmerkungen* a.a.O., (Anm. 52), S. 75). Auch gegenwärtige Autoren kritisieren Kants pflichtentheoretische Trennungslinie, allerdings mit einem Argument, das auf einer sachfremden Überstrapazierung des Bestimmtheitsbegriffs beruht: »It is tempting to suppose that the distinction between perfect and imperfect duties is not really as sharp as Kant's remarks might suggest. When I have a perfect duty to repay a loan, I certainly have some »play room« for deciding how to comply. I may decide to send a check in the mail, to appear in person and hand over the cash, or to have my lawyer deliver a bank note. Consequently, though I do have a duty to do a certain thing, this »certain thing« is not a specific action that can be performed only in a specific way« (Bruce Aune: *Kant's Theory of Morals* , Princeton 1979, S. 189). Aune macht hier, ohne es allerdings zu erwähnen, Gebrauch von einem Gedanken Chisholms: »The distinction has ... been put more broadly: imperfect

Eine Wertdifferenz wird mit der Trennung der Pflichten in enge und weite keinesfalls zum Ausdruck gebracht; die der Ethik eigentümliche Pflicht ist nicht in einem minderen Maße Pflicht[78], ist von keiner schwächeren Verpflichtungskraft als die in der Rechtslehre beheimatete Handlungspflicht[79]. Die dem Pflichtbegriff als

duties are said to be »indeterminate« in that we have latitude in respect to the manner in which we fulfill them ... But if the distinction amounted only to this, then ... it would require us to say that no duties are perfect: If it is my duty to pay you ten dollars, then I have latitude in that I may pay by cash, check, or money-order; or if it is my duty to pay you in cash, then I may pay by giving you a ten, or fives, or ones; or if it is my duty to give you a ten, then I may give you this one, that one, or the other one, or if it is my duty to give you this one, then I may hand it to you with the face looking up, or down, or right, or left, and so on ad infinitum« (R. M. Chisholm: *Supererogation and Offence*, in: *Ratio* 5/1963, 1-14, S. 4). Nach unserer Materialsammlung zu den pflichtentheoretischen Abgrenzungsbemühungen einerseits und der sich anschließenden Rekonstruktion der Distinktionen der Kantischen *Metaphysik der Sitten* andererseits versteht es sich wohl von selbst, daß dieses gekünstelte, problemfremd-unseriöse Argument die Bemühungen der Pflichtentheoretiker des 18. Jahrhunderts und insbesondere Kants in keiner Weise tangiert.

78 »The distinction he draws could more properly be described as one between negative and positive duties or between duties of abstinence and duties from performance. While there are no degrees in abstinence, there are degrees in positive action. But there are no degrees in obligation; it is absolute where it exists at all« (W. D. Ross: *Kant's Ethical Theory* ... a.a.O., (Anm. 4), S. 55); »... der Unterschied zwischen strengen und weiten Pflichten besteht nicht darin, daß der Grundsatz der letzteren minder vernunftnotwendig bewegend wäre als der Grundsatz der ersteren, denn das würde in der Tat auf eine grundsätzliche Aufhebung des Pflichtcharakters der weiten Pflichten hinauslaufen« (Karl Alphéus: *Kant und Scheler*, Bonn 1981, S. 265).

79 Als Beispiel der vorkantischen Sichtweise, die sich teils an der logisch-praktischen Priorität des esse gegenüber dem bene esse, teils an der durch Zwangsbefugnis garantierten Erfüllungssicherheit der Rechtspflichten im Vergleich zur unsicheren Erfüllung der nur freiwillig zu leistenden Liebespflichten orientiert, siehe Höpfner. »Und endlich leugne ich denn auch ..., daß mich dieselbige Gründe zur Erfüllung der vollkommnen und der unvollkommnen Pflichten treiben. Bey den vollkommnen ist immer ein starker Beweggrund mehr, als bey den unvollkommnen; der Gedanke: dein Mitmensch ist befugt, dich zu zwingen. Man kann also nicht sagen: ich bin eben so stark verbunden,

solchem zugehörigen Merkmale der Objektivität, Kategorizität und Notwendigkeit sperren sich gegen jede graduelle Abstufung der Verbindlichkeit. Die Gefahr einer Kollision zwischen Rechts- und Tugendpflichten, die die zitierte Reflexion dadurch auszuräumen versuchte, daß sie die Ethik dem Recht nachordnete, bannt die *Metaphysik der Sitten* aufgrund der Unterschiedlichkeit des Anwendungsbereichs der beiden Pflichtgesetze. Da einerseits ein bestimmter Zweck und dessen Ausführung im allgemeinen geboten ist, andererseits aber Handlungen nach allein formalen Gesichtspunkten und unter Ausschluß jeder Zweckerwägung ausgezeichnet werden, ist eine Pflichtenkonkurrenz unmöglich.

Durch die Eingrenzung der speziellen ethischen Gesetzgebung auf den Zwecksetzungsbereich ist es der Tugendlehre möglich, das Tugendprinzip als ein kategorisches Prinzip mit absolutem Gültigkeitsanspruch zu entwickeln und somit die Unbedingtheit der Ethik zu sichern, die die frühe Reflexion ausschloß, da sie die Ethik als ein System der Gesetze verdienstlicher Handlungen in ihrem Gültigkeitsanspruch abhängig von dem absolut gültigen Recht machen mußte. Damit gewährleistet die *Metaphysik der Sitten* aufgrund ihrer originellen Begründung des Tugendprinzips die Kompatibilität dessen, was vorher nicht vereinbar war: die Priorität des Rechts und die unbedingte Gültigkeit der Ethik. Denn die Priorität des Rechts gilt auch in der Kantischen Sittenlehre, aber nicht aufgrund einer nur ihm zukommenden absoluten Notwendigkeit, sondern aufgrund seiner Eigentümlichkeit, im Gegensatz zur Ethik ein »Pflichtgesetz für Handlungen« zu besitzen. Die Priorität des Rechts zeigt sich darin, daß jede Tugendhandlung, jede Verwirklichung eines Pflichtzwecks als Handlung eben der Rechtmäßigkeitsbedingung unterworfen ist. In den Bestimmungen des Rechts muß die Güte ihre Grenzen erblicken. Unrechtshandlungen sind nicht durch Wohltaten kompensierbar: »der flek des Unrechts ist unauslöschlich« (19, R 7005). Gegen das Recht geschieht nichts Gutes: »ein gutartiger Mann ist darum nicht ein guter Mann, z. E. der wohlthätig, aber schlechter Zahler

Jemanden eine Wohlthat zu erzeigen, als ihm das Seine zu geben ...sondern die Regel muß vielmehr so formiret werden: Ich bin nicht so stark verbunden Jemanden eine Wohlthat zu erzeigen, als ihm das Seine zu geben; denn der andere kann mich zu diesem zwingen; zu jenem nicht ...« (Höpfner: *Naturrecht*, a.a.O. (Anm. 38), S. 332).

ist« (19, R 7008). Derjenige, »der in der Welt viel Unrecht getan und vielen das Seinige entzogen, zuletzt Vermächtnisse an das Hospital«[80] macht, mag den prinzipienuntreuen Sanguiniker erfreuen, der nach Kants moralischer Temperamentenlehre »viel Empfindung für Güte, aber wenig für Gerechtigkeit« hat (2, 222)[81], jedoch ist die sich über das Schuldige – womöglich im Namen der Menschlichkeit – hinwegsetzende Güte moralisch wertlos.

Es gibt keinen moralischen Grund, der Rechtsverletzungen rechtfertigen könnte. Das Recht läßt sich nicht erweichen; unbestechlich sorgt es sich allein um das Schuldige und stellt mitleidlos den Gläubiger vor den Bedürftigen. Sicher ist es verdienstlich, wenn ich davon absehe, »einen Armen, der mir schuldig ist, auszupfänden« (19, R 7227), doch ist die Durchsetzung meines Rechtsanspruchs trotz der ruinösen Folgen für den Betroffenen nicht tadelnswert, denn »ethische Unterlassungen sind = 0 und vermindern nicht den moralischen valorem, der schon da ist« (19, R 6585). Mit dem Recht geschieht nichts Böses, »alle Macht des Himmels steht auf Seiten des Rechts«[82].

Gegenstand jeder Rechtspflicht ist eine Unrechtsunterlassung. Rechtspflichten sind Schuldigkeitspflichten, *officia debiti*. Leiste ich das, was ich schuldig bin und worauf der andere ein Recht hat, dann mache ich »eine Verbindlichkeit, die da war, ungeschehen« (19, R 6585). Schuldigkeiten sind »negative Größen«, sind Defi-

80 Paul Menzer (Hrsg.): *Eine Vorlesung Kants über Ethik*, Berlin 1924, S. 61.

81 In Kants Temperamentenlehre entspricht der Unbeirrbarkeit des Rechts der standhafte, bisweilen eigensinnige, streng nach Grundsätzen lebende Melancholiker. Achtung vor der Menschenwürde, Gerechtigkeitssinn, Orientierung an wohl begründeten Prinzipien, das sind die Eigenschaften des Melancholikers. Der Melancholiker beargwöhnt empfindelnde Menschlichkeit, ist nie versucht, von der Strenge des Rechts nachzulassen. Anders der Sanguiniker. »Sein sittliches Gefühl ist schön, allein ohne Grundsätze ... Die Gesetze sind ihm gemeiniglich zu strenge, und er läßt sich durch Tränen bestechen. Er ist ein schlimmer Heiliger, niemals recht gut und niemals recht böse ... Er ist freigiebig und wohltätig, aber ein schlechter Zahler dessen, was er schuldig ist« (2, 222).

82 »Der ein Recht wieder jemand hat, kann ihn in allen Freuden stöhren, ihn vom Altar wegholen. Alle Macht des Himmels steht auf Seiten des Rechts« (19, R 7006).

zite, die durch entsprechende Ausgleichshandlungen auf Null zu bringen sind, Gleichgewichtsstörungen vergleichbar, die nach einer Restabilisierung verlangen. Rechtspflichterfüllung ist daher in keiner Weise wertschaffend und auszeichnungswürdig: »daß Verdienst einer actionis juris = 0, denn – a + a = 0« (19, R 6585). Durch Rechtstreue wird nicht das Gute in der Welt vermehrt, sondern das Böse verhindert. Das Recht prämiiert nicht, sondern es straft; seine Sanktionsentscheidung ist an der Verhinderung des Rechtsbruchs interessiert. Rechtschaffenheit ist nicht verdienstlich, und bleibt daher unauffällig[83]. »Aber der Verdienst einer actionis Ethicae ist etwas: a + 0 = a« (19, R 6585); aktive ethische Handlungen vermögen offensichtlich »den moralischen valorem, der schon da ist«, zu vergrößern. Tugendpflichten sind officia meriti, »die Erfüllung derselben ist Verdienst (meritum) = +a« (6,390). Diese Definition überrascht; man erwartet von der strengen Deontologie Kants eigentlich nicht, sich durch die Erfüllung von Pflichten Verdienste erwerben zu können[84]. In der *Ethikvor-*

83 »In allen Zeitaltern, wo die Ehrlichkeit Ehre erwirbt und wo es ein Punkt der Ehrbegierde ist und wo man dadurch einen verdienstlichen Wert hat, daß man ehrlich ist, da ist schon Korruption der Sitten, da ist die Ehrlichkeit selten. Man rechnet sie als ein Verdienst, da sie doch eine alltägliche Eigenschaft eines jeden sein sollte, denn wer einen sehr kleinen Teil weniger ist als ehrlich, der ist schon ein Schelm. So wird es an den türkischen Richtern als etwas Verdienstliches gelobt, das sie sich nicht haben bestechen lassen, und wenn Aristides der Gerechte genannt worden, so ist dies zwar Lob für ihn, aber ein Schimpf für sein Zeitalter, in dem alsdann, da es so sehr an ihm gerühmt worden, wenige Gerechte waren« (*Vorlesung Kants über Ethik* a.a.O. (Anm. 80), S. 238/9).

84 In den pflichtentheoretischen Äußerungen von Grotius bis Baumgarten hat der Begriff des meritum eine ganz andere Bedeutung als bei Kant. Grotius hatte zwischen »facultas« und »aptitudo« unterschieden, und jener die justitia expletrix, dieser die justitia attributrix zugeordnet. Der facultas korrespondiert ein vollkommenes, zwangsbewehrtes Recht, der aptitudo ein nur mehr moralisches Recht. Dieses nennt Grotius auch »dignitas« (*De jure* ..., lib. I, cap. I, n. VIII), mit ausdrücklichem Bezug auf die aristotelische axia (*Nik. Ethik*, Buch V, Kap. 6, 1131 a 26). Aristoteles hatte zwischen der arithmetischen und der proportionalen, der »synallagmatischen« (oder verkehrenden, Verkehrs-) und der austeilenden Gerechtigkeit unterschieden. Paradigma der ersteren ist der Vertrag, Paradigma der letzteren die politische Äm-

lesung hat Kant als Bedingung einer verdienstlichen Handlung verlangt, daß sie mehr als das Schuldige tut: »Einer positiven Ehre ist der nur wert, dessen Handlungen verdienstlich sind, dessen Handlungen mehr enthalten, als sie schuldig sind zu enthalten«[85]. Und in der Vigilantius-Vorlesung heißt es: »wenn also der Mensch blos seine Schuldigkeit thut, so hat er blos seine Unehre abgehalten ...; er hat sich nicht in die Grenzen der Verachtung und des Tadels gesetzt: hat solche Handlungen gethan, die mehr Gutes enthalten, als die Schuldigkeit von ihm erfordert, so kann für ihn Verdienst entstehen, und dies kann ihm wahre Ehre bringen. Es ist nun zwar unmöglich, daß wir in Ansehung Gottes, als des Gesetzes der höchsten Moralität, mehr als Schuldigkeit thun können, da gegen ihn alles Schuldigkeit ist; dagegen in Verhältniß gegen andere Menschen können wir wohl Verdienste haben, wenn wir unsere Handlungen gegen unsere Zwangspflichten vergleichen, z. E. Wohlthätigkeit gegen Arme« (27.2,1, S. 665). Und auch die *Meta-*

terverteilung, die als gerechte eine Distribution kat' axian zu sein hat. Axia bzw. meritum begründet analog zum jus einen Rechtsanspruch, der allerdings nicht mit Zwang durchsetzbar ist. Dieser Bezug auf die aristotelische Gerechtigkeitslehre ist deutlicher noch bei Leibniz ausgeprägt, der in seiner dreistufigen Naturrechtskonzeption das strikte Recht der justitia commutativa und das unvollkommene Billigkeitsrecht der Verdienst und Würdigkeit abwägenden justitia distributiva zuordnet: »Alterum, neminem laedere, est praeceptum justitiae particularis commutativae, ut scilicet aequalitas Geometrica servetur, ne quis minus habeat quam ante, alter autem plus, homines enim aequales censendi sunt... Tertium, suum cuique tribuere, est praeceptum justitiae distributivae, circa communia inter singulos distribuenda, ubi locum habeat consideratio meritorum cuiusque et publica utilitas« (G. Grua (Hrsg.): Leibniz, *Textes inédits,* Paris 1948, Band II, S. 616). Bei Wolff zeigt sich dann, wie die aristotelische justitia distributiva und die pflichtbegründende Würdigkeit überlagert werden von der christlichen Pflicht der Nächstenliebe; die sich hier ankündigende Ethisierung des unvollkommenen Rechts findet bei Kant ihren Abschluß: »Das unvollkommene (Recht, W. K.) wird vom Grotius die Fähigkeit (aptitudo), vom Aristoteles aber die Würdigkeit (meritum) genannt; in so weit als derjenige, dem etwas geleistet werden soll, desselben werth ist. Die Würdigkeit also derjenigen, der um einen Liebes-Dienst bittet, ist die Bedürfniß« (*Grundsätze des Natur- und Völkerrechts,* Halle 1754, § 80); vgl. Baumgarten: *Initia philosophia practicae,* § 64, in: Kant's Gesammelte Schriften AA 19, 33.

85 *Ethikvorlesung* a.a.O., S. 59/60.

physik der Sitten nimmt diese Bestimmung auf: »Was jemand pflichtmäßig mehr tut, als wozu er nach dem Gesetze gezwungen werden kann, ist verdienstlich ...; was er nur gerade dem letzteren angemessen tut, ist Schuldigkeit ...; was er endlich weniger tut, als die letztere fordert, ist moralische Verschuldung« (6, 227).

4.3 Pflichten und supererogatorische Handlungen

Ohne Zweifel zielt das das Maß des Schuldigen überschreitende Mehr nicht auf eine Übererfüllung von Rechtspflichten: derjenige, der statt der (zinsfrei) geliehenen 500 DM 700 DM zurückzahlt oder statt lohnvertraglich vereinbarter 8 Std. 10 Std. arbeitet, wird die jeweilige Mehrleistung nicht als moralisch verdienstliche Handlung imputiert bekommen. *Sondern gemeint ist mit dem meritorischen Mehr eine über die Respektierung des Rechtes anderer hinausreichende Bereitschaft zu aktiver Mitmenschlichkeit*. Wären die Schuldigkeitspflichten die einzige Pflichtart, dann würden Kants verdienstliche Tugendhandlungen supererogatorischen Handlungen gleichen, denn dann wären sie sowohl moralisch wertvoll als auch nicht-obligatorisch. Aber es gibt bei Kant keinen moralisch relevanten Handlungsbereich, der nicht unter der Herrschaft des Pflichtkonzepts stünde, keinen gesetzesfreien, von der Vernunftgesetzgebung ausgelassenen Raum, in dem supererogatorische Handlungen Platz finden könnten. Sofern die Pflichtfreiheit konstitutiv ist für die Supererogation, supererogatorische Handlungen also in keiner Hinsicht als Pflichterfüllungshandlungen definiert werden können[86], ist Kants *Metaphysik der Sitten*

86 Das Problem supererogatorischer Handlungen wird heute in der Hauptsache in der englischsprachigen Philosophie diskutiert; vgl. J. O. Urmson: »Saints and Heroes«, in: A. I. Melden (Hrsg.), *Essays in Moral Philosophy*, Seattle/London 1958, S. 198-216 (dem Urmsonschen Aufsatz kommt das Verdienst zu, die supererogatio als moralphilosophisches Thema wiederentdeckt und damit eine rege Diskussion eingeleitet zu haben); R. M. Chisholm: »Supererogation and Offence«, a.a.O.; Paul D. Eisenberg: »From the Forbidden to the Supererogatory: The Basic Ethical Categories in Kant's Tugendlehre«, in: *American Philosophical Quarterly* 3/1966, S. 255-269; Th. E. Hill, Jr., »Kant on Imperfect Duty and Supererogation«, in: *Kant-Studien* 62/1971, S. 55-76; J. Feinberg: »Supererogation and Rules«, in: *Ethics* 71/1961,

wie die gesamte Pflichtenlehre des 18. Jahrhunderts dezidiert anti-supererogationistisch. Da Kant überdies über einen einheitlichen Pflichtbegriff verfügt, der die dualistische Pflichtenlehre fundiert und es verbietet, die Tugendpflichten als zweitrangig einzustufen, ist die anti-supererogationistische Tendenz in seiner Ethik noch stärker ausgeprägt als in den Konzeptionen seiner Vorgänger, die ihre Pflichtenlehre zumeist mit einer den obligatorischen Charakter der officia beneplaciti abschwächenden Verbindlichkeitsgradation verknüpfen.

Die verdienstlichen Handlungen der Supererogationisten sind antiobligatorisch. Kant hingegen setzt den Begriff des Verdienstlichen nicht dem Begriff des Obligatorischen entgegen, sondern dem Begriff des Schuldigen; sein Begriff des Verdienstlichen ist nicht pflichttranszendent, sondern pflichtimmanent. Die Möglichkeit dieser Vereinbarkeit von Pflichterfüllung und Verdienstlichkeit hat ihren Grund in dem teleologischen Charakter der Tugendpflichten einerseits und der Dreiwertigkeit der Ethik andererseits. Das unter einem strengen, handlungsbestimmenden Gesetz stehende Recht kennt die Pflichterfüllung und die Pflichtverletzung und geht durch logische Negation von dem einen zum anderen und umgekehrt; die Ethik aber kennt zusätzlich zum logischen Gegensatz noch das faktische »Widerspiel« (6, 384), die »reale Entgegensetzung« (2, 183). Diese Dreiwertigkeit ist die Konsequenz der Eigentümlichkeit, sowohl Zwecklehre als Theorie von aktiven, von Ausübungspflichten zu sein, denn dies gibt einer zweifachen Negation Raum: der Negation der Ausübung und der Negation des Zwecks; letztere impliziert die Ausübungsnegation, aber es gilt nicht die Umkehrung. Folglich ist es angebracht, zu unterscheiden zwischen der den Pflichtzweck pervertierenden Lasterhaftigkeit und der sich in ethischen Unterlassungshandlungen manifestierenden moralischen Schwäche. Eine mangelhafte Zweckverfolgung ist etwas anderes als eine Annihilation des Zwecks. Der meritorische Charakter der Erfüllung von Tugendpflichten reflektiert ersichtlich das für diese Pflichtklasse eigentümliche Spannungsverhältnis von Zweck und Handlung. Das Prinzip der Ethik ist ein zweckbestimmendes Gesetz von

276-288 (auch in: ders., *Doing and Deserving*, Princeton 1970, S. 3-24); D. Heyd: »Beyond the Call of Duty in Kant's Ethics«, in: *Kant-Studien* 71/1980, S. 308-324; ders.: *Supererogation*, Cambridge 1982.

Ausübungspflichten, das den Handlungsbereich unbestimmt lassen muß und daher den einzelnen Ausübungshandlungen als Handlungen nicht die Prädikate der praktischen Notwendigkeit zusprechen kann, so daß auch deren praktisches Gegenteil nicht als Negation des moralisch Notwendigen verurteilt werden kann. Ethische Unterlassungen sind daher lediglich Handlungen, die »den moralischen valorem, der schon da ist«, nicht vergrößern, sind verpaßte Chancen moralischer Verdiensterwerbung. Die Unterlassung von Rechtspflichterfüllungen führt zur Strafe, die Ethik aber straft nicht, sie prämiiert; ihre Sanktionsentscheidung ist an der Vermehrung des Guten in der Welt interessiert.
Die juridische Pflichterfüllungssituation ist übersichtlich und besitzt die Einfachheit des Ja oder Nein; die Pflichterfüllung ist in jeder Hinsicht durch die bestehende Schuldigkeit vorgezeichnet. Die ethische Pflichterfüllungssituation hingegen ist unübersichtlich und besitzt die Undeutlichkeit des Mehr oder Weniger; das arbiträre Element spielt eine große Rolle; immer ist noch eine Handlung denkbar, die noch verdienstlicher ist, die dem Zweck angemessener ist und von einem größeren Wohlwollen, möglicherweise sogar von Opferbereitschaft zeugt; andererseits ist auch eine präzise Grenze zwischen Tugendpflichtausübung und ethischer Unterlassung nicht zu ziehen. Es gibt keinen meritorischen Kalkül, mit dessen Hilfe die Tugend gemessen und die Verdienstlichkeit errechnet werden könnte. Das die gesamte hier in Rede stehende Pflichtklasse prägende Unbestimmtheitsmerkmal zeigt sich auch in der Offenheit und Nichtobjektivierbarkeit des ethischen Prädikats der Verdienstlichkeit. Die Schuldigkeiten sind genau bestimmt, und wie sie aus der Welt zu schaffen sind, sagen sie selbst. Was aber zu tun ist, um die Glückseligkeit anderer zu befördern, um moralische Verdienste zu erwerben, das hängt von den Umständen ab. Jedoch ist die ethische Pflichterfüllungssituation, die bei Lichte betrachtet so lange währt wie das Leben, immer als *Pflicht*erfüllungssituation zu betrachten. Trotz der Unbestimmtheit des Handlungsfeldes, trotz des arbiträren Elements, trotz der Verdienstlichkeit und des ethischen Gebots einer engagierten Pflichtausübung, was ja heißt, die verdienstlichere Handlung der weniger verdienstlichen vorzuziehen, trotz all dieser für das Tugendhandeln konstitutiven Faktoren ist einzig die »trokkene und ernsthafte Vorstellung der Pflicht« als ethisches Handlungsmotiv angemessen (5, 157). Das moralische Lob darf nicht

der Antrieb der Tugend sein. Das Streben nach Verdienst muß in der Pflichterfüllung aufgehen, um nicht »durch die eigenliebige Einbildung des Verdienstlichen den Gedanken an Pflicht ... zu verdrängen« (5, 177/Anm.). So wenig die Strafvermeidung ein moralisch vertretbares Motiv zur Erfüllung von Rechtspflichten ist, sowenig ist der Erwerb moralischen Verdienstes als Triebfeder zur Erfüllung von Tugendpflichten anzuerkennen.

4. Gesellschaft als Postulat

Im Rahmen einer weitgespannten Diskussion der Frage: Wie ist Gesellschaft möglich? werde ich im folgenden vier sozialphilosophische Begründungsvarianten betrachten. Zuerst: die kausale Deduktion der Gesellschaft: sie wird sich als unphilosophisch erweisen, sodann: die transzendentale Deduktion der Gesellschaft: sie wird sich als unmöglich erweisen; anschließend: die semantische Deduktion der Gesellschaft: sie wird sich als unzureichend erweisen; und endlich: die praktische Deduktion der Gesellschaft. Sie bildet das begründungstheoretische Rückgrat einer Sozialphilosophie, die sich behaupten kann.

Sucht man nach einer charakteristischen Fragestellung, die der Sozialphilosophie einen genuinen Gegenstandsbereich aus der philosophischen Problemlandschaft auszugrenzen vermöchte, so bietet sich die Frage nach der Möglichkeit von Gesellschaft an. Diese Fragestellung besitzt die von philosophischen Fragestellungen zu verlangende Radikalität: hinter sie kann man schlechterdings nicht zurückgehen, fragt sie doch nach den Bedingungen der Möglichkeit eben des Gegenstandsgebietes, dem sich die Sozialphilosophie im Rahmen eines vagen Vorbegriffs von sich selbst zuordnen muß, um überhaupt einen Ausgangspunkt für die Suche nach einer sie wohldefinierenden Fragestellung zu erhalten. Hier entscheidet sich, ob es eine undelegierbare sozialphilosophische Zuständigkeit gibt oder ob die Sozialphilosophie an einem arbiträren Bindestrich hängt. Diese Fragestellung ist geeignet, Sozialphilosophie von einer Philosophie der Sozialwissenschaften zu unterscheiden, die als Wissenschaftstheorie oder Logik der Sozialwissenschaften sich um eine methodische und begriffliche Explikation sozialwissenschaftlicher Erklärungskonzeptionen, Gesetzesmodelle und Theoriebildungsprozesse bemüht und die Reichweite der Idee der Einheitswissenschaften erprobt.

Die Frage nach den Bedingungen der Möglichkeit von Gesellschaft erlaubt zwei Lesarten: eine Hobbesianische und eine Kantische. Die Hobbesianische Lesart der Frage verlangt als Antwort eine kausale Deduktion der Gesellschaft, die Kantische Lesart der Frage hingegen verlangt nach einer transzendentalen Deduktion der Gesellschaft.

1. Die kausale Deduktion der Gesellschaft

Die hobbesianische Lesart der Frage nach der Möglichkeit von Gesellschaft ist eindeutig. Sie ist an den empirischen Vergesellschaftungsursachen und an den Stabilitätsfaktoren und Kohärenzbedingungen einer gesellschaftlichen Ordnung interessiert. Sie sucht nach der chemischen Formel des Sozialkitts, der die Naturzustandsbewohner bindet und die konfligierenden materiellen Interessen der Einzelnen in ein System der Bedürfnisse mit Berstschutz integriert. Mühelos läßt sich die Geschichte der empirischen Sozialtheorie von Hobbes bis in unsere Gegenwart als ein auf das mittlerweile zum Topos gewordene «Hobbesian Problem of Order» (Parsons) konzentrierter Diskussionszusammenhang rekonstruieren, der vordringlich durch die Auseinandersetzungen zwischen den folgenden Positionen geprägt ist.

Da ist einmal die Hobbessche Konzeption selbst, die die Gefahr der Divergenz und Diskontinuität von individueller und sozialer Rationalität durch die Ubiquität eines gewaltmonopolistischen Staates zu bannen versucht. Da ist zum anderen die von den schottischen Aufklärern Hume und Smith eingenommene und in unserer Zeit von Nozick und besonders vehement von von Hayek vertretene Position, daß Gesellschaft sich spontan und im Rücken der Handelnden als unintendiertes Resultat rational-egoistischer Interessenverfolgung ergibt. Hinter diesem Konzept der unsichtbar ordnenden Hand steht die Überzeugung der Ableitbarkeit der sozialen Rationalität aus den selbstzentrierten individuellen Klugheitsstrategien, steht der Glaube an eine Naturlist, durch die der alle interpersonalen Beziehungen jenseits der Intimitätsinseln der Familie und Freundschaft zersetzende natürliche Egoismus bei hinreichender Aufgeklärtheit selbst als Bedingung der Möglichkeit von Gesellschaft tätig wird und Gesellschaft als eine hinreichend kohärente Aggregation individueller Präferenzen ermöglicht. Der Protagonist dieser beiden Positionen ist identisch: derselbe präsoziale Rationalitätshomunculus bildet die anthropologische Grundlage des staatsmaximalistischen Repressionsmodells und des staatsminimierenden Spontaneitätsmodells. Vertreter einer dritten Position in der Diskussion über die kausale Deduktion der Gesellschaft hingegen sind davon überzeugt, daß die Fundierung sozialer Verhältnisse in der subjektiven Nutzenkalkulation sich externen theoretischen Motiven verdankt und durch

die gesellschaftliche Wirklichkeit keinesfalls gestützt wird. So entwickelt etwa die von Parsons beeinflußte Sozialtheorie im Anschluß an Durkheims Aufdeckung der normativen nicht-kontraktuellen Grundlagen der für das neuzeitliche Naturrecht paradigmatischen privatvertraglichen Vergesellschaftung wert- und normenintegrative Erklärungsmodelle, die die Kohärenz gesellschaftlicher Ordnung als – wie es in der terminologiefreudigen Systemtheorie heißt – Interpenetration personaler und sozialer Systeme expliziert. Gemeint ist damit, daß das Faktum der Gesellschaft weder als Tauschgeschäft noch als Resultat einer staatlichen Besetzung des Naturzustandes realitätsangemessen erklärt werden kann, sondern daß es sich einer von den Individuen internalisierten, hinreichend wirksamen Handlungssteuerung verdankt, also an die Geltung stiftende Anerkennung eines Systems allgemeiner, situationsunabhängiger und kategorisch gebietender Normen verwiesen ist. Von den hypothetischen Imperativen der Zweckrationalität allein kann die Lösung des Hobbesschen Ordnungsproblems nicht erwartet werden; es bedarf einer freiwilligen, das heißt: habituell gewordenen sozialen Disziplin, die gegenüber jeder zweckrationalen Versuchung immun ist.
Die drei eben skizzierten Positionen geben unbeschadet aller methodischen Unterschiedlichkeit und zwischen ihnen bestehenden erkenntnisprogrammatischen Rivalität Antwort auf ein und dieselbe Frage; alle buchstabieren die Frage nach der Möglichkeit von Gesellschaft hobbesianisch, mühen sich um eine kausale Gesellschaftsdeduktion im Rahmen einer empirischen Sozialtheorie.

2. Die transzendentale Deduktion der Gesellschaft

Die Kantische Lesart der Frage nach der Möglichkeit von Gesellschaft entbehrt dieser Eindeutigkeit. Was ist unter einer transzendentalen Deduktion der Gesellschaft zu verstehen? Diese Unklarheit ist umso ärgerlicher, als sich der Versuch, einen selbständigen Begriff von Sozialphilosophie zu gewinnen, eindeutig an die Kantische Lesart unserer Frage verwiesen sieht. In der Fluchtlinie ihrer hobbesianischen Lesart läßt sich keine sozial*philosophische* Problemstellung ausmachen. Vielmehr entdeckt sich einem Blick auf die Geschichte der Bemühungen um das Hobbessche Ordnungsproblem, daß die soziologische Sozialtheorie des 19. und

20. Jahrhunderts die direkte Nachfolge der Sozialphilosophie der französischen Materialisten und der englischen Empiristen angetreten hat und die letzteren eher als Protosoziologen einzustufen sind denn als Sozialphilosophen, die eine heute von den mittlerweile selbständig gewordenen Sozialwissenschaften und soziologischen Theorien hart bedrängte und um Antwort auf die Frage nach ihrer Existenzberechtigung arg verlegene Sozialphilosophie um Rat angehen könnte. Die Sozialphilosophie der Neuzeit und die soziologischen Theorien der Moderne sind nicht um die Reflexionsebenendistanz voneinander entfernt, die zwischen den Fragen einer deskriptiven Objekttheorie und einer philosophischen Problemstellung liegt. Wenn sich also überhaupt ein Begriff von Gesellschaftsphilosophie finden läßt, dann scheint er nur im Kontext der kantischen Lesart unserer Fragestellung gesucht werden zu können. Und das führt zu der Vermutung, daß Sozialphilosophie ihre philosophische Identität mithilfe des transzendentalphilosophischen Begründungsprogramms gewinnen könnte.

Es bestehen jedoch Zweifel, daß eine transzendentalphilosophische Gesellschaftsbegründung möglich ist und eine transzendentale Deduktion der Gesellschaft gelingen kann. Und es ist gar nicht notwendig, in das Problemdickicht der komplexen Argumentationsstruktur der Kantischen Transzendentalphilosophie tiefer einzudringen, um die Gründe dafür zu finden. Transzendentalphilosophie ist nach Kant »eine Weltweisheit der reinen bloss spekulativen Vernunft«[1], und die »vollständige Idee der Transzendentalphilosophie«[2] ist mit der Entfaltung der Prinzipien der *Kritik der reinen Vernunft* realisiert. Eine transzendentalphilosophische Explikation und Begründung der Prinzipien des praktischen Bereichs gibt es nicht. Ausdrücklich hat Kant in der *Kritik der reinen Vernunft* die Frage nach der Möglichkeit einer transzendentalen Erkenntnislehre des Praktischen gestellt und sie verneint. Und diese Meinung hat er in den späteren praktischen Schriften auch nicht zurückgenommen. Die transzendentale Analyse ist für den Bereich empirischer Wirklichkeitserkenntnis reserviert und befaßt sich nicht mit dem, »was da sein soll«.

Nun könnte man freilich einwenden, daß Kants Ausgrenzung des Normativen aus der Zuständigkeit transzendentaler Reflexion

1 Kant: KrV B 29.
2 Ebd., B 28.

kein Hindernis für eine transzendentalphilosophische Gesellschaftsbegründung sei, daß man sich durch eine gesellschaftsspezifische Indienstnahme des transzendentalphilosophischen Begründungsprogramms ja gar keine normativ-praktische, sondern eine theoretische Gesellschaftsphilosophie versprochen habe, daß also die Frage nach den Bedingungen der Möglichkeit von Gesellschaft gar nicht auf eine Sozialphilosophie ziele, die in den Geltungsbereich des Grundgesetzes der reinen praktischen Vernunft gehören würde, sondern auf eine Gesellschaftsphilosophie, deren apriorische Grundlagen zum Kenntnisbestand der Weltweisheit der »reinen bloss spekulativen Vernunft« zu zählen seien. Wenn man wie seiner Zeit Schelsky in der *Ortsbestimmung der deutschen Soziologie*[3] eine »transzendentale Theorie der Gesellschaft«[4] und von dieser dann eine »Bestimmung von Sinn und Grenzen des Sozialen und des soziologischen Denkens«[5] verlangt, dann scheint diese Theorieforderung von der philosophischen Intuition geleitet zu sein, eine transzendentalphilosophische Gesellschaftsbegründung sei als Zwillingsunternehmen der transzendentalphilosophischen Naturbegründung durchführbar. Diese Intuition soll im folgenden überprüft werden.

»Die Bedingungen der Möglichkeit der Erfahrung überhaupt«, so heißt es in der berühmten B 197-Stelle der *Kritik der reinen Vernunft*, »sind zugleich Bedingungen der Möglichkeit der Gegenstände der Erfahrung, und haben darum objektive Gültigkeit in einem synthetischen Urteile a priori«. Die transzendentale Begründung objektiver Erfahrungserkenntnis ist daher zugleich Konstitutionstheorie der Erfahrungsgegenstände, ist zugleich Konstitutionstheorie des gesetzlichen Zusammenhangs aller Erfahrungsgegenstände, also Konstitutionstheorie der Natur. Könnte man nun nicht, so die hier zu untersuchende Frage, eine transzendentale Begründung der Gesellschaft nach dem Vorbild der transzendentalen Begründung der Natur, mithin in genauer Entsprechung zur transzendentalphilosophischen Koinzidenz von Erfahrungsbegründung und Erfahrungsgegenstandskonstitution versuchen? Die Durchführung eines solchen Zwillingsunternehmens, das die Weltweisheit der reinen bloß spekulativen Vernunft in eine Naturweisheit und Gesellschaftsweisheit auseinanderlegte

3 Düsseldorf/Köln 1959.
4 Ebd., S. 95.
5 Ebd., S. 99.

und die transzendentale Erfahrungsbegründung um eine Begründung sozialer Erkenntnis erweiterte, verlangte den Ausweis einer Sequenz bereichsspezifischer, für die Konstitution der Gesellschaft als einer Sonderwirklichkeit zuständiger synthetischer Prinzipien a priori, verlangte also nach einer metaphysischen Deduktion einer zweiten Kategorientafel, auf der die apriorische Verfassung der gesellschaftlichen Wirklichkeit überhaupt eingetragen wäre.
Schon ein flüchtiger Blick auf nur einige Muster des von der *Kritik der reinen Vernunft* ausgebreiteten Argumentationsteppichs genügt, um die Unmöglichkeit einer solchen transzendentalphilosophischen Begründung sozialer Erfahrung und ihres Gegenstandsgebietes einzusehen. Aus den Denkformen des Bewußtseins lassen sich keine Kategorien der Sozialität herausspinnen. Es kann keine theoretische Sozialphilosophie transzendentalphilosophischen Zuschnitts geben, sofern man natürlich davon absieht, daß in der gegenwärtigen Theoriesituation jede an systematischer Argumentation irgend interessierte philosophische Richtung ihre hauseigenen begründungstheoretischen Vorstellungen als ›transzendental‹ qualifiziert, und sich allein an dem Theoriekonzept des Autors der *Kritik der reinen Vernunft* orientiert. Es ist eine trügerische Hoffnung, in der kantischen Transzendentalphilosophie das Vorbild für eine uno actu-Begründung von sozialer Erfahrungserkenntnis und gesellschaftlicher Wirklichkeit und deren wissenschaftlicher Vermessung zu erwarten. Diejenigen, die von einer kategorialen Differenz zwischen Natur und Gesellschaft überzeugt sind, die überzeugt sind, daß ein intersubjektives Beziehungsnetz von einem deterministisch geschlossenen Ding- und Ereignissystem zu unterscheiden und prinzipiell nicht auf letzteres reduzierbar ist, und die weiterhin davon überzeugt sind, daß Subjekt-Subjekt-Relationen einen anderen kognitiven Zugang verlangen als Objekt-Objekt-Beziehungen und daß die extern bedeutungszuordnende transzendentale Naturkonstitution die intern verstehende Kommunikationssituation der Subjekte verstellt und entstellt, die werden vergeblich nach einer metaphysischen und transzendentalen Deduktion von Sozialitätskategorien Ausschau halten. Die in der Kantischen Transzendentalphilosophie entfaltete epistemologische Strukturbeschreibung kongnitiven Bewußtseins enthält keine für Subjekterfahrung zuständige Nische. In der Gegenstandserfahrung ermöglichenden transzenden-

tal entworfenen Subjekt-Objekt-Konstellation hat die nicht-empirische Verstehenserfahrung der gesellschaftlichen Subjekte keinen Platz. Soziale Wahrnehmung ist überhaupt erst möglich, wenn, wie Kant sagt, eine »Übertragung dieses meines Bewußtseins auf andere Dinge«[6] erfolgt, wenn ich ihnen mein »eigenes Subjekt unterschiebe«[7] und damit die gegenständliche Erfahrung ermöglichende Konstitutionsleistung des transzendentalen Bewußtseins in praktisch-kommunikativer Absicht überforme. Aber eine derartige subjektivierende Überformung, die ein gegenständliches Wahrnehmungsfeld in ein soziales Verstehensfeld verwandelte, ist nicht als Konstitutionsakt eines transzendentalen Bewußtseins, ist nicht als kategoriale Wahrnehmungsformierung transzendentalphilosophisch explizierbar.

Diejenigen dagegen, die die Sozialwissenschaften nach dem Vorbild der Naturwissenschaften betreiben möchten, die den Exaktheit verbürgenden Charakter naturwissenschaftlicher Objektbeziehung auf den sozialen Bereich übertragen und sich selbst als gesellschaftsunverbundene Betrachter etablieren, die bedürfen keiner transzendentalen Begründung der Gesellschaft, gleichgültig, ob sie in der Nachfolge Turgots, Condorcets und Comtes den Bewegungsgesetzen einer »mécanique sociale« nachspüren oder als verhaltenstheoretische Soziologen auf die Nomologie einer naturalisierten Psychologie zurückgreifen. Das, was sie von der Transzendentalphilosophie verlangen könnten, hat diese bereits mit der objektivitätsverbürgenden Einbettung des Weltbezugs vernünftiger Subjekte in die apriorischen Konstitutionsbedingungen der Gegenständlichkeit in hinreichendem Maße geleistet.

Kants Transzendentalphilosophie ist eine »Erkenntnisart von Gegenständen, sofern diese a priori möglich sein soll«; sie entfaltet sich als ein »System aller Begriffe und Grundsätze, die sich auf Gegenstände überhaupt beziehen, ohne Objekte anzunehmen, die gegeben wären«. Dieses System ist der Inbegriff apriorischer Bedeutungsregeln, die bestimmen, was als Objekt der Erfahrung und erfahrungswissenschaftlicher Erkenntnis gilt, und die damit zugleich die Regeln unserer Verständigung über Objekte festlegen. Eben das ist das Besondere der Transzendentalphilosophie, daß sie unauflöslich zugleich Bedeutung und Gegenständlichkeit

6 Kant: KrV, B 405.
7 Ebd., A 353.

konstituiert. Die apriorischen Möglichkeitsbedingungen der Gegenstände sind zugleich die apriorischen Bedingungen ihrer Erkenntnis und ineins damit der Möglichkeit, sich über sie zu verständigen. Wird eine szientistische Soziologie zu philosophischer Reflexion genötigt, dann wird sie Voraussetzungen freilegen, in denen der Naturcharakter der Gesellschaft und der Objektcharakter der Individuen verankert ist; und damit erweist sich eben die transzendentale Grundlegung einer objektivistischen Soziologie und ihres Gegenstandes als schon geleistet.

Prinzipiell kann nichts daran hindern, die transzendentalphilosophische Konstitution der Naturgegenstände auf die Objekte der szientistischen Sozialwissenschaft zu übertragen. Kant hat es schließlich selbst auch so gemacht: wenn er von dem Erscheinungscharakter des empirischen Menschen spricht, dann besagt das, daß sich das Konstitutionsprofil des Menschen als Ziel gegenständlicher Selbst- und Fremderfahrung nicht im mindesten von dem Konstitutionsprofil eines beliebigen Naturgegenstandes unterscheidet. Es ist eine Konsequenz der fundamentalen Irreflexivität der transzendentalphilosophischen Erfahrungsbegründung, daß das wahrnehmungsformierende Subjekt der Kategorien nur eine epistemologische Existenz besitzt und epistemisch unzugänglich ist, somit der Mensch als Erkenntnisgegenstand Opfer der transzendentalen Konstitution ist und nur als Opfer der transzendentalen Konstitution Erkenntnisgegenstand sein kann, das heißt aber, nur im Medium der Erscheinung, folglich nur als ein weiterer Naturgegenstand gegenständlich erfahren werden kann. Es kann somit keine Begründung einer empirischen Erkenntnis des Sozialen geben, durch die deren beanspruchte epistemologische Eigenständigkeit transzendentalphilosophisch legitimiert werden könnte; entsprechend gibt es auch keine transzendentalphilosophische Theorie der Gesellschaft, die Gesellschaft als besondere, naturausgrenzende Erscheinungsprovinz durch ein spezifisches Kategorien-Set konstituierte und unser soziales Verstehen apriorischen Bedeutungsregeln unterwürfe und unter apriorische Bedingungen der Möglichkeit von kommunikativer Wechselseitigkeit stellte. Es gibt keinen transzendentalphilosophischen Grund für eine sozialwissenschaftliche und lebensweltliche Sonderepistemologie. Gesellschaft findet als irreduzible Erfahrungswirklichkeit in der Transzendentalphilosophie ebensowenig statt wie Geschichte.

In seiner *Soziologie* von 1908, mit dem Untertitel »Untersuchungen über die Formen der Vergesellschaftung«, unternimmt Georg Simmel gleich zu Anfang und in programmatischer Absicht einen »Exkurs über das Problem: Wie ist Gesellschaft möglich?«[8] Simmel will hier an die erkenntnistheoretische Tradition der transzendentalphilosophischen Bewußtseinstheorie anschließen, will das erkenntniskritische und konstitutionstheoretische Repertoire der Kantischen Transzendentalphilosophie für eine Begründung der Erkenntnis sozialer Gegenstände nutzen. Daß eine transzendentale Gesellschaftsbegründung nicht die transzendentalphilosophische Begründung der Natureinheit imitieren kann, sieht Simmel zwar ein, doch glaubt er, an der Möglichkeit einer kantianischen Erkenntnistheorie des Sozialen festhalten zu können. Den Unterschied zwischen Natureinheit und Gesellschaftseinheit sieht er darin, daß erstere sich einer betrachterabhängigen externen Synthetisierung verdankt, letztere hingegen durch die faktischen Selbstvergesellschaftungsleistungen der Subjekte entsteht; insofern dabei fundamentale Einstellungen, Wechselwirkungsformen und andere »soziologische Aprioritäten« wirksam werden, kann man seiner Meinung nach auch hier von einer kategorialen Synthesis sprechen und die diese Vergesellschaftungsformen strukturell beschreibende Soziologie als eine kantianische Erkenntnistheorie des Sozialen qualifizieren. Simmels Kant-Bezug bleibt jedoch äußerlich. Wenn Simmel schreibt, daß als »Vergesellschaftungsbedingung« etwas »Erkenntnisartiges« firmiert, und zwar das »Bewußtsein, sich zu vergesellschaften oder vergesellschaftet zu sein«, das die Gesellschaft somit zu einer »Wissenstatsache« macht und dies alles und allein nur unter der Voraussetzung »apriorisch wirkender Vergesellschaftungsformen«, dann sind die Anschlußstellen im Kantischen Argumentationsgang zwar zu identifizieren, die Simmel im Auge hat, jedoch wird die Pointe des transzendentalen Begründungsgedankens verfehlt. Natürlich ist das die Vergesellschaftungsweisen reflexiv begleitende und intentional steuernde Bewußtsein »etwas Erkenntnisartiges«, aber eben nicht Subjekt einer transzendentalphilosophisch explizierbaren Erkenntnisleistung. Und die »soziologischen Aprioritäten« und Vergesellschaftungsformen Simmels sind theoretische und kontingente Begriffe, die sich widerrechtlich als Kategorien ausgeben;

8 Simmel, Gesamtausgabe, Bd. 11, Frankfurt/M. 1992, S. 42-61.

denn sie besitzen für das Netz der intersubjektiven Verhältnisse keinesfalls die Unausweichlichkeit, die den Verstandesregeln hinsichtlich der Konstitution der Objektbeziehungen zukommt. Gerade weil Simmel vernünftigerweise auf dem Subjektcharakter der Gesellschaft besteht, kann es keine Deduktion der Gesellschaft auf der Grundlage nicht-kontingenter Vergesellschaftungsformen geben, – aber ohne einen Kategorienbeweis kann sich keine Erkenntnistheorie kantianisch nennen. Im Gegensatz zu Ernst Troeltsch bin ich der Meinung, daß Simmels Griff zu den »tragenden Balken der Transzendentalphilosophie« ins Leere gegangen ist[9].

Transzendentale Analyse zielt auf das, »was da ist«, nicht auf das, »was da sein soll«; und das, was da ist, ist eben immer nur das, was dem erkennenden Subjekt unter den apriorischen Bedingungen der Gegenständlichkeit begegnet. Das, was da ist, teilt sich also nicht in zwei unterschiedliche Hemisphären der Natur und der Gesellschaft. Sofern Gesellschaft unter das Gegenständlichkeitsapriori der Transzendentalphilosophie gerät, geht sie aller naturdifferenten Eigenständigkeit verlustig, wird sie zu einem Naturstück. Sofern Sozialphilosophie auf eine transzendentalphilosophische Begründung eines naturdifferenten Seinsbereichs und einer diese Eigenständigkeit verifizierenden Erkenntnis aus ist, muß sie scheitern. Es gibt aus transzendentalphilosophischer Sicht keine theoretische Sozialphilosophie.

3. Die semantische Deduktion der Gesellschaft

Diejenigen, die nach einer transzendentalen Begründung der Gesellschaft als einer naturverschiedenen Wirklichkeit Ausschau hielten, erhofften sich für ihren Kampf gegen eine szientistische Sozialwissenschaft, gegen die naturalistische Reduktion unserer gesellschaftlichen Selbstverständigungsmuster auf das objektivistische Sprachspiel von Ereignis, Ursache und Gesetz den Beistand der Philosophie mit dem besten begründungstheoretischen Leumund. Mit der von Wittgenstein beeinflußten, also sprachana-

9 Ernst Troeltsch, *Der Historismus und seine Probleme*, Bd. 3, Aalen 1961, S. 574.

lytisch ausgerichteten sozialphilosophischen Konzeption eines Peter Winch[10] oder A. R. Louch[11] können sie sich nicht zufriedengeben. Der *ordinary language*-Positivismus der beiden gegeneinander abgeschotteten Sprachspiele der Natur und der Gesellschaft wird ihren anspruchsvollen begründungstheoretischen Erwartungen nicht gerecht. Eine semantische Deduktion der Gesellschaft ist unzureichend. Gesellschaft muß mehr und grundsätzlich auch anderes sein als eine eingefleischte semantische Gewohnheit. Wir wissen, daß wir mit einem mentalistischen Beschreibungsvokabular die Reaktionsweisen von Organismen in Handlungen verwandeln können, daß wir somit aus freien Stücken und zu Anschauungszwecken durch einfache Interpretationsentscheidung die Entfinalisierung der Natur durch die modernen Naturwissenschaften rückgängig machen und Tiere und ökologische Netze als intentionale Systeme buchstabieren können. Aber deswegen glauben wir doch nicht, daß die moderne Physik ein falsches und der Animismus der früheren Jahrhunderte ein zutreffendes Naturbild gezeichnet hat. Wir sind davon überzeugt, daß der Animismus die Natur betrachtet hat, als ob sie beseelt sei. Und wir können mit Hilfe der *Kritik der Urteilskraft* den Animismus als kulturgeschichtliche Gestalt des »transzendentalen Prinzips der Zweckmäßigkeit der Natur« kennzeichnen, die in naivem Fehlverständnis der Funktionsweise reflektierender Urteilskraft die Subjektivität der Betrachtungsperspektive für bare ontologische Münze genommen hat. Aber wir sagen nicht, daß wir uns betrachten, als ob wir frei und verantwortlich und handlungsfähig wären, sondern daß wir uns nicht anders als frei betrachten können. Eine transzendentale Begründung der Gesellschaft ist daher auch nicht als Kombination aus Naturdeduktion und regulativer Freiheitsunterstellung der in eigener praktischer Sache urteilenden Urteilskraft durchführbar. Auch nicht mithilfe der *Kritik der Urteilskraft* können wir unserem sich in der alltäglichen Handlungs- und Verstehenssprache artikulierenden mentalistischen und dezidiert antibehavioristischen Selbstbild ein objektives Fundament verschaffen. Freiheit wird nicht als Maxime der reflektierenden Urteilskraft von uns in Anspruch genommen, sondern als

10 Peter Winch, *The Idea of a Social Science and Its Relation to Philosophy*, London 1958.
11 A. R. Louch, *Explanation and Human Action*, Berkeley 1969.

faktisch zukommende Eigenschaft. Aber ein Berechtigungsbeweis ist damit noch nicht erbracht. Und auch wenn wir in einem analytisch-regressiven Argumentationsgang nach dem Vorbild der deskriptiven Metaphysik Strawsons den kategorialen Rahmen unserer gesellschaftlichen Selbstverständigung freilegen, ist damit noch nicht der Verdacht zerstreut, wir seien nur unsere eigene Interpretation und die gesellschaftliche Wirklichkeit als eine von der Naturgegenständlichkeit verschiedene nur eine semantische Projektion.

Die Frage stellt sich hier, ob die antiobjektivistische Verstehens- und Handlungssprache unseres gesellschaftlichen Alltags wie einer authentischen, mit den menschlichen Personen gemeinsame Sache machenden Sozialwissenschaft einer Grundlegung zugänglich ist, die über die regressive Explikationsleistung der deskriptiven Metaphysik, über die Freilegung verdeckt wirkender Selbstverständigungsvoraussetzungen hinausgeht, die statt einer Beschreibung der internen Struktur der Verwendungsregeln der orthodoxen Handlungs- und Verstehenssprache einen Hinweis, einen Grund, ein Argument für die Nichtwillkürlichkeit, d. h. für die objektive Richtigkeit der nichtgegenständlichen Selbstdarstellung des gesellschaftlichen Menschen bereitstellt. Mit dem Nachweis der Nichtreduzierbarkeit des handlungssprachlichen Paradigmas auf das dingsprachliche Paradigma ist ja noch nicht dessen Unbeliebigkeit, dessen Nichteliminierbarkeit gesichert. Den vom Sprachspielpositivismus provozierten Beliebigkeitseinwand kann die analytische Freilegung der semantischen Grundlagen unseres Selbstverstehens nicht selbst ausräumen. Die größere Bescheidenheit der deskriptiven Metaphysik oder, wie sie auch genannt wird, der analytischen Transzendentalphilosophie gegenüber der genuin Kantischen hat ja darin ihren Grund, daß die erstere sich nicht mehr als für Notwendigkeitsbeweise zuständig betrachtet. Daher kann sie uns auch nicht zufriedenstellen, wenn wir nach einem Hinweis darauf suchen, daß der handelnde Mensch und die sich durch sein Handeln konstituierenden sozialen Beziehungen mehr sind als eine semantische Angelegenheit, mehr sind als ein trotziges Festhalten an ein uns ans Herz gewachsenes Sprachspiel, und daß eine nichtnaturalistische Sozialwissenschaft ein stabileres Fundament besitzen kann, als einen – horribile dictu – »methodological humanism«, wie ihn die beiden Davidsonanhänger MacDonald und Pettit in ihrem Buch *Semantics and Social Science* entwickelt haben[12]. – Aber was bleibt, nachdem sich die transzendentale Deduktion als überaus kontraproduktives Begründungskonzept erwiesen hat und eine analytisch-regressive Aufdeckung der semantischen Grundlagen unserer Selbstverständigungsweisen sich als zu schwach zeigte, um dem Kontingenzeinwand zu begegnen? Vielleicht eine praktische Deduktion der Gesellschaft. Jedenfalls werde ich im folgenden für die These eintreten, daß eine Begründung der Gesellschaft, die diese in ihrer Naturdifferenz festhält und ihr eine dem semantischen Konventionalismus überlegene Solidität verschafft, auf ein normativ-praktisches Prinzip rekurrieren muß.

Die Fundierung der Sozialphilosophie in den normativen Prinzipien der praktischen Philosophie vermag dem Widerstand gegen die Naturalisierung der Wissenschaft vom gesellschaftlichen Menschen, gegen die, so jüngst Friedrich Tenbruck in einer heftigen Soziologieschelte, soziologische »Abschaffung des Menschen« philosophische Unterstützung zu geben[13]. Nur im Rahmen eines praktischen Begründungskonzepts scheint es möglich, den Zusammenhang von Persönlichkeit und Gesellschaft als notwendig gegen den gegenüber szientistischer Überformung wehrlosen Sprachspielkonventionalismus zu behaupten. Diese Vermutung zielt auf einen unauflöslichen Zusammenhang zwischen einer Gesellschaftsbegründung, einer antiobjektivistischen Sozialwissenschaft und der gesellschaftlichen Selbstbehauptung des Menschen als Person. Sie impliziert darüberhinaus einen unauflöslichen Zusammenhang zwischen normativen und deskriptiven Bestandteilen unserer Handlungs- und Verstehenssprache; daß wir mit ihr naturdifferente gesellschaftliche Wirklichkeit begreifen können, von handelnden Personen und der kausalen Bedeutung mentaler Phänomene reden können, liegt darin begründet, daß unser mentalistisches Vokabular normativ gemasert und marmoriert ist. In allen Grundbegriffen unserer Handlungs- und Verstehenssprache: etwa: Person, Handlung, Verantwortlichkeit, Vernunft, Verständlichkeit usf., vermengen sich empirisch-kriteriale, metaphysisch-deskriptive und normativ-praktische Bedeutungsbestandteile. Die detaillierte Explikation dieser semantisch-ontologischen Gemen-

12 London, Boston, Henley 1981, S. 101 f.

13 Friedrich H. Tenbruck: *Die unbewältigten Sozialwissenschaften oder Die Abschaffung des Menschen*, Graz-Wien-Köln 1984.

gelage wäre die Aufgabe einer Sozialphilosophie, die weder Sozialethik noch Subjektivitätsmetaphysik wäre, aber mit beiden im Gespräch bleiben müßte.

4. Die praktische Deduktion der Gesellschaft

Mit dem Aufgabentitel »Praktische Deduktion der Gesellschaft« beziehe ich mich auf eine Begründungsidee und Argumentationsstrategie, die im Kantischen Kontext mit der Bezeichnung »in praktischer Absicht« qualifiziert wird und die auch hinter der Verwendung des Begriffs »Postulat« in Zusammenhängen der praktischen Theorie bei Kant steht. Nicht, daß Kant selbst eine explizite praktische Deduktion der Gesellschaft geliefert hätte. Aber ich bin davon überzeugt, daß sich mithilfe der praktischen Philosophie Kants die Begründungsidee einer solchen praktischen Deduktion der Gesellschaft plausibel machen läßt; und ich glaube auch, daß in der weit verzweigten Philosophie Kants ein Argumentationspotential enthalten ist, auf das jede weitere Ausführung dieser Begründungsidee mit Gewinn zurückgreifen kann. – Um das jedenfalls andeutungsweise zu zeigen, muß ich kurz Kant selbst zu Wort kommen lassen.

Äußerungen zur Gesellschaft finden sich in den Arbeiten Kants vor allem an zwei Stellen, im rechtsphilosophischen Teil der *Metaphysik der Sitten*[14] und dann in der pragmatischen Anthropologie[15]. – Kants Rechtsgesetz bestimmt die Freiheit des einzelnen relativ zu der Freiheit aller anderen und definiert als vernunftrechtliches Grundgesetz der Koexistenzordnung der in äußeren, räumlichen Verhältnissen nebeneinander lebenden Menschen genau den Raum, den ein jeder als den seinigen erfüllen und gegen Grenzverletzungen verteidigen darf. Die von der Rechtsvernunft entworfene Sozialordnung transponiert die aus der Naturphilosophie Newtons bekannte selbsterhaltungsfähige Wechselwirkungs-

14 Dazu Wolfgang Kersting: *Wohlgeordnete Freiheit. Immanuel Kants Rechts- und Staatsphilosophie*, Berlin 1984 (erweiterte Taschenbuchausgabe Frankfurt/M. 1993).

15 Dazu Wolfgang Kersting: »Kann die «Kritik der praktischen Vernunft» populär sein? Über Kants Moralphilosophie und pragmatische Anthropologie«, *Studia Leibnitiana* XV (1983), S. 82-93.

gemeinschaft der Substanzen in den Bereich zwischenmenschlichen Handelns und organisiert die menschliche Koexistenz als »nexus reciprocus«[16] nach dem Gesetz der Gleichheit von Wirkung und Gegenwirkung. Die sich um keine besonderen empirischen Bestimmungen und geschichtlichen Bedingungen kümmernde, allein der Vernunft entstammende Freiheitsordnung verbindet so die abstrakten menschlichen Individuen durch die Prinzipien der Gleichheit und Reziprozität zu einer selbsterhaltungsfähigen Gemeinschaft. Aus der Perspektive der reinen praktischen Vernunft ist die Gemeinschaftsordnung ein normatives Handlungssystem, das wie das individuelle Handlungssystem einer moralisch organisierten Lebensgeschichte auf dem Universalisierungsverfahren als Selektionsregel basiert; das apriorische Sozialordnungsschema ist die Synchronievariante des durch den kategorischen Imperativ gestifteten diachronen individuellen Handlungszusammenhangs, die von der zeitlichen Erstreckung der persönlichen Lebensgeschichte in das interindividuelle Nebeneinander übertragene praktische Synthesis. Diese vernunftentworfene Rechtsordnung exponiert Vernunft als gemeinschaftliche insofern sie auf der wechselseitigen Anerkennung der a priori dem Recht Unterworfenen als Vernunftwesen, als handlungsfähige, freiheitsfähige und verantwortungsfähige Wesen beruht. Denn hinsichtlich der normativen Beziehungen, genauer: der gleichgewichtigen Recht-Pflicht-Relationen zwischen ihnen, gilt dasselbe, das auch für den argumentativen Diskurs gilt: wie nach einem schönen Wort Kants jedermann nur durch seine eigenen Gedanken überzeugt werden kann, so kann hier jedermann nur durch seine eigene Vernunft verpflichtet werden. Die rechtliche Fremdverpflichtung ist nur die in die Intersubjektivität verlagerte Selbstverpflichtung, wobei letzterer die normativitätstheoretische Priorität zukommt: daß der Begriff der Pflicht keine Chimäre ist, wissen wir nur durch die je eigene Erfahrung des kategorisch gebietenden Sittengesetzes in uns. Damit zeigt sich, daß die wechselseitige Zuerkennung der Rechtsfähigkeit verbunden ist mit einer ganzen Subjektivitäts- und Freiheitsmetaphysik, die in Kants moralphilosophischem Lehrstück vom Faktum der Vernunft zwar keinen Beweis, aber doch ein Kreditiv findet.

Gesellschaft als geordnetes Nebeneinander ist zu unterscheiden

16 Kant: *Gesammelte Schriften*, Akademie Ausgabe, Bd. 17, S. 582.

von der Gesellschaft als integrativem Miteinander. Auch Kant hat diesen Unterschied gemacht, aber immer darauf insistiert, daß ohne eine Gewährleistung einer minimalen Nebeneinanderordnung ein Miteinander nicht möglich ist. »Die Sozialität mit anderen Menschen setzt Freiheit voraus«[17], die rechtliche des äußeren Handelns, aber auch und in erster Linie die sich im Sollensanspruch des kategorischen Imperativs bekundende moralisch praktische des Willens. Von der Sozialität, der kommunikativen Gesellschaftlichkeit im großen wie der teilnehmenden Geselligkeit im kleinen, von dem also, was an der Gesellschaft Gemeinschaft ist, handelt Kants *Anthropologie in pragmatischer Hinsicht.*
Anders als die »physiologische Anthropologie«, die »auf die Erforschung dessen geht, was die Natur aus dem Menschen gemacht hat«, interessiert die pragmatische Anthropologie das, »was der Mensch als freihandelndes Wesen aus sich selbst macht, oder machen kann und soll«[18]. In Verfolgung dieses Erkenntnisinteresses entdeckt Kant die Lebenswelt, jenes gesellschaftliche Kommunikations- und Handlungsfeld des Alltags, das nahezu in der Mitte zwischen den Extremen der reinen Naturordnung und des reinen Freiheitsreiches liegt. In der Lebenswelt herrschen die »Gesetze der verfeinerten Menschlichkeit«: Etikette, Konventionen, Geselligkeits-, Geschmacks- und Anstandsregeln, die allesamt dafür sorgen, daß der Mensch »aus der Rohigkeit der bloßen Selbstgewalt« heraustritt und ein »gesittetes«, »zur Eintracht bestimmtes Wesen« wird, mit Takt, Geschmack und angenehmen »Umgangseigenschaften«[19]. Und die pragmatische Anthropologie lehrt, diese gemeinsam geteilte Kommunikations- und Handlungswelt, die durch das lebensweltliche Interesse an dem allgemein Mitteilbaren und dem allgemein Bestimmungsfähigen konstituiert und belebt wird, als moralisches Propädeutikum zu lesen. Sie zeigt, daß »Ehre, Geselligkeit und Sympathie« als »vehicula des reinen Willens« zu würdigen sind, daß dem guten Charakter die gesellschaftliche Charakterbildung allemal voran geht. Die Lebenswelt hält ein zwangloses und effektives Allgemeinheitspraktikum bereit, auf das der Mensch aufgrund seiner moralischen Bestimmung

17 Kant: *Anthropologie in pragmatischer Hinsicht*, Akademie-Ausgabe Bd. 7, S. 241.
18 Ebd., S. 91.
19 Ebd., S. 323.

nicht verzichten kann. So ist daher auch »die Summe der pragmatischen Anthropologie in Ansehung der Bestimmung des Menschen und die Charakteristik seiner Ausbildung folgende. Der Mensch ist durch seine Vernunft bestimmt, in einer Gesellschaft mit Menschen zu sein« und in ihr sich durch Kunst und Wissenschaften zu »cultiviren, zu civilisiren und zu moralisiren« und sich so »der Menschheit würdig zu machen«[20]. Damit richtet sich Kant entschieden gegen alle Versuche, die Gesellschaft aus der Natur abzuleiten. Kants Mensch ist kein *zoon politikon*, kein von Natur aus auf Gesellschaft ausgerichtetes Lebewesen; noch ist für ihn Gemeinschaft reduzierbar auf einen aus der Selbsterhaltungsnot der Individuen heraus geborenen Interessenverband rationaler Egoisten.

Für Kant gilt, daß der Mensch als vernünftiges Wesen auf Gesellschaft ausgelegt ist; Gesellschaft ist wie Geschichte das Entfaltungsmedium der Vernunft; so wie sich in der Geschichte die Vernunft der Gattung im Sinne eines evolutionären Rechtsfortschritts realisiert, so verbessert sich in der Gesellschaft die Vernünftigkeit der Individuen. Und wie die Geschichte ein Postulat der juridisch-praktischen Vernunft ist, so ist die Gesellschaft ein Postulat der moralisch-praktischen Vernunft. D. h. sie ist kein Gegenstand theoretischer Erkenntnis, sondern Gegenstand einer praktischen Betrachtung. Die sie entschlüsselnde pragmatische Anthropologie arbeitet mit praktischer Absicht, ist eine praktische Hermeneutik, deren Deutungsmuster und Interpretationsmittel im Moralgesetz, im kategorischen Imperativ einen objektiven Rückhalt besitzen. Das Moralgesetz entdeckt sich damit als die Instanz, die die Kantische Philosophie für diejenigen bereithält, die sich mit einer reinen Semantisierung naturverschiedener Gesellschaftlichkeit nicht zufrieden geben können und nach einem außersprachlichen Fundament suchen, das die nicht-naturalistische Selbstinterpretation des gesellschaftlichen Menschen begründet. Das Moralgesetz ist in der praktischen Philosophie der höchste Punkt, an dem alle praktischen Betrachtungen hängen; auch die Sozialphilosophie als Philosophie vernunftgeforderter Gesellschaft hat allein in ihm als dem objektiven Geltungsgrund aller praktischen Urteile einen philosophischen Rückhalt.

Es wird schwierig sein, diesem aus systematischem Interesse her-

20 Ebd., S. 324/5.

aus gewonnenen Interpretationsbefund in der gegenwärtigen Diskussionslage ein systematisches Gehör zu verschaffen. Nicht wegen der in ihn eingeschlossenen These der begründungstheoretischen Abhängigkeit der Sozialphilosophie von normativen Prinzipien und der damit verbundenen anderen einer konstitutiven Vermengung normativer und deskriptiver Bedeutungsbestandteile in unserer gesellschaftlichen Selbstverständigung, sondern wegen des sogenannten monologischen Charakters des Kantischen Moralprinzips. Die gegenwärtige Theoriesituation wird dominiert durch den »sprachtrunkenen Rousseauismus« (Henrich) der Diskurs- und Kommunikationstheoretiker, die die sprachvermittelte Interaktion zur obersten Begründungsinstanz erheben und Subjektivität in Sozialität auflösen. Sie steht damit im Gegensatz zur Kantischen Position, die Sozialität aus praktischer Subjektivität heraus begreift und Sozialität auf praktische Subjektivität hin auslegt, *die somit auf einer konstitutiven Vorrangigkeit praktischer Selbstverhältnisse vor kommunikativen Beziehungen besteht.* – Es ist hier nicht der Ort, den schnellen Prozeß, den die Kommunikationsgemeinschaft dem kategorischen Imperativ gemacht hat, mit der gebotenen Sorgfalt wieder aufzurollen. Ich bin jedoch sicher, daß dieser Prozeß Kant insofern sytematisch rehabilitieren wird, als es gute Argumente dafür gibt, daß die von der Kommunikationstheorie beanspruchten Begründungsleistungen nur unter der Voraussetzung solcher solitären praktischen Selbstbezüge zustande kommen können, wie sie in paradigmatischer Weise in Kants Konzeption praktischer Selbstgesetzgebung und Selbstbindung zum Ausdruck kommen.

II. Bausteine einer modernen Gerechtigkeitstheorie

5. Ethischer Kapitalismus? Probleme der Wirtschaftsethik

Was die moralphilosophischen Schriftsteller der Tradition über die menschlichen Angelegenheiten und ihre glückende Gestaltung mitzuteilen gewußt hätten, gehöre, so das harsche Urteil des modernen Philosophen Thomas Hobbes, ausnahmslos in die Rubrik der *scripta verbifica*, der hohl tönenden Worte und des wertlosen leeren Geredes. Er forderte daher eine gründliche Revision des moralphilosophischen Denkens, die die Ethiker in Stand setzen sollte, *scripta scientifica* zu verfassen, in denen die menschlichen Angelegenheiten durchsichtig und rational beherrschbar würden und die darum eine verläßliche Praxis ihrer stetigen Verbesserung anzuleiten vermöchten[1]. Dieses von ihm auch selbst eingelöste und ungemein wirkungsreiche Programm einer Revolution, einer Modernisierung der moralphilosophischen Denkweise stützt sich auf die methodologischen Strategien der Verwissenschaftlichung und der Ökonomisierung. Beide Verfahren arbeiten reduktionistisch: die Szientisierungsstrategie reduziert eine reichhaltige, in sich gestufte Seinswelt auf die einsinnige physikalistische Ontologie von sich in Raum und Zeit bewegenden Körpern; und die Ökonomisierungsstrategie reduziert das vielfältige menschliche Rationalitätsrepertoire auf das Konzept instrumenteller resp. strategischer Vernunft; begleitet wird diese rationalitätstheoretische Primärreduktion durch eine motivationstheoretische Sekundärreduktion, die den souverän über eine Fülle von Begründungsbegriffen verfügenden und sich auf mannigfaltige Weise zum Handeln bestimmenden Menschen aus allen geschichtlichen und gesellschaftlichen Kontexten herausreißt und in einen abstrakten Maximierungsautomaten verwandelt.

In der Kantischen Moralphilosophie hat Hobbes' Ökonomisierungsprogramm jedoch einen respektablen Gegner gefunden. Kants kategorischer Imperativ eröffnet eine Dimension praktischer Vernunft neben und über den Zuständigkeiten der ökonomistisch eingeengten, also phronesisvergessenen modernen Klug-

1 Vgl. Thomas Hobbes: *De Corpore*, in: ders., *Opera latina*, ed. W. Molesworth, vol. 1-5, London 1839-1845, vol. 1, epist. ded.

heit, bestreitet der instrumentell-strategischen Rationalität nicht nur das Recht, in praktischen Dingen allein die Gestalt von Vernünftigkeit zu bestimmen, sondern weist ihr darüberhinaus auch nur den Bereich sekundärer Handlungsorientierung zu, stellt sie also unter das Reglement der reinen praktischen Vernunft und macht ihr die Übereinstimmung mit dem Moralgesetz zur Auflage.

Während der Hobbesianismus den Gesamtbereich des sozialen Handelns nach dem Alphabet instrumenteller Rationalität buchstabiert, lehrt der Kantianismus einen Rationalitätsdualismus mit einer moralitätsbegünstigenden lexikalischen Ordnung. Die sich darin bekundende Tendenz zur Machteinschränkung der absolutistischen ökonomistischen Vernunft durch eine übergeordnete Moralverfassung scheint gegenwärtig in den vielstimmigen Rufen nach einer neuen, modernen Wirtschaftsethik eine unerwartete Radikalisierung zu erfahren. Wir erleben, so könnte man meinen, zur Zeit die Rache der Moral für jahrhundertelange, teils krude, teils äußerst raffinierte Fremdbestimmung durch den Hobbesianismus der neoklassischen Ökonomie und der public choice theory. Denn das Projekt einer Wirtschaftsethik geht ja, was die grundsätzliche Rationalitätstypenrivalität in der Geschichte der modernen Moralphilosophie anbelangt, weit über eine Rückeroberung ehemals ökonomistisch besetzten praktischen Gebiets hinaus: es zielt darauf, daß die Moral jetzt in den Kernbereich genuin ökonomischen Handelns selbst eindringt. Denn aus einer moralischen Zurückweisung des Ökonomismus folgt keinesfalls eine Moralisierung der Ökonomie: und der, der für eine Befreiung der praktischen Landschaft von ökonomistischer Okkupation argumentiert, argumentiert damit keinesfalls für den Gegenangriff der Moral und ein Eindringen moralischer Grundlagen in die angestammte Heimat der ökonomischen Rationalität, in die Wirtschaft.

1. Wirtschaftsethische Stellungen zur Moderne

Die gegenwärtige wirtschaftsethische Debatte wird durch den Wettbewerb von drei Positionen bestimmt, die sich in ihrer Krisendiagnose weitgehend einig sind, bei dem Weg aus der Krise aber je einer anderen Leitvernunft vertrauen. Alle drei stoßen in ihrer Analyse der Ursachen der moralischen Problemfolgen wirtschaftlichen Handelns auf ein und dieselbe Quelle des Unheils: auf die sich verabsolutierende instrumentelle, strategische, ökonomische Rationalität. Jedoch bei der Wahl der therapeutischen Krisenüberwindungsrationalität gehen sie getrennte Wege. Modernitätskonsequent und voller Vertrauen auf die Lernfähigkeit der ökonomischen Rationalität setzen die einen auf einen »ökonomischen Imperialismus«[2]. Da Menschen unter einem nicht abzuschüttelnden Knappheitsregiment leben und daher bei allem, was sie tun, Kosten anfallen, spricht der ökonomische Imperialismus der auf Handlungskoordination unter Knappheitsbedingungen spezialisierten ökonomischen Rationalität ausschließliche und unbegrenzte Zuständigkeit in der Welt der *anthropina* zu. Neben den ökonomischen Imperialisten finden wir die Anhänger der kommunikativen Diskursrationalität, die diesem nachkonventionellen prozeduralen Vernunfttyp nicht nur die Verteidigung der Lebenswelt gegen die Angriffe der Systemwelt zutrauen, sondern überdies sogar hoffen, daß er ausgerechnet im ökonomischen

2 Karl Homann, »Strategische Rationalität, kommunikative Rationalität und die Grenze der ökonomischen Vernunft«, in: Peter Ulrich (Hg.), *Auf der Suche nach einer modernen Wirtschaftsethik*, Bern und Stuttgart 1990, S. 103-119; bes. S. 105 f.) Dieser ökonomische Imperialismus ist die spieltheoretisch verfeinerte und verallgemeinerte Version dessen, was man als Ökonomismus bezeichnet. Entscheidend für den ökonomischen Imperialismus ist, daß er die enge Orientierung an Markt und Gewinnmaximierungsprinzip und deren ökonomistische Übertragung auf alle anderen sozialen Bereiche ersetzt durch eine Orientierung am allgemeinen Modell nutzenmaximierender Handlungskoordination unter Knappheitsbedingungen. Die Pointe des ökonomischen Imperialismus liegt darin, daß er die Marktkalkulation nicht zum Muster ökonomischer Rationalität macht, sondern zu einem Spezialfall einer umfassenderen, reflektierteren Rationalität, die den Markt als ökonomischen Kontext schlechthin in größere ökonomierelevante Kontexte zu integrieren versteht und so auf einer erweiterten Informationsgrundlage zu rationaleren Urteilen gelangt. Der ökonomische Imperialismus führt also zu einer Entgrenzung der ökonomischen Vernunft: letztlich ist er die ökonomistische Version einer die Endlichkeit des Menschen auslotenden Metaphysik: Menschen leben unter Endlichkeitsbedingungen und damit unter Knappheitsbedingungen; somit fallen bei allem, was sie tun, Kosten an, die rationale Entscheidungen jeder Art immer zu berücksichtigen haben.

Gravitationszentrum der Welt der Systeme der ebenso kurzsichtigen wie unwiderstehlichen Marktrationalität den Einfluß streitig machen kann. Und schließlich finden wir da noch die Fraktion eines merkwürdig zwielichtigen Prämodernismus, der die substantialistische, religiös imprägnierte Ethosvernunft der Tradition wiederbeleben möchte: half die Religion ursprünglich dem Geist des Kapitalismus, sich zu entfalten, so soll sie jetzt das kapitalistische Gewinnstreben zu ethischer Selbstbeschränkung ermutigen.[3]
Entsprechend können wir drei Typen von Wirtschaftsethik unterscheiden: zum einen eine dogmatisch-moderne Wirtschaftsethik, zum anderen eine reflektiert-moderne Wirtschaftsethik und schließlich drittens eine prämoderne Wirtschaftsethik.

Die dogmatisch-moderne Wirtschaftsethik des ökonomischen Imperialismus dehnt den konzeptuellen Rahmen der Nutzen-Kosten-Vergleiche auf alle gesellschaftlich-moralischen Problemstellungen aus und läßt Vernunftförmigkeit und Marktförmigkeit konvergieren. Hier soll die Vernunft zur Ökonomie gebracht werden. Die anderen beiden wirtschaftsethischen Typen versuchen hingegen, die Ökonomie zur Vernunft zu bringen. Gipfelt die dogmatisch-moderne Wirtschaftsethik in einem Marktabsolutismus, so zielen die konkurrierenden Konzeptionen auf eine ethische Kontextualisierung des Marktes, durch die die ökonomische Rationalität dem Regiment einer superioren Alternativvernunft unterstellt wird. Da ist zum einen die Wirtschaftsethik der diskursiven Kontextualisierung, die den universalistischen Orientierungen der modernen Diskurs- und Kommunikationsgesellschaft vertraut. Und da ist zum anderen die Wirtschaftsethik der ethischen Kontextualisierung, die den ganzen kulturellen Instanzenzug der Traditionswelt wiedereinzuführen beabsichtigt und der Ökonomie durch Einbettung in eine ganzheitliche, religiös zentrierte Sinnwelt die verlorene menschliche Gestalt zurückgeben will.

Vor dem Hintergrund dieser typologischen Trias werde ich im folgenden einige wirtschaftsethische Problemstellungen diskutieren und dabei für eine pluralistische wirtschaftsethische Konzeption argumentieren, die Elemente ökonomischer und kommunikativer Rationalität verbindet. Ich werde zuerst das Problem der

3 Vgl. Peter Koslowski: *Prinzipien der Ethischen Ökonomie*, Tübingen 1988; *Wirtschaft als Kultur*, Wien 1989.

Nebenwirkungen kollektiver Praxis und die ihm angemessenen kontraktualistischen Lösungen beleuchten. Nebenwirkungsprobleme lassen sich als Hobbessche Naturzustandssituationen, als Sozialfallen und Gefangenendilemmasituationen rekonstruieren[4]. Gemeinsam ist Situationen dieses Typus, daß sie keine individualethischen Lösungen zulassen und den moralischen Appell an die individuelle Verantwortung in eine in jeder Hinsicht irrationale Strategie verwandeln. Ich unterscheide hier zudem ein *Dilemma der Modesti*, das gleichsam einen moralischen Parallelfall zum Gefangenendilemma darstellt: gründet im letzteren die rationale Ausweglosigkeit in der Unvermeidlichkeit ineffizienter Strategien, so gründet sie im Fall des Dilemmas der Modesti in der Unvermeidlichkeit moralisch unzulässiger Strategien. *Wirtschaftsethische Problemsituationen sind*, das ist meine These, *zugleich vom Typ der Gefangenendilemmasituation und vom Typ des Dilemmas der Modesti*, zwingen also die ökonomische Rationalität und die moralische Rationalität gleichermaßen dazu, ihr eigenes Niveau zu unterbieten. Ich wende meine Aufmerksamkeit dem Dilemma der Modesti vor allem darum zu, weil die gegenmoderne ethische Ökonomie Koslowskis den Anspruch erhebt, dieses Dilemma der Modesti aufzulösen – und damit die These von der individualethischen Unlösbarkeit der Probleme kollektiven Handelns zu widerlegen.
Sodann werde ich den Status einer wirtschaftsethischen Lösung der Nebenwirkungsprobleme diskutieren, werde die von Mittelstraß formulierte Entscheidungsfrage: Reparaturethik oder Vernunftethik[5] aufgreifen und mich gegen kompensatorische Wirtschaftsethiken und für emanzipatorische Wirtschaftsethiken aussprechen, also für eine moralisch-diskursive Kontextualisierung und gegen eine ökonomische Kontextualisierung. Drittens schließlich werde ich mich der Unternehmensethik im engeren Sinne zuwenden und dabei für eine diskursethische Lösung, für eine Unternehmensverfassung der diskursiv-kommunikativen Rationalität plädieren, die freilich dem Anwendungsproblem ge-

4 Zur Gefangenendilemmastruktur des Hobbesschen Naturzustandes vgl. Wolfgang Kersting: *Thomas Hobbes*, Hamburg 1992, S. 102-121.

5 Vgl. Jürgen Mittelstraß: »Wirtschaftsethik oder der erklärte Abschied vom Ökonomismus auf philosophischen Wegen«, in: Peter Ulrich (Hrsg.): *Auf der Suche nach einer modernen Wirtschaftsethik*, a.a.O., S. 17-38; bes. S. 36.

recht werden und an die Diskurse in der Jetztzeit und Realwelt anzuknüpfen in der Lage sein muß, sich daher allen diskursethischen Purismus zu entschlagen und in die unreinen Verhältnisse gemischter Rationalitätsformen zu schicken hat. Ich werde in diesem Zusammenhang zur Konturierung dieser diskurspragmatischen Wirtschaftsethik der gemischten Rationalitätsformen auf zwei einschlägige Überlegungen Kants zurückgreifen, der nicht nur, wie jedermann weiß, der Begründer jener grimmig-konsequent Konsequenzen mißachtenden »fiat justitia pereat mundus« – Haltung war, sondern auch, was weniger bekannt ist, wegweisende Überlegungen zu den spezifischen Anwendungsproblemen einer Prinzipienmoral auf raum-zeitliche Verhältnisse und zu den Durchsetzungsschwierigkeiten der Vernunft in einer unvernünftigen Welt angestellt hat und in diesem Zusammenhang zwei erstaunliche Lehrstücke vom moralischen Erlaubnisgesetz und vom erlaubten moralischen Schein entwickelt hat.

Den folgenden wirtschaftsethischen Skizzen liegt die These zugrunde, daß eine ausgearbeitete Wirtschaftsethik auf einem dreigeteilten ordnungspolitischen Schema beruhen muß: die Grundlage bildet eine Theorie des Gesellschaftsvertrags, in der eine zwangsbewehrte gesetzliche Rahmenordnung für wirtschaftliches Handeln kontraktualistisch begründet wird; der zweite Schritt besteht in der Formulierung eines Wirtschaftsvertrags, in dem sich die Wirtschaftssubjekte unter der Rationalitätsbedingung der Wechselseitigkeit zu kooperativem Handeln verpflichten; und der dritte Teil dieses ordnungspolitischen Schemas wird durch die Diskurse der Gesellschaft beherrscht, die die Marktbedingungen verändern und als Vehikel der kulturellen Modernisierung der Wirtschaft und des betrieblichen Innenlebens dienen[6].

6 Es ist zu betonen, daß Wirtschaftsethik nur dann ein sinnvolles und philosophisch vertretbares Unternehmen ist, wenn sie als institutionalistische Ethik, als ordnungspolitische Konzeption aufgefaßt und entwikkelt wird. Ihr Thema sind die institutionellen Arrangements, die extern das Wirtschaftshandeln in die gewünschte Richtung bringen und seine moralisch unzulässigen Auswirkungen minimieren, und in dieser Hinsicht sind auch die von mir skizzierten Elemente des Gesellschaftsvertrags, des Wirtschaftsvertrags und des Markt und Wirtschaft osmotisch durchdringenden gesellschaftlichen Diskurses zu verstehen, als institutionelle Arrangements, die extern die Gewinnbedingungen auf allgemeinverträgliche Weise festlegen. Wirtschaftsethik ist dann ein philoso-

2. Soziale Fallen, Gefangenendilemmasituationen, kollektive Praxis

In der gegenwärtigen wirtschaftsethischen Diskussion finden die traditionellen Probleme der sozialen Gerechtigkeit, der Eigentums- und Arbeitsverfassung und der Weltwirtschaftsordnung nur geringe Aufmerksamkeit. Das Hauptinteresse gilt zum einen Fragen der unternehmerischen Verantwortung für die sozialen und vor allem ökologischen Folgen wirtschaftlichen Handelns, für den wirtschaftlichen Raubbau an den öffentlichen Gütern, und richtet sich zum anderen auf das Gebiet der Unternehmensverfassung und Mitarbeiterführung. Die vorgeschlagenen wirtschaftsethischen Normierungen zielen also einerseits auf die ökologische Domestizierung des Kapitalismus und andererseits auf die kulturelle Modernisierung des Kapitalismus. Dabei geht es um die Frage, wie die ökologischen und umweltethischen Notwendigkeiten unter wirtschaftsliberalen Bedingungen, angesichts des Gewinnmaximierungsprinzips des ökonomischen Rationalismus und des Prinzips subjektiver Rechte, die ihnen zukommende Beachtung finden können und wieviel kulturelle Modernisierung, wieviel dialogische, republikanische, diskursiv-kommunikative, am Konzept des mündigen Bürgers ausgerichtete Unternehmensethik sich die gewinnorientierte Unternehmenspolitik leisten muß. Anders also als in den medizin- und bioethischen Abteilungen der gegenwärtigen ethischen Betriebsamkeit geht es in der Wirtschaftsethik nicht darum, mit gedankenexperimenteller Phantasie die Anwendungsreichweite der vertrauten moralischen Begriffe und Verfahren auf den neuen modernisierungserzeugten, moralsensiblen Problemfeldern auszuloten; es geht nicht um be-

phisch verfehltes und moralisch obskures Unternehmen, wenn sie sich als individuenadressierte Führungsethik versteht, als elitaristische Spezialethik für die Menschenführungsaufgaben der Manager. Auch wenn von Seiten der Unternehmer und Manager immer wieder die Forderung an die Philosophie herangetragen wird, eine derartige Sonderethik für wirtschaftliche Machthaber zu entwickeln, die der ökonomischen Führungstätigkeit ein besonderes Verantwortungs-, Sinn- und Obligationsprofil zuspricht, muß die Philosophie diese Forderung ablehnen und die Bittsteller an die allgemeinen moralischen Regeln des menschlichen Umgangs und an die bewährten demokratischen Muster der Handlungskoordination verweisen.

griffliche Anwendungsprobleme, sondern um praktische Durchsetzungsprobleme. Und das legt die Vermutung nahe, daß die Wirtschaftsethik eine unrein-gemischte Ethik sein muß, eine Ethik, in der die rivalisierenden Rationalitätsformen Hobbesscher und Kantscher Provenienz angespannt miteinander kooperieren müssen.

Es ist offenkundig, daß die gegenwärtigen Bemühungen einer umweltethischen Disziplinierung des Wirtschaftsliberalismus in die Fußstapfen seiner bereits erfolgten und bewährten sozialethischen Milderung treten und den Sozialstaat zu einem Umweltstaat ausbauen wollen, um damit das etatistische Management der wirtschaftsverursachten Destabilisierung des Sozialsystems und Schädigung der öffentlichen Güter ausdehnen und seine kompensatorische Effizienz steigern zu können. Die durch den Wirtschaftsliberalismus, also durch gewinnorientiertes wirtschaftliches Handeln unter Konkurrenzbedingungen bewirkten Schwierigkeiten sind Problemfolgen kollektiver Praxis, gipfeln in Gesamtzuständen mit rasant schwindender Zuträglichkeit, die als Nebenwirkungswildwuchs aus ungewollten, aber kausal unvermeidlichen und immer in Kauf genommenen sozialen und ökologischen Begleiterscheinungen nutzenmaximierenden Handelns entstanden sind und weiterhin entstehen und deren Verbesserung nur durch kollektive Lösungen erreicht werden kann.

Es gibt zwei Arten von kollektiven Lösungen: die dogmatisch-hobbesianische und die undogmatisch-hobbesianische. Der dogmatische Hobbesianismus besteht darin, daß sich das Betroffenen-Kollektiv, das das Schädiger-Kollektiv als Teilgruppe umfaßt, auf der Grundlage fairer Entscheidungsprozeduren auf ein zwangsbewehrtes Regelsystem zum Zwecke der Disziplinierung des Schädiger-Kollektivs einigt. Ich rede von Hobbesianismus, weil sich die hier nur skizzierte und nicht auszuführende Argumentation in den Bahnen der kontraktualistischen Herrschafts- und Prinzipienbegründung bewegt, und dogmatisch ist dieser Hobbesianismus, weil es bei dieser Ausgestaltung des wirtschaftsethischen Sockels um die Etablierung einer sanktionsbewehrten Rechtsordnung, also um die ordnungspolitischen Aufgaben des Staates geht, die auf die besonderen Schadensumstände zugeschnitten sind und gegenwärtig auf eine ökologieethisch motivierte Komplementierung der rechts- und sozialstaatlichen Rahmenordnung wirtschaftlichen Handelns hinauslaufen müssen.

Daß sich nicht nur rechtsstaatliche und sozialstaatliche, sondern auch umweltstaatliche Prinzipien im Rahmen vertragstheoretischer Argumentationsmodelle formulieren und rechtfertigen lassen, hat die gegenwärtige politische Philosophie und Moralphilosophie überzeugend dargelegt[7].

Der undogmatische Hobbesianismus ist die nicht-etatistische, ethische Version des dogmatischen Hobbesianismus: er besteht darin, daß sich das Schädiger-Kollektiv unter den gleichen fairen Verfahrensbedingungen auf der Rationalitätsgrundlage strikter Wechselseitigkeit vertraglich selbst bindet und sein Agreement durch geeignete innerkorporative Arrangements gegen die verbindlichkeits- wie effizienzerodierende Gefahr des Parasitismus schützt. Es gibt gute Gründe für einen solchen Wirtschaftsvertrag, für eine solche kontraktualistische Standesethik[8]: so wie die etatistische Kompensationsmaschinerie des Rechts-, Sozial- und Umweltstaates die jeweils einschlägigen ordnungspolitischen Defizite des Marktes zu begleichen versucht, so hätte der Wirtschaftsvertrag die charakteristischen Steuerungsdefizite des staatlichen Rechtssystems abzufedern, die einerseits etwas mit der Semantik genereller Rechtsbegriffe zu tun haben und andererseits mit der Schwerfälligkeit der immer nur hinter den voranpreschenden Problemlagen hinterherziehenden Gesetzgebungsmaschinerie verbunden sind und drittens von den zunehmend wachsenden Schwierigkeiten, auf dem unübersichtlichen Gelände ökonomischer Großinstitutionen die Einhaltung der Gesetze durchzusetzen, herrühren. Es ginge also in diesem Wirtschaftsvertrag zumindest um eine ethische Kompensation des Staatsversagens, um eine freiwillige Verpflichtung, die Präventions- und Exekutionsdefizite des Rechtssystems nicht auszunutzen. Allerdings müssen sich die Zielvorstellungen dieses Wirtschaftsvertrages nicht auf die Verpflichtung beschränken, die Reglementierungslücken und Implementationsdefizite des Rechts,-, Sozial- und Umweltstaates nicht auszunützen. In der Regel formulieren Wirtschaftsethiker anspruchsvollere Verpflichtungsprofile. So führen etwa Meinolf

7 Vgl. Wolfgang Kersting: *John Rawls*, Hamburg 1993, S. 143 ff.

8 Die natürlich genau das Gegenteil eines Kartells, eines Mafia-Vertrages sein muß: die durch den Wirtschaftsvertrag etablierte Kooperativität steht im Dienst des Schutzes der öffentlichen Güter und soll nicht die Effizienz des sozialschädigenden Verhaltens einer Gruppe durch interne, Transaktionskosten senkende Absprachen verstärken.

Dierkes und Klaus Zimmermann in einer Auflistung unternehmensethischer Verantwortungsbereiche neben der schlichten Anstandspflicht, auf jede Form von Wirtschafts- und Umweltkriminalität zu verzichten, und der Pflicht der Berücksichtigung der vielfältigen negativen sozialen, ökologischen, kulturellen und politischen Kosten der Unternehmenstätigkeit auch die Verpflichtung zu sozialpolitischem Engagement und zur Mitwirkung an der kulturellen Modernisierung der Gesellschaft an: gefordert ist hier »die Übernahme von Mitverantwortung des Unternehmens bei der Lösung auch von solchen gesellschaftlichen Problemen, die tendenziell durch das einzelne Unternehmen nicht oder nur wenig verursacht wurden, wie beispielsweise Integration von Minoritäten oder Beseitigung von Jugendarbeitslosigkeit oder Integration von Frauen ins Management«[9]. Allerdings gilt auch für dieses gesellschaftspolitische Engagement dasselbe, was für wirtschaftliches Handeln generell gilt: es muß den Bedingungen der Allgemeinverträglichkeit unterworfen bleiben, daher muß streng darauf geachtet werden, daß dieser dritte Verantwortungsbereich nicht Quell paternalistischer Anmaßungen wird und unter dem Deckmantel unternehmensethischer Verantwortung die ungeheure ökonomische Macht zur Durchsetzung partikularer Moralvorstellungen mißbraucht wird. Unternehmen sollten sich auf ihre ursprünglichen ökonomischen Ziele konzentrieren, meint Baumol, und »make money for their stockholders ... The notion that firms should by themselves pursue the objectives of society is, in fact, a rather frightening proposition. Corporate management holds in its hands enormous financial resources..I do not want management to use the capital I have entrusted to it to impose its notions of international morality upon the world«[10]. Auch wenn man nicht wie Baumol der Überzeugung der neoklassischen Ökonomik anhängt, daß der Konkurrenzmechnismus des Marktes alle wirtschaftsethische Handlungskoordination überflüssig mache, wird man sich seiner Ablehnung einer aktiven Moralpolitik der

9 Meinolf Dierkes/Klaus Zimmermann: »Unternehmensethik: Mehr Schein als Sein?«, in: dies. (Hrsg.): *Ethik und Geschäft. Dimensionen und Grenzen unternehmerischer Verantwortung*, Wiesbaden 1991, S. 15-69; S. 21.

10 W. J. Baumol, »Business Responsibility and Economic Behavior«, in: E. S. Phelps (Hrsg.): *Altruism, Morality, and Economic Theory*, New York 1975, S. 46f.

Unternehmen anschließen müssen: Kants berühmte Antipaternalismuskritik ist hier erneut angebracht; der Despotismus verschwindet nicht, wenn statt der staatlichen die ökonomische Macht sich daran macht, den Bürgern und Konsumenten Glücksvorstellungen, Sichtweisen und Lebensformen aufzuzwingen.

3. Kompensatorische oder emanzipatorische Wirtschaftsethik

Welchen moralphilosophischen Anspruch kann die Wirtschaftsethik erheben? Will sie, um die Mittelstraßsche Entscheidungsfrage aufzugreifen, Reparaturethik oder Vernunftethik sein? Will sie eine kompensatorische oder eine emanzipatorische Wirtschaftsethik sein? Kompensatorische Wirtschaftsethiken basieren auf einer Strategie der ökonomischen Kontextualisierung; emanzipatorische Wirtschaftsethiken basieren auf dem Konzept der diskursiven Kontextualisierung. Erstere stehen unter dem Motto: Alles ist Ökonomie; letztere hingegen vereinigen sich unter der Parole: Ökonomie ist nicht alles. Um diesen für meine Überlegungen wichtigen Unterschied deutlich zu machen, muß ich etwas ausholen.

Der Sozialstaat ist keine Emanzipationsveranstaltung, sondern eine Kompensationsveranstaltung. Er stellt eine Form subtiler Kapitulation vor einem sich aller ethischen Einbindung entledigenden Marktliberalismus dar. Er ist – und damit wiederholt er das Geburtsmuster seines großen leviathanischen Urahns – das Resultat der Externalisierungsentscheidungen einer sich dekontextualisierenden, absolut setzenden ökonomischen Rationalität. Nachdem die unsichtbare Hand auf die soziale Frage, die gar nicht erst aufkommen zu lassen, sie gedacht war, keine Antwort wußte, und das sich nach der eigenen verengten Maximierungslogik fortbestimmende ökonomische System zu keinerlei reethisierender, rekontextualisierender Veränderung mehr fähig war, mußten die sozialen und dann ein Jahrhundert später: die ökologischen Defizite des ökonomischen Systems durch entsprechende etatistische Arrangements kompensiert werden. Kompensationen sind konservativ: sie lassen die Ursachenstrukturen der nach ihnen verlangenen Mängellandschaften unverändert; sie sind Komplizen der Mängelverursacher.

Entsprechend ist eine kompensatorische Wirtschaftsethik nichts anderes als die Ethik eines aufgeklärten, alle verfügbaren Informationen vor dem Hintergrund einer sorgfältig erstellten Präferenzliste kurz- und mittel- und langfristiger Interessestrategien verarbeitenden Selbstinteresses. Es ist eben genau die weitsichtige Klugheit, die sich aufgrund ihrer überlegen kalkulierenden Vernunft zutraut, selbst als motivationaler Grund moralischer Prinzipien zu fungieren, da eine die strukturellen Bedingungen eines verwirklichungsgünstigen Sozialklimas mitreflektierende Klugheit unschwer die Einsicht in die instrumentell-strategische Notwendigkeit der Befolgung moralischer Prinzipien gewinnen und die ökonomische Vorteilhaftigkeit kooperativen Verhaltens feststellen kann. Es geht hier also um einen reflektierten Ökonomismus, der sich Forderungen der Moral und der Gesellschaft einverleibt, der sich lernfähig an veränderte Verwirklichungsbedingungen seines Interesses anpaßt, der gegebenfalls auch die strategische Simulation der diskursiven Kontextualisierung als Erfolgsbedingung gewinnorientierten Handelns erkennen kann.
Die spezifische Leistung der kompensatorischen Wirtschaftsethik ist die ökonomische Kontextualisierung. Sie beruht auf einem anspruchsvollen Kostenbegriff, dessen entscheidungsrelevanter Informationswert den der traditionellen Preisinformation weit übersteigt, die die Wirtschaft am Markt einholt. Dieser anspruchsvolle Kostenbegriff erlaubt es, alle Auswirkungen wirtschaftlichen Handelns auf die natürlichen und sozialen Umwelten des Marktes in die Kalkulationswährung ökonomischer Kosten zu konvertieren und bei der wirtschaftspolitischen Gesetzgebung ebenso wie bei der Formulierung des kontraktualistischen Produzentenkodex und den unternehmenspolitischen Entscheidungen einzurechnen.
Der Protagonist der kompensatorischen Wirtschaftsethik ist analog zu den oben erwähnten ersten beiden institutionentheoretischen Stufen einer Wirtschaftsethik sowohl der staatliche Architekt der Rahmenordnungen, der Ingenieur der Anreizsysteme, die mit ausgeklügelten Sanktions- und Gratifikationsverteilungen das gesellschaftlich erwünschte Verhalten der ökonomischen Subjekte hervorrufen, als auch das Wirtschaftssubjekt selbst, das mit Seinesgleichen vertraglich übereinkommt, die notwendigen institutionellen Voraussetzungen für eine aus aufgeklärt ökonomischer Perspektive für alle und jeden vorteilhafte Kooperationsdisziplin zu schaffen.

Hier ist nicht der Ort, um noch einmal die Frage nach den Chancen einer ökonomischen Begründung der Moral aufzuwerfen und noch einmal die Vermutung zu bestätigen, daß – wie es zuletzt Gauthier mit seinem dispositionellen Fehlschluß gezeigt hat[11] – ökonomische Moralbegründungen von versteckten irreduziblen moralischen Voraussetzungen starken Gebrauch machen müssen. Ich muß mich hier einfach mit der Skizze einer wirtschaftsethischen Alternativkonzeption begnügen, die ohne Frage für die Welt der Ökonomie von beträchtlichem motivationalen Herausforderungswert sein muß, weil sie anders als die kompensatorische Wirtschaftsethik zumindest langfristig auf eine Einstellungsänderung, auf eine Änderung des kulturellen Selbstverständnisses der Wirtschaftssubjekte zielt – wohingegen die kompensatorische Wirtschaftsethik ja mit der politischen Philosophie Hobbes' den nicht zu unterschätzenden Vorzug teilt, daß die jeweiligen ordnungspolitischen Stabilitätsleistungen ohne jede motivationale Veränderung, ohne moralisch-kulturelle Lernprozesse zu erreichen sind – die problemverursachende und die problemlösende Vernunft sind aus demselben Holz geschnitzt.

Was ist nun über eine emanzipatorische Wirtschaftsethik zu sagen,

11 Vgl. Jean-Louis Arni, »Das Verhältnis von Moral und Rationalität: Eine Auseinandersetzung mit David Gauthiers «Morals by Agreement»«, *Analyse & Kritik* 11 (1989), S. 154-178. Rationalitätsbegründungen der Moral können nur erfolgreich sein, wenn sie das Parasitismus-Hindernis überwinden und free-rider-Verhalten grundsätzlich als irrational brandmarken können. Bei dem Versuch, diese These von der Irrationalität des Schwarzfahrers zu begründen, macht sich Gauthier dessen schuldig, was ich einen »dispositionellen« Fehlschluß nenne. Gauthier geht – in deutlicher Analogie zum Verhältnis zwischen Regelutilitarismus und Handlungsutilitarismus – von einer Entscheidungssituation aus, die durch Dispositionsalternativen charakterisiert ist. Free-rider entscheiden sich aber in der Regel nicht für die free-rider-Disposition, sondern für Parasitismus im Einzelfall. Die Entscheidung zwischen einem »constraint maximizer« und einem »straight forward maximizer« stellt sich nicht. Vollständig genreuntypisch wird hier eine Damaskussituation unterstellt, in der rationale Akteure Charakterwahlen vornehmen, sich fragen, was für Menschen sie sein wollen. Dabei sind rationale Akteure, wie der Machiavellische Principe, der erste rationale Akteur der Theoriegeschichte, charakterlos, und das heißt: offen für möglichst viele Optionen, versatil und anpassungsfähig; und keinesfalls dispositionell geschlossen.

was macht den Unterschied der von ihr verfolgten Kontextualisierung wirtschaftlichen Handelns zur ökonomischen Kontextualisierung aus? Der Unterschied zwischen kompensatorischer und emanzipatorischer Wirtschaftsethik ist in einem unterschiedlichen Modernitätsverständnis begründet: der Anhänger der emanzipatorischen Wirtschaftsethik legt ein Verständnis kultureller Modernisierung zugrunde, demzufolge die Wirtschaft Teil der Gesamtgesellschaft ist und sich der kulturellen Modernisierung, der diskursrationalen Vernetzung der gesellschaftlichen Subsysteme nicht verschließen darf. Diese sich gegen den ökonomistischen Reduktionismus richtende Kontextualisierungsforderung teile ich mit der ethisch-ganzheitlichen Ökonomie Koslowskis, allerdings denke ich nicht an eine sittliche Durchdringung, an ein aristotelisch-sinnzentriertes Integrationsmodell, schon gar nicht an die Einbettung der Wirtschaft in eine Art kosmisches Atmungsgleichgewicht[12], wodurch die Wachstumsbewegungen der Ökonomie dem Rhythmus des Seins angepaßt würden: die emanzipatorische Kontextualisierung bemüht sich ja gerade, die Wirtschaftsethik auf Modernitätshöhe zu bringen, sie tritt keine Rückzüge in vormoderne Traditionswelten an. Es gibt kein gemeinsames Gutes, das nach aristotelischer Manier heute die Individuen und die gesellschaftlichen Funktionssysteme in eine umfassende Gesamtgesellschaft einbinden könnte; es gibt keine soziale Teleokratie, die Wirtschaft, Politik und Gesellschaft zu einer Textur sinnhaften allgemeinen Lebens verweben könnte. Im Zuge der Bekämpfung der modernisierungstypischen Differenzierung wollen prämodernistische Konzeptionen der Wirtschaftsethik, seien sie neoaristotelisch oder religiös-metaphysisch, die intersystemische Kommunikation und deren Einbindung in gesellschaftliche Problematisierungs- und Orientierungsdiskurse einer universalistischen Vernunft durch eine kulturelle Homogenisierung auf der Grundlage einer einheitlichen Weltanschauung und Wertorientierung unterlaufen.

12 Vgl. »Organisches Wachstum als Sichausgleichen von Expansion und Kontraktion« in: Koslowski, *Wirtschaft als Kultur*, Wien 1989, S. 26ff.

4. Wirtschaftsethik, Aufklärung und kulturelle Modernisierung

Eine emanzipatorische Wirtschaftsethik ist mehr als eine Nebenwirkungsethik; sie ist Hauptwirkungsethik, die wirtschaftliches Handeln den gesellschaftlichen Diskursen aussetzt. Sie verlangt, daß die ökonomischen Institutionen ihre institutionelle Umwelt nicht nur ökonomisch taxieren und manipulieren, sondern sich als Teilbereich der Gesamtgesellschaft begreifen und sich aktiv an der Selbstorganisation der Gesamtgesellschaft beteiligen. Eine Wirtschaftsethik der kulturellen Modernisierung hat keine sittliche Integration im Sinn, will die Ökonomie nicht ethisieren; sie will die Ökonomie zur Vernunft bringen und setzt dabei auf Reflexion, Kritik und Öffentlichkeit und richtet sich gegen jeden Versuch, den emanzipationsgerichteten, also Abhängigkeitsverhältnisse durch Selbstverfügungsverhältnisse ersetzenden Prozeß der kulturellen Modernisierung durch die Anrufung der alten Traditionsmächte zu hemmen. Eine Wirtschaftsethik der kulturellen Modernisierung will die im politischen Bereich erfolgreichen Prozesse der zivilgesellschaftlich-demokratischen Machtbeaufsichtigung auf die ökonomische Machtkonzentration ausdehnen. Hinter dem Prinzip der, wie Kant gesagt hätte, öffentlich räsonierenden Privatleute, der, wie man heute sagt, deliberierenden Öffentlichkeit, steht die für die anspruchsvollen rechtfertigungstheoretischen Überzeugungen der Neuzeit charakteristische Auffassung, daß die Prozeduren einer vernünftigen Einigung und täuschungsfreien Ermittlung wahrhaft allgemeiner und wirklich gemeinsamer Interessen selbst und allein ein legitimierendes Potential besitzen. Geltungsansprüche von Normen sind ebenso wie politische Langzeitprojekte und technisch-ökonomische Veränderungen mit Langzeitwirkungen dem Gerichtshof der Vernunft vorzutragen, müssen einer argumentativen Überprüfung durch die Betroffenen, bei advokatorischer Wahrnehmung der Rechte und Interessen zukünftiger Generationen, unterzogen werden. Die bürgerliche Öffentlichkeit ist die politische Gestalt der autonomen Vernunft des neuzeitlichen Subjekts; sie zielt auf die Rationalisierung der politischen Herrschaft als einer Herrschaft von Menschen über Menschen durch strikte Offenlegung und Diskussion aller Ziele, Mittel, Interessen und Gründe.

Grundsätzlich spricht doch nichts dagegen, daß die Öffentlichkeit diese herrschaftskritische Funktion einer Rationalisierung traditionsverwachsener, vorgegebener Abhängigkeitsverhältnisse im Zuge einer reflexiven Modernisierung auch zur Überwindung der durch die wissenschaftlich-technischen und ökonomischen Modernisierungsprozesse selbst erzeugten neuen Abhängigkeitsverhältnisse wahrnehmen und die Kluft zwischen Aufklärung und technologisch-kapitalistischer Zivilisation schließen kann[13]. Ein Gegensatz zwischen Aufklärung und technologisch-kapitalistischer Zivilisation besteht in mehrfacher Hinsicht: der Quasireligionsstatus der Fortschritts- und Wachstumsidee ist gegenmodern; die Expertokratie widerspricht dem Aufklärungsprinzip von der Laienvernunft und der Vorrangigkeit der Zweckvernunft vor der Mittelrationalität; es widerspricht dem Autonomieprinzip, sich im Nebenwirkungswildwuchs zu verheddern, und es ist eine Beleidigung der Vernunft, einem demokratisch nicht legitimierten, programmatisch blinden und ungeplanten Prozeß einer nachhaltigen und Risiken anhäufenden Veränderung von Gesellschaft und Umwelt ins Unbekannte hinein unterworfen zu sein. Am deutlichsten wird der große Aufklärungsabstand der technologischen Zivilisation und der sie anheizenden Wirtschaft in der Sachzwanglüge, die praktische Tabus als theoretisch ausgewiesene Unvermeidlichkeiten tarnt. Wenn die Lasten der technologischen Modernisierung immer drückender werden, werden Unvermeidlichkeitsnachweise immer begehrter. Das Schicksal ist gegenwärtig eine Kategorie mit Zukunft; Hinnahmebereitschaft, Gelassenheit und Leidensfähigkeit werden als Tugenden entdeckt. Die neuen Namen für die Schicksalskategorie heißen Sachzwang, Eigengesetzlichkeit, Systemforderung. Überall vermummen sich die herrschenden technologischen und wirtschaftlichen Verhältnisse und verbarrikadieren sich hinter Tabus der Nichtveränderbarkeit, leugnen ihre Geschichtlichkeit, entledigen sich aller Handlungsvariablen. Oder sie betrachten sich als Strukturen eines, wie es in der Systemtheorie heißt, autopoietischen, also selbsttätigen Systems; der Effekt ist der gleiche: der technologische Fortschritt wird mitsamt seinen Wirkungen und Nebenwirkungen zum Widerfahrnis, zum Ereignis erklärt; er verliert somit seinen Handlungscharakter. Damit wird gesellschaftsintern die Differenz Na-

13 Zum folgenden vgl. Ulrich Beck, *Risikogesellschaft. Auf dem Weg in eine andere Moderne*, Frankfurt/M. 1986, III. Teil.

tur – Gesellschaft reproduziert und die Natur wie nie zuvor verändernde technologische Zivilisation nimmt in ihren institutionellen Grundlagen selbst den Charakter einer gesellschaftsexternen und praxisentrückten Natur an. Wir haben es in der technologisch-kapitalistischen Zivilisation ersichtlich mit einem aufklärungsbedürftigen Zustand zu tun, mit einem Zustand also, in dem das gesellschaftliche Selbstverfügungspotential unzulässig eingeschränkt ist. Eine Wirtschaftsethik der kulturellen Modernisierung stellt sich in den Dienst der Freisetzung dieses gesellschaftlichen Selbstverfügungspotentials, will die die technologische Dynamik begünstigende industriegesellschaftliche Halbierung der Moderne durch einen die gesellschaftliche Selbstverfügung steigernden Aufklärungsprozeß vervollständigen, will durch die Demokratisierung der Entscheidungsverläufe und Politisierung der Gesellschaft auch die ökonomischen Sachzwangverhältnisse zum Tanzen bringen.

5. Diskursiver Kapitalismus

Ist dieser diskursive Kapitalismus, dieses modernitätsaffirmative Gegenstück zum ethischen Kapitalismus, eine Utopie? Ja und nein. Der Soziologe Richard Münch hat kürzlich in einem gesellschaftstheoretischen Entwurf mit dem ehrgeizigen Anspruch, einen Bezugsrahmen für eine Theorie der Gesamtgesellschaft zu liefern, die moderne Gesellschaft als eine von internen Widersprüchen bewegte und vorangetriebene Kommunikationsgesellschaft charakterisiert und damit die systemtheoriepolemische These verbunden, daß die ausdifferenzierten Subsysteme durch eine zunehmende Tendenz der Dezentrierung verändert werden und sich immer mehr untereineinander kommunikativ vernetzen, daß Gesellschaft immer mehr in den stetig wachsenden Zonen der diskursiven wechselseitigen Durchdringung und immer weniger in den schrumpfenden Reservaten der systemeigenen Reproduktionslogik zu finden sei[14]. Dieser immer mächtiger werdende öffentliche Diskurs, der sich zwischen den gesellschaftlichen Funktionsbereichen aufspanne und zunehmenden legitimatorischen

14 Vgl. Richard Münch, *Dialektik der Kommunikationsgesellschaft*, Frankfurt/M. 1991.

Einfluß gewinne, mache auch nicht Halt vor den Toren der ökonomischen Institutionen, er verdränge traditionelle Autoritätsstrukturen und bette betriebliches Handeln immer tiefer in die gesellschaftlichen Problematisierungs- und Orientierungsdiskurse mit ihrer eigenen unausweichlichen Dynamik ein. »Wer sich einmal auf Diskurse eingelassen hat, kann sich diesen nicht mehr ohne weiteres entziehen. Über den Erfolg der Unternehmen entscheidet immer noch der Markt. Aber der Markt funktioniert längst nicht mehr unabhängig von öffentlichen Diskursen. Unternehmen, die in den öffentlichen Diskursen schlecht abschneiden, gefährden auch ihren Markterfolg. Auch die Durchdringung der Unternehmen durch die Entwicklung ihrer Unternehmenskultur wird die diskursive Formung des wirtschaftlichen Handelns weiter vorantreiben und sie in eine neue Welt hineinführen. Die Öffentlichkeitsarbeit der Unternehmen ist unter diesen Bedingungen kaum noch als strategische Imagepflege zu verwirklichen. Sie wird immer aufwendiger und wird zu einem Teil des öffentlichen Diskurses«[15]. Letztlich kehrt sich dann das Verhältnis von Moral und Strategie auf subtile Weise um, und die Unternehmensethik wird selbst »zur Überlebensstrategie in einer durchmoralisierten Welt«[16]. Ich glaube, daß diese Gesellschaftsbeschreibung weitgehend korrekt ist, und das heißt in meinen Augen, daß in den bestehenden Verhältnissen Formen diskursrationaler Vernünftigkeit verwirklicht sind, an die sich wirtschaftsethische Diskurse anschließen lassen. Natürlich werden in dieser Kommunikationsgesellschaft Unternehmen nicht zu moralischen Anstalten; wenn Münch von der Unternehmensethik als einer überlebensstrategischen Wahl spricht, denn heißt das nicht, daß gleichsam über Nacht moralische Präferenzen die Oberhand über gewinnorientierte Strategien gewonnen haben, sondern nur, daß ökonomische Erwägungen für eine Teilnahme an den Diskursen und eine sorgfältige Beobachtung ihres Verlaufs und ihrer vorläufigen Ergebnisse sprechen. Denn Diskurse schaffen ein Klima auf dem Markt, in dem moralisch erwünschte Änderungen der Produktpolitik, Anpassungen und Vorleistungen wirtschaftlich einträglich werden. Diskursethisches Naserümpfen ist hier völlig unangebracht; warum sollte Kant nicht Recht haben und die Eigenethik des Dis-

15 Münch a.a.O., 143.
16 Münch a.a.O., 138.

kurses, auch des unreinen, den strategischen Opportunismus nicht allmählich überformen? – Ich werde darauf zurückkommen. Vorher möchte ich mich noch dem eingangs angesprochenen Dilemma der *Modesti* und seiner Lösung durch den ethischen Kapitalismus Koslowskis zuwenden. Ich muß zu diesem Zweck noch einmal auf das Thema der Externalitäten, der sozialen Fallen und der kollektiven Praxis eingehen.

6. Moralphilosophisches Problem der Nebenwirkungen

Das moralphilosophische Problem der Nebenwirkungen gewinnt Kontur, wenn wir es auf zwei diametral entgegengesetzte Gestalten der Moral projizieren: auf der einen Seite die archaische Moral des heroischen Selbstbewußtseins, das zur Reflexionsleistung der Unterscheidung der intentionalen Handlung und der objektiven Tat noch nicht fähig war, daher das ganze widrige Schicksal in seine Verantwortung aufnahm und klaglos die Folgen des Gewollten wie des Ungewollten trug[17]. Dieser moralischen Nebenwirkungsinternalisierung entspricht auf der anderen Seite der Skala die vollständige Externalisierung der Nebenwirkungen und deren moralische Salvierung: man kann sich aus der Verantwortung für die Nebenwirkungen stehlen, wenn die unsichtbare Hand hinter den Rücken der verantwortungslosen Nebenwirkungsproduzenten die produzierten Nebenwirkungen in eine von jedermann moralisch gebilligte, gleichwohl nicht unmittelbar selbst intendierte Steigerung des Gesamtwohls integriert, und sie somit nicht nur moralisch neutralisiert, sondern in moralische Produktivkraft verwandelt. *Die unsichtbare Hand ist ein Mythos der Entproblematisierung der Nebenwirkungen wirtschaftlichen Handelns.* In dem Maße, in dem sich diese serologische Dialektik, die aus moralischen Schadstoffen allgemein nützliche Materialien gewinnen kann, als illusionär erweist, müssen Ökonomie und Gesellschaft ein Bewußtsein der Verantwortung für die Nebenfolgen wirtschaftlichen Handelns zurückgewinnen.

Die Nebenwirkungen verflechten sich zu sozialen Fallen, in denen auch die Verursacher von Hauptwirkungen zappeln. Soziale Fallen entstehen, wenn die Erwirtschaftung privater Güter die

17 Vgl. Hegel: *Grundlinien der Philosophie des Rechts* § 118.

Schädigung kollektiver Güter nebenwirkungskausal herbeiführt und damit vermittelt auch den Nutzenmaximierer benachteiligt. Der Schutz kollektiver Güter vor privatem nutzenmaximierenden Handeln kann nur durch kollektive Disziplinierung privaten Handelns erreicht werden[18]. Niemals kann eine Wirtschaftsethik von einem Unternehmer, der unter Wettbewerbsbedingungen handelt, verlangen, als einziger vernünftig zu sein: nicht nur Hobbes, auch Kant hat von den Menschen nicht benachteiligende Vorleistungen und einseitige Opfer gefordert, nicht verlangt, als Märtyrer der moralischen Vernunft aus dem Rennen geworfen zu werden; auch Kant hat, wie Hobbes, selbsterhaltungsprekäre Vernünftigkeit an die fundamentale Rationalitätsbedingung der Gegenseitigkeit gebunden.

Situationen von der Art des Hobbesschen Naturzustandes oder des Gefangenendilemmas sind offenkundig von der Art, daß in ihnen nicht nur die Klugheit, sondern auch die Moralität in eine Falle gehen muß. Klugheitsfallen sind sie für den rational Handelnden, weil er mit vollem Wissen suboptimale und mindereffiziente Strategien wählen muß; weil sie also die effizienzbewußte Rationalität zur Selbstunterbietung zwingen. Und Moralitätsfallen sind sie, weil die gewählte moralische Strategie, also zum Beispiel unter den Unmäßigen des Hobbesschen Naturzustandes mäßig zu bleiben und sich nicht zur präventiven Aggression verleiten zu lassen oder als einziger das Kooperativitätsopfer zu bringen, nicht nur unklug, sondern auch moralisch unzulässig ist. Moralisches Handeln würde in dieser Situation offenkundig kontraproduktiv sein: da der Entschluß zur privaten Verantwortlichkeit ohne Frage kostenträchtig ist, andererseits aber auch die Schadenskosten der kollektiven Praxis nicht nennenswert mindert, führt er nicht nur zu keiner Verbesserung der Gesamtsituation, sondern verschlechtert sie noch. Niemandem ist gedient, wenn man sich allein kooperativ verhält; es sei denn, man will sich am Genuß der eigenen moralischen Vortrefflichkeit schadlos halten. Aber damit ändert sich das Paradigma, geht es doch um die ethische Abwendung von Schäden, die alle betreffen, und

18 Vgl. Karl Homann: »Kollektive Probleme und individualethisches Paradigma«, *Ethik und Sozialwissenschaften* 1 (1990), S. 67-69; Anton Leist: »Kollektive Güter und individuelle Verantwortung«, *Analyse & Kritik* 11 (1989), S. 179-196.

nicht darum, im falschen Leben für sich selbst ein richtiges zu führen.
Überdies muß die schöne Unternehmerseele durch folgende Überlegung beträchtlich betrübt werden: die individualmoralische Lösung ist ihrerseits moralisch verwerflich, da der moralische Luxus der richtigen Lebensführung in einer unvernünftigen Welt mit beträchtlichen Nachteilen für die abhängig Beschäftigten verbunden ist: die durch den moralischen Eigensinn hervorgerufenen Gewinneinbußen müssen irgendwann durch Lohnkürzungen, Kurzarbeit, Entlassungen, also durch ökonomische und dann soziale Schlechterstellungen der Mitarbeiter und ihrer Familien bezahlt werden. In Situationen dieser Art ist also die moralische Verhaltensweise die denkbar unvernünftigste: sie bringt nicht nur einen Narrenlohn ein, das was in der Spieltheorie als *sucker's pay off* bezeichnet wird, sondern sie führt auch nach ihren eigenen moralischen Maßstäben gemessen zu unzulässigen Ergebnissen. Moralität ist hier also ein doppeltes Verlustgeschäft.

7. Koslowski und die *iustitia distributiva* Gottes

Koslowski hat nun eine wirtschaftsethische Konzeption entwikkelt, die eine andere Beurteilung der Strategie der unbedingten Moralität in Gefangenendilemmasituationen erlaubt und damit der ökonomischen Klugheit und der Moralität zugleich einen Ausweg eröffnet, der den Erfolg beider von kollektiv-kontraktualistischen Arrangements unabhängig macht und damit die individualethische Verantwortungslösung rehabilitiert. Koslowski will den Argwohn, der zur Grundausstattung einer unter Knappheitsbedingungen großgewordenen Rationalität gehört, durch Vertrauen ersetzen. Im Zentrum seiner Argumentation dreht sich eine Kompensationsschraube, die in der Religion, mit dem Erreichen der Einstellung des »ontologischen Ur-Vertrauens«[19] zum Stillstand kommt. Nach Koslowski besteht die Aufgabe der Ethik in der Erbringung von Garantieleistungen, also »wesentlich darin, das Individuum durch die Allgemeingültigkeit eines ethischen Kodex zu versichern, daß sich die anderen auch an die Regeln halten werden. Die Aufgabe einer speziellen Wirtschaftsethik liegt

19 Koslowski, *Prinzipien der Ethischen Ökonomie*, Tübingen 1988, S. 40.

darin, dem einzelnen die Zusicherung zu geben, daß allgemeine Regelbefolgung auch für das Handeln in der Wirtschaft, im innerbetrieblichen Leben wie im Markttausch, gilt und damit seinen Willen und seine Anreize zu stärken, sich selbst an die gemeinwohlfördernden Regeln des Wirtschaftslebens zu halten«[20]. Wie kann die Wirtschaftsethik aber diese motivationsfestigenden Sicherheiten geben? Zuerst durch die spieltheoretisch vertraute Lektion von den Effizienzgewinnen der Moral und dem kooperativen Mehrwert: Was im Politischen gilt, gilt nicht im Ökonomischen: Kontrolle ist gut, Vertrauen ist jedoch besser, weil kostensenkend. Freilich kann diese ethische Kompensation des Marktversagens nur unter der unrealistischen Bedingung allseitiger Kooperationsdisziplin erfolgreich sein: daß hier die Moral nur unter der Bedingung ihrer allgemeinen Beachtung wirksam werden kann, bewertet Koslowski als »Ethikversagen«, das nach einer geeigneten Kompensation ruft[21].

Diese wird ihr durch die Religion zuteil, genauer durch einen aus der postulatorischen Moraltheologie Kants bekannten Entschädigungsmechanismus für moralitätsgenerierte Glücksverluste. Wird der Moralität im Diesseits nicht der verdiente Lohn ausgezahlt, bedarf es eines kompensatorischen postmortalen Gratifikationssystems. Damit der Gerechte nicht resigniert, wird er auf die transzendente *iustitia distributiva* Gottes vertröstet, die nach der durchaus vertragsrationalen Maxime des *do ut des* operiert und in genauer Proportionalität zu den individuellen Moralitätseinlagen Glückseligkeitsdividenden ausschüttet. Die Religion verwandelt die hienieden vorfindlichen Unsicherheitsbedingungen moralischen Handelns in ein *super assurance game*. »Die Voraussetzung dafür, daß das Individuum bereit sein wird, zur Verwirklichung des Zustandes allgemeiner Regelbefolgung beizutragen, auch wenn es über die Präferenzen der anderen nicht sicher im Bilde ist, liegt in dem religiösen Glauben an den transzendentalen Ausgleich von Sittlichkeit und Glückseligkeit für die unsterbliche Seele«[22]. Zu einem die moralischen Präferenzen stabilisierenden Supersicherheitsspiel wird die Religion aufgrund der im »ontologischen Ur-Vertrauen« begründeten metaphysischen Wirklich-

20 Ebd., S. 42.
21 Ebd., S. 37.
22 Ebd.

keitssicht des Gläubigen. »Religion leistet ... die Versicherung des Subjekts, daß Sittlichkeit und Glück langfristig konvergieren. Sie ermöglicht Handeln unter Sicherheit in der Ethik auch dort, wo das Individuum aufgrund der Unsicherheit über das Verhalten der anderen in einem Isolations- und Prisoner's Dilemma steht«[23]. Es kommt also nur darauf an, den richtigen Begriff von Langfristigkeit zu entwickeln. Die Letzten werden die Ersten sein, und in der Ewigkeitsspieltheorie wird des *sucker's pay off* in ewiges Seelenheil verwandelt. Es rächt sich, wenn man mit Sittlichkeit und Religion spieltheoretisch herumklügelt und die Kontenblätter über das Grab hinaus weiterführt: statt den hybriden ökonomischen Imperialismus in seine sittlichen Schranken zu verweisen, überbietet ihn Koslowskis Krämerreligion von dem jenseitigen Glückseligkeitsentgelt für diesseitige moralische Standhaftigkeit noch: in jenem hat sich der Markt nur die ganze Welt einverleibt; in dieser kommt noch das ganze Jenseits hinzu.

Der Protagonist dieser kompensatorischen Religiösität ist das genaue Gegenteil des entscheidungstheoretischen Maximin-Pessimisten, der mit metaphysischem Mißtrauen erfüllt ist und grundsätzlich davon ausgeht, daß das Schicksal ihm übel mitspielen will. Der Religiöse betrachtet die Wirklichkeit als sinnerfüllt; ethisches Handeln wird damit zu einer Rechtfertigung Gottes. Das ist umgekehrter Calvinismus, der den wirtschaftlichen Erfolg als göttliche Rechtfertigung des Handelnden interpretierte. Der kapitalistische Gewinn war ihm sichtbares Zeichen der Gottwohlgefälligkeit des wirtschaftlichen Werks, Grund der Erkenntnis, daß der Segen Gottes auf dem Geschäftsbetrieb ruht. Die wirtschaftsethische Indienstnahme der Religion durch Koslowski ist von der calvinistischen gut zu unterscheiden: letztere ließ die durch moralische Anstrengungen unverzerrten Verteilungen des Erfolges durch den Markt und die Zuteilungen des göttlichen Segens konvergieren. Hier funktioniert die Religion nicht als motivbildendes Korrektiv des Markt-, und dann des Ethikversagens, sondern sie ist unmittelbares Abbild der tiefmoralischen Verteilungsweisheit des Marktes und damit unmittelbare Legitimation eines ungehemmten, rationalen und ungemein konzentrierten, allein auf die Zwecke der wirtschaftlichen Erfolgssicherung ausgerichteten Wirtschaftsgeschehens.

23 Ebd., S. 38.

Diese Konzeption einer religiösen Wirtschaftsethik fällt hinter die kulturell erarbeiteten Rechtfertigungsstandards der Moderne zurück und verharmlost die Gefahren beträchtlich, die der atemberaubende Erfolg des wirtschaftsliberalen Systems für Gesellschaft und Natur bedeutet. Sie entwickelt Wirtschaftsethik nach dem traditionellen individualethischen Muster und beruft sich auf ein längst wirkungslos gewordenes kulturelles Orientierungssystem, das aber als kulturwirksame Sinnorientierung und Wirklichkeitssicht vorausgesetzt werden muß, damit das ganze Unternehmen der Ethisierung des Kapitalismus sinnvoll sein kann. Eine »für alle Gültigkeit besitzende religiöse Versicherung des Sinns von Sittlichkeit« kann unter den gegenwärtigen individualisierungs- und modernisierungsgeprägten gesellschaftlichen Bedingungen nur um den Preis einer gewalttätigen kulturellen Regression erreicht werden[24].

8. Republikanische Unternehmensethik

In seinem Aufsatz »Philosophische Fundierungsprobleme einer Wirtschafts- und Unternehmensethik«, der der Wirtschafts- und Unternehmensethik keine bereichsspezifische philosophische Fundierung gibt, sondern die normativen Grundprinzipien zwischenmenschlichen Umgangs der Aufklärungsethik auch zu Verfassungsregeln des wirtschaftlichen Handelns erhebt, damit Wirtschafts- und Unternehmensethik als eine Art Sozial- oder politischer Ethik betrachtet, hat Paul Lorenzen von einer »republikanischen Unternehmungsethik« gesprochen und die Forderung einer Republikanisierung der wirtschaftlichen Verhältnisse erhoben. Näherhin sieht er fünf Aufgabengruppen einer solchen republikanischen Unternehmensethik: »1. Die Förderung aller Mitarbeiter als republikanische Mitbürger. 2. Die Förderung des sozialen Friedens (z. B. bei Tarifverhandlungen durch eine gerechte Verteilung von Arbeit und Gewinn – ohne Ausgrenzung von Mitbürgern als »Arbeitslose«). 3. Die Förderung der Gleichstellung der Frau im Kontext einer republikanischen Familienpolitik. 4. Nicht die Verbraucher durch die produzierten Güter oder angebotenen Dienstleistungen zu verführen, sondern ihnen als

24 Ebd., S. 38.

Mitbürger von Republiken zu nützen. 5. Nicht das private und politische Leben der Bürger durch Zerstörung der Umwelt (Natur- und Kulturlandschaft) zu schädigen, sondern die Umwelt – das gilt über die Grenzen des eigenen Staates hinaus – menschenfreundlicher zu machen«[25].

Wenn man nun bedenkt, daß der Begriff ›Republikanismus‹ hier im Kantischen Sinne eines menschenrechtlichen Universalismus und eines prozeduralen Kontraktualismus zu verstehen ist – und gerade nicht mehr im Sinne einer identitätsbildenden Zugehörigkeit zu einer partikularen ethosintegrierten politischen Gemeinschaft, dann kann man diese fünf Artikel auf folgenden verfahrensethischen Hauptnenner bringen: eine republikanische Unternehmensethik ist eine Unternehmensethik, die die konfliktträchtigen und moralempfindlichen Auswirkungen der gewinnorientierten Handlungsmaxime bei den konkreten unternehmenspolitischen Entscheidungen durch Selbstverpflichtung auf Regeln und Grundsätze einzudämmen versucht, die im Kontext einer kommunikativen Verständigung mit allen Betroffenen auf der Grundlage der menschenrechtlichen Gleichheit und wechselseitigen Anerkennung und im Rahmen fairer Diskursbedingungen autonom entwickelt werden. Sie basiert auf der Überzeugung, daß die grundlegenden normativen Bestimmungen des Rechts- und Moraluniversalismus, der menschenrechtliche Personen- und Verfassungsbegriff und die damit eng verbundenden prozeduralen Rechtfertigungs- und Konfliktbereinigungskonzepte der Diskursrationalität auch für den Bereich wirtschaftlichen Handelns gelten.

Aber ist das nicht eine reichlich hochfliegende Vorstellung? Wird hier die Wirklichkeit in ihrer konkreten Vernunft-Unvernunft-Mischung überhaupt noch wahrgenommen? Verweisen diese Konzeptionen nicht ins Phantastische? – denn in der Fluchtlinie ihrer Ordnungsvorstellungen scheint ja nichts Geringeres zu liegen als die vollständige Marginalisierung der ökonomischen Handlungskoordination des Marktes aufgrund seiner diskursethischen Integration in sich unaufhörlich ausdehnende Verständigungsverhältnisse. Moralphilosophische Konzepte besitzen nur dann einen Wert, wenn sie in der Welt diesseits ihrer theorieeigenen Idealverhältnisse Anknüpfungspunkte für ihre Wirklichkeits-

25 In: Horst Steinmann/Albert Löhr (Hrsg.): *Unternehmensethik*, Stuttgart 2. Aufl. 1991, S. 35-68; S. 63.

arbeit ausfindig machen können. Sie müssen sich überlegen, wie sie mit einer Wirklichkeit umgehen, die ihnen in vielerlei Hinsicht überhaupt nicht entspricht, da in ihr eben noch lange nicht alle Hindernisse diskursiver Konfliktlösung, kommunikativer Bedürfniskritik, unparteilicher Technikfolgenabschätzung beseitigt sind. Hier gilt es, sich vor einem fahrlässig-rigorosen Utopismus zu hüten, der die Chancen der Diskursethik durch Ignorierung ihrer Anwendungsschwierigkeiten mindert und die Verbesserungschancen übersieht, die die gegenwärtige kulturelle Situation bereithält. Auch die Wirtschaft spricht selbst von der Notwendigkeit eines Wandels und bestätigt die Diagnose Münchs von der wachsenden Unvermeidlichkeit kommunikativer Einstellungen und diskursethischer Verhaltensmuster.

9. Motivation und erlaubter moralischer Schein

Zur Illustrierung dieser These sollen mir Überlegungen dienen, die der Unternehmensberater Reinhard Sprenger in seinem Buch *Mythos Motivation* angestellt hat, um für eine »Unternehmenskultur der Vereinbarung zwischen mündigen Menschen« und ein »Konsens-Management«[26] zu werben. Sprenger diskutiert in diesem Buch die wirtschaftliche Praxis des Anreizens, Lockens und Belohnens, die so wichtig geworden ist, daß diese Praxis bereits selbst vermarktet wird: es ist eine Industrie der Anreize entstanden, die bereits Fachmessen, »Incentive Shows« organisiert. Hinter diesem Unternehmen steht das Zauberwort Motivation, und hinter diesem Zauberwort Motivation stehen Konzepte des außengeleiteten, manipulierbaren Menschen und der technisch herstellbaren Handlungsmotivation. Motivationspraxis gründet in wechselseitiger Instrumentalisierung: die Unternehmensführung manipuliert durch geldliche und geldwerte Inzentive, um die Mitarbeiterschaft in eine ihr genehme Richtung zu bewegen; die Mitarbeiter benutzen die Inzentivpraxis der Unternehmensführung, um ihre Interessen zu verwirklichen. Das geschieht alles nicht heimlich, sondern in aller Offenheit, es wird ein von allen durchschautes Manipulationsspiel gespielt.

26 R. Sprenger, *Mythos Motivation. Wege aus einer Sackgasse*, Frankfurt/M. 1991, S. 107.

Sprenger stützt seine Kritik der entwürdigenden Motivationspraxis freilich nicht auf die praktische Notwendigkeit des Kategorischen Imperativs. Auch wenn er den Satz: »Das häufigste Vergehen im Wirtschaftsleben ist die fundamentale Mißachtung der Menschenwürde«[27] sogar umrahmt, tritt er doch nicht als praktischer Diskursethiker auf. Er benutzt das Kantisch-diskursethische Vokabular virtuos und beweist damit, in welch großem Maße diese aufklärungsethische Sprache der Mündigkeit zum Repertoire unserer kulturellen Selbstverständigung gehört und von der sich immer mehr in eine Kommunikationsgesellschaft verwandelnden modernen Sozialwirklichkeit verstanden und anerkannt wird. Aber Sprenger ist Unternehmensberater, und die Absicht des Buches ist nicht, dem Faktum der reinen praktischen Vernunft auch in den Kernlanden der Ökonomie Geltung zu verschaffen oder den Unternehmensleitern eine Revolution der Denkungsart anzusinnen, nein, Sprenger verkauft seine Revision, er argumentiert ökonomisch für sie, er ist nach wie vor ein ökonomischer Unternehmensberater und kein Ethiker. Das Argument: Motivierung demotiviert mündige Menschen ist ein ökonomisches, kein ethisches Argument. Motivierungsmißerfolge werden erklärt: die moralische Subjektivität, die sich insgeheim durch die Anreizsysteme beleidigt sieht, wird als Kostenpunkt kenntlich gemacht, mit dem zu rechnen vergessen worden ist, mit dem zu rechnen aber beste Resultate erzielt. Die Monetarisierung ist grenzenlos: selbst Kants Satz: daß der Mensch einen Wert, aber keinen Preis habe, ist ökonomischer Indienstnahme fähig. Die Moral wird benutzt, um der Ökonomie zu helfen. Aber verlagern wir die Akzente nur ein wenig, dann erlaubt das Projekt auch die genau entgegengesetzte Lesart: die Ökonomie wird benutzt, um der Moral zu helfen. Die Grenzen zwischen ökonomischer und ethischer Unternehmensberatung verschwimmen – realistische Wirtschaftsethik ist ein Diskurspragmatismus der gemischten Rationalitätsformen.

Bei Kant gibt es das paradoxe Konzept einer Gewaltanwendungserlaubnis der reinen praktischen Vernunft. Die Idee ist hier, daß es die Vernunft selbst ist, die unter Berücksichtigung der Bedingungen des wirklichen menschlichen Handelns die Erlaubnis erteilt, von ihrem eigenen Gesetz abzurücken: damit beweist Kants gel-

27 Ebd., S. 159.

tungstheoretisches Zentralkonzept eine Weltklugheit, die der reinen praktischen Vernunft gemeinhin nicht zugetraut wird. Verallgemeinern wir, dann kann man sagen, daß zu jeder normativen moralphilosophischen Konzeption auch eine selbstreflexive Überprüfung der moralischen Zumutbarkeit ihrer eigenen Forderungen gehören muß, die gegebenenfalls eine Einschränkung ihrer Forderungen erlaubt. Auch die unaufhörlich Kontrafaktisches bemühende Diskursethik sollte über hinreichend Weltklugheit verfügen, um das Faktische der Handlungsbedingungen nicht aus den Augen zu verlieren. Der Umstand, daß Sprengers intuitiver führungsethischer Kantianismus mit dem Argument von der langfristig demotivierenden Wirkung der motivationalen Konditionierungsprogramme den Praktiker von der ökonomischen Vorteilhaftigkeit der Mündigkeitsstrategie zu überzeugen versucht, sollte nicht zu dem Aufbegehren eines diskursethischen Purismus führen, der nur normative, jedoch keine strategischen Lernprozesse toleriert. Strategische Indienstnahmen moralischer Organisationsformen haben ihre eigene Dialektik, die Kant als erlaubten moralischen Schein bezeichnet hat. Die einschlägige Stelle findet sich in der *Anthropologie in pragmatischer Absicht*: »Alle menschliche Tugend im Verkehr ist Scheidemünze; ein Kind ist der, welcher sie für ächtes Gold nimmt. – Es ist doch aber besser, Scheidemünze, als gar kein solches Mittel im Umlauf zu haben, und endlich kann es doch, wenn gleich mit ansehnlichem Verlust, in baares Gold umgesetzt werden. Sie für lauter Spielmarken, die gar keinen Werth haben, auszugeben, ... ist ein an der Menschheit verübter Hochverrath. Selbst der Schein des Guten an Anderen muß uns werth sein: weil aus diesem Spiel mit Verstellungen, welche Achtung erwerben, ohne sie vielleicht zu verdienen, endlich wohl Ernst werden kann«[28].

Diese antirousseauistische Position des Rousseauisten Kant ist bemerkenswert. Übertragen wir sie gleich auf die wirtschafts- und unternehmensethische Problemlage. Die strategische Einstellung, die sich in die unvermeidlichen öffentlichen Rechtfertigungsdiskurse fügt, die die Selbstachtungs- und Respektbedürfnisse der Mitarbeiter leistungsstabilisierend benutzt, die dialogische Verfahren zur vorteilhaften Herausbildung korporativer Identitäten einsetzt, bleibt, wie sehr sie sich letztinstanzlich immer am Ge-

28 Kant, *Gesammelte Schriften*, Akademie-Ausgabe Bd. 7, S. 153.

winnprinzip orientiert, von ihrem neuen Gegenstand nicht unberührt; er färbt auf sie ab. Die strategische Mündigkeitsunterstellung erzeugt langfristig ihre eigene Mündigkeitsrealität. Ohne daß die fundamentalen ökonomischen Zielvorstellungen grundsätzlich modifiziert würden, kommt es zu evolutionären Veränderungen in der moralischen Verfassung des Unternehmens, die auf die jeweilige konkrete Ausgestaltung dieser Zielvorstellungen Einfluß nehmen werden. In dem Maße, in dem das Mündigkeitsprinzip zu einer unternehmensethischen Grundlage wird, in dem Maße werden sich auch die mündigen Mitarbeiter an der inhaltlichen Gestaltung der Unternehmenspolitik beteiligen; die kritische, die Standards moralischer Relevanz definierende Öffentlichkeit dringt auch in das ökonomische Innenleben der Unternehmen ein und veranlaßt eine Selbstbindung der ökonomischen Macht an die Verfahrensregeln der Vernunft und an die inhaltlichen Normen, die zur Realisierung des Ziels einer sozial- und umweltverträglichen Gewinnpolitik entwickelt werden. –

Es gibt einige versprengte, aus dem letzten großen Kulturkampf übriggebliebene Spötter, die in der allenthalben und allerorten anzutreffenden ethischen Diskussion ein geschickt inszeniertes Ablenkungsmanöver des Bestehenden von sich selbst erblicken – Ethik als neues gesellschaftspolitisches Opiat, als raffiniert gesponsorte Betriebsamkeit. Ich will diese Einstellung nicht teilen. Wir können nicht mehr auf die traditionellen geschichtsphilosophischen Erlösungsformeln setzen. Die alten ideologischen Fronten sind längst verschwunden; die Schützengräben zerfallen, in denen sich einst Kapitalismusapologeten und Kapitalismuskritiker gegenüberstanden. Der Kapitalismus war siegreich, so siegreich, daß, mit Hegel zu sprechen, die Differenz jetzt tief in ihm selbst wirkt; nicht zu Fraktionen und Spaltungen kommt es in der Wirtschaft, aber zu einer reflexiven Unruhe, zu einem kommunikativen Rumoren, Vorzeichen der fälligen kulturellen Modernisierung, die Wirtschafts- und Unternehmensethik aufzugreifen, zu deuten und zu verstärken haben.

6. Gerechtigkeit und Medizin

Die Medizin ist gegenwärtig in zweifacher Hinsicht Gegenstand moralphilosophischer Aufmerksamkeit. Dabei gilt das überwiegende Interesse dem Moralproblem der Medizin, dem ebenso sensationellen wie existentiell beunruhigenden Konfliktbereich zwischen den neuen medizinischen Technologien und unseren alten moralischen Überzeugungen. Das Gerechtigkeitsproblem der Medizin hingegen findet nur marginale Beachtung; es ist unspektakulär und sehr komplex. Ich werde mich im folgenden hauptsächlich mit dem Gerechtigkeitsproblem der Medizin beschäftigen, möchte aber einige einleitende Bemerkungen zum Moralproblem der Medizin voranschicken.

1. Das Moralproblem der Medizin

Im gesellschaftlichen Zentrum des menschlichen Lebens bietet das überlieferte moralische Wissensrepertoire eine verläßliche und allgemein anerkannte Orientierung; an seinen natürlichen Grenzen jedoch herrschen moralische Ratlosigkeit und heftiger Streit. Der verstörte *common sense* wird infolge des ungestüm anwachsenden technischen Verfügungswissens über die menschliche und außermenschliche Natur mit immer neuen Handlungsmöglichkeiten konfrontiert, deren moralische Herausforderung er voller Unbehagen verspürt, derer er jedoch mit der üblichen moralischen Routine nicht Herr werden kann. Seit langem bereits ist die gesellschaftliche Behandlungsweise der äußeren Natur als umweltethisches Problem erkannt worden. Aber moralisch weitaus brisanter ist die technische Kolonisierung der menschlichen Natur: die Fortschritte der Intensivmedizin, der Reproduktionsmedizin und Gentechnologie haben neue und bis gestern unvorstellbare manipulative Handlungsmöglichkeiten eröffnet und dadurch am Anfang und am Ende des menschlichen Lebens wachsende Zonen beunruhigender moralischer Ungewißheit entstehen lassen. Früher stand nicht der Mensch, sondern die Natur am Anfang und am Ende menschlichen Lebens, jetzt treten in zunehmendem Maße menschliche Entscheidungen an die Stelle natür-

licher Gegebenheiten, die anders als diese, nicht hinzunehmen, sondern moralisch zu begründen sind.
Der Mensch hat in seiner kulturellen Evolution sehr früh die Schwelle von der nur existenzsichernden und lebenserhaltenden Technik zur lebensoptimierenden, die Lebensqualität verbessernden Technik überschritten. Ging es ursprünglich darum, der Natur die Überlebensmöglichkeiten abzuringen, so ging es im weiteren Fortgang der kulturellen Entwicklung darum, die Handlungsmöglichkeiten des Menschen zu vergrößern, den Zumutungen der Natur immer erfolgreicher zu begegnen und die Grenzen, die die Natur den Absichten und Wünschen der Menschen setzte, immer weiter hinauszuschieben. Durch die Technik emanzipiert sich der Mensch von der Natur, verringert er die Macht des Schicksals. Die Technik befreit durch Defatalisierung, durch Steigerung unseres Verfügungswissens und unserer Verfügungsmacht. Diejenigen, die auf die Krisenerscheinungen der wissenschaftlich-technologischen Zivilisation mit einer Verteufelung der Technik reagieren, mißachten das ungeheure gattungsgeschichtliche Emanzipationspotential, das in der technischen Entwicklung entfaltet wurde, begreifen nicht den Zusammenhang zwischen wachsender technischer Verfügung, Freiheitsgewinn und Würde.
Es gibt heute nicht wenige, die glauben, daß diese Emanzipationsgeschichte kein happy end haben wird. Am Horizont der Moderne tauchen die apokalyptischen Reiter auf, und Kassandra, die seit eh und je wie damals vor Troja dem Sieger gründlich die Laune verdirbt, belästigt den triumphierenden homo technicus schon seit geraumer Zeit mit düsteren Untergangsprophezeiungen. Der Katastrophismus ist schwarzgewandeter Utopismus, ist Geschichtsphilosophie mit Trauerrand. Der Heilsprophet und der Unheilsprophet entstammen derselben Schwärmerfamilie. In Krisenzeiten schlägt die Stunde der Propheten, die gegen das herrschende falsche Bewußtsein antreten und zur Umkehr auffordern. Viele Scharlatane mischen sich dann unters verstörte Volk. In Krisenzeiten schlägt jedoch auch die Stunde des Ethikers. Der Ethiker ist der bürgerliche Gegenspieler des Propheten. Wo dieser das Heil der Welt und die Erfüllung der Geschichte verkündet oder menschenleere Endzeitszenarien entwirft, faßt jener das kulturelle Unbehagen in Begriffe, entwickelt Argumente zur Klärung diffuser Empfindungen und schlägt voll unerschütterlichem Vertrauen in die Interessen und die Vernunft der Menschen Prinzi-

pien und Regeln vor, die die Rationalität menschlichen Handelns verbessern und die moralische Qualität der Einrichtungen ihrer gesellschaftlichen Ordnung steigern sollen. Der Ruf nach dem Ethiker wird dann besonders laut, wenn das traditionelle moralische Wissensrepertoire als unzureichend empfunden wird. Und es wird dann als unzureichend empfunden, wenn praktische Problembereiche entstanden sind, die einerseits allgemein als moralbedeutsam angesehen werden, die jedoch andererseits nicht mit der üblichen moralischen Routine behandelt werden können, da sie ebenso neu sind wie die Technik, die sie erzeugt hat.

Es ist kein Zufall, daß die moralische Sorge einer über ihre eigenen technischen Erfolge erschrockenen modernen Gesellschaft sich in der letzten Zeit besonders auf Biologie und Medizin gerichtet hat, denn die hier entwickelten technischen Möglichkeiten stellen eine umfassende Bedrohung unseres überlieferten Selbstverständnisses dar, das auf das frivole Projekt einer gentechnischen Selbsterschaffung des Menschen nicht im mindesten vorbereitet ist. Lebensethische Fundamentalüberzeugungen religiösen und quasireligiösen Zuschnitts von der technischen Unverfügbarkeit menschlichen Lebens kollidieren heftig mit den reproduktionsmedizinischen Techniken zur Kompensation natürlicher Fortpflanzungsdefizite und der Forderung nach einer erkenntnisvermehrenden Nutzung der Überschuß-Embryonen. Und am Ende unseres Lebens droht uns dann die Enteignung unseres Todes durch entwürdigende Lebenserhaltungsmaschinen, droht uns ein schlechter Tod, der unser ganzes Leben nachträglich verdirbt, wie ein mißlungener letzter Akt ein ganzes Stück entwertet[1]. Es ist also kein Wunder, daß die Medizin von der Moralphilosophie geradezu belagert ist und sich der Ethikforderungen kaum erwehren kann. Die einfachen Zeiten, in denen Mediziner ihr moralisches Entscheidungspensum allein mit der normativen Ratio des hippokratischen Eides bestreiten konnten, sind endgültig vorbei. Erst hat man der Medizin das Leitbild des informierten Patienten verschrieben, ihr gleichsam einen patientenethischen Übergang

1 Vgl. Ronald Dworkin, *Die Grenzen des Lebens. Abtreibung, Euthanasie und persönliche Freiheit*, Hamburg 1994, S. 247 ff. Siehe auch Wolfgang Kersting: »Heiligkeit verleiht keine Rechte. Ronald Dworkin vermittelt im Krieg um Abtreibung und Euthanasie«, *Frankfurter Allgemeine Zeitung* Nr. 230, 4.10.1994, Literaturbeilage L 40.

vom Feudalismus zur Aufklärung abverlangt, und dann, gerade in der Moderne angekommen, setzt man ihr mit einem ganzen Reigen von Spezialethiken zu, mit Genethik und Bioethik, Reproduktionsethik und Ethik der pränatalen Diagnose, mit Transplantationsethik und Sterbensethik, ja sogar, wie ich neuerdings gelesen habe, mit »Ethics in Obstetrics and Gynaecology«.

2. Das Gerechtigkeitsproblem der Medizin

Man sollte diese aufdringliche Ethisierung nicht allein dem Sensationsbedarf unserer gelangweilten, sich mit ihren eigenen Hysterien prächtig unterhaltenden Mediengesellschaft zuschreiben. Jenseits alles Oberflächlichen und Ridikül-Modischen artikuliert sich in dieser Konjunktur der Spezialethiken auch eine nachdenklich gewordene, eine selbstkritische Moderne. Diese kulturelle Selbstüberprüfung betrifft aber nicht nur den atemberaubenden technisch-zivilisatorischen Fortschritt in der Organtransplantation, in der Geburts- und Sterbensmedizin. Sie erstreckt sich auch auf die gesamte gesellschaftliche Organisation der medizinischen Versorgung, in der ein expansiver Entwicklungsautomatismus auf den Gebieten der individuellen Ansprüche, ihrer bürokratischen Verwaltung und der allgemeinen medizintechnologischen Innovation einen bedenklichen Kostenanstieg verursacht hat, der das Ausgabengefüge der Gesellschaft aus dem ökonomischen und ethischen Gleichgewicht zu bringen droht. Geht es einmal um eine ethische Neuvermessung des Konfliktbereichs zwischen dem technisch Machbaren und moralisch Zulässigen, so geht es zum anderen um eine ethische Neuvermessung des Konfliktbereichs zwischen dem moralisch Notwendigen und dem ökonomisch Vertretbaren.
Ich werde mich im folgenden mit dem zweiten Problembereich beschäftigen. Meine Zielfrage gilt den normativen Prinzipien einer gerechten Gesundheitsversorgung. Mein Beantwortungsversuch besteht in der skizzenhaften Entwicklung eines *komplexen egalitaristischen Arguments, das einen Basisversorgungsbereich notwendiger Gleichheit und Versorgungssektionen erlaubter, d. h. unparteilich rechtfertigbarer Ungleichheit unterscheidet. Weiterhin plädiere ich für eine institutionelle Stärkung der individuellen Gesundheitsverantwortlichkeit durch eine Privatisierung der Ge-*

sundheitsversorgung jenseits des solidargemeinschaftlich finanzierten Kernbereichs der Basisversorgung.
Wenn ich mich in meinen Ausführungen auf die ethische Verfassung eines öffentlichen Gesundheitswesen konzentriere und dabei die ethische Problematik als eine Problematik der Verteilungsgerechtigkeit auslege, dann impliziert diese Themenbeschränkung nicht im mindesten die These, daß die Medizin nur auf dieser grundlegenden institutionellen Ebene der gesellschaftlichen Organisation mit Gerechtigkeits- und Verteilungsproblemen befaßt ist. Im Gegenteil, knappheitsbedingte Verteilungsentscheidungen werden in vielen Bereichen medizinischen Handelns getroffen; man denke nur an Transplantationsentscheidungen: wer bekommt das benötigte Organ: der Junge oder der Alte, der starke Raucher oder die Nicht-Raucherin, der Junggeselle oder der Familienvater, der Taugenichts oder die verdiente Politikerin, der Serienmörder oder der Hauptkommissar? Mediziner würden ihr Fach nicht verstehen, wenn sie sich diesen moralischen Entscheidungs- und Rechtfertigungszumutungen nicht mittels expertokratischer Rationalisierungen entziehen würden. Es gibt Mediziner, die grundsätzlich an der ärztlichen Diskretion festhalten und die ethische Öffentlichkeit aussperren wollen, die behaupten, daß das gesamte Entscheidungspensum auf dem Feld der Organtransplantation beispielsweise mit Histokompatibilitätsargumenten bestritten werden kann. Die weniger dogmatische Medizinethik ist sich freilich sicher, daß es es sich häufig um expertokratische Rationalisierungen handelt; sie hat Verständnis für die sich darin manifestierende Problemflucht, kann sie aber, da grundsätzlich an Rationalitätsmehrung interessiert, nicht billigen. Expertokratische Rationalisierungen sind vorgeschobene medizinische Gründe, die beispielsweise mit unterschiedlichen Gesundungschancen operieren und damit die entscheidungsrelevante moralische Differenz neutralisieren. Wenn man vorgeben kann, daß der physische Zustand des Hauptkommissars einen langfristigen Transplantationserfolg wahrscheinlicher macht als der physische Zustand des Serientäters, dann kann man den unbehaglichen Gedanken verdrängen, daß man bei einer moralisch rationalen Entscheidung um Wertungen und moralische Gewichtungen nicht herumkommt. Unbehaglich ist dieser Gedanke, weil er dem abstrakten Prinzip der moralischen Gleichwertigkeit menschlichen Lebens widerspricht. Aber diesseits der Abstraktionsidyllen der Theorie, unter

normalen Lebensbedingungen, wo entschieden werden muß, weil Knappheit an Gütern und an Zeit herrscht, kommen wir mit dem dürren menschenrechtlichen Egalitarismus nicht weit; hier müssen wir zusätzliche inhaltliche Prinzipien mittlerer Reichweite bemühen, mit denen wir entscheidungsermöglichende Differenzen und Ungleichheiten rechtfertigen können. Hinter den Kulissen der professionellen Rationalisierung tun Ärzte darum auch das, was unumgänglich ist, wenn Nachfrage und Angebot divergieren, sie werten und gewichten menschliches Leben[2]. Es würde einen großen Rationalitätsfortschritt darstellen, wenn infolge einer Offenlegung und öffentlichen Diskussion der hier anzuwendenden Entscheidungs- und Gewichtungskriterien die Medizin sich alle expertokratischen Rationalisierungsausflüchte ersparen könnte. Ich werde dafür argumentieren, daß der Anspruch auf eine öffentliche Diskussion der moralischen Dimensionen der Rationierung medizinischer Ressourcen Bestandteil des Rechts auf einen fairen Anteil am öffentlichen medizinischen Versorgungssystem ist.

2.1 Güterknappheit, Kooperation, Solidarität

Insgesamt gibt es fünf Ebenen, auf denen Verteilungsprobleme medizinischer Ressourcen angetroffen werden und diskutiert werden müssen. Da ist zum ersten die grundlegende Systementscheidung: Soll das Gut der Gesundheitsversorgung auf dem

2 Für diese allgemeiner Erfahrung entstammende Vermutung des Philosophen gibt es durchaus konkrete empirische Bestätigung aus medizinischer Sicht: »Über ihren Standard qualitativer Bewertung denken Ärzte wohl meist nicht mehr nach. Dieser Standard versteckt sich hinter den formlosen Verfahrensschemata jeweiliger Krankenhäuser, basiert auf persönlicher Intuition, besteht in den Zielen und Ergebnissen «üblicher» Versorgung in einem bestimmten Subsystem. Dabei bedeutet die Wahl eines jeden anderen Standards als des utopischen der technischen Machbarkeit, daß eine Rationierung stattfindet, daß gewisse Krankheitsrisiken, -wahrscheinlichkeiten, -grade, daß bestimmte Geldwerte für Leib und Leben akzeptiert werden – meist ohne viel Reflexion, als Bestandteil «guter» medizinischer Versorgung« (Bettina Schöne-Seifert: »Verantwortungsprobleme in der medizinischen Mikroallokation«, in: Hans-Martin Sass (Hrsg.): *Ethik und öffentliches Gesundheitswesen. Ordnungsethische und ordnungspolitische Einflußfaktoren im öffentlichen Gesundheitswesen*, Berlin 1988, S. 135-150; S. 142.

Markt als privates Gut oder im Rahmen eines zentralen und öffentlichen Gesundheitswesens als öffentliches Gut verteilt werden? Unter der Voraussetzung, daß die Systementscheidung zugunsten der wohlfahrtsstaatlichen Option ausfällt, haben wir dann zweitens die oberste Ebene der Makroallokation, der Konkurrenz der ministeriellen Etats, auf der festgelegt wird, welcher Bruttosozialproduktanteil dem öffentlichen Gesundheitswesen einschließlich der medizinischen Forschung zugeteilt wird. Auf der nächsten Ebene, der unteren Ebene der Makroallokation, finden dann die internen Verteilungen statt, die den bestimmten Zielen, Sparten und Leistungsbereichen des Gesundheitswesens bestimmte Anteile zuordnen. Soll in die Entwicklung einer neuen Technologie investiert werden? Soll der Präventionsbereich stärker bedacht oder eingeschänkt werden? Oder, um einmal spekulativ eine Entscheidungsfrage vorwegzunehmen, die wohl in zwanzig Jahren gestellt werden wird und in der ethische und ökonomische Forderungen erfreulicherweise konvergieren, soll die apparative Intensivmedizin abgebaut und Tod und Sterben wieder renaturalisiert werden? Haben wir es hier mit institutionell-organisatorischen Allokationsebenen zu tun, fallen die folgenden Ebenen der Mikroallokation in den Bereich des ärztlichen Handelns. Da ist einmal die obere Prinzipienebene, auf der die Regeln aufgestellt werden, nach denen die Ressourcen der Gesundheitsversorgung an bestimmte Einzelpersonen zugeteilt werden. Und auf der untersten Ebene findet dann die konkrete Verteilungshandlung statt, die mit dem Repertoire der auf der vorigen Ebene zu entwickelnden Grundsätze und Kriterien zu begründen ist. Es ist evident, daß die einzelnen makroallokativen und mikroallokativen Begründungsargumentationen zusammenhängen; in einem so sensitiven Bereich wie dem der öffentlichen Gesundheitsfürsorge kann sich keine Gesellschaft eine inkonsistente Rechtfertigungspraxis leisten.

Ich werde mich im folgenden allein mit dem oberen Teil dieser Verteilungshierarchie beschäftigen und einige philosophische Überlegungen zu einer Ethik der Makroallokation von Gesundheitsversorgungsleistungen anstellen. Dabei geht es zuerst um die Systementscheidung. Hier stehen drei Möglichkeiten zur Wahl: Erstens die *Option des reinen Marktes*, die besagt, daß die Verteilung des Guts der medizinischen Versorgung ausnahmslos privatwirtschaftlich organisiert werden soll; sodann die *Option des ab-*

soluten Wohlfahrtsstaats, die besagt, daß die medizinische Versorgung der Bevölkerung im Rahmen einer allumfassenden gesetzlichen Sozialversicherung erfolgen soll; und drittens schließlich die *Option einer angemessenen Mischung privater und öffentlicher Versorgungsformen*. Selbst Philosophen sind mittlerweile gegenüber monistischen Lösungen und reinen Organisationsformen mißtrauisch geworden. Gerechtigkeitstheorien, die sich auf nur ein Prinzip stützen, vermögen niemanden zu überzeugen, da sie beträchtlich hinter das Komplexitätsniveau unseres alltäglichen moralischen Bewußtseins zurückfallen, dessen Argumentationshorizont durch eine spannungsvolle Pluralität von Beurteilungsperspektiven bestimmt ist. Sie müssen die divergierenden normativen Ansprüche unserer politisch-kulturellen Leitwerte der Freiheit, Gleichheit und Autonomie ausbalancieren und nach geeigneten organisationspolitischen Mischformen suchen. Daher ist zu erwarten, daß sich auch hinsichtlich des Problems einer gerechten Gesundheitsversorgung die ersten beiden Optionen als unzureichend erweisen. Es wird sich zeigen, daß der jeweilige organisationspolitische Ausschließlichkeitsanspruch ein charakteristisches Gerechtigkeitsversagen erzeugt, daß der reine Markt und der reine Wohlfahrtsstaat ein komplementäres Gerechtigkeitsdefizit besitzen, das näherhin als komplementärer Gleichheits- und Freiheitsmangel entschlüsselt werden kann. *Daraus ergibt sich eine Gerechtigkeitspräferenz für die dritte Option: sie ist hinreichend komplex und vermag den Egalitarismus eines zentralen öffentlichen Gesundheitsversorgungssystem mit dem Liberalismus privater Gesundheitsverantwortung zu kombinieren.*

Damit ist jedoch noch nicht eine Lösung erreicht, sondern nur der normative Rahmen abgesteckt, innerhalb dessen jeweils die situationsangemessenen Lösungen durch Politik und Öffentlichkeit diskursiv erarbeitet werden müssen. Denn mit einer Begründung des adäquaten organisationspolitischen Rahmens einer gesellschaftlichen Gesundheitsversorgung ist hinsichtlich des Mischungsverhältnisses der egalitaristisch-wohlfahrtsstaatlichen und der liberal-privaten Versorgungselemente noch nichts Näheres gesagt: innerhalb dieses Gerüsts werden die egalitaristischen und liberalen Temperamente immer noch für beträchtlich unterschiedliche Gewichtungen plädieren können. Ich werde hier für eine Verteilung argumentieren, die eine egalitaristische Grundversorgung mit einem differenzierten privaten Versicherungsmarkt kombiniert, um sowohl dem gleichen Recht eines jeden auf einen fairen Anteil an einer öffentlichen Gesundheitsversorgung als auch dem liberalen Prinzip individueller Gesundheitsverantwortung Rechnung zu tragen.

Menschliches Leben steht unter einem unerbittlichen Knappheitsregiment. Nichts ist im Überfluß vorhanden. Alles ist knapp: nicht nur die äußeren Güter, auch die Güter des Leibes und die Güter der Seele und des Verstandes erst recht. Auch das Leben selbst ist knapp; wir haben nicht allzu viel davon und hätten gern mehr. Knappheit macht erfinderisch: aus der Menge der Erfindungen, die die Menschen gemacht haben, um die Last der Knappheit zu mindern, ragen zwei heraus: da ist einmal die gesellschaftliche Kooperation; und da ist zum anderen die gesellschaftliche Solidarität.

Unter einer Kooperationsgemeinschaft versteht man ein allseits nützliches System der Arbeitsteilung und gesellschaftlichen Zusammenarbeit zu wechselseitigem Vorteil, gleichermaßen durch Interessenidentität und Interessenkonflikt geprägt: durch Interessenidentität, weil alle die gesellschaftliche Zusammenarbeit wollen, denn sie ist für jedermann von Vorteil. Interessenkonflikte jedoch entstehen hinsichtlich der Verteilung der kooperativ erwirtschafteten Güter, hinsichtlich des Kooperationsgewinns, denn es ist den Menschen nicht im mindesten gleichgültig, wie die Kooperationserträge, die durch ihre Zusammenarbeit erwirtschafteten Güter, verteilt werden. Zumindest möchte jeder lieber mehr als weniger haben.

Unter einer Solidaritätsgemeinschaft versteht man hingegen ein kompensatorisches System der wechselseitigen gesellschaftlichen Sorge, die insbesondere den Bedürftigen und Schwachen gilt, den Kranken und Gescheiterten, den Pechvögeln und den Opfern. Solidaritätsgemeinschaften modernen Zuschnitts sind abstrakt; Solidaritätsgemeinschaften traditionellen Zuschnitts sind konkret. Im Zuge der sozio-ökonomischen Modernisierungsprozesse sind die heilsamen Wirkungen der konkreten Solidaritätsgemeinschaft immer schwächer geworden, und daher mußten modernitätsspezifische neue Solidaritätsorganisationen an die Stelle der Solidaritätsgemeinschaften der Traditionswelt treten. Zwischen Kooperationsgemeinschaften und Solidaritätsgemeinschaften, insbesondere modernen Solidaritätsgemeinschaften, besteht eine eindeutige logische und historische Beziehung: Solidaritätsge-

meinschaften sind logisch und geschichtlich später als Kooperationsgemeinschaften; sie therapieren die Versorgungsmängel und Ungleichheitsopfer von Kooperationsgemeinschaften; insbesondere kompensieren sie die sozialen Defizite der effizientesten Kooperationsgemeinschaft, die Menschen bislang entwickelt haben, des kompetitiven Marktes.
Zwischen Kooperationsgemeinschaft und Solidaritätsgemeinschaft besteht auch ein klares moralisches Gefälle, das freilich in die umgekehrte Richtung weist. Solidaritätsgemeinschaften sind moralisch anspruchsvoller als Kooperationsgemeinschaften. Das besagt auch, daß mit diesen Gemeinschaftstypen je ein spezifisches Ethos verbunden ist, in dem sich die erhaltungs- und kontinuierungsförderlichen Verhaltensweisen, die systemspezifischen Tugenden also artikulieren. Es wird sich zeigen, daß eine der Krankheitsursachen unseres und auch der anderen westlichen Gesundheitssysteme ein fundamentaler ethischer Kategorienfehler ist: die Partner der Solidargemeinschaft, die Patienten, die Ärzte, die Krankenhäuser und der gesamte technisch-medizinische Komplex, ja selbst die die öffentlichen Interessen repräsentierenden Kassen verhalten sich ethisch nicht systemgerecht, sondern so, als ob sie auf dem Markt wären: d. h. sie verfolgen Maximierungsstrategien und leeren so gemeinsam die öffentlichen Kassen. Die angemessene Reaktion auf diesen Kategorienfehler führt zu einer ökonomisch-ethischen Doppelstrategie, die zum einen die ökonomische Effizienz des öffentlichen Gesundheitswesens durch den rigorosen Einsatz von Nutzen-Kosten-Analysen erhöht und zum anderen durch Schrumpfung des sozialen Versicherungsnetzes den Bereich der privaten Versicherung ausbaut und somit auf ethisch wünschenswerte Weise zu aktiver privater Gesundheitsverantwortung ermutigt.

2.2 Verteilungsgerechtigkeit und Gesundheitsversorgung

Wie sieht nun ein gerechtes Gesundheitswesen aus? Wie muß das Gesundheitswesen organisiert sein, damit eine gerechte Verteilung der gesundheitlichen Versorgungsleistungen gewährleistet ist – dabei verstehe ich gesundheitliche Versorgungsleistungen als einen Sammelbegriff, der die Leistungsbereiche der Prävention, der Kuration, der Therapie inkurabler Krankheiten und schließlich der Betreuung der Therapieresistenten und Sterbenden umfaßt? Ein gerechtes Gesundheitssystem ist ein System der gerechten Verteilung der gesundheitlichen Versorgungsleistungen. Eine gerechte Verteilung von gesundheitlichen Versorgungsleistungen ist eine Verteilung, die niemanden bevorzugt und niemanden benachteiligt. Sie geht von dem Prinzip der grundsätzlichen Gleichbedürftigkeit aller Kranken aus und verlangt eine Organisationsform, die jedem Bürger einen fairen Anteil an den Gesundheitsversorgungsleistungen zukommen läßt. Damit folgt das Verteilungsprinzip für Gesundversorgungsleistungen der Matrix des Wohlfahrtsstaats, denn nur von einer wohlfahrtsstaatlichen Solidaritätsgemeinschaft kann ein Gesundheitswesen errichtet werden, das jedem Kranken einen fairen Anteil an den gesundheitlichen Versorgungsleistungen garantiert.

Der Wohlfahrtsstaat ist freilich seit geraumer Zeit heftiger Kritik ausgesetzt; man behauptet, daß er ein zutiefst irrationales System sei, das zugleich die Kassen plündere und den Charakter verderbe. Daß die Prinzipien der Effizienz und der Ethik kollidieren können, gehört zum Grundbestand unserer moralischen Erfahrung, und Kompromißlösungen reduzierter Rationalität sind uns daher allen vertraut. Wenn jedoch beide Prinzipien gleichermaßen verletzt werden, dann müssen wir eine institutionelle Fehlkonstruktion vermuten. Und genau das wird den wohlfahrtsstaatlichen Versorgungssystemen vorgeworfen, daß sie gleich an einem doppelten Legitimationsschwund leiden, da sie nicht nur die Toleranzgrenzen der ökonomischen Vernunft strapazieren, sondern auch die Fundamente unserer Moral aushöhlen und als Produktionsstätten wirtschaftlicher und moralischer Unverantwortlichkeit die Gesellschaft arm und die Menschen schlecht machen. Der Vorwurf des moralischen Versagens läßt sich sogar noch verschärfen, da dem Wohlfahrtsstaat nicht nur eine Tendenz innewohnt, die grundbedürfnisfunktionale Versorgung durch eine expansive Bürokratie des Betreuungspaternalismus zu überlagern und die Balance zwischen Solidarität und Subsidiarität aufzuheben, so daß der Anreiz zu aktiver Eigenverantwortung immer schwächer wird und das liberale Ziel einer selbstbestimmten und die Kosten der eigenen Entscheidungen verantwortenden Lebensführung hinter einem sich ausbreitenden passiven Versorgungskonsumismus verschwindet. Der Wohlfahrtsstaat sieht sich vor allem auch der Gerechtigkeitskritik ausgesetzt, da er dazu neigt, das fragile Gleichgewicht zwischen den unterschiedlichen Gerechtigkeitsforderungen einer egalitaristischen Behandlung der Grundbedürfnisse einerseits und einer Respektierung des ungleichheitsmehrenden Leistungsprinzips andererseits durch aufwendige Redistributionen zugunsten des Egalitarismus und zuungunsten des Liberalismus zu verschieben. Diese Verschiebung begründet darum einen Ungerechtigkeitsverdacht, weil ein gesellschaftliches Verteilungssystem immer zwei Bedingungen gleichzeitig erfüllen muß: es muß benachteiligungssensibel sein und mit angemessenen Umverteilungsmaßnahmen auf alle strukturellen und kontingenten Benachteiligungen reagieren, die die Bürger außerstande setzen, die Befriedigung ihrer Grundbedürfnisse durch eigene Anstrengungen zu sichern. Der gleiche Respekt vor der moralischen Gleichheit aller Bürger verlangt aber auch von ihm, daß es leistungssensibel ist und die unterschiedlichen Entscheidungen und Lebenspläne der Bürger akzeptiert und die mit ihnen notwendig verbundenen sozio-ökonomischen Ungleichheiten toleriert[3]. Wenn jedoch im Zuge der oben erwähnten Verschiebung der Gleichheits-Freiheits-Balance zugunsten eines sich ausbreitenden Egalitarismus die Produktivitätsauswirkungen der ungleichen Talente, Fähigkeiten und Entscheidungen durch eine umfängliche Abgaben- und Steuerpolitik für die Finanzierung eines exzessiv-kompensatorischen Wohlfahrtsstaates abgeschöpft werden, kommt das einer Enteignung dessen gleich, was sich die Bürger in Wahrnehmung des gleichen Rechts zu einer selbstbestimmten Lebensführung verdient haben, führt der Wohlfahrtsstaat zu einer »Versklavung der Talentierten«[4], Leistungsbereiten, Gesunden und vom Glück Begünstigten; sie alle werden dann zu wohlfahrtsstaatlichen Leibeigenen.

Kritiker sind immer mehr oder weniger radikal. Die wohlwollenden Kritiker meinen, die bessere Alternative zum öffentlichen Gesundheitswesen ist ein besseres öffentliches Gesundheitswesen.

3 Vgl. Ronald Dworkin: »What is Equality? Part I: Equality of Welfare«, *Philosophy and Public Affairs* 10/1981, S. 185-246; ders.: »What is Equality? Part II: Equality of Resources«, *Philosophy and Public Affairs* 10/1981, S. 283-345. Zur Wohlfahrtsstaatsbegründung des egalitären Liberalismus vgl. Wolfgang Kersting, *Politische Philosophie der Gegenwart*, Frankfurt/M. 1998.

4 Ronald Dworkin: »What is Equality? Part II: Equality of Resources«, *Philosophy and Public Affairs* 10/1981, S. 283-345, S. 322.

Die radikalen Kritiker hingegen meinen, die bessere Alternative zum öffentlichen Gesundheitswesen sei der Markt. Es sind sicherlich nicht ökonomische Gründe, die eine gesundheitspolitische Skepsis gegenüber einer vollständige Privatisierung der Gesundheitsversorgung nahelegen. Gegen einen Markt der Gesundheitsleistungen sprechen allein moralische Gründe, genauer: Gründe der Verteilungsgerechtigkeit. Ich kann hier nicht einmal im Ansatz das intrikate Problem der Gerechtigkeit des Marktes diskutieren, weder der Frage nachgehen, wie sich die ungleichen natürlichen und sozialen marktexternen Voraussetzungen der Marktteilnehmer auf die Verteilungsergebnisse ihrer Austauschbeziehungen auswirken und wie die unumgängliche Potenzierung natürlicher und sozialer Ausgangsungleichheit durch das System der Marktbeziehungen gerechtigkeitstheoretisch zu beurteilen ist, noch untersuchen, inwieweit das System der Marktbeziehungen bei einmal unterstellten fairen natürlichen und sozialen Ausgangspositionen der Individuen eine gerechtigkeitsstabile Entwicklung zuläßt, ob es eine gerechte Ausgangslage fortschreibt und festschreibt oder ob es eine eigene gerechtigkeitsprekäre Ungleichheitsdynamik entwickelt, die die Ausgangsgerechtigkeit überlagert. Aber glücklicherweise kann ich mir eine grundsätzliche Erörterung des schwierigen Verhältnisses von Markt und Gerechtigkeit ersparen, da die hier interessierende Frage, ob die Gesundheitsversorgung allein im Rahmen privater Austauschbeziehungen organisiert werden soll, unabhängig von einer umfassenden Theorie der Gerechtigkeitsstärken und Gerechtigkeitsschwächen des Marktes behandelt werden kann.

Der Markt ist fraglos ein System der Ungleichverteilung, aber es ist überhaupt nicht einzusehen, daß alle Güter egalitaristisch verteilt werden müssen. Wir werden dem Markt daher die Verteilung von Gütern anvertrauen, deren Ungleichverteilung vernünftigerweise keinerlei Gerechtigkeitsbedenken hervorrufen kann. Aber es gibt Güter, die sind so beschaffen, daß ihre Verteilung nicht allein dem Markt überlassen werden kann, da sich in ihrem Falle eine Ungleichverteilung dramatisch auswirken muß und zu einem ethischen Desaster führen wird. Güter dieser Art verlangen aufgrund ihrer Natur und ihrer darin begründeten Bedeutung für die allgemeine menschliche Bedürftigkeit eine egalitäre Verteilung; zumindest verlangen sie, daß jedermann einen gleichen Grundanteil von ihnen erhält; damit fordern sie eine nicht-individualistische, marktunabhängige, kollektiv organisierte Grundversorgung durch die politische Gemeinschaft selbst. Die Gesundheit ist ein solches Gut. Daher ist eine um ihre ethischen Grundlagen besorgte politische Gemeinschaft verpflichtet, die Verteilung der Gesundheitsleistungen dem Tauschsystem der wirtschaftlichen Kooperationsgemeinschaft zu entziehen und der wohlfahrtsstaatlichen Solidaritätsgemeinschaft zu übertragen. Diese ethische Präferenz für ein wohlfahrtsstaatliches Gesundheitssystem zumindest hinsichtlich einer gesundheitlichen Grundversorgung wird durch folgende instruktive Geschichte bekräftigt:

»Wir stellen uns eine Gesellschaft auf einer Insel vor, die von Zeit zu Zeit von einer Seuche heimgesucht wird, die allerdings nur für Kinder gefährlich ist. Aus früheren Erfahrungen weiß man, daß ihr etwa 80% der Kinder erliegen. Man verfügt auf der Insel auch über einen Impfstoff, der die Sterbewahrscheinlichkeit verringert, wenn er vor Ausbruch der Seuche verabreicht wird. Infiziert sich ein ungeimpftes Kind, so stirbt es mit einer Wahrscheinlichkeit von 90%. Bei einer Impfung reduziert sich die Sterbewahrscheinlichkeit auf 10%, bei zwei Impfungen auf 8%, bei drei auf 6% und bei vier auf 5%. Erhöht man die Anzahl der Impfungen über vier hinaus, so ändert sich nichts mehr, und die Sterbewahrscheinlichkeit bleibt bei 5%.

Nehmen wir an, auf der Insel gibt es 1000 Kinder, und die Inselbewohner haben bis zu den ersten Anzeichen eines Ausbruchs der Seuche 1000 Einheiten des Impfstoffes hergestellt. Er muß sofort verabreicht werden, wenn das Leben der Kinder gerettet werden soll. Welches Verteilungssystem sollten die Inselbewohner für dieses höchst wichtige und knappe Gut anwenden? Wenn die Regierung der Insel den Impfstoff so rationiert, daß jedes Kind eine Impfung erhält, so würde sich vermutlich folgendes ergeben: 800 Kinder werden erkranken; da aber jedes Kind geimpft ist, werden nur 80 sterben und 920 werden die Epidemie überleben.

Nun gehen wir davon aus, daß die Einkommensverteilung auf der Insel exakt der im Deutschland von heute entspricht. Die Inselbewohner überlassen das Verteilungsproblem dem Marktmechanismus des kapitalistischen Wirtschaftssystems, so daß sich der Impfstoff wie das Einkommen verteilt. Das Resultat wäre: die 250 Kinder mit den reichsten Eltern werden je viermal geimpft. Von ihnen werden etwa 200 erkranken, 10 davon tödlich. 600 der übrigen 750 Kinder werden ebenfalls erkranken, und 540 von ihnen (das sind 90% der erkrankten übrigen 600 Kinder) werden sterben. Wenn sie den Markt als Verteilungssystem aufgeben würden, könnten die Inselbewohner 920 von 1000 Kindern retten. Geht man von der ungleichen Einkommens- und Vermögensverteilung eines privatwirtschaftlichen Systems aus, so würden die Inselbewohner 450 Kinder retten und 550 würden der Seuche zum Opfer fallen.«[5]

Diese Geschichte ist in mehrfacher Hinsicht aufschlußreich. Sie bietet nicht nur ein überraschendes Beispiel dafür, daß utilitaristische, am Prinzip der Maximierung des Durchschnittsnutzens orientierte Marktkritik und egalitaristische, menschenrechtsfundierte Marktskepsis konvergieren können. Sie macht auch den strukturellen Unterschied zwischen einer individuenadressierten und einer institutionenorientierten Moral deutlich und stößt uns damit auf einen grundsätzlich nicht endgültig zu befriedenden moralischen Konfliktbereich. Während die Institution des Marktes hier gerechtigkeitstheoretisch versagt, ist den Eltern, die sich ihrer bedienen, nicht der geringste Vorwurf zu machen. Es gehört nach unseren Vorstellungen zur Pflicht der Eltern, alles ihnen zu Gebote stehende moralisch und rechtlich Zulässige zu tun, um das Wohl ihrer Kinder zu mehren; daher verhalten sich die begüterten Eltern nur pflichtgemäß, wenn sie ihre überlegenen finanziellen Mittel einsetzen, um für ihre Kinder so viel Impfungen wie möglich und für den besten erreichbaren Schutz erforderlich zu erwerben. Wenn der dadurch verursachte Verteilungszustand unseren Gerechtigkeitsüberzeugungen nicht entspricht, sollten wir nicht an die Eltern appellieren, ihre Pflichtauffassung und ihr elterliches Interesse den Regeln institutioneller Gerechtigkeit anzupassen, sondern durch die Instituierung gerechter Verteilungsmuster für angemessene Rahmenbedingungen sorgen, die eine einkommensneutrale Verteilung des Impfstoffs ermöglichen.

5 E. K. Hunt/Howard J. Sherman, *Economics: An Introduction to Traditional and Radical Views*, New York: Harper & Row, 1972; dt. *Ökonomie. Aus traditioneller und radikaler Sicht*, 2 Bde., Frankfurt/M. 1974; I, 28 f. Ich verdanke die Bekanntschaft mit diesem instruktiven Gedankenexperiment Peter Koller, der es in seinem Buch *Neue Theorien des Sozialvertrags* (Berlin 1987) zitiert.

2.3 Das Gut der Gesundheit

Die Gesundheit ist nicht ein Bedürfnis unter anderen, wie Marktradikale behaupten, um dann weiter mit dem Hinweis, daß schließlich auch das sexuelle Wohlbefinden kein öffentliches Gut sei, das durch eine Eros-Bürokratie staatlicherseits zu verteilen sei, die Forderung nach einem öffentlichen Gesundheitswesen zu ridikülisieren. Warum verlangt die Natur des Gutes Gesundheit eine egalitaristische Verteilung medizinischer Grundversorgungsleistungen? Wie Frieden, Freiheit und das Leben selbst ist Gesundheit ein transzendentales oder konditionales Gut. Von derartigen Gütern gilt allgemein, *daß sie nicht alles sind, alles aber ohne sie nichts ist*. Sie besitzen einen Ermöglichungscharakter; ihr Besitz muß vorausgesetzt werden, damit die Individuen ihre Lebensprojekte überhaupt mit einer Aussicht auf Minimalerfolg angehen, verfolgen und ausbauen können. In Zeiten der Normalität sind sie unauffällig; denn dann sind wir uns ihres Besitzes sicher und achten in der Routine des Lebensalltags nicht sonderlich auf sie. Wenn sie uns jedoch knapp werden und wir darum in existentielle Grenzsituationen und Notlagen geraten, dann bilden sie den einzigen Inhalt unserer Sorge; alle anderen Interessen verblassen dann, der Erwerb und Wiedererwerb der konditionalen Güter wird zum ausschließlichen Ziel unseres Handelns.

Wie groß die Überzeugungskraft dieses transzendentalen Arguments ist, zeigt sich daran, daß es von allen ethisch anspruchsvollen Interpretationen menschlicher Lebensführung unabhängig ist und mühelos auf streng ökonomistische Kontexte übertragen werden kann. Selbst wenn wir Menschen als präferenzlogisch codierte ›globale Nutzenmaximierer‹[6] verstehen und alle zwischenmenschlichen Beziehungen als – im Idealfall transaktionskostenfreie – Tauschbeziehungen auslegen, gilt, daß wir bestimmte moralische Voraussetzungen für die Teilnahme am Tauschsystem machen müssen, die konstitutiven Charakter haben und nicht zur marktlichen Disposition stehen dürfen, die folglich nicht durch Tausch erworben werden können und daher marktunabhängig zugeteilt werden müssen. Im Zentrum dieser Voraussetzungen steht der Begriff des menschlichen Selbst, ausgestattet mit Ratio-

6 Vgl. Jon Elster: *Ulysses and the Sirens. Studies in Rationality and Irrationality*, Cambridge 1988, S. 9ff.

nalität, Handlungsfähigkeit, grundlegender Selbstachtung und hinreichender körperlicher Integrität. Und diesem Voraussetzungscharakter physisch funktionsfähiger Subjektivität kann angemessen nur durch die egalitäre Zuschreibung fundamentaler, die Marktbeziehungen ihrerseits normativ begrenzender Rechte entsprochen werden[7]. Wenn es also hinreichend gründlich durchdacht wird, verlangt das Marktmodell zwischenmenschlicher Beziehungen selbst nach einem menschenrechtlichen Subjektivitätsschutz, der notwendigerweise ein Recht auf einen gerechten Anteil an einer kollektiv organisierten Gesundheitsversorgung in irgendeiner Form umfassen muß.

Die normativen Überzeugungen unserer westlichen moralisch-politischen Kultur gründen in einem normativen Individualismus und menschenrechtlichen Egalitarismus. Ihr Protagonist ist nicht die Gemeinschaft oder der Volksgeist, nicht der Christ oder der Mensch der feineren Empfindungen; ihr Protagonist ist das unqualifizierte menschliche Individuum, das ein grundsätzlich unveräußerbares Recht hat, sein Leben eigenverantwortlich nach seinen eigenen Vorstellungen zu leben. Die Gesellschaftsvorstellung, die die normativen Bestimmungen dieses Menschenbildes politisch auslegt, muß folgenden distributiven Prinzipien gerecht werden: den Forderungen der rechtlichen Gleichheit, der gleichen bürgerlichen Freiheit, der gleichberechtigten politischen Beteiligung, der sozialen Chancengleichheit und eines fairen Anteils an den Ergebnissen der wirtschaftlichen Zusammenarbeit und den von der Solidargemeinschaft bereitzustellenden sozialen Gütern. Es ist evident, daß diese Verteilungsleistungen der politischen Gemeinschaft eine egalitaristische Versorgung mit eben den oben erwähnten transzendentalen oder konditionalen Gütern bieten und dadurch stabile Rahmenbedingungen für individuelle divergierende Lebensprojekte garantieren. Während die Gleichheitsrechte dabei nach dem institutionellen Rahmen des modernen Rechtsstaats verlangen, beziehen sich die materialen Leistungsansprüche auf den modernen Wohlfahrtsstaat, in dem sich ein moralisch anspruchsvolles Solidaritätsverständnis manifestiert, da sich in ihm die Mitglieder einer marktförmigen Kooperationsgemeinschaft

7 Vgl. Charles Fried: »Difficulties in the Economic Analysis of Rights«, in: Gerald Dworkin/Gordon Bermant/Peter G. Brown (Hrsg.), *Markets and Morals*, Washington 1977, S. 175-196.

zugleich als eine Solidaritätsgemeinschaft begreifen, die durch geeignete institutionelle Umverteilungsarrangements ihre bedürftigen Mitglieder für bestimmte Erscheinungsformen sowohl selbst verschuldeter wie unverschuldet erlittener natürlicher und sozialer Benachteiligung und Dysfunktionalität kompensiert. Moralisch anspruchsvoll ist das Verteilungsprinzip der Solidarität, weil es auf einer anonymen und politischer Verantwortung unterstellten Redistribution beruht und sich durch Sozialversicherungs- und Steuerbeiträge der Besitzenden finanziert, die für andere mitbezahlen, aber weder die Verteilung noch die Verwendung ihrer finanziellen Opfer persönlich kontrollieren können. Moderne Solidaritätsgemeinschaften stützen sich also auf einen strukturellen und heteronom organisierten Altruismus.

2.4 Gleiches Recht auf einen fairen Anteil an der Gesundheitsversorgung

Eine Verteilung ist dann gerecht, wenn sie nach Standards erfolgt, die für alle Beteiligten von einem unparteiischen Standpunkt aus annehmbar sind. Aufgrund der menschenrechtlichen Voraussetzung unserer normativen Diskurse gibt es in der Frage der Kriterien einer gerechten Verteilung eine starke Präferenz für die Gleichheit. Wir verlangen, daß sich der menschenrechtliche Egalitarismus weitgehend in den Verteilungsmustern unserer Institutionen wiederfindet: wir sind überaus diskriminierungsempfindlich und klagen überall Chancengleichheit ein: ist irgendwo eine neue Gruppe sozialer Diskriminierungsopfer entdeckt, wird gleich ein Beauftragter oder eine Beauftragte eingesetzt, die für die fällige Gleichstellung zu sorgen hat. Die Bedeutung egalitaristischer Gerechtigkeitskriterien wird sofort deutlich, wenn wir ihnen das utilitaristische Prinzip gegenüberstellen.

Das utilitaristische Prinzip verlangt eine Nutzenmaximierungsstrategie; es fordert einen möglichst effektiven Einsatz der medizinischen Ressourcen zur Optimierung des subjektiven Wohlbefindens. Ein utilitaristisch organisiertes Gesundheitswesen verwandelt den Arzt in einen Nutzenmaximierer, der sich bei jedem Einsatz seines praktischen Wissens, seiner Geräte und Therapien fragen muß, ob dieser Einsatz an diesem Patienten wirklich den optimalen Ertrag für die Gesamtgesellschaft erbringt. Damit halst er sich eine unerträgliche Verantwortung auf, da er jede Handlung vor ihrem Vollzug mit allen situationsangemessenen Optionen vergleichen muß. Entsprechende Schwierigkeiten treten auf den übergeordneten Allokationsebenen auf: dort werden Therapien, Techniken, also Typen ärztlichen Handelns utilitaristisch miteinander verglichen, um die produktivsten herauszufinden. Derartige utilitaristische Investitionsentscheidungen werden in kurzer Zeit ungeachtet der Bedürftigkeit der Patienten weite Bereiche der bestehenden Dienstleistungspalette in ein medizinisches Brachland verwandeln. Je häufiger die Krankheit ist, je größer also die von ihr verursachten Schädigungen des aggregativen gesellschaftlichen Wohlbefindens, umso größer die Wahrscheinlichkeit, daß hier der Gesundheitsutilitarismus investiert. Allein die Maximierung des Gesamtnutzens entscheidet, die Verteilung des Individualnutzens spielt keine Rolle mehr, das Individualrecht auf einen fairen Anteil an den Gesundheitsversorgungsleistungen ist außer Geltung gesetzt. Hier ist jetzt nicht die Zeit und der Ort für eine philosophische Detailanalyse, die die mannigfaltigen Schwächen dieser utilitaristischen Ethikkonzeption ans Licht bringt. Hier muß es genügen, auf unsere moralischen Intuitionen zu verweisen, die eine deutliche Präferenz für eine liberale, an Individualrechten orientierte und egalitaristische Verfassungsform für das Gesundheitswesen besitzen und die utilitaristische Alternative vor allem wegen ihrer Insensititivität gegenüber Gerechtigkeitsüberlegungen verwerfen. Freilich, ich behaupte nicht, daß utilitaristische Kriterien keine Rolle spielen dürfen bei knappheitsbedingten medizinischen und gesundheitspolitischen Verteilungsentscheidungen: ich behaupte aber, daß ein Gesundheitswesen von vornherein moralisch unzulässig ist, das den Utilitarismus als Gestaltungsprinzip, als Verfassungsprinzip gewählt hat: es ist ein Unterschied, ob wir den Utilitarismus als Gestaltungsprinzip wählen, oder ob wir innerhalb eines egalitaristischen, sich an dem gleichen Recht eines jeden auf einen fairen Anteil an den öffentlichen Gesundheitsleistungen orientierenden Gesundheitswesens bei knappheitsbedingten Zuteilungsentscheidungen utilitaristische Kriterien anwenden.

Die These, daß jeder Bürger ein gleiches Recht auf einen fairen Anteil an solidargesellschaftlich finanzierten Gesundheitsversorgungsleistungen hat, läßt sich mit einem berühmten philosophischen Gedankenexperiment begründen, das in der politischen

Philosophie seit Beginn der Neuzeit benutzt wird, um die Grundzüge einer legitimen Herrschaftssystems und einer gerechten Gesellschaft zu ermitteln. Es ist das Gedankenexperiment vom Gesellschaftsvertrag.[8]

Als Vertragstheorien bezeichnet man moral-, sozial- und politikphilosophische Konzeptionen, die die moralischen Prinzipien menschlichen Handelns, die rationale Grundlage der institutionellen gesellschaftlichen Ordnung und die Legitimationsbedingungen politischer Herrschaft in einem hypothetischen, zwischen freien und gleichen Individuen in einem wohldefinierten Ausgangszustand geschlossenen Vertrag erblicken und damit die allgemeine Zustimmungsfähigkeit zum fundamentalen normativen Gültigkeitskriterium erklären. Vertragstheorien basieren auf einem rechtfertigungstheoretischen Prozeduralismus. Sie stellen die systematische Ausarbeitung der modernitätstypischen Überzeugung dar, daß sich die gesellschaftlichen Rechtfertigungsbedürfnisse nicht mehr durch Rekurs auf den Willen Gottes oder eine objektive natürliche Wertordnung decken lassen. Das Verblassen der theologischen Weltsicht, das Verschwinden der traditionellen qualitativen Naturauffassung unter dem nüchternen Tatsachenblick der modernen Wissenschaften, der Zerfall der festgefügten und wertintegrierten Sozialordnung unter dem wachsenden Ansturm der Verbürgerlichung und Ökonomisierung der gesellschaftlichen Verhältnisse verlangten eine Neuorganisation der kulturellen Rechtfertigungspraxis, die mit den neuerschaffenen geistigen Grundlagen der Welt der Moderne, mit den neugeprägten Selbst- und Weltverhältnissen der Menschen in Übereinstimmung stand.

Wenn jemand mit anderen eine vertragliche Vereinbarung trifft, gibt er seine Zustimmung zu den Pflichten und korrelativen Rechten, die ihm und dem Partner aufgrund dieser Vereinbarung zugeteilt werden. Sofern seine Zustimmung freiwillig erfolgt ist und faire Vertragsverhandlungen stattgefunden haben, hat er kein Recht, sich über die sich aus dieser vertraglichen Vereinbarung ergebenden normativen Konsequenzen zu beklagen, und muß sie als verbindlich akzeptieren. Die philosophische Grundidee des modernen rechtfertigungstheoretischen Kontraktualismus be-

8 Vgl. Wolfgang Kersting: *Politische Philosophie des Gesellschaftsvertrags*, Darmstadt 1994, [2]1996.

steht nun darin, im Zuge einer angemessenen Verallgemeinerung die ganze Gesellschaft mitsamt all ihren verschiedenen institutionellen Strukturen und Arrangements als Vertragsverhältnis zu interpretieren und die Verbindlichkeit der gesellschaftlichen und politischen Institutionen, der sozialen und politischen Verfassung auf eine universale Zustimmung aller Gesellschaftsmitglieder qua Vertragspartner zurückzuführen. Wie ein Vertrag zwischen zwei Personen unter der Bedingung ihrer beiderseitigen Freiheit und Gleichberechtigung die wechselseitige normative Gültigkeit der vereinbarten Rechte und Pflichten begründet, so könnte eine vertragliche Übereinkunft, in der sich alle Gesellschaftsmitglieder unter der Voraussetzung gleicher Freiheit einmütig auf eine institutionelle Ordnung des Zusammenlebens einigen würden, die allgemeine Verbindlichkeit dieser Verfassungsordnung begründen. Gerechtfertigte und objektiv verbindliche Prinzipien der Gerechtigkeit sind also identisch mit den Prinzipien, die freie und rationale, nur ihrem eigenen Interesse folgende Personen wählen würden, wenn sie in einen ursprünglichen Zustand der Gleichheit versetzt wären und die Aufgabe bekämen, die Form, die Grundstruktur und die fundamentalen, alle Folgegesetze bindenden Normen ihrer zukünftigen Gesellschaft zu bestimmen. Gerecht ist im Rahmen dieser Auffassung eine Verteilungsregeln zukommende Eigenschaft, die wir weder durch Ableitung aus übergeordneten Regeln noch durch Einsatz eines unerklärlich vorhandenen, angeborenen Prinzipienwissens gewinnen können, sondern die das Resultat einer egoistisch motivierten Verfassungswahl unter ganz bestimmten Randbedingungen ist.

Diese Randbedingungen haben die Aufgabe, die egoistischen Interessen in einen unparteilichen Betrachtungskontext einzubetten, der keinerlei gerechtigkeitsverbiegende Bevorzugungen oder Benachteiligungen zuläßt. Die von ihnen intendierte Unparteilichkeitswirkung kann dann erreicht werden, wenn man die Prinzipienwähler unter einen *Schleier der Unwissenheit* steckt[9]. Dadurch wird ihnen alles Wissen über sich genommen, das ihnen eine parteiliche Wahl erlauben würde. Unsere Gründer eines ge-

9 Vgl. John Rawls, *A Theory of Justice*, Cambridge, Mass. 1971, S. 136 ff. Zur Rawlsschen Version vertragstheoretischer Gerechtigkeitsbegründung vgl. Wolfgang Kersting: *John Rawls zur Einführung*, Hamburg 1993, S. 25-46; S. 111-118.

rechten gesundheitlichen Versorgungssystem wissen von sich also nichts, sie kennen weder ihre biologische noch ihre soziale Position, wissen nicht, ob sie jung oder alt, reich oder arm sind, sie kennen auch nicht ihre körperliche und seelische Verfassung, wissen nicht, ob sie eine kränkliche Disposition oder eine robuste Gesundheit besitzen, sie kennen weder die Krankheitsgeschichte ihrer Familie, noch ihren Beruf, ihren Arbeitsplatz und ihre Wohngegend. Sie wissen nur Allgemeines: daß Menschen mit Krankheit und Unfall zu rechnen haben, daß Krankheit und Unfall beträchtlich unerwünscht sind, da sie die Leistungsfähigkeit und das körperliche und geistige Befinden beträchtlich beeinträchtigen und einen ganzen Reigen negativer Folgen hervorrufen können, vom Schmerz über die temporäre oder bleibende körperliche Funktionsschädigung bis zur Ausgrenzung aus der gesellschaftlichen Alltäglichkeit und dem Tod. Weiterhin kennen sie den transzendental-konditionalen Charakter des Gutes der Gesundheit und seinen objektiven Ort in der menschlichen Präferenzordnung. Sie wissen, daß das Gesundheitsbedürfnis ein vorsozial-natürliches und daher lebenslang währendes und mit zunehmendem Alter auch an Dringlichkeit zunehmendes Bedürfnis ist, so daß späte Altersgruppen Gesundheitsversorgungsleistungen stärker nachfragen werden als jüngere, was notwendigerweise im Fall einer Entscheidung für ein öffentliches Gesundheitswesen zu einem Gerechtigkeitsproblem hinsichtlich der Transferzahlungen zwischen den Altersgruppen führen und die Frage einer altersbedingten Versorgungsrationierung zumindest in Fällen fortschreitender gesellschaftlicher Überalterung aufwerfen muß. Die Gerechtigkeitsplaner eines Gesundheitsversorgungssystems wissen außerdem, daß jeder ein starkes Interesse hat, möglichst schnell wieder einen möglichst stabilen und anhaltenden Gesundheitszustand zu erreichen und eine dem Krankheitsbefund angemessene und von den je vorliegenden medizintechnischen Möglichkeiten her erlaubte medizinische Versorgung zu erhalten. Und schließlich kennen sie auch die unterschiedlichen Organisationsformen der Gesundheitsversorgung und die mit ihnen verbundenen unterschiedlichen Verteilungsleistungen.[10]

10 Eine ausgearbeitete Begründung von Prinzipien einer gerechten Gesundheitsversorgung mit Rawlsschen begrifflichen Mitteln, die insbesondere das Problem der steigenden Nachfrage medizinischer Leistun-

Mittels dieses vertragstheoretischen – und hier nur in seinen Grundzügen darstellbaren – Gedankenexperimentes ließe sich dann argumentativ folgende institutionelle Grundstruktur eines gerechten Gesundheitssystems ermitteln. Die Ausgangsbasis lautet: Wir sind alle potententielle Kranke; und jeder stimmt der folgenden Überlegung zu: Da ich nicht weiß, ob ich reich oder arm sein werde, möchte ich nicht, daß die Befriedigung meines fundamentalen Gesundheitsbedürfnisses von der Höhe meiner finanziellen Mittel abhängt. Damit ist der Markt durch das Solidargemeinschaftsprinzip ersetzt: die Verteilung der Gesundheitsversorgungsleistungen wird nicht über den Marktpreis reguliert, sondern orientiert sich direkt an der Bedürftigkeit; und die Finanzierung des Gesundheitsversorgungssystems wird in die Hände der politischen Gemeinschaft gelegt. Weiterhin gilt: die Ausrichtung am Bedürfnisprinzip impliziert die grundsätzliche Präferenz des Bedürftigeren: d. h. im Falle knappheitsbedingter Rationierungsnotwendigkeiten hat der Bedürftigere vor dem weniger Bedürftigen Vorrang. Weiterhin werden wir vor dem Hintergrund unserer Voraussetzung, daß die Krankheit eine Beeinträchtigung unserer Lebensführungskompetenz darstellt, auch bei der Entscheidung für Rationierungsstrategien auf die gesamte Lebensspanne blicken und die unterschiedlichen Bereiche innerhalb eines durchschnittlich langen Lebens entsprechend gewichten, und das wird zu einer Entscheidung führen, die die Jugend und die Lebensmitte gegenüber einer kostspieligen medizinischen Verwaltung altersbedingter Spezialkrankheiten bevorzugt.

2.5 Es gibt kein Recht auf maximale Gesundheitsversorgung

Was heißt nun fairer Anteil an den öffentlichen Gesundheitsversorgungsleistungen? Es heißt, daß jeder Kranke prinzipiell das gleiche Recht hat, entsprechend seiner Bedürftigkeit die im gegebenen öffentlichen Gesundheitswesen verfügbaren Ressourcen für Prävention, Kuration, Therapie und Fürsorge zugeteilt zu be-

gen mit zunehmendem Alter in den Mittelpunkt stellt, findet sich bei Norman Daniels: *Just Health Care*, Cambridge 1985; ders.: *Am I My Parents Keeper?*, Oxford 1988.

kommen.[11] Dem entspricht auf Seiten der Gemeinschaft eine Verpflichtung, für ein hinreichend leistungsfähiges, zumindest aber eine basale Gesundheitsversorgung sicherndes öffentliches Gesundheitswesen zu sorgen. Indem wir Angebot und Nachfrage von Gesundheitsversorgungsleistungen in einen normativen Kontext stellen, setzen wir die Verteilungsregeln des Marktes grundsätzlich außer Kraft. Wenn auf der einen Seite ein Recht auf Gesundheitsversorgung besteht, dem auf der anderen Seite eine politische Verpflichtung zur Etablierung und Aufrechterhaltung eines öffentlichen medizinischen Versorgungssystems korrespondiert, dann ist die medizinische Versorgung keine gewöhnliche Dienstleistung mehr, die wie alle anderen Dienstleistungen auch von Spezialisten angeboten wird und von denen gekauft werden kann, die sie erwerben wollen und können. Indem die medizinische Dienstleistung dem Marktzusammenhang entnommen und normativ interpretiert wird, zu einem Rechtsanspruch und zu einem Verpflichtungsinhalt wird, gehen allen Beteiligten die Freiheiten verloren, die sie als gewöhnliche Käufer und Anbieter haben, da die zentrale Bewirtschaftung des medizinischen Dienstleistungssektors notwendigerweise der Verbraucherfreiheit und der Anbieterfreiheit Beschränkungen auferlegen und den optionalen Radius beider einengen muß. Diese Beschränkungen können nur dadurch gerechtfertigt werden, daß das Gut der medizinischen Dienstleistung so wichtig ist, daß die Möglichkeit seines Erwerbs nicht einkommens- und vermögensabhängig sein darf.

11 Wenn man wie Robert Sade argumentiert (in: »Is Health Care a Right?«, in: Tom L. Beauchamp/LeRoy Walters (Hrsg.): *Contemporary Issues in Bioethics. Second Edition*, Belmont, Cal. 1982, S. 386-389), daß der Rechtsbegriff semantisch auf den Bereich der Handlungsfreiheit eingeengt sei und also nur einen negativen, Eingriffe abwehrenden Charakter habe, dann ist es natürlich unmöglich, von einem Recht auf Gesundheitsversorgung auszugehen, welche Gestalt auch immer es haben mag. Freilich gibt es kein zwingendes Argument, das den Rechtsbegriff auf die negative Bedeutung festlegt und seine Ausweitung auf positive Leistungsansprüche untersagt. Das gesamte Unternehmen einer normativen Begründung des Sozialstaats wäre grundsätzlich zum Scheitern verurteilt, wenn man an dem negativen Rechtsbegriff festhalten würde. *Rechte sorgen nicht nur für die Koordination von Handlungsfreiheiten, sie haben auch die materiale Ermöglichung von Handlungsfreiheit zum Inhalt.*

Aber man darf auch die Kosten dieses Rechts auf gesundheitliche Versorgung nicht übersehen. Da sind zum einen ökonomische Kosten, denn ein Recht auf gesundheitliche Versorgung ist wie alle anderen wohlfahrtsstaatlichen Rechte auf öffentliche Leistungen kostenträchtig, im Gegensatz etwa zu den negativen Freiheitsrechten, die kostenlos sind: niemand muß für die Wahrnehmung des Rechts auf Redefreiheit, Versammlungsfreiheit, Bekenntnisfreiheit usw. zahlen. Da sind zum anderen aber auch ethische Kosten, die für das wohlfahrtsstaatliche Recht auf Gesundheitsversorgung eigentümlich sind und in dieser Weise bei den anderen wohlfahrtsstaatlichen Rechten nicht anfallen. Ethische Kosten entstehen hier, weil die gesellschaftliche Verwaltung eines Rechts auf Gesundheitsversorgung ohne grundsätzliche Autonomieeinbußen für die Angehörigen der Gesundheitsberufe nicht durchführbar ist. Denn im Gegensatz zu den Angehörigen der Sozialberufe, die eigens wegen und aufgrund der Etablierung eines wohlfahrtsstaatlichen Systems geschaffen wurden und folglich außerhalb eines wohlfahrtsstaatlichen Systems gar nicht ausgeübt werden könnten, haben die Angehörigen der Gesundheitsberufe grundsätzlich eine freiberufliche Alternative. Auch wenn die Angehörigen der Gesundheitsberufe in der Regel im System wohlfahrtsstaatlicher Gesundheitsversorgung ein mehr als zufriedenstellendes Auskommen haben, ändert das nichts daran, daß sie in den Netzen des Sozialversicherungssystems gefangen sind und ihrer Tätigkeit in einem zentral regulierten und fremdbestimmten Kontext nachgehen. Es gibt Philosophen und Medizinethiker, die eben aus diesem Grund ein Recht auf Gesundheitsversorgung für eine logische und zugleich ethische Unmöglichkeit halten, weil es ein »positives Recht in rem gegen die Gemeinschaft der in Gesundheitsberufen Tätigen« darstellt und darum deren Freiheit und Selbstbestimmung in rechtswidriger Weise einschränkt[12]. Ich kann mich dieser These nicht anschließen, weil ich die hier von der Kritik eingenommene rechtstheoretische Position nicht teilen kann, daß es nur negative Rechte gibt und positive Rechte begriff-

12 Stuart F. Spicker: »Rechte, Ansprüche und Rationalisierungen im Gesundheitswesen«, in: Hans-Martin Sass (Hrsg.): *Ethik und öffentliches Gesundheitswesen. Ordnungsethische und ordnungspolitische Einflußfaktoren im öffentlichen Gesundheitswesen*, Berlin 1988, S. 65-78; S. 67/FN 2.

liche und ethische Chimären seien. Aber man muß sich darüber klar sein, daß die Etablierung eines Rechts auf Gesundheitsversorgung und seiner wohlfahrtsstaatlichen Verwaltung ethische Kosten in Gestalt einer systemischen Einschränkung der Autonomie der Angehörigen der Gesundheitsberufe mit sich bringt. Es liegt auf der Hand, daß diese ethischen Kosten mit dem Anwachsen zentralistischer Regulierung steigen, hingegen mit einem forcierten Einbau marktwirtschaftlicher Strukturen in das öffentliche Gesundheitssystem fallen.

Wir können mit dem begrifflichen Instrumentarium der modernen politischen Philosophie eine vertragstheoretische Argumentation entwickeln, die überzeugende Gründe für eine einkommensneutral verteilte und folglich solidargemeinschaftlich finanzierte Gesundheitsversorgung bereitstellt. Doch ist mit dieser nachgewiesenen Gerechtigkeitspräferenz für ein öffentliches Gesundheitswesen noch nichts Genaueres über den Charakter und Inhalt des individuellen Anspruchs, die Höhe der korrespondierenden Verpflichtung der Gemeinschaft und das Ausmaß der Versorgungsleistungen gesagt. Was alles umfaßt der jedem zustehende faire Anteil an den öffentlichen Gesundheitsversorgungsleistungen? Und was alles umfaßt er nicht?

Es ist nützlich, drei Interpretationen des Rechts auf einen fairen Anteil an den öffentlichen Gesundheitsversorgungsleistungen zu unterscheiden. (1) Das Recht auf einen fairen Anteil an den öffentlichen Gesundheitsversorgungsleistungen bedeutet: jeder hat ein Recht auf maximale staatliche Gesundheitsversorgung. (2) Das Recht auf einen fairen Anteil an den öffentlichen Gesundheitsversorgungsleistungen bedeutet: jeder hat ein Recht auf gleiche Gesundheitsversorgung. (3) Das Recht auf einen fairen Anteil an der öffentlichen Gesundheitsversorgung bedeutet: jeder hat ein Recht auf ein vernünftiges medizinisches Versorgungsminimum. Ich werde im folgenden zeigen, daß die ersten beiden Lesarten durch den gerechtigkeitstheoretischen Egalitarismus der öffentlichen Gesundheitsversorgung nicht gedeckt sind, daß die gerechtigkeitstheoretisch motivierte wohlfahrtsstaatliche Einschränkung des Marktsystems der Tauschbeziehungen weder eine Politik der Maximierung des Gesundheitsnutzens noch eine Politik der Sicherung einer gleichen Gesundheitsversorgung für alle impliziert, sondern sich mit der Gewährleistung einer gleichen medizinischen Grundversorgung für alle begnügen muß. Wenn der Wohlfahrtsstaat seine dirigistischen Befugnisse über diese Grundversorgungsgarantie hinaus ausdehnt, wird das Selbstbestimmungsrecht der Individuen, das mit dem Recht auf eigenverantwortliche Daseinsgestaltung, Zukunftsplanung und Risikovorbeugung auch das Recht umfaßt, über sein Einkommen, seinen Lohn, seine Vermögens- und Transaktionsgewinne selbst zu verfügen, auf ethisch nicht mehr zulässige Weise eingeschränkt.

Politiker und Standesvertreter pflegen unverdrossen die beste Gesundheitsversorgung für alle zu verlangen; Forderungen dieser Art sind sich des Wählereinverständnisses sicher und gehören daher zum Standardrepertoire wohlfahrtsstaatlicher Rhetorik. Jedoch ist die Forderung nach einer maximalen Gesundheitsversorgung überaus gedankenlos; maximale Gesundheitsversorgung ist weder in ökonomischer noch in ethischer Hinsicht ein erstrebenswertes Ziel. *Ein fairer Anteil an den öffentlichen Gesundheitsversorgungsleistungen impliziert keinesfalls einen Anspruch auf maximale Gesundheitsversorgung.* Ein Anspruch auf maximale Gesundheitsversorgung käme einem individuellen Grundrecht auf Gesundheit gleich, das die politische Gemeinschaft verpflichtete, alle ihr zur Verfügung stehenden Mittel für die Sicherstellung einer möglichst umfassenden Gesundheitsversorgung einzusetzen. Ein Grundrecht auf Gesundheit ist nicht minder unsinnig als ein Grundrecht auf Arbeit. Würde man die Unverbindlichkeit der Rhetorik verlassen und die Politik verpflichten, diese beiden grundrechtlichen Individualansprüche zu verwirklichen, dann würde sie unsere institutionelle Ordnung und gemeinsame Lebensform gleichermaßen ökonomisch und ethisch ruinieren.

Es ist legitim, den Gesetzgeber auf das Prinzip maximaler individueller Freiheit zu verpflichten und eine möglichst geringe Regulationsdichte zu verlangen; es ist aber moralisch nicht vertretbar, eine maximale Gesundheitsversorgung zu fordern und einzurichten. Denn was würde eine maximale Gesundheitsversorgung bedeuten? Sie würde zu einer Monopolisierung des Ressoucenverbrauchs durch medizintechnischen Fortschritt und Ausbau des Versorgungsnetzes führen: alle gesundheitstechnischen Verbesserungspotentiale müßten ausgeschöpft werden bis zu dem Zeitpunkt, an dem der gesundheitliche Grenznutzen gegen Null geht. Die politische Gemeinschaft würde nur noch in medizintechnische Optimierung, Verbesserung der medizinischen Versorgungseinrichtungen und Ausbau der Pflegestationen investieren; sie würde eine obsessive Politik der Maximierung des Gesundheitsnutzens betreiben und jede medizinische Maßnahme in ihr Versorgungsprogramm aufnehmen, wie gering auch immer ihr gesundheitlicher Nutzen und wie kostspielig auch immer ihre Anwendung sein mag. Die Minimierung des Gesundheitsrisikos würde zur dominierenden Zielvorstellung allen politischen Handelns.

Wir haben gesehen, daß Gesundheit ein transzendentales oder konditionales Gut ist und daher eine notwendige Voraussetzung für ein gelingendes Leben darstellt. Gesundheit ist daher ungemein wichtig. Aber Gesundheit ist nicht alles. Was für die anderen transzendentalen Güter gilt, gilt auch für die Gesundheit: ein Leben, das sich ganz in den Dienst der Bereitstellung und Sicherung eines transzendentalen Gutes stellt, nimmt obsessive Züge an. Der Sicherheitsfanatiker besitzt ebenso wie der Gesundheitsfanatiker pathologischer Züge; die Vielfältigkeit des menschlichen Lebens schnurrt hier zu einem eindimensionalen Wahnprogramm zusammen. Und wenn wir von der privaten Lebensformung zum kollektiven Handlungssystem übergehen, stoßen wir auf ähnliche Fehlbildungen: ein Staat, der alles der Sicherheit opfert, erscheint uns ebenso monströs wie ein Staat, der sich allein dem Programm der Maximierung der Gesundheitsversorgung verschrieben hat. In beiden Fällen haben wir es mit einer wahnhaften Überschätzung menschlicher Möglichkeiten zu tun: statt endlichkeitsbewußt in vertretbarem Maße und in kompromißbereiter Übereinstimmung mit allen anderen wichtigen Interessenlagen und Wertperspektiven Unsicherheit zu reduzieren und Krankheiten vorzubeugen oder sie zu heilen oder nur erträglicher zu machen, wird hier das endlichkeitsnegierende Programm der direkten Realisierung von absoluter Sicherheit und Gesundheit verfolgt.

In dem Maße, in dem die Sicherung transzendentaler Güter zur ausschließlichen Aufgabenstellung der Politik wird, nimmt der Staat den Charakter eines säkularisierten Heilsunternehmen an, das den Menschen mit den Mitteln der Technologie und Zentralbürokratie von den Übeln der Unvollkommenheit erlösen will. Aufgrund seines für ihn konstitutiven kompensatorischen Egalitarismus der transzendentalen Güter ist der Wohlfahrtsstaat daher immer der Versuchung ausgesetzt, die Umwege der Prävention zugunsten des Wegs der Redemption zu verlassen und das solide und nüchterne Rechtfertigungsangebot einer ausgewogen argumentierenden Theorie der positiven Rechte zugunsten eines heilsideologischen Programms der Endlichkeitsabschaffung auszuschlagen. Die Minimierung der Wahrscheinlichkeit von Tod und Krankheit ist weder für Individuen noch für Kollektive ein dominierendes, alle anderen Projekte unterdrückendes Handlungsziel. Individuen führen ein komplexes Leben und verfolgen mehrere Interessen und verwenden ihre Ressourcen für unterschiedliche Ziele, die ausbalanciert werden müssen und daher jeweils nur mit limitierten Budgets unterstützt werden können. Eine maximalistische, gesundheitsobsessive Versorgungspolitik würde keine Mittel für die Bereitstellung anderer öffentlicher Güter übrig lassen und zu einer beträchtlichen kulturellen und sozialen Verarmung des öffentlichen Lebens führen. Das derart gepäppelte Gut Gesundheit müßte sich zudem fortwährend durch die Herbeiimagination seines drohenen Gegenteils rechtfertigen, und wir bekämen gewißlich die paradoxe Situation, von der ja manche Gesundheitssystemkritiker meinen, daß wir sie schon längst hätten: nämlich daß wir immer kränker werden, je mehr Mittel wir für die öffentliche Gesundheitsversorung aufwenden[13].

Aber der Anspruch auf einen fairen Anteil an den Dienstleistungen des Gesundheitswesens impliziert nicht nur nicht den Anspruch auf maximale gesundheitliche Versorgung. Er impliziert auch nicht den Anspruch auf eine gleiche Gesundheitsversorgung aller, auf einen gleichen Zugang zu allen im System verfügbaren Versorgungsangeboten. Gleichheit ist ein begrifflich und ethisch gleichermaßen intrikates Thema, aber ich kann mich hier nicht in den Dschungel der Gleichheitsdiskussion begeben, kann nicht die diversen Lesarten eines Rechts auf gleiche Gesundheitsversorgung gesondert betrachten und mich an dem schier unüberwindbaren Hindernis der Vergleichbarkeit abplagen, auch nicht die Frage der angemessenen egalitaristischen Währung untersuchen: Bedarfs-

13 Zur Kritik einer Politik der Maximierung des Gesundheitsnutzens vgl. Allen Buchanan: »Zur ethischen Bewertung des Gesundheitswesens in den USA«, in: Hans-Martin Sass (Hrsg.), *Ethik und öffentliches Gesundheitswesen. Ordnungsethische und ordnungspolitische Einflußfaktoren im öffentlichen Gesundheitswesen*, Berlin 1988, S. 191-206; vgl. auch Charles Fried: »Equality and Rights in Medical Care«, Hastings Center Report 6/1976, S. 29-34; repr. in: Tom L. Beauchamp/LeRoy Walters (Hrsg.), *Contemporary Issues in Bioethics. Second Edition*, Belmont, Cal. 1982, S. 395-401.

gleichheit oder Nutzengleichheit oder Kostengleichheit?[14] Ich muß mich mit dem Hinweis begnügen, daß aus dem gerechtigkeitstheoretischen Egalitarismus des fairen Anteils an den Dienstleistungen eines öffentlichen Gesundheitswesens nicht logisch die politische Verpflichtung ableitbar ist, ein System mit homogener Leistungsdichte aufzubauen, das eine gleiche Bereitstellung aller verfügbaren Versorgungsangebote für jedermann an jedem Ort garantiert. Ohne Frage würde dieses System zu einer strikten behandlungsrechtlichen und behandlungspraktischen Gleichstellung aller Patienten führen. Aber eine gleiche Güterversorgung ist im Fall der Medizin genauso wenig zu rechtfertigen wie im Fall anderer Güter. Das öffentliche Gesundheitswesen kann gerechtigkeitstheoretisch nicht auf einen umfassenden Versorgungsegalitarismus verpflichtet werden[15].

Damit bleibt einzig der Minimalegalitarismus als ethisch akzeptable Interpretation unserer egalitaristischen Ausgangsposition übrig. Das aus Gerechtigkeitsüberlegungen zu fordernde System einer fairen Verteilung der Gesundheitsleistungen ist notwendig im Sinne einer Gewährleistung einer allgemeinen medizinischen Grundversorgung auszulegen. Was aber muß der Leistungskatalog einer medizinischen Grundversorgung enthalten? Welche Gesichtspunkte sind bei der Bestimmung seines Inhalts heranzuziehen? Daß die Gesellschaft über die Bereitstellung eines vernünftigen Versorgungsminimums nicht hinausgehen sollte und alle Ansprüche, die die Standards einer basalen medizinischen Versorgung übersteigen, an den Markt verweisen muß, ist jedenfalls im Rahmen des philosophischen Liberalismus keinesfalls eine extravagante These. Dabei sind sich die Verfechter eines wohlfahrtsstaatlichen Versorgungsminimalismus durchaus bewußt, daß die Bestimmung dessen, was als »adequate care«, »decent minimum« oder »decent basic minimum« oder »angemessenes Niveau oder

14 Vgl. G.A. Cohen: »On the Currency of Egalitarian Justice«, *Ethics* 99/1989, S. 906-944.

15 »For as long as our society considers that inequalities of wealth and income are morally acceptable – acceptable in the sense that the system that produces these inequalities is in itself not morally suspect – it is anomalous to carve out a sector like health care and say that *there* equality must reign« (Charles Fried a.a.O., S. 399); vgl. Allen Buchanan a.a.O., S. 191-195.

ein garantiertes Minimum an Gesundheitsversorgung«[16] bezeichnet wird, erhebliche Schwierigkeiten bereitet. Weder gibt es ein allgemeines Kriterium, mit dessen Hilfe sich medizinische Leistungen eindeutig als Bestandteil der Basisversorgung ausmachen lassen; noch besitzen wir ein Verfahren, einen Algorithmus zur Deduktion des Minimums; auch die schlichte Auflistung bietet ein wenig erfolgversprechendes Vorgehen, weil es immer möglich ist, alternative Listen zusammenzustellen. Charles Fried meint, »that the decent minimum should reflect some conception of what constitutes tolerable life prospects in general. It should speak quite strongly to things like maternal health and child health, which set the terms under which individuals will compete and develop«[17].

Aber diese Bestimmung enthält nun wirklich kaum nennenswerte Operationalisierungshinweise. Konkreter wird da Allen Buchanan: »Zur Minimalversorgung gehört unbestritten die professionelle Geburtshilfe während der Entbindung, mindestens eine Untersuchung durch einen Arzt oder eine Hebamme während der Schwangerschaft, moderne und vertretbar schnelle Notarztversorgung für Unfallgeschädigte, routinemäßige Vorsorgeuntersuchungen und Arztbesuche mindestens alle 3 Jahre sowie relativ billige chirurgische Eingriffe mit geringem Risiko zur Behebung von Zuständen, die Körperfunktionen unmöglich machen oder ernsthaft behindern. Zumindest dort, wo diese Eingriffe eine hohe Wahrscheinlichkeit bieten, die Funktionsfähigkeit zu erhalten oder wiederherzustellen«[18]. Aber auch hier sind natürlich Detaillierungen einzuklagen; überdies enthält diese Passage selbst kein Argument gegen beliebige enumerative Erweiterungen.

Das Grundproblem ist die »subtle and perilous task of determining the decent minimum in respect to health which accords with sound ethical judgements, while maintaining the virtues of freedom, variety, and flexibility which are thought to flow from a mixed system such as ours«.[19] Das Ausmaß einer anständigen me-

16 Vgl. Charles Fried a.a.O., S. 399; Allen Buchanan a.a.O., S. 193. Einen Überblick über einige Versuche der inhaltlichen Bestimmung eines Minimalegalitarismus in der Gesundheitsversorgung gibt Norman Daniels, *Just Health Care* a.a.O., S. 74 ff.

17 Charles Fried a.a.O., S. 399.

18 Allen Buchanan a.a.O., S. 194.

19 Charles Fried a.a.O., S. 399; Fried wie Buchanan machen übrigens

dizinischen Basisversorgung läßt sich nicht definitiv bestimmen. *Es gibt keinen medizinischen Algorithmus zur Identifizierung eines unerläßlichen Kernbereichs der Versorgungsleistungen;* wie sollte dann die Philosophie einschlägige Abgrenzungsvorschläge machen können? Man würde die hier entwickelte philosophische Argumentation beträchtlich mißverstehen, wenn man verlangte, daß sie in ein inhaltlich bestimmtes Versorgungsprogramm einmünden oder eine abgeschlossene Leistungsliste erstellen müßte. Ihre Aufgabe kann allein darin bestehen, eine institutionalistische Grundorientierung für die verantwortliche gesellschaftliche Gestaltung des Gesundheitswesens zu skizzieren, die einen rationierungsimmunen Minimalegalitarismus der allgemeinen Versorgung von rationierungszugänglichen und inegalitären Versorgungsbereichen unterscheidet. Und sie würde ihrem Ziel näher kommen, wenn sie zu einem Umdenken bei der politischen Ausgestaltung unseres Gesundheitswesens führen würde, wenn die Neigung zur maximalistischen Programmatik bekämpft würde, wenn die Anspruchsroutinen aufgebrochen würden, wenn in der Gesundheitspolitik zur Prioritätenbildung ermutigt würde und die zwar variable, aber doch durchaus orientierungstaugliche Unterscheidung zwischen einer medizinischen Basisversorgung und einer medizinisch wie ökonomisch sinnlosen Bagetellmedizin, zwischen einer flächendeckenden Grundversorgung und einer ökonomisch untragbaren, weder utilitaristisch noch wohlfahrtsrechtlich begründbaren Spitzenversorgung, zwischen einer obligatorischen Basisversorgung und einem fakultativen individuellen Risikomanagement für einen effizienzsteigernden Umbau des Gesundheitssystems genutzt würde.

Es ist ethisch überaus fragwürdig, für eine gegenwärtige wohlfahrtsstaatliche Opulenz zukünftige Generationen in Zinshaftung zu nehmen. Wir müssen einsehen, daß uns für unsere Gesundheit manches zu teuer sein muß. Zweifellos gehören die Leistungskataloge der gesetzlichen Pflegeversicherung nicht zu dem Bereich wohlfahrtsrechtlich begründeter Versorgungsansprüche: sie zeugen eher von einem hypertrophen, sich politisch zunehmend

darauf aufmerksam, daß das amerikanische Gesundheitssystem in seiner Leistungsdichte und Leistungsqualität so unausgewogen ist, daß in Amerika selbst das Recht auf eine anständige medizinische Grundversorgung nicht erfüllt ist. Dieses negative Urteil wird wohl auf das deutsche Gesundheitswesen nicht zutreffen.

mehr verselbständigenden Sozialstaatskonzept als von einem ethisch ordentlich eingerichteten Gemeinwesen, in dem die vielfältigen normativen Wertperspektiven unserer kulturellen Selbstverständigung gewissenhaft ausbalanciert werden. Auch dürften wohl große Teile der Rehabilitationsmedizin nicht zu den Leistungen gehören, für die die Solidargemeinschaft die Beitragszahler und Steuerbürger legitim verpflichten kann. Aber wie bereits gesagt, der vertragstheoretisch begründete Minimalegalitarismus stellt selbst keinen kriteriologischen Rationierungskompaß durch unser Gesundheitssystem dar, formuliert aber ein dringliches Rationierungsprogramm, das eine Abstimmung ökonomischer und ethischer Gesichtspunkte verlangt und dessen Einlösung eines Zusammenspiels von Nutzen-Kosten-Analyse, gesellschaftlicher Ethikdiskussion und politischem Entscheidungsprozeß bedarf. Er bietet ein solides Fundament für die gesellschaftliche Verpflichtung zur Bereitstellung einer gleichen medizinischen Grundversorgung; aber er begründet gleichzeitig auch eine kritische Einstellung gegenüber der Maximalisierungsautomatik der wohlfahrtsstaatlichen Politik unserer westlichen Demokratien.

2.6 Ökonomische und ethische Rationierungsgründe

Der Minimalegalitarismus der medizinischen Basisversorgung kann kein generelles Rationierungsverbot begründen. Da wir uns mit Knappheitsbedingungen arrangieren müssen, muß der Egalitarismus mit einem Inegalitarismus der Ressourcenrationierung kompatibel sein. Er enthält aber die moralische Forderung, daß sich die knappheitsbedingten Rationierungsentscheidungen auf der Grundlage des zentralen Prinzips der Unparteilichkeit rechtfertigen müssen. *Gerechtigkeit erweist sich damit als die Summe aus gerechtfertigter Gleichheit und gerechtfertigter Ungleichheit.* Da es jedoch keinen moralphilosophischen Kalkül gibt, mit dessen Hilfe sich die Kriterien einer unparteilich gerechtfertigten Ethik der Rationierung medizinischer Ressourcen deduzieren ließen, bleibt dem moralischen Erkenntnisinteresse nichts anderes übrig, als sich des modernitätstypischen Mediums der deliberativen Öffentlichkeit und des sich mit den gesellschaftlichen Diskursen kommunikativ kurzschließenden politischen Entscheidungsprozesses zu bedienen.

Damit sind die wesentlichen Bestandteile meines komplexen egalitaristischen Arguments umrissen. Gerechtigkeit im öffentlichen Gesundheitswesen umfaßt drei Komponenten. *Zum einen einen notwendigen Egalitarismus der öffentlichen medizinischen Grundversorgung, verbunden mit einem Liberalismus der persönlichen Gesundheitsverantwortung, der nach einer großen Palette marktwirtschaftlich organisierter Versorgungsformen verlangt. Zum anderen einen erlaubten Inegalitarismus, nämlich das Recht, nur solche knappheitsbedingten Rationierungsentscheidungen, also Ungleichbehandlungen akzeptieren zu müssen, die aus unparteilicher Perspektive gerechtfertigt werden können. Dieses zweite Recht impliziert die moralische Forderung nach einer diskursiven Transparenz der ökonomischen und ethischen Rationierung der medizinischen Ressourcen auf allen Allokationsebenen.* Im einzelnen ist damit eine ökonomische und ethische Effizienzüberprüfung gefordert, die zum einen wissenschaftliche Nutzen-Kosten-Analysen medizinischer Strategien in allen Bereichen der medizinischen Versorgung von den Vorsorgeuntersuchungsprogrammen bis zur High-Tech-Medizin in den Operationssälen und Intensivstationen durchführt[20] und zum anderen eine öffentliche deliberative Überprüfung der moralischen Kriterien von Rationierungsentscheidungen verlangt.

Der Ausschluß bestimmter Patientengruppen von bestimmten medizinischen Leistungen, die Brachlegung bestimmter Versorgungssegmente darf nicht die Folge einer Arkanpolitik der Gesundheitsbehörden und Sozialversicherungssysteme sein. Daß gesundheitsökonomische Nutzen-Kosten-Analysen in die wertungsdurchsetzten öffentlichen Erörterungen eingebettet werden müssen, ist eine Folge der semantischen Offenheit des Nutzenbegriffs. Nichts ist an sich nützlich; nützlich und weniger nützlich ist etwas immer nur in Hinblick auf bestimmte Interessen, Werte, Zielstellungen und Endzustände, über die und deren Berechtigung und Vernünftigkeit man sich also immer klar sein muß, wenn man eine solide nutzenmaximierende Kalkulation unternimmt.

20 Zu den Aufgaben der Ökonomie im Gesundheitswesen vgl. J.-M. Graf v.d.Schulenburg/O. Schöffski: »Kosten-Nutzen-Analysen im Gesundheitswesen«, in: E. Nagel/Ch.Fuchs (Hrsg.): *Soziale Gerechtigkeit im Gesundheitswesen. Ökonomische, ethische, rechtliche Fragen am Beispiel der Transplantationsmedizin*, Berlin 1993, S. 168-182.

Man benötigt nicht nur einen umfassenden Kostenbegriff, man bedarf auch eines hinreichend komplexen Nutzenbegriffs und einer allgemein anerkannten Vergleichswährung, die den Nutzenvergleichen als Maßeinheit dient. Es kann nicht verwundern, daß dabei genau die Schwierigkeiten auftauchen werden, die aus der allgemeinen utilitaristischen und wohlfahrtsökonomischen Diskussion bekannt sind, und die allesamt etwas damit zu tun haben, daß der Bereich der individuellen Interessen, unterschiedlichen Lebenskonzeptionen und Qualitätsorientierungen grundsätzlich nicht das Ausmaß an Operationalisierung zuläßt, das eine Nutzenvergleichsuntersuchung mit dem Ziel, den ökonomisch vernünftigsten Einsatz unserer knappen medizinischen Ressourcen ausfindig zu machen, nun einmal benötigt. Das menschliche Leben hat einen Wert und keinen Preis: das ist unser ethisches Credo. Aber daraus folgt eben nicht, daß uns für unsere Gesundheit nichts zu teuer sein darf. Wir können uns der Rationierungspflicht nicht entziehen und müssen quantitative Verfahren entwickeln, um die Lebensqualitätseffekte der medizinischen Leistungen messen zu können.

In den knappheitsbedingten Rationierungsdebatten müssen wir nicht nur für ökonomische Transparenz sorgen; wir müssen auch ethische Transparenz herstellen. Wir müssen medizinische Versorgungsrationierungen in Übereinstimmung mit unseren Vorstellungen von Gerechtigkeit vornehmen[21]. Am Anfang dieses Unternehmens muß die entschiedene Verabschiedung von zwei Illusionen stehen: der Überfluß-Illusion und der Expertokratie-Illusion. Beide zusammen verursachen einen Zustand der ethischen Undurchsichtigkeit des gesundheitlichen Versorgungssystems. Beide Illusionen sind das Resultat von Vermeidungsstrategien und verständlichen Fluchtinstinkten.

Die Überfluß-Illusion besagt: medizinische Versorgung ist hinrei-

21 Es gibt bislang wenig Untersuchungen, die sich dem Problem der ethischen Rationierung medizinischer Leistungen gewidmet haben und der Frage ausführlich nachgegangen sind, welche ethischen Überlegungen neben den offensichtlichen ökonomischen Gründen bei der Reduktion des Angebots des öffentlichen Gesundheitssystems zu berücksichtigen sind. Die bislang umfassendste Darstellung, die sich neben vielem anderen auch mit den »costs of lifesaving« und der »duty to die cheaply« beschäftigt, stammt von Paul T. Menzel, *Strong Medicine. The Ethical Rationing of Health Care*, New York-Oxford 1990.

chend vorhanden, jeder Nachfrager bekommt den erwünschten und notwendigen Service; Rationierungsentscheidungen müssen nicht getroffen werden; also ist eine öffentliche Freilegung einer Entscheidungssituation und ihrer moralischen Implikationen ebensowenig notwendig wie eine öffentliche Diskussion und Abwägung der hier infrage kommenden und in ihrem Geltungsanspruch konkurrierenden Zuteilungsprinzipien. Diese Überfluß-Illusion wird durch selektive Information und durch eine Politik des Verschweigens abgestützt, die bis an den Rand des Patientenbetruges gehen kann. Ist die Überfluß-Illusion nicht aufrechtzuerhalten, tritt die Expertokratie-Illusion an ihre Stelle.

Sie besagt, daß aller Rationierungsbedarf, alle allokativen Entscheidungen allein aus dem Begründungsfundus medizinischen Fachwissens gerechtfertigt werden können. Diese These vernachlässigt den Doppelaspekt aller allokativen Beschlüsse: sie haben sowohl eine deskriptive medizinisch-technische Komponente als auch eine normative ethische Komponente. Das gilt für die Entscheidungen auf allen vier Verteilungsebenen: aber da die jeweils übergeordnete Verteilungsebene strukturbestimmend für die Entscheidungsmöglichkeiten und für den Ressourcenpool der untergeordneten ist, ist hinsichtlich der richtigen Beachtung der normativ-ethischen Komponenten die Ebene der medizinischen Makroallokation die wichtigste, die Ebene also der ökonomisch-ethischen Doppelbewertung konkurrierender Funktionssegmente, konkurrierender Therapien und Diagnoseverfahren. Wichtig ist, daß diese ethischen Entscheidungskriterien diskutiert werden: gerade weil Rationierungsentscheidungen moralische Kosten mit sich bringen, können sie nicht auf medizinisch-technische Erwägungen reduziert werden. Der Mediziner besitzt keinesfalls aufgrund seines Spezialwissens einen privilegierten Zugang zu einer adäquaten Vermessung des ethischen Gesamtkontextes; diese muß den deliberativen Anstrengungen der öffentlichen Diskussionen vorbehalten bleiben. Wenn Rationierungen notwendig und somit Ungleichbehandlungen unvermeidlich werden, dann müssen sie gerechtfertigt werden; wir sind alle potentielle Opfer dieses knappheitsbedingten Inegalitarismus und haben ein Recht darauf, daß bei den Rationierungsentscheidungen gerecht verfahren und nach Kriterien vorgegangen wird, die aus unparteilicher Perspektive anerkennungsfähig sind. Dieses Gerechtigkeitswissen, wie unvollkommen auch immer, können wir uns aber nur im

Medium öffentlicher Diskussionen erwerben. Diese expandierenden moralischen Diskurse in allen Bereichen unserer modernen wohlfahrtsstaatlichen Industrie- und Dienstleistungsgesellschaft sind der Preis, den wir für die ökonomische, politische, technische und kulturelle Modernisierung entrichten müssen. Wir brauchen immer mehr Moral, weil immer mehr möglich wird, immer mehr verteilt, aber zugleich auch immer mehr rationiert werden muß, und daher immer mehr zu entscheiden ist. Die Moral ist wohl der einzige Produktionsbereich, der eine Konjunkturgarantie besitzt; und gerade die Medizin sollte nicht erwarten, von ihr irgendwann einmal verschont zu werden.

2.7 Medizinische Grundversorgung und persönliche Gesundheitsverantwortung

Die Kostenexplosion im öffentlichen Gesundheitswesen verlangt zweifellos nach einer Rationierungsstrategie. Und kritische Einstellungen gegenüber wirtschaftlichen Bewertungsprogrammen sind gänzlich unangebracht. Wie jede gesellschaftliche Versorgung findet auch die Verteilung medizinischer Leistungen unter Knappheitsbedingungen statt, die sich durch das wachsende Leistungsangebot zum einen und die steigenden Kosten zum anderen noch verstärken. Ökonomische Evaluierungen sind also unerläßlich und Wirtschaftlichkeitsüberprüfungen des gesamten Leistungskatalogs des öffentlichen Gesundheitswesens geradezu geboten. Aber nicht nur allein aufgrund der prinzipiellen Knappheit medizinischer Ressourcen, nicht nur aufgrund des allgemeingültigen ökonomischen Imperativs einer möglichst effektiven, d. h. zweckentsprechenden, hinsichtlich ihrer Wirkungen und Nebenwirkungen kontrollierten, verschwendungsfreien und konsistenten Verwendung knapper Mittel, sondern auch aus ethischen Gründen. Gerade wenn wir eine Gerechtigkeitspräferenz für ein kollektives Gesundheitsversorgungssystem akzeptieren und somit für den Bereich der solidargemeinschaftlich finanzierten medizinischen Leistungen auf das ökonomische Rationalitätsprogramm des Marktes verzichten, müssen wir die damit außer Kraft gesetzte ökonomische Disziplinierung durch zentrale Wirtschaftlichkeitskontrollen ersetzen. Die Bürger haben nicht nur ein Recht darauf, daß sich das von ihnen zwangsfinanzierte System der öffentlichen Gesundheitsversorgung im Legitimitätsrahmen

der Grundversorgung hält, sie haben darüber hinaus auch ein Recht auf eine möglichst effektive Verwendung ihrer Abgaben und Steuern.
Andererseits muß grundsätzlich einer Politik widersprochen werden, die durch drastisch überzogene Sparmaßnahmen die Dienstleistungsqualität des Gesundheitswesens so weit schmälert, daß eine egalitäre Grundversorgung nicht mehr gewährleistet ist. Es gibt eindeutige Rationierungsgrenzen. Selbst minimalegalitaristische wohlfahrtsstaatliche Systeme besitzen eine eingebaute Ineffizienz- und Mißbrauchsmarge, die nur um den Preis der Zerstörung des Systems aufzuheben ist. Darüberhinaus sind wohlfahrtsstaatliche Systeme eingebettet in eine normative Grammatik der individuellen Rechte und Ansprüche, die das System unserer moralischen Überzeugungen prägt und die Rahmenbedingungen menschenwürdigen Lebens und legitimer gesellschaftlicher Organisation formuliert. Diese normative Grammatik setzt jeder Kostendämpfungs- und Rationierungspolitik moralische Grenzen. Es gibt ein moralisches Anspruchsniveau, das nicht unterschritten werden darf und das bestimmte Formen des Luxus verlangt. Wenn wir gute Gründe haben, die gesundheitliche Betreuung als nicht marktförmig distribuierbares Gut anzusehen, müssen wir auch in Kauf nehmen, daß die ökonomischen Rationalitätsstandards des unerbittlichen Angebot-Nachfrage-Mechanismus des Marktes auf dem Gesundheitsversorgungssektor grundsätzlich nicht erreicht werden können. Aber diese gerechtigkeitsphilosophische Ermahnung des Marktradikalen impliziert kein Plädoyer für eine Sozialisierungsstrategie, durch die der Gesundheitsversorgung alle Marktelemente ausgetrieben werden. Im Gegenteil, wie sich gleich zeigen wird, gibt es nicht nur ökonomische, sondern auch moralische Argumente für eine Ausweitung eines privatwirtschaftlich organisierten Gesundheitsmarktes jenseits der solidargemeinschaftlich bereitgestellten Grundversorgung.
Das öffentliche System der Gesundheitsversorgung leidet wie jeder andere Sektor des umfassenden wohlfahrtsstaatlichen Sozialversicherungssystems an einer Art ökonomischer und ethischer Paradoxie. Als solidargemeinschaftlich finanziertes System ermöglicht es den Bürgern, die individuelle Inanspruchnahme seiner Leistungen von eigenen und rational kalkulierten, mit allen anderen Interessenbudgets des persönlichen Lebensprojekts abgeglichenen Versorgungsaufwendungen abzukoppeln, so daß man

sich seine Gesundheit immer von anderen bezahlen lassen kann. Es ist antinomisch strukturiert und wird in ethischer wie in ökonomischer Hinsicht durch divergierende Tendenzen charakterisiert; es ist daher ein Gelände voller Rationalitätsfallen und Defektionsanreize. Als Rationalitätsfalle bezeichnet man ein Verhalten, das aus subjektiver Perspektive rational ist, aber die objektive Irrationalität, die Irrationalität des Gesamtsystems dadurch erhöht. Diese Rationalitätsfallen sind bekannt: es gibt sie für alle Beteiligten: die Patienten erzeugen eine Übernachfrage nach Gesundheitsversorgung, um eine möglichst große individuelle Ausnützungsmarge zu erzielen; die Ärzte haben wenig Veranlassung zur Korrektur dieser Irrationalität; im Gegenteil, sie betreiben eine Politik der Nachfragestimulierung und Behandlungsprolongation. Beide verhalten sich marktgetreu, verfolgen marktgerechte Strategien der Maximierung des Eigennutzens, da aber das Gesamtsystem selbst nicht marktförmig organisiert ist, wird seine ökonomische Leistungsfähigkeit überstrapaziert. Das also, was die Individuen als Bürger und Steuerzahler vernünftigerweise nicht wollen können, nämlich eine stetig wachsende Verteuerung des Gesundheitswesens und damit eine den Optionsrahmen politischer Gesellschaftsgestaltung beträchtlich einschränkende Umverteilung im Etat zu Lasten anderer, aber für die gesellschaftliche Lebensqualität nicht minder wichtiger kostenintensiver öffentlicher Güter, bringen sie als Beteiligte des Systems selbst hervor. Was aus der Beteiligtenperspektive das Prädikat rationalen Verhaltens verdient, erweist sich aus der externen Finanzierungsperspektive als irrational. Selbst die gesetzlichen Krankenkassen, die Repräsentanten des allgemeinen Interesses also, tappen in eine Rationalitätsfalle, wie die ärgerliche Bettenbelegungspolitik unserer Krankenhäuser zeigt: unter den vorgegebenen Bedingungen pauschalisierter Pflegesätze zwingen die deutschen Krankenhäuser ihre Patienten in die Betten und erreichen eine internationale Spitzenleistung in Bettlägerigkeit; die medizinischen Indikationen sind elastisch genug, um ein expertokratisches Legitimationsmäntelchen über diese nicht nur ökonomisch, sondern auch medizinisch extrem kontraproduktive Praxis zu breiten.

Diese Rationalitätsfallen lassen sich nicht durch moralische Appelle schließen. Moralische Appelle sind individuenadressierte Argumentationen, die auf die Entstehung moralischer Motivationslagen hoffen. Individualmoralische Appelle sind jedoch völlig ungeeignete Instrumente einer Rationalitätsoptimierung, wenn sie innerhalb von hochgradig interdependenten Handlungszusammenhängen vorgebracht werden. Handlungssysteme, die durch eine Divergenz von subjektiver und objektiver Rationalität charakterisiert sind, die antinomisch strukturiert sind, so daß die Steigerung der subjektiven Rationalität zur Minderung der objektiven Rationalität führen kann, die Defektionsanreize enthalten und Parasitismus mit einem Rationalitätspreis belohnen, können ökonomisch wie ethisch nur durch eine geeignete Veränderung der Rahmenbedingungen, also durch institutionenethische oder ordnungspolitische Mittel kuriert werden[22]. Es kommt auf kollektive Lösungen an, durch die die sektoralen Rahmenbedingungen der unterschiedlichen Rationalitätsstrategien der Patienten, Ärzte, Krankenhausverwaltungen usf. so geändert werden, daß die Kluft zwischen subjektiver Rationalität und objektiver Rationalität vermindert wird. Das kann man am besten durch den Einbau marktwirtschaftlicher Instrumente erreichen, deren detaillierte Ausgestaltung der institutionellen Phantasie der Politiker und Versicherungsingenieure überlassen bleiben muß.

Aber die Paradoxie wohlfahrtsstaatlicher Systeme hat auch eine ethische Dimension. Auch in rein ethischer Betrachtungsperspektive wird eine antinomische Struktur sichtbar. Systemimmanente Entwicklungstendenzen schwächen die Fähigkeit wohlfahrtsstaatlicher Systeme, die für sie zuständigen divergierenden ethischen Prinzipien angemessen auszubalancieren, so daß die Gefahr ethischer Selbstvereitelung wächst. Wie oben ausgeführt worden ist, sind wohlfahrtsstaatliche Systeme gesellschaftspolitische Hilfsmittel, mit denen die Phänomene ethischen Marktversagens kompensatorisch abgefedert werden. Wie Markt und Demokratie stehen wohlfahrtsstaatliche Systeme auf dem geltungstheoretischen Sockel des normativen Individualismus. Wie bei diesen auch gründet ihre Legitimität in der Fähigkeit, im Verbund mit Markt und Demokratie die institutionellen Voraussetzungen dafür zu schaffen, daß die Individuen ein selbstbestimmtes und selbstverantwortetes Leben führen können.

22 Ähnliche Überlegungen gelten für den Gesamtbereich der Wirtschaft; vgl. Wolfgang Kersting, »Probleme der Wirtschaftsethik«, *Zeitschrift für philosophische Forschung* 48/1994, S. 351-372 (eine erweiterte Fassung dieses Aufsatzes in diesem Band Kap. 5).

Es gehört nun zur eigentümlichen Dialektik wohlfahrtsstaatlicher Systeme, daß sie, obzwar als Kompensation ethischen Markt- und Demokratieversagens ins Leben gerufen, ihrerseits ethisch versagen können, indem sie ein Verhaltens- und Erwartungsprofil in den von ihnen betreuten Bürgern erzeugen, das für eine Entwicklung der für eine selbstbestimmte Lebensführung unerläßlichen Fähigkeiten der rationalen Lebensplanung, der Risikovorsorge und für die Bereitschaft, die Kosten der eigenen Entscheidungen zu tragen, wenig gedeihlich ist. Diese Gefahr wachsender Autonomieunfähigkeit nimmt mit ihrem Umfang zu. Es droht dann der ethisch funktional ausbalancierte Verbund von Markt, Demokratie und wohlfahrtsstaatlichem System aus dem Gleichgewicht zu geraten: das geltungstheoretisch sekundäre Wohlfahrtssystem wird zu einer alles umfassenden Basisinstitution und gewinnt gesellschaftspolitische Dominanz. Aus dem Mittel, dessen rationale Verwendung extern bestimmt wird, wird ein Zweck, der seine Rationalität intern verwaltet, ein Selbstzweck also. Das Subsidiaritätsprinzip, das den Autonomiegedanken mit der Unterstützungsbedürftigkeit ausbalanciert, ohne die Priorität des Selbstbestimmungszwecks aufzugeben, wird durch die bürokratisierte gesellschaftliche Solidarität gänzlich außer Kraft gesetzt. Einher geht damit eine subkutane Umformulierung der normativen Grundlagen unserer politisch-kulturellen Selbstverständigung: die individualistisch-liberale Grammatik der gesellschaftlichen Diskurse verblaßt, die sich verselbständigende Wohlfahrtsstaatlichkeit entwickelt ihre eigene revisionistische Legitimationsideologie.

Im Gesundheitswesen können wir dann beobachten, wie sich die ökonomische und ethische Antinomie überlagern und verstärken: da nicht lebensethisch integriert, nicht in die Eigenverantwortung für Gestalt und Kosten des individuellen Lebensprojekts eingebunden, vermag die subjektive Rationalität ihr Programm der privaten Nutzenmaximierung ungehindert unter der fiktiven Perspektive vollständiger Kostenfreiheit abzuspulen. Staatliche Versorgungssysteme haben die verhängnisvolle Tendenz, die Eigenverantwortlichkeit der Individuen für ihre Lebensprojekte auszuhöhlen. Sie sind Orte der Enteignung und führen zu einer strukturellen Unterbeanspruchung der individuellen Rationalität und Moralität. Es ist darum nicht nur ökonomisch vorteilhaft, sondern geradezu moralisch geboten, wenn die individuelle Gesundheitsversorgung wieder stärker sowohl durch die vorteilsorientierte Rationalität der sich selbst versorgenden Konsumenten als auch durch den Gedanken der Eigenverantwortlichkeit der Individuen für ihre Gesundheit bestimmt werden kann; wenn das Gesundheitsversorgungssystem individuelle Gesundheitsautonomie ermutigt und nicht erschwert, wenn die wohlfahrtsstaatliche Heteronomie im Gesundheitswesen durch sowohl ökonomische als auch ethische Selbstbeteiligung gemindert wird.

Man sollte das moralische Gewicht dieses Arguments nicht unterschätzen; es entstammt nicht der Peripherie unserer moralischen Überzeugungen, sondern wurzelt in ihrem Zentrum. Der normative Individualismus, der den menschenrechlichen Egalitarismus und damit das System einer egalitären medizinischen Grundversorgung gerechtigkeitstheoretisch begründet, stützt auch unsere Vorstellungen eines selbstbestimmten und selbstverantworteten individuellen Lebens, eines Lebens, das Wahlmöglichkeiten besitzt und die vielfältigen Kosten der getroffenen Entscheidungen selbst tragen muß. Es verlangt keinen großen argumentativen Aufwand, um unser Autonomieideal auf das Gesundheitsproblem anzuwenden: es impliziert ein Bewußtsein individueller Gesundheitsverantwortung, ein Wissen um die kausalen Verbindungen zwischen gewählter Lebensweise und Krankheitsrisiken und die moralische Bereitschaft, die Gesundheitskosten freigewählter medizinisch irrationaler Lebensweisen durch geeignete private Risikoversicherungen abzudecken und nicht auf die anonyme Beitragsgemeinschaft abzuwälzen[23].

Dieses Argument verlangt in letzter Konsequenz einen institutionellen Grundriß, der durch einen fundamentalen versicherungstechnischen Dualismus charakterisiert ist[24]. Im Zentrum steht eine Versicherung für die medizinische Grundversorgung, die obligatorisch ist, also nach dem Muster der gesetzlichen Krankenversicherung zu organisieren ist, und etwa durch die öffentliche

23 Zur Frage einer Ausweitung der ökonomischen und ethischen Selbstbeteiligung der Bürger an ihrer Gesundheitsversorgung siehe auch Hans-Martin Sass: »Persönliche Verantwortung und gesellschaftliche Solidarität«, in: Hans-Martin Sass (Hrsg.): *Ethik und öffentliches Gesundheitswesen. Ordnungsethische und ordnungspolitische Einflußfaktoren im öffentlichen Gesundheitswesen*, Berlin 1988, S. 93-112.

24 Vgl. Hans-Martin Sass: »Persönliche Verantwortung und gesellschaftliche Solidarität«, a.a.O., bes. S. 105 ff.

Solidargemeinschaft oder auf der Grundlage von Prämien finanziert werden kann; im letzten Fall würde der Staat den Bürgern, die ihre Prämien nicht selbst bezahlen können, einen prinzipiell rückzahlbaren Kredit gewähren. Gegen die Risiken aller nicht durch die Grundversorgung abgedeckten Krankheiten kann man sich privat versichern. Es wird ein beweglicher Versicherungsmarkt entstehen, und in der Dynamik des Wettbewerbs werden sich die Interessen der Anbieter und die Interessen der Kunden zu beiderseitigem Vorteil miteinander verbinden.

7. Methodologische Probleme einer Theorie der sozialen Gerechtigkeit

1. Zwei Probleme der Verteilungsgerechtigkeit

Eine Gesellschaft besteht aus mehreren Distributionszonen; und darunter sind einige, bei denen sich schnell und mühelos eine Einigung über die hier zuständigen Verteilungsprinzipien erzielen ließe. Daneben aber gibt es auch andere, in denen noch nicht einmal der Ansatz eines Konsenses über die hier gültige Distributionslogik sichtbar ist. Die umstrittenste und gerechtigkeitstheoretisch dunkelste Zone ist fraglos der Bereich der wirtschaftlichen und kooperativ erwirtschafteten Güter; hier bestehen zwei Gerechtigkeitsprobleme, ein fundamentales und ein abgeleitetes, je nachdem, ob wir uns auf den kooperationsgemeinschaftlichen Kern der Gesellschaft beschränken oder ob wir den Markt mit einem sozialen Ausgleichssystem versehen und ihn solidargemeinschaftlich erweitern. Das *fundamentale Gerechtigkeitsproblem* bezieht sich auf die internen Verteilungseigenschaften des Kooperationssystems: *Wie ist innerhalb des Kooperationssystems der Kooperationsmehrwert an die aktiv in die Kooperation eingebundenen Wirtschaftssubjekte zu verteilen, damit eine gerechte Verteilung erreicht wird?* Das *abgeleitete Gerechtigkeitsproblem* bezieht sich auf das äußere Verhältnis des wirtschaftlichen Kooperationssystems zu denjenigen Gesellschaftsmitgliedern, die aufgrund von angeborenen Gebrechen, von zwischenzeitlich eingetretener Arbeitsunfähigkeit oder von Arbeitsplatzverlust nicht in der Lage sind, sich selbständig ein Markteinkommen zu verschaffen: *Sind die wirtschaftlich Selbständigen aus Gründen der Gerechtigkeit verpflichtet, Ausgleichsleistungen für die dauerhaft oder vorübergehend wirtschaftlich Unselbständigen zu erbringen, und wenn es hier eine Pflicht der Teilung gibt, in welchem Maße und nach welchen Kriterien muß die wirtschaftliche Ungleichheit zwischen den Selbständigen und Unselbständigen ausgeglichen werden?*

Schaut man sich die Geschichte der neuzeitlichen politischen Philosophie an, dann stellt man mit doch einiger Verwunderung fest, daß die Entwicklung einer Konzeption gesellschaftlicher Verteilungsgerechtigkeit niemals ein Bestandteil ihres Theorieprogramms gewesen ist. Zwar taucht der Terminus der distributiven Gerechtigkeit immer wieder auf, aber er wird charakteristischerweise zur Bezeichnung der modernen Rechtsordnung selbst verwendet, nicht jedoch zur Charakterisierung eines gesellschafts- und wirtschaftspolitischen Reformprogramms. Die politische Philosophie von John Rawls ist die erste neuzeitliche Gerechtigkeitsphilosophie, die eine Theorie der sozialen Gerechtigkeit entwickelt und Grundprinzipien einer gerechten Verteilung sozialer und ökonomischer Güter formuliert[1]. In ihr wird der alte aristotelische gerechtigkeitstheoretische Dualismus rehabilitiert und der Bereich der Verteilung sozialer und ökonomischer Güter als selbständiges, von dem Bereich der Rechtsordnung unterschiedenes Problemfeld der Gerechtigkeit in die Theorie eingeführt.

1 Vgl. W. Kersting: *John Rawls zur Einführung*, Hamburg 1993, S. 55-81. – Die These, daß das politische Denken der Moderne sich vor der Gerechtigkeitstheorie von John Rawls nicht mit einer Begründung von Distributionsregeln beschäftigt hat, bezieht sich natürlich nur auf die klassische politische Philosophie der Neuzeit. Mit Recht hat Peter Koller darauf hingewiesen, daß sich etwa im Werk Proudhons, aber auch in den Arbeiten Bernsteins wichtige Ausführungen zum Problem der sozialen Gerechtigkeit finden, die etwa von einer Gesamtdarstellung der Geschichte der Theorie der Verteilungsgerechtigkeit in der Neuzeit berücksichtigt werden müßten. Auch in der Nationalökonomie, etwa in der »Historischen Schule«, finden wir eine Tradition, die sich bereits im 19. Jahrhundert mit der sozialen Frage, sozialpolitischen Konzepten und Problemen der sozialen Gerechtigkeit beschäftigt hat und in der utilitaristischen Wohlfahrtsökonomik der zweiten Hälfte dieses Jahrhunderts ihre Fortsetzung fand. Eine Darstellung der Geschichte des Nachdenkens über soziale Gerechtigkeit müßte diese Autoren und Strömungen allesamt berücksichtigen, müßte auch das spannungsvolle Verhältnis der szientistischen Marxschen Theorie zu ihren subkutanen normativen Gerechtigkeitsvorstellungen behandeln. Gleichwohl gilt, daß in der politischen Philosophie im engeren Sinne, zumal in der dem Argumentations- und Begründungsmodell verpflichteten analytischen und konstruktivistischen politischen Philosophie des Gesellschaftsvertrags und des normativen Individualismus das Thema der sozialen Gerechtigkeit erst von Rawls auf die philosophische Tagesordnung gesetzt wurde.

2. Egalitärer Liberalismus und soziale Gerechtigkeit

In Auseinandersetzung mit der Rawlsschen Konzeption hat sich der philosophische Liberalismus in zwei Lager gespalten: da ist zum einen das Lager der *libertarians*, der freiheitlichen oder besser: marktfreiheitlichen Liberalen, die zwar nicht allesamt den sozialevolutionären Theorieansatz Friedrich August von Hayeks teilen, jedoch wie er den Begriff der sozialen oder distributiven Gerechtigkeit für eine Chimäre, eine semantische Luftspiegelung halten: der Gerechtigkeitsbegriff, so lautet das vielfältig variierte Standardargument, sei allein auf individuelles menschliches Handeln anwendbar; die unintendierten Verteilungsergebnisse einer spontanen Interaktionsordnung hingegen erlaubten ebensowenig eine sinnvolle Anwendung des Gerechtigkeitsbegriffs wie die Folgen eines Unwetters oder eines Meteoriteneinschlags. Wir haben es hier mit einer interessanten sprachkritischen Abwandlung des Smithschen Heterogenitätsarguments zu tun: der Markt wäscht seine unsichtbare Hand in gerechtigkeitstheoretischer Unschuld. Wenn freilich, wie in dem anderen Lager des philosophischen Liberalismus, bei den egalitären Liberalen, der Markt als Kooperationssystem betrachtet und damit in die philosophisch erweiterte Intentionalität aller reflektierten Marktsubjekte integriert wird, dann fällt dieses Argument in sich zusammen. Als egalitären Liberalismus bezeichne ich die Liberalismusfraktion, die den Gleichheitsbegriff ins Zentrum ihrer politischen Philosophie stellt und sich in konstruktiver Auseinandersetzung mit dem Rawlsschen Differenzprinzip um eine immer genauere Vermessung der Grundbegriffe der sozialen Gerechtigkeit bemüht. In ihrer Diskussion begegnet wohlfahrtsstaatliche Selbstreflexion auf höchstem begrifflichen Niveau.

Wohlgemerkt, es geht hier nicht um Rawls-Philologie; man würde diese Diskussion mißverstehen, sähe man in ihr eine Fortsetzung der bekannten Präzisierungsscharmützel der Differenzprinzip-Interpreten[2]. Es geht vielmehr um alternative systematische Ausdeutungen der Gleichheitsintuitionen unseres Gerechtigkeitsbegriffs für den Bereich der gesellschaftlichen Güterversorgung. Und neben Rawls ist es vor allem Ronald Dworkin, der mit den

2 Vgl. Peter Koller: »Rawls' Differenzprinzip und seine Deutungen«, *Erkenntnis* 20/1983, S. 1-25.

ersten beiden seiner vier großen »equality«-Aufsätze diese Diskussion bestimmt hat[3]. Die Grundfrage des egalitären Liberalismus betrifft die »currency of egalitarian justice«[4]; welche Aspekte menschlichen Lebens sind für den egalitaristischen Gerechtigkeitstheoretiker von grundlegender Bedeutung; worauf soll er seine egalitaristische Metrik aufbauen: soll es um eine Gleichheit des Wohlbefindens, um die Ermöglichung von »equal opportunity for welfare«[5] – so Arneson – oder nur um einen »«equal access to advantage» – so Gerald Cohen[6] – gehen; oder soll die *welfare*-Währung durch eine Ressourcen-Währung ersetzt werden, wie Dworkin verlangt, oder sind vielleicht beide zugunsten einer Orientierung an der Gleichheit der Entwicklung der Fähigkeiten aufzugeben wie etwa Amartya Sen fordert[7]?

3 Ronald Dworkin: »What is Equality? Part 1: Equality of Welfare«; *Philosophy and Public Affairs* 10/3/1981, S. 185-246; ders.: »What is Equality? Part 2: Equality of Resources«, *Philosophy and Public Affairs* 10/4/1981,S. 283-345; ders.: »What is Equality? Part 3: The Place of Liberty«, *Iowa Law Review* 73/1987, S. 1-54; ders.: »What is Equality? Part 4: Political Equality«, *University of San Francisco Law Review* 22/1987, S. 1-30.

4 Vgl. G. A. Cohen: »On the Currency of Egalitarian Justice«, *Ethics* 99/1989, S. 906-944; vgl. ders.: »Equality of What? On Welfare, Goods, and Capabilities«, in: M. Nussbaum/A. Sen (Hrsg.): *The Quality of Life*, Oxford 1993, S. 9-29.

5 Vgl. Richard J. Arneson: »Liberalism, Distributive Subjectivism, and Equal Opportunity for Welfare«, *Philosophy and Public Affairs* 19/1990, S. 158-194; ders.: »Equality and Equal Opportunity for Welfare«, *Philosophical Studies* 56/1989; (dt. »Gleichheit und gleiche Chancen zur Erlangung von Wohlergehen« in: Honneth, Axel (Hrsg.), *Pathologien des Sozialen*, Frankfurt/M 1994, S. 330-350).

6 Cohen: »On the Currency of Egalitarian Justice«, a.a.O., S. 907.

7 Vgl. Sen, Amartya: »Justice: Means versus Freedoms«, *Philosophy and Public Affairs* 19/1990, S. 111-121; ders: *Choice, Welfare and Measurement*, Oxford 1982; ders.: *Commodities and Capabilities*, Amsterdam 1985; ders.: »Equality of What?«, in: S. McMurrin (ed.), *The Tanner Lectures on Human Values*, Cambridge 1980, S. 195-220.

3. Präferenzindividualistische und institutionalistische Theorien der sozialen Gerechtigkeit

Ich werde auf die inhaltlichen Unterschiede dieser einzelnen egalitaristischen Positionen nicht näher eingehen. Mein Interesse gilt hier nur den methodologischen Problemen einer Theorie der sozialen Gerechtigkeit. Überblicken wir das gesamte Theorienangebot des egalitären Liberalismus, dann stoßen wir auf eine methodologische Merkwürdigkeit: während Rawls' Theorie der sozialen Gerechtigkeit *institutionalistisch* ist, sind alle anderen Theorien *präferenzindividualistisch*. Da diese Theorien in kritischer Auseinandersetzung mit der Rawlsschen Theorie entwickelt worden sind, ist anzunehmen, daß die Autoren den Institutionalismus als methodologisch insuffizient und den Präferenzindividualismus als methodologisch vorzugswürdig angesehen haben. Bei Dworkin finden sich dann auch einschlägige methodologische Bemerkungen. Interessant ist nun, daß Rawls in seiner *Theory of Justice* von 1971 die institutionalistische Ausrichtung seiner Theorie der sozialen Gerechtigkeit auch extern, im Rahmen einer Kritik alternativer individualistischer Theorien der sozialen Gerechtigkeit, verteidigt hat, somit genau die Gleichheitsinterpretationen verworfen hat, die später nicht zuletzt auch gegen das Differenzprinzip und seine vielfältigen Schwächen gerichtet worden sind und der alternativen präferenzindividualistischen Ausrichtung den Vorzug gegeben haben.

Ich werde im folgenden diesen methodologischen Dualismus erläutern und einige Überlegungen anstellen, die meine Parteinahme für einen methodologischen Institutionalismus der sozialen Gerechtigkeit verständlich machen sollen. Ich spreche von einem methodologischen Institutionalismus, um keine irreführenden ontologischen Assoziationen aufkommen zu lassen; natürlich ist der methodologische Institutionalismus der sozialen Gerechtigkeit nicht nur mit dem normativen Individualismus kompatibel, er setzt ihn voraus.

Institutionalistische Gerechtigkeitstheorien erblicken den Ort der Gerechtigkeit im institutionellen Geflecht einer Gesellschaft. Präferenzindividualistische Gerechtigkeitstheorien explizieren hingegen Gerechtigkeit als interindividuelles Verhältnis, als individuelle Anspruchsrelation. Während institutionalistische Theorien das System der Institutionen zugleich als System von Anspruchsbegründungen betrachten, den Gedanken eines unabhängigen Gerechtigkeitskriteriums für individuelle Ansprüche für unsinnig halten, sind präferenzindividualistische Theorien wesentlich Theorien individueller Ansprüche, die institutionenunabhängig, auf der Basis individueller Präferenzen einerseits und der fundamentalen moralischen Gleichheitsvorgabe andererseits entwickelt werden. Die präferenzindividualistische Verteilungsgerechtigkeit teilt also mit Egoismus und Utilitarismus den Referenzbereich: sie bezieht sich wie diese auf die vorfindlichen Präferenzen der Individuen. Während Egoismus oder Utilitarismus jedoch Maximierungsvarianten anbieten, entwirft die präferenzindividualistische Verteilungsgerechtigkeit Egalisierungsvarianten. Für eine präferenzindividualistische Verteilungsgerechtigkeit ist gerechte Verteilung Gleichverteilung. Gegenstand der gleichen Verteilung sind natürlich nicht die Präferenzen; die können zum einen nicht verteilt werden, weil man sie entweder hat oder nicht hat, und sie sind zum anderen nicht gleich, sondern verschieden. Allen Präferenzen ist trotz aller inhaltlichen und typologischen Unterschiedlichkeit eines gemeinsam: sie wollen verwirklicht werden. In der Verwirklichungsgeschichte von Präferenzen lassen sich verschiedene Phasen ausmachen. Da sich die verteilungsgerechte Egalisierung nicht auf den Inhalt der Präferenzen beziehen kann, muß sie sich auf die unterschiedlichen Phasen richten: jede dieser Phasen stellt eine Egalisierungsoption einer präferenzindividualistischen Verteilungsgerechtigkeit dar. Da nach unserem Wissen außer Gott niemand seine Präferenzen unmittelbar verwirklichen kann, menschliches Leben also nicht als creatio ex nihilo gelingen kann, sondern in hohem Maße ressourcenabhängig ist, benötigen wir also Ressourcen, um unsere Präferenzen zu verwirklichen. Und wenn wir unsere Präferenzen zu einem kohärenten und weit in die Zukunft weisenden Lebensplan verflechten, wenn wir uns auf die Präferenzen zweiter Ordnung konzentrieren, dann gelangen wir entsprechend auch zu einem anspruchsvollen Ressourcenbegriff. Damit hätten wir die erste präferenzindividualistische Interpretation der Verteilungsgerechtigkeit auf der Basis der moralischen Gleichheit der Individuen: die Gleichheit der Ressourcen, die Individuen als materiale Grundausstattung für die Durchführung ihres Lebensplans präferieren.

4. Ressourcengleichheit und Wohlfahrtsgleichheit

Eine weitere Egalisierungsoption liegt am Ende der Präferenzrealisierungsgeschichte. Nennen wir das, was sich Individuen von ihren Handlungen erhoffen, Befriedigung oder Gelingen, dann würden wir als zweite präferenzindividualistische Interpretation der Verteilungsgerechtigkeit die Gleichheit hinsichtlich des erwünschten Resultats des präferenzgesteuerten Ressourceneinsatzes erhalten, also die Wohlfahrtsgleichheit, die entweder auf den Handlungserfolg hin ausgelegt werden kann und die Gestalt einer Gleichheit des Erfolgs annimmt oder auf den subjektiven Befriedigungszustand hin betrachtet wird und dann die Gestalt einer Gleichheit der Befriedigung annimmt.

Man könnte meinen, daß die ergebnisbezogene Egalisierungsoption ungemein attraktiver ist als die voraussetzungsbezogene Egalisierungsoption; denn woran will man denn bei vorausgesetzter Unterschiedlichkeit der Lebenspläne und somit qualitativer und quantitativer Unterschiedlichkeit der Ressourcenbündel die Gleichheit der Ressourcen messen, wenn nicht an ihrer Fähigkeit, die für ihre Zusammenstellung konstitutiven Präferenzen zweiter Ordnung zu realisieren und somit ein erfolgreiches, gelingendes Leben zu ermöglichen. Also scheinen ergebnisbezogene Egalisierungsoption und voraussetzungsbezogene Egalisierungsoption keinesfalls eine vollständige Alternative darzustellen, sondern die voraussetzungsbezogene Egalisierungsoption kann unabhängig von der ergebnisbezogenen Egalisierungsperspektive gar nicht konsistent dargestellt werden.

Aus diesem Dilemma hat sich Dworkin ja durch Etablierung des *envy tests* zu befreien versucht: dieser *envy test* ist übrigens selbst nichts anderes als die Hereinnahme der ergebnisbezogenen Egalisierungsoption in die Initialphase der Ressourcenausstattung: denn dann wird A das Ressourcenbündel von B nicht beneiden, wenn er keine Veranlassung sieht, dem sich im Ressourcenbündel wie ein Schnittmuster abzeichnenden Leben von B eine größere Erfolgs- und damit Befriedigungserwartung zuzuschreiben als dem eigenen. Erst dann, wenn sich im Verlauf des Lebens von A und B zeigen sollte, daß sich zusätzliche lebenserfolgsrelevante Faktoren bemerkbar machen und das Erfolgsprofil beider Leben auf unterschiedliche Art beeinflussen, wenn also hinreichend Anlaß besteht, das ursprüngliche Urteil von der gleich großen Erfolgs- und Befriedigungserwartung beider Leben zu korrigieren, stellt sich Neid ein, dann hat sich Ressourcengleichheit in korrekturbedürftige Ressourcenungleichheit verwandelt.

Allgemein besagt der *envy test* also folgendes: eine Ressourcenverteilung ist gleich, wenn niemand das Ressourcenbündel eines anderen dem seinigen vorzieht, wenn niemand einen anderen um sein Ressourcenbündel beneidet. Dann wird er niemanden beneiden, wenn er allen Ressourcenbündeln einen gleichen Erfolgserwartungswert zuschreibt, allen also einen gleichen Erwartungswert hinsichtlich ihres Wohlfahrtsertrags beilegen kann. Zumindest muß gelten, daß er mit keinem anderen Ressourcenbündel eine größere Wohlfahrtsertragserwartung verknüpft als mit seinem eigenen. Fragt man angesichts der Abhängigkeit des Gleichheitsindikators der Ressourcengleichheit, des *envy tests* also, vom alternativen Modell der Wohlfahrtsgleichheit, des gleich erfolgreichen Lebens, nach dem Sinn des Ressourcengleichheitsprinzips, dann liegt die Antwort darin, daß das Ressourcengleichheitsprinzip neben der Gleichheitsintution noch eine andere wichtige Gerechtigkeitsintuition zu erfüllen vermag, die innerhalb des Konzepts der Wohlfahrtsgleichheit keine Berücksichtigung finden kann, nämlich die Intuition, daß rationale und freie Menschen für die Konsequenzen ihrer Entscheidungen verantwortlich sind und auch verantwortlich gemacht werden müssen. Nur vor dem konzeptuellen Hintergrund der Ressourcengleichheit läßt sich ein Verteilungsmodell entwickeln, das den divergierenden Gerechtigkeitsintuitionen gleichermaßen gerecht wird, der gleichen Ausstattung mit Ressourcen bei entsprechender Kompensation für ressourcenmindernde Handicaps und mangelnde Begabung bei der Ressourcenverwertung zum einen und der Anerkennung der darum auch der kompensatorischen Distribution entzogenen Ungleichheitsauswirkungen individueller Entscheidungen zum anderen.

Wenn bei Sicherung eines strukturellen Ausgleichs einer Ressourcenminderung durch Handicap, mangelndes Talent und Arbeitslosigkeit jemand seine Ressourcen geschickter, ambitionierter, ökonomischer verwendet als ein anderer, dann muß der dadurch entstandene Lebenserfolgsmehrwert legitimerweise bei ihm auch verbleiben. Während also die endzustandsorientierte Wohlfahrtsgleichheit ungleiches Leben nur insofern akzeptieren kann, wie es sich nicht auf die Gleichheit des Wohlfahrtsertrags auswirkt, ist die Ressourcengleichheit grundsätzlich, auch die redistributionsfreudigste also, mit wachsender Ungleichheit, sich erfolgspragmatisch diversifizierenden Lebensverläufen und damit ungleichen Wohlfahrtserträge kompatibel. Die Ressourcengleichheit macht nicht gleich glücklich. Obwohl sie mit der Gleichheit der Glückserwartung beginnt, die analytischer Bestandteil ihres Konzepts ist, läßt sie eine entscheidungsverursachte, freiheitsverursachte Erfolgsdivergenz der individuellen Lebensprojekte zu. Die Wohlfahrtsgleichheit hingegen orientiert sich zu jedem Zeitpunkt an dem faktischen Wohlbefinden der Mitglieder und sieht in dem gleichen Glück einen Gerechtigkeitsindikator.

Es kann nicht überraschen, daß in der Literatur noch viele andere Interpretationen präferenzindividualistischer Verteilungsgerechtigkeit anzutreffen sind: sie sind aber allesamt zwischen den Polen der Ressourcengleichheit und der Wohlfahrtsgleichheit angesiedelt und unterscheiden sich lediglich hinsichtlich der Akzentuierung; oft hat man beträchtlich Schwierigkeit, hinter dem unterschiedlichen Wortlaut auch eine erkenntniserweiternde Bedeutungsverfeinerung zu entdecken. So vertritt z. B. Richard J. Arneson die Überzeugung, daß »gleiche Chancen zur Erlangung von Wohlergehen«[8] als geeignete Norm für die Verteilungsgerechtigkeit zu betrachten sei. Dieses Chancen-Kriterium soll offenkundig der Möglichkeit Raum geben, daß es entscheidungsverursachte Wohlergehensungleichheiten gibt, die nicht egalitaristisch bewirtschaftet werden dürfen. Dieser Gedanke wird aber auch von dem Prinzip der Ressourcengleichheit übernommen, das ja ebenfalls, da der Ressourcenbesitz selbst ja nur ein Potential darstellt, dessen Realisierungsqualität von vielerlei subjektiven und objektiven Faktoren abhängt, nur ein Prinzip der gleichen Chance zur Erlangung von Wohlergehen sein kann.

8 Vgl. R. J. Arneson: »Gleichheit und gleiche Chancen zur Erlangung von Wohlergehen« a.a.O.

5. Kritik der präferenzindividualistischen Theorien der sozialen Gerechtigkeit

Mit einigem Recht erhebt Anfang des 4. Buches der *Politeia* Adeimantos den Einwand, daß die Wächter der platonischen Musterpolis doch ein recht freudloses Leben führen müßten. Ein Einwand ist diese richtige Beobachtung, weil die Argumentation der *Politeia* ja den systematischen Nachweis führen möchte, daß Gerechtigkeit und Glück im kleinen wie im großen Menschen korrelieren. Sokrates' Antwort besteht aus zwei voneinander gänzlich unabhängigen Bemerkungen: zum einen weist er darauf hin, daß im Horizont einer anderen, anspruchsvolleren Glücksdefinition die Lebensweise der Wächter durchaus als glücklich bezeichnet und von ihnen auch so empfunden werden könnte; zum anderen behauptet er, daß das gerechtigkeitsbewirkte Glück nicht den Teilen der Polis, sondern nur der Polis als ganzer und einem Ganzen zuteil würde. Uns, die wir ebensowohl methodologische als auch normative Individualisten sind, will diese Mereologie nicht recht einleuchten: wir sehen wenig Sinn darin, die Wohlfahrt der Gemeinschaft von der Wohlfahrt ihrer Mitglieder zu trennen. Allenfalls dann will uns die Rede von dem Glück einer Gemeinschaft verständlich erscheinen, wenn wir darunter das Glück aller Gemeinschaftsmitglieder oder zumindest doch ihrer überwiegenden Mehrheit verstehen, wenn wir also die Redeweise vom Glück des Kollektivs als uneigentlich und übertragen auffassen und auf den Begriff des individuellen Glücks zurückführen.

Diese Überlegung scheint eine methodologische Präferenz für individualistische Theorien der Verteilungsgerechtigkeit zu begründen. Will eine Gesellschaft ›gerecht‹ heißen, dann muß sie neben dem rechtsstaatlichen Egalitarismus ein wohlfahrtsstaatliches Verteilungsmuster etablieren, das jedermann einen gleichen Wohlfahrtsanteil oder ein gleiches Ressourcenbündel sichert, jedem Individuum also ein Leben mit gleichem Glücksertrag sichert oder die Lebenskarriere jedes Individuums mit einer gleich großen und gleich wertvollen Ressourcenausstattung beginnen läßt. Bei allen Schwierigkeiten, die angesichts der Unterschiedlichkeit der inhaltlichen Präferenzen die Bestimmung gleicher Wohlfahrtsausschüttungen und gleicher Ressourcenausstattungen bereiten mag, *für den präferenzindividualistischen Verteilungstheoretiker steht fest, daß die Ermittlung einer gerechten Verteilung der wirtschaft-*

lichen Güter in der Gesellschaft auf der Grundlage eines umfassenden Positionsvergleichs eines jeden mit einem jeden erfolgen muß und einen entsprechend aufwendigen, für alle individuellen Differenzen gleichermaßen empfindlichen Ausgleichsmechanismus verlangt. Das Verfahren der Gleichheitsherstellung im Wohlfahrtsstaat ist für präferenzindividualistische Theoretiker der Verteilungsgerechtigkeit die genaue Umkehrung des Verfahrens der Gleichheitsherstellung im Rechtsstaat: basiert rechtsstaatliche Gleichheit auf dem Verfahren der Entdifferenzierung, so gründet wohlfahrtsstaatliche Gleichheit hier in dem Verfahren der Differenzierung; wird in der Perspektive rechtsstaatlicher Gleichheit von aller empirischen Bestimmtheit der Individuen abstrahiert, so rückt in der Perspektive wohlfahrtsstaatlicher Gleichheit die Besonderheit des je einzelnen Individuums in den Mittelpunkt; denn sie allein bestimmt in einem Verfahren der interindividuellen Abwägung Ausmaß und Inhalt dessen, was das Seine ist, was im Zuge gleicher Wohlfahrtsausschüttung oder gleicher Ressourcenzuteilung den Individuen aus Gründen der Gerechtigkeit zusteht und zukommt.

5.1 Rawls' Differenzprinzip

Diese präferenzindividualistische Feinabstimmung besitzt das Rawlssche Differenzprinzip nicht: es operiert nicht mit individuellen Präferenzen, sondern mit *social primary goods*, also mit universellen Präferenzen; es orientiert sich folglich nicht an der individuellen Präferenzidentität, sondern an einem Konzept allgemeiner menschlicher Bedürftigkeit und Begehrlichkeit; man könnte geradezu von einem subkutanen Aristotelismus sprechen, wird hier doch, wenn auch auf Umwegen und ohne weitere metaphysische Folgen, der Begriff einer verbindlichen menschlichen Natur wieder eingeführt. Außerdem sorgt sich das Differenzprinzip nicht um konkrete Individuen, sondern um repräsentative Individuen, um gesellschaftliche Gruppen und Klassen; die Ermittlung gerechter Verteilungen erfolgt also nicht in Hinblick auf die Individualität der Gesellschaftsmitglieder, sondern allein in Hinblick auf ihre Klassen-, Gruppen- oder Schichtenzugehörigkeit. Weiterhin ist das Differenzprinzip ein Prinzip für die Gestaltung der gesellschaftlichen Grundstruktur; es ist ein Verfassungsprinzip, das die Verteilungsansprüche der Individuen durch öffentliche Regeln definiert; die für den Präferenzindividualisten charakteristische prä-institutionelle Bestimmung individueller Ansprüche ist durch eine institutionalistische Theorie der Verteilungsgerechtigkeit gerade ausgeschlossen. Wenn es keine prä-institutionell bestimmbaren individuellen Ansprüche gibt, dann gibt es kein unabhängiges Kriterium zur Beurteilung des Gerechtigkeitsgehalts der Verteilungseigenschaften der Grundstruktur. Es ist das Ziel des Differenzprinzips, die Grundstruktur selbst als unabhängiges Gerechtigkeitsverfahren zu etablieren; die Sorge um eine gerechte Verteilung den sich effizient verzahnenden Institutionen zu übertragen. Das hat den Vorzug, »daß man nicht mehr den unendlich verschiedenen Einzelumständen und den sich verändernden Stellungen einzelner Menschen nachgehen muß. Man braucht keine Grundsätze aufzustellen, um mit diesen ungeheuer vielfältigen Einzelheiten fertig zu werden. Es wäre falsch, sich auf die wechselnden Stellungen der einzelnen Menschen zu konzentrieren und zu verlangen, daß jede solche Veränderung für sich genommen gerecht sein soll. Vielmehr ist die Grundstruktur zu beurteilen, und zwar unter allgemeinen Gesichtspunkten. Sie ist nur vom Standpunkt einer für eine bestimmte Position repräsentativen Person aus kritisierbar«[9]. Die präferenzindividualistische Theorie der Verteilungsgerechtigkeit räumt dem einzelnen Individuum hingegen eine Veto-Position ein; wie bei Theorien direkter Demokratie kann hier der Einspruch eines Einzigen alles zu Fall bringen.

5.2 Dworkins Konzeption der Ressourcengleichheit

Für ein besseres Verständnis präferenzindividualistischer Theorien sozialer Gerechtigkeit möchte ich eine knappe Skizze der Dworkinschen Konzeption der Ressourcengleichheit geben. Die hier entwickelte wohlfahrtsstaatliche Verteilungsmatrix ist ungemein komplex und geht sowohl hinsichtlich ihrer philosophischen Begründung als auch bezüglich ihrer inneren argumentativen Differenziertheit weit über das hinaus, was uns Rawls als Ergebnis seiner Verfassungswahl offeriert[10]. Gemeinsam ist beiden Prinzi-

9 Rawls, *Eine Theorie der Gerechtigkeit*, Frankfurt/M. 1974, S. 109.
10 Eine ausführliche Darstellung der Dworkinschen Position und der ge-

pien, dem Differenzprinzip und dem Ressourcengleichheitsprinzip, daß sie den normativen Gehalt des Gleichheitsgrundsatzes in Hinblick auf die Ausgangsbedingungen menschlicher Lebensführung ausdeuten. Sie bieten unterschiedliche Interpretationen eines Input-Egalitarismus in der Verteilungsgerechtigkeit. Einen Output-Egalitarimus, einen Egalitarismus des Wohlergehens lehnen beide ab. Ein Egalitarismus des Wohlergehens würde eine Güterverteilung verlangen, deren Auswirkung auf alle Individuen ein gleiches Wohlbefinden hervorrufen würde. Er setzt sich zwei Einwänden aus, die aus der Utilitarismusdiskussion seit langem bekannt sind. Da ist zum einen der Inkommensurabilitätseinwand: Wir besitzen keine Taxonomie des Glücks. Da ist zum anderen der Einwand der Kontraintuitivität. Auch bei den präferenzindividualistischen Konzeptionen der Verteilungsgerechtigkeit erfüllt sich nicht die normative Unschuldshoffnung, die mit der Wahl einer empirischen Ausgangsposition verbunden ist. Präferenzen sind moralisch nicht unschuldig, sie sind keine moralisch neutralen Bausteine, die unformiert in die Kalkulationen der Maximierung und Egalisierung eingehen könnten. Man denke nur an das Problem der doppelten Zählung, das auf den Umstand abhebt, daß Präferenzen Präferenzen anderer in wohlwollender oder böswilliger Weise zum Gegenstand haben können.

Im zweiten Teil seiner über vier umfangreiche Aufsätze verstreuten Gleichheits-Monographie entwickelt Dworkin ein gesellschaftliches Verteilungssystem, das auf der Idee der Ressourcengleichheit basiert. Er bedient sich dabei der konstruktivistischen Methode, führt jedoch kein kontraktualistisches Argument ein, sondern ersetzt die Rawlssche Prinzipienwahl durch ein weit aufwendigeres Gedankenexperiment, das eine anfängliche Ressourcenversteigerung mit Versicherungssystemen und Besteuerungsverfahren kombiniert. Seinen Ausgang nimmt dieses Festival des Kontrafaktischen mit einer gerechten Verteilungslage; sodann betrachtet das Gedankenexperiment die vielfältige Differenz zwischen der Ideal-Welt und der Real-Welt und schlägt Instrumente vor, mit deren Hilfe die gerechtigkeitsbedeutsame Kluft zwischen der egalitaristischen Mustersituation und der durch diverse Inega-

samten Wohlfahrtsbegründungsargumentation des egalitären Liberalismus in: Wolfgang Kersting, *Die politische Philosophie der Gegenwart*, Frankfurt/M. 1998.

litäten charakterisierten Realität überbrückt werden könnte. Ziel dieser aufwendigen Argumentation ist es, ein gerechtes Verteilungssystem zu skizzieren, das gleichzeitig »ambition-sensitive« und »endowment-insensitive« ist; also Fleiß, Engagement und Ehrgeiz einen verdienten Entfaltungsspielraum zuweist, jedoch unverdiente natürliche Begabungsvorteile und gesellschaftliche Startvorsprünge durch geeignete Kompensationen neutralisiert und somit jeden mit dem gleichen Ressourcensatz versorgt.
Der bestehende Markt garantiert keine Ressourcengleichheit. Ein System der Ressourcengleichheit ist ein dezentrales, auf individuelle Lebensprojekte flexibel reagierendes Verteilungssystem; denn alle Menschen als Gleiche zu behandeln kann ja nicht heißen, alle mit gleichen Mengen und gleichen Qualitäten zu versorgen; das würde auf eine paternalistische Formierung individueller Lebensprojekte hinauslaufen. Freilich muß dieser Ressourcenmarkt sein dezentrales Verteilungsgeschäft unter einer einschränkenden Bedingung besorgen: alle müssen die gleichen Ausgangsvoraussetzungen haben. Dieser egalitaristische Parameter sorgt dafür, daß die Verteilung in einem gerechten Rahmen, unter fairen Bedingungen stattfindet.
An den Anfang stellt Dworkin daher eine egalitaristische Naturzustandskonstruktion. Es ist eine Insel, die von einer Anzahl Schiffbrüchiger kolonisiert wird. Um die Ressourcen der Insel unter sich zu verteilen, veranstalten die Insulaner eine Auktion, auf der jeder, mit gleichem Startkapital ausgestattet, sich die Ressourcen ersteigern kann, die er für sein Lebensprojekt benötigt. Am Ende der Auktion wird jeder mit dem Ergebnis zumindest in dem Sinne zufrieden sein, daß er keinen anderen um dessen ersteigertes Ressourcenbündel beneidet. Dieser *envy test* kontrolliert den egalitaristischen Anspruch, daß jeder durch das Verteilungssystem in gleicher Weise berücksichtigt worden ist: jeder hat für seine Projektressourcen bezahlt, und jeder zieht die von ihm erworbenen Projektressourcen jeder anderen ersteigerten Ressourcenkombination vor. Es ist wichtig, den Neid-Test nicht mit psychologisch-moralischen Konnotationen zu verbinden; es geht hier nicht um den Neid, der aus dem Ressentiment geboren ist, sondern um einen gleichsam rationalen Neid. Der Neid ist hier eine Art entscheidungstheoretisches Analyseinstrument, das mit der üblichen Rationalitätsunterstellung arbeitet und Individuen voraussetzt, die bei ihrer Interessenverfolgung zu rationaler Nut-

zen-Kosten-Abwägung in der Lage sind. Neidfreiheit besagt: keiner glaubt, daß das Ressourcenbündel eines anderen geeigneter für die Durchführung seines Lebensprojektes ist als sein eigenes. Und entsprechend fällt eine Güterverteilung dann durch den Neid-Test, wenn zumindest einer glaubt, daß das Güterset eines anderen für seine Lebenspläne geeigneter ist als das eigene, ihm im Auktionsverfahren zugeteilte.

Die Individuen haben alle erforderlichen ökonomischen Informationen: sie kennen das Ressourcenangebot der Insel, sie wissen, welche Ressourcen für ihre Lebensprojekte geeignet sind; und sie wissen auch, welche ökonomischen Konsequenzen mit der von ihnen gewählten Ressourcenausstattung verbunden sind, daß unterschiedliche Lebensprojekte aufgrund der sich einstellenden gesellschaftlichen Dynamik unterschiedliche ökonomische Schicksale nach sich ziehen werden. Es wird Ungleichheit entstehen, aber diese Ungleichheit kann keine moralische Kritik auf sich ziehen und nach einer Korrektur aus Gründen der Gerechtigkeit verlangen. Diese Ungleichheiten sind die Kosten individueller Entscheidungen unter fairen, niemanden bevorzugenden oder benachteiligenden Bedingungen; es sind autonom erzeugte, von allen Beteiligten gleichermaßen verantwortete Ungleichheiten, die nicht auf anderer Leute Kosten rektifiziert werden dürfen. Die neidfreie und differenzfreundliche Ressourcenverteilung ist samt der sich aus ihr entwickelnden Geschichte der Ungleichheit gerecht, weil sie selbst durchgängig durch das Gleichheitsprinzip regiert wird.

Es ist nun nicht damit getan, daß wir den Immigranten gleiches Startkapital geben; der Egalitarismus verlangt nach größeren Investitionen, um dem Kriterium des Neid-Testes gerecht zu werden. Denn bislang ist ganz außer Acht gelassen worden, daß sich die Individuen hinsichtlich ihrer nicht gewählten, sondern an und in sich vorgefundenen natürlichen Ausstattung in einem beneidungsrelevanten Ausmaß unterscheiden können. Und diese unterschiedliche natürliche, nicht-gewählte Ausstattung bestimmt die Verwendung der gewählten Ressourcen und ist für die Durchführung des Lebensprojekts von Bedeutung. In derselben Sekunde, in der die Statik der Ressourcenversteigerung abgeschlossen ist und die Dynamik der sich wechselseitig beeinflussenden Durchführungen der Lebensprojekte beginnt, entsteht der Neid; jetzt machen sich die neiderzeugenden natürlichen Ungleichheiten und Benachteiligungen bemerkbar und lassen die Lebensprojekte auseinandertreten, lassen Ungleichheiten entstehen, die nicht Konsequenzen selbstverantworteter Entscheidungen sind, sondern Folgen vorgefundener Benachteiligung und Privilegierung. Selbst wenn wir eine auktionale Gleichverteilung externer Ressourcen sicherstellen können, so bleibt doch eine signifikante Ungleichheit in der Ausstattung der Lebenserfolgsressource, die man selbst ist. Und damit kann der Anspruch nicht länger aufrechterhalten werden, ein Verteilungsmuster gefunden zu haben, das erlaubt, alle sozio-ökonomischen Ungleichheiten auf individuelle Entscheidungen zurückzuführen, und das folglich nur verdiente und moralisch zulässige Ungleichheiten zuläßt.

Dworkins Antwort auf diese egalitaristische Herausforderung erweitert das gedankenexperimentelle Szenario um einen Versicherungsmarkt, auf dem sich die Individuen gegen natürliche Benachteiligungen und dann im Fortlauf der Argumentation auch noch gegen niedrigen Lohn und Arbeitslosigkeit versichern können. »The idea of a market in insurance provides a counterfactual guide through which equality of resources might face the problem of handicaps in the real world«[11]. Der Grundgedanke dieser Konstruktion ist ungefähr folgender: die Versicherungsprämien, die die Immigranten für den Kauf einer Versicherung gegen natürliche Benachteiligung und andere Beeinträchtigungen ihrer Lebenskarriere aufzubringen sich entschlossen haben, werden dann in der realen Welt durch Besteuerung und gesetzliche Sozialabgaben eingesammelt und innerhalb der diversen Sparten des wohlfahrtsstaatlichen Versorgungssystems an die Versicherungsfälle, also die Bedürftigen verteilt. Dabei wird die Höhe der wohlfahrtsstaatlichen Kompensationsleistungen durch die Beitragssumme der hypothetischen Versichertengemeinschaft bestimmt; und die dem einzelnen zumutbare Abgabenbelastung müßte sich an dem Anteil bemessen, den er anfangs der hypothetischen Auktion für eine Anti-Benachteiligungs-Versicherungspolice von seinem Kapital abgezweigt hätte. Natürlich läßt sich mit dieser Geschichte von einer fiktiven Auktion und einem fiktiven Versicherungsmarkt keine Auskunft über die Höhe der finanziellen Ausstattung der wohlfahrtsstaatlichen Versorgungssysteme erhalten, aber wir gewinnen ein Argument, mit dem wir die Einrichtung eines

11 Dworkin: »What ist Equality? Part 2: Equality of Resources«, a.a.O., S. 297.

kompensatorischen Wohlfahrtssystems auf der Grundlage eines egalitären Liberalismus überhaupt rechtfertigen können. Es ist gleichsam eine Versicherung, in die alle freiwillig und aufgrund rationaler Überlegungen eingezahlt haben würden, um sich gegen mögliche natürliche Benachteiligungen bei der Realisierung der gewünschten Lebensprojekte zu versichern. Dieses Gedankenexperiment des Versicherungsmarktes nimmt es an argumentativer Flexibilität durchaus mit dem Vertrag auf: wie dieser als Instrument einer kollektiven Lösung mit beliebigen Problemsituationen kombiniert werden mag, so kann sich auch der hypothetische Versicherungsmarkt mit jedem Versorgungszweig verbinden lassen, in dem zum einen auf benachteiligungsrelevante Ungleichheit reagiert wird und zum anderen, setzt man eine umfassend informierte und hinreichend rationale Lebensplanung voraus, eine private Versicherung denkbar ist. So läßt sich die ganze Leistungspalette von der Gesundheitsversorgung bis zur Sozialversicherung und Arbeitslosigkeitskasse mithilfe dieses Arguments von der hypothetischen Selbstversicherung in die Begründungsargumentation integrieren. Während die Politik der Libertären darauf zielt, die öffentlichen Leistungssysteme durch Privatisierung zu verschlanken, geht die philosophische Wohlfahrtsstaatsbegründung des Dworkinschen Egalitarismus genau den umgekehrten Weg: sie legitimiert das öffentliche Leistungssystem, die kollektive Zwangssolidarität, indem sie es auf hypothetische Selbstversicherungen von Individuen zurückführt. Der Sozialversicherungsbeitrag, über den der Libertäre lamentiert, ist genau die durch gesetzlichen Zwang bewirkte Ressourcenminderung, zu der sich in der hypothetischen Ausgangssituation der individuellen Lebenskarrieren jedes rationale Individuum selbst und freiwillig zum Zwecke der Absicherung gegen natürlich vorgegebene oder kontingent widerfahrene Beeinträchtigungen bereitfinden würde, ja müßte.
Die Attraktivität des Prinzips der Ressourcengleichheit hat für Dworkin zwei Gründe: zum einen bietet der Ressourcenbegriff den besten Schlüssel für die gerechtigkeitsmethodologisch geforderten »overall comparisons of each person's overall situation«[12]; zum anderen erlaubt das Ressourcenkonzept die gerechtigkeitstheoretisch notwendige Distinktion zwischen verdienten und

12 Ronald Dworkin: »To Each His Own«, *The New York Review of Books*, April 14, 1983, S. 4-6; S. 4.

kompensationsunbedürftigen Ungleichheiten und unverdienten und kompensationspflichtigen Ungleichheiten; darum vermag allein das Ressourcenkonzept ein Verteilungssystem zu begründen, das zugleich »ambition-sensitive« und »endowment-insensitive« ist[13]. Die Doppelforderung nach einem zugleich ›begabungs-unempfindlichen‹ und ›leistungs-empfindlichen‹ Verteilungsmuster ist offenkundig der gerechtigkeitstheoretische Ausdruck des menschlichen Schicksals, selbstbestimmt handeln zu können, aber dabei immer unter vorgegebenen Bedingungen handeln zu müssen. Das Prinzip der Ressourcengleichheit gründet also in einem Cartesianismus der Verteilungsgerechtigkeit; dessen Verwirklichung eine diffizile diskriminatorische Ätiologie voraussetzt, mit der wir das komplexe Kausalitätsgeflecht unseres Lebens entwirren und die einzelnen Ursachenstränge identifizieren können, um zuverlässig herauszufinden, »which aspects of any person's economic position flow from his choices and which from advantages und disadvantages that were not matters of choice«[14]. Allerdings verfügen wir nicht über eine solche Ätiologie.

5.3 Cartesianismus der Verteilungsgerechtigkeit

So sehr die normative Groborientierung an den divergierenden Kriterien der Freiheit und Gleichheit uns auch einleuchtet, so stark ein gesellschaftliches Verteilungssystem sich auch immer auf eine gleichzeitige Verwirklichung der konfligierenden Ansprüche einer entscheidungsempfindlichen und begabungsunempfindlichen Distribution verpflichten mag, die empirische Wirklichkeit hält für dieses normative Programm beträchtliche

13 Diese Unterscheidung ist ein Leitmotiv des egalitären Liberalismus; selbst dort prägt sie die Argumentation, wo keinerlei gedankenexperimenteller Aufwand getrieben wird und keine Legitimationskonstruktionen erdacht werden, wie etwa bei Thomas Nagel: *Equality and Impartiality*, New York 1991; vgl. Wolfgang Kersting: »Egalitärer Liberalismus und Unparteilichkeitsethik. Die politische Philosophie Thomas Nagels«, *Deutsche Zeitschrift für Philosophie* 43/1995, S. 143-164.

14 Ronald Dworkin: »Why Liberals Should Care about Equality«, in: ders. *A Matter of Principle*, Cambridge, Mass. 1985, S. 205-213; S. 208.

Hindernisse bereit. In der Theorie läßt sich der energetisch-produktive Kern der Subjektivität mühelos von den Einflüssen der natürlichen Umstände trennen, in der Wirklichkeit jedoch kommt man mit diesem simplen subjektivitätsmetaphysischen Dualismus nicht weit. Als wenn nicht die Tätigkeiten der Subjektivität selbst ein natürliches Widerlager hätten, als ob nicht die Entscheidungstemperamente und Willensmuster, die Präferenzen und rationalkognitiven Kompetenzen durch genetische Vorgaben bestimmt wären? Bei der Ermittlung der für den individuellen Lebensverlauf verantwortlichen Faktoren stoßen wir auf eine zwar typologisch zu ordnende, empirisch jedoch unentwirrbare Gemengelage von Ursachen.

Eine wohlfahrtsstaatliche Operationalisierung des Dualismus von Umständen und persönlichen Entscheidungen ist illusionär. Dworkins Cartesianismus der Verteilungsgerechtigkeit ist nicht aufrechtzuerhalten: es gibt nicht den reinen Subjektivitätskern. Kein individuelles Entscheidungsprogramm, keine subjektive Präferenzordnung, keine persönliche Ethik des guten Lebens, die nicht auch in den vorgegebenen Mustern der natürlichen Umstände wurzeln, die jeder Mensch in Gestalt seiner genetischen und körperlichen Verfassung an und in sich selbst vorfindet. Selbst Stimmungsprofile, optimistische Einstellungen, Durchsetzungsvermögen und das Ausmaß an Risikobereitschaft sind auf natürliche Verteilungen zurückzuführen: die Auswirkungen der Lotterie der Natur bestimmen das gesamte Entscheidungsarsenal und Verhaltensrepertoire der Individuen. In dem Maße, in dem sich die Entscheidungsprogramme der Individuen selbst als naturbegründet entdecken, müßten auch die Redistributionsprogramme in die Erfolgs- und Mißerfolgsbilanzen der individuellen Lebensprojekte eingreifen. Der Anspruch, natürliche Benachteiligungen und Begünstigungen kompensatorisch auszugleichen, verlangt angesichts der osmotischen Verbindung zwischen der Begabungs- und Fähigkeitenstruktur und den Entscheidungsmustern und individuellen Lebensplänen einen expansiven Umverteilungsstaat. *Wie weit mag ein Egalitarismus der Lebenserfolgsressource, die wir selbst sind, gehen?* Schönheit, zumal in einer so äußerlichkeitskultischen Gesellschaft wie der unsrigen, ist eine soziale Macht. Muß nicht angesichts der überaus kläglichen Ergebnisse der natürlichen Ästhetiklotterie einerseits und der unleugbaren Startvorteile der Schönen andererseits der Egalitarist revoltieren?

Eine Schönheitssteuer einführen oder freie Kosmetik oder freies Hanteltraining für alle einschlägig Bedürftigen? 1960 hat L. P. Hartley bei Hamilton, London, ein Buch mit dem schönen Titel »Facial Justice« veröffentlicht; es gehört in die Gattung der Utopien, die bekanntlich allesamt sozialtechnologische Großversuche mit dem Ziel der vollständigen Ausrottung aller Kontingenzen darstellen; es berichtet von dem Gerechtigkeitsskandal der Schönheit, von dem unverdienten Aussehen, dem angeborenen schönen Gesicht, den Vorzügen der großen Augen und den Wettbewerbsvorteilen der klar geschnittenen Züge, es berichtet von der benachteiligenden Häßlichkeit und der marginalisierenden Unansehnlichkeit. Und es berichtet von dem politischen Programm der egalisierenden Gerechtigkeit, das durch die Entwicklung einer risikolosen und unaufwendigen Gesichtschirurgie ermöglicht wurde und somit die blinde natürliche Verteilung ästhetischer Eigenschaften durch Gesichtsplastiken der ausgleichenden Gerechtigkeit überformen kann, so daß nur noch ästhetische Durchschnittlichkeitsvarianten existieren, die körperliche Individualität sich auf eine karrierepolitisch neutrale Mediokritätsvariation beschränkt. Damit ist die Ungerechtigkeit der Natur überwunden und die soziale Macht der Schönheit gebrochen.
Es ist evident, daß das Problem der ätiologischen Undurchsichtigkeit der autonomen und heteronomen Faktoren des individuellen Lebenserfolgs eine präferenzindividualistische Theorie der sozialen Gerechtigkeit belasten muß, eine institutionalistische Theorie der Verteilungsgerechtigkeit hingegen nicht sonderlich bedrücken wird. Wenn wir eine Gerechtigkeitsbehandlung der Individuen vorgesehen haben, die die ganz besondere Präferenzsituation und das ganz persönliche Mischverhältnis von vorgefundenen und selbstfabrizierten Erfolgsursachen berücksichtigen muß, dann können wir uns nicht den Verteilungseigenschaften von Institutionen anvertrauen, da deren Tiefenschärfe nicht über die Generalität von Rechtsregeln und Bedürftigkeitsstandards hinausgehen kann. Aber damit wird eine institutionalistische Theorie der Verteilungsgerechtigkeit nicht unempfindlich gegenüber dieser Distinktion, die für unser Selbstverständnis, unsere moralischen Diskurse und unsere gesellschaftliche Praxis der Verantwortlichkeitszuschreibung ungemein wichtig ist. Immerhin war es Rawls, der mit dem Argument von den moralisch zufälligen Verteilungsresultaten der natürlichen Ausstattungslotterie die Notwendigkeit einer

autonomen und gesellschaftsweiten Verteilungsstruktur begründet hat. Aber aus der gesellschaftlichen Entscheidung für ein autonomes, die Festlegungen der Natur korrigierendes institutionelles System der Verteilung der kooperativ erwirtschafteten Güter unter dem neutralisierenden Schleier der Unwissenheit ist eben nicht das Gebot ableitbar, jedes Individuum einer einschlägigen Differentialanalyse zu unterwerfen, um die kompensationsbedürftigen Bestimmungen des Lebenserfolgs von den kompensationsunbedürftigen zu trennen, damit das Prinzip der Ressourcengleichheit ein übersichtliches Operationsgelände vorfindet.

Ein Markt, der Ressourcengleichheit ermöglicht, ist kein Markt der Kooperation, sondern ein Markt der Allokation; ein Verfahren, mit dem eine feststehende Menge von Gütern außerhalb aller geschichtlichen und gesellschaftlichen Kontexte und unabhängig von allen vorausliegenden institutionellen Mustern an eine Menge von Individuen verteilt wird. Die auf einem solchen Markt der Allokation, auf solch einer Auktion hergestellte Verteilungsstruktur hat in Dworkins Augen eine universelle Geltung; sie bietet eine Musterverteilung, eine egalitaristische Grund- und Startlinie, mit der der egalitaristische Abweichungsgrad der Institutionen und Verteilungsarrangements der wirklichen Welt bestimmt werden kann. Aber wie dieser Bogen zwischen der gegenwärtigen Aufteilung und einer angenommenen ursprünglichen Gleichheitsauktion geschlagen werden könnte, ist nicht einzusehen. Zu Recht hat Dworkin dem Kontraktualismus vorgeworfen, daß hypothetische Verträge nicht binden, politische Obligationen daher nicht aus Übereinkünften ableitbar sind, die man unter bestimmten kontrafaktischen Bedingungen vernünftigerweise hätte treffen sollen. Aber dieser Einwand trifft a fortiori auf ihn selbst zu: wie soll man eine bestehende Ressourcenverteilung mit dem Ergebnis einer gedachten und hinsichtlich ihrer internen Bestimmungen völlig kontingenten Auktion vergleichen können? Welche Überzeugungskraft wohnt einem Argument inne, das zur Begründung einer benachteiligenden Ressourcenausstattung in der Wirklichkeit eine Geschichte erzählt, in der der Nachweis angetreten werden soll, daß man sich nach einer hypothetischen Ersteigerung von Ressourcenbündeln und einem verschachtelten System nachgereichter Kompensationen von anfänglich vorliegenden und im weiteren Lebensverlauf eintretenden Benachteiligungen besser gestanden hätte als man sich jetzt steht.

5.4 Kants Postulatentheologie und die präferenzindividualistische Theorie der Verteilungsgerechtigkeit

Welche epistemologischen Probleme mit der präferenzindividualistischen Theorie der Verteilungsgerechtigkeit verbunden sind, zeigt deutlich ein philosophiehistorischer Abstecher. In der gegenwärtigen Diskussion begegnet ja keinesfalls zum ersten Mal ein strikt individuenadressiertes System der Verteilungsgerechtigkeit. Zum ersten Mal begegnet es in der Kantischen Postulatentheologie. In diesem Lehrstück hat Kant bekanntlich auf eine bereits die Zeitgenossen beträchtlich irritierende Weise den unabweislich fordernden kategorischen Imperativ mit dem allgemein menschlichen Bedürfnis nach einer gerechten Welt verknüpfen wollen: die Verbindung wird durch den Begriff der Glückswürdigkeit gestiftet; dadurch wird zum einen der Moralitätsbegriff verdienstethisch uminterpretiert und zum anderen das postmortale Sanktions- und Gratifikationssystem des Christentums in ein System der Verteilungsgerechtigkeit verwandelt, das ein der Würdigkeit proportionierliches Maß an Glück zuteilt: Damit der hienieden immer wieder enttäuschte Rechtschaffene nicht verzagt, wird er auf die transzendente *iustitia distributiva* Gottes vertröstet, die in genauer Proportionalität zu den individuellen Moralitätseinlagen Glückseligkeitsdividenden ausschüttet. Dieses Verteilungswerk kann nur Gott gelingen, denn nur Gott verfügt über die kognitiven Fähigkeiten, die erforderlich sind, um die je individuelle Glückswürdigkeit ermitteln zu können; nur ein Herzenskundiger kann den wahren Moralitätsgehalt menschlichen Lebens feststellen und, sofern überhaupt vorhanden, den Kern lauterer sittlicher Gesinnung vom motivationalen Gespinst aus gemischten Absichten und verstellenden Rationalisierungen sondern. Es ist nur zu verständlich, daß die Präferenzindividualisten diese Verwandtschaft verschweigen. Denn die Informationsbeschaffungsleistungen, die ein sozialstaatliches Verteilungssystem aufbringen müßte, um die Güter nach Maßgabe eines präferenzindividualistischen Prinzips der Wohlfahrtsgleicheit oder Ressourcengleichheit zu verteilen, sind kaum geringer als die göttlichen Erkenntnisanstrengungen am Jüngsten Tag.

5.5 Präferenzindividualisten mathematisieren die Verteilungsgerechtigkeit

In Rawls' Augen haben die Präferenzindividualisten die methodologische Lektion des Aristoteles nicht begriffen; sie haben sich einem sachunangemessenen Genauigkeitsideal unterworfen und damit der Sache der sozialen Gerechtigkeit eher geschadet als genützt. Gerechtigkeitsprinzipien sind, so steht es im Aufsatz über die Grundstruktur, »praktische und öffentliche Direktiven und keine mathematischen Funktionen, die so kompliziert sein mögen, wie man es sich nur vorstellen kann. Also wird jede vernünftige Zusammenstellung von Regeln die Fähigkeit der Individuen, sie zu verstehen und ihnen ohne große Schwierigkeiten zu folgen, nicht übersteigen und ebensowenig wird sie die Bürger mit normalerweise nicht zu erfüllenden Anforderungen an ihr Wissen und ihre Voraussicht belasten«[15]. Obwohl Rawls wie kein politischer Philosoph vor ihm die methodologischen Elemente der politischen Ökonomie in seine Darstellung einbezogen hat, ist er sich doch immer, im Unterschied zu seinen Nachfolgern, der geringen argumentativen Reichweite dieser Instrumente bewußt gewesen und hat sich keinesfalls von ihnen verführen lassen, die politische Philosophie der Gerechtigkeit mit sachunangemessenen Präzisionsforderungen zu belasten. Alle seine konzeptuellen Innovationen von den sozialen Grundgütern bis zur Grundstruktur als Gerechtigkeitsverfahren sind institutionalistische Kategorien und geradezu als Präventionen gegen eine Übermathematisierung der politischen Philosophie interpretierbar; alle definieren einen Zuständigkeitsbereich politikphilosophischer Argumentation diesseits aller Formeln und Funktionsgleichungen. Die Gefahr einer Übermathematisierung der politischen Philosophie ist in einem radikalen, also gegenständlichen Egalitarismus verankert, der den normativen Individualismus als direkten Normhintergrund seiner Verteilungsmatrix betrachtet und die Forderungen der Theorie nur dann erfüllt sieht, wenn eine individualistische Gleichheitsmetrik und eine egalitaristische Vergleichswährung entwickelt worden ist, die eine methodische Handhabe bietet für

15 John Rawls: »Die Grundstruktur als Gegenstand«, in: ders.: *Die Idee des politischen Liberalismus. Aufsätze 1978-1989*, Frankfurt/M. 1992, S. 45-79; S. 56.

den gleichsam trigonometrischen Aufbau einer verteilungsgerechten Gesellschaft, der die Gerechtigkeit im Verfahren eines unaufhörlichen interpersonellen Besitzvergleichs ermittelt.
Es ist auch kein Zufall, daß Rawls' Grundprinzip der Verteilungsgerechtigkeit im Rahmen eines kontraktualistischen Arguments entwickelt wird, die präferenzindividualistischen Alternativkonzeptionen jedoch allesamt nicht-kontraktualistisch sind; ist das Sozialmodell der kontraktualistischen Rechtfertigung der demokratische Diskurs, der allgemein akzeptable Regeln in einem alle gleichermaßen und zur gleichen Zeit einbindenden Verfahren zu ermitteln sucht, so ist das Sozialmodell der präferenzindividualistischen Verteilungsgerechtigkeit der die Individuen nach Maßgabe ihrer Präferenzen versorgende Markt, ein Ideal-Markt freilich, der der moralischen Forderung der Gleichheit gerecht wird, aber doch ein Markt, ein strikt individualistisches Unternehmen präferenzorientierter Zuteilung.
Manche Präferenzindividualisten sehen das oben skizzierte epistemologische Problem durchaus: bei Arneson, der sich für ein Prinzip der gleichen Wohlfahrtschancen ausspricht, stößt man beispielsweise auf die Vermutung, daß in der realen Welt die in der Diskussionswelt konkurrierenden Prinzipien der sozialen Gerechtigkeit wohl allesamt zusammenfallen würden, weil ihre politische Verwirklichung unter den vorliegenden Bedingungen konvergierende Resultate erzielen würde. Da muß man sich fragen, was innerhalb der normativ-praktischen Theorie der Verteilungsgerechtigkeit der Präzisionsgewinn der Theorie nutzt, wenn er nicht als Optimierungsgewinn an die Praxis weitergegeben werden kann. Aber warum erweisen sich die präferenzindividualistischen Theorien der sozialen Gerechtigkeit so wirklichkeitsfeindlich, daß der Versuch ihrer Verwirklichung allenfalls zu einer Verlängerung vorfindlicher sozialstaatlicher Normalität führen kann? Der Grund ist die schon erwähnte kognitive Insuffizienz: »Im konkreten politischen Leben unter modernen Bedingungen werden die Verteilungsinstanzen erstaunlich wenige Fakten kennen, die eigentlich bekannt sein müßten, wenn man genau bestimmen wollte, welche Chancen zur Erlangung von Wohlergehen verschiedene Menschen gehabt haben. Bis zu einem gewissen Grad ist es technisch nicht machbar oder sogar völlig unmöglich, die benötigten Informationen zu sammeln, und bis zu einem gewissen Grad geben wir den Regierungen nicht die Ermächtigung, die

benötigten Informationen zu sammeln, weil wir die Sorge haben, daß eine solche Ermächtigung mißbraucht wird«[16]. Und an anderer Stelle schreibt Arneson: »Doubtless it would be extremely costly und difficult, perhaps impossible, to set up institutions that could effectively gather and deploy the information that would be needed to taylor distributive shares to preferences. Hoping to bring about an increase in their distributive shares, individuals would have an incentive to present false information about their preferences to these share-setting institutions. One pictures a bureaucratic nightmare«[17].

Das Dworkinsche-Arnesonsche Ideal der Verteilungsgerechtigkeit ist aufgrund seiner präferenzindividualistischen Ausrichtung in der Tat auf die Unterstützung eines allwissenden Staates angewiesen. Es impliziert einen Informationsbeschaffungstotalitarismus, es muß ihn wollen und begrüßen, wenn er denn seine Erkenntnisse mißbrauchsfrei, nur für die Zwecke der Realisierung einer präferenzindividualistischen Gütergleichverteilung verwenden würde. Kant hat den eudämonistischen Paternalismus des Wohlfahrtsstaats seines Jahrhunderts als ärgste Despotie gebrandmarkt, weil er den individuellen Konzeptionen eines glücklichen Lebens eine allgemein verbindliche Glücksdefinition gewaltsam überstülpt. Eine derartige zentralistische Verordnung einer sittlich-materialen Lebensform durch den Staat ist bei den Theoretikern der Verteilungsgerechtigkeit nicht vorgesehen; die präferenzindividualistische Basis soll derartigen sittlich-obrigkeitlichen Bevormundungen ja gerade den Weg verlegen, indem es den Individuen das Recht beläßt, selbst den Glückskurs ihres Lebens zu bestimmen. Gleichwohl haben wir kein geringeres Recht, hier von einer Despotie der Verteilungsgerechtigkeit zu sprechen; ja diese Despotie ist sogar noch weitreichender, weil sie das Individuum in seiner Besonderheit betrifft. Staatliche Aufgaben sollten so definiert werden, daß der Staat nie die Individualität seiner Individuen zum Gegenstand seiner Neugier und seiner Reglementierung machen darf. Und jede Form von Verteilungsgerechtigkeit ist abzu-

16 Richard J. Arneson: »Gleichheit und gleiche Chancen zur Erlangung von Wohlergehen«, in: A. Honneth (Hrsg.): *Pathologien des Sozialen*, Frankfurt/M. 1994, S. 330-350; S. 342.

17 Richard J. Arneson: »«Liberalism, Distributive Subjectivism, and Equal Opportunity for Welfare», *Philosophy and Public Affairs* 19/1990, S. 158-194; S. 158.

lehnen, die von den staatlichen Strukturen Aufgaben verlangt, die sich nicht an diese Begrenzung halten.

Ohne Ansehen der Person soll in einem Rechtsstaat Recht gesprochen werden; dieses Desinteresse an der Individualität der Person verschafft Schutz und Sicherheit und Würde. Die Institutionen, geronnene Normenkonstellationen und Handlungsregeln, sind individualitätsunfähig, sie verstehen nicht, sondern sie klassifizieren; dieser institutionalistische Takt, der die normativ-gesetzlichen Zuschreibungsgrenzen nicht überschreitet und das Individuum in seiner Individualität unberührt läßt, wird in der präferenzindividualistischen Verteilungsgerechtigkeit und dem von ihr verlangten staatlichen Informationsbeschaffungstotalitarismus verletzt.

Die institutionalistische Verteilungsgerechtigkeit bietet keine präferenzindividualistische Gleichverteilung privater Güter, sondern einen in generellen Präferenzen gründenden, die Produktion und Verteilung öffentlicher Güter bildenden institutionellen Rahmen, der seinerseits das System privater Transaktionen einfaßt und somit dessen Spielraum definiert. Eine gerechtigkeitsbedeutsame sozio-ökonomische Ungleichheit kann nur eine Ungleichheit sein, die sich als institutionelle Auswirkung definieren läßt, die im Bereich des Einflusses institutioneller Umstände auf individuelle Lebensführungen liegt. Und solche Einflüsse sind politisch wie moralisch nur insofern bedeutsam, wie sie die Lebenschancen derjenigen bestimmen, die in ihrem Schatten leben, wie sie also nicht individuell-biographisch, sondern standard-biographisch wirksam sind. Mehr als die Umstände des Lebens darf und kann die Gesellschaft nichts angehen; auch ihre Sorge um die Gerechtigkeit kann sich nur als Sorge um gerechte Umstände, gerechte Gesetze, Institutionen, Programme, Systeme niederschlagen. *Auch für die Gerechtigkeitstheorie gilt: individuum est ineffabile*.

Der Institutionalismus der Verteilungsgerechtigkeit hat den Vorzug, mit den Gerechtigkeitsintuitionen des natürlichen Bewußtseins übereinzustimmen. Die common-sense-Sprache der sozialen Gerechtigkeit ist institutionalistisch und bezieht sich auf die sozio-ökonomische Position von Gruppen. Wenn wir eine Gesellschaft für ungerecht erachten, dann weisen wir immer auf sozioökonomische Positionen repräsentativer Art hin, auf die Stellung von Gruppen, nicht auf den Anteil von Individuen: niemand würde die Gerechtigkeit einer Gesellschaft bezweifeln, weil ein

Individuum nicht den ihm zukommenden, auf seine Präferenzen zugeschnittenen gleichen Ressourcen- oder Wohlfahrtsanteil zugewiesen bekommen hat. Auch die heimliche Gerechtigkeitstheorie des Marxismus ist institutionalistisch; ihr praktisches Ziel ist auf eine Distributionsrevolution der Verteilungsstrukturen, nicht auf eine Allokationsrevolution der individuellen Zuteilung gerichtet. Wir können uns durchaus Allokationssituationen vorstellen, in denen es als nicht nur moralisch unsensibel, sondern auch als geradezu ungerecht angesehen würde, wenn die Güter an den individuellen Präferenzen vorbei verteilt würden. Aber die Verteilungssituation der Gesellschaft hat nicht diese Allokationen eignende Übersichtlichkeit; das Distributionsprofil der Gesellschaft zeigt sich in ihrer institutionellen Struktur, nicht in der Summe von präferenzempfindlichen Einzelzuteilungen nach Maßgabe irgendeiner Gleichheitsmetrik. Die Vorstellung, die Gesellschaft zur Zuteilung präferenzempfindlicher individueller Anteile zu verpflichten, ist absurd. Das Konzept eines Wohlfahrtsrechts nicht minder, das nicht allgemeine Zuschreibungsbedingungen benennt, sondern für jede Person ein je anderes ist, da es mit der Zuteilung besonderer, präferenzempfindlicher Anteile zusammenfällt.

6. Rawls' Gerechtigkeitstheorie liefert keine Sozialstaatsbegründung

Man könnte einwenden, daß man in der Theorie des Institutionalisten Rawls vergeblich nach einer Sozialstaatsbegründung suchen würde. Das ist ohne jeden Zweifel richtig. Rawls wird völlig zu Unrecht als Philosoph der Sozialdemokratie und des wohlfahrtsstaatlichen Kapitalismus gefeiert. Es ist eine fundamentale Schwäche der Rawlsschen Konzeption, daß sie das Problem der Verteilungsgerechtigkeit allein als gerechte Verteilung der Lasten und Vorzüge einer Kooperationsgemeinschaft des wechselseitigen Vorteils auslegt. Rawls Theorie der Verteilungsgerechtigkeit ist allenfalls eine Theorie einer gerechten Arbeitsordnung; aber der Aufgabenkatalog der sozialen Gerechtigkeit läßt sich nicht auf die Verteilungsinteressen der Arbeitsplatzbesitzer beschränken. Um die Vorteile zu retten, die die institutionalistische Ausrichtung der Verteilungsgerechtigkeit gegenüber den präferenzindividualistischen Versionen der Verteilungsgerechtigkeit besitzt, muß die

Rawlssche Konzeption der Verteilungsgerechtigkeit vervollständigt werden. Die in der *Theory of Justice* entwickelte Verteilungsgerechtigkeitskonzeption bietet allenfalls eine halbierte Verteilungsgerechtigkeit. Deren Vervollständigung muß in das institutionalistische Paradigma passen, ohne sich freilich auf die These von der Kooperationsgemeinschaft zu stützen. Eine solidargemeinschaftliche Verteilungsgerechtigkeit kann sich nicht auf die Gerechtigkeitsintuition stützen, daß in einem allseits nützlichen Kooperationssystem die Lasten und die Vorzüge fair zu verteilen sind, da wir hier nicht mit der Perspektive des wechselseitigen Vorteils arbeiten können: es ist offenkundig so, daß die typischen Nutznießer solidargemeinschaftlicher Solidarität gerade keine Kooperationspartner darstellen, keinen Arbeitsbeitrag leisten, in das Kooperationssystem also nicht investieren, somit auch nicht einen moralischen Anspruch auf einen gerechten Anteil am Kooperationsgewinn stellen können; sie befinden sich in der prekären Lage, daß sie einerseits keinerlei Leistung für die Reproduktion des Kooperationssystems erbringen, andererseits aber aus den Kooperationsgewinnen alimentiert werden. Es ist ersichtlich, daß eine kooperationsgesellschaftliche Begründung der Verteilungsgerechtigkeit von anderem Zuschnitt sein muß als eine solidargemeinschaftliche Begründung der Verteilungsgerechtigkeit; geht es doch einmal um eine Verteilung der gemeinsam erwirtschafteten Güter an die Kooperationspartner, also um eine kooperationsgemeinschaftsinterne Verteilung, und das andere Mal um eine Umverteilung des Kooperationsmehrwerts auf diejenigen, die selbst zum Zustandekommen des Kooperationsgewinns keinerlei Beitrag geleistet haben. Eine vollständige institutionalistische Theorie der Verteilungsgerechtigkeit verlangt also eine weitreichende Revision der Rawlsschen Voraussetzungen: das ganze kontraktualistische Arrangement wird sich ändern, die Anwendungsverhältnisse der Gerechtigkeit werden komplizierter, und die gesellschaftliche Grundstruktur wird über den marktförmig organisierten Kernbereich der kooperativen Güterproduktion weit hinausreichen müssen.

Man kann der Ausweitung der Verteilungsgerechtigkeit auf den solidargemeinschaftlichen Bereich nun nicht mit folgendem Argument den Weg verlegen: das Gerechtigkeitsproblem, das den Verfassungswählern zur prinzipienlogischen, institutionellen Lösung überantwortet wurde, ist durch den konzeptuellen Horizont der Kooperationsgesellschaft definiert. Es ist nämlich überhaupt nicht einzusehen, daß unsere Verfassungswähler, die kein besonderes, sondern nur allgemeines Wissen haben, die sich also als Jedermann vor dem Hintergrund allgemeiner Struktur- und Problembeschreibungen situieren, sich nicht fragen, was aus ihnen wird, wenn sie das Schicksal der Arbeitslosigkeit ereilt: die Arbeitslosigkeitsoption ist analytischer Bestandteil einer allgemeinen Beschreibung eines Kooperationsgewinne abwerfenden kapitalistischen Wirtschaftssystems. Gerade weil sie ihre Entscheidung in Hinblick auf ein ganzes Leben treffen und damit rechnen müssen, daß ein Teil ihres Lebens in der Arbeitslosigkeit verbracht werden kann, werden sie das Verteilungsproblem nicht auf das Problem der Verteilung der kooperativ erwirtschafteten Güter auf die aktiven Kooperationsmitglieder beschränken, sondern auf alle Mitglieder der sich hinsichtlich der Güterproduktion kooperationsgemeinschaftlich organisierenden politischen Gemeinschaft ausdehnen.

Die Vertragstheorie erlaubt also eine Antwort auf beide Gerechtigkeitsprobleme; genausowenig wie das erklärte Ziel einer Sozialstaatsbegründung nach einer präferenzindividualistischen Gerechtigkeitskonzeption verlangt, erfordert es einen Verzicht auf das kontraktualistische Begründungsargument. Auf die erste, fundamentale und kooperationsgemeinschaftliche Gerechtigkeitsfrage antwortet die Vertragstheorie mit dem Grundsatz der erlaubten sozio-ökonomischen Ungleichheit: sozio-ökonomische Ungleichheiten sind nicht dogmatisch auszugleichen, sondern so zu gestalten, daß es den Schlechtestgestellten in diesem kompetitiv-kapitalistischen System langfristig besser geht als in einem vergleichbaren System strikter, planwirtschaftlich-zentralistischer Gleichverteilung. Die vertragstheoretische Fundierung der Gerechtigkeit bietet hier also eine Begründung der privaten Marktwirtschaft. *Es gibt demnach eine gerechtigkeitsethische Präferenz für den Kapitalismus.*

Auf die zweite, abgeleitete und solidargemeinschaftliche Gerechtigkeitsfrage gibt die Vertragstheorie folgende Antwort: Da jeder damit rechnen muß, in eine Lage geraten zu können, in der er nicht mehr selbst für sich und seine von ihm abhängigen Angehörigen sorgen kann und daher fremder Hilfe und Unterstützung bedarf, werden sich die Verfassungswähler auf ein Verfahren der Verstaatlichung der Nächstenliebe einigen, auf eine Regelung also, durch die sich die verfaßte Allgemeinheit verpflichtet, den hilfsbedürftigen Mitgliedern der Gesellschaft jene Unterstützung zuteil werden zu lassen, die sie benötigen, um zumindest ihre grundlegenden Bedürfnisse befriedigen zu können. Diese Regelung der institutionalisierten Solidarität mag mit der grundlegenden Auflage verknüpft sein, alle erforderlichen strukturpolitischen Vorkehrungen zu treffen, damit arbeitsfähige Arbeitslose auf dem Arbeitsmarkt wieder Tritt fassen und sich ihren Lebensunterhalt wieder durch eigene Leistung verdienen können. Wie aber dieser egalitaristische Versorgungssockel näher zu gestalten ist, ob er einerseits Wohlfahrtsrechte und andererseits ein Leistungssystem vorsieht, das wie zum Beispiel das bundesrepublikanische rund 150 inhaltlich unterschiedliche Sozialleistungen über mehr als 30 verschiedene öffentliche Stellen an gesetzlich definierte Anspruchsberechtigte verteilt oder ein Bürgergeld resp. ein Grundeinkommen mit entsprechend steuerrechtlicher Verrechnung für Bezieher eines höheren Arbeitseinkommens zahlt, das läßt sich natürlich allein aus dem kontraktualistischen Argumentationsaufbau heraus und ohne zusätzliche Überlegungen nicht beantworten.

Die institutionelle Ausgestaltung der institutionalistischen Verteilungsgerechtigkeit besitzt immer einen Spielraum, den auszumessen und auszulegen Aufgabe deliberativer Politik ist; und dieser politische Charakter ist kein geringer metatheoretischer Vorzug der institutionalistischen Konzeption der Verteilungsgerechtigkeit. Die institutionalistische Konzeption der Verteilungsgerechtigkeit ist politikoffen, sie ermöglicht und verlangt politisches Handeln. Sie trägt einen Begriff von Sozialstaatlichkeit, der im Horizont der politischen Selbstorganisation der kooperationsgemeinschaftlichen und solidargemeinschaftlichen Gesellschaft verbleibt. Wohingegen die Allokationsmathematik der präferenzindividualistischen Verteilungsgerechtigkeit kein politisches Handeln gestattet, sondern nur effizienten technischen Vollzug verlangt. Der Sozialstaat der präferenzindividualistischen Verteilungsgerechtigkeit ist eine leviathanische Bürokratie, deren kompensatorische Distributionstechnik der politischen Selbstbestimmung der Gesellschaft entzogen ist.

8. Globale Rechtsordnung oder weltweite Verteilungsgerechtigkeit?
Über den systematischen Grundriß einer politischen Philosophie der internationalen Beziehungen

1. Kosmopolitischer Skeptizismus und kosmopolitischer Kognitivismus

In all ihren Ausprägungen hat sich die normative Philosophie des Skeptikers zu erwehren: als Moralphilosophie hat sie es mit dem Verbindlichkeitsskeptiker zu tun, der ihren Anspruch auf objektive Gültigkeit ihrer Prinzipien verwirft; als politische Philosophie muß sie den Herrschaftsskeptiker zurückweisen, der die Legitimität zwangsbewehrter staatlicher Institutionen bezweifelt. Sie verfolgt dabei unterschiedliche Strategien, hat aber durchwegs leichtes Spiel. Auch wenn aller Letztbegründungsoptimismus längst verflogen ist, verbleibt der Moralphilosophie doch ein reichhaltiges Argumentationsrepertoire, um der skeptischen Irritation Herr zu werden. Und die Widerlegungsaufgabe des politischen Philosophen ist ohnehin leichter, da die herrschafts- und institutionenskeptische Position des Anarchisten ja selbst auf normativen Prämissen basiert.

Auf dem Gebiet der internationalen Beziehungen ist die Lage der normativen politischen Philosophie jedoch weitaus schwieriger; hier scheint der Skeptiker triumphieren zu können. Viele halten es in der Tat für ein von Beginn an verfehltes und sowohl theoretisch wie auch praktisch zutiefst sinnloses Unternehmen, eine Konzeption internationaler Gerechtigkeit entwickeln und normative Prinzipien für eine zwischenstaatliche Ordnung aufstellen zu wollen. Seit Thukydides' nüchternem Bericht über die Siegerarroganz der Athener ist die Ansicht immer wieder bekräftigt worden, daß moralisch-rechtliche Kategorien auf die internationale Politik nicht anwendbar seien und die Gültigkeit aller moralischen und rechtlichen Prinzipien an den territorialen Grenzen der staatlichen Gemeinschaften enden müsse. Wenn sich zwischen den Staaten überhaupt je eine dauerhafte Ordnung etablieren sollte, dann wird diese allein den klugen Anpassungsleistungen des na-

tionalen Egoismus an die Systemforderungen eines Abschreckungsgleichgewichts zu verdanken sein und nicht den normativen Prinzipien einer praktisch gesetzgebenden Vernunft oder den Bestimmungen einer ins Globale ausgreifenden menschenrechtlichen Ordnung.
Der Skeptiker, der die Möglichkeit und Verbindlichkeit einer internationalen Ethik bezweifelt, vertritt des näheren die These, daß der normative Diskurs die staatlichen Grenzen nicht überschreiten könne, ohne alle Verbindlichkeit zu verlieren. Für ihn haben die Wertorientierungen unserer kulturell-politischen Selbstverständigung, das Begründungsrepertoire unserer moralischen Urteilspraxis und die darin eingelassene Grammatik normativ-praktischer Rationalität, die den Horizont dessen bestimmt, was uns als guter moralischer Grund gilt, in der internationalen Welt keinerlei Bedeutung.

1.1 Realismus

Der Skeptiker kann in der Gestalt des Realisten, des Kontextualisten und des Sonderethikers auftreten, je nachdem, welche Gründe er für die Verteidigung seiner Position vorbringt. Das Argument des Realisten basiert auf der »verità effettuale«[1] , der »wirklichen Wahrheit« über die internationale Politik. Er erinnert an das Offensichtliche: die Geschichte der zwischenstaatlichen Beziehungen ist eine desillusionierende, nahezu ungebrochene Abfolge von Betrug und Verrat, Feigheit und Wortbruch, Krieg und Unterdrückung, Ausbeutung und Erniedrigung, Raub und Völkermord. In der internationalen Politik herrscht das machtbewehrte, sich über alle moralischen Skrupel hinwegsetzende Interesse. Eine friedensgewährende Ordnung kann allein durch eine Politik des Machtgleichgewichts, durch den operativen Apparat reziproker Abschreckung erreicht werden und nie mehr als ein fragiles Arrangement auf Zeit sein. Hier, so lautet das machiavellische Musterargument des Realisten, normative Vorstellung eines globalen Rechtsfriedens, gar einer gerechten Weltordnung vorzubringen, sei naiv und blauäugig, ja politisch gefährlich, da es die

1 Machiavelli, *Principe* XV; zum Realismus Machiavellis vgl. Wolfgang Kersting: *Niccolò Machiavelli*, München 1986, S. 48 ff.; S. 89 ff.

Handlungsmächtigkeit des Staates, seinen außenpolitischen Bewegungsspielraum einenge.[2]

Der Realist muß nicht umfassender Moralskeptiker sein, der normativen Prädikaten grundsätzlich eine objektive Bedeutung abspricht; er kann Anhänger der Menschenrechtsthese sein und an die Begründung politischer und sozialer Gerechtigkeit glauben. Sein Skeptizismus kann lediglich selektiv sein und nur den Zweifel beinhalten, daß das rechtlich-moralische Vokabular, das wir für die Zwecke unserer kulturell-politischen Selbstverständigung routiniert und funktionsgerecht verwenden, sinnvoll auch zur Beurteilung und Formierung zwischenstaatlicher Verhältnisse angewandt werden kann. In diesem Fall vertritt der Realist einen metaethischen Nationalismus, im Unterschied zum metaethischen Kosmopolitismus, der die Reichweite normativer Verbindlichkeit nicht durch staatliche Grenzen festlegen läßt.

Eine Begründung der skeptischen Position in der internationalen Ethik vermag der Realismus freilich nicht zu bieten; als moralskeptisches Argument mißlingt er. Zum einen aus dem offensichtlichen logischen Grund, daß aus der Ohnmacht der moralisch-rechtlichen Normierung zwischenstaatlichen Handelns nicht deren Ungültigkeit und theoretische Unmöglichkeit ableitbar ist. Es wäre natürlich falsch, jeden Zusammenhang zwischen logischen Gültigkeitsbedingungen und empirischen Wirksamkeitsbedingungen zu leugnen; ein alter Grundsatz der Moralphilosophie lautet: *ultra posse nemo obligatur* und macht damit die prinzipielle Realisierbarkeit und rationale Zumutbarkeit[3] einer Handlungs-

2 Zur Realismustradition in der internationalen Ethik vgl. Steven Forde: »Classical Realism«, in: T. Nardin and D. R. Mapel (Hrsg.): *Traditions of international ethics,* Cambridge 1992, S. 62-84; Jack Donnely, »Twentieth-Century Realism«, in: T. Nardin and D. R. Mapel (Hrsg.): *Traditions of international ethics,* a.a.O., S. 85-111; Marshall Cohen, »Moral Skepticism and International Relations«, in: Charles R. Beitz u. a. (Hrsg.): *International Ethics. A Philosophy and Public Affairs Reader*, Princeton 1985, S. 3-52; Charles R. Beitz, *Political Theory and International Relations*, Princeton 1979, S. 11-66.

3 Eine intuitive Festlegung muß hier genügen: nicht mehr rational zumutbar sind Handlungsweisen, deren Durchführung riskant wären, beträchtliche Opfer verlangten und den Handelnden in einen moralischen Märtyrer verwandeln würden. Handlungsweisen, die zum konstitutiven Repertoire der »Saints and Heroes« gehören, sind Gegenstand morali-

weise zur notwendigen Bedingung dafür, daß sie vernünftigerweise moralisch verlangt werden kann. Aber wer wollte behaupten, daß die Errichtung einer internationalen Ordnung auf den uns vertrauten menschenrechtlichen Grundsätzen prinzipiell nicht realisierbar und darüberhinaus den politischen Handelnden und den von ihnen repräsentierten und sie legitimierenden Völkern vernünftigerweise nicht zumutbar wäre? Und überdies wäre es ein individualistisches Mißverständnis, eine internationale Ethik nach dem Modell einer individuenadressierten Moralphilosophie zu konzipieren. So wie die politische Philosophie dem Individuum im Naturzustand nicht zumutet, als erstes und einziges und ohne der Kooperation aller anderen sicher zu sein, seine Verteidungsanstrengungen einzustellen und die Strategie des offensiven Mißtrauens aufzugeben, so kann auch eine internationale Ethik nicht von den Staaten prinzipiengerechte Vorleistungen ohne Berücksichtigung aller Folgen verlangen. Und wie die politische Philosophie ihr normatives Argument darum als strukturelles und institutionalistisches entwickelt, als Argument von der normativen Vorzugswürdigkeit einer strukturellen Ordnung, so muß sich auch eine internationale Ethik um ein institutionalistisches und strukturelles Argument bemühen und eine prinzipienbegründete Ordnung entwerfen, die sich über die Probleme ihrer Durchsetzungsschwierigkeiten keine Illusionen macht. Institutionalistische Ethiken stellen hinsichtlich ihrer Verwirklichung weitaus größere Ansprüche als individualistische Ethiken: bevor ein ihren Prinzipien folgendes Verhalten seitens der Mitglieder erwartet werden kann, müssen diese immer sich erst zu einem kooperativen Arrangement bereitfinden, durch das die institutionellen Bedingungen eines kostengünstigen und daher zumutbaren prinzipiengerechten Verhaltens festgelegt werden.

scher Bewunderung und Hochachtung, jedoch gerade nicht allgemein zumutbar.

1.2 Kontextualismus

Der kosmopolitische Kognitivismus widerspricht dem geltungstheoretischen Kontextualismus. Im Mittelpunkt des Kontextualismus steht eine partikularistische These über die Verbindlichkeitsbedingungen normativer Prädikate. Für den Kontextualisten ist die Grammatik unserer normativen Diskurse partikularistisch; normative Begriffe haben eine gemeinschaftsrelative und gemeinschaftskonstitutive Bedeutung, dienen der politisch-kulturellen Selbstverständigung einer partikularen Gruppe, verlieren jenseits der kommunalen Grenzen Bedeutung und verbindliche Orientierungsfunktion. *Und da die Welt für ihn kein normativer Kontext ist, sondern nur eine normative Konstruktion, kann er sie nicht als umfassenden Geltungsraum moralischer Prädikate ansehen.* Es gibt keine Weltgemeinschaft, kein einheitliches Subjekt einer identitätsbildenden Weltgeschichte, keine globale Selbstverständigung mit einer ubiquitär verbindlichen normativen Grammatik; folglich gibt es auch keinen gemeinsamen begrifflichen Fundus, den eine Welthermeneutik bei ihrer Suche nach den heimlich regierenden und intuitiv vorab anerkannten Prinzipien aufklären könnte. Nicht daß sie nicht irgendwann einmal fündig werden könnte: aber bis dahin, bis ein einheitliches moralisches Weltbewußtsein entstanden ist, muß sie warten. *Wer nur in der Dämmerung des Gewordenen leben kann, muß die Arbeit des Tages den normativen Konstruktivisten und kosmopolitischen Kognitivisten überlassen.*

Daß ein geltungstheoretischer Kontextualismus selbst mit einem erzkonstruktivistischen Theorieverständnis zusammengehen kann, belegt die Philosophie Hobbes', in der die traditionelle naturrechtliche Semantik der normativen Grundprädikate durch eine konventionalistische abgelöst wird: was als ›gut‹ und ›böse‹, was als ›gerecht‹ und ›ungerecht‹ zu gelten habe, legt der leviathanische Staat in Ausübung seiner absoluten legislatorischen Kompetenz fest[4]. Diese dezisionistische Semantik normativer Prädikate

4 Der zwischenmenschliche und der internationale Naturzustand ist gleichermaßen ein virtueller Kriegszustand, und dessen Folge ist eben, »That nothing can be Unjust. The notions of Right and Wrong, Justice and Injustice have there no place. Where there is no common Power, there is no Law: where no Law, no Injustice« (Hobbes, *Leviathan*, chap. XIII, p. 188 [ed. by. C.B. Macpherson, Harmondsworth 1979]).

bindet die Bedeutungsstiftung an den Rahmen des etatistischen Absolutismus; damit wird der Bereich zwischen den Staaten buchstäblich zu Natur, zu einem normativen Niemandsland, das durch keinen allgemein verbindlichen normativen Diskurs vermessen werden kann. Die Bedingungen der Möglichkeit einer internationalen Gerechtigkeitskonzeption fallen im Rahmen der Hobbesschen Theorie mit den Gründen ihrer faktischen Überflüssigkeit zusammen. Globale Gerechtigkeitsprinzipien kann es nur in einem Weltstaat geben.

Aber auch der zeitgenössische Kommunitarismus lehnt einen metaethischen Kosmopolitismus ab, da die Bedeutung normativer Orientierungsprädikate in den geteilten Wertüberzeugungen partikularer Gemeinschaften wurzelt und im Horizont der Interpretationsgeschichte ihrer Kultur bestimmt wird. In den Konzeptionen der Kommunitaristen nimmt die staatlich organisierte kulturelle Gemeinschaft eine ähnlich absolute, alle Geltungs- und Machtrelativierung abweisende Position ein wie der Staat bei Hobbes. Im universalismuspolemischen Partikularismus der kommunitaristischen Theorie normativer Prädikate wird der etatistische Absolutismus Hobbes' nachgebildet. Kommunitaristischer Geltungspartikularismus und Hobbessches Souveränitätsschema sind wie zwei Seiten einer Medaille: weder bei Hobbes noch bei den Kommunitaristen räumt die Theorie dem Universalismus die Möglichkeit ein, die konfligierende Pluralität von Staaten und staatlich organisierten Kommunitäten in eine globale Rechtsordnung zu integrieren, die zum einen in universalistischen Prädikaten gründet und zum anderen Souveränitätseinbußen ihrer Mitglieder verlangen muß, um ihre Implementierungsprobleme mit Aussicht auf Erfolg angehen zu können.

1.3 Die Sonderethikthese

Die dritte Spielart des Skeptizismus hinsichtlich der Möglichkeit einer internationalen Ethik wird durch die These von der Sonderethik vorgestellt. Die Sonderethikthese vertritt weder die Position eines metaethischen Nationalismus noch die These eines metaethischen Kosmopolitismus. Im Unterschied vom metaethischen Nationalismus geht die Sonderethikthese davon aus, daß der Bereich der internationalen Beziehungen Gegenstand ethischer Bewertung ist. Jedoch behauptet sie im Unterschied vom metaethischen Kosmopolitismus nicht, daß die Prinzipien der staatlichen Binnenmoral und die Prinzipien der zwischenstaatlichen Ethik identisch sind. Vielmehr behauptet sie, daß es zwei verschiedene Ethiken gibt, eine für die Menschen und eine für die Staaten. Tritt die Sonderethikthese radikal auf, dann nimmt sie die Gestalt einer Heterogenitätsthese an und behauptet, daß die Wertorientierungen und Ordnungsideale der zwischenmenschlichen Ethik keinesfalls auf die ethische Formierung der zwischenstaatlichen Beziehungen abbildbar seien. Nimmt sie eine mildere Form an, dann tritt sie als Ermäßigungsthese auf: das Problemfeld zwischenstaatlichen Handelns ist so strukturiert, daß die vergleichsweise strengen moralischen Maßstäbe der zwischenmenschlichen Ethik keine ungemilderte Anwendung finden dürfen und die moralischen Forderungen, die die Menschen billigerweise aneinander richten, nur in einer ermäßigten Form erhoben werden können. Verlangten die traditionellen Tugendethiken von Thomas von Aquin bis Erasmus von Rotterdam, daß die politisch Mächtigen und Verantwortlichen moralisch exzellente Menschen sein müßten und die moralischen Maßstäbe auf den Höhen der politischen Macht besonders streng anzuwenden seien, so gehen die Vertreter einer autonomen Moral des Politischen von der entgegengesetzten Überzeugung aus, daß in den Niederungen des Romulus der moralisch Strenge nicht bestehen könne und die besondere Natur politischen Handelns eine Verbindlichkeitsermäßigung gewöhnlicher moralischer Forderungen notwendig mache[5].

5 Ein bekannter Vertreter der Ermäßigungsthese ist David Hume. In section XI des dritten Buches seines *Treatise of Human Nature* , die von den »laws of nations« handelt, heißt es: »When men have found by experience, that 'tis impossible to subsist without society, and that 'tis impossible to maintain society, while they give free course to their appetites; so urgent an interest quickly restrains their actions, and imposes an obligation to observe those rules, which we call *the laws of justice*. This obligation of interest rests not here; but by the necessary course of the passions and sentiments, gives rise to the moral obligation of duty; while we approve of such actions as tend to the peace of society, and disapprove of such as tend to its disturbance. The same *natural* obligation of interest takes place among independent kingdoms, and gives rise to the same *morality*; so that no one of ever so corrupt morals will approve of a prince, who voluntarily, and of his own accord, breaks his

1.4 Kosmopolitischer Kognitivismus

Die drei skizzierten Konzeptionen eines Skeptizismus auf dem Gebiet der normativen Philosophie der internationalen Beziehungen besitzen nicht das theoretische Format, um die politische Philosophie nachhaltig einschüchtern zu können. Wenn der Realismus über den Horizont eines empirischen Forschungsprogramms hinausgehen und aus der Existenz machtbewußter Realpolitik und der hermeneutischen Tauglichkeit der Macht- und Interessenkategorien ein Argument gegen die philosophische und politische Vernünftigkeit einer moralisch-rechtlichen Beurteilung und Ordnung zwischenstaatlicher Beziehungen schmieden will, dann bewegt er sich auf logisch schlüpfrigem Boden. Wenn der Kontextualismus die Möglichkeit einer normativen politischen Philosophie internationaler Beziehungen an dem Geltungspartikularismus normativer Prädikate scheitern lassen will, dann irrt er sich beträchtlich hinsichtlich der Geltungsreichweite der Wertorientierungen unserer modernen westlichen politischen Gemeinschaften: hier gehört der Postkonventionalismus längst zum Repertoire des Selbstverständlichen[6]. Unser moralisches Vokabular ist universalistisch, und die normative Bewertung zwischenstaatlichen Verhaltens und der Beziehungen zwischen den Nationen gehört

word, or violates any treaty. But here we may observe, that tho' the intercourse of different states be advantageous, and even sometimes necessary, yet it is not so necessary nor advantageous as that among individuals, without which 'tis utterly impossible for human nature ever to subsist. Since, therefore, the *natural* obligation to justice, among different states, is not so strong as among individuals, the *moral* obligation, which arises from it, must partake of its weakness; and we must necessarily give a greater indulgence to a prince or minister, who deceives another; than to a private gentleman, who breaks his word of honour« (ed. by L. A. Selby-Bigge, Oxford 1978, III, XI, 568/9). Es ist offensichtlich, daß dies Argument von einer direkten Gegenüberstellung ›prince‹ und ›gentleman‹ lebt, also auf einem personalistischen Konzept politischen Handelns beruht, das sicherlich nicht so ohne weiteres auf politische Organisationsformen angewandt werden kann, die die politischen Entscheidungsprozesse strukturell beträchtlich komplizierter gestalten.

6 Vgl. Wolfgang Kersting: »Verfassung und kommunitäre Demokratie«, in: Günter Frankenberg (Hrsg.): *Auf der Suche nach der gerechten Gesellschaft*, Frankfurt/M. 1994, S. 55-74.

zu unserer fest verwurzelten moralischen Gewohnheit; und wir reagieren auf moralisch signifikante Verfehlungen im Bereich zwischenstaatlichen Handelns keinesfalls mit minder heftiger moralischer Empörung. An dem Internationalismus unseres moralischen Bewußtseins muß die kontextualistische These scheitern. Auch die Sonderethikthese vermag die Frage nach der angemessenen Gestalt einer normativen politischen Philosophie der internationalen Beziehungen nicht zum Schweigen zu bringen. Sofern sie eine alle moralisch-rechtlichen Normen beiseite schiebende Ethik des Nationalismus, des nationalen Sonder- und Ausnahmewertes vertreten möchte, begibt sie sich in eine logisch unhaltbare Begründungsposition, die Tautologizität und naturalistischen Fehlschuß in sich vereint[7]. Sofern sie jedoch nur dem nationalen Interesse in einem normativen Diskurs eine angemessene moralische Beachtung schenken möchte, ist sie nicht zur Behauptung eines kategorialen Hiatus zwischen dem zwischenmenschlichen und dem internationalen Beziehungsfeld gezwungen. Auch die zwischenmenschliche Moral erlaubt dem individuellen Interessehandeln Erfolg und Entfaltung; es muß nur mit den anerkannten moralischen Prinzipien in Einklang bleiben. Jede Moral, die ihre Anwendung unter menschlichen, also nicht-idealen Bedingungen reflektiert, weiß um die Begrenztheit moralischer Rationalität, weiß um konfligierende Ansprüche, Dilemmata und Notfälle. Auch die modernen universalistischen Moralkonzeptionen müssen nicht unempfindlich gegen die Forderungen des gewöhnlichen sittlichen Partikularismus sein, gegen die Asymmetrien der besonderen Verpflichtungen[8]. Es ist bekannt, daß die universalismusimplizite Maxime der Unparteilichkeit schon in rein zwischenmenschlichen Kontexten Anwendungsschwierigkeiten auslöst, erst recht aber im Bereich der internationalen Politik. Diese Schwierigkeiten verringern sich beträchtlich, wenn man zum einen die zu berücksichtigenden moralischen Wertungsdimensio-

7 Vgl. Wolfgang Kersting: »Verfassungspatriotismus, kommunitäre Demokratie und die politische Vereinigung der Deutschen«, in: *Universalismus, Nationalismus und die neue Einheit der Deutschen. Philosophen und die Politik*, hrsg. von Petra Braitling und Walter Reese-Schäfer, Frankfurt/M. 1991, S. 143-167; S. 152-154.

8 Vgl. Wolfgang Kersting: »Wider den Postnationalismus. Bemerkungen über modernen Nationalismus, Universalismus und Partikularismus«, *Tönnies-Forum* 4/1955, Heft 3, S. 20-43.

nen unterscheidet und zum anderen das Recht als umfassende, alle anderen Wertansprüche übertrumpfende normative Orientierung herausstellt. Natürlich wird der Aufgabenkatalog einer vollständigen internationalen Ethik auch Probleme der ökonomischen Gerechtigkeit umfassen, aber die Prinzipien einer globalen Rechtsordnung und die Prinzipien einer moralischen Korrektur der Weltwirtschaftsordnung werden sicherlich nicht der gleichen normativen Grammatik folgen können. Der menschenrechtliche Egalitarismus verlangt Impartialismus in Fragen des Rechts, der äußeren Freiheit und der politischen Selbstbestimmung. Jedoch kann eine internationale Ethik sich nicht die Wohltätigkeit des Hl. Martin zum Teilungsgerechtigkeitsvorbild nehmen und eine gigantische Redistributionsmaschinerie ins Werk setzen. Gleichberechtigung und Symmetrie gelten für das Recht; unterhalb des Rechts ist der Ort aller besonderen Verpflichtungen und sittlichen Asymmetrien. Eine gleiche Berücksichtigung aller Interessen kann nicht gefordert werden. Der über den Horizont des menschenrechtlichen Egalitarismus hinausreichende Impartialismus würde die sittliche Gravitation des Meinigen entwerten, mein Interesse mit dem von jedermann gleichstellen und alle in der Besonderheit wurzelnden Obligationen neutralisieren[9]. Der zu keinem mitmenschlichen Mitleid fähige, durch das reine Menschenantlitz nicht moralisch angerührte KZ-Scherge gilt uns als moralisch grauenhaft, als ungeheuerlich; doch auch der fanatische Universalist ist moralisch bedenklich, der das Interesse der Seinen nicht höher hält als das Interesse anonymer Mitmenschen und im Falle einer Grenzsituationsentscheidung zwischen dem Leben der Seinigen und dem eines fremden Menschen würfelt. Genauso wie wir im zwischenmenschlichen Bereich eine Ethik verwerfen müssen, die derartige besondere Obligationen ignoriert und den Bereich sittlich konstitutiver Asymmetrien nivelliert, müssen wir auch auf dem Feld der internationalen Beziehungen einen dogmatischen Impartialismus verwerfen. Der menschenrechtliche Egalitarismus als normative Grundlage unserer moralischen und rechtlichen Orientierungssysteme darf nicht die Bevorzugung des na-

9 Zur Kritik des Impartialismus vgl. auch James Fishkin: »Theories of Justice and International Relations: The Limits of Liberal Theory«, in: *Ethics and International Relations*, vol. 2, ed. by Anthony Ellis, Manchester 1986, S. 1-12.

tionalen Eigenen innerhalb des kosmopolitisch ausgedehnten Rechtsuniversalismus unmöglich machen. Wenn diese Kompatibilitätsbedingung beachtet wird, dann besteht für eine Sonderethik, für eine Ethik des Nationalismus keinerlei Notwendigkeit mehr.

Wenn, wie ich annehme, die These des metaethischen Kosmopolitismus richtig ist und die moralisch-rechtliche Vernunft als unteilbar zu gelten hat, wenn das rechtlich-moralische Begriffsrepertoire, mit dem wir uns in der vertrauten Welt des Sozialen und Politischen orientieren, auch in dem Bereich der internationalen und interstaatlichen Beziehungen grundsätzlich legitim verwendbar ist und die fundamentalen Wertorientierungen für die Gestaltung unserer sozialen und politischen Verhältnisse auch die Prinzipien einer internationalen Rechts- und Gerechtigkeitsordnung enthalten müssen, dann muß es in der internationalen Ethik[10] genauso viele philosophische Ansätze geben können wie in der einheimischen Ethik des Sozialen und Politischen. In der moralphilosophischen Reflexion des vertrauten sozialen und politischen Nahbereichs wird eine philosophische Interpretation, Explikation und Zuspitzung unserer lebensweltlichen Wertüberzeugungen gegeben; die dabei von der Philosophie entwickelten Begriffsformen, Argumentationsmuster und Rationalitätskonzepte müssen sich auf dem Feld der internationalen Ethik bewähren, wenn die Philosophie eine vollständige normative Theorie der zwischenmenschlichen Ordnungen liefern, aus dem Schatten des Nationalstaatsparadigmas heraustreten und die intuitive Überzeugung des natürlichen moralischen Bewußtseins von der Zuständigkeit seiner moralischen Begriffe und Gefühle auch für den Bereich des zwischenstaatlichen Handelns durch eine angemessene theoretische Begründung auffangen will.

Um eine erste systematische Vermessung des begriffsunsicheren und noch weitgehend unbegangenen Geländes der normativen politischen Philosophie der internationalen Beziehungen zu er-

10 Vgl. Terry Nardin and David R. Mapel (Hrsg.), *Traditions of international ethics*, Cambridge 1992. Diese Aufsatzsammlung gibt einen umfassenden Überblick über die moralphilosophischen Traditionen in der internationalen Ethik. Sie untersucht die Leistungsfähigkeit der bekannten moralphilosophischen Ansätze vom Naturrecht bis zum Kontraktualismus, vom Utilitarismus bis zum Marxismus auf dem Gebiet der politischen Philosophie der internationalen Beziehungen.

halten, werde ich im folgenden die beiden wichtigsten Theoriekonzeptionen des kosmopolitischen Kognitivismus vergleichen, die in der politischen Philosophie der Neuzeit bislang entwickelt worden sind. Sie entstammen der Tradition des philosophischen Liberalismus und sind die Frucht sehr ehrgeiziger und hoch elaborierter Theorieprogramme. Beide bilden den Schlußstein einer konsequenten theorieimmanenten Argumentationsentwicklung, die die Prinzipien einer gerechten internationalen Ordnung in folgerichtiger Ausweitung des Begründungsprogramms der Basistheorie und in schlüssiger Ausdehnung ihrer begrifflichen Ausgangskonstellation auf den zwischenstaatlichen Problemkontext gewinnt. Die erste Gestalt des kosmopolitischen Kognitivismus ist bereits Ende des 18. Jahrhunderts von Kant entwickelt worden. In seiner Rechtsphilosophie begegnet uns eine umfassende politische Theorie, die das Politische in der Sprache des vernünftigen Rechts buchstabiert und von der inneren Logik des Vernunftrechtsbegriffs selbst und seiner Verwirklichungsbedingungen getrieben wird, den vertrauten Horizont der staatlichen Ordnung zu überschreiten und in eine Theorie der Weltrepublik einzumünden.

Hingegen zählt die zweite Gestalt des kosmopolitischen Kognitivismus zu den wenigen Leistungen der gegenwärtigen politischen Philosophie auf dem Gebiet der internationalen Gerechtigkeitsethik. Sie ist zuerst 1979 von Charles Beitz in seinem Buch *Political Theory and International Relations*[11] konzipiert worden und in Aufbau und Durchführung dem kontraktualistischen Begründungsprogramm der Rawlsschen *justice-as-fairness*-Konzeption stark verpflichtet. Wie diese legt sie Gerechtigkeitsfragen als Verteilungsprobleme aus und gibt der internationalen Gerechtigkeitsordnung daher die Gestalt eines globalen Verteilungsmusters. In seiner Arbeit *Realizing Rawls* hat Pogge[12] dieses Projekt der Internationalisierung des Rawlsschen Gerechtigkeitsbegriffs aufgegriffen und eine modifizierte vertragstheoretische Begründung der internationalen Verteilungsgerechtigkeit vorgeschlagen. In den *Oxford Amnesty Lectures* von 1993 hat sich schließlich

11 Charles Beitz: *Political Theory and International Relations*, a.a.O.

12 Thomas W. Pogge: *Realizing Rawls*, Ithaca: Cornell University Press 1989; ders., »Rawls and Global Justice«, *Canadian Journal of Philosophy* 18/1988, S. 227-265.

Rawls[13] selbst mit der Skizze einer philosophischen Völkerrechtsbegründung zu dem Problem einer normativen Theorie der internationalen Beziehungen zu Wort gemeldet und darin interessanterweise eine Position bezogen, die Kants Konzeption entschieden bekräftigt und sich eindeutig von den überschwenglichen Vorstellungen der rawlsianischen enragés der Verteilungsgerechtigkeit distanziert, die auf der Grundlage des Differenzprinzips ein globales Umverteilungsprogramm ins Werk setzen möchten.
Der Vergleich dieser beiden Theoriekonzepte des kosmopolitischen Kognitivismus erfolgt in systematischer Absicht. Er konzentriert sich auf eine genaue Rekonstruktion der internen Verbindung zwischen der Basistheorie und ihrem kosmopolitischen Schlußstein und arbeitet die unterschiedlichen Begründungsargumente und Gerechtigkeitskonzepte heraus. Daher kann von ihm ein erster Aufschluß über die systematischen Gelingens- und Mißlingensbedingungen einer politischen Philosophie der internationalen Beziehungen erwartet werden. Dabei geht es vordringlich, so wird sich zeigen, um die Entscheidung zwischen der Internationalisierung der Rechtsstaatskonzeption und der Internationalisierung der Sozialstaatskonzeption. Muß die normative Orientierung einer politischen Philosophie der internationalen Beziehungen auf die Ausdehnung des intrastaatlich bewährten Rechtsmodells auf den zwischenstaatlichen Bereich zielen? Muß sich die politische Philosophie im zwischenstaatlichen Bereich für eine bewehrte Rechtsordnung einsetzen, die man mit Blick auf Nozick[14] als Minimalstaat im Weltmaßstab bezeichnen könnte, die zwar staatsanaloge Strukturen fordert, diese jedoch in ihrer Funktion auf Rechtsdurchsetzungs- und Friedensstiftungsaufgaben einschränkt? Oder muß sie gar weiter und über globale Minimalstaatlichkeit hinaus gehen und das wohlfahrtsstaatliche Ordnungsmodell mit seinem zentralen Konzept der egalitaristi-

13 John Rawls,»The Law of Peoples«, in: Stephen Shute/Susan Hurley (Hrsg.): *On Human Rights. The Oxford Amnesty Lectures 1993*, New York: BasicBooks 1993, S. 41-82; vgl. Thomas W. Pogge: »An Egalitarian Law of Peoples«, *Philosophy and Public Affairs* 23/1994, S. 195-224.

14 Robert Nozick; *Anarchy, State, and Utopia*, Oxford 1974; vgl. Wolfgang Kersting: »Naturzustand und Minimalstaat. Robert Nozicks Versuch, die Grenzen der Wirksamkeit des Staates zu bestimmen«, *Allgemeine Zeitschrift für Philosophie* 4/1979, S. 34-53.

schen Verteilungsgerechtigkeit zum normativen Fundament und institutionellen Muster der internationalen Ordnung machen? Methodologisch entspricht dieser Alternative die Entscheidung zwischen einem einstufigen Kontraktualismus der Weltbürger, die unmittelbar eine gerechte globale Ordnung entwerfen, und einem zweistufigen Kontraktualismus, der das bekannte individualistische Staatsgründungsmodell um eine zwischenstaatliche, in der Vertragssprache explizierbare Ordnung erweitert. – Ich beginne mit einem systematischen Grundriß der Kantischen Konzeption eines *vollständigen Rechtsfriedens* und wende mich dann den zeitgenössischen Versuchen zu, eine politische Philososophie der internationalen Beziehungen zu entwerfen. Dabei gehe ich zuerst auf Rawls' knappe Völkerrechtsskizze aus der *Theory of Justice* ein; sodann folgt eine kritische Analyse des Programms der Rawlsianer, das Konzept der Verteilungsgerechtigkeit zur kategorialen Basis einer normativen Philosophie der internationalen Beziehungen zu machen; und schließlich diskutiere ich Rawls' jüngste Äußerungen zum Völkerrecht und stelle besonders ihre verteilungsgerechtigkeitspolemische Pointe heraus. In der abschließenden Bilanz wird noch einmal der erkenntnistheoretische und methodologische Ertrag dieses systematischen Theorienvergleichs zusammengefaßt.

2. Grundriß der Kantischen Theorie eines vollständigen Rechtsfriedens

In Kants Friedensschrift formulieren die sechs Präliminarartikel zum ewigen Frieden unter Staaten die negativen Bedingungen eines zwischenstaatlichen Friedenszustandes. Ihr Gegenstand sind Vermeidungshandlungen, die zum konventionellen politischen Repertoire der Kriegsverhinderung und Friedensermöglichung gehören und als unerläßliche Voraussetzungen eines rechtlich befestigten Friedens empirisch ausweisbar sind. Auf der Grundlage dieser Präliminarartikel läßt sich ein Vorfriede erreichen, ein Zustand der Kriegsabwesenheit. Ein Zustand der Kriegsabwesenheit ist jedoch selbst noch kein positiver Friedenszustand. Um vom Zustand der Kriegsabwesenheit zum Zustand des Friedens überzugehen, muß der Weg der Verrechtlichung eingeschlagen werden. Nur durch das Recht gelangen Menschen und Staaten zum Frieden.

Ein Zustand der Kriegsabwesenheit ist für Kant Naturzustand und daher Kriegszustand. Das ist kein Widerspruch, denn für Kant ist der Naturzustand aus strukturellen Gründen ein Kriegszustand, weil es in ihm keine gewaltfreien, von kontingenten Machtverteilungen unabhängigen rechtlichen Verfahren der Konfliktregulierung und Ordnungsherstellung gibt, in ihm darum Unsicherheit und latente Gewalt herrschen, und jeder nur auf den nächsten »Ausbruch der Feindseligkeiten« wartet (VIII, 349)[15]. Kant legt die politische Fundamentalopposition von Krieg und Frieden rechtsphilosophisch aus und begründet damit einen anspruchsvollen Friedensbegriff, der alle politischen Befriedungsarrangements durch Übermacht und Abschreckung lediglich als negativen Frieden bewertet und noch dem Kriegszustand zurechnet.

Es bedarf also zusätzlicher Anstrengungen, damit die Kriegsabwesenheit auf Dauer gestellt wird und der negative Frieden der Kriegsabwesenheit einem positiven Friedenszustand Platz macht. Der Friedenszustand muß eigens »gestiftet werden« (VIII, 349); und diese Friedensstiftung besteht in der Etablierung bestimmter, vernunftrechtlich begründeter Rechtsstrukturen, die die politischen Macht- und Herrschaftskonstellationen institutionell überformen. Solange das noch nicht erfolgt ist, solange die Nachbarn einander noch nicht durch gemeinsamen Beitritt in ein System gesetzlicher Freiheit und gewaltfreier rechtlicher Konfliktregulierung ihrer Gewaltverzichtsbereitschaft versichert haben, ist es für jedermann nur vernünftig, jeden im Naturzustand verharrenden Nachbarn als Feind zu betrachten und zu behandeln und »jederzeit in Kriegsrüstung zu seyn« (XIX, R 7646). *Das gilt für Menschen im interindividuellen Naturzustand und für Staaten im internationalen Naturzustand gleichermaßen.* Unter normalen rechtlich und staatlich geordneten Verhältnissen werden wir jemanden nur dann als unseren Feind betrachten, wenn er uns in unseren Rechten verletzt hat; hier gibt sich der Feind also erst durch die rechtsverletzende Gewaltanwendung zu erkennen. Im Naturzustand hingegen, sowohl in dem zwischen den Menschen als auch in dem zwischen den Staaten herrschenden, ist jeder durch jeden anderen allein schon dadurch in seinen Rechten ver-

15 Kant-Zitate werden im Text ausgewiesen; es wird nach der Akademie-Ausgabe zitiert.

letzt, daß ein solcher Zustand der Gesetzlosigkeit zwischen ihnen besteht. Kant spricht daher von einer strukturellen, zustandsbedingten Rechtsverletzung, von einer »laesio per statum« (XIX, R 7647).

2.1 Kant und Hobbes

Aus dieser Naturzustandsinterpretation folgt unmittelbar die rechtliche Notwendigkeit, den Naturzustand zu verlassen. »Es soll kein Krieg sein; weder der, welcher zwischen Mir und Dir im Naturzustand, noch zwischen uns als Staaten, die obzwar innerlich im gesetzlichen, doch äußerlich (im Verhältniß gegen einander) im gesetzlosen Zustand sind« (VI, 354). Und daher gilt: »Alle Menschen, die aufeinander wechselseitig einfließen können, müssen zu irgend einer bürgerlichen Verfassung gehören« (VIII, 349/Anm.). Auch Hobbes lehrt, daß der Naturzustand zu verlassen ist; aber seine politische Philosophie weist nur einen Weg aus dem interindividuellen Naturzustand. Für den neuen, zwischen den Staaten entstehenden Naturzustand hat die Hobbessche Philosophie dann keine institutionelle Lösung mehr anzubieten. Der Kantische Weg aus dem Naturzustand hingegen führt viel weiter. Seine Rechtsphilosophie bietet für alle Naturzustandsverhältnisse eine rechtliche Friedenslösung an: nicht nur der interindividuelle Naturzustand ist durch eine Rechtsordnung abzulösen, auch der interstaatliche Naturzustand muß durch eine rechtliche Verfassung überwunden werden; und selbst noch der Naturzustand zwischen Individuen und fremden Staaten ist durch angemessene rechtliche Regelungen zu ersetzen.[16]

Vor dem Hintergrund der politischen Philosophie Hobbes' zeichnet sich der anspruchsvolle Charakter der Kantischen Theorie des vollständigen Rechtsfriedens deutlich ab. Während Kant den Frieden durch rechtliche Überwindung des zwischenstaatlichen Naturzustandes erreichen will, muß Hobbes nach einem Frieden *im* zwischenstaatlichen Naturzustand suchen, durch den der Zustand

16 Für eine umfassende Darstellung der Kantischen Rechtsphilosophie vgl. Wolfgang Kersting: *Wohlgeordnete Freiheit. Immanuel Kants Rechts- und Staatsphilosophie*, Frankfurt/M. 1993 (1. Aufl. Berlin 1984).

der Kriegsabwesenheit möglichst lange konserviert wird. Er stützt sich dabei auf ein Friedensprogramm des rationalen Mißtrauens, dessen Grundidee darauf zielt, den Krieg dadurch abzuhalten, daß jeder die Aufhebung des krieglosen Zustandes für alle anderen so teuer macht, daß sich für niemanden damit eine vernünftige Gewinnerwartung verbinden läßt. Der Kerngedanke ist also die Abschreckungsbalance, die zu stabilisieren eine stete Nachrüstungsbereitschaft nötig ist, die ihrerseits, um nicht Gefahr zu laufen, zu spät zu kommen, notwendigerweise zu einer Vorrüstungsbereitschaft tendiert, so daß die Abschreckungspolitik selbst die Rüstungsspirale aus sich hervortreibt. Damit wiederholt sich zwischen den Staaten das rationalitätstheoretische Dilemma, das bereits den Naturzustand zwischen den Menschen charakterisierte: die Maximierung der subjektiven Rationalität führt unvermeidlich zu einer Steigerung der objektiven Irrationalität. Nur steht für den objektiv irrationalen zwischenstaatlichen Naturzustand nicht mehr die Lösung bereit, die zur Beendigung des objektiv irrationalen Kriegszustandes zwischen den Menschen führte: ein globaler Leviathan ist in der Hobbesschen Philosophie nicht vorgesehen. Zwischen den Staaten bleibt der strukturelle Kriegszustand als internationaler Dauerzustand bestehen. Kant hingegen will keine Kriegsabwesenheit in einem Abschreckungsgleichgewicht begründen, sondern einen positiven Friedenszustand durch eine Rechtsordnung sichern. Bei ihm wird die Gewaltdynamik des Naturzustandes nicht durch ein Arrangement der Klugheit gebändigt, sondern durch eine »bürgerliche Verfassung« (VIII, 349) beendet, die einzurichten und nach reinen Rechtsprinzipien zu formen die Vernunft kategorisch von den Menschen und Staaten verlangt.

Die drei Definitivartikel zum ewigen Frieden formulieren die positiven Rechtsbedingungen dieses umfassenden Friedenszustandes. Sie beschreiben damit zugleich drei unterschiedliche Verrechtlichungsschritte staatsrechtlicher, völkerrechtlicher und weltbürgerrechtlicher Natur, die zur endgültigen Überwindung des Naturzustandes unternommen werden müssen. Diese »Eintheilung ist nicht willkürlich, sondern nothwendig in Beziehung auf die Idee vom ewigen Frieden« (VIII, 349/Anm.). Der ewige Friede ist das Ergebnis der Verrechtlichung aller konfliktträchtigen Beziehungen in der Welt der äußeren Freiheit. Nun kann es gesetzlosigkeitsbedingte Gewalt zwischen Menschen und Menschen, zwischen Staaten und Staaten und schließlich auch noch zwischen Staaten und Menschen (die fremden oder gar keinen Staaten angehören) geben. Folglich muß ein Programm der umfassenden Vermeidung konflikterzeugter Gewalt alle Konfliktzonen verrechtlichen, folglich muß das Programm eines zeitlich wie räumlich umfassenden Friedens eine staatsrechtliche Friedensstiftung, eine völkerrechtliche Friedensstiftung und eine weltbürgerrechtliche Friedensstiftung umfassen und miteinander kombinieren.[17]

Die Kantische Theorie des vollständigen Rechtsfriedens ist das Ergebnis einer konsequenten Freilegung der notwendigen Bedingungen peremtorischer Rechtsverhältnisse. Sie durchläuft drei Stufen. Sie beginnt mit dem Naturzustand, der den Charakter

17 Man könnte einwenden, daß das Thema der staatsrechtlichen Ordnung in einer Theorie des zwischenstaatlichen Friedens keine Rolle spielen könne und Kant ja selbst auch seinen vernunftrechtlichen Friedensvertrag als einen philosophischen Entwurf einer zwischenstaatlichen Rechtsordnung bezeichnet habe. Aber diesem Einwand begegnet Kant mit einem scharfsinnigen Argument, das zwei Thesen verknüpft. Die erste These lautet: Es gibt einen engen Zusammenhang zwischen der Verfassung eines Staates und seinem Verhalten zu anderen Staaten, so daß man grundsätzlich kriegsbegünstigende, unfriedliche Verfassungen und friedliche, kriegsverhindernde Verfassungen unterscheiden kann. Die zweite These lautet: Eine republikanische Verfassung ist eine friedensfunktionale Verfassung, die aus internen Gründen der vernunftrechtlichen Friedensforderung entgegenkommt. Daher hat die Vernunft also gleich einen doppelten Grund, eine republikanische Verfassung des Gemeinwesens zu verlangen. Einmal einen staatsrechtlichen, weil sie die einzig rechtmäßige, mit dem angeborenen Freiheitsrecht der Menschen in Übereinstimmung stehende bürgerliche Organisationsform ist. Und zum anderen einen völkerrechtspolitischen, weil sie die Etablierung einer internationalen Rechtsordnung begünstigt. Die aus reinen Rechtsprinzipien entwickelte völkerrechtliche Friedensordnung hat also eine staatsrechtliche Prämisse, deren Erläuterung Bestandteil des philosophischen Friedensentwurfs sein muß. Daher enthält der erste Definitivartikel zum ewigen Frieden unter Staaten die staatsrechtlich wie völkerrechtlich motivierte Vernunftrechtsforderung: »Die bürgerliche Verfassung in jedem Staat soll republikanisch sein« (VIII, 349); vgl. Wolfgang Kersting: »Die bürgerliche Verfassung in jedem Staat soll republikanisch sein«, in: Otfried Höffe (Hrsg.): *Kants Schrift »Zum ewigen Frieden«*, Reihe: Klassiker auslegen, Berlin 1995, S. 87-108.

eines Rechtsprovisoriums besitzt. Um dieses Rechtsprovisorium zu überwinden, ist die Etablierung staatlicher Verhältnisse unerläßlich. Erst in einem System der öffentlichen Gerechtigkeit, in dem das Recht eines jeden durch Gesetze und Gerichte zuverlässig bestimmt wird, herrschen peremtorische Rechtsverhältnisse. Aber peremtorisch ist das Recht in einer Republik nur in innerstaatlicher Hinsicht geworden. Die innerstaatliche Friedensstiftung führt nur zu einer Halbierung des Rechtsprovisoriums.[18] Der Einzelstaat ist selbst noch ein halbes Rechtsprovisorium, da er mit anderen seinesgleichen sich in einem gesetzlosen Zustand befindet. Zwischen den einzelnen staatlichen Naturzustandsüberwindern entsteht ein neuer, ein internationaler Naturzustand, dessen Rechtsgefährdungspotential dem des interindividuellen Naturzustandes strukturell gleicht und der daher nach einer analogen rechtlichen Befriedung verlangt. Angesichts der unvermeidbaren Interdependenz der Staaten besteht ein unauflöslicher Zusammenhang zwischen der innerstaatlichen Friedensstiftung und der interstaatlichen Friedensstiftung. Der innerstaatliche Rechtsschutz kann jederzeit durch zwischenstaatlich ausbrechende Kriege zerstört werden. Die gesetzliche Freiheit der Individuen hängt nicht allein von der inneren Stabilität ihres Staates selbst ab, sondern auch von der rechtlichen Festigkeit der äußeren Beziehungen ihres Staates zu den anderen Staaten. Daher muß die Vernunft den Entwurf einer Rechtsordnung der bürgerlichen Gesellschaft um völker- und weltbürgerrechtliche Bestimmungen erweitern, die die Verhältnisse und das Verhalten der Staaten zueinander rechtlich ordnen. Oder, anders formuliert, die von der Vernunft a priori gestiftete rechtliche Ordnung der äußeren Freiheit der Menschen ist erst dann vollständig, wenn auch die zwischenstaatlichen Verhältnisse der normierenden Vernunft unterstellt werden. »Das Problem der Errichtung einer vollkommenen bürgerlichen Verfassung ist von dem Problem eines gesetzmäßigen äußeren

18 »Da der Naturzustand der Völker ebensowohl als einzelner Menschen ein Zustand ist, aus dem man herausgehen soll, um in einen gesetzlichen zu treten: so ist vor diesem Ereignis alles Recht der Völker und alles durch den Krieg erwerbliche oder erhaltbare äußere Mein und Dein der Staaten bloß provisorisch, und kann nur in einem allgemeinen Staatenverein (analogisch mit dem, wodurch ein Volk ein Staat wird) peremtorisch geltend und ein wahrer Friedenszustand sein« (VI, 350).

Staatenverhältnisses abhängig und kann ohne das letztere nicht aufgelöst werden. Was hilfts, an einer gesetzmäßigen bürgerlichen Verfassung unter einzelnen Menschen, d. i. an der Anordnung eines gemeinen Wesens, zu arbeiten? Dieselbe Ungeselligkeit, welche die Menschen hiezu nöthigte, ist wieder die Ursache, daß ein jedes gemeine Wesen in äußerem Verhältnisse, d. i. als ein Staat in Beziehung auf Staaten, in ungebundener Freiheit steht, und folglich einer von dem anderen eben die Übel erwarten muß, die die einzelnen Menschen drückten und sie zwangen in einen gesetzmäßigen bürgerlichen Zustand zu treten« (VIII, 24). Das individuelle Recht auf eine vollkommene bürgerliche Verfassung ist nur durch eine »vollkommene bürgerliche Vereinigung in der Menschengattung« (VIII, 29), durch eine sowohl »innerlich- und ... auch äußerlich-vollkommene Staatsverfassung« (VIII, 27), also durch einen »Menschenstaat« (VIII, 349) oder ein Staatenbündnis zu gewährleisten, da nur in einem »allgemeinen Menschenstaat« oder durch eine staatliche Konföderation alle Naturzustandsgefahr beseitigt ist. Angesichts dieser Überlegung zeigt sich, daß Kants Konzept des Menschenrechts oder des subjektiven Rechts a priori weit über die Vorstellungen liberaler Grundrechtstheorie hinausweist und die utopische Dimension einer gesicherten Mitgliedschaft in einer Weltrepublik umfaßt. Entfaltet das jedem Menschen als Menschen zukommende Recht seine normativen Implikationen vollständig, dann entdeckt es sich in letzter Konsequenz als Recht auf inner- und interstaatliche Gerechtigkeit und als Recht auf inner- und interstaatlichen Frieden.

2.2 Kontraktualistischer Kosmopolitismus

Es ist nur konsequent, wenn Kant die naturzustandsüberwindende Verrechtlichungsentwicklung in einen »Menschenstaat«, in eine »vollkommene bürgerliche Vereinigung in der Menschengattung« einmünden läßt. Denn das kontraktualistische Argument ist aus systematischen Gründen, aus Gründen innerer argumentativer Konsistenz ein weltstaatsorientiertes, auf einen einzigen Staat zielendes Argument: die in ihm entwickelte normativ ausgezeichnete Ordnungsvorstellung vermag erst in einem Weltstaat Realität zu gewinnen. Das zeigt eine einfache Überlegung: es ist innerhalb der begrifflichen Arrangements des Naturzustandsarguments nicht möglich, Grenzen zu ziehen und unterschiedliche Vertragsgemeinschaften anzunehmen; der Kontraktualismus ist notwendigerweise kosmopolitisch, der in ihm konstituierte rechtliche Zustand ist von globalem Ausmaß; denn der Naturzustand ist selbst so groß wie die Welt. Die Welt ist der Ort, wo Knappheit herrscht, wo Menschen nicht vermeiden können, einander bei der Verteilung der Güter ins Gehege zu kommen, wo Menschen unvermeidlicherweise einander Hindernisse bei der Wahrnehmung ihrer äußeren Freiheit sind; die Welt ist aufgrund ihrer Endlichkeit durchgehend ein Ort der Konkurrenz und des Konflikts. Die Problembeschreibungen im Naturzustandsgewand stützen sich allein auf diese grundlegenden Merkmale; das Problem des Naturzustandes ist daher ein weltweites Problem. Der Syllogismus des kontraktualistischen Arguments umfaßt entsprechend die ganze Welt. Die Konklusion darf hinter den Prämissen nicht zurückstehen; die Lösung muß auf die Problemweite zugeschnitten sein. Der das Naturzustandsproblem auflösende Rechtszustand muß sich über die ganze Welt erstrecken; Unordnung an den Rändern, Rechtlosigkeitsinseln, Gewaltenklaven beweisen die Fortdauer des Naturzustandes, stufen die erreichte Verrechtlichung auf ein Provisorium herab. Auch die Einzelstaatsgründungen sind nur Partialverrechtlichungen, Rechtsinseln innerhalb weltumspannender Gesetzlosigkeit. Der Gesellschaftsvertrag ist notwendigerweise ein Weltgesellschaftsvertrag; und die in ihm gründende politische Organisationsform zielt auf einen Weltstaat. Der Kontraktualismus unterläuft das Paradigma des Nationalstaates. Der republikanische Parochialismus der Rousseauschen *volonté générale* verwandelt sich in einem konsequent ausgelegten kontraktualistischen Argument in einen weltumspannenden allgemeinen Willen.

Werden die Implikationen der politischen Philosophie des Gesellschaftsvertrags argumentationslogisch voll ausgereizt, dann nimmt sie also die Gestalt eines kontraktualistischen Kosmopolitismus an. Es gibt nur einen Philosophen, der den gesellschaftsvertraglichen Egalitarismus und die in ihm begründete politische Organisationsform einer Republik des allgemeinen Gesetzes bis ins Kosmopolitische ausgedehnt hat. Es zeugt von der philosophischen Gründlichkeit und rechtsphilosophischen Genialität Kants, daß er den Weltstaat als notwendige Idee in seine Rechtsphilosophie aufgenommen und jede politisch-rechtliche Organisationsform unterhalb des globalen Niveaus als Provisorium charakterisiert hat. Solange die Staaten in einem Hobbesschen Pluriversum nebeneinander leben, ist der Naturzustand noch nicht überwunden; ist dem Postulat des öffentlichen Rechts noch nicht Genüge getan. Erst wenn die rechtlichen Setzungen des allgemeinen Willens die Welt umspannen, erst wenn der Vertrag, durch den sich der allgemeine Wille konstituiert, ein Weltgesellschaftsvertrag ist, ist die gewaltverdrängende Verrechtlichungsbewegung zum Abschluß gekommen. Die Kugelgestalt der Erde, die Knappheit des Raumes und der Dinge bewirkt und diesen Planeten zu einem konfliktträchtigen Wohnplatz der Menschen macht, ist zugleich der kontingent-materiale Grund für die Einrichtung von Rechtsverhältnissen und ihr notwendiges Ziel. Erst wenn die Rechtsordnung der Vernunft den ganzen Globus umspannt, herrschen peremtorische Rechtsverhältnisse, ist das Postulat, den Naturzustand zwischen den Menschen zu überwinden, erfüllt.

Man darf die Allgemeinheit der Vernunft und des vertraglich konstituierten Willens nicht unterschätzen: mit der wie immer republikanisch verfaßten nationalstaatlichen Einzelsouveränität ist die Allgemeinheitsebene der Vernunft noch nicht erreicht; erst wenn die Allgemeinheit sich in einer weltstaatlichen Rechtsordnung manifestiert, wenn die Vertragsidee weltrepublikanische Wirklichkeit erlangt, leben die Menschen in vollendet vernünftigen äußeren Verhältnissen. Die Menschen werden zu diesem Finalstadium der Rechtsverwirklichung zwar immer nur geschichtlich unterwegs sein; aber dieses Ziel der Realisierung der Rechtsvernunft gehört zu ihrer vernunftrechtlichen Grundbestimmung. Als Rechtssubjekte sind wir a priori verpflichtet, das Recht der Menschheit zu verwirklichen; und die Verwirklichung des Rechts der Menschheit verlangt die Errichtung eines vernunftrechtlichen Weltstaats, der als institutionalisierte Vernunft das Leben der Menschheit rechtsförmig ordnet.

2.3 Die Verfassung der *pax kantiana*

Mir geht es hier nur um den Nachweis des internen Kosmopolitismus des kontraktualistischen Arguments. Kant selbst freilich vermag seine völkerrechtlichen Vorstellungen nicht auf der Höhe seiner eigenen Einsicht zu halten, er lehnt eine Weltrepublik, einen selbst staatsförmigen »Staatenverein« ab und argumentiert nur für die schwächste Form rechtlich verfaßter Internationalität, für einen Föderalismus ohne jede interne Staatlichkeitsstruktur.[19] Kant unterscheidet drei völkerrechtliche Organisationsformen. Da ist zum einen das Weltstaatsmodell. Es stellt eine leviathanische Lösung des Weltfriedensproblems dar: indem der Weltstaat das Hobbessche Pluriversum durch Absorption aller Einzelstaaten in einen einzigen verbleibenden Staat, einen *lupus intra muros* im Weltmaßstab, aufhebt, weist er einen radikalen Ausweg aus allen völkerrechtlichen Schwierigkeiten. Da ist zum anderen die genau gegensätzliche konföderative Lösung, die zu einer Vertragsgemeinschaft souveräner Staaten führt, die selbst keine institutionellen Elemente von Staatlichkeit aufweist und im institutionell unbefestigten, moralischen Schwebezustand reiner Verabredung verbleibt. Und da ist drittens der Verfassungstyp, den Kant als »Staatenverein«, als »Republik freier verbündeter Völker« (VI, 24/Anm.) bezeichnet. Charakteristisch für dieses völkerrechtliche Organisationsmodell ist, daß es Elemente supranationaler Staatlichkeit einschließlich effektiver Institutionen für die Durchsetzung des internationalen Rechtsfriedens auf der Grundlage einvernehmlicher und partieller Souveränitätsverzichte der Mitgliedsstaaten umfaßt.

Kant lehnt das Weltstaatsmodell aus pragmatischen Gründen ab, teils weil er von einem Weltstaat einen unwiderstehlichen Despotismus befürchtet, der die Welt in einen »Kirchhof der Freiheit« (VIII, 367) verwandeln würde, teils weil er ihn für unregierbar hält. Kant verwirft aber auch das Modell der Völkerrepublik. Allein im Völkerbund erblickt er einen angemessenen Weg, die zwischenstaatliche Friedensaufgabe anzugehen. Zwar gibt er zu: »Für Staaten im Verhältnisse unter einander kann es nach der Vernunft keine andere Art geben, aus dem gesetzlosen Zustande, der lauter Krieg enthält, herauszukommen, als daß sie eben so wie einzelne Menschen ihre wilde (gesetzlose) Freiheit aufgeben, sich zu öf-

19 Zu dieser Frage im besonderen und zum Kantischen Völkerrecht und Friedenskonzept im allgemeinen vgl. Georg Geismann: »Kants Rechtslehre vom Weltfrieden«, *Zeitschrift für Philosophische Forschung* 37/1983, S. 363-388; Otfried Höffe: *Kategorische Rechtsprinzipien*, Frankfurt/M. 1990, S. 249-284; Wolfgang Kersting: »Pax Kantiana. Towards a Political Philosophy of International Relations«, *prima philosophia* 6/1993, S. 153-168.

fentlichen Zwangsgesetzen bequemen und so einen (freilich immer wachsenden) Völkerstaat ..., der zuletzt alle Völker der Erde befassen würde, bilden« (VIII, 357). Jedoch kann der Übergang vom Naturzustand zum Einzelstaat nicht als Muster für den Übergang vom Naturzustand der Völker zu einer Weltfriedens- und Weltgerechtigkeitsordnung dienen. Es ist zwar rechtlich geboten, »aus dem gesetzlosen Zustande der Wilden hinaus zu gehen und in einen Völkerbund zu treten; wo jeder, auch der kleinste Staat seine Sicherheit und Rechte nicht von eigener Macht, oder eigener rechtlichen Beurtheilung, sondern allein von diesem großen Völkerbunde ..., von einer vereinigten Macht und von der Entscheidung nach Gesetzen des vereinigten Willens erwarten könnte« (VIII, 24), doch kann die interstaatliche Friedensstiftung nicht die innerstaatliche Friedensstiftung kopieren, obwohl hinsichtlich der rechtlichen Statik zwischen der Weltrepublik und der einzelnen Republik nicht der mindeste Unterschied besteht. Es kann nämlich kein staatsadressiertes Analogon zum individuenadressierten Postulat des öffentlichen Rechts geben, es kann kein Erlaubnisgesetz der Vernunft zur Gewaltnahme zum Zwecke der Errichtung eines Weltstaates geben, und daher kann sich die Befriedung durch Einzelstaatlichkeit nicht als Befriedung durch Weltstaatlichkeit vervollständigen. Es gibt im Kantischen Vernunftrecht Raum für Staatsgründungsgewalt, aber nicht für Weltstaatsgründungsgewalt. Menschen, jedoch nicht Staaten dürfen einander zwingen, sich einer gemeinsamen gesetzgebenden Gewalt zu unterwerfen. Die einzelstaatlichen Friedensstifter können nicht selbst zulässige Objekte friedensstiftender, staatlichkeitserzeugender Gewalt werden. So plausibel und konsequent einerseits die Idee des allgemeinen Menschenstaats, die Idee einer Weltrepublik ist, so steht sie doch andererseits im Widerspruch zur einzelstaatlichen Souveränität, wenn sie zum Gegenstand eines Postulats eines öffentlichen weltbürgerlichen Rechts gemacht wird. Sie muß daher auf die Idee der Föderalität durch »gemeinschaftliche Verabredung« (VIII, 25) herabgestuft werden. Denn zwar darf ich als Individuum jeden nötigen, mit mir in einen gemeinschaftlich-gesetzlichen Zustand zu treten; jedoch ist kein Staat rechtlich befugt, einen anderen Staat zu zwingen, mit ihm in einen weltstaatlichen Zustand einzutreten und sich weltöffentlichen Zwangsgesetzen zu unterstellen.[20]

20 Kants Theorie der Weltrepublik und des globalen Rechtsfriedens

Kant interpretiert diese Unantastbarkeit der einzelstaatlichen Souveränität jedoch darüberhinaus auch im Sinne einer rechtlichen Unmöglichkeit, freiwillig auf Souveränitätsteile zu verzichten. Übertragungen hoheitlicher Kompetenzen an internationale Institutionen, denen dadurch begrenzte supranationale Staatlichkeit zuteil würde, verurteilt Kant als Selbstverletzung der Souveränität, als staatsrechtliche Annihilation des Staates. Den Staaten ist es strikt untersagt, jeder für die Etablierung einer effizienten zwischenstaatlichen Friedensordnung notwendigen Souveränitätsschmälerung zuzustimmen, da Kant wie Hobbes die zwischenmenschlich-innerstaatliche Friedensstiftung unauflöslich mit dem absolutistischen Souveränitätsschema verknüpft. Das Dogma der einzelstaatlichen Souveränität reduziert die Möglichkeiten einer zwischenstaatlichen Rechtsordnung somit auf die organisationstechnisch unverbindlichste und machtpolitisch schwächste Option des vertraglich vernetzten Föderalismus. Damit gerät die Rechtsvernunft in eine mißliche Lage: was sie einerseits um des Rechts willen gebieten muß, die Errichtung eines Völkerstaats, muß sie andererseits um des Rechts willen für unmöglich erklären.
Die »positive Idee der Weltrepublik« mit einem hohen rechtlichen

nimmt der traditionsreichen Lehre vom gerechten Krieg allen Halt. Die Naturrechtsjuristen, die sich über die rechtliche Disziplinierung des Krieges aufwendige Gedanken machten, sind für ihn nur »lauter leidige Tröster«, die als Kriegsverhinderer stets versagen, aber als Lieferanten für Kriegsgründe von den Herrschenden gern konsultiert werden (VIII, 355). Aber die von ihnen vorgetragene Rechtfertigung für Angriffskriege hält näherer Überprüfung nicht stand. Der gerechte Krieg ist eine contradictio in adjecto, da die Rechtsvernunft den »Krieg als Rechtsgang schlechterdings verdammt« (VIII, 356). Der einzig denkbare Rechtsgrund für einen Krieg wäre das Recht, die feindliche Partei zu zwingen, in einen bürgerlichen Zustand einzutreten und sich einer allgemeinen gesetzgebenden Gewalt zu unterwerfen. Aber dieses Recht, mit dessen Hilfe Kant die gewaltentsprungenen Staatsgründungen der Geschichte in sein rechtsphilosophisches Argument integriert, ist auf zwischenstaatliche Verhältnisse nicht anwendbar. Hier ist die Asymmetrie zwischen innerstaatlicher Friedensstiftung und zwischenstaatlicher Friedensstiftung begründet: es gibt kein Erlaubnisgesetz der Vernunft, den Naturzustand der Staaten mit Zwangsmitteln zu beenden. Staaten müssen einander als rechtlich autonom behandeln, da nur dann von ihnen die Leistung der Rechtsverwirklichung erbracht werden kann, auf die ihre Bürger einen Anspruch haben.

Institutionalisierungs- und politischen Organisationsgrad weicht dem »negativen Surrogat« eines vertraglich verflochtenen Staatenbundes (VIII, 357) ohne alle institutionelle Verankerung und politische Struktur. Wenn das die Staaten multilateral verbindende Vertragswerk aufgrund auftauchender Konflikte zusammenbricht, dann ist die friedensgarantierende Wirkung des Völkerbundes beendet, denn die Konföderierten haben keinerlei institutionelle Vorkehrungen für den Fall des Zusammenbruchs vertraglicher Vereinbarungen getroffen. Es gibt hier keine überstaatlichen Entscheidungsgremien, keinen internationalen Gerichtshof, erst recht keine international organisierte Macht, die internationalen Beschlüssen Geltung verschaffen könnte, keinen institutionellen Rahmen, in dem ein in den Einzelstaaten legitimatorisch verankerter internationaler politischer Wille sich bilden und agieren könnte. Damit ist deutlich, daß Kants Völkerbund den Naturzustand der Völker noch nicht verlassen hat, denn den Naturzustand kann man nicht durch kontingente rechtliche Verabredungen, sondern nur durch die Instituierung rechtsschützender Staatlichkeit überwinden. Der Völkerbund stellt als fragile und transitorische, aller Staatlichkeit entbehrende Vertragsgemeinschaft eine völlig ungeeignete Organisationsform für die Verwirklichung des globalen Rechtsfriedens dar.

Aus der Perspektive ihres abschließenden Lehrstücks betrachtet entdeckt sich Kants Rechtsphilosophie als merkwürdig gespalten; die beiden Ebenen der normativen Prinzipien und ihrer institutionellen Implementierung klaffen ungebührlich weit auseinander. Dort, wo die Explikation des Rechtsbegriffs kulminiert, hört merkwürdigerweise das Recht selbst auf, so daß ausgerechnet die Realisierung seiner Vollendungsgestalt einer rechtstranszendenten, moralischen, herrschaftsfreien und mit keinen Zwangsmitteln versehenen Assoziationsform übertragen wird. Die die Verrechtlichung der zwischenmenschlichen Verhältnisse ermöglichenden Staaten vermögen selbst nicht ihre Beziehungen in eine rechtliche Ordnung zu bringen; sie verbleiben im Medium moralischer Verabredungen und müssen sich folglich mit einem Zustand zufriedengeben, den der Kontraktualismus seit je als unzureichende Lösung menschlicher Kooperationsprobleme verworfen hat. Obgleich der zwischenmenschliche und der interstaatliche Zustand sich strukturell gleichen, Kant keineswegs gezögert hat, die Staaten als personenanaloge Akteure anzusprechen, gibt es in seiner

Rechtsphilosophie keine Parallelität von binnenstaatlichen und zwischenstaatlichen Rechtsstrukturen. Der Vertrag, um den im staatsphilosophischen Kontraktualismus der politischen Philosophie der Neuzeit alles kreist, der Institutionen, Strukturen und Staatlichkeit erzeugt, kann nicht zum Zwecke einer philosophischen Begründung von Weltfriedensinstitutionen herangezogen werden. Der Souveränitätsverzicht der Individuen, der die Macht des Staates konstituierte und die staatlichen Institutionalisierungserfolge erst ermöglichte, kann nicht durch einen angemessenen Souveränitätsverzicht der Staaten zugunsten einer zwangsbewehrten zwischenstaatlichen Rechtsordnung vervollständigt werden. Als wenn Kant nicht gewußt hätte, daß »Covenants, without the Sword, are but Words, and of no strengh to secure a man at all«[21]. Aber an der angemessenen völkerrechtlichen Ausmünzung dieser Hobbesschen Einsicht hat ihn eine Überzeugung gehindert, die auch auf Hobbes zurückgeht und die man als *Dogma von der Unteilbarkeit der staatlichen Souveränität* bezeichnen könnte. Dieses Dogma ist dafür verantwortlich, daß Kant glaubte, sich mit dem »freien Föderalism« als minderwertiger Ersatzlösung für die völkerrechtlich gebotene Organsationsform der Weltrepublik zufriedengeben zu müssen. Denn im Lichte dieses Dogmas erschien Kant die Völkerstaatslösung als widersprüchlich. Ein Völkerstaat »wäre ein Widerspruch: weil ein jeder Staat das Verhältniß eines Oberen (Gesetzgebenden) zu einem Unteren (Gehorchenden, nämlich dem Volk) enthält, viele Völker aber in einem Staate nur ein Volk ausmachen würden, welches (da wir hier das Recht der Völker gegen einander zu erwägen haben, so fern sie so viel verschiedene Staaten ausmachen und nicht in einem Staat zusammenschmelzen sollen) der Voraussetzung widerspricht« (VIII, 354). Diese Widerspruchsthese ist jedoch nicht zwingend. Sie überzeugt nur, wenn wir uns auf die Annahme verständigen, daß Staaten dann aufhören, Staaten zu sein, und unfähig werden, ihrer ihnen als Staaten zukommenden internen Rechtssicherungsaufgabe wirksam nachzukommen, wenn sie auf Teile ihrer Souveränität verzichten. Aber diese Unterstellung ist unvernünftig. Was hindert uns, ein gestaffeltes Souveränitätskonzept anzuwenden und den Friedensimperativ der reinen Rechtsvernunft als Auffor-

21 Thomas Hobbes: *Leviathan*, ed. by. C. B. Macpherson, Harmondsworth 1979, chap. 14, 189.

derung zu konkretisieren, durch geeignete Teilsouveränitätsverzichte zwischen und über den Staaten ein institutionelles politisches System zu etablieren, das die Rechtlosigkeit zwischen den Staaten beendet und ein gesetzmäßiges äußeres Staatenverhältnis errichtet? Die strikte Beschränkung auf die Funktionen der internationalen Rechtssicherung zerstreut die Befürchtung, daß ein Abrücken von der festgefügten nationalen Staatlichkeit durch bestimmte anteilige Kompetenzverlagerung auf supranationale Institutionen eine Gefahr für die politische und kulturelle Selbstbestimmung der einzelnen Staaten bedeuten müßte.

Vergegenwärtigen wir noch einmal den philosophischen Grundriß der Kantischen Lehre vom globalen Rechtsfrieden. Sie ist das Produkt einer Kooperation von Kargheit und Konsequenz. Karg ist die Ausgangssituation der Kantischen Rechtsphilosophie, die die Problemstellung bestimmt und die für ihre Lösung erforderlichen begrifflichen Mittel bereitstellt. Auf der einen Seite haben wir einen veraussetzungsschwachen Vernunftbegriff des Rechts, der eine egalitaristische Wechselwirkungsordnung der äußeren Freiheit entwirft, die von allen sittlich-teleologischen Bestimmungen und empirischen Interessen unabhängig jedem menschlichen Individuum das gleiche Recht zuspricht, in seiner äußeren Freiheit nur durch allgemeine Gesetze eingeschränkt zu werden. Die vernunftbegründete Rechtsgesellschaft ist keine Solidargemeinschaft der Bedürftigen, sondern eine Freiheitsgemeinschaft von Rechtssubjekten. Der hier regierende Freiheitsbegriff ist ein negativer Freiheitsbegriff; der ihm korrespondierende Rechtsbegriff ist ein negativer Rechtsbegriff, der keine Leistungsansprüche umfaßt, sondern nur das Recht auf staatlich geschützte Privatheit. Mit diesem voraussetzungsschwachen Vernunftbegriff des Rechts ist der Weg der Institutionalisierung des Rechts in Raum und Zeit selbst schon festgelegt: nur ein das egalitaristische Verfahrensmodell des Gesellschaftsvertrags übernehmendes öffentliches System der Gesetzgebung kann die erforderliche Fortbestimmung des Rechts leisten. Normativ ausgezeichnet ist eine gesellschaftliche Ordnung, deren soziales und politisches institutionelles Gefüge durch die normativen Bestimmungen des Vernunftrechts der Freiheit, Gleichheit und Reziprozität geprägt ist, die den Einsatz staatlicher Gewalt auf die Durchsetzung gerechter, und das meint: demokratisch erzeugter Gesetze beschränkt.

Diesem voraussetzungsschwachen Vernunftbegriff des Rechts

entspricht eine ebenso voraussetzungsschwache Konfliktsituation. Kants Naturzustand ist wesentlich als ein Zustand konflikterzeugender Handlungsinterferenz konzipiert: Menschen sind Erdbewohner und können sich prinzipiell nicht ausweichen; sie können nicht vermeiden, einander bei der Verfolgung ihrer Zwecke negativ zu beeinflussen. Eine allgemein anerkennungsfähige äußere Handlungsordnung ist daher notwendig. Diese Notwendigkeit ist rechtlicher Natur; sie ist nicht auf ein Gebot der interessenverwaltenden Klugheit zurückzuführen; sie ist in dem Recht eines jeden Menschen verankert, in seiner Freiheit nur durch allgemeine Regeln eingeschränkt zu werden und innerhalb seiner ihm zustehenden Freiheit gesetzlich geschützt zu sein. – An diese voraussetzungsarme, sich auf das Wesentliche beschränkende Ausgangssituation sollte man sich erinnern, wenn man sieht, wie der Rawlsianismus einer globalen Verteilungsgerechtigkeit unter seiner hypertrophen Verantwortlichkeitskonstruktion zusammenzubrechen droht.

Indem Kant diese karge Ausgangssituation seiner Rechtsphilosophie konsequent durchdenkt, stößt er auf das Lehrstück vom Weltfrieden. Es ist der notwendige Schlußstein seines theoretischen Gebäudes. Der Bereich gesetzloser Gewalt bestimmt das Ausmaß der vernunftgebotenen Verrechtlichungsbewegung. Die Globalisierung der rechtlichen Befriedung aller Gewaltverhältnisse ist bereits in dem Leitmotiv der rechtlichen Überwindung des Naturzustands angelegt. Die territorialstaatliche Trutzburg ist selbst nur ein Rechtsprovisorium; das Verrechtlichungsmotiv verlangt eine rechtliche Friedensstiftung im Weltmaßstab. Die internationale rechtliche Friedensordnung ist ein strukturelles Abbild des Rechtsstaates; die durch den Rechtsstaat ermöglichte zwischenmenschliche Ordnung prägt auch das äußere Verhältnis der Staaten zueinander. Die internationale Rechtswelt ist durch Freiheit, Gleichheit und Wechselseitigkeit bestimmt: die Staaten sind gleichberechtigte Akteure, die ihr Schicksal autonom innerhalb der frei verabredeten Rechtsgrenzen bestimmen. Sie bilden eine kollektive Friedens- und Sicherheitsgemeinschaft, die sich allein der globalen Verwirklichung des Rechts widmet.

Den systematischen Kern der Kantischen Philosophie der internationalen Beziehungen könnte man als *These von der rechtlichen Notwendigkeit einer transnationalen Rechtsfortsetzung* bezeichnen. Sie umfaßt die folgenden Teilthesen:

I. Die Ausdehung des Verrechtlichungsprozesses über die staatlichen Grenzen hinaus in den zwischenstaatlichen Bereich hinein ist nicht nur ein Klugheitsgebot, sondern eine a priori verbindliche Rechtspflicht.

II. Innerstaatliche Rechtsordnung und zwischenstaatliche Rechtsordnung ruhen auf demselben vernunftrechtlichen Sockel, sind durch dieselben vernunftrechtlichen Prinzipien der Freiheit, Gleichheit und Wechselseitigkeit geprägt. D. h. die normative Zielvorstellung und Gerechtigkeitsorientierung der zwischenstaatlichen Rechtsordnung unterscheidet sich nicht von der normativen Zielvorstellung und Gerechtigkeitsorientierung der binnenstaatlichen Rechtsordnung.

III. Der theoretische Aufbau eines vollständigen Rechtsfriedens verknüpft zwei unterschiedliche Stufen: während sich auf der ersten Stufe Individuen zum Zwecke der gemeinsamen Etablierung einer rechtsverwirklichenden und rechtssichernden staatlichen Ordnung vertraglich vereinigen, kommen auf der zweiten Stufe Staaten zusammen, um sich einvernehmlich, »nach der Idee eines ursprünglichen gesellschaftlichen Vertrages« (VI, 344) eine verbindliche rechtliche Ordnung zu geben. Die normative Binnenstruktur des *contractus originarius* und des Gründungsvertrags der Staatenkonföderation sind identisch; und wie der erste ist auch der zweite rechtlich notwendig und daher ein *pactum sui generis*. Der ewige Frieden hat kontraktualistische Wurzeln: er ist das Ergebnis einer rechtlichen Vereinigung der Völker, eines Vertrags zwischen den Staaten. *Kants Theorie des vollständigen Rechtsfriedens basiert also auf einem zweistufigen vernunftrechtlichen Kontraktualismus*[22].

22 Zweifellos stehen Kants Vorstellungen einer institutionellen Verwirklichung des globalen Rechtsfriedens im Bann einer dogmatischen Souveränitätskonzeption. Für den hier interessierenden systematischen Vergleich zwischen der Kantischen Konzeption des vollständigen Rechtsfriedens und der kontraktualistischen Ethik der internationalen Gerechtigkeit der Rawlsianer ist es jedoch nicht erforderlich, der Frage der mangelhaften Institutionalisierung des Weltfriedensentwurfs der Rechtsphilosophie Kants weiter nachzugehen. Es ließe sich zeigen, daß der subkutane Hobbesianismus der Kantischen Souveränitätskonzeption entbehrlich ist und salva veritate durch ein nachgiebiges, funktional legitimierte Teilsouveränitätsverzichte erlaubendes Souveränitätskonzept ersetzt werden kann: die Solidität des vernunftrechtlichen

3. Die gegenwärtige politische Philosophie der internationalen Beziehung

In der politischen Philosophie der Gegenwart ist eine normative Theorie der internationalen Beziehungen entwickelt worden, die sich beträchtlich von der Kantischen Lehre des vollständigen Rechtsfriedens unterscheidet. Sie geht zur kontraktualistischen Ausgangssituation zurück und stellt dem individualistischen Personal der Vertragstheorie unmittelbar die Aufgabe, die Prinzipien einer internationalen Ethik zu entwickeln. Sie übernimmt also nicht das Zweistufigkeitsmodell, sondern entwickelt die Prinzipien internationaler und nationaler Gerechtigkeit in einem kontraktualistischen Durchgang. Darüberhinaus beschränkt sie sich auch nicht auf die Begründung einer internationalen Rechtsordnung und entsprechender institutioneller Rahmenbedingungen, sondern sie entwirft ein umfassendes Konzept globaler Verteilungsgerechtigkeit, das jedes Individuum verpflichtet, das Recht jedes Menschen auf einen fairen Anteil an den natürlichen globalen Ressourcen und dem Ertrag ihrer ökonomischen Nutzung anzuerkennen und durch geeignete Redistributionshandlungen zu verwirklichen. Dieser Weg wird von zeitgenössischen Kontrak-

Fundaments der Rechtsphilosophie Kants würde dabei ebensowenig Schaden leiden wie ihre prinzipientheoretische Architektonik und ihre argumentative Kohärenz. Insbesondere bliebe das großartige Argument selbst davon völlig unberührt, daß das grundlegende Motiv der Gewalt-Recht-Opposition bis in den internationalen Kontext hinein verfolgt und die »eintzige affirmative äussere natürliche Pflicht« (XIX, R 7075), das kategorische »exeundum a statu naturali« – Gebot als doppelten, innerstaatlichen wie zwischenstaatlichen Friedensimperativ auslegt. Wir bekämen dann einen völkerrechtlich ermutigten, vom Hobbesschen Dogmatismus befreiten Kantianismus; er hält an dem Modell agierender Staaten fest, entlastet die Staaten nur von der Hypothek der unteilbaren Souveränität und gibt ihnen damit die Freiheit für die Institutionalisierung einer effektiven zwischenstaatlichen Rechtsordnung, deren normatives Profil durch die menschenrechtlichen oder vernunftrechtlichen Prinzipien der Gleichheit, Wechselseitigkeit und Selbstbestimmung hinreichend bestimmt werden kann. Denn die apriorischen Prinzipien des Rechts bestimmen die normative Grundstruktur der internationalen Ordnung genauso zuverlässig wie die normative Grundstruktur der sozialen Handlungswelt und der politischen Selbstorganisation der Gesellschaft.

tualisten beschritten, die sich vor allem von dem vertragstheoretischen Begründungsszenario der Rawlsschen Gerechtigkeitstheorie beeindruckt zeigen und Originalzustand und Unwissensschleier auch auf dem Gebiet einer internationalen Ethik als Rechtfertigungsinstrumente verwenden wollen.

In der Vertragstheorie schildert der Naturzustand eine Problemsituation, die im Rahmen des vertraglichen Einigungsverfahrens rational bewältigt werden soll. Je differenzierter, anspruchsvoller und in sich voraussetzungsreicher das Beweisprogramm der kontraktualistischen Philosophie ist, desto differenzierter und voraussetzungsreicher muß auch die Darstellung des Ausgangszustandes ausfallen. Rawls geht von einem Zustand arbeitsteilig organisierter gesellschaftlicher Kooperation aus, der sowohl durch Interessenidentität als auch durch Interessenkonflikte geprägt ist. Interessenidentität besteht zwischen den Gesellschaftsmitgliedern, weil alle die gesellschaftliche Zusammenarbeit wollen, denn sie ist für jeden einzelnen vorteilhaft. Hinsichtlich der Verteilung der gesellschaftlichen Güter entstehen jedoch Konflikte, denn es ist den Menschen nicht gleichgültig, wie die Kooperationserträge verteilt werden. Jeder möchte zumindest lieber mehr als weniger haben. Damit die Gesellschaft nicht durch Anspruchskonkurrenzen und Verteilungskonflikte zerrissen wird, müssen konfliktregulierende Normen und Verfahren etabliert werden, müssen Prinzipien in Geltung gesetzt werden, die die Güterverteilung, die Verteilung der Kooperationslasten und Kooperationsgewinne regeln.

3.1 Rawls' Völkerrechtskonzeption in der *Theory of Justice*

Rawls' Gerechtigkeitstheorie ist eine Theorie der Verteilungsgerechtigkeit, deren Anwendungsbereich die gesellschaftliche Grundordnung ist[23]. Ihr Interesse gilt den fundamentalen politischen, ökonomischen und sozialen Einrichtungen, die mit der Bestimmung der Rechte und Pflichten der Menschen und der Verteilung der Früchte der gesellschaftlichen Zusammenarbeit die

23 Zum Aufbau der Rawlsschen Gerechtigkeitstheorie und der Bedeutung ihrer einzelnen Lehrstücke vgl. Wolfgang Kersting: *John Rawls*, Hamburg 1993.

Lebenschancen von jedermann tiefgreifend und von Anfang an beeinflussen. Welche Kriterien muß nun ein Grundsatz erfüllen, um den Anspruch eines allgemein verbindlichen Gerechtigkeitsprinzips erheben zu können und insofern gerechtfertigt zu sein? Rawls' Grundidee ist, daß gerechtfertigte und objektiv verbindliche Prinzipien der Gerechtigkeit identisch sind mit den Prinzipien, die freie und rationale, nur an ihrem eigenen Interesse ausgerichtete Personen wählen würden, wenn sie in einen ursprünglichen Zustand der Gleichheit versetzt wären und die Aufgabe bekämen, die Form, die Grundstruktur und die fundamentalen, alle Folgegesetze bindenden Normen ihrer zukünftigen Gesellschaft zu bestimmen. Mit einem Wort: Gerechtigkeitsprinzipien sind das Ergebnis einer rationalen Einigung unter fairen Bedingungen.

Die gedankenexperimentelle Vorrichtung, die den ursprünglichen Zustand zu einem Zustand der Gleichheit macht und daher faire Entscheidungsbedingungen garantiert, nennt Rawls »Schleier der Unwissenheit«. Dahinter steckt das aus der neuzeitlichen Moralphilosophie bekannte epistemologische Verfahren der Subjekttranszendierung zur Gewinnung eines Standpunktes der Unparteilichkeit. Die Textur dieses Unwissenheitsschleiers ist genau so dicht, daß er alles diskriminierungs- und benachteiligungsrelevante Wissen der eigenen Interessenkalkulation entzieht, so daß grundsätzlich nicht mehr für ein Prinzip oder institutionelles Muster argumentiert werden kann, das den eigenen Vorteil zu Lasten anderer sichert.

Der Schleier der Unwissenheit ist ein vielfältiges gerechtigkeitsheuristisches Werkzeug, das in den unterschiedlichsten Gerechtigkeitskontexten verwendbar ist. Jeder Gerechtigkeitskontext hat seine eigenen Ungerechtigkeitsursachen, seine eigenen Asymmetrien, seine eigenen Benachteiligungs- und Bevorzugungsbedingungen. Und daher müssen von dem Schleier der Unwissenheit immer andere Neutralisierungsleistungen erbracht werden. Im Fall der intergenerationellen Gerechtigkeit fällt das Wissen um die Generationszugehörigkeit der Neutralisierung zu Opfer; im Fall der internationalen Gerechtigkeit wird es das Wissen um die nationale Zugehörigkeit sein, im Fall einer kontraktualistischen Begründung eines gerechten Gesundheitssystems werden es Informationen über die eigene körperliche Disposition und das eigene Alter sein.

In den Reihen des Rawlsianismus gibt es seit dem Erscheinen von Rawls' Hauptwerk eine aufschlußreiche und systematisch interessante Kontroverse über die richtige Verwendung des kontraktualistischen Konstruktivismus für die Begründung einer politischen Philosophie der internationalen Beziehungen. Während Rawls selbst in einer kurzen Passage seiner *Theory of Justice* an das Kantische Modell der Zweistufigkeit und Rechtsfortsetzung anknüpft und eine politische Philosophie der internationalen Beziehungen im Rahmen einer zweiten Verfassungswahl staatlicher Repräsentanten begründet, die sich auf reine Rechtsprinzipien beschränken und alle Fragen einer globalen Verteilungsgerechtigkeit aus dem Völkerrecht heraushalten, verwenden Beitz, Pogge und andere die Instrumente der Rawlsschen Theorie für eine einstufige, mit der Ermittlung der binnenstaatlichen Gerechtigkeitsprinzipien zusammenfallende Begründung einer internationalen Verteilungsgerechtigkeit, die eine globale Version des Differenzprinzips in den Mittelpunkt stellt und die Maximierung der sozio-ökonomischen Position der global Schlechtestgestellten zur universalen, menschenrechtlich begründeten Pflicht erhebt.

Ich werde im folgenden zuerst Rawls' Begründungsskizze aus der *Theory of Justice* behandeln, sodann den uneingeschränkten Kosmopolitismus von Beitz und Pogge diskutieren und schließlich auf Rawls' *Oxford Amnesty Lecture* von 1993 eingehen, in der er sein Völkerrechtskonzept ausbaut und gegen Kritik verteidigt.

»Let us assume that we have already derived the prinicples of justice as these apply to societies as units and to the basic structure. Imagine also that the various principles of natural duty and of obligations that apply to individuals have been adopted. Thus the persons in the original position have agreed to the principles of right as these apply to their own society and to themselves as members of it. Now at this point one may extend the interpretation of the original position and think of the parties as representatives of different nations who must choose together the fundamental priniciples to adjudicate conflicting claims among states. Following out the conception of the initial situation, I assume that these representatives are deprived of various kinds of information. While they know that they represent different nations each living under the normal circumstances of human life, they know nothing about the particular circumstances of their own society, its power and strenght in comparison with other nations, nor do they know their place in their own society. Once again the contracting parties, in this case representatives of states, are allowed only enough knowledge to make a rational choice to protect their interests but not so much that the more fortunate among them can take advantage of their special situation. This original position is fair between nations; it nullifies the contingencies and biases of historical fate. Justice between states is determined by the principles that would be chosen in the original position so interpreted. These principles are political principles, for their govern public policies toward other nations«[24].

Die Prinzipienwahl der anonymen nationalstaatlichen Repräsentanten ist in zweifacher Hinsicht bemerkenswert. Zum einen führt sie zu einer Bekräftigung des traditionellen Völkerrechts[25]. Die völkerrechtliche Gerechtigkeitsfortsetzung bestätigt die Grundsätze der staatlichen Selbstbestimmung, verbietet den Interventionismus, räumt das Recht auf Selbstverteidigung ein und wiederholt die alte völkerrechtliche *pacta sunt servanda*-Norm. Rawls

24 John Rawls: *A Theory of Justice*, Cambridge, Mass. 1971, S. 377/378.

25 Rawls versteht »law of peoples« im Sinne des alten *ius gentium*, bezogen auf die moderne Staatenwelt. Natürlich sind die Völkerrechtssubjekte nicht Völker im ethnisch-kulturellen Sinne, sondern Staatsvölker im rechtlich-politischen Sinne. Daher ist völlig unverständlich, wenn Pogge dem Rawlsschen Konzept mangelnde begriffliche Klarheit vorwirft und auf den bekannten Umstand verweist, daß die Staatsgrenzen nicht mit den Grenzen zwischen Ethnien, Kulturen und Sprachen zusammenfallen. Die Zweistufigkeit des Rawlsschen Vorgehens macht diesen kritischen Einwand ebenfalls unverständlich: die Vertragsparteien des zweiten Wahldurchgangs sind Repräsentanten von Nationalstaaten, also von institutionellen Kontexten, innerhalb derer die im ersten Wahldurchgang ermittelten Gerechtigkeitsprinzipien anzuwenden sind; sie sind keine Repräsentanten von Ethnizitäten oder Kulturen. Dieses Mißverständnis ist freilich charakteristisch: während Rawls wie Kant eine normative internationale Ordnung an der institutionellen Struktur der Einzelstaaten festmacht und keinen Sinn darin sieht, eine internationale Ordnung in den institutionell ungefestigten Raum globaler Interindividualität zu hängen, sehen Beitz und Pogge und die anderen rawlsianischen Vertreter einer globalen Verteilungsgerechtigkeit gerade in der individualistischen Radizierung der globalen Verteilungsgerechtigkeit den systematisch weiterführenden Schritt über Rawls hinaus; vgl. Thomas W. Pogge: »An Egalitarian Law of Peoples«, *Philosophy and Public Affairs* 23/1994, S. 195-224; S. 197.

fällt sogar hinter die systematische Einsicht Kants zurück, daß eine politische Philosophie der internationalen Beziehungen im Zeitalter des Vernunftrechts das Theorieprogramm der Doktrin des gerechten Krieges aus Konsistenzgründen nicht fortsetzen könne, und legt auch Grundsätze des *ius ad bellum* und des *ius in bello* in altem Stil fest.[26] Bemerkenswerter aber als dieser völkerrechtliche Konservatismus selbst ist die ihm zugrundeliegende gerechtigkeitstheoretische Halbierung: während Rawls' kontraktualistische Begründung der Verfassung einer gerechten staatlichen Gesellschaft in zwei Prinzipien gipfelt, die einen rechtlich-politischen Egalitarismus mit einem komplexen Programm sozioökonomischer Verteilungsgerechtigkeit kombinieren, stützt sich seine kontraktualistische Begründung der politischen Grundsätze des internationalen Verhaltens allein auf das Prinzip der politischen Autonomie und Rechtsgleichheit der Staaten.[27] Rawls' politische Philosophie der internationalen Beziehungen zielt lediglich auf eine vertragstheoretische Rechtfertigung von »just political principles regulating the conduct of states«[28] und nimmt keine Regeln sozio-ökonomischer Verteilungsgerechtigkeit in ihren Prinzipienkanon auf. Eine gerechte, ungleichheitssensitive Verteilung der grundlegenden sozialen und ökonomischen Güter gehört zu den Aufgaben staatlicher Innenpolitik, nicht jedoch zu den Aufgaben staatlicher Außenpolitik. Internationale Gerechtig-

26 Freilich schließt sich Rawls Kants anderer und zwischenzeitlich empirisch überwältigend bestätigten These von der Interdependenz zwischen der inneren Verfassung der Staaten und ihrem außenpolitischen Verhalten an. »The national interest of a just state is defined by the principles of justice...Therefore such a nation will aim above all to maintain and to preserve its just institutions and the conditions that make them possible. It is not moved by the desire for world power or national glory; nor does it wage war for purposes of economic gain or the acqusition of territory«(Rawls: *A Theory of Justice*, a.a.O., S. 379). In »Law of Peoples« bezeichnet Rawls diese Friedensfreundlichkeit liberaler Gesellschaften und demokratischer Staaten als »Doyle's law«; er bezieht sich damit auf Michael W. Doyle: »Kant, Liberal Legacies, and Foreign Affairs«, *Philosophy and Public Affairs* 12/1983. Er hätte es besser »Kants Gesetz« getauft.

27 Barry bezeichnet Rawls' völkerrechtliche Prinzipien als »principles of liberal nationalism. Woodrow Wilson would recognize and applaud them« (Brian Barry: *Theories of Justice*, Berkeley 1989, S. 185).

28 John Rawls, *A Theory of Justice*, a.a.O., S. 377.

keitsprinzipien betreffen allein die rechtliche Ordnung von zwischenstaatlichen Machtbeziehungen, nicht die gerechte Verteilung von ökonomischen Ressourcen und sozialen Chancen. Ihr Ideal ist das friedliche Nebeneinander von Staaten, die sich in gerechtigkeitstheoretischer Selbstgenügsamkeit allein um die Aufrechterhaltung und rechtliche Verbesserung ihrer inneren institutionellen Ordnung kümmern und in ihren äußeren Beziehungen sich allein von den Regeln einer konsequenten Menschenrechtspolitik leiten lassen. Haben die Individuen gegenüber ihrem Staat das Recht auf gleiche Freiheit und eine Verteilung von sozio-ökonomischen Gütern nach dem Differenzprinzip, so haben sie gegenüber fremden Staaten das Recht auf eine äußerlich ungestörte, selbstbestimmte gerechtigkeitspolitische Entwicklung der inneren gesellschaftlichen und staatlichen Verhältnisse. Sind sie Mitglieder einer staatlichen Gemeinschaft, die nicht nach liberalen Gerechtigkeitsprinzipien geordnet ist, dann liegt ihre Hoffnung allein darin, daß ihr Staat durch andere Staaten mit den Sanktionsinstrumenten einer offensiven Menschenrechtspolitik zu liberalen Reformen im Innern gezwungen wird. Interventionistische Kreuzzüge für das Menschenrecht oder gar für ungleichheitsmindernde Umverteilung sind durch das Rawlssche Völkerrecht nicht zulässig. In der Tat, Rawls' »theory of international justice bears a strinking resemblance to that proposed in the Definitive Articles of Kant's Perpetual Peace«.[29]

3.2 Globalizing Rawls

Viele Rawlsianer haben Rawls' völkerrechtliche Begründungsskizze harsch kritisiert. Sie haben methodologische Einwände vorgebracht und in der völkerrechtlichen Orientierung eine unstatthafte Abweichung vom normativen Individualismus erblickt, demzufolge nicht Staaten und Nationen, sondern »only persons are to be viewed as ultimate units of (equal) moral concern«.[30] Sie haben sich an dem völkerrechtlichen Konservatismus gestoßen

29 Charles Beitz: »Justice and International Relations«, in: H. Gene Blocker/Elizabeth H. Smith (Hrsg.): *John Rawls' Theory of Social Justice*, Athens 1980, S. 211-128; S. 217.

30 Thomas W. Pogge: »Rawls and Global Justice«, a.a.O. S. 238.

und in ihm einen Abfall vom ethischen Niveau der Rawlsschen Gerechtigkeitstheorie erblickt, der nach einer systemkonformen Revision verlange, die das hohe ethische Niveau der Rawlsschen Gerechtigkeitstheorie auch in der politischen Philosophie der internationalen Beziehungen zur Geltung bringe. Sie haben dazu die Zweistufigkeit und die gerechtigkeitstheoretische Halbierung im Völkerrecht aufgehoben und die Rawlssche Gerechtigkeitstheorie unmittelbar globalisiert: beide Aufgabenstellungen sind ineinandergeschoben worden und das Wahlgremium der ersten Verfassungswahl ist mit der Aufgabenerweiterung konfrontiert worden, zusätzlich Prinzipien einer internationalen Verteilungsgerechtigkeit festzulegen.[31] Das Ergebnis ist ein globalisiertes Differenzprinzip: »we can justify our global institutional order only insofar as we can show that no feasible alternative scheme would produce a better-off least advantaged group«[32]. »Taken seriously, Rawls's conception of justice will make the life prospects of the globally least advantaged the primary standard for assessing our social institutions«.[33]

3.2.1 Beitz

Aber nun zum Beitzschen Versuch, die Rawlssche Gerechtigkeitstheorie zu globalisieren. Beitz' Argument folgt allen Windungen der Rawlsschen Begründung der Prinzipien der Gerechtigkeitstheorie und überträgt sie schematisch, gleichsam wie mit einem argumentativen Storchschnabel, in den globalen Kontext. Die globale Gerechtigkeit ist die Gerechtigkeit der politischen Gemeinschaft in Majuskeln. Es ist evident, daß bei diesem Vergrößerungs-

31 Thomas W. Pogge: »Rawls and Global Justice«, a.a.O., S. 237. In manchem gleicht diese Verteidigung von Rawls gegen Rawls der Verteidigung Kants gegen Kant durch die Kantianer, die sich mit der transzendentalphilosophischen Abschwächung der demokratischen Republik zu dem herrschaftsethischem Prinzip des Republikanismus nicht zufrieden geben wollten und Kants Kompromißkonstruktion als Verrat an den vernunftrechtlichen Grundlagen verurteilt haben; vgl. Wolfgang Kersting: *Wohlgeordnete Freiheit*, a.a.O., S. 413 ff.; ders.: »Der Kontraktualismus im deutschen Naturrecht«, in: O. Dann/D. Klippel (Hrsg.), *Naturrecht-Spätaufklärung-Revolution*, Hamburg 1995, S. 90-110; S. 105 ff.

32 Pogge: »Rawls and Global Justice«, a.a.O., S. 238.

33 Pogge: »Rawls and Global Justice«, a.a.O., S. 233.

verfahren das Verhältnis der Staatsbürger zu den Nicht-Bürgern ebenso seine normative Eigenständigkeit verlieren muß wie das Verhältnis der Staaten untereinander: d. h. die genuin politische Dimension der staatsbürgerlichen Existenz und der außenpolitischen Beziehungen der Staaten wird kassiert. Der binnenstaatliche Egalitarismus der Staatsbürger wird in einen ethischen Weltbürgeregalitarismus transformiert. Das politische Bürger/Nicht-Bürger-Gefälle wird nivelliert; dieses egalitaristische Weltbürgerethos ist radikal entpolitisiert, es kennt nur noch bedürftige Erdenmenschen und verwandelt die ganze Weltbevölkerung in die Klientel einer anonymen globalen Verteilungsagentur. Der Weg von der innerstaatlichen Gerechtigkeitsordnung zur globalen Gerechtigkeitsordnung ist für den kosmopolitischen Rawlsianismus denkbar kurz: er beinhaltet nur den Schritt eines Parameteraustauschs; das Rechtfertigungsargument in der Klammer jedoch verändert sich überhaupt nicht. In beiden Fällen haben wir eine unmittelbar individualistisch radizierte Gerechtigkeitskonzeption, die Gerechtigkeit im Horizont individueller fairer Anteile an den weltwirtschaftlich produzierten Gütern auslegt. Wird das Unparteilichkeitskriterium im Weltmaßstab angewandt, gilt jeder Weltbürger so viel wie jeder andere, gibt es keine besonderen politischen Verpflichtungen der Staaten gegenüber ihren Bürgern. Wird das Problem der normativen Begründung internationaler Beziehungen mit dem begrifflichen Inventar des individualistischen Kontraktualismus angegangen, muß sich die internationale Gerechtigkeit als Ausgleich individueller Ansprüche verstehen, ist Weltpolitik Gerechtigkeitsdienst an den legitimen Ansprüchen der Individuen auf einen fairen Anteil an den weltweit erarbeiteten Gütern.

Es ist instruktiv, diese Konzeption in den größeren Zusammenhang der Geschichte der politischen Philosophie der internationalen Beziehungen zu stellen. Ursprünglich war das Nachdenken über eine Ethik der internationalen Beziehungen durch das Paradigma des Krieges bestimmt; es war eine Ethik der Kriegshege, die die Bestimmungen eines *ius in bello* entwickelte, und es war eine Ethik des gerechten Krieges, die als *ius ad bellum* Kriterien für die Unterscheidung legitimer und illegitimer Anwendungen kriegerischer Gewalt zwischen den Staaten formulierte. Die große Bedeutung der Kantischen Rechtsphilosophie auch für die Philosophie der internationalen Beziehungen zeigt sich darin, daß Kant das Kriegsparadigma durch das Paradigma des Rechtsfriedens abgelöst hat und die internationalen Beziehungen auf den Sockel einer vernunftrechtlich begründeten kooperativen Rechtsordnung gestellt hat. Damit hat Kant die republikanische Revolution globalisiert und das Rechtsstaatsprinzip zur internationalen Ordnung ausgeweitet. Mit seiner Rechtsphilosophie hat der Liberalismus Einzug in die internationalen Beziehungen gehalten: die Ordnungs- und Gerechtigkeitsprobleme werden im Innerstaatlichen und im Zwischenstaatlichen einheitlich in der Sprache des negativen Rechts und der negativen Freiheit buchstabiert. Mit dem Beitzschen Rawlsianismus ändern sich die normativen Orientierungen in der politischen Philosophie der internationalen Beziehungen: mit ihm zieht der Sozialdemokratismus in die internationalen Beziehungen ein. Der Rawlsianismus ist ein kosmopolitischer Sozialdemokratismus, der das Paradigma der zwischenstaatlichen Rechtsordnung durch das Paradigma der gerechten weltbürgerlichen Güterversorgung ersetzt. Die in der modernen Geschichte der Nationalstaaten zu beobachtende Entwicklung einer kompensatorischen Komplettierung der rechtsstaatlichen Freiheitsordnung durch sozialstaatliche Versorgungssysteme wird durch seine umfassende Konzeption der Verteilungsgerechtigkeit ins Globale hinein verlängert. Die sozialdemokratische Redistributionsmaschinerie, die bislang den inneren Stoffwechsel der Nationalstaaten leitete, muß jetzt aus Gründen des Rechtes eines jeden Weltbürgers an einem fairen Anteil der weltwirtschaftlich erarbeiteten Güter globale Ausmaße annehmen; die einzelnen nationalstaatlichen Verteilungsagenturen müssen selbst der distributiven Kontrolle einer globalen Agentur unterworfen werden, die unparteilich über die gleichen Rechte der Weltbürger wacht.

Zwei Gründe führt Beitz für die Notwendigkeit einer unmittelbaren Einbeziehung der Gerechtigkeitsprobleme internationaler Beziehungen in das ursprüngliche Entscheidungsprogramm der Rawlsschen Verfassungswähler an. Da ist zum einen die ungleiche Verteilung der natürlichen Ressourcen; da ist zum anderen die globale Interdependenz, die »international social cooperation«[34]. Beide Gründe verdanken die ihnen zugeschriebene rechtfertigende Kraft einer Analogisierung. Im Fall der ungleichen Verteilung der natürlichen Ressourcen greift Beitz auf Rawls' Argument von der moralischen Zufälligkeit der individuellen Begabungsaus-

34 Charles Beitz: »Justice and International Relations«, a.a.O., S. 217.

stattung und der moralischen Notwendigkeit der Reglementierung der durch sie erzeugten sozio-ökonomischen Ungleichheiten zurück. »In the case of natural resources, the parties to the international original position would know that resources are unevenly distributed with respect to population, that adequate access to resources is a prerequisite for successful operation of (domestic) cooperative schemes, and that resources are scarce. They would view the national distribution of resources as arbitrary in the sense that no one has a natural prima facie claim to the resources that happen to be under one's feet. The appropriation of scarce resources by some requires a justification against the competing claims of others and the needs of future generations. Not knowing the resource endowments of their own societies, the parties would agree on a resource redistribution principle that would give each society a fair chance to develop just political institutions and an economy capable of satisfying ist member's basic needs...The underlying principle is that each person has an equal prima facie claim to a share of the total available resources, but departures from this initial standard could be justified (analogously to the operation of the difference principle) if the resulting inequalities were to the greatest benefit of those least advantaged by the inequality. In any event, the resource redistribution principle would function in international society as the difference principle functions in domestic society. It provides assurance to persons in resource-poor societies that their adverse fate will not prevent them from realizing economic conditions sufficient to support just social institutions and to protect human rights guaranteed by the principles for individuals«[35]. Beitz begründet sein Prinzip der gerechtigkeitstheoretisch notwendigen Ressourcenverteilung mit einem Argument, das den nationalen Ressourcenbesitz mit dem individuellen Talentbesitz gleichsetzt. Beides ist das Ergebnis einer natürlichen Lotterie und daher moralisch arbiträr. In beiden Fällen muß die blinde natürliche Verteilung durch eine autonome menschengemachte Verteilung auf der Grundlage allgemein anerkennungsfähiger Prinzipien korrigiert werden. Wo bislang Natur und Zufall wohnten, sollen jetzt Vernunft und moralische Notwendigkeit einziehen. Und das heißt: wie im intrastaatlichen Bereich die begabungsversursachten so-

35 Beitz: *Political Theory and International Relations*, a.a.O., S. 141 f.

zio-ökonomischen Ungleichheiten durch eine redistributive Abschöpfung des Ertrags der von Natur aus Bevorzugten egalitaristisch korrigiert werden müssen, so müssen auch im internationalen Bereich die sozio-ökonomischen Ungleichheitsfolgen der blinden natürlichen Ressourcenverteilung durch geeignete, die Bevorzugten redistributiv belastende Maßnahmen egalitaristisch korrigiert werden. Beitz nennt das Prinzip, das durch diese Überlegungen als notwendiges globales Gerechtigkeitsprinzip ausgewiesen sein soll, »resource redistribution principle«.

Beitz übersieht, daß die Analogie nicht trägt, daß der Vergleich hinkt. Was er völlig mißachtet, ist, daß die korrigierende globale Verteilungsgerechtigkeit nicht auf das Resultat einer natürlichen Ressourcenlotterie trifft, sondern auf einzelstaatliche Eigentumsordnungen. Intelligenz und Schönheit, Talente, Fertigkeiten und alle sonstigen für die individuellen Lebensprojekte nützlichen natürlichen Eigenschaften sind ebensowenig rechtlich erwerbbar wie der eigene Körper, zu dessen empirischen Bestimmungen sie zählen: eine rechtliche Erwerbung kann es hier nicht geben, weil man all dies immer schon, von Natur aus, besitzt. Niemand aber besitzt immer schon und von Natur aus Land, Bodenschätze, Meerzugänge, Wasseradern, Paßstraßen, Wälder usw. Hier entstehen also Rechtskonkurrenzen, Kollisionen zwischen der globalen Verteilungsgerechtigkeit und den Eigentumsrechten einer liberalen, möglicherweise sogar wohlgeordneten Gesellschaft[36]. Folglich muß die Anwendung des »resource redistribution principle« die Aufhebung individueller Eigentumsrechte und damit nichts geringeres als die Relativierung aller einzelstaatlichen Eigentums- und Rechtsordnungen verlangen. Detaillierte Operationalisierungsmöglichkeiten dieses Prinzips der Ressourcenverteilung führt Beitz nicht an. Er erwähnt nur das Differenzprinzip, in dem er eine Art Rahmen für die nähere Ausgestaltung der Ressourcen-

36 Ein anderer Aspekt dieser normativ aporetischen Situation wird sichtbar, wenn man die Gerechtigkeitspflichten der Einzelstaaten betrachtet: »if one applied the Rawlsian principles across borders, it would mean that a state which is domestically just – which meets in its borders the requirements of Rawls's principles – could still be obliged to transfer resources to a poorer state (and perhaps make itself unjust in the process)« (Stanley Hoffmann: *Duties Beyond Borders. On the Limits and Possibilities of Ethical International Politics*, Syracuse 1981, S. 155.)

umverteilung erblickt. Der subjektivrechtliche Reflex dieses eingeführten Prinzips der gerechten Ressourcenverteilung ist der egalitaristische Anspruch eines jeden Erdbewohners als solchen auf Ausstattung mit einem fairen Anteil an den globalen Ressourcen; mit diesem Anspruch wird der traditionelle Katalog der menschenrechtlichen Bestimmungen der negativen Freiheit und Gleichheit um das Recht auf globale Solidarität erweitert.

Den zweiten Grund, der eine Ausdehnung der gerechtigkeitstheoretischen Prinzipiensuche auf den Bereich der internationalen Beziehungen notwendig macht, erblickt Beitz in dem Faktum der wachsenden globalen Interdependenz, der vielsträngigen internationalen ökonomischen und politischen Abhängigkeit und Verflechtung. Er gibt diesen Interdependenzphänomenen eine sehr starke Interpretation und legt sie als »global scheme of social cooperation« aus. Damit ist das zentrale Argument der Rawlsschen Gerechtigkeitstheorie anwendbar: wo ein System der Kooperation besteht, gibt es ein Problem der gerechten Verteilung von Kooperationsbürden und Kooperationsgewinnen. Und da der globale Kooperationskontext den nationalen Kooperationskontext umgreift, können die nationalen Grenzen keinerlei moralische Bedeutung für die Definition von gerechtigkeitsbegründeten Ansprüchen und Pflichten darstellen. Mit der Globalisierung der sozio-ökonomischen Kooperation wird ein menschenrechtlich oder weltbürgerrechtlich begründeter Kosmopolitismus der Verteilungsgerechtigkeit unvermeidbar. »If evidence of global economic and political interdependence shows the existence of a global scheme of social cooperation, we should not view national boundaries as having fundamental moral significance. Since boundaries are not coextensive with the scope of social cooperation, they do not mark the limits of social obligation. Thus the parties to the original position cannot be assumed to know that they are members of a particular national society, choosing principles of justice primarily for that society. The veil of ignorance must extend to all matters of national citizenship, and the principles chosen will therefore apply globally«[37]. Die Überlegung ist mühelos nachvollziehbar: da die internationale Verteilung der Gewinne und Lasten der globalen Kooperation für jeden einzelnen ein Gerechtigkeitsproblem aufwerfen muß, da die innergesell-

37 Beitz: *Political Theory and International Relations*, a.a.O., S. 151.

schaftlichen Verteilungsmargen von den internationalen Kontexten und den in ihnen vorherrschenden Macht- und Ressourcenverteilungen abhängig sind, müssen die Gerechtigkeitsregeln auf den Bereich der globalen Kooperation ausgedehnt werden. Und das hinwiederum verlangt, daß der entindividualisierende Schleier der Unwissenheit auch über die Kenntnis der nationalen Zugehörigkeit der Verfassungswähler gezogen werden muß: nur wenn sie nicht wissen, welcher Nation sie angehören, und folglich befürchten müssen, der ärmsten (›least well-off‹) der nationalen Gesellschaften anzugehören, werden sie zu einer fairen und daher gerechtigkeitsverbürgenden Prinzipienwahl in der Lage sein. Beitz ist davon überzeugt, daß das rechtfertigungstheoretische Instrument des Urzustandes und der Verfassungswahl unter dem Schleier der Unwissenheit sich in ein und demselben Entscheidungsdurchgang sowohl national wie international interpretieren läßt. Folglich ist die internationale Gerechtigkeit für ihn auch nur eine ins Globale ausgeweitete Variante des Rawlsschen Prinzipiendualismus. Die gerechten freiheitsrechtlichen Ansprüche der weltgesellschaftlichen Individuen werden durch den menschenrechtlichen Egalitarismus und das politische Prinzip der demokratischen Freiheit bestimmt. Und eine gerechte globale Verteilung der sozialen und ökonomischen Güter liegt dann vor, wenn dem Differenzprinzip weltweit entsprochen wird und zwischen den sozio-ökonomischen Positionen der Weltbürger materiale Ungleichheit nur in dem Maße anzutreffen ist wie es für die Besserstellung der Schlechtestgestellten ökonomisch notwendig ist.

3.2.2 Pogge

Rawls-dogmatischer noch geht Pogge vor. Er ersetzt das Beitzsche Übertragungsargument durch ein Implikationsargument: würde man Rawls' Konzeption ernsthaft und konsequent durchdenken, dann würde sich der Ausgangspunkt der Verfassungswahl für nationale Kontexte von vornherein als willkürlich erweisen und müßte einer Ausgangskonstellation mit genuin globaler Ausrichtung weichen. »Rawls's principles for domestic institutions would be sufficient, if modern states were indeed closed schemes. In that case there simply would not *be* a global basic structure for global principles of justice to apply to. But since modern societies are not closed, we must at some point go beyond Rawls's first approximation and ask how the theory might best be adapted to the complexities of the real world ... I will argue for viewing the parties as immediately addressing the world at large, and as dealing with the organization of national societes only within the context so provided: Taken seriously, Rawls's conception of justice will make the life prospects of the globally least advantaged the primary standard for assessing our social institutions«. Pogges Anpassung der Rawlsschen Kontraktualismusversion »to the complexities of the real world« verschafft dem Urzustandsargument Rawls' eine interne globale Gravitation. Diese Revision ist angesichts des beibehaltenen Anspruchs des Rawlsschen Gerechtigkeitsprogramms überaus zumutungsreich und übertrifft die moralischen Kosten des Beitzschen »resource redistribution principle« beträchtlich: bei der Beurteilung der Verteilungseigenschaften der gesellschaftlichen und ökonomischen Institutionen der eigenen Gesellschaft ist nichts geringeres als deren globaler Gerechtigkeitseffekt zu berücksichtigen: wie weit vermag eine Änderung ihrer Verteilungseigenschaft die Lebensaussichten der »globally least advantaged persons« zu verbessern. »The global parties represent persons, and therefore assess a global institutional scheme by how it affects the life prospects of the globally least advantaged persons. Ideally, they would want such a scheme to be maximally supportive of basic rights and liberties, to foster fair equality of opportuniy worldwide, and to establish or engender social and economic inequalities only insofar as these optimize the socioeconomic position of the globally least advantaged persons«[38]. Die Konstruktion ist zugleich methodologisch aberwitzig und moralisch atemberaubend. Der ohnehin fragile Konstruktivismus der Rawlsschen Gerechtigkeitstheorie wird durch seine Globalisierung zu seiner eigenen Karikatur. Wie sollte dieses Abwägungsunternehmen verwirklicht werden können? Woher sind die universell gültigen Maßstäbe zu nehmen, um soziale Positionierungen zu messen und zu vergleichen? Woher soll die universell gültige Wertgrammatik gelingenden Lebens kommen, die den normativen Hintergrund für diese Vergleichsrechnungen der distributiven Gerechtigkeit bildet? Wie sollte man überhaupt diesem Anspruch gnadenloser Unparteilichkeit gerecht werden können, der jeden Menschen auf der Welt in den Rang eines gleichberech-

38 Thomas W. Pogge: »Rawls and Global Justice«, a.a.O., S. 241.

tigten Adressaten unserer material-distributiven Gerechtigkeitssorge erhebt? Der uneingeschränkte, den traditionellen Menschenrechtsuniversalismus durch materiale Gerechtigkeitsansprüche noch überbietende deontologische Kosmopolitismus von Beitz und Pogge fällt in seinen Auswirkungen durchaus mit der »obligation of radical sacrifice« zusammen, die der Singersche Utilitarismus den Menschen aufbürdet.[39]

Pogge hat seinem Aufsatz das bekannte Zitat aus Matthäus 25, 40 vorangestellt: *Was ihr einem meiner geringsten Brüder getan habt, das habt ihr mir getan.* Es bietet eine gute Illustrierung des moralischen Anspruchs des ins Globale verlängerten Differenzprinzips, es spricht damit aber auch unabsichtlich das Urteil über eine solche Gerechtigkeitsethik globaler Verantwortung. Auch internationale Gerechtigkeitsethiken sollten sich davor hüten, erbaulich zu werden. Wie weit dieser erbauliche Ton globaler Brüderlichkeit die gerechtigkeitstheoretischen Intuitionen Rawls' verfälscht, macht folgende Überlegung deutlich: Rawls hat seine Gerechtigkeitstheorie als Institutionentheorie entwickelt; es geht in ihr um Gerechtigkeit als institutionelle Tugend. Die Urzustandssituation ist eine Entscheidungssituation, in der sich Individuen als Angehörige eines kooperativen Systems über die Regeln der Gestaltung ihrer Institutionen, d.h. der institutionellen Grundstruktur ihres kooperativen Systems einigen sollen. Der Rawlssche Kontraktualismus ist also in einen funktional eindeutigen institutionellen Kontext eingebettet. Pogge ahnt, daß das Gelingen des Rawlsschen Arguments von dieser Voraussetzung abhängt, und führt in seine globalisierte Version folgerichtig ein »global institutional scheme« ein: aber das ist eine reine Erfindung. Dieses globale Institutionengeflecht gibt es ebensowenig, wie es eine globale Kooperation zu wechselseitigem Vorteil gibt. Gäbe es ein solches Institutionengeflecht, dann müßten wir auch Instanzen für die Formulierung und Durchsetzung einer gerechtigkeitsorientierten Weltpolitik haben, die das »global institutio-

39 Peter Singer: »Famine, Affluence, and Morality«, *Philosophy and Public Affairs* 1/1972, S. 229-243; vgl. James Fishkin: »Theories of Justice and International Relations: The Limits of Liberal Theory«, in: Anthony Ellis (Hrsg.): *Ethics and International Relations*, Manchester: Manchester University Press 1986, S. 1-11; S. 3; Stanley Hoffmann: *Duties Beyond Borders. On the Limits and Possibilities of Ethical International Politics*, Syracuse 1981, S. 153-156.

nal scheme« entsprechend den Regeln globaler Verteilungsgerechtigkeit korrigierten.
Wollte Pogge hingegen auf die Notwendigkeit eines solchen »global institutional scheme« hinweisen, dann müßte er auch konsequenterweise sich um eine Weltstaatsbegründung bemühen, durch die das Gerechtigkeitshindernis der nationalstaatlichen Pluralität aus der Welt geschafft wird. Es ist evident, daß durch die Globalisierung des Rawlsschen Kontraktualismus genau dieser institutionelle Kontext aufgesprengt wird. Die für die Rawlssche Theorie charakteristische und durch den unterstellten nationalstaatlichen bzw. einzelstaatlichen Hintergrundkontext auch plausible Verknüpfung zwischen gemeinsamem Kooperationssystem und gemeinsamen Institutionen ist in die globalisierte Ursprungssituation nicht hinüberzuretten. Weder kann man die Welt als gemeinsames Kooperationssystem der Weltbürger bezeichnen, denn vielfältige Interdependenzen und umfassende Handelsbeziehungen begründen noch kein kooperatives Unternehmen zu wechselseitigem Vorteil[40], noch gibt es gemeinsame Institutionen, die von den globalen Kooperationspartnern gemeinsam nach allgemein anerkannten Gerechtigkeitsprinzipien zu gestalten wären. Es sind somit gerade nicht mehr die Voraussetzungen gegeben, die eine kontraktualistische Begründung der Prinzipien internationaler Gerechtigkeit durch Individuen erlauben würden.
Denn um eine Weltstaatsbegründung geht es den Rawlsianern vernüftigerweise nicht. Dann aber hätten sie eine Theorie der Staatenbeziehung und ein interstaatliches Begründungsprogramm ins Auge fassen müssen. Die kosmopolitischen Rawlsianer entwerfen aber eine individualistische Begründung der internationalen Gerechtigkeit in einem institutionell völlig offenen Argumentations-

40 Es ist unfair, wie Beitz es tut, Rawls eine »assumption of national self-sufficiency« zu unterstellen und ihn in eine abgelegte souveränitätstheoretische Tradition des Absolutismus einzureihen, nur weil er sich weigert, den vielfältigen globalen ökonomischen Interdependenzen den Charakter eines reziprok strukturierten, alle Nationalstaaten integrierenden Kooperationssystems zu geben und damit den globalen Kontext als Quell von Verpflichtungen der Verteilungsgerechtigkeit zu betrachten. Denn Rawls tut recht daran; Handelsbeziehungen konstituieren kein Kooperationssystem; vgl. Brian Barry: »Humanity and Justice in Global Perspective«, in: ders.: *Democracy, Power and Justice. Essays in Political Theory*, Oxford 1989, S. 434-462; S. 446.

gelände, die sich auf das gleiche Recht der Individuen an erwünschten Verteilungszuständen stützt und einen Egalitarismus hinsichtlich der Freiheitsverteilung verlangt und eine Güterverteilung gemäß dem Differenzprinzip fordert. Diese Konstruktion ist zutiefst ambivalent: sie setzt die nationalstaatlichen Institutionen als Verteilungsagenturen voraus und depotenziert sie zugleich: denn sie sind nur als nationalstaatliche Institutionen Gegenstand politischer Veränderungshandlungen, stehen aber gleichzeitig hinsichtlich der von ihnen zu beachtenden normativen Ansprüche unter der moralischen Kontrolle der ganzen Weltbevölkerung. Das institutionelle Gefüge des Nationalstaates wird zu einem neutralen Operationsrahmen individueller weltbürgerlicher Ansprüche, aus allen normativen, partikularen Kontexten gerückt. Die nationalstaatliche Politik wird zur Angestellten einer anonymen, institutionslosen und frei im moralischen Ungefähr floatierenden globalen Verteilungsgerechtigkeit. Die Rawlsianer bescheiden sich mit dieser innerlich gebrochenen Konstruktion der weltbrüderlichen Depotenzierung der nationalstaatlichen Selbständigkeit und scheuen vor dem Gedanken eines Weltstaates zurück.

Dabei wäre ein Engagement für den Weltstaat, für ein Geflecht starker, globaler Verteilungs- und Kontrollinstitutionen angesichts ihrer Ausgangsposition nur konsequent. *Wer einem derart weitreichenden materialen Universalismus das Wort redet und es nicht bei ethischen Appellen belassen will, muß sich auch für einen ebenso weitreichenden institutionellen Zentralismus aussprechen.* Da aber die Rawlsianer die einzelstaatlichen Strukturen nicht in einem Weltstaat auflösen, sondern an ihnen festhalten, gleichzeitig aber jedes einzelstaatliche Verteilungsarrangement, jede binnenstaatliche Rechts- und Eigentumsordnung mit individuellen weltbürgerlichen Ansprüchen konfrontieren, verwickeln sie sich in derartige Schwierigkeiten, daß man ihre Theorie mit gutem Grund mit Hegel als ein gedankenloses Nest von Widersprüchen bezeichnen kann. Die von ihrer Theorie der globalen Gerechtigkeit gezeichnete Landkarte des Rechts stellt ein heilloses Chaos dar: die ganze Welt ist von Rechtskonkurrenzen und folglich unschlichtbaren Rechtskonflikten durchzogen. Die Rawlsianer glauben in der Tat, aufgrund eines einfachen parametrischen Globalisierungsschematismus aller weiterer konzeptueller Anstrengungen auf dem Gebiet einer Theorie der internationalen Beziehungen ledig zu sein: nicht nur geben sie keine Auskunft über das

Verhältnis der beiden Gerechtigkeitsprinzipien zueinander, über eine mögliche Weitergeltung des lexikalischen Ordnungsprinzips, sie machen sich auch keinerlei Gedanken über die vielfältigen Konflikte, die die aufeinanderprallenden Rechtspositionen der Bürger und Nicht-Bürger auslösen müssen. Müssen legitim erworbene Eigentumsrechte der Redistributionspolitik des globalen Differenzprinzips weichen? Haben die weltbürgerlichen Ansprüche der Benachteiligten Vorrang vor dem rechtsstaatlichen Eigentumsschutz? Sind die Rechtsordnungen der Einzelstaaten der Gerechtigkeitsordnung untergeordnet? Ist die globale Gerechtigkeit eine Metaverfassung, die den Entscheidungsspielraum der demokratischen Gesetzgebungen der Einzelstaaten festlegt? Muß dann nicht ein Weltgericht etabliert werden?[41]

41 Schon für nationalstaatliche Kontexte gilt, daß sozialstaatliche Systeme einen beträchtlichen bürokratischen Aufwand verlangen und die Institutionalisierungskosten eines Systems materialer Verteilungsgerechtigkeit die Institutionalisierungskosten egalitärer Rechtsverhältnisse bei weitem übersteigen. Es liegt auf der Hand, daß der Institutionalisierungsaufwand gigantische Ausmaße annimmt und alle ökonomische und soziale Beweglichkeit in den Einzelstaaten ersticken wird, wenn wir an die Durchsetzung einer globalen Verteilungsgerechtigkeit gehen. Wir stehen in der Tat vor einer merkwürdigen Theorie: ihr Beurteilungskriterium entzieht sich aller Operationalisierung: es verlangt eine monströse Komparatistik, deren Schwierigkeiten die allseits bekannten der utilitaristischen Nutzen- und Wohlbefindensvergleiche bei weitem übersteigt, müssen doch bestehende institutionelle Strukturen mit allen denkbaren verglichen und auf ihre Vorteilhaftigkeit für den gegenwärtig Schlechtestgestellten hin untersucht werden. Angesichts dieser Mißlichkeit ist es interessant, von Pogge zu hören, daß die Verfassungswähler sich keinesfalls zu Rawls' »conservative endorsement of the law of nations« bereitfinden würden: »Rawls's proposal provides no effective mechanisms of adjudication and enforcement and thus fails to address the assurance problem...In the absence of such recognized mechanisms, governments have no assurances that others ill comply with the going ground rules... And the lack of such assurances makes it more often advisable, and also morally more acceptable, not to comply oneself when compliance is costly or even risky« (Pogge: »Rawls and Global Justice«, a.a.O., S. 236/7). In der Tat macht sich Rawls keine Gedanken, wie sein gerechtigkeitsbegründetes Völkerrecht implementiert werden kann; seine internationale Welt kennt ebensowenig wie die Kantische supranationale Institutionen, die der Rechtsordnung durch geeignete Zwangsmechanismen Geltung ver-

Beitz' und Pogges Verfahren der Rawls-Globalisierung ist lehrreich, denn es klärt die Bedingungen, die eine politische Philosophie der internationalen Beziehungen zu beachten hat. Hinsichtlich der gangbaren theoretischen Wege scheint eine vollständige Disjunktion zu bestehen. Wenn wir einen traditionell kontraktualistischen Ansatz wählen und mit individualistischem Urzustandspersonal arbeiten, dann muß die Theorie der globalen Gerechtigkeit die Gestalt einer Weltstaatsbegründung annehmen. Wenn wir einen Weltstaat vermeiden wollen und an einer Theorie der internationalen Gerechtigkeitsordnung interessiert sind, dann müssen wir die Theorie der globalen Gerechtigkeit als eine Theorie der zwischenstaatlichen Rechts- und Friedensordnung entwerfen. Wollen wir dieser Theorie ein kontraktualistisches Design geben, dann müssen wir mit einem Urzustandspersonal arbeiten, das aus Staaten besteht. Durch diese kontraktualistische Option sind noch keinerlei Einzelheiten hinsichtlich des institutionellen Rahmens der zwischenstaatlichen Ordnung festgelegt; es sind viele Möglichkeiten zwischen einer Konföderation in der Schwebe reiner Verabredung und einem dichten Netz transnationaler Institutionen mit dem Charakter subsidiärer Staatlichkeit denkbar. Aber was die vorhin skizzierte methodologische Alternative für eine gelungene Theorie der internationalen Beziehungen angeht, da gilt ein striktes *tertium non datur*.[42] Und da ein

schafften. Er verweist dieses Problem an die Politik, die an die bereits vorhandenen institutionellen Strukturen anzuknüpfen hätte. Aber was sind denn diese Versäumnisse im Vergleich mit der institutionalistischen Leere der Poggeschen Gerechtigkeitswelt? Wie um alles in der Welt kann Pogge auf die Idee kommen, die Verfassungswähler würden gerade aus institutionalistischen Gründen Rawls' Völkerrecht ablehnen und sich für die revidierte globale Verteilungsgerechtigkeit entscheiden?

42 Gegen diese Kritik einer Fehlplazierung des normativen Individualismus in der Begründungskonstruktion einer kontraktualistischen politischen Philosophie der internationalen Beziehungen hat Pogge ein Argument vorgebracht, das prima vista überzeugend klingt, genauerem Nachdenken aber sich als haltlos erweist. Das Argument ist methodologischer Natur und aus den wissenschaftstheoretischen Diskussionen der Sozialwissenschaften bekannt: genausowenig wie der Wirklichkeitsbegriff der grundlegenden Einzeldingontologie unserer alltäg-

Weltstaat wohl aus keinem Blickwinkel als sonderlich wünschenswert erscheinen kann, haben wir hier ein starkes Argument für die Kantische Theorieform des zweistufigen Kontraktualismus: eine normative Theorie der internationalen Beziehungen muß als individualistische Theorie globaler Verteilungsgerechtigkeit mißlingen, vermag jedoch als Theorie einer zwischenstaatlichen Rechts- und Friedensordnung zu überzeugen.[43]
»A cosmopolitan conception of international morality is not equivalent to, nor does it necessarily imply, a political program

lichen und wissenschaftlichen Weltsicht zuläßt, kollektiven Entitäten eigenständigen Seinsstatus zuzusprechen, genausowenig erlaubt der grundlegende normative Individualismus unserer politisch-kulturellen Selbstverständigungsgrammatik, kollektiven Entitäten Rechte und Pflichten zuzusprechen. Staaten, Nationen, Kulturen besitzen keine Rechte und Pflichten; das Rechtskonzept ist im normativen Individualismus verankert, und der normative Individualismus ist mit einem ontologischen Holismus inkompatibel. Wenn man eine normative Philosophie der internationalen Beziehungen entwickeln will, ist man normentheoretisch an die Sprache des normativen Individualismus gebunden und damit ontologisch auf Individuen als Subjekte normativer Prädikate festgelegt. Wenn das von mir umrissene institutionalistische Argument nun seinerseits auf einen ontologischen Holismus verpflichtete und sowohl verlangte, Staaten und Nationen als ontologisch eigenständige Kollektiventitäten aufzufassen, als auch forderte, sie als selbständige Rechtspersonen zu betrachten, dann wäre dieser Einwand berechtigt und auch sinnvoll. Da derart extravagante ontologische Festlegungen aber nicht im geringsten mit dem institutionalistischen Argument verknüpft sind, weder die positivrechtlichen noch die philosophischen Kontexte institutionalistischen Argumentierens einen derartigen Verdacht auch nur annähernd begründen, ist der methodologische Einwand jedoch aus der Luft gegriffen und recht töricht, da er nichts anderes tut, als eine allseits als solche durchschaute, aber bequeme und darum beibehaltene uneigentliche Redeweise wortwörtlich zu nehmen.

43 Ich weiß mich hierin einig mit Christine Chwaszcza: *Zwischenstaatliche Kooperation. Grundlagenprobleme, normative Aspekte, institutionelle Implikationen*, Diss. München 1993; dies.: »Ethik der internationalen Beziehungen«, in: *Handbuch der Angewandten Ethik*, hrsg. von Julian Nida-Rümelin, Stuttgart 1997; dies.: »Anmerkungen zur vertragstheoretischen Begründung globaler Gerechtigkeit«, in: ἀναλυωμεμ – *Analyomen* II. *Perspectives in Analytical Philosophy*, hrsg. v. G. Meggle/J. Nida-Rümelin, Berlin-New York 1996.

like those often identified with political universalism, world federalism, or «world order». It is important to distinguish moral structures from political ones, and to recognize that global normative principles might be implemented otherwise than by global institutions conceived on the analogy of the state«.[44] Ethiken politischer und sozialer Gerechtigkeit sind keine individuenadressierten Tugendethiken, sondern institutionalistische Ethiken. Nicht individuelles, sondern nur strukturelles, Zustände veränderndes und institutionell sicherndes Handeln kann Gerechtigkeitsprobleme lösen. Die Etablierung resp. das Vorhandensein leistungsstarker Strukturen gehört daher zu den Rationalitätsbedingungen dieses Ethiktyps; will er eine vollständige Argumentation entwickeln, dann muß er mit einem institutionalistischen Argument beginnen. Da die Weltstaatsbedingung nun nicht erfüllt ist, muß der globale Kontraktualismus von Beitz folgenlos bleiben.[45]

44 Beitz: *Political Theory and International Relations*, a.a.O., S. 182f.

45 Und dabei sehe ich vollständig von den grundsätzlichen, sich für den internationalen Bereich ja nur verstärkenden operativen Schwierigkeiten des Differenzprinzips ab, das seine kriterielle Leistungsfähigkeit nur unter der unrealistischen Voraussetzung eines Vergleichs alternativer Zustände entfalten kann, der uns nicht möglich ist, weil wir gesellschaftlich-geschichtliche Verhältnisse nicht experimentell verdoppeln und mit kontrollierter Variablenmanipulation wiederholen können. Zu diesen epistemologischen Schwierigkeiten gesellen sich praktisch-politische: all die Verfahren, die innerstaatlich als Instrumente einer Gerechtigkeitskorrektur à la Differenzprinzip denkbar sind, lassen sich schwer auf den internationalen Bereich übertragen. Man darf wirklich nicht vergessen, daß sich Rawls' Differenzprinzip keinesfalls von selbst versteht. Im Gegensatz zu dem unbestrittenen Gerechtigkeitsprinzip des menschenrechtlichen Egalitarismus ist das Prinzip der erlaubten sozio-ökonomischen Ungleichheit von Beginn an heftig kritisiert worden: daß es, wie Rawls behauptet, in der Urzustandssituation gewählt worden wäre, hat kaum jemand, der sich mit der Rawlsschen Argumentation auseinandergesetzt hat, akzeptieren können. Zudem herrscht auch große Uneinigkeit darüber, welche der unterschiedlichen Lesarten nun die angemessene Interpretation des Differenzprinzips zum Ausdruck bringt: ist das Differenzprinzip ein einfaches Maximin-Prinzip, ist es ein Prinzip des allgemeinen Vorteils oder ein Leximin-Prinzip? Läßt es Umverteilung zu oder hält es an einer strikten Interpretation der Pareto-Bedingung fest? All diese Fragen müssen zumindest bedacht werden, wenn man mit der Internationalisierung der Verteilungsgerechtigkeit das Differenzprinzip einem Anwen-

Nicht nur aus dem trivialen Grund, daß selbst die entgegenkommenste Wirklichkeit hinter den Idealen der Theorie zurückbleibt, sondern weil Beitz' Theorie an einer Art performativem Widerspruch leidet. Der globale Gesellschaftsvertrag konstituiert ein gerechtigkeitsethisch fundiertes Weltbürgerrecht, aber keine völkerrechtliche Verfassung. Die Einzelstaaten, die allein als Stifter und Erhalter einer internationalen Gerechtigkeitsordnung in Frage kommen, die die strukturelle Voraussetzung nicht nur einer innergesellschaftlichen sondern, auch einer internationalen Rechtsordnung darstellen, werden in der Beitzschen Argumentation übergangen.

Wenn man wie Rawls eine Gerechtigkeitstheorie in einzelstaatlicher Perspektive entwickelt, dann kann man sich mit einem strikt rechtfertigungstheoretischen Kontraktualismus begnügen, der die Legitimations- und Orientierungsprinzipien für eine vorausgesetzte institutionelle Struktur formuliert. Wenn man einen globalen Gesellschaftsvertrag entwirft, muß man entsprechend den institutionellen Rahmen eines Weltstaats voraussetzen oder seine Etablierung thematisieren; im letzten Fall wäre dann ein *exeundum e statu naturali*-Argument, eine Widerlegung des globalen Anarchismus notwendig, also ein Argument für die Notwendigkeit einer Konstituierung staatlicher Strukturen im Weltmaßstab.

Mit dem Antiinstitutionalismus des uneingeschränkten Kosmopolitismus hängt eine schwerwiegende Geringschätzung des Strukturelements der rechtlichen Ordnung zusammen, die angesichts der lexikalischen Vorordnung der Rechtsordnung vor dem System der wohlfahrtsstaatlichen Verteilungsgerechtigkeit verwundern muß. Mit dieser lexikalischen Vorordnung der Freiheit vor der gerechten Güterversorgung nimmt Rawls eine alte Einsicht der praktischen Philosophie auf: Rechtspflichten haben Vorrang vor Liebespflichten; die Sicherung des *esse* rangiert vor der Ermöglichung des *bene esse*; Leidminimierung und Koexistenzsicherung müssen aller individuellen Moral und kollektiven Politik der Glückspromotion und Wohlfahrtsmaximierung vorangehen.[46]

dungsbereich aussetzt, dessen interne Schwierigkeiten den Problemhorziont intrastaatlicher Anwendung beträchtlich übersteigen. Eine gute Diskussion der unterschiedlichen Lesarten des Rawlsschen Differenzprinzips gibt Peter Koller in seinem Aufsatz »Rawls' Differenzprinzip und seine Deutungen«, *Erkenntnis* 20/1983, S. 1-25.

46 Vgl. Wolfgang Kersting: »Das starke Gesetz der Schuldigkeit und das

Dieser Vorrang der rechtlichen Ordnung der äußeren Freiheit vor der Erfüllung materialer redistributiver Ansprüche spiegelt sich auch in der Hierarchie der Menschenrechte, die in den Rechten auf Leben, leibliche Unversehrtheit und äußere Freiheit Individuen wie Kollektive gleichermaßen bindende Ansprüche begründet sieht, die im Konfliktfall alle anderen Glücks- und Wohlfahrtsansprüche nachordnen.

Diese logische Ordnung der Menschenrechte wird im uneingeschränkten Kosmopolitismus verwischt, die primären Schutz- und Unterlassungsansprüche werden sekundären Leistungs- und Redistributionsansprüchen gleichgeordnet. Damit haben die unverhandelbare staatliche Rechtsordnung und deren nicht minder rechtlich notwendige zwischenstaatliche Fortsetzung ihren Halt in der menschenrechtlichen Basis verloren. Jetzt haben wir eine internationale Moralität, die ihre Prioritäten anders gesetzt hat, die die materiale Verteilungsgerechtigkeit in das Zentrum stellt, jedoch dem Gedanken der unverrückbaren Priorität des Rechts und seiner institutionellen Sicherung keinen Raum mehr zu geben vermag, die von aller institutionellen Verankerung losgelöst wie ein Heißluftballon in solcher Höhe über dem System der Staatenpluralität schwebt, daß nur noch bedürftige Erdbewohner sichtbar sind.

Mit dieser Moralisierung, durch die die sozio-ökonomische Verbesserung der benachteiligten Staaten und Regionen den traditionellen und institutionell eingebundenen außenpolitischen Werkzeugen der Entwicklungspolitik und Außenhandelspolitik, der offensiven Menschenrechtspolitik und der zwischenstaatlichen humanitären Hilfsprogramme entzogen wird und als schwere Gerechtigkeitspflicht gegenüber jedermann den Staaten und den Individuen gleichermaßen aufgebürdet wird, sind beträchtliche Schwierigkeiten verbunden. Sie verwandelt die globale Ethik der Rawlsianer in eine Theorie der »überbordenden Verantwortlichkeit«, die die Menschen auf Agenten globaler Verteilungsgerechtigkeit reduziert und in »Instrumente unpersönlicher Wertmaximierung« verwandelt und damit die Integrität der Persönlichkeit

schwächere der Gütigkeit. Kant und die Pflichtenlehre im 18. Jahrhundert«, *Studia Leibnitiana* XIV/1982, S. 184-220 (in diesem Band Kap. 3); ders.: »Vollkommene und unvollkommene Pflichten«, in: *Historisches Wörterbuch der Philosophie*, Bd. 7, Basel 1989, Sp. 433-439.

zerstört[47]; denn ebensowenig, wie die staatlichen Gemeinschaften im Horizont des Gerechtigkeitsglobalismus an den ethischen Implikationen politischer Gemeinschaftsbildung festhalten können und besondere Verpflichtungen gegenüber ihren Bürgern anerkennen dürfen, können Personen im Banne dieses Maximierungsprogramms den notwendigen Raum für die Verwirklichung privater Lebensprojekte verteidigen. Konsequent zu Ende gedacht, verurteilt diese Ethik die Mitglieder bevorzugter Volkswirtschaften zu Produktionssklaven in einem globalen unpersönlichen Verteilungsarrangement.

Es ist nicht zu erwarten, daß die Menschen die Motivation entwickeln werden, die diese spontanen Redistributionsakte braucht. Auch eine fortschreitende Universalisierung des moralischen Bewußtseins, selbst die Ausbildung einer moralischen Weltöffentlichkeit wird keinesfalls eine umfassende verteilungsfreudige Motivationsbildung nach sich ziehen, die sich von der direkten oder indirekten Wahrnehmung menschlicher Not unabhängig machen könnte, die nicht empfindungsfundierte Hilfeleistung, sondern prinzipiengeleitete Pflichterfüllung wäre. Denn genau darauf muß es einer globalen Gerechtigkeitsethik in erster Linie ankommen, den traditionellen Humanismus der Hilfeleistung durch ein normativ weitaus anspruchsvolleres, weil gerechtigkeitsfundiertes Pflichtbewußtsein zu ersetzen. Gerechtigkeitspflichten, die von uns verlangen, das zu leisten, was wir anderen schuldig sind, sind normentheoretisch von ganz anderer Art als Pflichten zur Hilfeleistung; daß die letzteren auf Notfälle reagieren, die ersten hingegen auf langfristige Zustandsveränderung in der globalen Güterverteilung gerichtet sind, ist nur einer der Unterschiede zwischen diesen beiden Formen moralischer Forderung.

Mit der Moralisierung der globalen Verteilungsethik ist eine weitere Schwierigkeit verbunden. Sie hängt mit den bereits erwähnten Problemdimensionen eng zusammen, ist aber durchaus eigener, nämlich epistemologischer Art. Pflichten der Verteilungsgerechtigkeit gehören zu den Begehungspflichten, die anders als die Unterlassungspflichten des äußeren Menschenrechts epistemologisch unterbestimmt sind. Wir wissen ganz genau, was das Recht auf Leben, körperliche Unversehrtheit und äußere Freiheit von Indi-

47 Vgl. Julian Nida-Rümelin: *Kritik des Konsequentialismus*, München 1994, S. 90 ff.

viduen und Regierungen verlangt. Diesem Recht kann man zu jeder Zeit entsprechen; die Erfüllung der ihm korrespondierenden Pflicht ist gänzlich voraussetzungslos. Begehungspflichten hingegen, und Pflichten der redistributiven Gerechtigkeit sind Begehungspflichten, verlangen die Beantwortung vieler Fragen; und die Menge der erfüllungsrelevanten Informationen nimmt natürlich beträchtlich zu, wenn wir ein Gerechtigkeitskonzept vor uns haben, das durch redistributive Handlungen nach einem »resource redistribution priciple« oder nach einem internationalen Differenzprinzip globale Verteilungszustände mit langfristiger Wirkung verändern will. Selbst wenn also das Motivationsproblem, das »compliance«-Problem gelöst werden könnte, hätten die Menschen aufgrund der epistemologischen Unterbestimmung der Prinzipien globaler Verteilungsgerechtigkeit ein großes Handlungshindernis vor sich. Wir hätten dann die merkwürdige Situation, daß eine redistributionsbereite globale Moralität ratlos ist, wie sie ihrer Redistributionsbereitschaft wirksamen Ausdruck verleihen soll.

Indem die kosmopolitischen Rawlsianer Rawls vorwerfen, die kosmopolitischen Implikationen seiner Gerechtigkeitstheorie unterdrückt zu haben, setzen sie natürlich deren Rechtfertigungskonstruktion und Prinzipienkanon als unerschütterliche Grundlage einer vollständigen Gerechtigkeitstheorie voraus. Ihre Kritik betrifft hauptsächlich Rawls' Weigerung, eine politische Philosophie der internationalen Beziehungen als eine Theorie der Verteilungsgerechtigkeit auszulegen und den internationalen Kontext als Quell redistributiver Ansprüche und Obligationen zu bestimmen. Sie selbst treten für eine globale Verteilungsethik ein und erheben eine globalisierte Version des Differenzprinzips in den Rang einer internationalen Redistributionsregel. Sie greifen damit bemerkenswerterweise auf das strittigste Prinzip der Rawlsschen Gerechtigkeitstheorie zurück; der weitaus überwiegende Teil der umfassenden Literatur zum Rawlsschen Differenzprinzip ist kritisch und bezweifelt, daß das Differenzprinzip im Rahmen einer Wahl verschleierter Egoisten gewählt worden wäre; sie bezweifeln die empirische Gültigkeit des diesem Prinzip unterliegenden entscheidungspsychologischen Pessimismus; sie bezweifeln seine Operationalisierbarkeit und damit seine gesellschaftsreformerische Brauchbarkeit. Die rawlsianischen Kosmopoliten gehen mit keinem Wort auf diese massive Kritik an dem Differenzprinzip ein und umgehen somit die naheliegende Frage, ob mit der Entscheidung, die gerechtigkeitstheoretische Prinzipienwahl aus dem institutionellen Kontext des einzelnen Nationalstaats herauszunehmen und in einem gänzlich unstrukturierten globalen Kontext, also gleichsam unter freiem Himmel, abzuhalten, die kritischen Einwände gegen das Differenzprinzip nicht noch erheblich an Gewicht gewinnen.

Makellose Dinge überstehen eine Vergrößerung unbeschadet; für schadhafte, unfertige, fehlerhafte Dinge ist die Vergrößerung jedoch überaus nachteilig, da sie alle Schwächen groß und unübersehbar ins Bild rückt. Ein gleiches Schicksal erleidet die Rawlssche Gerechtigkeitstheorie, wenn sie durch das Vergrößerungsglas der Beitzschen Globalisierung betrachtet wird. Mit der Ausweitung des Anwendungskontextes vergrößern sich auch ihre Schwächen; was gegen die Rawlssche Rechtfertigungskonstruktion als Begründungsverfahren für die Gerechtigkeitsordnung einer nationalstaatlichen Einheit vorgebracht werden kann, kann a fortiori gegen die Rawlssche Rechtfertigungskonstruktion als Begründungsverfahren für eine globale Gerechtigkeit vorgebracht werden. Bereits der Rawlsschen Gerechtigkeitstheorie von 1971 hat man einen erschlichenen Universalismus vorgeworfen; die von Rawls unterstellte universelle Gültigkeit seiner Liste der sozialen Grundgüter ist angezweifelt und als Ausdruck einer partikularen liberalen Wertgrammatik ideologiekritisch decouvriert worden. Wie haltlos muß aber dann erst der Beitzsche Universalismus sein? Wie kann Beitz die universelle Gültigkeit seiner Grundgüterliste unterstellen? Wie kann überhaupt irgendeine Liste von Grundgütern den Anspruch auf universelle Gültigkeit erheben? Das Rechtsstaatsprinzip, also der menschenrechtliche Egalitarismus mag ja in die Konzeption einer globalen Gerechtigkeit aufgenommen werden können; aber die Rawlssche Version des Sozialstaatsprinzips sperrt sich heftig gegen eine Globalisierung. In dem Maße, in dem die Bedeutung der begehrten Güter kulturell codiert ist, in dem die Begehrlichkeit selbst kulturell ausdifferenziert ist, in dem Maße scheint es völlig aussichtslos, eine universell gültige Währung der Verteilungsgerechtigkeit zu etablieren. Wenn die Liste der Basisgüter schon innerhalb demokratischer und pluralistischer Gesellschaften keine allgemeine Anerkennung finden wird, wie kann dann gehofft werden, daß sich die Welt auf eine Grundgüterliste einigt – was sie müßte, wenn das Verfahren der rationalen Wahl eines Verteilungsprinzips für soziale und ökonomische Güter Anwendung finden soll. Die Schwierigkeit tritt noch deutlicher hervor, wenn wir den kohärenztheoretischen Teil des Rawlsschen Rechtfertigungsarguments mit in die Globalisierungsoperation aufnehmen. Die kohärenztheoretische Begründung dient der Rechtfertigung der normativen Bestimmungen der Entscheidungssituation: gerechtfertigt sind Urzustand und Unwissenheitsschleier, wenn wir sie ebenso wie die in ihrem Schatten gewählten Gerechtigkeitsprinzipien selbst als philosophische Interpretation unserer grundlegenden normativen Überzeugungen akzeptieren können. Die Gerechtigkeitstheorie entdeckt sich damit als philosophische Explikation unserer intuitiven Gerechtigkeits- und Fairneßvorstellungen. Es ist evident, daß diese kohärenztheoretische Absicherung einer globalen Gerechtigkeit nicht zuteil werden kann; es gibt kein werthomogenes Weltethos, das in einer rawlsianischen Theorie globaler Gerechtigkeit dann seinen allgemein anerkennungswürdigen philosophischen Ausdruck finden würde.

Wie intrikat die Probleme einer internationalen Gerechtigkeit sind, wie zweischneidig oft die wohlmeinenden menschenrechtlichen Initiativen des Westens, zeigt der Vorstoß des deutschen Sozialministers Blüm auf dem *Summit for Social Development 1995* in Kopenhagen, die Kinderarbeit zu ächten. Dieser Vorschlag traf keineswegs auf die Billigung der Entwicklungsländer, die mit durchaus nachvollziehbaren Argumenten dem Westen vor Augen führten, daß ihre Volkswirtschaften die Gerechtigkeitskosten einfach nicht aufbringen können, die eine Ächtung der Kinderarbeit verursachen würde. Viele Familien in der dritten Welt könnten ohne Kinderarbeit gar nicht überleben: die Kinderarbeitsächtung kann nur dann ein erfolgreiches Programm werden, wenn die Unterstützung, die Familien bislang durch Kinderarbeit fanden, durch andere Quellen geleistet wird. Aber fragt man die Befürworter der Ächtung, welche Einkunftsquellen denn die Kinderarbeit ersetzen könnten, dann bekennen sie Ratlosigkeit. Wie nur zu häufig: die Vertreter des Wohlfahrtswestens scheinen bei ihrem medienwirksamen Postulatismus zu vergessen, daß das Gerechtigkeitsdach einer wohlgeordneten Gesellschaft eines stabilen wirtschaftlichen, eines entgegenkommenden kulturellen und eines zuverlässigen politischen Fundaments bedarf. Angesichts der riesigen Differenz zwischen den Lebensumständen hierzulande und den Lebensumständen in der Dritten Welt mit wohlgemuten Menschenrechtsinitiativen aufzuwarten, die den moralischen Standards hierzulande entsprechen, dort aber nur ökonomisch kontraproduktiv sein können, ist ehrenwert und zugleich töricht. Es besteht ein wechselseitiges Bedingungsverhältnis zwischen dem kulturellen Modernisierungsstand, dem sozio-ökonomischen Entwicklungsstand, dem rechtlich-politischen Legitimationsniveau und der Höhe der moralischen Sensitivitätsstandards. Wenn man nicht die anderen Entwicklungsfaktoren auf den westlichen Stand bringen kann, dann sollte man auch bei der Anwendung unserer menschenrechtlich-moralischen Standards zurückhaltend sein.

Je schwächer die Voraussetzungen einer Theorie, umso stärker ist die Theorie, umso größer ihre Geltungsreichweite. Sowohl Kant als auch die Rawlsianer bestätigen diese These. Kants Theorie ist voraussetzungsschwach und entwirft eine nationale wie internationale Rechtsordnung, die ein unverzichtbares und kategorisch verbindliches normatives Minimum von universeller, kulturinvarianter Geltung ist. Die rawlsianische Theorie ist voraussetzungsstark und entwirft eine komplexe Gerechtigkeitsordnung für die binnenstaatliche und die globale Gesellschaft mit überbordendem Anspruch, der jedoch universell nicht eingelöst werden kann und als Verabsolutierung der partikularen Wertgrammatik privilegierter liberaler Bürger kritisiert werden muß. Bereits die Problembeschreibung, die nach dem Lösungstyp einer mit dem Differenzprinzip operierenden Verteilungsgerechtigkeit verlangt, ist kulturell codiert: das konfliktuelle Kooperationsschema ist eine Abbreviatur liberal-kapitalistischer Wirtschaftsorganisation, die ihrerseits massive Wertentscheidungen beinhaltet, die keinesfalls bedenkenlos universalisiert werden können. Es ist keinesfalls abwegig, sich Staaten und Kulturen vorzustellen, die sich weigern, die weltwirtschaftliche Interdependenz zu vergrößern, und vielmehr bemüht sind, ihre Independenz zu stärken, die sich den Uniformierungstendenzen des globalen Kapitalismus entgegenstemmen und sich um nationale Kontrolle der anonymen weltwirtschaftlichen Aktivitäten bemühen. Angehörige dieser Staaten und Kulturen würden sich durch die anonymisierten Verfassungswähler der Rawlsschen Ursprungssituation gerade nicht repräsentiert sehen, da sie sich nicht primär als individuelle Rechtsbesitzer, sondern als selbstbehauptungswillige Angehörige einer Kultur und Lebensform betrachten.

Es ist nicht minder abwegig, sich Staaten vorzustellen, deren Gerechtigkeitsbedürfnis sich mit den redistributiven Wohltaten des Differenzprinzips nicht zufriedenstellen läßt, die nicht im mindesten an einer Aufrechterhaltung des globalen Kooperationsschemas interessiert sind, sondern an seiner revolutionären Veränderung. Eine Gerechtigkeitssprache, die die Begriffe der Ausbeutung und der Deprivation noch nicht der anonymen Kooperationssprache von Wechselseitigkeit und Abhängigkeit geopfert hat, wird nach einer strukturellen Veränderung verlangen, nicht nach einer systembewahrenden Verteilungsreform. Innerhalb der Staaten mag die Unterstellung des kapitalistischen Konsenses plausibel sein, vor allem dann, wenn sich in der Theorie eine kapitalistische Welt über sich selbst verständigt, aber die Annahme, auch bei einer kontraktualistischen Begründung einer internationalen Gerechtigkeitstheorie von einem globalen kapitalistischen Konsens ausgehen zu können, ist völlig unbegründet. Damit ist nichts gegen eine kontraktualistische Begründung einer politischen Philosophie der internationalen Beziehungen gesagt, sondern nur deutlich gemacht, daß Voraussetzungsschwäche eine unerläßliche Gelingensbedingung eines solchen Unternehmens ist. Eine Theorie jedoch, die mit einem einstufigen Kontraktualismus arbeitet und noch dazu die normativen Prinzipien einer internationalen Gerechtigkeitsphilosophie als Verteilungsregeln für materiale und soziale Güter innerhalb eines kapitalistischen Systems auslegt, macht überaus starke Voraussetzungen. Gesetzt, alle Bürger der Welt würden sich überhaupt auf das Verfahren einlassen, die erforderlichen Ordnungsprinzipien gemeinsam von einem Standpunkt der Unparteilichkeit aus zu entwickeln, so würden sie sich keinesfalls alle auf den voraussetzungsreichen Rawlsschen Sockel stellen und sich als Bewohner seiner, von Beitz, Pogge und anderen kosmopolitisch neuarrangierten Ursprungssituation verstehen können. Das ist nur für diejenigen selbstverständlich, die in der Ursprungssituation, in der Problembeschreibung, den Entscheidungsverfahren und den Prinzipien ihre kulturell codierten Gerechtigkeitsvorstellungen auf höchstem philosophischen Niveau ausgedrückt finden. Auch die Beitzsche internationale Ethik ist keine globale Theorie, sondern eine Philosophie für westlichliberale Komplicen.

Vergleichen wir Beitz' globalen Kontraktualismus mit der Grundstruktur der Kantischen Völkerrechtsbegründung, dann erweist sich die Zweistufigkeit des Kantischen Argumentationsaufbaus gegenüber der ethischen Eindimensionalität des Weltgesellschaftsvertrags als überlegen. Wie Beitz stattet auch Kant die Individuen mit Rechtsansprüchen aus, die über die staatlichen Grenzen hinausgehen und auf einen ganz bestimmten internationalen Zustand gerichtet sind. Die vernunftrechtliche Legitimationsbasis hat ebenso wie der Weltgesellschaftsvertrag globale, den Weltzustand normativ betreffende Implikationen. Aber die Verwirklichung dieser Implikationen hängt Kant nicht in ein globales Netz interindividueller Obligationen, sondern er überträgt sie dem Einzelstaat, der zweistufig zu agieren und nach außen hin die Rechtsordnung fortzusetzen hat, die er im Inneren ermöglicht. Dabei unterliegt sein Einsatz für die Etablierung einer internationalen Rechtsordnung den gleichen legitimatorischen und normativen Bedingungen, die auch seinem Handeln im Innern Legitimität und Rechtmäßigkeit geben. An dem grundlegenden Kantischen Gedanken der Zweistufigkeit, der Ausweitung der einzelstaatlichen Rechtsordnung zu einer weltumspannenden zwischenstaatlichen Rechtsordnung sollte gegen den Beitzschen globalen Kontraktualismus mit seiner dreifachen Unsicherheit hinsichtlich des Unterschiedes von Recht und Moral, von freiheitsrechtlicher Gerechtigkeit und materialer Verteilungsgerechtigkeit und von moralischer Spontaneität und Institutionalität festgehalten werden. Freilich muß, wie bereits gesagt, Kants obsoletes Souveränitätskonzept, das Hobbesianische Dogma von der unteilbaren Souveränität aufgegeben werden, da sich sonst das in der zweistufigen Struktur verankerte Projekt einer Fortsetzung der einzelstaatlichen Rechtsordnung in den zwischenstaatlichen Lebensraum hinein nicht angemessen institutionell verwirklichen läßt.

5. Rawls' ausgearbeitete Völkerrechtskonzeption von 1993

In seiner *Oxford Amnesty Lecture* von 1993 zeigt sich Rawls von der Kritik Beitz', Pogges und anderer an seinem gerechtigkeitstheoretisch halbierten Völkerrecht völlig unbeeindruckt. Er baut die kurze Passage aus seinem Buch von 1971 unbeirrt aus und weicht keinen Fußbreit vom Kantianismus seiner völkerrecht-

lichen Skizze ab.[48] Ausdrücklich wehrt er sich gegen den individualistischen Kosmopolitismus seiner Schüler und hält an dem Zweistufigkeitsmodell der Gerechtigkeitsausdehnung fest: »I think it best to follow the two-level bottom-up procedure, beginning first with the principles of justice for the basic structure of domestic society and then moving upward and outward to the law of peoples«.[49] Beitz' Argumentationsbewegung geht hingegen genau in die entgegengesetzte Richtung; sein Vorhaben, das Defizit an Verteilungsgerechtigkeit in dem Rawlsschen Völkerrecht zu kompensieren, führt zu einer Vorordnung der internationalen Gerechtigkeit gegenüber den Prinzipien gerechter Gesellschaftsgestaltung. »First, assuming national self-sufficiency, Rawls' derivation of the principles of justice for the law of nations is correct but incomplete. He importantly neglects resource redistribution, a subject that would surely be on the minds of the parties to the international original position. But second, the self-sufficiency assumption, upon which Rawls' entire consideration of the law of nations rests, is not justified by the facts of contemporary international relations. The state-centered image of the world has lost its normative relevance because of the rise of global economic interdependence. Hence, principles of distributive justice must apply in the first instance to the world as a whole, then derivatively to nation-states. The appropriate global principle is probably something like Rawls' general conception of justice, perhaps modified by some provision for intranational redistribution in relatively wealthy states once a threshold level of international redistributive obligations has been met. Rawls' two principles become more relevant as global distributive inequalities are reduced and a higher average level of well-being is attained«.[50]
Rawls' Entscheidung für die zweistufige Begründung internatio-

48 Daß Rawls in diesem Essay auch die Fragestellungen verfolgt, die in seinen zwischenzeitlichen Arbeiten über den politischen Liberalismus entwickelt worden sind, ist keine Beeinträchtigung des Kantianismus. Im Gegenteil, da Rawls hier nach einem internationalen Rechtsordnungsmodell fragt, in dem liberale und nicht-liberale Gesellschaften kooperieren können, verschafft er dem Völkerrecht eine gleichsam vorliberale, rein menschenrechtliche Basis, die ihn in noch größere Nähe zu Kant bringt.

49 Rawls: »The Law of Peoples«, a.a.O., S. 66.

50 Charles Beitz: »Justice and International Relations«, a.a.O., S. 230.

naler Rechtsbeziehungen wird durch ein interessantes methodologisches Argument gestützt.[51] Der kontraktualistische Konstruktivismus darf keinesfalls in dem Sinne als ein unversales moralphilosophisches Erkenntnisverfahren aufgefaßt werden, daß mit ihm ein universell anzuwendendes, allzuständiges und kontextunabhängiges Prinzip ermittelt werden kann; es ist nur in dem Sinne universell, daß es für nahezu jede moralphilosophische Problemstellung eingesetzt werden kann, *wobei jedoch die besondere Physiognomie der Problemstellung, der jeweils andere Kontext der Gerechtigkeit durch ein entsprechendes Neuarrangement des Urzustandsexperiments berücksichtigt werden muß.* Im Fall der Anwendung des kontraktualistischen Konstruktivismus auf die Frage der Völkerrechtsbegründung zeigt sich der Einfluß der gewandelten Problemstellung in zweierlei: zum einen in einer Neubesetzung des Prinzipienwählergremiums, jetzt sind es nicht mehr Personen als Mitglieder einer zu ordnenen Gesellschaft, sondern Repräsentanten einer staatlichen Gemeinschaft, zum anderen in einer Restriktion des gerechtigkeitstheoretischen Erkenntnisprogramms: nur allseits anerkennungsfähige Regelungen des zwischenstaatlichen Verhaltens sind gefragt; Probleme der Verteilungsgerechtigkeit gehören nicht ins Völkerrecht und sind nach Rawls auch nicht im Rahmen einer Theorie des internationalen Rechts begründbar: »We do not need a liberal principle of distributive justice«[52], wenn wir wissen wollen, wie sich Staaten, unabhängig davon, ob sie intern liberal geordnet sind oder nicht, gegeneinander verhalten sollen.[53]

51 Rawls: »Law of Peoples«, a.a.O., S. 45 ff.
52 Ebd., S. 229/FN 51.
53 »Although I think the difference principle is reasonable for domestic justice in a democratic society, it is not feasible as a way to deal with the general problem of unfavorable conditions among societies. For one thing, it belongs to the ideal theory for a democratic society and is not framed for our present case. More serious, there are various kinds of societies in the society of peoples and not all of them can reasonably be expected to accept any particular liberal principle of distributive justice; and even different liberal societies adopt different principles of their domestic institutions...In our construction of the liberal law of peoples, therefore, liberal principles of domestic distributive justice are not generalized to answer questions about unfavorable conditions« (Rawls: »Law of Peoples«, a.a.O., S. 75).

Während der unbeschränkte Kosmopolitismus die Gerechtigkeitstheorie vollständig entpolitisiert und in eine Theorie der »international morality« verwandelt, die sich von jedem politischen Programm und jeder institutionellen Struktur unabhängig macht und allein mit der entgegenkommenden kosmopolitischen Gerechtigkeitsgesinnung der Weltbürger rechnet[54], läßt sich Rawls den völkerrechtlich zu regelnden Gerechtigkeitskontext von den politischen Verhältnissen vorgeben. Er geht von dem Faktum einer Pluralität von Staaten aus, die intern nicht alle gemäß den Prinzipien des Liberalismus verfaßt sind, und fragt nach einer allgemein zustimmungsfähigen, also von den Prinzipien des Liberalismus selbst nicht Gebrauch machenden Grundlage für die Regelung des zwischenstaatlichen Verhaltens. Er findet sie in den Menschenrechten, die er wie Kant als fundamentale Freiheitsrechte versteht; sie bilden eine »necessary condition of a regime's legitimacy and of the decency of its legal order«[55]. Diese politische Betrachtungsperspektive macht Rawls auch immun gegen den monokausalen Ökonomismus der Anhänger der kosmopolitischen Verteilungsgerechtigkeit, die die Fragen der natürlichen Ressourcen dramatisieren und in der ungleichen Verteilung natürlicher Ressourcen den größten Gerechtigkeitsskandal erblicken und dabei völlig übersehen, daß es eine Fülle von politischen, moralischen und kulturellen Ungerechtigkeitsursachen gibt, die völlig unabhängig von der Verteilung natürlicher Ressourcen wirksam werden; genauso wie umgekehrt auch wohlgeordnete liberale Gemeinwesen völlig unabhängig von einer reichen natürlichen Ressourcenausstattung entstehen und gedeihen können. Deutschland beispielweise würde als rohstoffarmes Land in den Genuß der von Pogge vorgeschlagenen »global resources tax« kommen, die rohstoffreiche Länder zu entrichten hätten.[56] Nicht die Ressourcenungleichverteilung ist das Grundübel der Ungerechtigkeit, auch nicht die bestehenden ökonomischen Ungleichheiten, sondern der Krieg, der Terror, die Folter, die Unterdrükkung, die Korruption. »The problem is often not the lack of natural resources. Many societies with unfavorable conditions don't

54 Charles Beitz: *Political Theory and International Relations*, a.a.O., S. 182.

55 Rawls: »Law of Peoples«, a.a.O., S. 71.

56 Vgl. Pogge: »An Egalitarian Law of Peoples«, a.a.O.

lack for resources. Well-ordered societies can get on with very little; their wealth lies elsewhere: in their political and cultural traditions, in their human capital und knowledge, and in their capacity for political and economic organization. Rather, the problem is commonly the nature of the public culture and the religious and philosophical traditions that underlie its institutions. The great social evils in poorer societies are likely to be oppressive government and corrupt elites; the subjection of women abetted by unreasonable religion, with the resulting overpopulation relative to what the economy of the society can decently sustain«.[57] Rawls widerspricht hier implizit der Tendenz der Anhänger der kosmopolitischen Verteilungsgerechtigkeit, die politischen Strukturen der unterentwickelten Länder von der politischen Verantwortung für die sozio-ökonomischen Bedingungen der Lebenssituation der Bevölkerung zu entlasten und alles der globalen Verteilungssituation und den von ihr angeblich profitierenden Industriestaaten anzulasten.

Rawls bekräftigt das grundlegende Argument Kants. Eine normative politische Philosophie der internationalen Beziehungen muß auf die Begründung, Ausformulierung und Etablierung einer internationalen Rechtsordnung zielen, auf eine globale Sicherheitspartnerschaft, deren Grundlage, Form und Ziel das Recht ist. Mit dieser vergleichsweise bescheidenen Zielsetzung ist angesichts von Völkermord, Religionsterror, blutigen Stammesfehden, haßerfülltem Tribalismus allerorten, angesichts eines umsichgreifenden und mit den modernsten Vernichtungswaffen ausgerüsteten Atavismus und eines wachsenden gewaltbereiten Fundamentalismus schon viel erreicht. Die Sozialdemokratisierung des Globus, eine internationale Ausweitung des in den politischen Idyllen der westlichen Industrienationen entwickelten wohlfahrtsstaatlichen

57 Rawls: »Law of Peoples«, a.a.O., S. 77; vgl. »Person's adverse fate is more often to be born into a distorted and corrupt political culture than into a country lacking resources. The only principle that does away with that misfortune is to make the political traditions and culture of all people reasonable and able to sustain just political and social institutions that secure human rights« (S. 229/FN 52). Und das erreicht man durch zwischenstaatlichen Frieden und kollektive Sicherheitspartnerschaft, offensive Menschenrechtspolitik und internationale Hilfsprogramme , aber nicht durch ein im institutionellen Nirgendwo hängendes »resource redistribution principle«.

Konzepts sozio-ökonomischer Gerechtigkeit gehört nicht zu den Aufgaben einer allgemein anerkennungsfähigen politischen Philosophie der internationalen Beziehungen. Angesichts der komplexen Wirkzusammenhänge der kulturellen, wirtschaftlichen und politischen Realität im allgemeinen und der der Armuts- und Entwicklungsländer im besonderen ist auch nicht einzusehen, wie sie eine effektive Strategie der Armutsminderung begründen könnte. Es gibt hier ein fundamentales epistemologisches Problem, das sich von dem oben erwähnten und in der normentheoretischen Struktur von Begehungs- und Leistungspflichten verwurzelten unterscheidet. Während in der homogenen Situation eines westlichen Wohlfahrtsstaats die erforderlichen ökonomischen Bestandsaufnahmen durchführbar sind und keinerlei Meßprobleme bestehen, ist eine globale, alle relevanten Faktoren einbeziehende und die unterschiedlichen kulturellen, ökonomischen und politischen Kontexte auf der Grundlage einer universellen Taxonomie abgleichende Bestandsaufnahme unmöglich.

Die Meß- und Vergleichsprobleme sind unüberwindlich. Wie sollen die realen Lebensmöglichkeiten der Menschen miteinander verglichen werden können? Welche Indikatoren sollen verwandt werden: Das Pro-Kopf-Einkommen in Dollar? Die tägliche Kalorienzahl? Die Höhe der Arbeitslosigkeit? Die Alphabetisierungsrate? Die Mortalitäts- und Morbiditätsrate? Die Anzahl der Schulen und Krankenhäuser? Alle konsequentialistischen Ethiken haben das Problem der Vergleichbarkeit von Größen, die sich letztlich dem Vergleich entziehen müssen, da ihre Bedeutung nicht unabhängig von subjektiven und sozio-kulturellen Kontexten angegeben werden kann. Dieses Problem potenziert sich natürlich, wenn der Wertbereich der Komparatistik die ganze Welt ist. Welch eine Verzerrung würde es zum Beispiel bedeuten, den Entwicklungsstand eines Landes nach dem Pro-Kopf-Einkommen in DM zu messen und dann eine dem Differenzprinzip folgende globale Umverteilungspolitik anzustrengen. Die wenigen Vorstellungen, die die rawlsianischen Kosmopoliten hinsichtlich der Durchführung der gerechtigkeitstheoretisch angeblich gebotenen Umverteilungen äußern, laufen allesamt auf eine ebenso phantasielose wie unkluge Gerechtigkeitspolitik des Geldtransfers hinaus. Als wenn man die sozio-ökonomischen Ungleichheiten zwischen den Staaten durch Ausweitung des wohlfahrtsstaatlichen Sozialversicherungsmodells beseitigen könnte. Als wenn

Armut und Elend in der dritten Welt sich durch eifrige Geldüberweisungen bekämpfen ließen. Mit Geldspenden und Lieferungen von Hilfsgütern, von Nahrungsmitteln, Medikamenten und Notlazaretten reagiert man auf Katastrophen. Auch wenn das Eintreten von Katastrophen und das verheerende Ausmaß ihrer Auswirkungen oft, wenn auch keinesfalls immer, durch mangelnde präventive Strukturen begünstigt wird, sind sie selbst okkasionell auftretende Ereignisse, auf die mit okkasionellen Hilfsprogrammen zu antworten ist.

Armut und Elend in der dritten Welt haben jedoch strukturelle Ursachen, die zumindest dann in Umrissen erkennbar werden, wenn man der Frage nach den Faktoren nachgeht, die für das hohe Wohlstandsniveau der westlichen Industrienationen verantwortlich sind. Darunter zählen neben den für die Entwicklung einer kapitalistischen Wirtschaftsgesellschaft günstigen kulturellen Traditionen des Rationalismus und des Individualismus vor allem aber rechtliche und politische Strukturen. Eine internationale Solidarität muß ihre Politik gegen Elend und Armut in der dritten Welt vor allem auf die Förderung stabiler rechtlicher und politischer Strukturen in den Armutsländern richten. Eben der gerechtigkeitstheoretische Bereich, der infolge des Antiinstitutionalismus der rawlsianischen Kosmopoliten in den Hintergrund gedrängt wurde, muß auch und gerade unter dem Blickwinkel einer erfolgsorientierten, effektiven internationalen Solidarität in den Vordergrund treten. Gerechtigkeitsbegründetes Verteilungsdenken kann in systemhomogenen Kontexten gelingen und die Gerechtigkeitsqualität des Kooperationssystems erhöhen; aber im Weltmaßstab mißlingt es. Eine globale Verteilungsgerechtigkeit vermag keine Erfolgsstrategie gegen die Armut in der Welt hervorzubringen.[58] Erst mit der Befreiung von Unterdrückung und

58 Um die moralische Dringlichkeit des Kampfes gegen die Armut zum Ausdruck zu bringen, hat ihn der spiritus rector des Kopenhagener Sozialgipfels 1995, der Chilene Juan Somavia, mit dem Kampf gegen die Sklaverei im 19. Jahrhundert in eine Reihe gestellt. Das ist ein überaus instruktiver Vergleich, der ein helles Licht auf ein ganzes Bündel charakteristischer gerechtigkeitstheoretischer Fehleinschätzungen wirft. Im Zentrum dieses Vergleichs liegt die Gleichsetzung zweier unterschiedlicher Gerechtigkeitssorten. Politische Gerechtigkeit, die sich an den menschenrechtlich oder vernunftrechtlich definierten Grundrechten der Freiheit orientiert, und soziale Gerechtigkeit und

Gewalt, mit der Entfernung korrupter politischer Eliten, mit der Beendigung von Bürgerkrieg und Terror erhält die dritte Welt zukunftsweisende Entwicklungschancen. Nicht um die Redistribution von Gütern und Geld kann es gehen, sondern nur um die Ermöglichung von politischen, sozialen und ökonomischen Strukturen einer zuverlässigen Volkswirtschaft und eines verläßlichen, den Legitimationsstandards des Menschenrechts sich unterwerfenden politischen Systems.

Verteilungsgerechtigkeit, die ein derart prioritäres menschenrechtliches oder vernunftrechtliches Begründungsfundament nicht besitzt. Soziale Gerechtigkeit und Verteilungsgerechtigkeit sind normativ derivativ und sekundär. Weiterhin gilt, daß der Kampf gegen die Sklaverei ein Kampf für eine entsprechende, die Sklaverei schlicht als Rechtsinstitut annihilierende Gesetzgebung war; es war ein politischer Kampf, im Rahmen einer nationalstaatlichen politisch-institutionellen Struktur. Der Staat war hier der Bereich, in dem und durch den die Sklaverei aufgehoben werden konnte. Denn der Abolitionist brauchte nur geltend zu machen, daß die empirischen Differenzen zwischen Schwarzen und Weißen nicht im mindesten die Teilung der fundamentalen Menschenrechte und Bürgerrechte begründen kann. Der Abolitionismus ist die Ouvertüre der Bürgerrechtsbewegung; und Bürgerrechtsbewegungen argumentieren grundsätzlich für rechtliche und politische Gleichstellung und Gleichbehandlung. Überdies bietet die Abschaffung der Sklaverei nicht die geringsten Operationalisierungs- oder Implementierungsschwierigkeiten. Von ganz anderer Statur ist die Verteilungsgerechtigkeit. Ein Armutsabolitionismus kann sich nicht auf den menschenrechtlichen Gerechtigkeitsbegriff der Gleichheit und Freiheit stützen, kann nicht die Politik zwangsbewehrter innerstaatlicher und interstaatlicher Rechtsdurchsetzung wählen. Die Begriffe der politischen Gerechtigkeit und der Verteilungsgerechtigkeit sind nicht homogen und isomorph. Überdies ist der Vergleich kontraproduktiv: Somavia wollte das menschenrechtlich motivierte Empörungspotential der westlichen Welt mobilisieren und es für einen Kampf gegen die Armut einsetzen. Aber der Vergleich weist genau in eine andere Richtung: alle Sklaverei und sklavereianalogen Strukturen in den Armutsländern müssen erst einmal durch einen *Abolitionismus eigener Anstrengung* beseitigt werden; klare und stabile menschenrechtlich geprägte politische und rechtliche Strukturen müssen geschaffen werden, damit eine Entwicklung einsetzen kann, der die Armut nicht standzuhalten vermag. Die teils bequeme, da den korrupten Eliten, den blutsaufenden Militärs, den atavistischen Clanchefs in die Hände arbeitende, teils fatale, da alle eigenen Anstrengungen lähmende Einstel-

Durch diese strukturelle Stabilisierung werden die Länder der dritten Welt auf lange Sicht in eine sich ausdehnende bewegliche liberale Welthandelsgesellschaft frei fließenden Kapitals und frei fließender Ideen integriert werden können. Der Gedanke der globalen Verteilungsgerechtigkeit scheint gerade vor dem Hintergrund der elaborierten Rawlsschen Theorie so naheliegend zu sein, und doch stellt er auf dem Gebiet einer normativen politischen Philosophie der internationalen Beziehungen eine grundlegende Fehlorientierung dar. Das interstaatliche Geflecht kann nicht in die Anarchie eines individualistischen Weltbürgertums aufgelöst werden; wir benötigen die staatlichen Kontexte, weil wir einen festen Rahmen für die Etablierung zuverlässiger rechtsstaatlicher, demokratischer und marktwirtschaftlicher Strukturen brauchen, und wir benötigen auch die einzelstaatliche Autonomie, damit diese Strukturen sich in Ruhe entwickeln und ihre segensreiche Wirkung für die Individuen entfalten können. Kant hat es gewußt, und Rawls hat es bekräftigt: *eine politische Philosophie der internationalen Beziehungen hat die Aufgabe, menschenrechts- und gerechtigkeitsbegründete Prinzipien zwischenstaatlichen Verhaltens aufzustellen. Diese Prinzipien sind auf eine internationale Rechts- und Friedensordnung gerichtet. Die Etablierung dieser internationalen Rechts- und Friedensordnung wird dadurch begünstigt, daß immer mehr Staaten sich im Inneren eine republikanische Verfassung geben, ihre institutionelle Grundstruktur nach den Prinzipien der Gerechtigkeit einrichten. Darum haben alle Staaten neben der fundamentalen Friedenspflicht die in ihr selbst wie in dem humanistischen globalen Solidaritätsgebot begründete Verpflichtung, durch eine offensive Menschenrechtspolitik den Aufbau rechtsstaatlicher, demokratischer und marktwirtschaftlicher Strukturen in allen anderen Staaten zu befördern.* Ge-

lung, daß eine anonyme Weltinstitution eine armutsfreie Welt machen und herstellen könnte, es letztlich nur generöser Umschuldungsaktionen bedürfe, muß bekämpft werden. Armut ist nie durch zentrale staatliche Maßnahmen abgeschafft worden, sondern nur durch marktwirtschaftliche Ordnungpolitik, durch soziale Marktwirtschaft. Die beste Politik der Arbeitsbekämpfung ist die forcierte Begünstigung aller Entwicklungen in den Armutsländern, die zu einer Etablierung solider, berechenbarer wirtschaftlicher, rechtlicher und politischer Verhältnisse führen, ist die Begünstigung der Entstehung liberal-demokratischer Strukturen.

gen diesen menschenrechtlich begründeten Institutionalismus der politischen Philosophie der internationalen Beziehungen vermögen die Anhänger einer kosmopolitischen Verteilungsgerechtigkeit nur angestrengten Moralismus und weltmenschliche Erbaulichkeit zu setzen.

6. Zusammenfassung

Ich habe vorne gezeigt, daß sich der staatsphilosophische Kontraktualismus klassischen Zuschnitts aus internen Gründen als Weltstaatsphilosophie verstehen muß. Der Naturzustand kennt keine Nationalstaatsgrenzen, sondern ist globalen Zuschnitts; daher ist auch der durch den Vertrag herbeigeführte *status civilis* weltumspannend. Angesichts des Faktums der Pluralität von Staaten nun bieten sich der kontraktualistischen Philosophie drei Begründungswege an. Zum einen kann sie sich auf die Begründung einer innerstaatlichen Ordnung beschränken, dann müßte sie hinsichtlich der Frage einer internationalen Ordnung eine hobbesianische oder realistische Position beziehen. Sodann kann sie einen zweistufigen Kontraktualismus entwickeln und wie Kant und Rawls einer kontraktualistischen Begründung einer innerstaatlichen Rechts- und Gerechtigkeitsordnung im Rahmen eines Vertrages zwischen Individuen eine kontraktualistische Begründung einer interstaatlichen Rechts- und Gerechtigkeitsordnung im Rahmen eines Vertrages zwischen nationalstaatlichen Repräsentanten oder, wie Kant sagt, im Rahmen eines Staatenvertrags folgen lassen. Schließlich, und diesen Weg schlagen die Rawls-Kritiker ein, kann sie an einem einstufigen Kontraktualismus festhalten und das gerechtigkeitstheoretische Begründungsprogramm für nationalstaatliche Kontexte unmittelbar auf den globalen Bereich anwenden, muß dann aber die internationale Ethik von den institutionellen Strukturen der nationalstaatlichen Kontexte entkoppeln und den Preis der radikalen Entpolitisierung der globalen Gerechtigkeit entrichten. In der einstufig-kontraktualistischen Begründung einer internationalen Ethik werden aus dem normativen Individualismus uneingeschränkt gültige universalistische Prinzipien destilliert, die die Menschen mit gerechtigkeitsbegründeten Ansprüchen ausstatten, die eine globale, alle kontingenten nationalen Grenzen transzendierende Verbindlichkeit besitzen.

Damit wird die staatliche Organisationsebene zwischen den Polen des Individualismus und des Kosmopolitismus kassiert; die nationalen Grenzen verlieren ihre rechtlich-moralische Bedeutung. Der prinzipienwählende, kontrahierende nationalstaatliche Repräsentant verschwindet völlig aus dem kontraktualistischen Begründungsarrangement und gibt seine Rolle an die Individuen zurück, die ihre gerechtigkeitstheoretische Grundlegungsarbeit jetzt zusätzlich unter der Perspektive des individuellen Weltbewohners angehen.
Damit wird die institutionelle Hierarchie und das damit verbundene Obligationsgefälle nivelliert; es gibt keine ethisch-rechtliche Asymmetrie mehr, die die eigenen Bürger zu bevorzugten Adressaten der staatlichen Gerechtigkeits- und Wohlfahrtspolitik machen würde. Der Unterschied zwischen dem Bürgerstatus und dem Weltbürgerstatus wird gerechtigkeitstheoretisch belanglos. Besondere Verpflichtungen verdampfen angesichts des egalitaristischen Kosmopolitismus, der besonders dann bedrückend ist, wenn er das normative Anspruchsprofil der globalen Ethik nach dem komplexen Gerechtigkeitsbegriff der Rawlsschen *justice-as-fairness*-Theorie modelliert und die Individuen nicht nur verpflichtet, die menschenrechtlichen Ansprüche der negativen Freiheit universell zu achten, sondern auch die Nutzenposition und sozio-ökonomische Ausstattung der global Schlechtestgestellten zu maximieren. Es wäre konsequent, wenn die einstufig-kontraktualistische Begründung einer politischen Philosophie der internationalen Beziehungen auf die Etablierung eines Weltstaats aus wäre oder zumindest für die Einrichtung eines dichten Geflechts effektiver internationaler Institutionen argumentieren würde. Jedoch tut sie das nicht; ihr Kontraktualismus erzeugt zwar institutionelle Rechte, aber diese Rechte können sich auf keine Strukturen institutioneller Sicherung stützen; sie verbinden sich zu einem wolkigen, ethisch überspannten Globalethos, das seine Realisierungshoffnung allein auf den motivationsstarken Gerechtigkeitssinn eines homogenen globalen moralischen Bewußtseins setzen kann.
Der Vergleich zwischen den Theorien internationaler Beziehungen von Kant, Rawls und den rawlsianischen Anhängern eines uneingeschränkten Kosmopolitismus sollte Auskunft geben über die Gelingens- und Mißlingensbedingungen einer politischen Philosophie der internationalen Beziehungen. Es sollte deutlich ge-

worden sein, daß dem Theorietpy des zweistufigen Kontraktualismus der Vorzug gebührt, daß eine politische Theorie der internationalen Beziehungen eine Theorie der Rechtsordnung und Sicherheitskooperation sein muß und keine Theorie einer globalen Verteilungsgerechtigkeit sein darf, daß sie an die institutionellen Kontexte der Staaten anschließen muß und sich nicht als Philosophie internationaler Moralität von den Implementierungsleistungen staatlicher und zwischenstaatlicher Institutionen und Strukturen unabhängig machen darf.

Zum Abschluß soll einem möglichen Mißverständnis vorgebeugt werden. Die Kritik des uneingeschränkten Kosmopolitismus impliziert keinesfalls die Negation jeder moralischen Verpflichtung der Staaten jenseits der grundlegenden Forderung, an der Herstellung einer internationalen Rechtsordnung mitzuwirken. Sie stellt kein indirektes Plädoyer für einen *lifeboat*-Darwinismus dar, der jede Form von normativ orientierter zwischenstaatlicher Hilferegelung als Störung notwendiger natürlicher Selektionsprozesse ablehnt[59]. Sie behauptet nur, *daß eine normative politische Philosophie der internationalen Beziehungen als kosmopolitische Theorie der Verteilungsgerechtigkeit aus vielfältigen Gründen scheitern muß.* Weder kann auf die Anbindung der normativen internationalen Prinzipien an die staatlichen Strukturen und politischen Systeme zugunsten einer individualistischen globalen Moralität ohne jeden institutionellen Kontext verzichtet werden, noch darf die prinzipielle Vorrangigkeit der rechtlichen Ordnungsdimension zugunsten einer globalen Umverteilungsmoral geopfert werden. Eine normative Theorie der internationalen Beziehungen muß eine institutionalistische und eine politische Theorie sein; sie muß eine Theorie des globalen Rechtsfriedens und der internationalen Sicherheitskooperation sein.

Damit ist eine globale Solidaritätsverpflichtung der Staaten nicht geleugnet, nur hat diese nicht den Grund in einem globalen Menschenrecht auf einen fairen Anteil an den natürlichen Ressourcen und den kooperativ erwirtschafteten Gütern; auch hat sie nicht die Gestalt einer Maximierungsverpflichtung gegenüber den global Schlechtestgestellten, die sich, wie es das Differenzprinzip ver-

59 Garrett Hardin: »Lifeboat Ethics: The Case Against Helping the Poor«, in: William Aiken/Hugh La Follette (Hrsg.): *World Hunger and Moral Obligation*, Englewood Cliffs, NJ 1977, S. 11-21.

langt, Armutsstufe um Armutsstufe nach oben zu arbeiten hätten, bis der globale sozio-ökonomische Egalisierungsprozeß so weit vorangetrieben worden wäre, daß nur noch das produktivitätssichernde Minimum an Ungleichheit bestehen würde. Die globale Solidaritätsverpflichtung findet ihre Rechtfertigung nicht in einer Theorie der globalen Verteilungsgerechtigkeit, sondern in einer konsequenten Menschenrechtspolitik der Förderung von Demokratie und Rechtsstaatlichkeit; sie findet ihren strukturpolitischen Ausdruck in okkasionellen Hilfsprogrammen, in zwischenstaatlichen Wirtschaftsförderungsmaßnahmen und in den Bemühungen um eine gerechtere Weltwirtschaftsordnung, die allesamt im Rahmen der traditionellen Aufgabenbereiche der staatlichen Außen-, Außenwirtschafts- und Entwicklungspolitik entwickelt, durchgeführt und verantwortet werden.

9. Philosophische Friedenstheorie und internationale Friedensordnung

Lange Zeit fanden die Fragen der zwischenstaatlichen Rechtsordnung und der internationalen Gerechtigkeit in der politischen Philosophie keine sonderliche Aufmerksamkeit. Das Paradigma des Nationalstaates bestimmte weitgehend die Grenzen ihrer Neugier. Daran hat auch die durch John Rawls' »Theory of Justice« ausgelöste Renaissance der politischen Philosophie nichts geändert. Die nach langem Siechtum im Schatten von logischem Empirismus und *ordinary language philosophy* wiederauferstandene normative systematische politische Philosophie ist wie ihre große Vorgängerin des 17. und 18. Jahrhunderts vornehmlich eine Philosophie der binnenstaatlichen Ordnung. Das gilt für den Liberalismus, das gilt erst recht für seinen kommunitaristischen Gegenspieler, der die Gemeindegrenzen für die Grenzen der Welt nimmt und dessen bodenständiges Temperament keine Begeisterung fürs Kosmopolitische erlaubt.[1]

Das hat sich freilich in den letzten Jahren geändert. Probleme des Weltfriedens, des internationalen Menschenrechtsschutzes und der zwischenstaatlichen Gerechtigkeit gehören mittlerweile zur Tagesordnung der politischen Philosophie und beanspruchen einen beträchtlichen Teil ihres Reflexionspensums. Und das ist weniger dem zweihundertjährigen Erscheinungsjubiläum der Kantischen Friedensschrift zu verdanken. Die wirklichkeitsaufmerksame politische Philosophie mußte vielmehr erkennen, daß sich die Physiognomie der Staatenwelt verändert hat, daß das »Westfälische Modell der Weltordnung«[2] obsolet geworden ist und ihre

1 Zum Verhältnis von Liberalismus und Kommunitarismus vgl. Wolfgang Kersting: »Die Liberalismus-Kommunitarismus-Kontroverse in der amerikanischen politischen Philosophie«, in: Volker Gerhardt u. a. (Hrsg.): *Politisches Denken. Jahrbuch 1991*, Stuttgart 1992, S. 82-102.

2 So bezeichnet David Held die im Westfälischen Frieden von 1648 entworfene und bis Ende des 2. Weltkriegs, teilweise sogar bis heute bestehende Ordnung der Staatenwelt; vgl. David Held, »Democracy and the New International Order«, in: Daniele Archibugi/David Held (Hrsg.): *Cosmopolitan Democracy. An Agenda for a New World Order*, Cambridge 1995, S. 96-120; S. 103.

traditionellen Leitvorstellungen von der abgeschlossenen staatlichen Einheit und der autonomen nationalgesellschaftlichen Schicksalsgemeinschaft zunehmend weiter hinter der weltpolitischen Realität zurückbleiben. Die Globalisierung höhlt die nationalstaatliche Separierungs- und Parzellierungsräson aus. Die Staaten wachsen zu einem System der Interdependenz und Kooperation zusammen; damit entstehen staatenübergreifende Belastungen, grenzüberschreitende Konfliktlinien und internationale Verteilungsfragen. Um dieser neuen internationalen Problemsituation gerecht zu werden, muß die politische Philosophie ihre etatistische Gravitation aufgeben und den klassischen Aufgabenkanon einer Völkerrechtsphilosophie des rationalen Machtgleichgewichts und der Kriegszivilisierung beträchtlich überschreiten. Die Welt erweist sich immer mehr als gemeinsame Lebenswelt der Menschen, die nach einer allgemein verbindlichen und vernunftbegründeten weltbürgerlichen Verfassung verlangt. Die politische Philosophie der Gegenwart bemüht sich, die normativen Fundamente einer solchen globalen Ordnung freizulegen. Sie läßt sich dabei durchaus von Kants ingeniösem friedensphilosophischen Entwurf inspirieren, vertraut aber vor allem auf die ungeteilte normative politische Vernunft und hofft, daß ihr daraus kosmopolitische Kompetenz zuwächst.

Die These von der Ungeteiltheit der normativen politischen Vernunft umfaßt eine Zuständigkeitsthese und eine Ausweitungsthese. Die Zuständigkeitsthese behauptet, daß der *kosmopolitische Skeptizismus* falsch ist, der, gleichsam ein metaethischer Verbündeter der realistischen Schule der Außenpolitik, eine internationale Ethik, ein prinzipienbegründetes internationales Recht, eine Theorie internationaler Gerechtigkeit für begriffliche Chimären hält. Natürlich arbeitet die Philosophie in der Welt der internationalen Beziehungen unter erschwerten Bedingungen, denn hier bewegt sich die Politik noch ungenierter in den moralfernen »Niederungen des Romulus« (Machiavelli) als im Staatsinneren, aber das bedeutet keinesfalls, daß die normative politische Philosophie hier unzuständig und ihr *kosmopolitischer Kognitivismus* haltlos wäre. Sie ist nicht nur eine Philosophie der Polis, sie ist auch eine Philosophie der Kosmopolis und dehnt, damit bin ich bei der zweiten, der Ausweitungsthese, die Gültigkeit der normativen Begriffe, die wir routiniert zur Beschreibung und Bewertung der rechtlichen und moralischen Problemlagen auf den einheimischen

Feldern der Politik verwenden, über die nationalen Grenzen hinaus aus. Der *kosmopolitische Kognitivismus* behauptet nicht nur, daß der menschenrechtliche Minimalismus kulturinvariante Verbindlichkeit besitzt und als Legitimationstheorie politischer Herrschaftsverhältnisse globale Gültigkeit beanspruchen darf und daher als Basistheorie einer weltbürgerlichen Gesellschaft dienen kann; er unterstellt auch, daß die für eine allgemein anerkennungswürdige innerstaatliche Gesellschaftsordnung zuständige Gerechtigkeitstheorie auch die normative Begründung einer allgemein anerkennungswürdigen zwischenstaatlichen Rechtsordnung liefern kann. Keinesfalls ist die Staatenwelt ein Sonderbereich, der nach einer Bereichsethik *sui generis* verlangte. Für die normative Vermessung des zwischenstaatlichen Geländes steht uns nur das Besteck zur Verfügung, das wir auch zur Bestimmung innerstaatlicher Wohlgeordnetheit verwenden.[3]
Bei dieser Sichtweise weiß der *kosmopolitische Kognitivismus* den stärksten Bundesgenossen auf seiner Seite, den die normative Philosophie überhaupt besitzt, den moralischen *common sense*. Das natürliche Bewußtsein ist von der Zuständigkeit seiner moralischen Begriffe und Gefühle auch für den Bereich des zwischenstaatlichen Handelns tief überzeugt. Wir glauben keinesfalls, daß sich im außenpolitischen Verhalten reine, moralisch unbelangbare Natur artikuliert. Staatliches Handeln zerfällt für uns nicht in ein innenpolitisches, moralunterworfenes Dr. Jekyll-Handeln und ein außenpolitisches, moralabweisendes Mr. Hyde-Handeln. Unser moralisches Vokabular ist universalistisch, und die normative Bewertung zwischenstaatlichen Verhaltens und der Beziehungen zwischen den Nationen gehört zu unserer fest verwurzelten moralischen Gewohnheit; und wir reagieren auf moralisch signifikante Verfehlungen im Bereich zwischenstaatlichen Handelns keinesfalls mit minder heftiger moralischer Empörung. An dem Internationalismus unseres moralischen Alltagsbewußtseins kann kein Zweifel bestehen, zumal er mit der gestaffelten Solidarität, die die Segmentierung der sozialen Welt von uns verlangt, durch-

3 Für eine detaillierter Behandlung dieser metaethischen und epistemologischen Problemstellung in der normativen politischen Philosophie der zwischenstaatlichen Beziehungen und weltbürgerlichen Ordnung vgl. Wolfgang Kersting, »Philosophische Probleme der internationalen Beziehungen«, in: Kurt Bayertz (Hrsg.): *Ethik und Politik*, Stuttgart 1996, S. 423-456.

aus kompatibel ist und durch die schnellen Bilder der globalen Telekommunikation genau die affektive Grundierung erhält, die das an Wahrnehmungsreichweiten gebundene menschliche Bewußtsein benötigt, um seinen moralischen Begriffen praktisch-emotionale Bedeutung zu verleihen.

Wenn die moralisch-rechtliche Vernunft unteilbar ist und die fundamentalen Wertorientierungen für die Gestaltung unserer sozialen und politischen Verhältnisse auch die Prinzipien einer internationalen Rechts- und Gerechtigkeitsordnung enthalten müssen, dann kann es nicht verwundern, daß sich die internationale Ethik vor allem mit Anwendungs- und Übertragungsfragen beschäftigt. Näherhin geht es ihr darum, die bewährten binnenstaatlichen Konfliktlösungsverfahren und Ordnungsmodelle international zu erproben und die Modifikationen zu bestimmen, die mit dem Übergang vom interindividuellen zum zwischenstaatlichen Handlungsbereich verknüpft sind.

Damit ist ersichtlich, daß die gegenwärtige politische Philosophie der internationalen Beziehungen ihr Haupt- und Grundthema als Problem der institutionalistischen Ethik auslegt und behandelt; bekenntnisseliges pazifistisches Pathos und moralisierende Friedfertigkeitsrhetorik ist nicht von ihr zu erwarten. Sie zielt auf einen Rechts- und Gerechtigkeitspazifismus und bemüht sich um den Entwurf einer prinzipienbegründeten Friedensverfassung; ein »Bekehrungsfrieden«, wie Dolf Sternberger[4] ihn so trefflich genannt hat, der auf sittliche Umkehr und Vorleistungsmoral setzt, ist nicht ihre Sache. Philosophische Friedenstheorie, soweit sie im Rahmen der gegenwärtigen politischen Philosophie entwickelt wird, ist kein soteriologisches Unternehmen, spricht nicht die Sprache des Unheils und der Versöhnung. Sie ist eine Friedensphilosophie für eine gottlose Welt und macht sich wie jede moderne Vergesellschaftungstheorie von der Integrationskraft religiöser Welt- und Menschendeutungen unabhängig. Kein »metanoeite« kommt über ihre Lippen. Nichts hat sie mit solchen Friedenstraktaten wie dem von Karl Jaspers über *Die Atombombe und die Zukunft der Menschen* gemein, die mit alttestamentarischer Pro-

4 Dolf Sternberger: »Über die verschiedenen Begriffe des Friedens«, in: ders.: *Die Politik und der Friede*, Frankfurt/M. 1986, S. 8-67; S. 17. Sternberger unterscheidet hier einen »Frieden durch Bekehrung« und einen »Frieden durch Vereinbarung oder Verständigung«.

phetengebärde zur Umkehr angesichts des nahen Weltenendes aufrufen, weil sie die Rettung der Welt nur von der sittlichen Wandlung jedes einzelnen erwarten. Und schon gar nichts mit der gleichsam gegenläufigen neutestamentarischen Naivität einer Politik der Bergpredigt, die den Himmel ganz aus den Augen verliert, die Seligpreisungen in einen Aufruf zur »anthropologischen Revolution« ummünzt und durch demonstrative Wehrlosigkeit und Widerstandslosigkeit die Welt entwaffnen möchte.[5]

Die Stärke der politischen Friedens- und Gerechtigkeitsphilosophie liegt aber nicht nur darin, daß sie hermeneutisch vorgeht, die Prinzipien eines gerechten Weltfriedens aus dem Repertoire der domestischen Gerechtigkeitsüberzeugungen gewinnt und somit die Begründungsschwierigkeiten dieses religiös tingierten Moralpazifismus vermeidet; sondern auch darin, daß sie ihre eigenen Verwirklichungsbedingungen reflektiert und die menschliche Handlungswelt als einen Zustand moralischer Unvollkommenheit begreift. Sie kultiviert einen reflektierten Normativismus, der sich nicht damit begnügen kann, ein globales Gerechtigkeitsdesign auf dem Reißbrett moralischer Prinzipienstrenge zu entwerfen, sondern den Kernbestand der wesentlichen Verpflichtungen formuliert und ansonsten die zulässigen Einschränkungen und Kompromißlösungen benennt, die eine moralisch unvollkommene Welt der normativen politischen Vernunft abnötigt.

Ordnungsmodelle sind Konfliktlösungsverfahren. In den spezifischen Integrationsleistungen der Ordnungen reflektiert sich das besondere Konflikt- und Gewaltproblem, zu dessen Lösung die

5 Jaspers' wuchtige Schrift, die als Bekehrungstraktat den »internationalen Frieden mit der ethischen Intimität« (Dolf Sternberger, »Über die verschiedenen Begriffe des Friedens«, a.a.O., S. 52) verbindet, besitzt unleugbar existentielles Format; die Vorstellung einer im Atombombenfeuer verbrennenden Menschenwelt gestattet durchaus die Parallelisierung mit der metaphysisch-theologischen Verlorenheit der unversöhnten Welt des Christentums. Das seinerzeit vielgelesene Alt-Traktätchen ist jedoch nur läppisch, überdies für jeden wahren Freund des Christentums ein Ärgernis, da hier im Zeichen einer christlichen Pazifizierung der Welt Seelenheil und Himmelreich radikal verweltlicht werden und die Zumutungen der christlichen Religion an den einzelnen politisch mißverstanden und in eine irrationale Vorleistungsmoral des ›Auch-die-andere-Wange-Hinhaltens‹ umgemünzt werden (Franz Alt, *Frieden ist möglich. Die Politik der Bergpredigt*, München 1983, S. 77ff.)

Ordnung instituiert wurde. Jede Ordnung ist somit ein objektiviertes, institutionalisiertes Friedenskonzept. In der Geschichte der neuzeitlichen Politik sind im wesentlichen vier unterschiedliche binnenstaatliche Ordnungsmodelle entwickelt und in der sie begleitenden philosophischen Reflexion begründet worden. Da war anfangs der absolute, durch keinerlei normative Bestimmungen eingeschränkte Staat, der als Friedensmaschine der ökonomischen Rationalität ein Abschreckungsgleichgewicht zwischen den Individuen etablierte. Die dann geschichtlich folgenden Ordnungsmodelle stellen allesamt Freiheits- und Gerechtigkeitsfortschritte in der Geschichte der Domestikation dieses Leviathan dar. Da ist zuerst der Rechts- und Rechtssicherheitsstaat; sodann der Sozialstaat; und schließlich ist da noch die quer zu dieser Genealogie staatlicher Modelle liegende Demokratie, die in ihrer emphatischsten Ausprägung die Selbstorganisation einer sich vom Staat emanzipierenden Zivilgesellschaft zum Ausdruck bringt. Diese binnenstaatlichen Ordnungen der Abschreckung, des Rechts, der Verteilung und der Herrschaft bilden auch das konzeptuelle Rohmaterial für die Friedensentwürfe der politischen Philosophie der internationalen Beziehungen. Ich werde in den folgenden fünf Kapiteln ihre Bemühungen um die geeignete Verfassung eines zwischenstaatlichen Friedenszustands einige Schritte weit verfolgen. Das 1. Kapitel lautet: Frieden durch Abschreckung oder: *si vis pacem para bellum*. Das 2. Kapitel lautet: Frieden durch Recht oder: *si vis pacem para pacem*. Das 3. Kapitel behandelt unter der Frage »Moralischer Föderalismus oder Weltminimalstaat oder weltbürgerliche Gesellschaft?« das Problem der rechtlichen Verfassung des Weltfriedens. Das 4. Kapitel lautet: Frieden durch Verteilungsgerechtigkeit oder: *si vis pacem para iustitiam distributivam*. Und die abschließenden Kapitel beschäftigen sich mit dem spannungsvollen Verhältnis der normativen Gerechtigkeitskonzeption zur weltpolitischen Wirklichkeit.

1. Frieden durch Abschreckung oder: *si vis pacem para bellum*

Anders als die politische Philosophie vor ihr, anders aber auch als die politische Philosophie nach ihr war die des 17. und des 18. Jahrhunderts durch und durch eine Philosophie des Friedens. *Exeundum e statu naturali* – das war ihre Lektion in nuce; der Frieden war ihr erklärter Leitstern, der Erforschung seiner Ursachen und seiner Gründe war ihre ganze Aufmerksamkeit gewidmet. Aber die Friedensphilosophie des 17. Jahrhunderts legte diese Lektion anders aus als die Friedensphilosophie des 18. Jahrhunderts. Zwar war sowohl für Hobbes als auch für Kant der zu überwindende Naturzustand ein Kriegszustand, aber dessen unterschiedliche Interpretation führte die beiden Philosophen zu einem unterschiedlichen Verständnis der naturzustandsüberwindenden Friedensordnung. Auch die Wirkungsgeschichte dieser beiden Friedenskonzepte ist unterschiedlich: während das Hobbessche Friedenskonzept das außenpolitische Denken der Vergangenheit durchgängig bestimmt hat und in der aufrüstungsfreudigen, gleichwohl aber kriegsfreien Zeit des geopolitischen Dualismus nach dem zweiten Weltkrieg seine große weltgeschichtliche Stunde hatte, gehört dem Kantischen Friedenskonzept vielleicht die Zukunft.

Beginnen wir mit einer knappen Darstellung des Hobbesschen Friedenskonzepts[6]. Es wird im Rahmen der Rechtfertigung der staatlichen Ordnung entwickelt, die die Menschen erfinden, um der Unerträglichkeit des Naturzustandes Herr zu werden. Die Unerträglichkeit des Naturzustandes ist keineswegs eine Folge der Machtgier und anderer finsterer Leidenschaften der Menschen, sondern das unausweichliche Resultat rationalen menschlichen Handelns unter Knappheitsbedingungen. Nicht der verruchte Macbeth ist der Protagonist des *bellum omnium contra omnes*, nicht der zivilisierungsresistente Barbar, den Enzensberger jüngst bei seinen Reisen in die kleinen und großen Bürgerkriege überall angetroffen hat, sondern der nutzenmaximierende

6 Ausführlicher in Wolfgang Kersting: *Thomas Hobbes zur Einführung*, Hamburg 1992; vgl. auch die einschlägigen Beiträge in: Wolfgang Kersting (Hrsg.): *Thomas Hobbes: Leviathan*, Klassiker Auslegen Bd. 5, Berlin 1996.

homo oeconomicus. Menschen besitzen Vernunft und daher praktische Voraussicht. Sie entwickeln Langzeitstrategien und versuchen, sich für mißliebige Fälle zu wappnen. Immer auf der Hut zu sein, verlangt beträchtliche Aufrüstungsanstrengungen. Sich aufschaukelnde Strategien des offensiven Mißtrauens entstehen; es gilt, mit dem schlimmsten zu rechnen und der Gewalt anderer zuvorzukommen; selbst zu attackieren, erhöht die eigenen Überlebenschancen; auf die Friedfertigkeit der anderen sich zu verlassen, ist in höchstem Maße irrational; rational, weil den eigenen Interessen dienlich, ist es hingegen, gewaltbereit und, wie Kant sagt, »jederzeit in der Kriegsrüstung zu seyn«[7]. Unter Naturzustandsbedingungen, unter den Bedingungen einer ungeregelten naturwüchsigen Konkurrenz um Güter und Macht muß die rationale Präventionsstrategie der Machtmittelakkumulation notwendig das gesamte Repertoire von Gewalthandlungen aufnehmen. Wegen des »gegenseitigen Mißtrauens gibt es für niemand einen anderen Weg, sich selbst zu sichern, der so vernünftig wäre wie Vorbeugung, das heißt, mit Gewalt oder List nach Kräften jedermann zu unterwerfen, und zwar so lange, bis er keine andere Macht mehr sieht, die groß genug wäre, ihn zu gefährden. Und dies ist nicht mehr, als seine Selbsterhaltung erfordert und ist allgemein erlaubt«[8]. Aufgrund seiner immanenten und unentrinnbaren Aufrüstungslogik kehrt der Naturzustand jene irritierende Friedensversion des Propheten Jesaja radikal ins Gegenteil: hier liegen nicht nur nicht die Wölfe bei den Lämmern, hier müssen die Lämmer aus Selbsterhaltungsräson zu Wölfen werden und das gleiche Machtakkumulations- und Aufrüstungsspiel spielen wie diese.

Das Ergebnis dieser vielen individuellen Rationalitätsanstrengungen ist für alle katastrophal: ein objektiv irrationaler Zustand, voller Gewalt und Unsicherheit, den jeder gleichermaßen als unerträglich ansehen muß; jeder weiß auch, daß die hemmungslose Aufrüstung aller der Grund für diese Unerträglichkeit ist. Gleichwohl kommt für Hobbes eine spontane Vergesellschaftung, eine allgemeine Einigung auf ein friedliches, kooperatives Miteinander nicht in Frage. Ein reiner Verabredungsfrieden führt die Menschen nicht aus dem Naturzustand. Denn wer garantiert den

7 Kant: *Gesammelte Schriften*, Akademie-Ausgabe XIX, Refl. 7646.

8 Hobbes, *Leviathan*, Frankfurt/M. 1976, S. 95.

Menschen, daß sich nicht in der Anonymität der großen Zahl Mitmenschen verstecken, die sich nicht an das allgemeine Abrüstungsversprechen halten, die sich nicht an ihre moralische Selbstverpflichtung halten und den Kooperationsgewinn einstreichen wollen, ohne den Friedensbeitrag zu entrichten. Eine allgemeine Verabredung setzt das rationale Mißtrauen keinesfalls außer Kraft und Geltung. Die allseitige Abrüstung wird also nicht zustande kommen, es sei denn, mit dem Abrüstungsvertrag wird zugleich eine konflikt- und vertragsunbeteiligte Garantiemacht bestellt, die mit unwiderstehlicher Macht allgemeine Vertragstreue durchsetzt und so jedermann vor jedermann zuverlässig sichert, eben der Staat. Dessen leviathanische Befriedungsstrategie ist offenkundig dem Schiedsrichtermodell verpflichtet, nur daß der Staat bei der Streitschlichtung nicht nur in unparteilicher Äquidistanz zu allen Konfliktparteien des Naturzustandes, und das heißt: zu allen Individuen agiert, sondern auch die streitschlichtungsermöglichenden Regeln selbst erzeugt. Die leviathanische Naturzustandsüberwindung beruht auf einem Bündel formaler Befriedungsfunktionen, die einen Zustand der Gewaltfreiheit erzeugen. Der im Leviathan herrschende Frieden ist an keinerlei inhaltliche Ordnungsqualitäten gebunden, er ist rein formal und negativ.

Ein Staat, der nur zur Naturzustandsabwehr erschaffen wurde, ist von vornherein unter den Bann des Naturzustandes gestellt; er verharrt in ordnungspolitischer Eindimensionalität; er ist auf den Naturzustand fixiert, und sein Souverän ist aufgrund seiner Sicherungsaufgabe zu Argwohn und Naturzustandsfurcht verpflichtet. Der Leviathan ist kein liberaler Nachtwächterstaat, die negative Präsenz des Naturzustands in seinem innersten Wesen zwingt ihn dazu, auch tagsüber stets auf der Hut zu sein. Die Verhaltenslogik des Naturzustandes wird notgedrungen auch zu seiner eigenen: die schreckliche Vereinfachung, auf die sich das Naturzustandsleben reduziert sieht, wird vom Staat als fundamentales Einschätzungs- und Bewertungsprinzip des politischen Lebens übernommen: Tod oder Leben, Freund oder Feind. Der Souverän wiederholt nur den Selbsterhaltungskampf der Menschen im Naturzustand und übernimmt die in ihm entwickelte Logik der Prävention und Verdächtigung. Das gilt für die Innenpolitik wie die Außenpolitik. »Über die gegenseitigen Pflichten der verschiedenen Souveräne, die in dem Gesetz, das man gewöhnlich Völkerrecht nennt, enthalten sind, brauche ich ... nichts zu sagen, da Völkerrecht und Gesetz der Natur dasselbe sind. Und jeder Souverän besitzt das gleiche Recht, seinem Volk Sicherheit zu verschaffen, das jedem einzelnen Menschen zur Verfügung steht, um für die Sicherheit seines eigenen Körpers zu sorgen. Und das gleiche Gesetz, das den Menschen vorschreibt, was sie im Hinblick auf ihr gegenseitiges Verhalten zu tun oder zu unterlassen haben, schreibt dies auch den Staaten vor«[9].

Was den Individuen möglich ist, ist den Leviathanen freilich verwehrt. Ein ordnungsstiftender Übergang vom politischen Pluriversum zu einem globalen politischen Universum, zu einem Weltschiedsrichter, kann in der Hobbesschen Staatenwelt nicht stattfinden. Nicht daß Hobbes einen Weltstaat aus moralischen Gründen abgelehnt hätte, er ist lediglich aufgrund der faktischen Pluralität eifersüchtig auf Erhaltung ihrer Macht bedachter Souveräne vernünftigerweise nicht zu erwarten. Überdies gibt es einen begrifflichen Grund, warum die Leviathane sich nicht einem Mega-Leviathan unterwerfen werden: auf der Ebene der Souveränität ist die friedensermöglichende Strategie der Entäußerung allen Rechts und aller Macht gerade nicht wiederholbar. Die Leviathane bleiben im Naturzustand unter sich und müssen versuchen, im Rahmen der Naturzustandsstrategie selbst die gewaltbannenden Effekte des Schiedsrichtermodells zu erzeugen. Die Lösung dieses Problems ist eine multilaterale Abschreckungsbalance. Sie will den Krieg dadurch aus den zwischenstaatlichen Beziehungen heraushalten, daß die Aufhebung des krieglosen Zustandes für jeden, der damit beginnen könnte, von jedem so teuer gemacht wird, daß sich vernünftigerweise damit keine Gewinnerwartung mehr verbinden läßt. Freilich setzt die Abschreckungsbalance den Rüstungswettlauf nicht außer Kraft; ihre Stabilisierung verlangt stete Bereitschaft zur Nachrüstung, die, um nicht Gefahr zu laufen, zu spät zu kommen, notwendigerweise zu einer Vorrüstungsbereitschaft tendiert, so daß die Abschreckungsbalance selbst die Rüstungsspirale aus sich hervortreibt und auf allen Seiten Overkillkapazitäten anhäuft. Die friedensstiftende Funktion des Gleichgewichts der Abschreckung ist also das zwischenstaatliche Gegenstück zur friedensstiftenden Funktion des regelsetzenden Schiedsrichters. Damit stützt sich der Hobbessche Frieden auf einen doppelt, sowohl im Inneren wie im Äußeren abschreckungstüchtigen

9 Hobbes: *Leviathan*, a.a.O., xxx, S. 269.

Staat. Diese doppelte Abschreckungstüchtigkeit gibt dem Leviathan ein martialisches Aussehen; er ist eine waffenstarrende Friedensmaschine. Sein unerläßlicher Verbündeter bei dieser doppelten Befriedung durch Einschüchterung ist die ökonomische Rationalität, die den nutzenmaximierenden Egoisten zur strategischen Anpassung an diese Rahmenbedingungen innerer und äußerer Abschreckungspolitik veranlaßt. Aber deren Reichweite ist eben beträchtlich begrenzt: der Frieden gleichgewichtiger Zweitschlagskapazitäten ist fragil. Die Welt zwischen den Staaten befindet sich in einem strukturellen Kriegszustand, der durch das Friedensprogramm des rationalen Mißtrauens grundsätzlich nicht beseitigt werden kann. Mehr als ein Frieden *im* Kriegszustand, mehr als Kriegsabwesenheit kann unter Hobbesschen Voraussetzungen nicht erreicht werden. Freilich kann das Abschreckungswerkzeug eine solche grauenerregende, ja sündhafte[10] Qualität erlangen, daß sich kriegslähmendes Entsetzen breitmacht. Im Schatten der Bombe blieb uns der Dritte Weltkrieg bislang erspart. Auftauchende kriegerische Konflikte wurden durch den Antieskalationskonsens der Atommächte eingekapselt und an einer verheerenden Expansion gehindert.

Man sagt Hobbes einen anthropologischen Pessimismus nach. Diese Einschätzung ist richtig, wenn man damit nur zum Ausdruck bringen will, daß Hobbes der Überzeugung war, daß gedeihliches menschliches Zusammenleben nur in festen, kritikentzogenen Institutionen möglich ist.[11] Aber dann darf man nicht

10 Sternberger schreibt von den Atomwaffen: »Es *ist* gerade ihre Sündhaftigkeit, die uns den Krieg erspart hat« (»Die Politik und der Friede«, in: ders. a.a.O., S. 120-130; S. 130.

11 Anthropologischer Pessimismus fällt dann mit der These von der empirisch notwendigen Staatsverwiesenheit kollektiver menschlicher Existenz zusammen, oder mit Kants Worten: »der Mensch ist ein Thier, das, wenn es unter anderen seiner Gattung lebt, einen Herrn nöthig hat« (*Idee zu einer allgemeinen Geschichte*, Akademie-Ausgabe VIII, S. 23); das beste, das der herrschaftsabhängige Mensch erreichen kann, ist eine mit der Vernunft zusammenstimmende Herrschaft, also die Herrschaft des Gesetzes, die gleichsam automatisch, ohne von Personen abhängig zu sein, funktioniert. Anthropologischen Optimismus findet man folglich nur bei Anarchisten, die die gewaltfreie Koordination der äußeren Freiheit der Menschen moralischer Spontaneität oder einem moralischen Okkasionalismus überantworten. Da der Anarchismus eine empirisch überaus implausible und begrifflich längst wi-

unterschlagen, daß die Rückseite dieser anthropologischen Medaille Hobbes' eine ausgesprochen optimistische Prägung aufweist, denn diese Institutionen, derer die Menschen so dringend bedürfen, entstammen ihrer eigenen Einsicht und Erfindungskraft. Diese Institutionen erzeugen die Erwartungsverläßlichkeit, die im Naturzustand fehlt; sie reduzieren wirksam die Ungewißheit über das Verhalten der anderen und verschaffen den Menschen so praktische Sicherheit. Und Hobbes hat den Menschen grundsätzlich für so vernünftig gehalten, daß er sich durch geeignete innenpolitische und außenpolitische Arrangements ein dauerhaftes Friedensprovisorium erschaffen kann. Während also der anthropologische Pessimismus auf die Vergesellschaftungsinsuffizienz der ersten Natur verweist, verweist der anthropologische Optimismus auf die natürliche Vernunftfähigkeit des Menschen, die Mängel der ersten Natur durch eine erfundene zweite Natur, durch eine artifizielle Gegenwelt der Institutionen zu kompensieren. Hobbes ist Rationalist und Kind eines methoden- und wissenschaftsgläubigen Zeitalters. Der Krieg war für ihn die blanke Unvernunft; seine Herrschaft nur durch mangelndes menschliches Wissen über Kriegsursachen und Friedensbedingungen zu erklären. Wird der Mensch aufgeklärt, gibt man ihm eine Anleitung zur Herstellung friedlicher Zustände in die Hand, dann wird er den Krieg abschaffen. Der Mensch besitzt eine rationale Friedensfähigkeit, die sich von aller Unterstützung durch emotionale Friedfertigkeit unabhängig machen kann und nicht mehr als aufgeklärtes Selbstinteresse benötigt, um praktisch zu werden. Ein anthropologischer Pessimismus also, der dem Menschen grundsätzlich alle Friedensfähigkeit abspricht, weil er nur eine schwache Vernunft besitze, die jederzeit durch affektive Erruptionen aus dem Lot gebracht werden könne, weil er bellizistisch veranlagt sei und eine atavistisch-brutale, unzivilisierbare Gefühlsstruktur habe, ist gegenaufklärerisch und mit Hobbes' Rationalitätsvertrauen nicht vereinbar.

derlegte Position bezieht, gibt der anthropologische Pessimismus nur die selbstdefinierende Zentralthese der politischen Anthropologie wieder: weil gesellschaftliche menschliche Existenz staats- und institutionenabhängig ist, gibt es eine politische Anthropologie, die diese Institutionenverwiesenheit menschlichen Lebens deskriptiv und normativ reflektiert.

2. Frieden durch Recht oder: *si vis pacem para pacem*

In der Kantischen Rechtsphilosophie macht der negative Frieden der bloßen Kriegsabwesenheit dem positiven Frieden eines allumfassenden Rechtszustandes Platz.[12] Dieser positive Frieden ergibt sich nicht als distributives Resultat individueller Strategien rationaler, durch Erwartungserwartungen reflexiv gesteuerter Akteure, sondern er muß eigens »gestiftet werden«[13]; d.h. er kann nur einvernehmlich verwirklicht werden, nur als kollektives Resultat gemeinsamen Rechthandelns entstehen. Ihn aber zu stiften, ist nicht nur klug, sondern Erfüllung einer apriorischen Menschenpflicht, die jeder Mensch seinem Mitmenschen und jeder Staat allen Menschen, seinen Bürgern, aber auch allen Fremden, schuldet.[14]

12 Während Becker (in: *Der Streit um den Frieden*, München 1984) Hobbes als Vertreter eines formalen und negativen Friedenskonzepts und Kant als Vertreter eines materialen und postiven Friedenskonzepts behandelt, charakterisiert Jürgen Habermas interessanterweise Kants Friedensbegriff als negativ (»Kant hatte sich mit einem negativen Begriff von Frieden begnügen können«, ders., »Kants Idee des Ewigen Friedens – aus dem historischen Abstand von 200 Jahren«, *Kritische Justiz* 28/1995, S. 293-319; S. 307). Diese unterschiedliche Bewertung reflektiert unterschiedliche normative Ansprüche an eine internationale Ordnung: während Becker gegen den seiner Meinung nach normativ überschwenglichen Kantischen Friedensbegriff auf den formalen Hobbesschen Abschreckungsfrieden setzt, will Habermas die negative Völkerrechtsfriedensordnung Kants durch eine positive weltbürgerliche Ordnung voller menschenrechtspolitischer Aktivitäten ersetzen. Letztere ist aber nur eine Ausweitung Kantischer Vorstellungen, keine Alternative zu ihnen. Und bringt man die Prädikate des ›Formalen‹, ›Materialen‹, ›Negativen‹ und ›Positiven‹ mit den unterschiedlichen friedensphilosophischen Begründungskonzepten in Beziehung, dann erweist sich Beckers Unterscheidung als plausibel. Hobbes' Friedenskonzept ist ein Friedenskonzept der individualistischen Rationalität; Kants Friedenskonzept ist – von Anfang an und nicht erst in seiner weltbürgerlichen Erweiterung – ein Friedenskonzept der universalistischen Vernunft.

13 Kant: *Zum ewigen Frieden*, Akademie-Ausgabe VIII, S. 349.

14 Zur Friedensphilosophie Kants vgl. Otfried Höffe (Hrsg.): *Kant: Zum ewigen Frieden*, Klassiker Auslegen Bd. 1, Berlin 1995; Volker Ger-

Während Hobbes' Friedensphilosophie den Frieden als Klugheitsarrangement der individualistischen Rationalität entwirft, legt Kant ihn als Rechtspflicht der universalistischen Rationalität aus. Er restituiert damit den friedensphilosophischen Dualismus des traditionellen Naturrechts, das den Unterschied zwischen einem wahren und einen falschen Frieden kennt. Freilich ohne die Kehrseite dieses Unterschiedes, die Unterscheidung zwischen einem gerechten und einem ungerechten Krieg, mit zu übernehmen.[15] Diese Restitution des friedensphilosophischen Dualismus erfolgt vor dem Hintergrund des modernen Vernunftrechts. Strukturell besteht jedoch zwischen dem emphatischen Friedenskonzept des Naturrechts und dem vernunftrechtlichen Friedenskonzept Kants kein Unterschied. Wie das Naturrecht versucht das Vernunftrecht den Frieden als normativ ausgezeichnete, objektiv gültige und allseits verpflichtende Ordnung auszulegen, nur daß es dabei von keiner theologischen oder naturteleologischen Basistheorie Gebrauch macht, sondern sich auf das Fundament des menschenrechtlichen Egalitarismus stellt.

Bei Kant ist der Frieden das Ergebnis der Verrechtlichung aller konfliktträchtigen Beziehungen in der Welt der äußeren Freiheit. Es kann gesetzlosigkeitsbedingte Gewalt zwischen Menschen und Menschen, zwischen Staaten und Staaten und schließlich auch noch zwischen Staaten und Menschen (die fremden oder gar keinen Staaten angehören) geben. Folglich muß ein Programm der umfassenden Vermeidung konflikterzeugter Gewalt alle Konfliktzonen verrechtlichen, folglich muß das Programm eines zeitlich wie räumlich umfassenden Friedens eine staatsrechtliche Frie-

hardt: *Immanuel Kants Entwurf ›Zum ewigen Frieden‹. Eine Theorie der Politik*, Darmstadt 1995.

15 Da das Recht nur gewaltfreie Verfahren akzeptiert, um Recht zu suchen und Recht zu bekommen, kann es per definitionem keinen gerechten Krieg für Kant geben. Auch der Krieg kann nicht gerecht sein, der andere Staaten einer globalen öffentlichen Gesetzgebung unterwirft. Was den Individuen nach einem Erlaubnisgesetz der reinen praktischen Vernunft im Naturzustand erlaubt ist, ist den Staaten nicht gestattet. Es kann für Kant keinen Rechtsgrund für die Eröffnung eines Krieges geben. Daher gibt es zwar einen unwahren, da auf Furcht basierenden, und einen wahren, da im Recht begründeten Frieden, aber keinen gerechten oder ungerechten Krieg, sondern immer nur einen widerrechtlichen Krieg.

densstiftung, eine völkerrechtliche Friedensstiftung und eine weltbürgerrechtliche Friedensstiftung umfassen und miteinander kombinieren. Erst wenn diese drei Schritte sich zu einem vollständigen Rechtsfrieden vereinigen, verliert das Recht seinen provisorischen Charakter und gewinnt feste Geltung.

Die Kantische Theorie des vollständigen Rechtsfriedens ist also das Ergebnis einer konsequenten Freilegung der notwendigen Bedingungen gesicherter Rechtsverhältnisse. Sie beginnt mit dem Naturzustand, der den Charakter eines Rechtsprovisoriums besitzt, da in ihm niemand der ihm a priori zukommenden Rechte sicher sein kann. Um dieses Rechtspovisorium zu überwinden, ist die Etablierung staatlicher Verhältnisse unerläßlich. Erst in einem System der öffentlichen Gerechtigkeit, in dem das Recht eines jeden durch Gesetze und Gerichte zuverlässig bestimmt wird, herrscht Rechtssicherheit. Aber freilich nur Rechtssicherheit in innerstaatlicher Hinsicht. Zwischen den einzelnen staatlichen Naturzustandsüberwindern besteht ja ebenfalls ein Naturzustand, durch den die territorialstaatlichen Trutzburgen wieder zu Rechtsprovisorien herabgestuft werden, denn der innerstaatliche Rechtsschutz kann jederzeit durch zwischenstaatlich ausbrechende Kriege zerstört werden. Die gesetzliche Freiheit der Individuen hängt nicht allein von der inneren Stabilität ihres Staates selbst ab, sondern auch von der rechtlichen Festigkeit der äußeren Beziehungen ihres Staates zu den anderen Staaten. Innerstaatliche Friedensstiftung und interstaatliche Friedensstiftung sind voneinander abhängig. Daher steht jeder Staat unter der Verpflichtung, seine innerstaatliche Friedensstiftung durch die engagierte Herbeiführung eines internationalen Friedenszustandes zu vervollständigen. »Das Problem der Errichtung einer vollkommenen bürgerlichen Verfassung ist von dem Problem eines gesetzmäßigen äußeren Staatenverhältnisses abhängig und kann ohne das letztere nicht aufgelöst werden. Was hilfts, an einer gesetzmäßigen bürgerlichen Verfassung unter einzelnen Menschen, d.i. an der Anordnung eines gemeinen Wesens, zu arbeiten? Dieselbe Ungeselligkeit, welche die Menschen hiezu nöthigte, ist wieder die Ursache, daß ein jedes gemeine Wesen in äußerem Verhältnisse, d.i. als ein Staat in Beziehung auf Staaten, in ungebundener Freiheit steht, und folglich einer von dem anderen eben die Übel erwarten muß, die die einzelnen Menschen drückten und sie zwangen in einen gesetzmäßigen bürgerlichen Zustand zu treten«[16]. Das individuelle Recht auf eine vollkommene bürgerliche Verfassung ist nur durch eine »vollkommene bürgerliche Vereinigung in der Menschengattung«[17], durch eine »innerlich- und … auch äußerlich-vollkommene Staatsverfassung«[18], also durch einen »Menschenstaat«[19] zu gewährleisten.

Kants Konzept des Menschenrechts weist weit über die Vorstellungen liberaler Grundrechtstheorie und demokratischer Partizipationstheorie hinaus; es besitzt aus innerer begrifflicher Notwendigkeit die utopische Dimension einer gesicherten Mitgliedschaft in einer Weltrepublik. Entfaltet das jedem Menschen als Menschen zukommende Recht seine normativen Implikationen vollständig, dann zeigt sich seine globale Geltungsreichweite, dann entdeckt es sich in letzter Konsequenz als Recht auf inner- und interstaatlichen Frieden und inner- und interstaatliche Gerechtigkeit. Die internationale rechtliche Friedensordnung ist ein strukturelles Abbild des Rechtsstaates; die durch den Rechtsstaat ermöglichte zwischenmenschliche Ordnung prägt auch das äußere Verhältnis der Staaten zueinander. Die internationale Rechtswelt ist durch Freiheit, Gleichheit und Wechselseitigkeit bestimmt: die Staaten sind gleichberechtigte Akteure, die ihr Schicksal autonom innerhalb der frei verabredeten Rechtsgrenzen bestimmen. Sie sollen, so lautet das Friedensgebot der Rechtsvernunft, eine kollektive Friedens- und Sicherheitsgemeinschaft bilden, die sich der globalen Verwirklichung des Rechts zu widmen hat und so dem »heillosen Kriegführen« für immer ein Ende bereiten wird.

16 Kant: *Idee zu einer allgemeinen Geschichte in weltbürgerlicher Absicht*, Akademie-Ausgabe VIII, S. 24.
17 Ebd., S. 29.
18 Ebd., S. 27.
19 Kant: *Zum ewigen Frieden* a.a.O., S. 349.

3. Moralische Konföderation – Weltminimalstaat – weltbürgerliche Gesellschaft – kosmopolitische Demokratie?

Aber wie sehen die Bedingungen eines weltumspannenden Rechtsfriedens im einzelnen aus? Welche rechtliche Verfassung verlangt die *pax kantiana*? Grundsätzlich stehen drei Verfassungstypen zur Verfügung. Da ist zum einen das Weltstaatsmodell. Da ist zum anderen die genau gegensätzliche konföderative Lösung, die zu einer Vertragsgemeinschaft souveräner Staaten führt, zu einer »fortwährend-freien Association«[20], die selbst keine institutionellen Elemente von Staatlichkeit aufweist und im institutionell unbefestigten, moralischen Schwebezustand reiner Verabredung verbleibt. Und da ist drittens der Verfassungstyp, den Kant als »Staatenverein«, als »Republik freier verbündeter Völker« bezeichnet[21]. Charakteristisch für dieses weltrechtliche Organisationsmodell ist, daß es Elemente supranationaler Staatlichkeit auf der Grundlage einvernehmlicher und partieller Souveränitätsverzichte der Mitgliedsstaaten enthält.

Kant lehnt das Weltstaatsmodell aus pragmatischen Gründen ab, teils weil er von einem Weltstaat einen unwiderstehlichen Despotismus befürchtet, der die Welt in einen »Kirchhof der Freiheit«[22] verwandeln würde, teils weil er ihn für unregierbar hält. Kant verwirft aber auch das Modell des Staatenvereins, zum einen weil er es für widersprüchlich hält, zum anderen weil er den Staatenpluralismus als Garanten der Freiheit versteht und von einer organisatorischen Integration der Staaten eine freiheitsfeindliche »Zusammenschmelzung«[23] erwartet, die ihrerseits die Entstehung eines despotischen Zentralismus begünstigt, der dann hinwiederum anarchische Gegenreaktionen heraufbeschwören wird. Beide Argumente sind nicht stichhaltig: das analytische Argument basiert auf einer petitio principii. Wenn man den Staat durch unteilbare Souveränität definiert, dann kann es in der Tat aus begrifflichen Gründen keine supranationale Verfassung geben. Und

20 Ebd., S. 383.

21 Kant: *Religion innerhalb der Grenzen bloßer Vernunft*, Akademie-Ausgabe VI, 24/Anm.

22 Kant: *Zum ewigen Frieden*, Akademie-Ausgabe VIII, S. 267.

23 Ebd., S. 367.

das empirische Argument operiert mit einer unzulässigen Unterstellung: die Unerwünschtheit eines weltstaatlichen Zentralismus ist nur dann ein Einwand gegen einen Staatenverein, eine Völkerrepublik, wenn *jede* Form einer supranationalen, die einzelstaatliche Souveränität einschränkenden rechtlichen Gewalt sich notwendig in einen globalen Zentralstaat verwandeln würde.

Die organisationspolitischen Schwierigkeiten, die Kant bei der Bestimmung einer angemessenen rechtlichen Verfassung des weltbürgerlichen Friedens behindern, haben ihre Wurzeln in einem subkutanen Hobbesianismus. Natürlich besteht ein großer Unterschied zwischen dem Klugheitsarrangement effektiver wechselseitiger Abschreckung und der umfassenden Friedensforderung der Rechtsvernunft; gleichwohl stützen sich beide Friedenskonzeptionen auf identische Prämissen; beide sind Ordnungen eines Systems independenter Staaten und getrennter Gesellschaften, dessen staatsrechtliche Gravitation seinen Ausdruck in dem Dogma von der Unteilbarkeit der einzelstaatlichen Souveränität findet. Damit ist der Friedenspolitik in beiden Fällen der Rechtsweg versperrt. Keine Strukturen rechtsdurchsetzender und souveränitätseinschränkender supranationaler Gewalt können etabliert werden, wenn die Einzelstaaten um ihrer Souveränitätsbehauptung willen von ihrem rechtlichen Zuhöchstsein nicht abrücken können und keine rechtliche Autorität über sich dulden dürfen. Da bleibt dann entweder nur der Weg der Politik oder der Weg der Moral – jener führt zum Hobbesschen Abschreckungsarrangement der friedenschaffenden Waffen, dieser wird in der Kantischen Konzeption der Konföderation und des permanenten Staatenkongresses beschritten.

Das Dogma der unteilbaren einzelstaatlichen Souveränität reduziert die Möglichkeiten einer zwischenstaatlichen Rechtsordnung somit auf die organisationstechnisch unverbindlichste und machtpolitisch schwächste Option des vertraglich vernetzten Föderalismus. Die »positive Idee der Weltrepublik« mit einem hohen rechtlichen Institutionalisierungs- und politischen Organisationsgrad weicht dem »negativen Surrogat« eines vertraglich verflochtenen Bundes zur Kriegsabwehr ohne alle institutionelle Verankerung und politische Struktur[24]. Wenn das die Staaten multilateral verbindende Vertragswerk aufgrund auftauchender Konflikte zusam-

24 Ebd., S. 357.

menbricht, dann ist die friedensgarantierende Wirkung des Völkerbundes beendet. Es gibt hier keine überstaatlichen Entscheidungsgremien, keinen internationalen Gerichtshof, erst recht keine international organisierte Macht, die internationalen Beschlüssen Geltung verschaffen könnte, keinen institutionellen Rahmen, in dem sich ein in den Einzelstaaten legitimatorisch verankerter internationaler politischer Wille bilden könnte. Damit gerät die Rechtsvernunft in eine überaus mißliche Lage: was sie einerseits um des Rechts willen, nämlich des Menschenrechts willen gebieten muß, die Errichtung einer Weltrepublik mit staatlichen Qualitäten, muß sie andererseits um des Rechts willen, nämlich des Staatsrechts willen, für unmöglich erklären. Dort, wo die friedensphilosophische Explikation des Rechtsbegriffs kulminiert, hört merkwürdigerweise das Recht selbst auf, so daß ausgerechnet die Realisierung seiner Vollendungsgestalt einer rechtstranszendenten, moralischen, herrschaftsfreien und mit keinen Zwangsmitteln versehenen Assoziationsform übertragen wird, die Kant treffend als »permanenten Staatencongreß« charakterisiert hat[25], deren Zusammenhalt sich weder rechtlicher Autorität noch legitimer Sanktion, sondern allein der moralischen Selbstbindung der Regierungen verdankt. Staatsrecht bricht hier in friedenspolitischer Hinsicht Menschenrecht und verweist dieses an die rechtlich wie politisch unverbindliche Moral. Damit ist deutlich, daß Kants Konföderation den Naturzustand der Völker noch nicht verlassen hat, denn den Naturzustand kann man nicht durch kontingente vertragliche Verabredungen und moralische Bekräftigungen, sondern nur durch die Institutierung rechtsschützender Staatlichkeit überwinden. »Covenants, without the Sword, are but Words, and of no strengh to secure a man at all«.[26] Diese organisationspolitische Zurückhaltung Kants muß aufgegeben, seine rechtspazifistische Intuition von ihren längst obsolet gewordenen souveränitätstheoretischen Fesseln befreit werden. Der grundlegende Gedanke Kants, daß zur Abschaffung des zwischenmenschlichen Naturzustandes die Einführung eines gewaltenteilig organisierten Institutionennetzes zur Rechtssetzung und Rechtsprechung und Rechtsdurchsetzung erforderlich ist, verliert mit dem Übergang in den zwischenstaatlichen Bereich nicht im

25 Kant: *Metaphysik der Sitten*, Akademie-Ausgabe VI, S. 350.
26 Hobbes: *Leviathan*, Harmondsworth 1979, XIV, S. 189.

geringsten seine Gültigkeit. Die zeitgenössische politische Philosophie denkt darum keinesfalls daran, sich mit dem »negativen Surrogat« eines fragilen und rechtlich nicht erzwingbaren internationalen Geflechts vertraglicher Leistungsverabredungen zu begnügen. Sie strebt das positive Original, die kosmopolitische Republik an. Diese läßt sich entweder als Weltminimalstaat oder als Rechtsverfassung einer weltbürgerlichen Gesellschaft oder gar als kosmopolitische Demokratie auslegen.

Der Minimalstaat ist der politische Traum der Radikalliberalen; denn er beschränkt sich strikt auf die Aufgaben der Gesetzgebung, Rechtsprechung und Rechtsdurchsetzung und überläßt alles andere den Verteilungsmechanismen des Marktes. Ein Weltminimalstaat ist folglich die Bezeichnung für eine globale rechtliche Autorität, die mit regelsetzender Kompetenz, Strafgerichtsbarkeit und Sanktionsgewalt den Frieden zwischen den Staaten schützt, ein Regelwerk gewaltfreier Konfliktregulierung schafft und gegen Staaten, die sich des weltbürgerlichen Verbrechens des Krieges schuldig machen, auf ein reich ausgestattetes Sanktionsrepertoire von der wirtschaftlichen Isolierung bis zur militärischen, genauer: weltpolizeilichen Intervention zurückgreifen kann. Der Weltminimalstaat ist das kollektive Sicherheitssystem der Staatengemeinschaft. Seine Legitimation bereitet keine Schwierigkeiten, wenn einmal das Hindernis des herrschaftsrechtlichen Absolutismus entfernt ist. Sie wiederholt nur die Rechtfertigungsargumentation für die territorialstaatliche Republik auf globaler Ebene: gerechtfertigt ist äußerer Zwang gegen Individuen und Staaten, wenn es der Verwirklichung und Sicherung von Recht, Frieden und Freiheit dient.[27] Hier droht keinerlei weltstaatliche »Zusammen-

27 Und dazu gehört nicht nur eine Friedenssicherungspolitik, die den Krieg als Menschheitsverbrechen bekämpft, sondern auch eine basale Menschenrechtspolitik, die geeignete Maßnahmen gegen Völkermord und die Verletzung grundlegender Menschenrechte ergreift. Aufgrund der Auslegung des Artikel 1 der Völkermord-Konvention durch den Internationalen Gerichtshof in Den Haag sind alle Staaten verpflichtet, gegen Völkermord, wo immer er auf der Welt stattfindet, einzuschreiten. Diese Interpretation spricht den Staaten also eine globale menschenrechtspolitische Zuständigkeit zu; jeder Staat ist gegenüber der gesamten Staatengemeinschaft und weltbürgerlichen Gemeinschaft verpflichtet, alles ihm zur Verfügung stehende zu tun, um den Völkermord zu verhindern. Das schließt die militärische Intervention ein.

schmelzung« der Völker. Die liberale Bestimmung des weltrepublikanischen Handlungsprogramms zerstreut die Befürchtung, daß ein Abrücken von der festgefügten nationalen Staatlichkeit durch bestimmte anteilige Kompetenzverlagerung auf supranationale Institutionen eine Gefahr für die politische und kulturelle Selbstbestimmung der einzelnen Staaten bedeuten muß. Es ist evident, daß die Ordnung der UN-Charta von der Verfassung eines globalen Rechtsstaats noch weit entfernt ist. Noch zu sehr ist sie dem Prinzip nationalstaatlicher Autonomie verpflichtet; zu sehr auch ist die Institution des Sicherheitsrates ein Spiegel des Supermachtspiels der Nachkriegszeit; zu sehr ist seine Arbeit durch den geopolitischen Dualismus der Zeit des Kalten Krieges paralysiert worden. Es bedarf beträchtlicher Innovationen, um die UN-Charta als globale Friedensverfassung zu verwenden oder gar zum Grundgesetz einer kosmopolitischen Demokratie auszubauen. Und an erster Stelle muß zweifellos die Ausstattung mit effektiver Eigenmacht stehen, die die politische Vertretung der Rechtsgemeinschaft der Staaten bei der Durchsetzung ihrer Resolutionen von der freiwilligen Kooperation handlungsmächtiger Einzelstaaten unabhängig macht.

Man könnte diesem Modell den Vorwurf machen, die Mängel der Kantischen Konzeption nur zur Hälfte zu beseitigen. Zwar hat hier das Recht den ihm gebührenden institutionellen Rahmen der Fortbestimmung und Durchsetzung erhalten und damit dem Weltfrieden eine wirksame Verfassung gegeben, aber die staatsrechtliche Gravitation der friedensphilosophischen Argumenta-

Diese Argumentation des Internationalen Gerichtshofes hat eine überraschende Ähnlichkeit mit einer These, die John Locke in seiner Naturzustandstheorie vertritt und die den systematischen Übergang vom staatlosen Zustand in einen staatlichen Zustand organisiert: Locke behauptet, daß jeder Mensch im Naturzustand Hüter des Naturrechts und gegen jede Naturrechtsverletzung vorzugehen moralisch verpflichtet sei, also nicht nur gegen die, die er selbst erleidet, sondern auch gegen die, die anderen zugefügt worden ist. Die aus naheliegenden Gründen durch diese globale Privatrechtsjurisdiktion entstehenden Konflikte führen zum Staat, der die einzelnen Privatjustizkompetenzen in seiner Hand bündelt und ein Jurisdiktionsmonopol bekommt. Der globale Minimalstaat wäre in analoger Weise der handlungsfähige Ausschuß der sich zu einer kollektiven Sicherheits- und Menschenrechtsschutzgemeinschaft zusammenschließenden Staaten.

tion Kants ist immer noch nicht vollständig überwunden, da der Weltminimalstaat seine Ordnungsleistungen als Staatssicherungsfrieden auslegt, somit die Staaten, und nicht die Individuen als normative Adressaten zwischenstaatlicher Rechtsbeziehungen betrachtet. Um diese Korrektur vorzunehmen, muß die Anspruchsspirale weitergedreht werden. Wir gelangen dann zu einem anderen Modell, dem Modell des weltbürgerlichen Zustands[28].

Eine weltbürgerliche Friedensverfassung stützt sich auf ein emphatisches Verständnis der menschenrechtlichen Basislegitimation aller rechtlichen Verhältnisse. Sie begreift sich als *menschenrechtsunmittelbar*, betrachtet die Individuen zugleich als Staatsbürger und als Weltbürger. Die übersichtliche Zweistufigkeit der Konstruktion des globalen Minimalstaats geht verloren; die Ebene des Staates verliert die rechtliche Selbständigkeit und wird mediatisiert; der Nationalstaat wird aus der Rolle des alleinigen Schützers der Menschenrechte gedrängt; neben den territorialstaatlichen Menschenrechtsschutz tritt der Menschenrechtsschutz durch die politische Selbstorganisation der weltbürgerlichen Gesellschaft, in der die Individuen eine unmittelbare und unvermittelte Mitgliedschaft besitzen. Während der globale Rechtsstaat sich weitgehend auf die rechtliche Koordination des äußeren Handelns der Staaten beschränkt und den Staatsinnenraum unangetastet läßt, macht die Friedensverfassung der weltbürgerlichen Gesellschaft keinerlei Unterschied zwischen außenpolitischer und innenpolitischer Menschenrechtsverletzung. Weltbürgerlicher Menschenrechtsschutz verlangt eine Ausweitung der institutionellen Struktur des globalen Minimalstaats, verlangt ein Instrumentarium der Feststellung von Menschenrechtsverletzungen, ein Völkerstrafrecht und einen permanenten Völkergerichtshof[29], ein Verfassungsgericht der weltbürgerlichen Gesellschaft, vor dem die Weltbürger

28 Vgl. Jürgen Habermas: »Kants Idee des Ewigen Friedens«, a.a.O.

29 Ein solcher Gerichtshof, dessen Gerichtsbarkeit sich auf alle Staaten und Weltbürger erstreckt, der Regierungen und einzelne Straftäter verurteilen kann, ist vom Internationalen Gerichtshof in Den Haag zu unterscheiden, der nur Staaten als Streitbeteiligte kennt und es darüberhinaus noch der Entscheidung der Staaten überlassen muß, ob sie sich vor den Gerichtshof zur Streitbeilegung begeben, da die Mitgliedschaft in den Vereinten Nationen nicht mit einer allgemeinen Anerkennung der Gerichtsbarkeit des Internationalen Gerichtshofs verknüpft ist.

ihre Klagen gegen Menschenrechtsverletzungen von Regierungen, Organisationen, Militärs und sonstigem Sicherheitspersonal vorbringen können, der bindende Urteile fällt und zur Durchsetzung die politische Unterstützung der Völker findet.[30]

Der entscheidende Unterschied zwischen dem Modell des globalen Rechtsstaats und dem Modell der weltbürgerlichen Gemeinschaft besteht darin, daß sich der Weltminimalstaat auf eine Politik der Friedenssicherung beschränkt, die weltbürgerliche Gemeinschaft hingegen auf aktive Menschenrechtspolitik drängt und darum einen vielgestaltigen Interventionismus fordert. Wird die Menschenrechtsverletzung und nicht erst der Friedensbruch weltpolitisch auffällig, dann muß die Staatengemeinschaft sich als politische Vertretung der weltbürgerlichen Gesellschaft verstehen und durch alle geeignet erscheinenden Druckmittel gegen die Menschenrechtsverletzung vorgehen. Während das Modell des globalen Rechtsstaats das außenpolitische Grundmotiv des nationalen Interesses, insbesondere der Förderung der damit ineins gesetzten Interessen der nationalen Wirtschaft, im Rahmen der Regeln des kollektiven Sicherheitssystems unangetastet läßt, verlangt die weltbürgerliche Gemeinschaft im Konfliktfall seine Revision: keinerlei wirtschaftliche und politische Kooperation mit menschenrechtsverletzenden Regimen; enge Zusammenarbeit mit der Opposition und den Reformkräften. Die Avantgarde des weltbürgerlichen Kampfes um globale Respektierung der Menschenrechte bilden die Nationalgesellschaften der ersten Welt. Ihr vielgestaltiger, nie militärischer, immer sanfter Interventionismus wird umso wirksamer sein, je dichter die zwischenstaatlichen Verflechtungen, je gewinnbringender die Kooperation, je tiefer die Interdependenz zwischen den Staaten. Denn mit wachsender internationaler Verbundenheit wächst auch die Abhängigkeit von den moralischen Urteilen der Weltöffentlichkeit. Der Anhänger der weltbürgerlichen Ordnung darf sich also nicht auf die Verfolgung von Menschenrechtsverletzungen beschränken; nicht minder wichtig ist die Vertiefung der Kooperation zwischen den Staaten und die globale Verbreitung menschenrechtsdienlicher politischer, ökonomischer und sozialer Strukturen in den Nationalge-

30 Vgl. Axel Honneth: »Universalismus als moralische Falle? Bedingungen und Grenzen einer Politik der Menschenrechte«, *Merkur* 48/1994, Heft 546/47, S. 867-883.

sellschaften, insbesondere der Demokratie. Denn der wirksamste Menschenrechtsschutz besteht dann, wenn die bürgerliche Verfassung in jedem Staat republikanisch geworden ist; Kant hat mit gutem Grund die Demokratie für die friedensfreundlichste und menschenrechtsfreundlichste Herrschaftsform gehalten.[31] Daher wollen die besonders wagemutigen Freunde einer kosmopolitischen Demokratie auch die politische Organisation des Weltbürgerrechts einer demokratischen Versammlung übertragen; das kollektive System der Sicherheit und des Menschenrechtsschutzes nimmt dann die politische Gestalt einer Demokratie der Demokratien an, deren Generalversammlung die von den Nationalstaaten entsandten Weltabgeordneten und die Repräsentanten supranationaler Vereinigigungen wie Europa etwa vereint. Auf die Vertretungsschlüssel muß man sich freilich noch einigen.[32]

4. Frieden durch Verteilungsgerechtigkeit oder: *si vis pacem para iustitiam distributivam*

Es ist ersichtlich, daß die Vorstellung eines verfaßten globalen Rechtsfriedens, gleichgültig ob er minimalstaatlich oder weltbürgerlich ausgelegt wird, dem Modell des neuzeitlichen Rechtsstaates verpflichtet ist. Nach dem anspruchsvollen Legitimitätsverständnis moderner Menschen begleicht die Rechtsstaatlichkeit die Gerechtigkeitsschulden des Staates aber nur zur Hälfte. Eine wohlgeordnete politische Gemeinschaft muß zusätzlich auch soziale Gerechtigkeit gewährleisten, also nicht nur die Handlungskoordination auf die normativen Grundlagen der gleichen Freiheit aller stellen, sondern auch für eine gerechte Verteilung der Güter sorgen. Denn der rechtsgeschützten Würde des Menschen ist wenig gedient, wenn der Bereich der äußeren Freiheit gerecht geregelt ist, den Menschen jedoch aufgrund ihres natürlichen oder sozialen Schicksals oder auch nur infolge kontingenter Widrigkei-

31 Vgl. Wolfgang Kersting: »Die bürgerliche Verfassung in jedem Staate soll republikanisch sein«, in: Otfried Höffe (Hrsg.), *Kant: Zum ewigen Frieden* a.a.O., S. 87-108.

32 Vgl. Daniele Archibungi: »From the United Nations to Cosmopolitan Democracy«, in: Archibungi/Held (Hrsg.), *Cosmopolitan Democracy*, a.a.O., S. 121-162; David Held, »Democracy and New International Order«, a.a.O.

ten die materialen Voraussetzungen fehlen, um ein erniedrigungsfreies Leben in Freiheit führen zu können. Dieser Gedanke war der klassischen neuzeitlichen politischen Philosophie noch völlig fremd. Locke und Kant waren Liberale der ersten Stunde; ihr Rechtsverständnis umfaßte keine Leistungsrechte; im Zentrum ihrer gesellschaftlichen Ordnungsvorstellung liegt eine rechtsstaatlich verfaßte Marktwirtschaft, deren Mitglieder sich mit Freiheitsrechten gegen staatliche Eingriffe in Leib, Leben, Freiheit und Eigentum wehren konnten. Dieses marktwirtschaftliche System war für sie überdies so wenig gerechtigkeitsprekär und friedensbedenklich, daß sie sich gerade von *seiner* globalen Ausdehnung eine kräftige Beförderung der zwischenstaatlichen Rechtsbeziehungen und damit des internationalen Friedens versprachen. Der Freihandel führt keine Kriege, so dachte man.

Die politische Philosophie der Gegenwart hingegen hat seit Beginn, also seit John Rawls' »Theory of Justice« von 1971, die soziale Gerechtigkeit als notwendige Dimension eines umfassenden Gerechtigkeitsverständnisses betrachtet und sich um eine angemessene Explikation der Regeln gerechter Güterverteilung bemüht. Das gilt zumindest für den sogenannten egalitaristischen Liberalismus, nicht hingegen für die *libertarians*, die mit von Hayek den Begriff der sozialen Gerechtigkeit für eine semantische Luftspiegelung halten und bereits das Konzept der sozialen Marktwirtschaft als gleichheitsideologischen Angriff auf die individuelle Freiheit verurteilen. Wenn aber die Verteilungsgerechtigkeit ein unerläßlicher Bestandteil einer gerechten gesellschaftlichen Verfassung ist, dann stellt sich die Frage, ob nicht auch im Bereich der internationalen Beziehungen die Verteilungsgerechtigkeit in den Begriff einer internationalen Rechts- und Friedensordnung aufgenommen werden muß. Während die Grundprinzipien der Rechtsstaatlichkeit mühelos als normative Grundlagen einer internationalen Rechtsgemeinschaft dienen können, ist der Gedanke einer sozialstaatlichen Verteilungsgerechtigkeit im Weltmaßstab jedoch beträchtlichen Bedenken ausgesetzt.

Die Schwierigkeiten beginnen bereits mit dem Begriff der sozialen Gerechtigkeit selbst. Während unsere intuitiven Gerechtigkeitsvorstellungen auf dem Gebiet der gesetzlichen Freiheitsregelung recht zuverlässig sind und durch die einschlägigen modernen Rechtsstaatsphilosophien völlig unkontrovers expliziert werden können, lassen uns unsere Gerechtigkeitsintuitionen auf dem Feld der Verteilung vermehrbarer Güter im Stich; sie sind unterschiedlichster Natur und sperren sich gegen jede theoretische Vereinheitlichung. Alle vorgeschlagenen philosophischen Explikationen der Verteilungsgerechtigkeit unterscheiden sich darum ebenfalls erheblich voneinander und sind höchst kontrovers. Daher reicht hier die gerechtigkeitstheoretische Rationalität nicht besonders weit: Begründungsmängel allerorten, die gern durch reiche Empörungsüberschüsse kompensiert werden. Auf diese Situation gibt es zwei Reaktionen: eine radikale und eine gemäßigte. Die radikale besagt, daß der Begriff der Verteilungsgerechtigkeit aus den Vorstellungen einer internationalen gerechten Ordnung herausgehalten werden sollte. Die gemäßigte trägt der theoretischen Undeutlichkeit Rechnung, besteht aber darauf, daß es intuitive Überzeugungen einer zwischenstaatlichen Verteilungsgerechtigkeit gibt, die als Postulate einer internationalen Ordnung unaufgebbar sind und bei der Ausgestaltung dieser Ordnung berücksichtigt werden müssen.

Ich beginne mit der Darstellung der Argumentation der radikalen Position. Ein Konzept der Verteilungsgerechtigkeit schreibt Individuen rechtliche Ansprüche auf einen fairen Anteil an den kooperativ erwirtschafteten Gütern zu. Dabei sind zwei Aspekte zu unterscheiden: zum einen geht es um einen fairen Anteil an den kooperativ erwirtschafteten Gütern für die Subjekte der Kooperation, sodann geht es um einen fairen Anteil an den kooperativ erwirtschafteten Gütern für diejenigen, die aus welchen Gründen auch immer dauerhaft oder vorübergehend nicht fähig sind, sich ein Einkommen zu verschaffen. Es geht also einerseits um ein gerechtes Arbeitseinkommen und andererseits um ein gerechtes Transfereinkommen. Diese Ansprüche besitzen die Individuen jedoch nicht als Menschen, sondern als Bürger. Ein sozialstaatliches Verteilungssystem beruht auf dem Entschluß einer politischen Gemeinschaft, das Kooperationssystem um ein Solidarsystem zu erweitern. Nutznießer dieser politischen Entscheidung sind die Mitglieder dieser Gemeinschaft, die Bürger. Eine Internationalisierung der Verteilungsgerechtigkeit muß die solidargemeinschaftliche Asymmetrie zwischen Bürgern und Nicht-Bürgern aufheben und Nicht-Bürger als gleichberechtigte Anspruchserheber definieren; mehr noch, der Bürgerbegriff wird hinfällig, das sozialstaatliche Leistungsrecht wird zu einem Menschenrecht ausgeweitet. Damit entfällt aber auch die sozialstaatliche Zuordnung von bestimmter Kooperationsgemeinschaft und bestimmter Solidargemeinschaft. Die Aufnahme der Verteilungsgerechtigkeit in eine globale Gerechtigkeitsordnung verlangt notwendigerweise die zentrale Verteilungsbürokratie eines Weltstaates, dessen Gesetze die Etats und die Eigentumsordnungen aller Einzelstaaten zur Disposition stellen müssen. Hier würde uns dann wirklich die weltstaatliche Despotie begegnen, von der Kant gesprochen hat. Denn es ist offensichtlich, daß das sozialstaatliche Verteilungssystem so geartet ist, daß der Internationalisierungsweg, den der binnenstaatliche Rechtsfrieden einschlagen kann, von ihm nicht beschritten werden kann. Die Idee des zwischenstaatlichen Rechtsfriedens beruht auf einem zweistufigen ordnungspolitischen Schema: da ist zum einen die binnenstaatliche Friedenstiftung zwischen den Individuen, die sich als zwischenstaatliche Friedenstiftung, gegebenenfalls um weltbürgerlichen Menschenrechtsschutz erweitert, wiederholt. Dieses Zwei-Ebenen-Modell fällt im Fall der Verteilungsgerechtigkeit fort: wenn wir ein Recht auf einen fairen Anteil an den natürlichen Ressourcen und allen auf der Erde kooperativ erwirtschafteten Gütern unterstellen, dann weiten wir das Kooperationssystem und das entsprechende Verteilungssystem auf die ganze Welt aus. Somit bleibt nur, die Pluralität von einzelstaatlichen Verteilungsagenturen durch einen weltstaatlichen Verteilungsmonopolisten zu ersetzen, also das einstufige Verteilungsmodell so weit auszudehnen, daß es die ganze Welt umspannt. Man kann sich angesichts des ausufernden Bürokratismus der existierenden einzelstaatlichen Verteilung vorstellen, welch gigantischen Behördenapparat eine weltstaatliche Ordnung der Verteilungsgerechtigkeit unterhalten muß.[33]

Der Radikale möchte aber nicht mißverstanden werden. Sein Einwand gegen eine internationale Verteilungsgerechtigkeit als Verfassungsprinzip einer globalen Friedensordnung impliziert keinesfalls die Negation einer globalen Solidaritätsverpflichtung der Staaten. Diese findet ihre Rechtfertigung freilich nicht in einer

33 Für eine ausführlichere Behandlung der Probleme einer globalen Verteilungsgerechtigkeit vgl. Wolfgang Kersting: »Globale Rechtsordnung oder weltweite Verteilungsgerechtigkeit. Über den systematischen Grundriß einer politischen Philosophie der internationalen Beziehungen«, in: Volker Gerhardt u. a. (Hrsg.): *Politisches Denken. Jahrbuch 1995/96*, Stuttgart 1996, S. 197-246 (in erweiterter Fassung in diesem Band Kap. 8).

Theorie der globalen Verteilungsgerechtigkeit, sondern in einem allgemeinen moralischen Humanismus, der jeden verpflichtet, in Not geratenen Mitmenschen zu helfen. Der Radikale leugnet auch nicht die himmelschreiende Ungerechtigkeit in der Staatenwelt. Nur erblickt er in der Verteilungsgerechtigkeit eine ungeeignete Strategie, sie zu mildern. Für ihn ist die Ungerechtigkeit und die in ihr gründende Unfriedlichkeit eine Folge fehlender rechtsstaatlicher, demokratischer und marktwirtschaftlicher Strukturen; daher bevorzugt er eine Politik der strukturellen Zivilisierung, die den Aufbau dieser Verfassungselemente in den unterentwickelten Ländern vorantreibt. Ohnehin, so wird er einwenden wollen, sollte eher dafür Sorge getragen werden, daß sich die öffentliche Entwicklungshilfe in allen Geberländern endlich einmal an der von den Vereinten Nationen festgelegten Quote orientiert, bevor man sich als Gerechtigkeitsdesigner ans weltökonomische Reißbrett begibt und wirtschaftliche Menschenrechte verteilt.

Die gemäßigte Reaktion, die sich durch die kontroverse Theorielage nicht einschüchtern läßt und fest gewillt ist, ihren Intuitionen zu vertrauen, wird folgendes Argument dagegen setzen[34]: wenn auch nicht die ganze Staatengemeinschaft als homogene Kooperationsgemeinschaft verstanden werden kann, so gibt es doch zwischenstaatliche Kooperation; und es ist nicht einzusehen, daß der Grundgedanke der gerechten Verteilung kooperativ erwirtschafteter Erträge dadurch außer Kraft gesetzt wird, daß hier die Kooperation nicht mehr innerhalb eines nationalstaatlichen Wirtschaftssystems stattfindet, sondern zwischen verschiedenen Nationalgesellschaften. Daher ist eben eben auch im Fall der zwischenstaatlichen Kooperation zu fordern, »daß die Vorteile und Lasten der internationalen Kooperation unter den einzelnen Gesellschaften nach dem Ausmaß ihrer ökonomischen, politischen und ökologischen Interdependenzen so verteilt werden, daß diese Kooperation nicht nur den mächtigen und wohlhabenden, sondern auch den ärmeren Nationen zu Vorteil gereicht«.[35] Dieser Grundsatz der internationalen Verteilungsgerechtigkeit verpflich-

34 Vgl. Peter Koller, »Frieden und Gerechtigkeit in einer geteilten Welt«, in: Reinhard Merkel/Roland Wittmann (Hrsg.), *»Zum ewigen Frieden«. Grundlagen, Aktualität und Aussichten einer Idee von Immanuel Kant*, Frankfurt/M. 1996, S. 213-238.

35 Peter Koller: »Frieden und Gerechtigkeit in einer geteilten Welt«, a.a.O., S. 236/7.

tet besonders die Globalisierungsgewinnler im Westen und Norden. Die westlichen Industriestaaten sind die Motoren der Globalisierung, sie betreiben die Globalisierung als Gewinnstrategie; die Staaten der dritten Welt haben diese hochinterdependente Welt der Gemeinsamkeit nicht eingeladen; die gemeinsame Welt ist ihnen von uns aufgezwungen worden; der Kolonialismus begann damit, die Globalisierung setzt es fort: die gemeinsame Welt ist ein einträglicher Exportartikel der ersten Welt. Wir sollten diejenigen, die wir in unsere gemeinsame Welt geholt haben, gerecht entschädigen: ihnen steht ein fairer, dem Ausmaß der Interdependenz entsprechender Anteil an dem Kooperationsgewinn zu; erst recht müssen die ökonomischen und ökologischen Nebenkosten dieser gemeinsamen Unternehmungen gerecht verteilt werden und nicht einseitig zu Lasten der schwächeren Partnerländer gehen. Die Realisierung dieser minimalen Verteilungsgerechtigkeit wirft beträchtliche institutionelle und strukturelle Probleme auf. Hier ist noch größere institutionelle Phantasie erforderlich als bei der Ausgestaltung des Weltminimalstaats, der weltbürgerlichen Gesellschaft und der kosmopolitischen Demokratie. Gleichwohl wird der Gemäßigte an der Notwendigkeit festhalten, den Grundsatz der Verteilungsgerechtigkeit in das Programm internationaler Gerechtigkeit und in die Verfassung einer zwischenstaatlichen Friedensordnung aufzunehmen.

5. Rechtspazifismus, internationale Gerechtigkeit und weltpolitische Wirklichkeit

Die moralische Unvollkommenheit der Welt macht normative Überlegungen zu einer gerechten Weltordnung nicht nur möglich und notwendig; sie zwingt ihnen auch einen Pragmatismus auf, den sie nur um den Preis ihrer Lächerlichkeit und Belanglosigkeit abschütteln können. Wirklichkeitsabgewandt und mit idealistischer Sturheit das Bild einer moralisch vollkommenen Welt zu entwerfen, hilft weder der Welt noch der Philosophie. Wenn wir, wie Virginia Woolf es 1940 formuliert hat, ›den Frieden in die Wirklichkeit denken wollen‹, dann müssen wir den naiven Normativismus durch einen reflektierten Normativismus ersetzen und uns der Kooperation der Wirklichkeit versichern und geschichtliche Tendenzen unter dem Gesichtspunkt der praktischen

Absicht betrachten.[36] Kommt die Wirklichkeit der Gerechtigkeit entgegen? Gibt es weltpolitische Entwicklungen und Konstellationen, die für die Ausbildung einer globalen Friedens- und Gerechtigkeitsordnung günstig sind? Ist die Staatenwelt reif, in ihren außenpolitischen Beziehungen den Wechsel vom Hobbesianismus zum Kantianismus zu vollziehen? Schon Kant hat seine Zeit auf friedensgünstige Entwicklungen befragt. Und die entgegenkommenden Tendenzen, auf die er seine Hoffnung glaubte setzen zu können, sind in der Zwischenzeit nicht schwächer geworden. Im Gegenteil, sie machen den Kern dessen aus, was wir heute als Globalisierung bezeichen. Da ist erstens die wachsende Anzahl von Demokratien; viele dieser neuen Demokratien sind Zerfallsprodukte autoritärer Großordnungen und haben freilich noch einen schwierigen Weg vor sich, um durch funktionierende demokratische Institutionen und Zivilisierung der gesellschaftlichen Auseinandersetzung den friedens- und gerechtigkeitsfreundlichen Zustand im Innern zu erreichen, der sie in den äußeren Beziehungen zu verläßlichen Garanten eines zwischenstaatlichen Friedens macht. Da ist zweitens die wachsende wirtschaftliche und politische Verflechtung der Staaten. Und da ist drittens die moralische Weltöffentlichkeit, deren Urteile um so schwerer zu ignorieren sind desto näher die Staaten ökonomisch und politisch zusammenrücken. Diese drei Tendenzen bahnen der Weltgesellschaft den Weg aus dem zwischenstaatlichen Naturzustand und geben dem globalen Ordnungsmodell des Kantianismus eine realistische Chance, d. h. *einem Ordnungsmodell, dessen Friedenswirkung zivilisierungsimmanent und daher weitgehend von einer funktionierenden Abschreckungslogik unabhängig ist*. Sie schaffen ein Netz wachsender wechselseitiger Abhängigkeit und begünstigen eine grenzübergreifende Politik der Durchsetzung der Menschenrechte. Sie betten die einzelnen Staaten in ein multilaterales Abhängigkeitssystem ein, dessen vielfältige interne Zwänge nationalstaatliche Eigenwilligkeit integriert und kooperativ bindet, und es mag nicht ausgeschlossen sein, daß sich irgendwann einmal diese »pathologisch-abgedrungene Zusammenstimmung zu einer Ge-

36 Zit.nach: Dieter Senghaas (Hrsg.): *Den Frieden denken*, Frankfurt/M. 1996, S. 16.

sellschaft ... in ein moralisches Ganzes verwandeln kann«[37]. Dieser Prozeß ist sicherlich in Europa am weitesten fortgeschritten; die europäische Integrationspolitik hat einen Zustand geschaffen, in dem alle Bedingungen für eine staatenübergreifende Friedensverfassung erfüllt sind: die Demokratie ist in dieser Weltregion die Regelverfassung; es herrscht stabile Rechtsstaatlichkeit; die ökonomische Interdependenz ist horizontal und symmetrisch, erzeugt multilaterale Kooperationsabhängigkeit, nicht bilaterale Herrschaftsabhängigkeit; die soziale Gerechtigkeit hat ein vergleichsweise zufriedenstellendes Niveau; es besteht eine hohe Konvergenz in den normativen Überzeugungen und moralaffektiven Reaktionmustern[38]. Europas Beispiel zeigt, daß sektorale Föderationen mit hinreichender Zentralisierung dem zwischenstaatlichen Frieden förderlich sind; daß diese Föderationen intern eine solche institutionelle Dichte erhalten müssen, daß sie den Charakter kollektiver Sicherheitssysteme bekommen, die es den Mitgliedstaaten auch dann schwer machen, die Kooperationsroutine aufzugeben, wenn in ihrem Innern zeitweilig starke Stimmungen gegen eine Integrationspolitik entstehen sollten. Die interne kontinuitätssichernde Selbstbindung einer politischen Gemeinschaft durch eine Verfassung setzt sich so durch eine Politik der Integration in eine Völkerrepublik fort. In beiden Fällen geht es darum, dauerhafte Kooperations- und Konfliktlösungsstrukturen zu etablieren, die das innere und äußere Friedensschicksal einer politischen Gemeinschaft von den Risiken innerer und äußerer Selbstbehauptung befreien.

Bei diesen ersten Entwicklungsschritten eines Kantianismus der internationalen Beziehungen sind alle genannten globalen Ordnungsmodelle zumindest in Ansätzen beteiligt. Je abhängiger sie jedoch von der weltpolitischen Etablierung effektiver, souveränitätseinschränkender globaler Institutionen sind, desto weniger weit sind sie entwickelt. Obwohl der Sicherheitsrat seit 1990 mit einer Vielzahl humanitärer und friedenssichernder, ja selbst ge-

37 Kant: *Idee zu einer allgemeinen Geschichte in weltbürgerlicher Absicht*, Akademie-Ausgabe VIII, S. 21.

38 Diese Befriedungsbedingungen entsprechen den Koordinaten des »zivilisatorischen Hexagons« von Dieter Senghaas; vgl. Dieter Senghaas: »Internationale Gerechtigkeit. Überlegungen im Lichte des zivilisatorischen Hexagons«, in: Karl Graf Ballestrem/Bernhard Sutor (Hrsg.): *Probleme der internationalen Gerechtigkeit*, München 1993, S. 48-68.

waltanwendender Maßnahmen endlich einmal seiner Aufgabe als internationales Organ der Sicherung des Friedens und des Menschenrechtsschutzes gerecht zu werden sich bemüht, ist es natürlich noch ein ungemein großer Schritt zu einem globalen Minimalstaat mit friedenssichernder Eigenmacht, von einer demokratischen Weltregierung ganz zu schweigen. Und da der Kantische Rechtsfrieden selbst noch nicht die angemessene institutionelle Verfassung gefunden hat, benötigt der tentative Ausbau der Kantischen Ordnungsmodelle immer noch einen soliden Hobbesschen Sockel der gleichgewichtigen Abschreckung, einen *worst-case-Hobbesianismus*, der eine Auffangposition für den Frieden auch dann noch bereithält, wenn die nicht-militärischen Friedenssicherungsstrategien scheitern und die Kooperationssysteme unter dem Affektionsansturm eines eruptiven National- oder Religionsfundamentalismus zerbrechen sollten.

Erfolgreicher als das Projekt des Weltminimalstaats ist sicherlich das Programm der Friedenssicherung durch internationale Durchsetzung von Menschenrechten mit gewaltfreien Mitteln, das sich nicht nur auf die nationalstaatliche Außenpolitik, auf diplomatische Einflußnahme und ökonomischen Sanktionismus verläßt, sondern vor allem von dem moraluniversalistischen Engagement der vernetzten weltbürgerlichen Gemeinschaft selbst getragen wird, die eben als globale Öffentlichkeit aus dem Schatten der Territorialstaaten heraustritt, eigene zivilpolitische Projekte entwirft und moralpolitische Eigenständigkeit und Eigenmacht gewinnt. Freilich muß hier vor einem NGO-Romantizismus gewarnt werden, der in manchen begeisterten Darstellungen der globalen Aktivitäten von Greenpeace und anderen um sich greift und oft großzügig über die Legitimationsdefekte der Kampagnenpolitik dieser demokratisch nicht legitimierten Organisationen hinwegsieht. Die Nichtregierungsorganisationen sind nicht die Avantgarden sanfter Menschenrechtspolitik, die die verschwiegene Routine und die machtvolle Einflußnahme traditionellen außenpolitischen Handelns überflüssig machen und als globale Volkstribunen die Weltgesellschaft zum Aufstand gegen das etablierte nationalstaatliche System führen könnten[39].

39 Diese revolutionssentimentale Betrachtungsweise erblickt die NGOs am Ende einer langen Ahnenreihe, die durch die mit wechselnden semantischen Besetzungen operierende avantgardistische Syntax des

6. Lob des Nationalstaats

In einer Hinsicht mag ich darum den Freunden des weltbürgerlichen Zustandes und des Menschenrechtsuniversalismus überhaupt nicht beipflichten: häufig verbindet sich ihr Plädoyer für Weltbürgertum, globale Demokratie und weltweite Geltung des Menschenrechts mit einem ausgeprägten anti-nationalstaatlichen Affekt. Sowenig wie Kant halte ich die Nivellierung nationalstaatlicher Grenzen für ein gerechtigkeitstheoretisches Erfordernis und die Auflösung der nationalstaatlichen Einheit für die Voraussetzung eines friedenssichernden weltbürgerlichen Zustandes. Nationalstaatliche Souveränität ist sicherlich dann ein friedenspolitisches Ärgernis, wenn sie eine internationale Rechtsverbesserung behindert und der Etablierung effektiver, rechts- und staatsförmiger Strukturen globaler Rechtssicherung im Weg steht. Aber daraus folgt nur, daß es vernünftig ist, sie so weit einzuschränken, wie es für die Herausbildung wirksamer internationaler Rechts- und Friedensschutzorganisationen erforderlich ist. Es gibt keinerlei Grund, nationalstaatliche Souveränität menschenrechtspolitisch zu verteufeln und als globalethisch rückschrittlich hinzustellen.

Die weltpolitischen Verhältnisse sind im Fluß; Übergangsformen, die sich ihren eigenen Weg suchen werden, allerorten; die Übersichtlichkeit des ›westfälischen‹, des alten atomistischen Staatensystems ist dahin, damit haben auch die begrifflich einfachen friedenspolitischen Konzepte ihr Recht verloren; sie sind konzeptuell nicht auf Wirklichkeitshöhe und daher hermeneutisch untauglich geworden. Das heißt aber nur, daß wir mit den begrifflichen Werkzeugen eines eindimensionalen Hobbesianismus oder eines eindimensionalen Kantianismus allein der komplexen Wirklichkeit nicht gerecht werden können, das heißt jedoch nicht, daß eine Konzeption der globalen Friedens- und Menschenrechtspolitik

revolutionär-moralischen Fortschritts strukturiert wird: zuerst war es das internationale Proletariat, sodann, nach Ausbleiben der Parusie, waren es die revoltierenden Studenten, die Befreiungsbewegungen und die Völker der Dritten Welt, schließlich die neuen sozialen Bewegungen, insbesondere der Nachrüstungsbeschlußpazifismus, und jetzt die NGOs, die außerparlamentarische Opposition im Weltformat, denen die schwere Rolle der moralischen Optimierung im weltgeschichtlichen Maßstab angetragen wird.

auf hobbesianische und kantianische Dimensionen verzichten könnte. Auch wenn die traditionelle völkerrechtliche Staatenordnung kaum mehr sichtbar ist, wird das in Kooperation und Föderation eingelassene System der Staaten die Hauptsäule jeder zukünftigen internationalen Friedens- und Gerechtigkeitsordnung in dieser moralisch unvollkommenen Welt sein müssen. Auf die stabilitätspolitische Wirkung wechselseitig anerkannter staatlicher Autonomie kann schlechthin nicht verzichtet werden. Aber damit ist ein Bemühen um einen supranational organisierten Weltfrieden ebenso vereinbar wie die Verpflichtung aller Staaten, gravierenden Menschenrechtsverletzungen und Völkermord überall auf der Welt entschieden entgegenzutreten, oder die solidarische Unterstützung von Demokratisierung und rechtsstaatlichen Reformen in anderen Ländern. Ohne dieses strukturelle Geflecht der Nationalstaaten würde die weltbürgerliche Gesellschaft nicht gedeihen können; sie würde sich in einen moralischen Morast verwandeln.

Nur unter dem Dach der kooperativ vernetzten Nationalstaaten und der von ihnen getragenen supranationalen Institutionen kann die weltbürgerliche Gesellschaft die Zivilisierungsleistungen erbringen, die die Menschenrechte selbstverständlicher und den Frieden sicherer machen. Die Menschenrechtsuniversalisten wiederholen einen Fehler, den bereits Rousseau im *Contrat social* gemacht hat: sie identifizieren Legitimationstheorie und Organisationspolitik und verstehen die Legitimationstheorie direkt als organisationspolitische Handlungsanleitung. Das führte Rousseau zu seiner Ablehnung repräsentativer Demokratiemodelle, das führt die Kosmopoliten zu einer Ablehnung des Nationalstaates. Der Nationalstaat, genauer: der zu Souveränitätseinschränkungen bereite, kooperative und bündnisfähige demokratische Nationalstaat verdient jedoch friedens- und gerechtigkeitspolitisches Lob; er bildet eine unerläßliche Agentur der internationalen Friedenssicherung und der internationalen Gerechtigkeit. Er bildet die Knoten des immer umfassenderen Netzes von multilateralen Sicherheitsbündnissen. Und allein die abgestimmte Politik der Nationalstaaten kann das Ungerechtigkeitsgefälle zwischen der Ersten, der Zweiten und der Dritten Welt mildern und für größere Verteilungsgerechtigkeit sorgen.

Friedenssicherung ist in der gegenwärtigen Welt ein komplexes Programm, das eine Pluralität von Strategien verbindet. Und daß die Wirklichkeit die Anwendung eines komplexen Friedensprogramms gestattet, es erlaubt, daß nicht mehr der eindimensionale Hobbesianismus des Abschreckungsgleichgewichts allein das Bild des internationalen Friedens bestimmt, sondern daß kantianische Strategien der Abrüstung, der Bildung von Sicherheitsbündnissen, der Etablierung supranationaler Organe der Friedenssicherung, der ökonomischen, ökologischen und politischen Kooperation, der staatlichen wie zivilgesellschaftlichen Menschenrechtspolitik und, wenn auch am zaghaftesten ausgeprägt, der distributiven Gerechtigkeit neben ihn treten können, berechtigt zu vorsichtiger Hoffnung. Diese Strategien könnten sich zu einem Friedensprozeß verbinden, durch den die materialen Voraussetzungen gewaltfreier Koexistenz von Menschen, Gruppen und Staaten weltweite Verbreitung finden, so daß es mit dem »heillosen Kriegführen« irgendwann ein Ende haben wird.

III. Pragmatische Rationalität und demokratische Tugend

10. Moralphilosophie, Dezisionismus und pragmatische Rationalität

In einem systematischen Einleitungsteil unterscheide ich rationale Entscheidungen und dezisionistische Entscheidungen. In einem zweiten historischen Einleitungsteil untersuche ich verschiedene Dezisionismusversionen. Im systematischen Hauptteil diskutiere ich drei Dezisionismusprobleme und kritisiere dabei jeweils einschlägige moralphilosophische Rationalitätsvorstellungen. Zuerst diskutiere ich ›Dostojewskijs Fehlschluß‹ in seiner restaurativen geschichtsphilosophischen Version und in seiner progressiven Letztbegründungsvariante und stelle beiden ein sich auf den Begriff der Grammatik der moralischen Rationalität stützendes Konzept moralischer Rechtfertigungspraxis gegenüber, angesichts dessen sich das moralische Grundlegungsproblem auflöst. Sodann diskutiere ich moralische ›Buridansche Situationen‹ und kritisiere die entscheidungsrationalen Allzuständigkeitsüberzeugungen der ethischen Standardtheorie. Abschließend plädiere ich für eine inventive Ethik, die die eingewurzelte Kernbereichsethik deliberativ und dissensfähig fortbildet und neue widerrufliche qualitative und quantitative Orientierungen für die modernen Problembereiche erfindet und erprobt.

1. Rationale und dezisionistische Entscheidungen

In einer Entscheidungssituation sieht sich eine Person oder Personengruppe vor die Aufgabe gestellt, aus den wahrgenommenen und tatsächlich vorhandenen und einander verwirklichungspraktisch ausschließenden Handlungsmöglichkeiten eine auszuwählen. Diese Wahl besitzt den Charakter einer rationalen Entscheidung, wenn sie die Handlungsmöglichkeit positiv auszeichnet, deren Realisierung in der vorliegenden Situation entweder aus der Perspektive der faktischen Präferenzen, Ziel- und Wertvorstellungen ein Höchstmaß an Nutzen, Interessenbefriedigung und Wertwirklichkeit erwarten läßt oder im Lichte normativer, von den Beteiligten als allgemein gültig aufgefaßter Regeln, Zielprojektionen und Wertpräferenzen geboten ist. Die die Rationalität der Entscheidung bestimmenden Kriterien sind zugleich die Gründe, an denen sich eine Rechtfertigung der ausgezeichneten Handlung orientieren wird, in denen die Überzeugung des Handelnden, die beste Alternative gewählt und richtig gehandelt zu haben, verankert ist. Das Rechtfertigungsargument wiederholt, zumindest in Fällen, die frei sind von jeder strategischen Verstellung, das Resultat des entscheidungsvorbereitenden Deliberationsprozesses: die rechtfertigenden Gründe und die durch die Überlegung zu Tage geförderten und den Ausschlag gebenden oder auch sich ohne jede Deliberationsanstrengung ineins mit der Situationswahrnehmung einstellenden und routiniert selegierenden Gründe sind identisch.

Zeichnet die rationale Entscheidung nun eine Handlungsmöglichkeit als nutzenmaximal relativ zur faktischen Präferenz- und Interessenlage der handelnden Person aus, dann haben wir es mit einer rationalen Entscheidung im Sinne des Rationalitätskonzepts der rationalen Entscheidungstheorie zu tun: die ihre Rationalität verbürgenden und für dieses Rationalitätskonzept typischen Gründe sind Klugheitsgründe. Zeichnet die rationale Entscheidung hingegen Handlungen nach Maßgabe normativer Prinzipien mit einem allgemeinheitsgerichteten Geltungsanspruch aus, dann haben wir es mit einer rationalen Entscheidung im Sinne des Rationalitätskonzepts der Moralphilosophie zu tun: die ihre Rationalität verbürgenden und für dieses Rationalitätskonzept charakteristischen Gründe sind moralische Gründe.

Rationale Entscheidungen sind das Ergebnis einer harmonischen und erfolgreichen Kooperation zwischen der Gründe bereitstellenden Vernunft und der Praxisabsicht, dem handlungsgerichteten Willen, gleichgültig ob wir es mit moralischen oder prudentiellen Entscheidungen zu tun haben. Rationale Entscheidungen sind Entscheidungen aufgrund entscheidender Gründe. Folgt man dieser aufschlußreichen Redewendung, dann sind rationale Entscheidungen dadurch charakterisiert, daß in ihnen die Gründe die Entscheidung besorgen, daß die allgemeine und öffentliche – es gibt genausowenig private Gründe wie es private Bedeutungen gibt – Begründungsvernunft dem individuellen Handelnden die Entscheidung abgenommen hat.[1] Das Konzept der rationalen Ent-

1 Vgl. H. Lübbe: »Zur Theorie der Entscheidung«, in: ders.: *Theorie und Entscheidung*, Freiburg 1971, S. 7-31; S. 17.

scheidung verlangt keine durchlebten und gegebenenfalls durchlittenen Entscheidungssituationen, die einerseits durch Handlungsnötigung und Entscheidungsdruck geprägt sind, in denen ein beunruhigendes Bewußtsein davon herrscht, daß eine Entscheidung fallen muß, obwohl die praktische Unübersichtlichkeit und konsequentielle Unklarheit der Lage nach Aufschub rufen, und in denen andererseits der von der Vernunft organisierte Deliberationsprozeß dann doch die entscheidenden Gründe freilegt und dadurch den Handelnden sowohl vor lähmender Ratlosigkeit als auch vor dem anderen Extrem der kopflos in irgendeine Handlung stürzenden Panik bewahrt. Es ist nicht erforderlich für eine Handlung, bewußt aus einer Begründungs- und Rechtfertigungsperspektive vollzogen worden zu sein, um als rationale Entscheidung gelten zu können. Die präreflexive und wahrnehmungskausale Mitleidstat des biblischen Samariters etwa, die seit den Tagen des Deutschen Idealismus immer wieder als Maßstab dient, um die Spontaneitätsstörungen kantianischer Überlegungsmoral zu messen und die Unordnung aufzuzeigen, die das moralische Reflexionsbewußtsein in der natürlichen Grazie schöner Sittlichkeit anrichtet, ist natürlich eine moralisch begründbare Handlung und als solche Beispiel einer rationalen Entscheidung und des für sie konstitutiven Kooperationsverhältnisses von Begründungsvernunft und Praxisabsicht, obwohl der Samariter weder aus der Vorsätzlichkeit eines moralischen Prinzipienbewußtseins gehandelt hat noch, um eine Rechtfertigung hernach gebeten, die begründenden Regeln hätte nennen können: stets dem Gesetze zuvorkommend, darf es ihm auch unbekannt bleiben.

Von rationaler Entscheidung spreche ich also dann, wenn (I) eine Handlung objektiv alternativenfähig ist und man auch anders hätte handeln können; wenn (II) die Handlung unter der Richtigkeitsdifferenz steht, es folglich im Zusammenhang mit dem, was jemand tut, einen Sinn macht, zwischen einer richtigen und falschen Weise des Handelns zu unterscheiden; und wenn (III) die faktisch vollzogene, wenn auch nicht notwendigerweise bewußt gewählte Handlungsalternative die besseren Gründe für sich geltend macht und somit beansprucht, ihren optionalen Konkurrentinnen rational überlegen zu sein. Diese besseren, die prudentielle oder moralische Rationalität der Entscheidung verbürgenden Gründe sind natürlich nur bessere Gründe für den Handelnden, bessere Gründe relativ zum Erfahrungswissen, zum Moralwissen und zur Deliberationsqualität des Handelnden. Sie werden von ihm in rechtfertigender Absicht vorgetragen, wenn die Klugheit seines Handelns bezweifelt oder sein Verhalten moralisch mißbilligt wird, sind aber der Kritik zugänglich und revisionsoffen. Die handelnde Person kann durch neue Informationen oder Argumente eines Besseren belehrt werden.

Von rationalen Entscheidungen unterscheide ich dezisionistische Entscheidungen. Bei dezisionistischen Entscheidungen gibt es keine entscheidenden Gründe, die uns die Entscheidung abnehmen. Bei dezisionistischen Entscheidungen müssen wir selbst entscheiden, weil der Vernunft die Gründe ausgegangen sind, ihre normalen prudentiellen und moralischen Entscheidungsverfahren versagen. Dabei können wir in lebenspraktisch marginalen Entscheidungssituationen auf rationalitätstravestive kausale Willkürprozeduren oder besser: Verwillkürlichungsprozeduren wie Würfeln und Knöpfeabzählen zurückgreifen. In lebenspraktisch bedeutsamen Handlungslagen hingegen tritt dann die ganze komplexe, Lebensgeschichte, Zukunftsprojekte und moralische Haltungs- und Persönlichkeitsideale verwebende praktische Subjektivität in ihrer Einzigartigkeit in den Mittelpunkt der Entscheidung, als ihr Autor und zugleich als ihr theorieunzugängliches Kriterium und ihr Gegenstand. Dezisionistische Entscheidungen teilen mit rationalen Entscheidungen trivialerweise das erste Definitionsmerkmal der objektiven Alternativenfähigkeit, aber charakteristischerweise nicht das dritte der rationalen Überlegenheit: sie sind jenseits des Geltungsraums des Prinzips der rationalen Begünstigung angesiedelt, das der Kooperation von Begründungsvernunft und Handlungswillen zugrunde liegt; folglich treten sie auch zum zweiten Definitionsmerkmal der Richtigkeitsdifferenz in ein problematisches Verhältnis: es macht keinen Sinn, eine dezisionistisch ausgezeichnete Option als richtig und die damit verworfenen Optionen als falsch zu bezeichnen. Wohlgemerkt, hier wird nicht behauptet, daß es keine Gründe für dezisionistische Entscheidungen gibt; hier wird nur behauptet, daß es keine entscheidenden Gründe für dezisionistische Entscheidungen gibt, daß also die durch eine dezisionistische Entscheidung ausgezeichnete Handlungsmöglichkeit nicht – moralisch oder prudentiell – besser sein kann als jede der verworfenen Handlungsmöglichkeiten. Dezisionistische Entscheidungen widerstreiten also der These, daß es immer eine bessere Handlungsalternative gibt.

Wenn es rationale Entscheidungen gibt, dann gibt es bessere Gründe. Wenn sich in jeder Entscheidungssituation, also in jeder Handlungssituation, ausschlaggebende Gründe für eine der objektiven Optionen finden, dann gibt es nur rationale Entscheidungen, dann erfreuen wir uns der Gunst einer absoluten praktischen Vernunft, die als geordneter Inbegriff aller handlungsbestimmenden Rationalitätstypen jedem denkbaren Rechtfertigungsersuchen Gehör schenkt und als vollkommener Rechtfertiger auch sich selbst und ihrer Rationalitätstypenhierarchie Grund gibt. Ihr Prinzip der Gültigkeitsverschiedenheit durchdringt alle Handlungsfelder sowohl der prudentiellen und moralischen Mikrologie als auch der prudentiellen und moralischen Makrologie[2]. Wenn es hingegen dezisionistische Entscheidungen gibt, dann ist dieser praktische Vernunftabsolutismus eine Chimäre, dann ist ein leibnizianischer Rechtfertigungsdiskurs eine Illusion, dann gibt es Handlungsfelder und Verhaltensbereiche, in denen die Vernunftproduktion entscheidender Gründe versiegt und das Prinzip der rationalen Begünstigung versagt. Eine Untersuchung deszisionistischer Entscheidungen wäre folglich etwas von der Art eines vernunftkritischen Erkenntnisprogramms Kantischen Zuschnitts, das die Grenzen der praktischen Vernunft bestimmen und die Reichweite gelingender rationaler Rechtfertigung aufzeigen würde und damit die praktische Vernunft vor hyperrationalistischer Selbstüberschätzung bewahren könnte, vor der Schwäche, ihre entscheidungstheoretischen Grenzen sowohl auf dem prudentiellen als auch auf dem moralischen Handlungssektor zu verdrängen und die Demarkationen der praktischen Rationalität nach allen Richtungen zu überschreiten. Entsprechend den beiden Klassen rationaler bzw. dezisionistischer Entscheidungen müßte diese Untersuchung in zwei Teile zerfallen.[3]

Ich beschäftige mich im folgenden nicht mit den kognitiven Rationalitätsgrenzen, die in Gestalt der prognostischen Unverfügbarkeit der Zukunft und der damit verbundenen Unzuverlässigkeit der Wahrscheinlichkeitsbewertungen den Wirkungsbereich

2 Von einer »Mikrologie« in moralischen Angelegenheiten, »welche, wenn man sie in die Lehre der Tugend aufnähme, die Herrschaft derselben zur Tyrannei machen würde«, redet Kant: *Metaphysik der Sitten*, Akad.-Ausgabe Bd. VI, S. 409.

3 Vgl. J. Elster: *Solomonic Judgements. Studies in the Limitations of Rationality*, Cambridge 1989, S. 17 ff.

der normativen Entscheidungstheorie beträchtlich einschränken. Ich beschäftige mich auch nicht mit der motivationalen Rationalitätssubversion der nicht nur im Moralischen, sondern auch im Prudentiellen wirksamen *akrasia*. Mein Interesse gilt allein den dezisionistischen Entscheidungen in der Moral, also den Grenzen moralischer Rationalität und den verschiedenen moralphilosophischen Strategien, mit diesen Grenzen moralischer Rationalität umzugehen. Ich gebrauche für die hier anzutreffende Problemstellung den Ausdruck ›Dezisionismusproblem‹ und unterscheide zwischen einer allgemeinen Fassung dieses Problems und verschiedenen spezifischen Problemversionen.[4]

4 Rüdiger Bittner leugnet die Existenz eines Dezisionismusproblems und hat der von mir vertretenen Position vorgeworfen, sie beruhe auf einer »Konfusion« (Rüdiger Bittner, »Was ist eine Entscheidung?«, Ethik und Sozialwissenschaften 3/1992, Heft 1, S. 21), einer ›sprachlichen Irreführung‹ (R. Bittner: »Es gibt kein Dezisionismusproblem. Kritische Anmerkungen zu den Beiträgen von Dieter Birnbacher und Wolfgang Kersting», Ethik und Sozialwissenschaften 3/1992, Heft 1, S. 43 f.): »Mein Argument ist, daß die Beziehung zwischen Entscheidungen und ihren Gründen von vornherein nicht Folgerung ist. Der Begriff dessen, wogegen Dezisionen abgesetzt werden: Entscheidungen, die sich aus ihren Gründen ableiten lassen, ist selbst unhaltbar« (a.a.O.). – In *De Motu Animalium* (701 a 12-14) hat Aristoteles theoretische und praktische Syllogismen unterschieden und die Eigentümlichkeit des praktischen Schlusses dadurch charakterisiert, daß er zu einer Handlung führe oder in ihr ende, also eine Konklusion besäße, die nicht aus einem Satz, sondern aus einer Handlung bestehe. Die Handlungstheoretiker und Deontiker, die sich seit geraumer Zeit mit dieser Unterscheidung beschäftigen, haben schnell erkannt, daß von einem eigentümlich praktischen Schließen ernsthaft nicht die Rede sein kann, weil es zwischen Sätzen und Handlungen keine logischen Folgerungsbeziehungen gibt. Bittners Trivialisierung des Dezisionismusproblems ist nichts weiter als eine Anwendung dieser deontischen Aristoteleskritik. Denn sowenig Handlungen Sätze sind, sowenig sind Entscheidungen Sätze: folglich können Entscheidungen nicht deduktiv aus Gründen abgeleitet werden, folglich muß für Entscheidungen generell gelten, was ich für dezisionistische Entscheidungen reserviert habe. Es gibt, so Bittners Einwand, die von den dezisionistischen Entscheidungen verschiedene Klasse der rationalen Entscheidungen gar nicht: »Der Begriff dessen, wogegen Dezisionen abgesetzt werden: Entscheidungen, die sich aus ihren Gründen ableiten lassen, ist selbst unhaltbar«. Bittners Einwand geht jedoch ins Leere. Nichts von dem, was ich gesagt habe, verpflichtet mich zu der

2. Dezisionismusaffirmation, Dezisionismusnegation, Dezisionismusintegration

In seiner allgemeinen Gestalt bezeichnet das Dezisionismusproblem die grundsätzliche Spannung zwischen Rechtfertigung und Entscheidung, die die alltägliche Kooperationsroutine von Vernunft und Handlungsabsicht nicht im mindesten irritiert, Philosophen jedoch verstören kann. Immer wenn thematische Grundbegriffe der Philosophie in einem konzeptuellen Spannungsverhältnis stehen und mit eindeutigen Annexionsabsichten einander den Geltungsraum streitig machen, ist zu erwarten, daß in der Geschichte dieser Problemspannung Tendenzen zu extremen Lösungen, zu Eliminationslösungen wirksam werden. So kann es nicht überraschen, auf zwei diametral einander entgegengesetzte Ethiktypen zu stoßen, mit den entsprechenden Denunziationsrhetoriken versehen und zur wechselseitigen Verteufelung bereit. Auf der einen Seite finden wir den dezisionsfeindlichen, in seinen wagemutigsten Ausprägungen dem *principium rationis sufficientis* folgenden Rationalismus, und auf der anderen Seite finden wir die dezisionistische Entscheidungsapotheose. Der Rationalist erblickt in dem Dezisionisten den Antichristen, der Sand in seine

handlungstheoretischen Naivität, die Bittner mir vorrechnet. Und das beliebte Argument von der Irreführung durch Sprachgebrauch trifft auch nicht. Bittners Kritik beruht auf einem handlungstheoretischen Verständnis des Dezisionismusproblems. Ich habe hingegen das Dezisionismusproblem konventionell rationalitätstheoretisch behandelt, also als ein Problem der vorhandenen oder nicht vorhandenen überwiegenden Gründe betrachtet, nicht aber als ein Problem der logischen Beziehung zwischen Gründen und Entscheidungen als psychischen Ereignissen. Diese beiden Dezisionismus-Versionen sind logisch unabhängig voneinander: daher folgt aus der Aufklärung eines handlungstheoretisch naiven Aristotelismus nichts hinsichtlich der rationalitätstheoretischen Problemstellung des Dezisionismus. Der Naivitätsvorwurf ist also in anderer Währung an Bittner zurückzugeben: das rationalitätstheoretische Dezisionismusproblem erledigt sich keinesfalls durch die Einsicht, daß zwischen Gründen und Entscheidungen keine logische Ableitungsbeziehung besteht. »Dezisionismus«, so Bittner apodiktisch, »entspringt einer Konfusion«. Mitnichten: daß es kein Dezisionismusproblem gäbe, diese These verdankt sich einer Konfusion, nämlich der Konfundierung des handlungstheoretischen und des rationalitätstheoretischen Dezisionismuskonzepts.

makellose und selbstgenügsame Rechtfertigungsmaschinerie wirft. Er fürchtet den Dezisionismus. Bereits der Vorwurf eines Restdezisionismus läßt ihn erbleichen. Der rationalistischen Rede vom blinden Dezisionismus, die mittlerweile idiomatische Gängigkeit besitzt, korrespondiert der Topos vom flachen und maschinenmäßigen Rationalismus und seiner vermassenden Ideologie der diskursiven Betriebsamkeit, die das Individuum existentiell enteignet. Der Dezisionismus verachtet den Rationalismus. Das jüngste Kapitel dieser noch jungen, mit Kierkegaard beginnenden Feindschaftsgeschichte wird gerade jetzt in der Auseinandersetzung um die Fortsetzungswürdigkeit des Aufklärungsprojekts geschrieben: vor dem grauenhaften Hintergrund der politischen Pathologie des 20. Jahrhunderts versuchen sich die Parteien mit symmetrischen Schuldzuweisungen moralisch zu strangulieren: die Lyotardisten stellen Universalismus und Konsensorientierung der Aufklärungsvernunft unter Terrorverdacht, und die Universalisten führen die Korrumpierung des Moralbewußtseins in den Zeiten des Nationalsozialismus auf die Zerstörung des normativen moralisch-politischen Universalismus durch Relativismus und Dezisionismus zurück und sehen ähnliche Gefährdungen im trüben Kielwasser des dissens- und eigensinnfreundlichen, Vernunft pluralisierenden Postmodernismus.
Es gibt immer drei Möglichkeiten, einen Verdrängungswettbewerb konkurrierender Positionen zu beenden. So gibt es auch drei Wege, das Dezisionismusproblem zu lösen: 1. den Weg der Dezisionismusnegation; 2. den in die entgegengesetzte Richtung führenden Weg der Dezisionismusaffirmation und 3. den beide Extrempositionen klug vermeidenden Weg der Dezisionismusintegration. Selbstverständlich werde ich diesen letzten Weg einschlagen.
Geschichtlich gesehen ist der Dezisionismus eine modernitätstypische Bewußtseinsgestalt. Wenn wir nach einer von den dezisionismuseinschlägigen Denkern Kierkegaard, Weber, Schmitt, Heidegger und Sartre geteilten Grundüberzeugung suchen, dann finden wir diese vermutlich in der geschichtsphilosophischen These von der Zerstörung des substantiellen Vernunftkonzepts der Tradition und der Integrationskraft der überkommenen sittlichen Welt- und Lebensordnung durch die wissenschaftliche und technische und soziale Modernisierung der privaten, ökonomischen und politischen Lebensverhältnisse einerseits und der Unfähigkeit

der diese Modernisierungsprozesse philosophisch kommentierenden Reflexionsmoral der Aufklärung, die Sinngebungs- und Lebensorientierungsleistungen der Traditionsmächte zu kompensieren, andererseits. Der Dezisionismus wäre dann das Reaktionsphänomen einer die Begründungs- und Orientierungsschwäche der Aufklärungsmoral ausnützenden ethischen Ermächtigung des eigensinnigen Einzelnen und seiner sich listig der Moralsprachhülsen einer durch Modernisierung ausgelaugten Vernunft bedienenden Willkür. Oder, und Hegel folgend, der dieses kritisch-diagnostische Argument im Rahmen eines Kant-Jacobi-Vergleichs bereits Anfang des 19. Jahrhunderts vorgetragen hat: im empirischen Subjektivimus der Willkür, der bei MacIntyre merkwürdigerweise »Emotivismus« heißt, gesteht der formale und prozedurale Vernunftobjektivismus der Aufklärung seine normative Ohnmacht ein. Diese historisch-systematische Konstellation eröffnet der Dezisionismusnegation Wege in zwei verschiedene Richtungen: sofern sie einen unauflöslichen Zusammenhang zwischen moderner Moralphilosophie und Dezisionismus erblickt und den Dezisionismus als unausweichliches Schicksal einer sich von den substantiellen Grundlagen traditionaler Sittlichkeit immer weiter entfernenden Ethik einschätzt, kann sie eine antidezisionistische Position nur als explizite Antimodernitätsposition aufbauen, muß sie eine Restaurationslösung des Dezisionismusproblems ins Auge fassen und wie MacIntyre – und etwas zögerlicher neuerdings auch Williams[5] – für eine Repristination des ethischen und politischen Aristotelismus werben oder wie Basil Mitchell[6] auf eine Revision des Säkularisierungsschrittes und eine Wiederherstellung der christlichen Ethik hoffen. Neben dieser Restaurationsstrategie gibt es jedoch auch die andere einer modernitätsimmanenten, auf einen konsequenten und letztbegründungstauglichen Ausbau des Rationalitätspotentials des ethischen Universalismus selbst setzenden Dezisionismusnegation. Der Unterschied zwischen diesen beiden eliminativen Lösungen des Dezisionismusproblems ist beträchtlich: die Antimodernisten sind nicht eigens und ausdrücklich auf eine Entmachtung des Dezisionismus aus; diese würde sich als Konsequenz der Revision der Moderne und Wiedergewinnung substantieller Positionen von selbst erge-

5 B. Williams: *Ethics and the Limits of Philosophy*, London 1985.
6 B. Mitchell: *Morality: Religious and Secular*, Oxford 1980.

ben. In ihrer deszendenzgeschichtlichen Perspektive, in der die Entstehung und Entwicklung der Moderne als sich sukzessiv komplizierende Verirrung und um sich greifende moralische Konfusion entziffert wird, bildet der Dezisionismus den desillusionierenden Tiefpunkt, in dem die von Anfang an zum Scheitern verurteilte universalistische Aufklärungskultur ihr Versagen vor aller Welt eingesteht. Dezisionismusnegation ist daher hier immer nur unintendierte Implikation der Modernitätsnegation selbst. Nur dann gewinnt der Dezisionismus gesonderte, widerlegungsinteressierte Aufmerksamkeit, wenn er als Herausforderung des moralischen Rationalitätskonzepts der Moderne und nicht als dessen Symptom begriffen wird. Nur diese Sichtweise kann zu der theoretischen Anstrengung motivieren, des Dezisionismus im Rahmen einer die substantiellen Fundierungsleistungen der traditionalen Orientierungssysteme auf dem modernitätstypischen reflexiven Rechtfertigungsniveau strukturell wiederholenden Letztbegründungsargumentation Herr werden zu wollen. Hier entfaltet sich die Dezisionismusnegation als explizites metaethisches Argument; dort, bei den Prämodernisten, basiert die implizite Dezisionismusnegation hingegen auf einer geschichtsphilosophischen These.

Auf eine ausdrückliche Auseinandersetzung mit beiden Strategien der eliminativen Lösung des Dezisionismusproblems kann ich hier verzichten, weil in meinem Plädoyer für den Weg der Dezisionismusintegration auch die Gründe ersichtlich werden, sich von der antimodernistischen Restaurationslösung wie der Letztbegründungslösung gleichermaßen zu distanzieren. Das, was ich als den Lösungsweg der Dezisionismusintegration bezeichne, beruht auf einer Betrachtung der Rolle dezisionistischer Entscheidungen in einer Moralphilosophie der limitierten Rationalität und gelegentlich knappen Gründe. Ein Versiegen entscheidender Gründe und folglich einen Bedarf an dezisionistischen Entscheidungen vermute ich im Einflußbereich der folgenden Probleme: 1. des Problems der Begründung der Moral; 2. des Problems der moralischen Konflikte und Dilemmata; und 3. des Problems der applikativ-inventiven Moralfortbildung auf den modernisierungserzeugten Ratlosigkeitsfeldern am Anfang und Ende des menschlichen Lebens. Ich werde darum meine Überlegungen in drei Kapiteln organisieren: das erste heißt ›Dostojewskijs Fehlschluß‹ und beschäftigt sich mit dem ersten Dezisionismusproblem; das zweite heißt ›Rationalistische Eselei‹ und beschäftigt sich mit dem zweiten Dezisionismusproblem, und das dritte heißt ›Inventive Ethik‹ und beschäftigt sich mit dem dritten Dezisionismusproblem. Um den Umgang mit diesen drei speziellen Dezisionismusproblemen der Moralphilosophie nicht durch unkontrollierte Assoziationen zu erschweren und ihre begriffliche Konturierung zu erleichtern, werde ich zuvor eine knappe Schilderung des historischen Dezisionismus in freilich systematischer Absicht geben, die Kurzportraits des juristischen und politischen Dezisionismus Carl Schmitts und eines Positionen Kierkegaards, Heideggers und Sartres amalgamierenden moralischen Dezisionismus enthält. Damit wird zugleich eine Skizze der oben erwähnten zweiten Möglichkeit einer einseitigen, aber diesmal rationalitätseliminativen Auflösung des allgemeinen Dezisionismusproblems, des Weges der Dezisionismusaffirmation, geliefert.

2.1 Der Dezisionismus Carl Schmitts

Carl Schmitt hat den Ausdruck ›Dezisionismus‹ geprägt und in die rechts- und staatsphilosophische Debatte eingeführt. In seinem facettenreichen Dezisionismuskonzept lassen sich ein juristischer Dezisionismus und ein politischer Dezisionismus deutlich voneinander unterscheiden. Sie bilden als dezisionistische Ordnungsstiftung und Rechtsprechungsdezisionimus die idealtypischen Pole politisch-rechtlichen Ordnungshandelns, das sich in Form einer befriedungspraktischen Hierarchie von der einen großen Entscheidung des sich selbst autorisierenden Souveräns, von der staatspolitischen creatio ex nihilo, über die Verfassungsentscheidung und die legislatorische Routine bis zu den unzähligen kleinen Entscheidungen der autorisierten Rechtsanwender erstreckt. Dezisionistische Entscheidungen werden auf allen Ebenen getroffen, weil in keinem Fall das normative Entscheidungsresultat, die Ordnungsstiftung nicht, nicht deren interne Verfassung, nicht die den konstitutionellen Organisationsnormen entsprechend zustande kommenden veränderlichen Gesetze und auch nicht die sich auf sie stützende Urteilspraxis der Gerichte, vollständig aus den Antezedenzbedingungen der Entscheidung deduktiv abgeleitet werden kann, die Entscheidung also stets, wie Schmitt sagt, »normativ betrachtet aus einem Nichts geboren«

ist.[7] Freilich besitzt diese aus dem Schatten normativer Festlegung heraustretende und Eigenständigkeit gewinnende Entscheidungsdimension im juristischen und im politischen Dezisionismus verschiedene Bedeutung.[8] Schmitts juristischer Dezisionismus bezieht vor dem Hintergrund der zeitgenössischen Rechtsanwendungsmethodologie eine begriffsjurisprudenzkritische Position. Gegenüber der Vorstellung von der richterlichen Urteilsbildung als einer quasi-anonymen syllogistischen Operation innerhalb eines logisch geschlossenen Normensystems betont der juristische Dezisionismus : 1. daß die Rechtskraft des Urteils der in Übereinstimmung mit den Organisations- und Kompetenznormen des Rechtssystems gefällten Entscheidung zukommt; 2. daß die richterliche Deliberation durch die faktische Entscheidung abgebrochen wird und dem Deliberationsresultat aufgrund der Entscheidung, also als Entscheidungsinhalt, Verbindlichkeit zukommt, und 3. schließlich, daß jedes Urteil durch die vorfindlichen Normen nur geleitet, aber nicht bestimmt wird, folglich normativ Neues schafft, das Recht fortbildet und seine Orientierungskapazität vergrößert. Der von der Generalität der Normen und dem klassifikatorischen Charakter ihrer Ausdrücke verlangte, also semantisch verursachte Anwendungsdezisionismus bietet kein Einfallstor für Willkür und Irrationalismus, ermutigt keinen Regelskeptizismus, der die Präjudizien- bzw. Gesetzesbindung leugnen könnte. Letztlich gründet Schmitts juristischer Dezisionismus in der bereits von Aristoteles bedachten Bestimmtheitsdifferenz zwischen Gesetzesformel und konkreter Anwendungssituation, die durch regelgeleiteten Verstandesgebrauch nicht zu überwinden ist,[9] die einen subjektneutralen Applikationsautomatismus nicht zuläßt und nach der theorieentzogenen eubolischen Fähigkeit der Urteilskraft verlangt. Dieser juristische Dezisionismus ist nicht blind; er ist hypoleptisch und knüpft an das vorfindliche System des Rechts kreativ, es modifizierend und fortbildend, an. Er macht lediglich geltend, daß das begriffsjuristische Rechtfertigungsschema der richterlichen Urteilstätigkeit

7 C. Schmitt: *Politische Theologie*, München ²1934, S. 42.
8 Vgl. M. Kaufmann: *Recht ohne Regel? Die philosophischen Prinzipien in Carl Schmitts Staats- und Rechtslehre*, Freiburg 1988, S. 16.
9 Vgl. auch Kants Diktum von der unbelehrbaren Urteilskraft und dem Mutterwitz in: *Kritik der reinen Vernunft* B 172.

nicht angemessen ist und durch einen komplexeren, auf eine erweiterte Deliberationsbasis gestellten Begründungsdiskurs zu ersetzen ist, der durch die »Dialektik von Dezision und Diskurs«[10] vorangetrieben wird. Unter einem systematischen, auf allgemeine Strukturen gerichteten Blick schrumpft Schmitts unsensationeller juristischer Dezisionismus überdies zu einem bloßen Beispiel dessen, was Wieland kürzlich als »Applikationsaporie der praktischen Vernunft«[11] bezeichnet hat und was das Insgesamt der Schwierigkeiten umfaßt, die sich aus der Notwendigkeit ergeben, generelle Normen auf konkrete Handlungssituationen anzuwenden. Da die für die Verlegenheit verantwortliche kategoriale Heterogenität der von der praktischen Vernunft aufeinander zu beziehenden Bereiche des Allgemeinen und des Einzelnen einmal in Regulierungsabsicht und zum anderen in Rechtfertigungsabsicht überwunden werden muß, zerfällt die Applikationsaporie in eine Normierungsaporie und eine Rechtfertigungsaporie. Die Applikationsaporie ist im außerjuristischen Bereich auffälliger als im juristischen Bereich, da hier eine hochstandardisierte, auf Abstraktionen, Konstruktionen und Konventionen[12] sich stützende Wirklichkeitsinterpretation wirksam ist, die die applikationsstörrischen kontingenten und situativen Randbedingungen des Handlungslebens konstruktiv verstellt und dadurch das für die Kontinuität des Betriebs erforderliche Ausmaß an Trivialisierung der Applikationsprobleme ermöglicht. Im moralischen Alltag hingegen findet sich eine weit weniger interpretatorisch überformte und standardisierte Wirklichkeit, zumal in Zeiten beschleunigter modernisierungsbedingter Veränderung. Gleichwohl darf auch hier das Ausmaß an Normalität nicht unterschätzt werden. Anstrengungslos überbrücken die eingelebten Anwendungs-, Entscheidungs- und Rechtfertigungsroutinen des moralischen Alltags den kategorialen Hiat der Applikationsaporie und rücken den mit ihr verbundenen strukturellen Dezisionismus des normanwendenden Handelns und Rechtfertigens außer Merklichkeitsreichweite.

10 G. Kohler: *Handeln und Rechtfertigen. Untersuchungen zur Struktur der praktischen Rationalität*, Frankfurt/M. 1988, S. 65.
11 W. Wieland: *Aporien der praktischen Vernunft*, Frankfurt/M. 1989, S. 13.
12 Vgl. Wieland a.a.O., S. 15.

Auch wenn Schmitts essayistischer Denk- und Schreibstil der mit Assoziationen und Analogien illustrierten These immer den Vorzug vor dem sorgfältigen Argument gibt und das prächtige Wort allemal über den genauen Begriff stellt, ist sein juristischer Dezisionismus doch hinreichend unmißverständlich, um die von Schmitt im Vorwort der Neuauflage von *Gesetz und Urteil* beklagte Polemik gegen das Dezisionismuskonzept verursacht haben zu können.[13] Diese gilt vielmehr Schmitts politischem Dezisionismus; und welche Elemente dieser Konzeption den Ruf einer »gefährlichen Weltanschauung«[14] eingebracht haben, zeigt bereits seine idiosynkratische Hobbes-Interpretation. Hobbes ist für Schmitt »der größte Vertreter des dezisionistischen Typus«[15], der Theoretiker der »souveränen Entscheidung«, die den voluntaristischen Gott der Hochscholastik zu einem chaosbändigenden Staatsschöpfer säkularisiert und als »gesetz- und ordnungsschaffende Diktatur«[16] den anarchischen Zustand beendet. Gemeinsam ist beiden, dem *deus immortalis* mit der Freiheit und Willen zu ungebundener Allmacht steigernden *potestas absoluta* und seinem sterblichen Gegenstück in Raum und Zeit, daß sie in ihrer Handlungsfreiheit durch keine vorgegebenen Normen und Prinzipien eingeschränkt sind, vielmehr ihrerseits souverän und folglich für sie widerruflich festlegen, was für alle anderen als richtig und falsch, gut und böse, gerecht und ungerecht zu gelten hat. Der politische Dezisionismus der Ordnungsstiftung entdeckt sich also aus begründungstheoretischer Perspektive als modernitätstypische naturrechtskritische Position, die die traditionalen Rechtfertigungsinstanzen außer Kraft setzt. Aber verfehlt wäre es, die leviathanische Staatsschöpfung als *creatio ex nihilo*, irrational und unbegründbar einzustufen und ihr im Zug einer regressiven Mythologisierung das Prädikat einer wunderanalogen Grundlosigkeit zu verleihen. Der, so Schmitt über Hobbes, »klassische Fall dezisionistischen Denkens« ist doch in Wirklichkeit der klassische Fall der rationalistisch-individualistischen Begründung. Schließlich war Hobbes der erste Philosoph, der, auf der Grundlage

13 München 1969.

14 Ebd., Vorwort zur 2. Auflage.

15 Carl Schmitt: »Über die drei Arten des rechtswissenschaftlichen Denkens«, in: H. J. Koch (Hrsg.): *Die juristische Methode im Staatsrecht*, Frankfurt/M. 1977, S. 381.

16 Ebd.

leicht nachvollziehbarer methodologischer Erwägungen,[17] dem aufgeklärten Selbstinteresse die Rolle des begründungstheoretischen Protagonisten in der praktischen Philosophie zugetraut hat. Läßt man sich von den Symbolen und Allegorien des Schriftstellers Hobbes nicht ablenken, geht man sorgfältig der Argumentation des Philosophen Hobbes nach, dann tritt der personale souveräne Wille des Staates zurück, dann wird der Artefaktcharakter des Staates sichtbar, dann tritt das den Staat erschaffende und in seiner Machtausübung legitimierende und funktionalistisch begrenzende individuelle Nützlichkeitsurteil des Bürgers in den Vordergrund. Wenn Schmitt schreibt: »Bei Hobbes wird die logische Struktur des Dezisionismus am besten deutlich, weil der reine Dezisionismus eine Unordnung voraussetzt, die nur dadurch in Ordnung gebracht wird, daß (nicht: wie) entschieden wird«[18], dann ist das barer Unsinn. Eine inhaltsindifferente, rein tautologisch nur sich selbst als ihren Grund anführende Daß-Entscheidung vermag in dem Schmitt sehr wichtigen Unordnungs- und Ausnahmezustandsszenario nichts auszurichten. Die Analyse zeigt, daß wir von folgenden Merkmalen der dezisionistischen Situation auszugehen haben: 1. Die Ausgangssituation wird als Zustand der Unordnung, als Anarchie und Chaos charakterisiert; 2. es besteht eine alle Präferenzhierarchien nivellierende, allgemein geteilte und für jeden erstrangige Ordnungspräferenz; der Unordnungszustand wird also als ein zu überwindender bewertet; 3. eine mit dieser Bewertung konforme und sich um ihren Erfolg sorgende Ordnungsstiftung, die der Situation politisch gerecht werden will und die Abwesenheit von Ordnung nicht als Vorwand aktionistisch-expressiver Selbstdarstellung, nicht als Medium einer ästhetischen Souveränitätsmanifestation benutzt, muß konsequenterweise eine Klassifikation der möglichen Alternativen nach Kriterien der Befriedungstauglichkeit vornehmen. Nur dann wird die Unordnung in Ordnung umge-

17 Dazu W. Kersting, »Erkenntnis und Methode in Thomas Hobbes' Philosophie«, *Studia Leibnitiana* xx/1988, S. 126-139; ders.: *Thomas Hobbes*, Hamburg 1992; siehe auch die einschlägigen Beiträge in: ders. (Hrsg.): *Thomas Hobbes: Leviathan*, Klassiker Auslegen Bd. 5, Berlin 1996.

18 Carl Schmitt: »Über die drei Arten des rechtswissenschaftlichen Denkens«, in: H. J. Koch (Hrsg.): *Die juristische Methode im Staatsrecht*, Frankfurt/M. 1977, S. 381.

wandelt werden können, wenn der Souverän sich durch die ordnungspolitischen Imperative gebunden weiß, genauso wie der mit weniger dramatischen Aufgaben betraute Herrscher des Naturrechts sich bei der Herstellung einer gerechten Ordnung durch die objektiven Prinzipien des *ius naturalis* gebunden sieht. Hobbes' politische Philosophie ist nicht der Ort eines Paradigmenwechsels vom Normativismus zum Dezisionismus, sondern von der substantiellen Sittlichkeit des teleologisch-theologischen Naturrechts zum interessefundierten Instrumentalismus der Zweckrationalität; keine grundlose Entscheidung tritt an die Stelle der objektiven Vernunft, sondern der Rationalitätstyp der Begründungstheorie wechselt. Die Ordnung tritt nicht aus einem normativen Nichts heraus, sondern sie erweist sich als für jeden vorteilhaft und damit das sie herbeiführende leviathanische Handeln als vor der einzigen unter Neuzeitbedingungen rechtfertigungstheoretisch zählenden Instanz des Individuums legitimiert. Schmitt liest Hobbes' Theorie nicht als klassischen Text der analytischen Politikphilosophie, in der der Staatsbeweis nach den Regeln eines Gefangenendilemmasuperspiels erbracht wird, sondern als einen machiavellistischen Roman, in dem eine Art Supercondottiero der unübersichtlichen Hinterlassenschaft einer untergegangenen Welt seinen Ordnungswillen aufzwingt.

Schmitts Dezisionismus ist nicht als kritische begründungstheoretische Position in Verruf geraten, die rechtfertigungsskeptisch auf die vom Traditionszusammenbruch freigesetzten modernitätstypischen begründungstheoretischen Neuerungen reagiert. Schmitt ist kein Weberianer. Sein Dezisionismus erinnert auch nicht wie Lübbes »Theorie der Entscheidung«[19] daran, daß Menschen im Privaten wie im Öffentlichen Entscheidungsflucht ebenso wie vollständige Rationalität verwehrt ist, daß wir aus trivial-anthropologischen Gründen zu deliberationsabbrechenden Entscheidungen verurteilt sind, da wir als endlichkeitsbedingte Lebewesen nun einmal unter unaufhörlichem Zeitdruck leben und uns eine totalrationale Ausleuchtung der gesamten Folgenmenge unserer Optionen nie möglich ist. Schmitts Dezisionismus ist philosophischer Extremismus[20], der von antiparlamentarischen, antidemo-

19 A.a.O. (Anm. 1).
20 Zum »philosophischen Extremismus zwischen den Weltkriegen« vgl. N. Bolz: *Auszug aus der entzauberten Welt*, München 1989.

kratischen, antiintellektuellen und antibürgerlichen Affekten und Motiven getrieben, sich als diktatorischer Gegenentwurf zur politischen Ordnung des vernunftbegründeten und revolutionsgeborenen Menschenrechts artikuliert, ist theoretischer Ausdruck einer politisch-existentiellen Haltung, einer normalitäts- und kompromißverachtenden Ästhetik der Ernstfalleigentlichkeit.

2.2 Moralischer Dezisionismus

Auch dem moralischen Dezisionismus geht es ums Ganze, seine Entscheidungsdimension ist totalitätsbezogen. Er verdichtet das menschliche Leben zu einem Ernstfall, in dem alles auf dem Spiel steht, der nach einer alles entscheidenden »Grundentscheidung«[21] ruft. Der moralische Dezisionismus ist nicht auf den Nenner einer entscheidungsprozeduralen Ethik für Handlungsprobleme zu bringen. Er hat kein Ohr für die einschlägige Fragestellung Kants. Die sich um die Richtigkeit von Handlungen sorgende rationale Motivation, die Ethiken solchen Typs entwickelt, ist ihm unverständlich. Dem moralischen Dezisionismus geht es um das Ganze der Person, um Fundamentalperspektiven, in denen das Dasein als Ganzes getroffen und erhellt oder verfehlt und verdunkelt wird. Seine ihn ganz ausfüllende Frage geht darauf, ob sich die Person an das Man verliert und seiner leeren Betriebsamkeit verfällt oder sich zu eigentlichem, authentischem Selbstsein zurückholt und sich für ein Seinkönnen aus Eigenmacht, für ein Eigenleben und gegen das wahllose Mitgenommenwerden von den Vorfindlichkeiten und Vorgegebenheiten entscheidet.

Eine gutwillige, über die Exaltiertheit der unaufhörlich feiernden Sprache des moralischen Dezisionismus hinwegsehende Interpretation mag das so sehen:[22] Wir stehen in einem Spielraum von Seinsmöglichkeiten, die uns aber umso mehr aus dem Blickfeld geraten und sich hinter naturanalogen Selbstverständlichkeiten verstecken, je mehr wir uns durch die Macht der Verhältnisse bestimmen lassen. Prinzipiell können wir diesen Spielraum nut-

21 Vgl. H. Rombach: Art. ›Entscheidung‹, in: *Handbuch philosophischer Grundbegriffe* 2, München 1973.

22 Vgl. zum folgenden E. Tugendhat: *Selbstbewußtsein und Selbstbestimmung*, Frankfurt/M 1979, 10. Vorlesung.

zen und wählen, wer wir sein wollen. Wir können aber auch durch Passivität, Konformismus, Unentschiedenheit die Verhältnisse, die festlegen, wie man lebt, was man tut und denkt, die Wahl über unsere Lebensweise für uns tun lassen. Indem ich mich von dem Man konsumieren lasse, weiche ich der Frage, wer ich sein will, aus, weiche ich mir selbst aus. Lebt man, indem man sein Selbst an das Man assimiliert, dann führt man nach Heidegger eine uneigentliche Existenz; lebe ich nicht in der Perspektive des Man-adaptierten Selbst, sondern aus der Entschlossenheitsperspektive des Ich-Selbst, dann führe ich eine eigentliche Existenz, dann lebe ich im Modus des Mich-selbst-gewählt-habens. Es wäre verfehlt, das Pathos der Eigentlichkeit mit besonderer Inhaltlichkeit zu verknüpfen. Die durch Man-Distanzierung und Selbstwahlentscheidung sichtbar gewordenen Möglichkeiten sind die Möglichkeiten der vorfindlichen geschichtlichen Situation, unter denen bewußt und entschlossen zu wählen ist. Nur enthält Heideggers Theorie ebensowenig wie Kierkegaards Existentialismus und Sartres Konzeption des Selbstentwurfs ein Kriterium, wie diese Wahl getroffen werden muß. Die Ich-Selbst-Entschiedenheit ist kriterienlos, leer, sie ist nur eine Intensitätsform, in die jede Möglichkeit einsickern kann, alles Angebotene ist wählbar, jedes Gewählte ist mit dem Gütesiegel der Eigentlichkeit zu behängen, und es ist von der Konzeption her naheliegend und von der Geschichte ja auch hinreichend bestätigt, daß ein sich von den überkommenen Rationalitätsroutinen der naturgemäß impersonalen, also Man-orientierten Moral befreiendes und authentisch und eigentlich existieren wollendes Dasein besonders von den irrational-totalitären Identifikationsangeboten angezogen wird.
Es ist durchaus sinnvoll, der Kantischen Frage: Was soll ich tun? die Fragen: Was für ein Leben möchte ich führen? Was für eine Person möchte ich sein? zur Seite zu stellen und das moralphilosophische Theorieprogramm um eine phänomenologische Analyse von Idealen, Lebensformen, Tugenden und Charaktermustern zu erweitern. Die reduktionistische Verkürzung der ethischen Untersuchung auf den Typ der sich dem neuzeitlichen Szientismus anpassenden »quandary ethics«[23], auf eine an mög-

23 Vgl. E. Pincoffs: »Quandary Ethics«, in: St. Hauerwas/A. MacIntyre (Hrsg.): *Revisions: Changing Perspectives in Moral Philosophy*, Notre

lichst leistungsstarken Entscheidungsverfahren interessierte Problemlösungsethik würde damit rückgängig gemacht. Das, was eine Person zu sein wünscht, das Leben, das sie führen möchte, wird im Medium ganzheitsbezüglicher Selbstverständnisse Thema, basiert auf der Dialektik von reflexiver Distanzierung und affirmativem Sichzusichverhalten, ist kontingent und jeder um Allgemeingültigkeit bemühten Rechtfertigungsargumentation entrückt. Der Bereich der Ideale, Lebensstile und Persönlichkeitsprofile kann nicht der Aufsicht der Vernunft unterliegen, muß der Entscheidung jedes einzelnen überlassen bleiben. Hier ist der Ort eines nicht nur vertretbaren, sondern geradezu zu fordernden Dezisionismus; man könnte von einem ›ethischen Imperativ der personalen Existenz‹ reden, der von dem praktischen Sichzusichverhaltens fähigen moralischen Subjekt verlangt, bewußt sich selbst und sein Leben zu entwerfen und zu gestalten.[24] Jedoch muß der ethische Selbstentwurf mit den moralischen Verbindlichkeiten in Übereinstimmung bleiben. Im Impersonalitätsstandpunkt der Moral findet der Dezisionismus des ethischen Selbstentwurfs seine notwendige Grenze. Die Handlungen und Unterlassungen des Subjekts verbleiben immer in moralischer Normierungsreichweite. Der Dezisionismus des ethischen Selbstentwurfs steht somit unter der Bedingung der Vereinbarkeit mit den Forderungen der moralischen Rationalität.

Ich habe bislang folgende Dezisionismusversionen unterschieden: Erstens, den endlichkeitsbedingten Komplexitätsreduktionsdezisionismus, den die prinzipiell unter Zeitdruck stehende und mit der Begrenztheit menschlichen Wissens vertraute praktische Klugheit virtuos exerziert; man kann die definitorisch schwer zu fassende praktische Klugheit vielleicht geradezu als ausübenden Komplexitätsreduktionsdezisionismus bezeichnen. Zweitens, den ebenfalls moralphilosophieneutralen und nicht moralspezifischen Regelanwendungsdezisionismus, der alle praxeologischen Bereiche betrifft und in die logisch-semantische Bresche zwischen Regelallgemeinheit und Handlungssituationsbesonderheit springt. Drittens, den moralischen Dezisionismus, der die praktische

Dame 1983; ders., *Quandaries and Virtues. Against Reductivism in Ethics*, University Press of Kansas 1986.

24 Vgl. D. Sturma: *Kant über Selbstbewußtsein*, Hildesheim 1985, S. 155/156.

Wahrheit entrationalisiert und auf eine Authentizitätsgebärde reduziert und der jede rationale Moralphilosophie a limine ausgrenzt; eine Variante des totalitätsbezogenen, das Leben zum existentiellen Grenzfall stilisierenden moralischen Dezisionismus der Grundentscheidung ist der politische Dezisionismus des Ernstfalls und des Ausnahmezustands. Viertens, den Dezisionismus des ethischen Selbstentwurfs, der die rationale und problemorientierte, ein allgemein anerkennungsfähiges Entscheidungsverfahren entwickelnde Moralphilosophie um die nicht auf den Impersonalitätsstandpunkt zurückzuführende, irreduzibel kontingente Dimension der ethischen Selbstentwerfung und Selbstverständigung ergänzt und der teilbaren Vernunftautonomie die unteilbare Autonomie der Person zur Seite stellt. Von diesen Dezisionismusversionen werde ich im weiteren Verlauf nicht mehr reden. Mich interessieren im folgenden nur noch die bereits erwähnten dezisionistischen Entscheidungen, die die Grenze der moralischen Rationalität kenntlich machen und deren Anerkennung zu einer einsichtsvollen Selbstbeschränkung moralischer Rechtfertigungs- und Gestaltungsansprüche führt, die nicht mit einer Vernunftschwächung zu verwechseln ist. Ich werde für folgende These argumentieren: Die notwendige Begrenztheit des Begründungspotentials ethischer Systeme rechtfertigt keinen Rationalitätsdefätismus; wir sind folglich auch nicht gezwungen, zu seiner Vermeidung hyperrationalistische Positionen zu beziehen und an den idealrationalistischen Postulaten der Letztbegründbarkeit, der Geltung des Konflikte und Unentschiedenheit wegwischenden Prinzips der rationalen Begünstigung und an dem Gedanken einer dezisionismusfreien Ausweitung und Konkretisierung des alten Moralcodes unter dem Druck der neuen Probleme, die uns die unaufhörlich wachsenden technischen Möglichkeiten bei unserem Umgang mit dem Erbgut und dem Anfang und dem Ende des menschlichen Lebens bescheren, festzuhalten.

3. Dezisionismusfurcht und Letztbegründung

Vielen gilt der Determinismus als schreckliche Vorstellung. Fragt man sie, wie Daniel Dennett es in *Elbow Room*[25] getan hat, wovor sie eigentlich Angst haben, wenn sie sich vor dem Determinismus fürchten, dann entwerfen sie Manipulationsszenarien, die alltägliche oder zumindest hinreichend geläufige Nötigungserfahrungen ins Kosmische ausdehnen und damit eine inkonsistente Darstellung des befürchteten, alles durchwaltenden Determinismus liefern, denn Manipulationsszenarien sind Fälle von Freiheit-Unfreiheit-Asymmetrie, setzen also Freiheit voraus. Fragt man jemand, wovor er eigentlich Angst hat, wenn er sich vor dem Dezisionismus fürchtet, dann wird er antworten, daß unter der Herrschaft des Dezisionismus alle Verbindlichkeiten erodieren, die moralischen Prädikate ihre Unterscheidungsfähigkeit verlieren und subjektive Willkür und Beliebigkeit sich des Moralischen bemächtigen würden, sich auch die Moralphilosophie selbst in eine chimärische Veranstaltung verwandeln müßte. Daher sei, so wird er fortfahren, philosophische Letztbegründung nötig; Letztbegründung sei die einzig erfolgversprechende Antidezisionismusvorkehrung; sie würde der Verbindlichkeitserosion Einhalt gebieten und die moralischen Gültigkeitsansprüche garantieren können. Das Letztbegründungsproblem sei also »die allerwichtigste Frage überhaupt der praktischen Philosophie«[26] . Hier geht es nicht um ein Plädoyer für die Anerkennung eines eigenständigen Rechts des theoretischen oder spekulativen Erkenntnisinteresses in der Moralphilosophie, von dessen Befriedigung weder die Möglichkeit, sinnvoll Moralphilosophie zu betreiben, noch die Möglichkeit moralischen Handelns abhängig ist[27]. Die hier behauptete Dringlichkeit ist vielmehr praktischer, ja moralischer Natur. Nur über die Schwelle der Dezisionismuswiderlegung gelangen wir ins gelobte Land gesicherter moralischer Verhältnisse und ernsthafter Moralphilosophie. »Wer darauf verzichtet, die letzten Normen, letzte Ziele, oberste Zwecke zu begründen, wer

25 Oxford 1984.

26 W. Kuhlmann: »Ist eine philosophische Letztbegründung moralischer Normen nötig?«, in: *Funkkolleg: Praktische Philosophie/Ethik 2*, Weinheim und Basel 1984, S. 567.

27 Dazu z. B. U. Steinvorth: *Klassische und moderne Ethik*, Hamburg 1990, S. 12 f.

diese scheinbar tolerant und liberal der privaten Entscheidung anheimstellt (Dezisionismus), wer die Ansprüche an Begründung und Rechtfertigung einschränkt, kann nicht sicher sein, daß er überhaupt im Rahmen der Moralphilosophie arbeitet, daß er sich um Ethik bemüht; denn er arbeitet dann nur an der Rationalisierung neutraler Instrumente, die beliebig in den Dienst genommen werden können. Daß man sich wirklich um eine Ethik bemüht, ist also nur sicherzustellen durch den Versuch, die Ethik philosophisch letztzubegründen«.[28] »Nur über eine philosophische Letztbegründung ist der Nachweis möglich, daß es wirklich moralische Verpflichtungen gibt, und zwar Verpflichtungen, die tatsächlich binden, die jedermann binden und die jedermann im Prinzip als verbindlich nachgewiesen werden können, die also rational ausweisbar sind. Nur so ist der Nachweis möglich, daß moralische Probleme – auch letzte moralische Probleme – rationaler Behandlung (und zwar bis ins Letzte) zugänglich sind, und daß es sinnvoll ist, normative philosophische Ethik zu betreiben.«[29] In der Einleitung in die *Metaphysik der Sitten* hat Kant die erstaunliche Behauptung gemacht, daß eine »Metaphysik der Sitten zu haben selbst Pflicht sei«, und damit die Wissenschaft der moralischen Notwendigkeit ungeachtet der kategorialen Differenz zwischen Handlung, Zweck, Maxime einerseits und einer Kriterien zu ihrer Beurteilung entwickelnden philosophischen Reflexion andererseits selbst als moralisch notwendig erklärt. Nicht anders verfährt der Letztbegründer unserer Tage: indem er nicht nur an dem Theorieprogramm der Letztbegründung festhält, sondern darüberhinaus die Letztbegründung zu einer Angelegenheit von größter moralischer Bedeutsamkeit erklärt, was nicht nur dem Gegner den Doppelvorwurf mangelnder moralischer und mangelnder (moral)philosophischer Ernsthaftigkeit einbringt, sondern zusätzlich auch der Gesamtstrategie den Charakter eines inversen, nicht von der logischen Möglichkeit auf die ontologische Notwendigkeit, sondern von der moralischen Notwendigkeit auf die logische Möglichkeit schließenden Gottesbeweises verleiht.

28 Kuhlmann a.a.O., S. 563.
29 Ebd., S. 567.

4. Dostojewskijs Fehlschluß

Anders als der Determinismusfurcht ist der Dezisionismusfurcht nicht durch einen Inkonsistenznachweis beizukommen. Jedoch läßt sie sich durchaus zerstreuen. Der vom Dezisionismus Geängstigte wird ebenfalls von Schemen und Gespenstern genarrt; die moralische Wirklichkeit verschwimmt vor seinen Augen. Die Dezisionismusfurcht basiert auf einem Fehlschluß, den ich »Dostojewskijs Fehlschluß« nenne. Ich beziehe mich dabei auf das bekannte, von Sartre als »Ausgangspunkt des Existentialismus«[30] apostrophierte Diktum Dostojewskijs: Wenn es keinen Gott gäbe, wäre alles erlaubt. Ersichtlich ist das Letztbegründungsnotwendigkeitsargument der Diskursethiker eine Variation dieser These. Die Letztbegründer orientieren ihre Dezisionismuswiderlegung zwar am reflexiv-transzendentalen Begründungsmodell und nicht am deduktiven, im Friesschen Dilemma gefangenen deduktiven Begründungskonzept, gleichwohl offenbaren sie sich in ihrer Dezisionismusfurcht als Hierarchisten: Sie stellen sich vor, daß die nonkognitivistische Herabstufung der letzten Normen, letzten Ziele, obersten Zwecke zu rational unvermittelbaren Wertentscheidungen, zu Privatangelegenheiten, einer Irrationalismusinfektion gleichkommt, die von den Grundlagen her in den Systemkörper eindringt und dessen internes Rationalitätspotential zerstört. Ihr Argument von der Notwendigkeit der Dezisionismuswiderlegung bildet damit die systematische Wiederholung der geschichtsphilosophischen These von der Zersetzung der moralischen Welt durch den Modernisierungsprozeß. Ob Weber oder Nietzsche, Sartre oder MacIntyre, Camus oder Mitchell: Sie stimmen alle in der einen oder anderen Weise dem zu, was die christliche Lehre immer wiederholt hat: Eine Welt ohne Gott ist eine gottlose Welt. Und auch die Transzendentalpragmatiker erweisen sich als Mitglieder dieser Theoretikerfamilie, die sich unter der These vereinigt hat, daß zwischen Prinzipienletztbegründung resp. aristotelischem oder christlichem Fundamentalismus einerseits und Dezisionismus andererseits das Verhältnis einer vollständigen Disjunktion besteht. Dezisionisten und Dezisionismuswiderleger sind gleichermaßen Anhänger des Konzepts

30 J.-P. Sartre: »Ist der Existentialismus ein Humanismus?«, in: ders.: *Drei Essays*, Hamburg 1965, S. 16.

einer ›starken‹ Rechtfertigung, das das praktizierte Rechtfertigungsverständnis in der moralischen Welt marginalisiert und durch eine externe begründungstheoretische Idealisierung ersetzt, damit die Moral der dramatischen metaethischen Alternative unterwirft: entweder stabilisierende Letztbegründung oder destabilisierende schiere Dezision.

Ich halte eine Letztbegründung weder für möglich noch für nötig.[31] Es gibt weder ein begriffliches noch ein empirisches Argument, daß Moral und Moralphilosophie der Letztbegründung bedürfen. Es gibt keine moralphilosophische Argumentation, der es bislang gelungen wäre, moralischen Wein aus nicht-moralischen Trauben zu keltern, dem robusten Rücken des aufgeklärten Eigeninteresses die zerbrechliche moralische Motivationslage aufzubürden oder die Hauptregeln der Moral als stille Teilhaber und Nutznießer außermoralischer Selbstverständlichkeiten dem Problematisierungszugriff prinzipiell zu entziehen. Weder hat der rationale Egoist bisher den Effizienznachweis moralischen Verhaltens führen können, noch haben die Anhänger der Präsuppositionsargumentation bis heute Nennenswertes in ihren verschiedenen Skeptikerfallen fangen können: auf den Kommunikationsimplikaturen der Diskursethik, den Handlungsrationalitätsimplikaturen Gewirths oder den Personalitätsimplikaturen Nagels läßt sich keine Moral errichten. Aber das sollte niemanden sonderlich schmerzen, denn eine Letztbegründung stellt nicht im mindesten ein dringliches Desiderat dar, weder ein philosophisches noch ein moralisches. Ich teile Lübbes Meinung, daß das Letztbegründungsproblem eine völlig unverdiente Aufmerksamkeit genießt.[32] Ich teile jedoch nicht die bei ihm damit einhergehende Tendenz, die Begründungs- und Rechtfertigungsdimension des moralischen Diskurses instrumentalistisch zu verkürzen und damit zu trivialisieren und in eine Diskussion der technischen und politischen Probleme der Durchsetzung des evident Vernünftigen und schon

31 Vgl. W. Kersting: »Über Rationalität und Moralität«, Zeitschrift der Universität Hannover 1/1987, S. 4ff.

32 Vgl. Lübbes Aufsatz und die Lübbe-Diskussion in: W. Oelmüller (Hrsg.): *Normenbegründung-Normendurchsetzung*, Paderborn 1978; H. Lübbe: »Sind Normen methodisch begründbar?«, in: W. Oelmüller (Hrsg.): *Transzendentalphilosophische Normenbegründungen*, Paderborn 1978.

längst allseits als richtig Erkannten aufzulösen. Zweifellos ist der gegenwärtige Wirklichkeitszustand so, daß neben der möglicherweise expansiven Ratlosigkeit auf einigen neuen moralsensiblen Problemfeldern doch ein beträchlich großes und allgemein geteiltes Sollenswissen über moralisch erforderliche Zustandsveränderungen anzutreffen ist, jedoch das anerkannt Gesollte bei seiner Verwirklichung auf Hindernisse der verschiedensten Art stößt, also hinsichtlich der moralischen Gestaltungsvorstellungen ein Durchsetzungsbedarf und kein Begründungsbedarf besteht. Es ist jedoch philosophisch unbefriedigend, Handlungsdringlichkeit gegen Letztbegründungsluxus auszuspielen und damit indirekt das Vorurteil der Letztbegründer zu bestätigen, daß sich ernsthafte Moralphilosophie nur durch Letztbegründungsanstrengung erschließt und sich eine von Zweckrationalität verschiedene Dimension moralischer Rationalität nur auf dem Weg der Letztbegründung eröffnet. Es ist philosophisch überzeugender, das Begründungskonzept, das der Letztbegründungsidee und dem Begriff der ›starken‹ Rechtfertigung unterliegt, durch ein angemesseneres zu ersetzen und die Moralphilosophie der sich in der vorfindlichen, genuin und irreduzibel moralischen Rechtfertigungspraxis manifestierenden moralischen Rationalität anzunähern. Dieses angemessenere Begründungskonzept bezeichne ich als pragmatische Rechtfertigung; und angemessener erscheint es mir, weil ich aufgrund allgemeiner, hier nicht zu erörternder philosophiemethodologischer Überzeugungen meine, daß eine Moralphilosophie sich den Bedingungen der Darstellbarkeit, Explizierbarkeit und Lösbarkeit der Probleme zuzuwenden hat, die sich uns vorphilosophisch als Teilnehmer an der moralischen Lebenspraxis stellen. Damit will ich die Ethik keineswegs vom philosophieeigenen Kreuz kritischer Selbstreflexivität befreien, sondern nur die Moral von einer Philosophie verschonen, die sich in der Beschäftigung mit selbstfabrizierten und mit den Problemerfahrungen der praktizierenden moralischen Rationalität nicht im mindesten vermittelbaren Problemstellungen verliert und erschöpft. Hier wäre die berühmte Heideggersche Kant-Riposte abzuwandeln: Der Skandal der Moralphilosophie ist nicht, daß Letztbegründung bisher nicht gegeben worden ist, sondern daß solche Letztbegründungen erwartet und immer wieder versucht werden und, so ließe sich fortfahren, angesichts der langen Geschichte des Scheiterns derartiger Versuche die Neigung entsteht, resignativ über die Hilflosigkeit der Philosophie zu klagen.[33]

Die Folgen mangelnder Letztbegründung *in ethicis* sind nicht im mindesten verheerend; im Gegenteil: daß eine Letztbegründung noch aussteht, ist genauso folgenlos wie der noch ausstehende Außenweltbeweis. Sowenig der Mangel des letzteren unsere theoretischen Weltverhältnisse irritiert und uns mit Solipsismusbefürchtungen peinigt, sowenig ändert das Ausbleiben einer Letztbegründung etwas an unserer moralischen Handlungs- und Urteilspraxis: unsere moralischen Überzeugungen besitzen, um mit Strawson zu reden, einen »we cannot help«-Charakter. Wir können in Gedankenexperimenten uns von diesen Überzeugungen distanzieren und uns andere Überzeugungssysteme ausdenken, aber wir können auf der Basis dieser ausgedachten Überzeugungssysteme nicht leben. Schon Kant hat als Antwort auf jene berühmte Frage des Kirchenrats Gottlob August Tittel: »Sollte denn die ganze Kantische Moralreform etwa nur auf eine neue Formel sich beschränken?« geantwortet, daß das keinesfalls wenig sei, wenn so eine neue Formel geeignet sei, die intuitiven Erkenntnisverfahren des moralischen common sense zu präzisieren, und daß überdies die Moralphilosophie sich nicht anmaßen dürfe, den Menschen zu lehren, was moralisch geboten und moralisch verboten sei. Es zeugt von einer grandiosen Selbstüberschätzung der Philosophie, in der Letztbegründung ein Beliebigkeitsbollwerk zu erblicken.[34]

33 Vgl. E. Tugendhat: »Die Hilflosigkeit der Philosophie angesichts der moralischen Herausforderungen unserer Zeit«, *information philosophie* 1990/2.

34 Abgesehen davon, daß sich schon der Ausdruck »Letztbegründung« wie das Pfeifen im dunklen Wald anhört, wenn die Letztbegründer ein überzeugendes Argument entwickelt hätten, dann hätten wir eine Letztbegründung; wäre ihr Beweis für jeden einleuchtend, dann wären wir alle Diskursethiker. Dem ist aber nicht so. Daher wird dann ein anderes Argument nachgeschoben, das allen, die das programmatische Argument nicht übernommen haben, die moralische Mitschuld an grassierender moralischer Beliebigkeit, einem allein der Retorte der Moralphilosophie entstammenden Virus, zuspricht. Dieser Argumentationsszene liegt eine Konfundierung der Ebenen der moralischen Theorie und des moralischen Lebens zugrunde. Man versuche doch einmal, diese Beliebigkeitskonsequenz zu leben: von heute auf morgen seine moralischen Überzeugungen gegen andere auszutauschen, andere Begründungsstrategien anzuwenden, andere Begründungsmuster

Die mit dem transzendentalanalytischen Programm der deskriptiven Metaphysik sympathisierende Moralphilosophie der praktizierenden moralischen Rationalität verabschiedet in hermeneutischer, ja naturalistischer[35] Gelassenheit das philosophische Programm der Dezisionismuswiderlegung als vergeblich und unergiebig und wendet sich in sowohl analytisch-explikatorischer als auch kritisch-emendierender Absicht den wirklichen komplexen Rechtfertigungs- und Erkenntnisgewinnungsdiskursen der moralischen Welt zu, wird dabei die in ihnen wirksamen pluralen, nicht aufeinander reduzierbaren, oft kooperierenden, gelegentlich auch konfliktuellen Beurteilungs- und Begründungshinsichten herausarbeiten und den kohärentischen, inferentiellen, nicht linear-deduktiven Rechtfertigungsduktus transparent machen und der unter Moralphilosophen weit verbreiteten »ein wenig naiven und auch vermessenen Tendenz« ein Ende setzen, »noch die schwierigsten Probleme, die sich in einer der wesentlichen Dimensionen der vernünftigen Lebensorientierung stellen, durch eine theoretische Anstrengung lösen zu wollen, die einen einzigen Grundgedanken und mit ihm wohl gar eine Entscheidungsprozedur für alle Problemlagen etabliert«.[36]

zu befolgen. Niemandem gelingt das. Und genau das meine ich mit der Rede von der »grammatischen Dimension unserer moralischen Handlungs- und Begründungspraxis« und mit der Rede von der Orientierung an der »praktizierenden moralischen Rationalität«. Diese Konfundierung der Ebenen der moralischen Theorie und des moralischen Lebens hat überdies auch die Konsequenz, daß den kontroversen metaethischen Positionen unmittelbar moralische Valenz zuwächst: der Letztbegründer salviert seine Moralität allein schon durch sein Festhalten am Letztbegründungsprogramm, während der Anhänger schwacher Begründungskonzepte als unseriöser Philosoph mit überdies frivolem Moralitätsverständnis und wohl ebensolcher Moralpraxis entlarvt wird. Nur der Letztbegründer, so macht man uns weis, kann uns vor dem Nietzscheanischen Immoralismus schützen; wo seine Strenge nicht mehr gilt, da beginnt der ästhetische Subjektivismus der Postmoderne.

35 Ich beziehe mich auf den Strawsonschen Naturalismusbegriff; vgl. P. Strawson: *Naturalisms and Skepticism: Some Varieties*, London 1985.

36 D. Henrich: *Ethik zum nuklearen Frieden*, Frankfurt/M. 1990, S. 38.

5. Pragmatische Rechtfertigung

Ich möchte jetzt kurz andeuten, was ich unter dem Konzept der pragmatischen Rechtfertigung, das im Mittelpunkt der gerade skizzierten Moralphilosophie der praktizierenden moralischen Rationalität steht, verstehe. Ich unterscheide in ihm zwei Dimensionen, in denen sich gleichermaßen, jedoch auf verschiedene Weise, Kontextualität zum Ausdruck bringt: da ist einmal die Dimension des Pragmatischen im engeren Sinne und zum anderen die Dimension des Grammatischen. Die pragmatische Dimension im engeren Sinne wird sichtbar, wenn man bedenkt, daß Handlungsweisen, Urteile und Normen ebensowenig an sich rechtfertigungsbedürftig sind wie Ereignisse an sich erklärungsbedürftig. Ein Rechtfertigungsbedarf besteht immer nur im Kontext von bestimmten Situationen, im Lichte besonderer Probleme und aus der Perspektive von einzelnen Personen. Das, was für den einen begründungsbedürftig ist, stellt für den anderen kein Rechtfertigungsproblem dar. Wenn eine Person ein Begründungsbedürfnis hinsichtlich der Anwendungsberechtigung irgendeiner moralischen Regel in der vorfindlichen Situation entdeckt, dann haben einmal aufgrund einer signifikanten Änderung der deskriptiven Merkmale der Anwendungssituation oder infolge neuer Erfahrungen oder Einsichten die bisherigen Anerkennungsgründe ihre Kraft verloren, und dann entsteht zum anderen ein von den persönlichen Rationalitätsstandards motiviertes Rechtfertigungsverlangen. Wenn dieses gestillt werden kann und die alte Anerkennungsbereitschaft sich auf höherem Rationalitätsniveau erneuert hat, ist die erbetene Begründung geleistet. Handelt es sich beim Begründungskonzept der Letztbegründungstheorie um ein zweistelliges Prädikat, so stellt der Begriff der adressatenrelativen pragmatischen Begründung ein dreistelliges, und geht man von einer kommunikativen Rechtfertigungssituation aus, gar ein vierstelliges Prädikat dar. Die Parallele zum logisch-systematischen Erklärungsbegriff einerseits und zum pragmatischen Erklärungsbegriff andererseits ist offenkundig.

Die Dimension des Grammatischen in der pragmatischen Rechtfertigung erschließt sich am besten im Lichte zweier Wittgenstein-Zitate: »Ein Grund läßt sich nur innerhalb eines Spiels angeben. Die Kette der Gründe kommt zu einem Ende und zwar an der

Grenze des Spiels«[37]. »Alle Prüfung, alles Bekräften und Entkräften einer Annahme geschieht schon innerhalb eines Systems. Und zwar ist dies System nicht ein mehr oder weniger willkürlicher und zweifelhafter Anfangspunkt aller unserer Argumente, sondern es gehört zum Wesen dessen, was wir ein Argument nennen. Das System ist nicht so sehr der Ausgangspunkt, als das Lebenselement der Argumente«[38]. Es wäre ein Mißverständnis, wenn man die Rede vom Ende der Kette der Gründe mit dem Friesschen Trilemma und folglich mit den besonderen Schwierigkeiten des deduktiven Begründungsbegriffs und seines unvermeidlichen Dezisionismus in Verbindung brächte.[39] Die Grenze des Spiels, an der die Kette moralischer Rechtfertigungen zu einem Ende kommt, wird durch die Grammatik der moralischen Rationalität bestimmt, die uns vertraut und in die Muster unserer Selbstverständigung und Welterschließung integriert wird, indem wir in eine durch ihre Begriffsnetze und Rechtfertigungsverfahren geformte und rationalisierte Welt hineingeboren werden und lernen, an ihr teilzunehmen. Wir lernen, was als moralisches Begründen gilt, wir lernen paradigmatische Rechtfertigungen, wir lernen, wie moralische Begründungen miteinander verwoben sind, welche Typenvielfalt besteht, wie sie mit den deskriptiven Merkmalen moralrelevanter Situationen verknüpft sind, wie sie mißlingen können, wie sie übergeordneten Orientierungen zuzuordnen sind etc.[40] Diese grammatische Geschlossenheit der moralischen Kultur, die Teil unserer gemeinsamen Lebensform ist, ist nicht reflexiv aufzubrechen, ist nicht begründungstheoretisch transzendierbar. Wir können die Begriffe der moralischen Begründung nicht über die Grammatik der lebensweltlichen Rechtfertigungspraxis ausdehnen, ohne ihnen Bedeutung und Verständlichkeit zu rauben. Nach dem moralischen Grund der Menschenrechte zu fragen ist genauso sinnvoll wie das Urmeter in Paris nachzumessen.

37 L. Wittgenstein: *Philosophische Grammatik*, WA 4, Frankfurt/M. 1984, S. 97.

38 L. Wittgenstein: *Über Gewißheit*, WA 8, Frankfurt/M. 1984, S. 141.

39 Vgl. R. W. Trapp: *»Nicht-Klassischer« Utilitarismus*, Frankfurt/M. 1988, S. 59f.

40 Ich baue hier eine moralphilosophische Konzeption weiter aus, die ich zuerst in: »Über Rationalität und Moralität«, a.a.O. skizziert habe. Vgl. auch F. Kambartel: »Begründungen und Lebensformen. Zur Kritik des ethischen Pluralismus«, in: ders.: *Philosophie der humanen Welt*, Frankfurt/M. 1989.

Diese Argumentation arbeitet keinem dumpfen Troglodytismus entgegen. Sie schließt weder die interne Kritik noch die normative Fortbildung eines moralischen Überzeugungssystems aus: von beidem bietet die Geschichte unserer moralischen und politischen Kultur seit der Aufklärung eine Fülle von Belegen. Beides, Kritik wie Fortbildung, beruht auf Anwendung, Ausweitung und Radikalisierung der fundamentalen aufklärungsethischen und menschenrechtlichen Wertorientierungen, die die letzten Grundsätze unseres moralischen Überzeugungssystems sind und die Fundamente unserer moralischen Rationalitätsgrammatik bilden. Die pluralistischen Implikationen des pragmatischen Rationalitätsverständnisses dürfen auch nicht unnötig dramatisiert werden. Ich behaupte nicht, daß die Unterschiede zwischen verschiedenen moralischen Überzeugungssystemen Inkommensurabilitätsqualität besitzen und folglich zwischen den Anhängern von unterschiedlichen Moralkodices vollständige Verständnislosigkeit herrschen muß. Natürlich verstehe ich moralische Urteile, die in einem fremden Überzeugungssystem beheimatet sind; ich verstehe sie sowohl inhaltlich als auch formal: ich identifiziere sie als moralische Urteile, und ich verstehe auch, welche höherrangigen Thesen jemand für wahr halten muß, um dieses Urteil als begründet anzusehen; es macht mir nicht die geringste Schwierigkeit, die Begründungsgrammatik des fremden Überzeugungssystems zu rekonstruieren und mich in ihm – gedankenexperimentell und ›only for sake of argument‹ – intellektuell zu bewegen. Ebenfalls behaupte ich auch nicht, daß die unterschiedlichen Überzeugungssysteme im Verhältnis vollständiger Disjunktion zueinander stehen, daß es keine Schnittmengen gibt, daß kein Urteil, das im Rahmen des Überzeugungssystems A für wahr gehalten wird, je in einem anderen Überzeugungssystem für wahr gehalten werden könnte. Es gibt zwischen verschiedenen moralischen Grammatiken eine Fülle von Überlappungen, allein schon deshalb, weil Moralsysteme Funktionen der sozialen Ordnung und Handlungskoordinierung erfüllen und es universale Ordnungs- und Koordinierungsprobleme gibt, auf die ein Moralsystem eine Antwort geben muß, um überhaupt erfolgreich sein zu können. Folglich müssen sich zwischen moralischen Überzeugungssystemen Gemeinsamkeiten finden lassen. Aber man muß die externe und die interne Perspektive auseinanderhalten: die Gemeinsamkeiten, die sich einer funktionalen Beschreibung entdecken, müssen sich nicht unbedingt auch den Teilnehmern entdecken. Aber auch aus der Teilnehmerperspektive gibt es eine Fülle von Gemeinsamkeiten, was schon daraus folgt, daß ein und dasselbe Urteil in verschiedenen Überzeugungssystemen für wahr gehalten wird; und nur auf der Grundlage gewußter Gemeinsamkeit lassen sich die Verschiedenheiten angeben, lassen sich die grammatischen Unterschiede in der Begründung ausmachen. Alles dies also: interne Kritik, normative Fortbildung, Verständnis und Nachvollzug von moralischen Urteilen und Urteilsbegründungen, die in anderen Überzeugungssystemen verwurzelt sind, funktionale Universalien, Gemeinsamkeiten im Urteilen und Begründen, somit gemeinsame Billigung und Mißbilligung – schließt meine grammatische Konzeption moralischer Rationalität nicht aus. Was sie aber ausschließt, ist trivialerweise das folgende: daß es keine widerstreitenden Urteile und Urteilsbegründungen in unterschiedlichen moralischen Überzeugungssystemen gibt, die nicht durch Etablierung einer höheren, mit beiden Überzeugungssystemen kompatiblen Prinzipienebene auf eine für beide Parteien einsichtige Weise bereinigt werden könnten. Oder positiv formuliert: daß jeder Urteils- und Begründungskonflikt im Rahmen eines von beiden Überzeugungssystemen akzeptierten Verfahrens gelöst werden könnte. Und in diesem Fall wird jede Partei sich nach dem Muster verhalten, das in ihrem Überzeugungssystem das Verhalten für Fälle dieser Art reguliert. Daß es solche Fälle gibt, die unter kein gemeinsames Rationalitätsdach gebracht werden können, das will ich mir nicht ausreden lassen. Die Rationalitäten und Grammatiken der verschiedenen Überzeugungssysteme können viele Wege gemeinsam gehen, aber sie können nicht alle Wege gemeinsam gehen. Dabei gilt, daß die Gemeinsamkeitserfahrung den kulturellen Normalfall definiert und damit die problemlose interkulturelle Koexistenz verbürgt, wohingegen die Differenzerfahrung zu den kulturellen Ausnahmezuständen führt, die als solche natürlich einen wesentlich größeren Aufmerksamkeits- und Sensationswert besitzen, der die Größe der koexistenzsichernden und interkulturelle Normalität verbürgenden Grammatik- und Rationalitätsüberlappungen in Vergessenheit geraten läßt.

Ein Begriff moralischen Lebens, der sich jenseits der sprachliche Bedeutungsebene und Lebensform amalgamierenden Grammatik der moralischen Rationalität plazierte und diese aus der Reflexionsdistanz eines überlegenen philosophischen Problembewußtseins zum Gegenstand rationaler Verfügung machen wollte und ihm dann entweder Letztbegründetheit verschaffte oder dezisionistische Bodenlosigkeit attestierte, ist einem moralphilosophischen Mißverständnis des Moralischen aufgesessen, das der selbstgenügsamen und vielgestaltigen Grammatik der moralischen Rationalität ein fremdes und eindimensionales Vernunftmodell überstülpt. Letztlich weiß eine Moralphilosophie der Fremderhaltung der Grammatik der praktizierenden moralischen Rationalität durch Letztbegründung ebensowenig, wovon sie redet, wie der die lebensformintegrierte Rechtfertigungsgrammatik in den Abgrund des Irrationalen stoßende Dezisionismus. Beider metaethische Grundaussagen über Grund und Grundlosigkeit moralischer Rationalität sind als grammatikexterne Aussagen unverständlich und sinnlos, was durch ihre gänzliche praktische Folgenlosigkeit indirekt bestätigt wird. Ebenso wie sich die Grammatik unseres sprachlichen Weltumgangs weder von der Unwiderleglichkeit der Außenweltskepsis beeindrucken noch durch den Skandal des noch ausstehenden Weltbeweises verunsichern läßt, ebenso läßt sich die praktizierte moralische Rationalität weder durch den Dezisionismus irritieren noch durch die Letztbegründung bestärken. Sie kann für sich selbst sorgen. Es gibt kein Dezisionismusproblem der moralischen Grundlagen. Stoßen wir zu ihnen vor, dann zeigt sich, daß sie nicht wählbar und als Privatangelegenheit behandelbar sind. Webers Wort von den privaten, alle Differenz zum beliebig Weltanschaulichen verwischenden Wertentscheidungen ist zutiefst irreführend. In Wahrheit gilt die Umkehrung: je weiter wir die Ebene der konkreten moralischen Urteilstätigkeit hinter uns lassen und uns dem Bereich der die gesamte Urteils- und Rechtfertigungspraxis leitenden Kriterien und Prinzipien nähern, die das Rationalitätsmilieu unserer moralischen Überzeugungen bilden, umso weniger Wahl und Entscheidung bleibt uns. An der Rechtfertigungspraxis des Moralischen als Bestandteil geteilter und unsere personale Selbstverständigung imprägnierender Lebensform teilnehmen und gleichzeitig die aus dem grammatischen Repertoire der moralischen Rationalität herausgefilterten allgemeinen Regeln und Grundorientierungen als private Wertentscheidungen ausgeben ist unmöglich.[41] Eine Moralphilosophie, die ih-

41 »Das Moralische ist ein Teil unserer gemeinsamen Lebensform, einge-

rem Gegenstand angemessen bleiben will, muß sich mit der Explikation der Grammatik der moralischen Rechtfertigungspraxis begnügen und die einander befehdenden, jedoch im Fehlverständnis dieser Rationalitätsgrammatik innig vereinten Positionen der Letztbegründung und des Dezisionismus gleichermaßen verwerfen. – Damit beende ich das Kapitel über Dostojewskijs Fehlschluß, in dem sich das erste Dezisionismusproblem in Luft auflöste, und wende mich dem zweiten Dezisionismusproblem zu.

6. Rationalistische Eselei

Das Wappentier der Weisheit ist die Eule; Stärke und Mut führen den Löwen im Schild; die List personifiziert sich als Schlange, auch als Fuchs. Das Wappentier des Rationalismus jedoch ist der Esel, der Buridansche Esel, jenes philosophieanekdotische Grautier, das hungrig genau in der Mitte zwischen zwei gleich großen und gleichermaßen verführerisch duftenden Heubündeln steht und gewohnt, nur aufgrund entscheidender Gründe zu handeln, verzweifelt nach Gründen sucht, sich dem einen und nicht dem anderen Heubündel zuzuwenden, jedoch keinen Grund finden kann und somit verhungert, in der Fülle der Nahrung aus Mangel an entscheidenden Gründen zugrunde geht.[42] Der Tod des Esels ist die Protestaktion eines prinzipienstrengen Rationalisten. Angesichts einer rationalitätsdefizitären Welt, die präferenzabweisende Entscheidungssituationen zuläßt, bleibt dem rationalisti-

arbeitet insbesondere in die sprachlichen Institutionen, mit denen unser Lebensverständnis, öffentlich und in diesem Sinne allgemein, arbeitet, in denen insbesondere es sich äußert. Dies ist (bedeutet) ihre (unbestreitbare) Verbindlichkeit für uns, und sich ihr, dieser Verbindlichkeit, mit oder ohne eine moralphilosophische Theorie, zu entziehen, käme einer Art grammatischen Aussteigertums gleich. Hier gäbe es dann nicht neue Antworten und neue Fragen, sondern nur jene Form der Verworrenheit, in der unsere Fragen unverständlich werden, ihren Sitz in unseren bestimmten Denkverhältnissen verlieren, ohne damit schon einen neuen zu gewinnen« (F. Kambartel a.a.O., S. 58).

42 Vgl. L. Kolakowski: »Der Rationalismus als Ideologie«, in: ders.: *Traktat über die Sterblichkeit der Vernunft*, München 1967, S. 225; A. Sen/B. Williams, »Introduction«, in: dies. (Hrsg.): *Utilitarianism and Beyond*, Cambridge 1984, S. 17.

schen Extremisten nur die Handlungsverweigerung, die Lebensverweigerung. Die dezisionistische Möglichkeit, sich mit der limitierten Rationalität der Welt abzufinden und einfach eins der beiden Heubündel zu verspeisen, ist ihm verschlossen. Natürlich verhält sich der Esel überaus unvernünftig. Es ist unvernünftig und eine rationalistische Eselei, an der idealrationalistischen Orientierung festzuhalten, wenn die Handlungssituation keine entscheidenden Gründe parat hält und dezisionistische Beweglichkeit und Entscheidungscourage gefordert sind.

Handlungssituationen, die keine rationale Entscheidung zulassen und dezisionistische Entscheidungen verlangen, nenne ich Buridansche Situationen. Es gibt moralische und nicht-moralische Buridansche Situationen. Moralische Buridansche Situationen bilden ein Segment des umfangreichen Kreises kognitiver moralischer Konflikte, der größte phänomenologische, analytische und typologische Aufmerksamkeit verdient.[43] Kognitive moralische Konflikte sind moralinterne, konsistenzbedrohende Konflikte, unterscheiden sich also von der *akrasia*-Problematik. In kognitiven moralischen Konflikten gerät die Moral intern in Bedrängnis, produziert sie Widerforderungen, fällt sie sich gleichsam selbst in den Arm und gefährdet ihre handlungsleitende Fähigkeit. In Konfliktsituationen versagt darum die Regelanwendungsroutine der moralischen Rationalität, bedarf es gesonderter analytischer und deliberativer Anstrengungen, um des Entscheidungsproblems Herr zu werden, kann es vorkommen, daß die moralische Nor-

43 Während hierzulande die moralphilosophischen Anstrengungen immer noch hauptsächlich der begründungstheoretischen Problematik gelten und Detailprobleme wie das der moralischen Konflikte kaum Beachtung finden, hat sich die englisch-sprachige Ethik-Diskussion der letzten Jahre ausgiebig mit dieser Frage beschäftigt: S. Hampshire: *Morality and Conflict*, Oxford 1983; I. Levi: *Hard Choices. Decision-making under unresolved conflict*, Cambridge 1986; C. Gowans (Hrsg.): *Moral Dilemmas*, New York 1987; W. Sinott-Armstrong: *Moral Dilemmas*, Oxford 1988; J. D. Wallace: *Moral Relevance and Moral Conflict*, Ithaca 1988; M. Stocker: *Plural and Conflicting Values*, Oxford 1990; Adam Morton: *Disasters and Dilemmas. Strategies for real-life decision making*, Oxford 1991; Yanis Varoufakis: *Rational Conflict*, Oxford 1991; P. S. Greenspan: *Practical Guilt. Moral Dilemmas, Emotions, and Social Norms*, Oxford/New York 1995; Christopher W. Gowans: *Innocence Lost. An Examination of Inescapable Moral Wrongdoing*, Oxford/New York 1994.

menvernunft gänzlich verstummt und den Handelnden mit sich selbst allein läßt und dieser genötigt ist, Entscheidungsverhalten und moralische Haltungen zu entwickeln, die die algorithmische Perspektive entscheidungsprozeduraler Rationalität und den kategorialen Rahmen einer Produktion entscheidender Gründe gänzlich überschreiten und andere, umfassendere und normenexterne moralrelevante Beurteilungsdimensionen ins Spiel bringen.

Nicht jede kognitive moralische Konfliktsituation ist Buridanschen Zuschnitts. Weder die sogenannten »dirty hands«-Probleme noch die Konflikte zwischen moralischen Forderungen und moralischen Idealen besitzen notwendig das für eine Buridansche Situation charakteristische Merkmal der rationalen Ausweglosigkeit. Dieses ist dann anzutreffen, wenn inkommensurable Werte im Realisierungswettbewerb stehen oder eine Situation vorliegt, in der eine Person moralisch verpflichtet ist, sowohl A zu tun als auch B zu tun, sie auch sowohl A als auch B tun kann, jedoch nicht in der Lage ist, A und B zugleich zu tun, wobei zusätzlich gilt, daß weder die für A sprechenden Gründe noch die für B sprechenden Gründe den für die je konkurrierende Pflicht sprechenden Gründen nach den Kriterien der moralischen Rationalität überlegen sind, damit also das die Rationalität von Entscheidungen sichernde Prinzip der rationalen Begünstigung außer Kraft gesetzt ist.

7. Moralische Dilemmata und persönliche Gründe

An moralischen Konflikten insbesondere Buridanschen Zuschnitts scheiden sich die moralphilosophischen Geister.[44] Die ethische Standardtheorie der Neuzeit, für die Kants berühmte Frage ›Was soll ich tun?‹ Programm ist und die sich auf die Entwicklung eines dem Algorithmusideal verpflichteten ethischen Entscheidungsverfahren konzentriert, dabei entweder in der Gestalt einer Ein-Prinzip-Theorie auftritt oder bei pluralistischer Prinzipienbasis eine lexikalische Ordnung aufstellt, empfindet moralische Konfliktsituationen als Bedrohung, da sie ihren Anspruch auf Allzuständigkeit, Eindeutigkeit und umfassende Pro-

44 Vgl. A. Hügli, »Art.: «Pflichtenkollision»«, *Historisches Wörterbuch der Philosophie*, Bd. 7, Basel 1989, Sp. 440-456.

blemlösung widerlegen. Sie entledigt sich des Bedrohlichen durch Leugnung seiner Existenz: »Eine Collision von Pflichten und Verbindlichkeiten (ist) gar nicht denkbar«[45], jedes Problem ist lösbar, das Entscheidungsverhalten angesichts unlösbarer moralischer Konflikte daher keiner moralphilosophischen Beachtung wert. Die Theorie setzt sich damit in einen Gegensatz zur moralischen Alltagserfahrung, für die es moralische Konflikte und unauflösliche moralische Dilemmata gibt und die schon immer wußte, daß die Problemlösungsreichweite der entscheidungsprozeduralen moralischen Rationalität begrenzt ist. Die Dezisionismusausgrenzung durch Leugnung der Existenz entscheidungsrational unlösbarer moralischer Konflikte ist ein gemeinsamer Zug der Kantischen Deontologie, des Konsequentialismus und des Intuitionismus.[46] Sie sind alle an einer umfassenden Harmonie zwischen moralischer Rationalität und moralischem Leben interessiert und färben die konfliktbesetzte moralische Handlungswelt monochrom ein, sichern so den von ihnen favorisierten Entscheidungsverfahren und Kriterien unbegrenzten, sich auch in alle Zukunft erstreckenden Erfolg. Denn der Allzuständigkeitsgrundsatz, daß es in jeder Entscheidungssituation immer eine richtige und von der moralphilosophisch optimierten moralischen Rationalität auch prinzipiell erkennbare Lösung gibt, impliziert den anderen von der grundsätzlichen Vorausentschiedenheit aller zukünftigen Probleme. Unter der algorithmischen Sonne der ethischen Standardtheorie gibt es nichts Neues.[47]

Die moralphilosophische Konfliktbeseitigungsstrategie ist begründet in der Überzeugung, daß eine Mehrung der Sorgfalt der

45 Kant: *Metaphysik der Sitten*, a.a.O., S. 224.

46 Vgl. Trapp a.a.O., S. 56f.: es ist ein »Vorteil des Konsequentialismus«, »normative Ethik auf die Angabe eines einzigen Entscheidungsprinzips zu reduzieren, das lückenlos in allen möglichen Situationstypen S anwendbar ... ist«.

47 Man muß jedoch nicht Anhänger der moralischen Standardtheorie sein, um das rationalistische Vorurteil von der Nicht-Existenz von moralischen Dilemmata zu pflegen: vgl. Th.W. Adorno, *Negative Dialektik*, Frankfurt/M. 1966, S. 211. Knud Løgstrup erblickt in moralischen Dilemmata nicht nur eine Zumutung für unser Rationalitätsverständnis, sondern sogar eine moralische Gefahr, eine ›ethische Abnormität‹; vgl. Knud E. Løgstrup, *Norm und Spontaneität*, Tübingen 1989, S. 40; S. 46.

Konfliktanalyse den Konfliktanschein zum Verschwinden bringen und aus dem lähmenden rationalen Gleichgewichtsverhältnis inkompossibler moralischer Ansprüche eine verborgene Vorzugsstruktur herauslösen wird. Wenn, so die näheren Vorstellungen Hares, die im »first-level of moral thinking« bewährten und für die lebenspraktische Normalität ausreichenden Mittel der moralischen Urteilskraft auf eine Situation gleichberechtigter und konfligierender moralischer Forderungen treffen, dann muß die analytische Intensität gesteigert und die zweite Ebene, »the level of critical thinking«, erklommen werden. Die in der Routine unauffällig wirksame Lösungskompetenz der moralischen Rationalität wird durch Konfrontation mit dem moralischen Konflikt in ihrer Begrenztheit sichtbar. Aber die Zuständigkeitsgrenzen der lebenspraktischen Normalvernunft sind nicht auch die Zuständigkeitsgrenzen der philosophisch optimierten Vernunft. Es gibt den Weg einer kritisch-philosophischen Verbesserung, die in der Fähigkeit kulminiert, jedes moralische Dilemma aufzulösen. Diese Verbesserung führt zu einer Verfeinerung des Diskriminationsvermögens; die Vernunft lernt, dort gewichtungsrelevante und präferenzbildende Unterschiede auszumachen, wo der vergleichsweise grobkörnige Alltagsverstand nur irritierende Gleichdringlichkeit erblickt. So kann die Philosophie der Alltagsrationalität aus der Handlungsverlegenheit helfen und den Nachweis erbringen, daß von dem Glauben an eine uneingeschränkte Problemlösungskapazität der philosophisch instruierten Moralvernunft nicht abgerückt werden muß.[48]

Mit Simmel sehe ich in diesem hypertrophen Rationalismus »eine der ärgsten Vergewaltigungen, die die Wirklichkeit je von Seiten der Philosophie erfahren hat«.[49] Er muß die moralische Konflikt- und Tragikerfahrung und den ganzen damit verbundenen emotionalen Bereich des Bedauerns und der Schuld und der Unvollkommenheitsempfindungen als affektiv-gemüthafte Auswirkung mangelnder intellektueller Durchdringungskraft betrachten und abtun. Die sich von dem aller Tiefenschärfe entbehrenden Wirklichkeitsbild der Moralphilosophie nicht irritieren lassende sittliche Erfahrung weiß, daß es rational unentscheidbare moralische

48 Vgl. R. M. Hare: *Moral Thinking*, Oxford 1981, part 1.

49 G. Simmel, *Einleitung in die Moralwissenschaft Bd. 2*, Stuttgart und Berlin 1892/3, S. 408.

Konflikte gibt, die durch keine Veranstaltung der Theorie zum Verschwinden gebracht werden können. Eine dezisionismusintegrierende Moralphilosophie, die sich bewußt ist, daß die im Innenraum der Lebenswelt zuverlässig operierende entscheidungsrationale Moralvernunft an den Rändern auf Problemlagen stoßen kann, wo das algorithmische Verfahren der Gewinnung entscheidender Gründe versagt und das Subjekt selbst und autonom seine Entscheidung organisieren und durchstehen muß, sich fragen muß, wie es sich in der moralischen Welt situieren, was für ein Leben es führen will und wie die konfligierenden Handlungsoptionen sich darin einfügen, ist der Standardtheorie vorzuziehen, deren Ideal der algorithmischen Allzuständigkeit noch eines der letzten modernisierungsresistenten Refugien der omnipotenten Vernunft der metaphysischen Tradition darstellt.

Moralische Konflikte Buridanschen Zuschnitts machen die vom Impersonalitätsstandpunkt urteilende Begründungsvernunft sprachlos, sie machen aber nicht das moralische Subjekt sprachlos. Das moralische Subjekt ist der Autor der die Dilemmasituation beendenden dezisionistischen Entscheidungen, die nichts mit aleatorisch-irrationalen Verwillkürlichungsverfahren zu tun haben. Genausowenig wie die letzten Prinzipien und obersten Werte sinnvoll als Gegenstände einer willkürlichen Wahl vorgestellt werden können, bedenkt man ihre Funktion im Rahmen der Grammatik der moralischen Rationalität, ist es sinnvoll, die dezisionistischen Entscheidungen in Konflikten als kausal, etwa durch Würfelwurf, herbeigeführte Zufallsprodukte anzusehen. *Der Begriff der dezisionistischen Entscheidung wird von mir durchgängig rationalitätskritisch gebraucht. Seine kritische Spitze ist gegen das praxis- und moralfremde, den Systemvorstellungen der Metaphysik wie des Szientismus verpflichtete Rationalitätskonzept der ethischen Standardtheorie gerichtet.* Die dezisionistische Entscheidung ist kein Einfallstor der Irrationalität. Hier, im Problembereich der moralischen Dilemmata artikuliert sich in ihnen das individuelle moralische Subjekt. Dessen Entscheidung ist nicht grundlos getroffen. Es gibt Gründe, warum sich der eine in einer A/B-Konfliktsituation für A und der andere für B entscheidet. Nur sind diese Gründe jeweils keine rechtfertigenden Gründe, die implizierten, daß jeder in einer gleichen Situation ebenso handeln sollte. Es sind persönliche Gründe, die die Entscheidung verständlich machen und uns manchmal viel über die Person verraten, und die wir als Moralbeurteiler hinzunehmen haben. Denn dezisionistische Entscheidungen liegen jenseits der moralischen Rechtfertigbarkeit, und damit auch der Kritisierbarkeit.

Ich habe oben zwischen rechtfertigenden Gründen und persönlichen Gründen unterschieden und den ersteren rationale Entscheidungen und den letzteren dezisionistische Entscheidungen zugeordnet. Meine Intuition war, im Bereich des moralischen Lebens eines Subjekts den Bezirk auszugrenzen, der nicht unter der Kontrolle der Begründungsvernunft, der allgemein anerkannten Moralprinzipien stehen kann. Rechtfertigende Gründe sind dem Impersonalitätsstandpunkt zugeordnet, persönliche Gründe hingegen der subjektiven Lebensperspektive der Person. Die sich anhand rechtfertigender Gründe entlanghandelnde – und letztlich bis in die letzten Prinzipien, die grammatischen Grundlagen unserer moralischen Begründungsvernunft oder meinetwegen auch bis in die Präsuppositionsargumentation der Transzendentalpragmatiker reichende – Begründungsbewegung führt von der Person und ihren lebensgeschichtlichen Besonderheiten weg, anonymisiert sie zu einem repräsentativen Jemand. Die durch persönliche Gründe geleitete Begründungsbewegung hingegen führt zur Person hin, läßt sie in ihrer Individualität, in ihrer lebensgeschichtlichen Besonderheit immer deutlicher hervortreten. Hauke Brunkhorst hält den Begriff des »persönlichen Grundes« für kategorial zwielichtig: man könne nicht von Gründen reden und Rechtfertigung ausschließen; weist überdies daraufhin, daß der, der sich auf »persönliche Gründe« beruft, oft Ausflüchte macht, sich dem Zugriff eines Rechtfertigung verlangenden Publikums entzieht, in Argumentationsnot geraten ist, also dort, wo ihm für das, was er will, keine rechtfertigenden Gründe zur Verfügung stehen, eine andere Klasse von Gründen erfindet.[50] Natürlich verstehe ich »persönliche Gründe« nicht als Zuflucht für solche, die rechtfertigenden Gründen entgehen wollen. Sondern »persönliche Gründe« haben dort ihren Ort, wo es keinerlei rechtfertigende Gründe geben kann, wo der Betrachter zwar bessere Gründe für anderes Verhalten, andere Entscheidungen, andere Lebensplanungen, andere Ideale zu besitzen glaubt, wo aber diese besseren Gründe einfach nur Ausdruck seiner rein persönlichen

50 Hauke Brunkhorst: »Entscheidungen und Gründe«, *Ethik und Sozialwissenschaften* 3/1992, Heft 1, S. 47f.

Mißbilligung sind: er hätte es anders gemacht, eine andere Entscheidung getroffen, andere Lebensplanungen vorgenommen etc.; und ein dritter hätte es wieder anders gemacht. Aber – und das ist das Entscheidende – es gibt eben in diesen Fragen der Selbstverwirklichung, Lebensführung und des guten Lebens nicht eine von allen als verbindlich anerkannte universalistische Begründungsvernunft, die von den moral- und rechtsuniversalistischen Handlungsregeln verschiedene universalistische Selbstverwirklichungsmodelle, Lebensführungsstile und Konzepte des guten Lebens entwerfen könnte und für jeden strittigen Fall allgemein anerkannte bessere Gründe zur Verfügung stellte. Vielleicht sollte der Ausdruck »persönliche Gründe« ersetzt werden durch einen, der auf das Wort ›Grund‹ verzichtet. Aber ich habe den Ausdruck »persönliche Gründe« natürlich aus guten Gründen gewählt: ich will deutlich machen, daß im Bereich der Fragen des guten Lebens keine blanke Irrationalität herrscht, daß die moralische Autonomie der Lebensführung nicht mit Irrationalität verschwistert ist. Persönliche Gründe liefern keine Argumente in strengem Sinne, sie erzählen eher Geschichten. Gebe ich jemandem einen rechtfertigenden Grund für mein Verhalten, dann impliziere ich natürlich, daß jeder in einer in signifikanter Hinsicht der meinigen ähnelnden Handlungssituation sich genau so zu verhalten habe, dann betrachte ich mich als Instanz eines im rechtfertigenden Grund enthaltenen Handlungs- und Verhaltensschemas. Wenn ich persönliche Gründe anführe, dann mache ich vor dem Hintergrund meiner Lebensgeschichte, meiner Erfahrungen, Hoffnungen und Befürchtungen Entscheidungen verständlich, ohne damit anderen auch nur entfernt gleiches ansinnen zu wollen. Man könnte vielleicht die verallgemeinerungsfähigen rechtfertigenden Gründe dem kontraktualistischen Begründungsmodell und die persönlichen Gründe dem kohärenztheoretischen Begründungsmodell zuordnen: erstere basieren auf allgemein anerkennungsfähigen Prinzipien, letztere machen verständlich und begründen durch Einordnung in einen gegebenen Kontext, durch narrative Ableitung aus einem um seine eigene Kohärenz besorgten Leben.

8. Inventive Ethik und deliberative Moralfortbildung

Zum Schluß werfe ich noch einen kurzen Blick auf mein drittes Dezisionismusproblem und die es produktiv verarbeitende inventive Ethik der deliberativen Moralfortbildung. – Die »gemeine praktische Menschenvernunft« braucht nach Kant keinerlei »Wissenschaft und Philosophie ..., um zu wissen, was man zu thun habe, um ehrlich und gut, ... um weise und tugendhaft zu sein«.[51] Der moralische Imperativ »ist längst in aller Menschen Vernunft gewesen und ihrem Wesen einverleibt«[52], und seine Forderung ist »mit der gröbsten und leserlichsten Schrift in der Seele des Menschen geschrieben«.[53] Dies läßt sich getrost auf alle sich irrtümlich in einem Rivalitätsverhältnis wähnenden Moralphilosophien ausdehnen: wir sind einer expliziten Unterweisung durch den Moralphilosophen nicht eigentlich bedürftig, unser durchschnittliches, in den diversen Ethiken immer nur segmenthaft präsentes Moralwissen ist in den Kernbereichen des privaten und öffentlichen Lebens von hinreichender Verläßlichkeit. Allerdings hat die Dynamik der wissenschaftlichen-technischen Entwicklung zusammen mit dem den Fortschritt bedenkenlos antreibenden ökonomischen Nutzungsinteresse uns Problembereiche beschert, zu deren Behandlung unser jahrhundertelang bewährtes moralisches Wissensrepertoire nicht auszureichen scheint. Insbesondere für die Beantwortung der Fragen, mit denen uns die gegenwärtigen Entwicklungen in der Geburts- und Sterbemedizin und in der Gentechnologie konfrontieren, scheint das allgemeine Moralbewußtsein nicht ausgerüstet. Der Fortschritt erschafft an den existentiellen Polen menschlichen Lebens stetig wachsende Zonen moralischer Ratlosigkeit. Dabei verlangen die von der Fortpflanzungsmedizin und Gentechnik bereitgestellten und angekündigten Handlungsmöglichkeiten offenbar in besonderem Maße unsere kritische Aufmerksamkeit, denn, und das unterscheidet das gentechnische Problemfeld von allen anderen Verantwortungsbereichen, denen sich eine den technisch-wissenschaftlichen Fort-

51 Kant: *Grundlegung zur Metaphysik der Sitten*, Akademie-Ausgabe Bd. IV, S. 404.

52 Kant: *Kritik der praktischen Vernunft*, Akademie-Ausgabe Bd. V, S. 105.

53 Kant: »Über den Gemeinspruch ...«, Akademie-Ausgabe Bd. VIII, S. 287.

schritt humanisierende Ethik widmen muß, hier kehrt der Mensch seine technische Verfügungsgewalt gegen seine eigene Natur. Es droht, daß sich der Mensch als moralisches Subjekt in dem Maße verliert, in dem er seine Naturbestimmtheit manipulativ nach eigenem Willen umzugestalten versteht. Das von diesen neuen technischen Perspektiven ausgelöste Unbehagen zeigt, daß unser moralisch-psychologisch-biologisch marmoriertes Selbstverständigungssystem offenbar auf ein Fundament technisch unverfügbarer Eigennatur und einen willkürentzogenen Naturbegriff nicht verzichten kann. Der Fundamentalismus oder, wie er sich gelegentlich auch nennt, die ›Ethik des kategorischen Fundaments‹[54] gibt dieser Überzeugung von der Wesentlichkeit von Natürlichkeit eine starke Fassung. Die vom kategorischen Fundament aus argumentierenden Autoren verwenden durchgängig die gleiche Strategie: sie datieren die den neuzeitlichen Menschen normativ definierenden Prädikate auf den Beginn seiner biologischen Entwicklung zurück. So werden schon befruchtete Eizellen mit dem ganzen Prädikatenkranz unserer normative und persönlichkeitstheoretische Bestimmungen amalgamierenden Selbstinterpretation ausgestattet. Biologische Menschlichkeit und moralische Personalität und Ich-Natur werden als koextensive Begriffe behandelt. Das kategorische Fundament hat sicherlich einen großen Vorzug, den Vorzug der Komplexitätsreduktion: es ist hinsichtlich seiner praktischen Konsequenzen klar, eindeutig und orientierungssicher. Sind die normativen Prädikate, die wir uns selbst zuschreiben, auf jedes Stadium der Entwicklung des menschlichen Lebens auszudehnen, dann sind die Dispositionsgrenzen der Fortpflanzungsmedizin, der Gentechnik, aber auch der Sterbehilfe klar bestimmt. Geht man von einer komplexeren Sicht aus, betrachtet man unsere Selbstinterpretation als bewegliches semantisch-kriterielles Bedingungsgefüge von moralischen, bewußtseinstheoretischen und biologischen Prädikaten, dessen Beweglichkeitsspielraum durch Zuschreibungsdiskussionen ausgemessen wird, in denen die qualitativen und quantitativen Begrenzungen technisch-menschlicher Verfügungsgewalt über den sich entwickelnden menschlichen Organismus argumentativ festgelegt werden, dann müssen dezisionistische Entscheidungen gefällt

54 R. Löw: »Gen und Ethik«, in: P. Koslowski et al. (Hrsg.): *Die Verführung durch das Machbare*, Stuttgart 1983.

werden, die sich selbst unter Revisionsvorbehalt stellen müssen, seien diese dezisionistischen Entscheidungen nun Richtungsweisungen Präzedenzfälle schaffender Ethik-Kommissionen oder gesetzliche Regelungen des demokratischen Gesetzgebers. Die Problematik derartiger dezisionistischer Entscheidungen, die anders als die dezisionistischen Entscheidungen des zweiten Dezisionismusproblems auf moralischen Dissens stoßen und legitim kritisierbar sind, aber ebensowenig wie diese auf der Grundlage eines allgemeingültigen und allgemein anerkennungswürdigen Prinzips gerechtfertigt und daher als rationale moralische Entscheidung bezeichnet werden können, wird deutlich, wenn man sich die Diskussion um den Zeitraum post fertilisationem betrachtet, in dem die experimentelle Embryonenforschung arbeiten darf. So schreibt etwa Michael Lockwood in seinem Artikel »The Warnock Report: A Philosophical Appraisal«: »It would seem to me a tragedy if, as a society, we were to deny people suffering from crippling diseases the possibility of a cure, because we had set the limit on keeping embryos alive in the laboratory at fourteen days, rather than, say, twenty«.[55] ›Rather than, say, twenty‹. Hier scheint die Argumentationsebene schon abschüssig zu werden und sich dem »slippery slope«[56] zuzuneigen, gegen den der Ethiker des kategorischen Fundaments sein ›Obsta principiis‹ setzt.

Ich vermag mich dem Fundamentalismus nicht anzuschließen und teile auch nicht seine Befürchtung, daß jenseits des kategorischen Fundaments der sittliche Widerstand gegenüber technologischen Begehrlichkeiten erlahmt und wir mit der Zulassung von Indikationen und Fristen in eine unkontrollierbare ›slippery slope‹-Situation geraten. Ich plädiere entschieden für eine Modernisierung der Ethik, für eine die begrenzten Kapazitäten regelanwendender Rationalität erweiternde inventive Ethik der aktiven moralischen Gestaltung der neuen modernisierungserzeugten Problemfelder im Rahmen einer deliberativen Moralfortbildung, für eine deliberative moralische Rationalität, die pluralistisch und dissensfähig ist, die ihre Gestaltungsvorstellungen nach dem Vorbild

55 In: Michael Lockwood (Hrsg.): *Moral Dilemmas in Modern Medicine*, Oxford 1985, S. 167.

56 Vgl. B. Williams: »Which Slopes are Slippery?«, in: M. Lockwood (Hrsg.), a.a.O.; D. Lamb, *Down the Slippery Slope*, London 1988.

wissenschaftlicher Hypothesenbildung begreift, sich ihres experimentell-revidierbaren Charakters bewußt bleibt und die fälligen Entscheidungen im Rahmen einer offenen gesellschaftlichen Diskussion nach demokratischen Verfahrensregeln fällt.

Ich fasse zusammen. Ich habe drei Dezisionismusprobleme diskutiert und dabei jeweils einschlägige moralphilosophische Rationalitätsvorstellungen kritisiert. Ich habe Dostojewskijs Fehlschluß in seiner restaurativen geschichtsphilosophischen Version und in seiner progressiven Letztbegründungsvariante diskutiert, und ich habe beiden ein sich auf den Begriff der Grammatik der moralischen Rationalität stützendes Konzept moralischer Rechtfertigungspraxis entgegengestellt, angesichts dessen sich das moralische Grundlegungsproblem auflöste. Ich habe sodann moralische Buridansche Situationen diskutiert und die entscheidungsrationalen Allzuständigkeitsüberzeugungen der ethischen Standardtheorie kritisiert, die die Konflikterfahrung und die damit verknüpften Gefühle der existentiellen moralischen Bedrängnis und Schuld herabsetzt und für das an den Rändern der moralischen Rationalitätsroutine entstehende, nicht auf Regelanwendung reduzierbare aktive Entscheidungsverhalten selbstreflexiver moralischer Subjekte kein philosophisches Gespür, keinen phänomenologischen Nerv hat. Und ich habe drittens für eine inventive Ethik plädiert, die die eingewurzelte Kernbereichtsethik deliberativ und dissensfähig fortbildet und neue, widerrufliche qualitative und quantitative Orientierungen für die modernen Problembereiche erfindet und erprobt.

11. Liberalismus und Kommunitarismus

Im Vorwort des 1956 erschienenen ersten Bandes der berühmten Reihe *Philosophy, Politics, and Society* hatte der Herausgeber Peter Laslett im Rahmen einer kritischen Untersuchung der Verfassung der zeitgenössischen politischen Theorie die politische Philosophie schlicht für tot erklärt.[1] Diese Mortifikation wurde zum berühmtesten und am meisten zitierten Satz des ganzen Buches. Mit ungläubigem Staunen verzeichneten die Vorworte der folgenden Bände dann sich mehrende Regenerationsanzeichen und immer kräftiger werdende Wiederauferstehungsbemühungen der Totgesagten. Inzwischen währt die Renaissance der politischen Philosophie bereits zwei Jahrzehnte. Sie begann mit einer beeindruckenden Wiedergeburt des philosophischen Liberalismus in den siebziger Jahren: 1971 erschien John Rawls' *A Theory of Justice*, ihr folgte drei Jahre später Robert Nozicks *Anarchy, State, and Utopia*, bereits ein Jahr darauf veröffentlichte James M. Buchanan *The Limits of Liberty* und 1980 erschien Bruce A. Ackermans *Social Justice in the Liberal State*. Von Rawls' ingeniöser gerechtigkeitstheoretischer Konzeption zugleich inspiriert und herausgefordert, versuchen Nozick, Buchanan, Ackerman und andere in lockerem Anschluß an Kant, unter Berufung auf Locke und mit Bezug auf Hobbes, die normativen Grundlagen unserer vorherrschenden westlichen politischen Kultur zu reformulieren und die gesellschaftlichen und politischen Institutionen unseres demokratischen Verfassungsstaats mit den methodischen Mitteln eines begrifflich verfeinerten Kontraktualismus philosophisch zu begründen. Sie eint das Projekt der philosophischen Erneuerung des Liberalismus, der Reflexionsform emanzipatorischer politischer Modernität. Ungeachtet großer systematischer Differenzen und tiefgreifender politischer und philosophischer Meinungsunterschiede verfolgen sie zusammen das Programm einer umfassenden Rekonstruktion der normativen Voraussetzungen, kategorialen Grundlagen und Rechtfertigungsideen der klassischen neuzeitlichen politischen Philosophie. Ihr gemeinsamer Gegner ist

1 Peter Laslett: »Introduction«, in: ders. (Hrsg.): *Philosophy, Politics, and Society. First Series*, Oxford 1956, S. VII.

der Utilitarismus, der bislang die Theoriebildung in der praktischen Philosophie der englischsprachigen Welt dank einer gewissen szientistischen Voreingenommenheit dominierte, obgleich er mit zunehmender entscheidungstheoretischer Verfeinerung sich immer weiter von der Wirklichkeit des politischen Bewußtseins entfernte und als philosophischer Explikationsrahmen der vorherrschenden politischen Wertorientierungen offenkundig untauglich war. Der philosophische Liberalismus kehrt zu den Problemstellungen und Lösungskonzepten der klassischen neuzeitlichen Philosophie zurück, erneuert den deontologischen Universalismus des Rechts und der Moral, erneuert die sich komplementär in individueller Autonomie, staatlicher Toleranz und weltanschaulicher Neutralität ausdrückende klassische bürgerliche Freiheitsorientierung und bringt die modernitätstypische rechtfertigungstheoretische Grundidee nachdrücklich in Erinnerung, daß den freien, gleichen und darum in reziproken normativen Verhältnissen zueinander stehenden Individuen legitim nur allgemein anerkennungsfähige Verhaltensnormierungen und Freiheitseinschränkungen zugemutet werden dürfen. Seine größte systematische Leistung hat der neue philosophische Liberalismus dabei gleich zu Anfang erbracht. Rawls' *Justice as Fairness*-Konzeption hat nicht nur das kontraktualistische Argument wieder philosophiefähig gemacht und eine Konjunktur der Vertragstheorie ausgelöst, Rawls hat vor allem auch, und das in der Geschichte der neuzeitlichen politischen Philosophie zum ersten Mal, das Rechtfertigungsmodell der allgemeinen Zustimmungsfähigkeit zur Entwicklung eines Grundsatzes der gerechten Verteilung kooperativ erarbeiteter materieller Güter herangezogen und damit ein Prinzip der sozialen Gerechtigkeit aus dem Prinzip der individuellen rechtlichen Freiheit abgeleitet und den Grundsatz gerechter wirtschaftlicher Kooperation als notwendige normative Erweiterung des Rechtsstaatsprinzips kenntlich gemacht.[2]

2 Freilich darf man hier nicht zu weit gehen. Man sagt immer, daß Rawls eine philosophische Begründung des Sozialstaats gegeben habe, aber das ist falsch. Rawls' Konzept der Verteilungsgerechtigkeit bezieht sich allein auf die Verteilungsprobleme innerhalb einer Kooperationsgemeinschaft und blendet das für den Sozialstaat charakteristische Problem der gerechten materiellen Versorgung der unproduktiven, nicht an der Kooperation beteiligten Bürger, die sich also selbständig kein eigenes Arbeitseinkommen verschaffen können, gerade aus. Insofern liefert er

Nur ein Jahrzehnt lang konnte der neue philosophische Liberalismus die Orientierungsdiskurse der politischen Kultur dominieren und die Reflexionsformen der gegenwärtigen politischen Selbstverständigung unangefochten bestimmen. In den achtziger Jahren stieß er auf eine zunehmend an Einfluß gewinnende philosophische liberalismuskritische Gegenströmung, die sich teils am politischen Aristotelismus der vormodernen Welt orientierte, teils aus dem reichhaltigen Fundus der antiliberalen Tradition des neuzeitlichen politischen Denkens versorgte und für die sich die Bezeichnung »Kommunitarismus/communitarianism« eingebürgert hat. Kommunitaristen verwerfen das philosophische Erkenntnisprogramm des Liberalismus, sie ersetzen die kontraktualistische Rechtfertigung durch die hermeneutische Aneignung des immer schon Anerkannten; sie kritisieren die modernitätsaffirmativen universalistischen Wertorientierungen des Liberalismus, seine gerechtigkeitstheoretische Ausrichtung und die von ihm etablierten und unüberbietbar universellen Vergesellschaftungsmedien des Rechtes, des Marktes und des Diskurses. Kommunitaristen streiten dagegen für einen modernitätsskeptischen, wenn nicht gar modernitätsnegativen normativen Partikularismus, der die Traditionswelten stärkt und eine sozialintegrative Politik des kollektiven Guten begünstigt. Besonders das moderne Recht hat immer wieder die kritische Aufmerksamkeit des antiliberalen Denkens auf sich gezogen: Kommunitaristen sind stets radikale Rechtskritiker. Der rechtsförmigen Vergesellschaftung werfen sie eine Deformation der gewachsenen sozialen Beziehungen, eine Aushöhlung des politischen Diskurses,[3] eine Verarmung der gesellschaftlichen Konfliktlösungsphantasie vor; im Recht erblicken sie ein Egalisierungsinstrument des modernen, auf universalistischen Prinzipien basierenden Maschinenstaats, den Koordinationsmechanismus der entsolidarisierenden und gemeinschaftszersetzenden Marktgesellschaft. Kommunitaristen kritisieren den atomistischen Individualismus, der die deskriptiven und normativen Grundlagen der liberalen Philosophie kategorial dominiert und

eben keine Begründung des Sozialstaats, sondern allenfalls eine Begründung einer gerechten wirtschaftlichen Binnenordnung; vgl. in diesem Band Kap. 7.

3 Vgl. Mary Ann Glendon, *Rights Talk. The Impoverishment of Political Discourse*, New York 1991.

gesellschaftliche Formationen als freiwillige Assoziationen und Willkürverbände rekonstruiert. Sie machen dagegen geltend, daß der Mensch ein soziales Wesen, ein *zoon politikon* und unabhängig von den ihn als Individuum konstituierenden lebensweltlichen, wert- und überzeugungsbesetzten sozialen Kontexten nicht anzutreffen sei und jede politische Philosophie fallengelassen werden müsse, die in ihren deskriptiven Grundlagen und Implikationen wie in ihren normativen Ergebnissen die wesentliche Sozialnatur des Menschen mißachte.[4]

4 Zur Liberalismus-Kommunitarismus-Kontroverse vgl. A. Gutman: »Communitarian Critics of Liberalism«, *Philosophy & Public Affairs* 14 (1985), S. 308 f.; H. N. Hirsch: »The Threnody of Liberalismus. Constitutional Liberty and the Renewal of Community«, *Political Theory* 14 (1986), S. 423 f.; K. Baynes: »The Liberal/Communitarian Controversy and Communicative Ethics«, *Philosophy and Social Criticism* 14 (1988), S. 294 f.; W. Kymlicka: »Liberalism and Communitarianism«, *Canadian Journal of Philosophy* 18/2 (1988), S. 181 f.; Amitai Etzioni: »Liberals and Communitarians«, *Partisan Review* 5 (1990), S. 215 f.; M. Walzer, »The Communitarian Critique of Liberalism«, *Political Theory* 18 (1990), S. 6 f.; Ch. Taylor: »Cross-Purposes: The Liberal-Communitarian Debate«, in: N. L.Rosenblum (Hrsg.): *Liberalism and the Moral Life*,Cambridge (Mass.), London 1989, S. 159 f.; A. Honneth: »Grenzen des Liberalismus. Zur politisch-ethischen Diskussion um den Kommunitarismus«, *Philosophische Rundschau* 38 (1991), S. 83 f.;Wolfgang Kersting: »Liberalismus, Kommunitarismus, Republikanismus«, in: K.-O. Apel/M. Kettner (Hrsg.): *Zur Anwendung der Diskursethik in Politik, Recht und Wissenschaft*, Frankfurt/M. 1992, S. 127 f.; ders.: »Verfassung und kommunitäre Demokratie«, in: G. Frankenberg (Hrsg.): *Auf der Suche nach der gerechten Gesellschaft*, Frankfurt/M. 1994, S. 55 f.; ders.: »Pluralismus und soziale Einheit«, in: H. F. Fulda (Hrsg.): *Vernunftbegriffe in der Moderne*, Stuttgart 1994, S. 627; St.Mulhall/A. Swift: *Liberals and Communitarians*, Oxford 1993; R. Forst: »Kommunitarismus und Liberalismus – Stationen einer Debatte«, in: A. Honneth (Hrsg.): *Kommunitarismus. Eine Debatte über die moralischen Grundlagen moderner Gesellschaften*, Frankfurt/M. 1993, S. 181 f.; P. Koller: »Gemeinschaft und Gerechtigkeit im Disput zwischen Liberalismus und Kommunitarismus«, in: A. Balog/J. A. Schülein (Hrsg.): *Soziologie und Gesellschaftskritik. Beiträge zum Verhältnis von Normativität und sozialwissenschaftlicher Analyse*, Wien 1993, S. 75 f.

1. Physiognomie der Liberalismus-Kommunitarismus-Kontroverse

In der Auseinandersetzung zwischen dem Liberalismus und seinen kommunitaristischen Kritikern geht es um die normativen Grundlagen der politischen Ethik und die Wertorientierungen unserer kulturellen Selbstverständigung. Kommunitaristische Positionen haben darum auch jenseits der philosophischen Zunftgrenzen Bedeutung erlangt. In allen Fakultäten, auf die »das Licht der großen Kulturprobleme«[5] fällt und die in ihren Debatten die Rivalität der normativen Leitvorstellungen und Losungsworte der Kultur reflektieren, gibt es mittlerweile starke kommunitaristische Fraktionen, die die »unaccaptably atomistic, anomic, anticommunal conception of social life« des Liberalismus bekämpfen[6] und sich um eine Wiederbelebung der kommunalen Werte bemühen. Juristen und Rechtshistoriker beklagen die Dominanz der rechtsförmigen Vergesellschaftungsweise und die zunehmende Prozessierungsbereitschaft der Bürger. Sie erblicken in der wachsenden Verwendung rechtlicher Verfahren die dissoziierenden Auswirkungen eines asozialen Menschenbildes: »Litigation expresses a chilling, Hobbesian vision of human nature. It accentuates hostility, not trust. Selfishness supplants generosity. Truth is shaded by dissembling. Once an adversarial framework is in place it supports competitive aggression to the exclusion of reciprocity and empathy«[7]. Sie plädieren für eine »delegalization reform«, machen sich auf eine »communitarian search for justice without law«[8]. Soziologen und Psychologen stellen die identitätsstiftende Bedeutung stabiler sittlicher Milieus heraus und beschreiben die Entfremdungseffekte forcierter Autonomisierungsstrategien; und die Politologen werden republikanisch und entwerfen eine neue gemeinschaftsbildende, ans Herz gehende Politik, arbeiten an

5 Max Weber: »Die Objektivität sozialwissenschaftlicher und sozialpolitischer Erkenntnis«, in: ders.: *Methodologische Schriften*, Frankfurt/M. 1968, S. 64.

6 Laurence Tribe, *American Constitutional Law*, Mineola 1978, S. 311; zit. n. H. N. Hirsch (Anm. 4), S. 432.

7 Jerold S. Auerbach, *Justice without Law? Resolving Disputes without Lawyers*, Oxford 1983, Preface.

8 Ebd., S. 15; S. 146.

einer »reconstruction of patriotism«[9], die dem »citizen from nowhere«[10], dem verlorenen Sohn der bürgerlichen Gesellschaft, die Rückkehr in sein Vaterhaus ermöglicht, fordern eine Stärkung des Gemeinsinns und »participatory politics for a new age«[11].
Wie der zeitgenössische Liberalismus ist der Kommunitarismus ein Theorieunternehmen von ersichtlich begrenzter Originalität. Wie dieser ist er ein Renaissancephänomen; er steht in einer langen und wirkungsmächtigen antiliberalen Tradition und tritt bevorzugt in neoaristotelischen, neorousseauistischen und neohegelianischen Gewändern auf[12]. Der déjà-vu-Eindruck, den die gegenwärtige Debatte zwischen dem philosophischen Liberalismus und dem Kommunitarismus auslöst, ist folglich überwältigend. Wir erleben zur Zeit einen erneuten Ausbruch der für die spannungsvolle Reflexionsgeschichte der kulturellen und politischen Moderne konstitutiven Rivalität zwischen individualistischen und kollektivistischen Ansätzen in der praktischen Philosophie und der Sozialtheorie, zwischen dem konstruktiv-rechtfertigungs-

9 Morris Janowitz, *The Reconstruction of Patriotism*, Chicago 1983.
10 Alasdair MacIntyre, *After Virtue. A Study in Moral Theory*, Notre Dame 1981, S. 147.
11 Benjamin Barber, *Strong Democracy. Participatory Politics for a New Age*, Berkeley 1984.
12 Dadurch weisen die zeitgenössischen Kommunitaristen auf die respektable Abstammung ihrer liberalismuskritischen Motive und Konzepte hin. Und die kommunitaristische Kritik des Liberalismus ist auch systematisch interessant und philosophisch lehrreich, wenn sie ihre philosophische Konzentration nicht verliert und sich der Disziplin problembezogener Argumentation unterwirft. Nur so kann aus antiliberalistischer Perspektive ein bedeutsamer Beitrag zur Klärung philosophischer Problemstellungen und Lösungsspielräume beigesteuert werden. Denn es darf nicht vergessen werden, daß sich der Antiliberalismus auch aus sehr trüben Quellen der Gegenaufklärung und des Faschismus speist und in seiner Ahnengalerie Denker wie de Maistre und de Bonald, Gentile und Carl Schmitt aufführen muß. Es gibt eben neben der ›weißen‹ philosophischen Genealogie auch eine ›schwarze‹ ideologische Genealogie antiliberalen Denkens. Kommunitaristen müssen sich dieser Doppelgesichtigkeit antiliberaler Theorie und der für sie konstitutiven Gemengelage aus prämodernen, modernitätskritischen und antimodernen Affekten, Motiven und Konzepten bewußt sein. Vgl. Stephen Holmes, »The Permanent Structure of Antiliberal Thought«, in: Nancy L. Rosenblum (Hrsg.): (Anm. 4), S. 227-253.

theoretischen und dem explikativ-hermeneutischen Theorieprogramm, zwischen dem normativen Universalismus der postkonventionellen Moral und dem normativen Partikularismus lebensweltlicher Gemeinschaften, kurz: zwischen den Artikulationsformen kultureller und politischer Modernität und ihren dialektisch von der Moderne selbst aus sich hervorgetriebenen, durch die Verluste der Modernisierungsprozesse motivierten modernitätsskeptischen hermeneutischen Gegenpositionen. Die systematisch anspruchvollste Manifestation dieser Paradigmenkonkurrenz ist die Auseinandersetzung zwischen der universalistischen und prozeduralistischen praktischen Philosophie Kants und der substantialistischen Hegelschen Sittlichkeitsphilosophie[13]. Hier ist der konzeptuelle Rahmen für die spannungsvollen Selbstverständigungsversuche der politischen Moderne verbindlich abgesteckt worden. Und so kann es auch nicht überraschen, daß die gegenwärtige Debatte zwischen den Liberalen und Kommunitaristen dann besonders interessant ist, wenn sie sich systematisch verdichtet und zu einer Auseinandersetzung zwischen neokantischen und neohegelianischen Begriffsweisen und Denkformen zuspitzt.

Wir finden in unserem heimischen Diskussionsmilieu durchaus Parallelen und Entsprechungen dieser Liberalismus-Kommunitarismus-Kontroverse in der amerikanischen politischen Philosophie. Die sich selbst unter das hegelianisierende Stichwort einer Vermittlung von Moralität und Sittlichkeit stellenden Selbstverständigungs- und Fortschreibungsbemühungen der Diskursethiker sind durch benachbarte Problemstellungen angeregt. Und in dem grobgestrickten Usualismus[14], der für die unauffällige Ver-

13 Will man über den Epochenrahmen der Moderne hinausgehen und nach einem vormodernen Vorläufer dieser Paradigmenkonkurrenz, dieses Streites zweier oppositioneller Denkmentalitäten und Theoriestile suchen, dann ist auf die Rivalität zwischen der Konzeption des Platonismus und der Konzeption des Aristotelismus zu verweisen: die gegenwärtige Liberalismus-Kommunitarismus-Kontroverse läßt sich nicht nur als Nachhall der Kant-Hegel-Auseinandersetzung explizieren, sondern auch als entferntes Echo der Platonismus-Aristotelismus-Rivalität begreifen.

14 Zum Usualismus vgl. Wolfgang Kersting: »Hypolepsis und Kompensation. Odo Marquards Beitrag zur philosophischen Diagnose und

nunft des Üblichen und Bewährten wirbt, wie auch in der feiner gewirkten Praxisphilosophie[15], die das praktische Bedürfnis nach institutionell gefestigten historischen Lebensformen für gemeinsames Handeln gegen die abstrakte vernunftförmige Vergesellschaftung verteidigt, wird die antiuniversalistische Orientierung des Kommunitarismus aufgenommen und bekräftigt. Selbst das zeitgenössische Feuilleton erlaubt, eine Verbindung herzustellen: in der Liberalismus-Kommunitarismus-Kontroverse wird gleichsam in philosophischer Großschrift der Streit um das richtige Verhältnis von universalistischen und partikularistischen Orientierungen im Praktisch-Politischen ausgetragen, der – Verfassungspatriotismus oder nationale Identität? Republikanische Gesinnung oder Nationalbewußtsein?[16] – auch das Nachdenken und die öffentliche Rede über die politische Zukunft des uns unvorbereitet antreffenden deutschen Nationalstaates und über die richtigen Wege der noch ausstehenden politischen Vereinigung der Deutschen bestimmt.

Die Rawlssche Gerechtigkeitstheorie liefert eine philosophische Artikulation des Liberalismus von so herausfordernder Schärfe und Genauigkeit, daß sie sofort in den Mittelpunkt der Kritik seines kommunitaristischen Widersachers geraten ist. Nicht jede Gestalt des philosophischen Liberalismus zieht in gleicher Weise die kritische Aufmerksamkeit des Kommunitaristen auf sich. Seine Widerlegungsbemühungen gelten vornehmlich dem Liberalismus der universalistischen Rationalität, der die anfallende Begründungsarbeit mit Kantischem Werkzeug erledigt, weniger dem in der Nachfolge Hobbes' und Lockes stehenden Liberalismus

Bewältigung der Gegenwartssituation«, *Philosophische Rundschau* 36/1989, S. 161-187.

15 Als Praxisphilosophie bezeichne ich die neohegelianische Konzeption Rüdiger Bubners; vgl. Bubner: *Geschichtsprozesse und Handlungsnormen*, Frankfurt/M. 1984; ders.: »Rationalität, Lebensform und Geschichte«, in: H. Schnädelbach (Hrsg.): *Rationalität*, Frankfurt/M. 1984, S. 198-217; ders.: *Welche Rationalität bekommt der Gesellschaft?* Frankfurt/M. 1996.

16 Vgl. Wolfgang Kersting: »Verfassungspatriotismus, kommunitäre Demokratie und die politische Vereinigung der Deutschen«, in: Petra Braitling, Walter Reese-Schäfer (Hrsg.): *Universalismus, Nationalismus und die deutsche Einheit*, Frankfurt/M. 1991, S. 143-166.

der individualistischen Rationalität[17], gelten den Positionen Rawls' und Nagels, Ackermans und Dworkins, Scanlons, Darwalls und Kohlbergs, beziehen sich auch auf die diskurs- und kommunikationsethischen Konzeptionen Apels und Habermas', gelten aber nicht dem individualistischen Kontraktualismus Nozicks, Buchanans und Gauthiers. Nicht daß es keine Übereinstimmungen zwischen diesen beiden Theoriefamilien des Liberalismus gäbe; viele Positionen, die die Kommunitaristen kritisieren, werden von den individualistischen wie von den universalistischen Liberalen vertreten; manche Seiten, die besonders harsche kommunitaristische Kritik provozieren, besitzen bei den individualistischen Liberalen sogar eine weit auffälligere Färbung. *Aber offensichtlich wird von den Kommunitaristen der philosophische Herausforderungswert des individualistischen Liberalismus beträchtlich geringer veranschlagt als der des universalistischen Liberalismus.* Ich vermute, daß dafür folgender Grund angegeben werden kann: der individualistische Liberalismus ist der Liberalismus der *property rights*, der *rational choice theory*, der strategischen Vernunft, des generalisierten Egoismus; er operiert mit einem reduktionistischen Konzept praktischer Rationalität, glaubt die Sprache der Moralität ohne Bedeutungseinbuße, aber mit Klarheitsgewinn restlos in die Sprache der Zweckrationalität übersetzen zu können. Diese reduktionistische These ist unhaltbar, die von ihr verlangten Revisionen unseres Selbstverständnisses als moralische Subjekte würden uns unkenntlich machen. Dieses offenkundige explikatorische Versagen macht den individualistischen Liberalismus zu einer zu vernachlässigenden Konkurrenz. Eine ernstzunehmende Konkurrenz hingegen bildet der universalistische Liberalismus, bildet die Theorie von der universalistisch begründeten politischen Moralität; hier besteht eine Konkurrenz innerhalb eines kategorial homogenen Bereiches: *Kommunitarismus und universalistischer Liberalismus sind beide nicht-reduktionistische Theorien der moralischen Erkenntnis, die sich in einer Explikationsrivalität hinsichtlich unserer politikethischen Grundüberzeugungen befinden.*

17 Zu den unterschiedlichen Begründungsmodellen der universellen und der individuellen Rationalität vgl. Peter Koller: »Rationalität und Moral«, *Grazer Philosophische Studien* 20/1983, S. 265-305.

2. Der Sozialitätsfehlschluß des Kommunitarismus

Der Kommunitarismus ist als Reaktionsphänomen in hohem Maße durch seinen liberalismuspolemischen Status bestimmt. Wenn das liberalismuskritische Gegenlicht wegfällt, verliert er Eindeutigkeit und Kontur, entdeckt er sich als Sammlung verschiedenster und beträchtlich divergierender Positionen. Besonders schmerzlich muß es für den Kommunitaristen sein, daß es ihm noch nicht gelungen ist, seinen suggestiven Leitbegriff der Gemeinschaft hinreichend klar und differenziert zu bestimmen[18]. Die kommunitaristischen Theoretiker haben bislang weder die deskriptiven Elemente dieses Begriffs zu einer Soziologie der Gemeinschaft entfalten und die unterschiedlichen Vergemeinschaftungsformen und -ebenen bestimmen und in ihrem Wirkungs- und Funktionszusammenhang beschreiben können, noch haben sie das wohl noch dringlichere Problem zu lösen vermocht, eine differenzierte Theorie des *bonum commune* zu entwickeln, die über solidaritätsethische Beurteilungskriterien mit einer hinreichenden Unterscheidungsleistung verfügt und nicht als tautologische Teleologie allein auf die interne Vergemeinschaftungswirkung der Loyalitäten, Solidaritäten und sittlichen Zugehörigkeiten starrt und jede wertintegrative Gemeinschaftsbildung unterschiedslos begrüßt[19] und damit in analoger Weise den Fehler wiederholt, den Hegel seinerzeit der Deontologie des kategorischen Imperativs attestiert hatte, nämlich beliebig füllbare Hülse zu

18 »Of all the concepts in terms of which we characterize, organize and constitute our social and political experience, the concept of community seems to be the one neglected by social and political philosophers« (Raymond Plant: »Community: Concept, Conception and Ideology«, *Philosophy & Public Affairs* 8/1, 1978, S. 79-107; S. 79). Obwohl seit 1978 der Einfluß des Kommunitarismus stetig gewachsen ist und die intuitive Überzeugung, der Liberalismus könne aufgrund seiner individualistischen Wertorientierung der ethischen Bedeutung intrinsisch wertvoller Gemeinschaftszugehörigkeit nicht gerecht werden, immer mehr Anhänger gefunden hat, ist Plants Diagnose immer noch gültig. Eine begriffsgeschichtlich voll informierte, vor allem die soziologischen Theorien von Durkheim bis Parsons einbeziehende systematische Darstellung des Gemeinschaftskonzeps ist immer noch ein dringendes Desiderat.

19 Vgl. Axel Honneth (Anm. 4), S. 100f.

sein. Der Kommunitarismus muß sich von dem» Mythos des Sozialen«[20] befreien: aus der Tatsache, daß der Mensch, wie es in Melvilles *Israel Potter* heißt, »in die Gemeinschaft eingemauert ist wie ein Ziegelstein in die Wand«, folgt normativ nichts. Es ist ein Irrtum, wenn der Kommunitarist glaubt, durch den Hinweis auf die faktische Sozialität des Menschen Humes Wert-Tatsache-Gabelung unterlaufen und aus den unvermeidlichen Zugehörigkeiten eine »natural obligation to belong« (Ch. Taylor) keltern und sich die Anstrengung, eine Ethik der Solidaritätswürdigkeit zu entwickeln, ersparen zu können. Hegels Philosophie des objektiven Geistes basiert auf einer Geschichtsphilosophie, die dem jeweilig erreichten gesellschaftlichen Entwicklungsstand bescheinigte, das Höchstmaß der an diesem geschichtlichen Ort überhaupt erreichbaren Freiheit und Vernunft verwirklicht zu haben. Auf dieser Grundlage mag man sich mit der Auskunft der Hegelschen Rechtsphilosophie zufriedengeben können, daß die philosophische Pflichtenlehre mit der jeweils vorfindlichen Sittlichkeitsstruktur des Gemeinwesens zusammenfällt. Wenn diese prekäre geschichtsphilosophische Unterstützung aber ausgeschlagen werden muß, bleibt ein nackter Sittlichkeitspositivismus übrig, der durch kein Argument gerettet werden kann. Wirkt der Kommunitarismus dieser Positivismusanfälligkeit nicht entgegen, zu der ihn sein Kontextualismus und seine These von dem prinzipiell wertvollen Charakter sozialer Integrationsmedien gleichermaßen disponieren, dann wird er nicht in der Lage sein, die fundamentale Aufgabe zu erfüllen, die Augustinus der politischen Philosophie gestellt hat, und keinerlei ethisch relevante Unterscheidung zwischen anerkennungswürdigen Gemeinschaften und *magna latrocinia* mehr treffen können[21]. Der Hinweis auf die identitätsbildenden und integrativen Leistungen von wert- und zweckgestützten Gemeinschaften richtet nichts aus: wer wollte denn leugnen, daß es Gemeinschaften gibt, die Solidarität zum moralischen Problem werden lassen. Man muß zwischen den normativen Elementen der

20 Vgl. Stephen Holmes, »The Permanent Structure of Antiliberal Thought«, a.a.O., S. 231.

21 Vgl. Aurelius Augustinus, *De Civitate Dei* IV,4. Augustinus spricht hier dem ›pactum societatis‹ jede normative Auszeichnungsfähigkeit ab: schließlich seien auch Räuberbanden durch Verabredung zu einer Gemeinschaft zusammengeschlossen und würden ihre geraubten Güter nach fester Übereinkunft teilen.

Wirklichkeit eines gegebenen Sozialen und ihrer moralisch-rechtlichen Begründung sorgfältig unterscheiden. Gemeinschaftsbildung durch gemeinsam geteilte Wertüberzeugungen, durch geteilte Lebensformen und Vorstellungen von einem guten individuellen und kollektiven Leben, durch gemeinsame Praxis und damit gemeinsame Beachtung der praxiskonstitutiven Normen ist eines, die Billigung dieses normativen Gemeinschaftskitts ist etwas ganz anderes. Wir brauchen gemeinschaftsexterne Kriterien, um Gemeinschaften, Gemeinschaftsformen und gemeinschaftsbildende Praxen daraufhin unterscheiden zu können, ob sie solidaritätsethisch zulässige Loyalitätsforderungen stellen oder ob sie solidaritätsethisch unzulässige Loyalitätsforderungen stellen. Der Kommunitarist macht sich eines *Sozialitätsfehlschlusses* schuldig, er meint, daß Sozialität als solche schon aufgrund ihrer konstitutiven Integrationsleistungen wertvoll sei und daß die sie definierenden Obligationsprofile und um ihrer Kontinuität willen notwendigen Loyalitätsverpflichtungen eben darum auch moralisch zulässig und selbstverständlich, ohne Distanz herstellende Reflexion, zu beachten seien.
Die kommunitaristische Politik der Gemeinschaft zielt auf Stärkung der sozialen Kohäsion, muß die Maßnahmen unterstützen, die ein Gruppen-Wir ausbilden. Die kommunitaristische Politik der Gemeinschaft muß daher erziehungspolitische Initiativen starten, muß Programme der Wertintegration entwerfen, muß durch Diskriminierung und Ausgrenzung die Binnensolidarität und Kollektividentität festigen. Ihr Fehler ist es, Solidarität immer als Lösung und nie als Problem wahrzunehmen. Wer wollte leugnen, daß die politische Pathologie dieses Jahrhunderts sich kommunitaristisch buchstabiert; wer wollte leugnen, daß der liberale Individualist als solcher gerade immun gegen jede ideologische Intoxikation ist. Die Minderheitenrechte sind eine Erfindung des Liberalismus, der Kommunitarist hingegen steht von Natur aus auf der Seite der Mehrheit. Es ist ein grundlegender Irrtum, wenn man meint, mit der Überwindung selbstischer Interessenlagen schon auf moralischen Pfaden zu wandeln. Diejenigen, die sich den Interessen größerer Gemeinschaften verschrieben haben, sind selten Wohltäter der Menschheit geworden; es gibt kaum etwas Schauerlicheres als die durch kein allgemein mitmenschliches Empfinden irritierbare Loyalität des entindividualisierten Gemeinschaftsfunktionärs; der borniert sich aufspreizende sittliche

Partikularismus des Gemeinschaftsethos ist gefährlich und muß durch die Institutionen und Orientierungen des Rechts- und Moraluniversalismus gezähmt werden.

3. Kommunitarismusversionen

Die Stellung der Kommunitaristen zur sozialen, kulturellen und politischen Wirklichkeit der westlichen Gesellschaft differiert; nur in der Ablehnung ihrer dominanten Reflexionsform, des philosophischen Liberalismus, ist man sich einig, wenn auch aus verschiedenen Gründen.

Kommunitaristen vom Schlage MacIntyres und Sandels etwa sehen eine strenge Entsprechung zwischen gesellschaftlicher Wirklichkeit und Theorie und lehnen die Philosophie des Liberalismus ab, weil sie die konstitutionellen Mängel der gesellschaftlichen und politischen Moderne mit der Autorität der philosophischen Argumentationsform befestigen. Dabei belasten sie sich freilich mit einem drückenden Konsistenzproblem. »Michael Sandel asks whether a community of those who put justice first can ever be more than a community of strangers. The question is a good one, but its reverse form is more immediately relevant: If we really are a community of strangers, how can we do anything else but put justice first?«[22] Der Kommunitarist möchte sowohl Kritiker der liberalen Theorie als auch Kritiker der modernen gesellschaftlichen Wirklichkeit sein, aber beides zugleich kann er nicht sein. Ist die liberale Wirklichkeit so, wie sie der kommunitaristische Kritiker darstellt, ein materialistisches, sinnentleertes Nebeneinanderherleben voreinander verschlossener Individuen, die zu keinerlei sozialen Beziehungen und Empfindungen mehr fähig sind und sich in den abstrakten Bahnen rechts- und marktförmiger Vergesellschaftung bewegen, die auf ihren rechtlichen Freiheitsparzellen das traurig-egozentrische Leben kommunikationsloser und unsolidarischer Solitäre führen, dann bietet die liberale Theorie ein genaues Abbild dieser Wirklichkeit, dann kann ihr weder ihr normativer Universalismus noch die von ihr dem Recht eingeräumte Priorität vorgeworfen werden, nicht ihr individualisti-

22 Michael Walzer: »The Communitarian Critique of Liberalism«, a.a.O., S. 9.

sches Sozialmodell und nicht ihr unpolitischer Ökonomismus. Wenn der Liberalismus mit seinen deskriptiven anthropologischen und soziologischen Annahmen ein genaues Bild der zeitgenössischen gesellschaftlichen Verhältnisse entwirft, dann ist er in seinen normativen Bestimmungen auch eine angemessene Manifestation dieser individualistischen Sozialwelt, dann wird der Gemeinschaftsmensch des Kommunitarismus auf den Status einer rückwärts gewandten abstrakt negativen Utopie reduziert und als handlungsorientierende Konzeption zur praktischen Ohnmacht verurteilt. Ist es hingegen so, daß der Liberalismus nur eine verfälschende Repräsentation der zeitgenössischen sozialen Wirklichkeit bietet, der Kommunitarismus also die bessere, weil wirklichkeitsangemessene Sozialanthropologie enthält, daher die Wirklichkeit des Liberalismus noch eine beträchtliche Fülle an real existierendem Kommunitarismus enthalten muß und wir alle immer noch *»to some degree communitarians under the skin«* sind[23], dann büßt das kommunitaristische Bild von der entsittlichten, atomistischen Gesellschaft erheblich an Glaubwürdigkeit und kritischer Kraft ein; darüber hinaus aber würde gleichsam im Gegenzug angesichts einer solchen Divergenz von zeitgenössischer Wirklichkeit und liberaler Theorie die unleugbare wahrnehmungsformierende und begriffsbildende Wirksamkeit des philosophischen Liberalismus hinwiederum zu einem Rätsel werden müssen. Welche dieser beiden einander ausschließenden Interpretationen auch immer wahr sein mag, die These der Konvergenz von gesellschaftlicher Wirklichkeit und liberaler Theorie oder die These der Divergenz von gesellschaftlicher Wirklichkeit und liberaler Theorie, das radikale liberalismuskritische Programm des Kommunitarismus ist mit keiner dieser Thesen vereinbar. Sein Vorhaben, die liberale Gesellschaft und ihre Theorie zu überwinden, muß der Kommunitarist als illusionär aufgeben. Jedoch als *immanentes Korrektiv* der liberalen Kultur, das die Dissoziationstendenzen liberaler Gesellschaftsformation bekämpft und die internen »associative capacities« der liberalen Gesellschaft kräftigt, »communitarianism is doomed ... to eternal recurrence«[24]. Zumindest so lange wird der Kommunitarismus nicht von der Tagungsordnung der politisch-kulturellen Selbstverständigung ver-

23 Ebd., S. 11.
24 Ebd., S. 22.

schwinden wie diese durch die Problemlagen der Moderne bestimmt wird. Der Kommunitarismus ist der Schatten der Moderne, der kompensationskundige Buchhalter der Modernisierungsverluste. Er ist das theoretische Medium der Selbstkritik der Moderne und daher ein unablöslicher Teil von ihr.

Ein gänzlich anderes, ja geradezu entgegengesetztes Verhältnis zur modernen gesellschaftlichen und kulturellen Wirklichkeit und zum Liberalismus hat der postmoderne Kommunitarismus eines Rorty. Er bekämpft die universalistische liberale Philosophie, weil sie vergangenheitslastig ist, als theoretisches Rechtfertigungsunternehmen nicht auf der Modernitätshöhe der Wirklichkeit liegt, sich nicht als spezifischer Kulturausdruck gewöhnlicher gesellschaftlicher Verhältnisse begreift, sondern weiterhin obsoleten metaphysischen Vorstellungen von Wahrheit und Objektivität anhängt. Hier geht es darum, der geschichtlichen Moderne eine modernitätsadäquate Theorieform zu geben, ein postmodernistisches Artikulationsforum eines relativistischen und historistischen Selbstverständnisses zu etablieren. Dort geht es darum, mit der Theorie auch die sich in ihr reflektierende Wirklichkeit hinter sich zu bringen, geht es um eine radikale Abkehr von allen Lebens- und Denkverhältnissen der Moderne. Zwischen diesen beiden Flügeln einer radikalen, Theorie und Wirklichkeit umgreifenden Liberalismuskritik einerseits und einer halbierten, allein gegen vermutete Begründungsillusionen in Epistemologie und Moralphilosophie gerichteten Liberalismuskritik andererseits finden sich weitere Kommunitarismusversionen, die zum Beispiel an modernitätsimmanente Selbstkorrekturen anknüpfen und diese stärken wollen, diese Unterstützung jedoch allein von kommunitaristischen Sichtweisen erwarten – Taylor[25] wäre hier zu nennen, und auch Walzers kommunitärer Sozialdemokratismus gehörte hierher[26] –; oder die sich, wie Janowitz[27], Cochran[28] und die

25 Vgl. Charles Taylor: *Human Agency and Language. Philosophical Papers 1*, Cambridge 1985; ders.: *Philosophy and the Human Sciences. Philosophical Papers 2*, Cambridge 1985.

26 Vgl. Michael Walzer: *Spheres of Justice: A Defence of Plurality & Equality*, New York 1983.

27 Siehe Anm. 9.

28 Clarke E. Cochran: *Character, Community, and Politics*, Alabama 1982.

Autoren von *Habits of the Heart*[29] bewußt auf den amerikanischen Kulturkreis beschränken und – mit diesem Parochialismus wahren kommunitaristischen Geist beweisend – eine von der vorherrschenden atomistisch-liberalistischen Tradition verdrängte zweite biblisch-republikanische Traditionslinie wiederbeleben möchten; oder die schließlich, mit allgemeinerer politischer Zielsetzung, eine schwache liberale Demokratie durch eine starke partizipatorische Demokratie ablösen wollen und sich um eine Wiederherstellung der Öffentlichkeit bemühen, um der fragmentarisierten Gesellschaft wieder ein Zentrum des allgemeinen, bürgerlichen Lebens zu verschaffen[30].

4. Drei Problemstellungen

Um ein genaueres Bild vom Kommunitarismus zu gewinnen, wende ich mich jetzt den drei Problemstellungen der politischen Philosophie zu, die in der Liberalismus-Kommunitarismus-Kontroverse größere Beachtung gefunden und eine systematisch ergiebige Diskussion ausgelöst haben. Da ist zuerst die Frage nach den subjektivitätstheoretischen und personentheoretischen Voraussetzungen der politischen Philosophie, nach dem systematischen Zusammenhang zwischen dem Personenkonzept, dem Verlauf der Begründungsargumentation und ihrem gerechtigkeitstheoretischen Ertrag. Ist das autonome Individuum, das, so Sandels vielzitierte Formulierung, »unencumbered self«[31] des Liberalismus eine angemessene anthropologische Grundlage, oder muß die politische Philosophie das sozial konstituierte Selbst des Kommunitaristen, das »radically situated subject«[32], zugrunde legen? Da ist

29 Robert N. Bellah, Richard Madsen, William M. Sullivan, Ann Swindler, Steven M. Tipton: *Habits of the Heart: Individualism and Committment in American Life*, Berkeley 1985; dt. *Gewohnheiten des Herzens. Individualismus und Gemeinsinn in der amerikanischen Gesellschaft*, Köln 1987.

30 Vgl. Benjamin Barber, *Strong Democracy. Participatory Politics for A New Age*, Berkeley 1984; William M. Sullivan, *Reconstructing Public Philosophy*, Berkeley 1986.

31 Michael J. Sandel, »The Procedural Republic and the Unencumbered Self«, *Political Theory* 12/1984, S. 81-96.

32 Michael J. Sandel, *Liberalism and the Limits of Justice*, Cambridge 1982, S. 21.

zweitens das Problem der normativen Grundorientierung der politischen Philosophie. Muß sie deontologisch und dikaiologisch verfaßt sein, dem Rechtsbegriff Priorität vor allen anderen Prädikaten der Moralsprache einräumen, Politik als, wie Kant sagt, »ausübende Rechtslehre«[33] und damit antipaternalistisch und antiperfektionistisch, neutral gegenüber allen individuellen Vorstellungen von einem glückenden und wertvollen Leben konzipieren ? Oder gebührt dem Begriff des Guten der erste Rang, muß politische Philosophie teleologisch verfaßt sein und eine Politik des *bonum commune* entwerfen? Die dritte Frage gilt dem Theoriestatus der politischen Philosophie. In welchem Theorieunternehmen kann sich die politische Philosophie engagieren? Muß sie an der Wahrheitsorientierung festhalten, darf sie sich rechtfertigungstheoretische Aufgaben, eine allgemeine Begründung von Gerechtigkeitsprinzipien zutrauen? Oder muß sie sich mit hermeneutischen Aufgaben bescheiden, das Begründungsdenken aufgeben und sich als Interpretation der tradierten kommunalen Lebensformen und der in sie eingelagerten Wertmuster und Obligationsprofile in den Dienst der kulturellen Selbstverständigung der Gemeinschaft stellen, wozu durchaus auch Aufgaben der Kritik gehören können, freilich einer immanenten, traditionsbekräftigenden Kritik, die alle externen, kontext-übergreifenden Maßstäbe verwirft?

»Unläugbar bleibt es jedoch immer, dass die Untersuchung des Zweks und der Schranken der Wirksamkeit des Staats eine grosse Wichtigkeit hat und vielleicht eine grössere, als irgendeine andre politische«[34]. Wilhelm von Humboldt hat hier dem politikphilosophischen Erkenntnisinteresse des Liberalismus verbindlichen Ausdruck verliehen. Seit John Locke sieht die politische Philosophie des Liberalismus ihre Aufgabe in der normativen Bestimmung der Grenzen staatlicher Tätigkeit, der Liberale ist der Dompteur des Leviathan. Dabei mag er sich des Instruments der unveräußerlichen individuellen Grundrechte bedienen wie Locke, sich auf den vernunftrechtlichen Konstitutionalismus des *contractus originarius* stützen wie Kant[35] oder wie Rawls auf die komplexe Rechtfertigungsargumentation einer *justice-as-fairness-*

33 Kant, *Zum ewigen Frieden. Anhang I*, Akad.-Ausg., Bd. VIII, S. 370.

34 Wilhelm von Humboldt: *Ideen zu einem Versuch, die Grenzen der Wirksamkeit zu bestimmen (1792)*, Ges.Schriften I, Berlin 1968, S. 100.

35 Vgl. Wolfgang Kersting, »Kant und der staatsphilosophische Kontraktualismus«, *Allgemeine Zeitschrift für Philosophie* 8/1983, S. 1-27.

Konzeption vertrauen, immer jedoch geht es um die Bestimmung normativer Prinzipien und institutioneller Strukturen, die den Zweck und damit die Grenzen staatlicher Machtausübung festlegen. Auch wenn die Anwesenheit des modernen Staates in den rechtfertigungstheoretischen, eher dem Genre der politischen Ethik zuzurechnenden Versuchen des gegenwärtigen Kontraktualismus anders als in der berühmten Lockeschen Abhandlung und in den Schriften der philosophischen »StaatsRechtsLehrer« aus Deutschland[36] kaum mehr merklich ist, die Bemühungen des zeitgenössischen Liberalismus um die Formulierung allgemein anerkennungsfähiger Verfassungsgrundsätze und Prinzipien einer gerechten Verteilung materieller und immaterieller Güter knüpfen nahtlos an Humboldts Programm der normativen Bestimmung staatlicher Tätigkeit an.

Es ist für den kommunitaristischen Antiliberalismus der Gegenwart charakteristisch, daß er sich in seiner kritischen Auseinandersetzung mit dem liberalen Gegenspieler nicht auf den vergleichsweise enggezogenen Rahmen dieser liberalen Selbstbeschreibung einschränken läßt. Der Kommunitarismus betrachtet den Liberalismus als umfassende metaphysische Konzeption, die epistemologische und anthropologische, personentheoretische und sozialtheoretische Positionen zu einer kohärenten, in sich vernetzten Großtheorie von Bewußtsein und Gesellschaft zusammenzufügen versucht, rückt damit Theorieelemente in das Zentrum der kritischen Aufmerksamkeit, die nach dem Selbstverständnis des Liberalismus überhaupt nicht zum eigentlichen Beweisgegenstand einer liberalen Staats- und Rechtskonzeption gehören und unmittelbar nichts mit dem normativen rechtfertigungstheoretischen Erkenntnisprogramm des Liberalismus zu tun haben. »Liberalism must be seen all of a piece, not just as a set of doctrines about the disposition of power and wealth, but as a metaphysical conception of the mind and society. Only than can its true nature be understood, and its secret empire overthrown«[37].

36 Vgl. W. v. Humboldt: *Ideen* ... a.a.O., S. 105

37 Roberto Mangabeira Unger: *Knowledge and Politics*, New York 1975, S. 138.

Die tragende Säule dieses metaphysischen Gebäudes ist in den Augen der Kommunitaristen eine bestimmte Auffassung vom Menschen, die ihrerseits eine bestimmte Konzeption des Sozialen begründet und den unbedingten Vorrang der rechtsförmigen Vergesellschaftung vor allen wert- und zweckintegrativen Vergesellschaftungsweisen fordert. Diese Statik nährt die Hoffnung, mit einem Angriff auf die Anthropologie des Liberalismus das gesamte Gebäude zum Einsturz bringen zu können, und begründet eine Strategie der Liberalismuswiderlegung, die sich auf das implizite Personenkonzept des Liberalismus konzentriert und über den Nachweis seiner deskriptiven Unangemessenheit den menschenrechtlichen Universalismus der liberalen Theorie und die in ihn eingeschriebene Vorrangigkeit der Gerechtigkeitsdimension vor der Perspektive des individuellen und des kollektiven Guten zu Fall zu bringen versucht.

4.1 Atomistisches oder lebensweltlich integriertes Individuum? Der Streit um die angemessene politische Anthropologie

Läßt man die Menschenbilder Revue passieren, die in der Geschichte des philosophischen Liberalismus seit Thomas Hobbes entwickelt worden sind, ist an bizarren Gestalten kein Mangel. Die in den Theorien des Liberalismus agierenden Menschen sind Protagonisten der konkurrierenden individualistischen und universalistischen Rationalität. Sie entstammen entweder der Familie des *homo oeconomicus*, deren Mitglieder, so Hobbes, im Rahmen eines präsozialen Individuationsprozesses wie Champignons aus dem Naturzustandsboden wachsen, »without all kind of engagement to each other«[38], die sich dann vertraglich zusammenschließen und einen allen nützlichen Staat errichten, oder sie sind postsoziale Vernunftexemplare[39], sittlich ausgebleichte[40] noumenale

38 Thomas Hobbes: *English Works* II, 8, 1.
39 Zur Unterscheidung ›präsozial‹-›postsozial‹ vgl. Walzer (Anm. 4), S. 21.
40 Vgl. Alasdair MacIntyre: »How Moral Agents Became Ghosts or Why the History of Ethics Diverged from that of the Philosophy of Mind?«, *Synthese* 53/1982, S. 295-312.

Wesen, die die von ihnen symbolisierten Allgemeinheitsmerkmale zu einer zeitlos gültigen formalen Verfassungsordnung ausbuchstabieren. Dem kommunitaristischen Kritiker ist natürlich ohne jede Einschränkung rechtzugeben, wenn er in der philosophischen Tradition liberaler Begründungsargumentation eine deskriptiv unangemessene Sozialanthropologie ausmacht, die den diesseits von naturalistischer Präsozialität und universalistischer Postsozialität lebenden konkreten Menschen verfehlt und die für die Individuation konstitutive Rolle des sozialen Umfelds und seines sich in ihm verknotenden Geflechts personaler und kollektiver Identitätsbestimmungen nicht erfassen kann. Wir leben nun einmal weder im Naturzustand noch auf den Höhen des Allgemeinen; beides ist gleichermaßen unwirtlich und unbewohnbar. Jedoch ist der Anhänger des Liberalismus keineswegs grundsätzlich dazu verurteilt, die traditionelle Naturzustandsanthropologie fortzusetzen und ein schlechter Soziologe zu bleiben; daher denkt er auch nicht im mindesten daran, sich dieser wenig aufregenden Einsicht des Kommunitaristen in die prägende soziale Kontextualität personalen Lebens zu entziehen. Er ist vielmehr davon überzeugt, die kommunitaristische These von der Sozialnatur des Menschen mit einem genuin liberalen Autonomiekonzept vereinigen zu können, ohne die normativen Folgerungen übernehmen zu müssen, die der Kommunitarist aufgrund der von ihm vermuteten Verbindung zwischen individualistischer Anthropologie und Vorrangigkeit des formalen Rechts vor dem substantiellen Guten mit seiner Widerlegung der liberalen Anthropologie verknüpft.

Im Mittelpunkt des gegenwärtigen personentheoretischen Streites zwischen dem Liberalismus und dem Kommunitarismus stehen auch nicht mehr so absonderliche Positionen wie der naturalistische Individualismus Hobbes' oder die Kantische Lehre vom ontologischen Doppel-Ich; im Mittelpunkt steht die These von der Priorität des Selbst gegenüber seinen Wünschen, Zwecken und Überzeugungen. Der Liberalismus bejaht diese These. Der Kommunitarist verneint sie, stützt seine Ablehnung aber auf verzerrende Lesarten dieser These, die von dem Anhänger des Liberalismus keinesfalls akzeptiert werden müssen.[41] Es gibt eine diese

41 Zur kommunitaristischen Verzeichnung der liberalen Subjektivitätskonzeption vgl. auch Will Kmylicka: *Liberalism, Community, and*

Prioritätsthese entfaltende Konzeption moralischer Subjektivität, die von der kommunitaristischen Kritik gänzlich unberührt bleibt.

Die erste kommunitaristische Lesart des liberalen Selbst möchte ich liberationistisch nennen; sie greift auf Platons Karikatur des demokratischen Menschen aus dem 8. Buch der *Politeia* zurück und knüpft an Hegels Kritik der Leerheit moderner moralischer Subjektivität an; MacIntyres Portrait des emotivistischen Selbst hat ihre Partitur geschrieben. Die Priorität des Selbst gegenüber seinen Zwecken, Wertvorstellungen und Verpflichtungen wird hier als eine sich selbst wollende Freiheit verstanden, die der uneingeschränkten monologischen Wahlfreiheit einen inneren Wert beimißt und radikale Bindungslosigkeit verlangt, die keine konstituierenden und daher unverfügbaren Ziele und Wertorientierungen zuläßt und für die alle Bestimmungsmöglichkeiten des privaten und des öffentlichen Lebens gleiche Gültigkeit besitzen, da jede objektive Vorzugsordnung und jede prägende Situiertheit die individuelle Entscheidungsfreiheit einschränken würde. Menschen dieser Art, die ihre Ziele, Überzeugungen und ihre Vorstellungen eines guten Lebens nach dem Modell eines äußeren Besitzverhältnisses verstehen und sich wie die Hobbesschen Champignonmenschen als »individuated in advance«[42] begreifen müssen, sind, so wendet der Kommunitarist zurecht ein, ohne jede Bildung und moralische Tiefe, charakterlos und zu keinem sittlichen Engagement fähig. Keine Konzeption eines guten, glückenden Lebens kann sich vernünftigerweise dem Freiheitsideal verschreiben, die eigene Identitätsbildung zu verwillkürlichen und die sozialen Situierungen auszuwürfeln.

Zur Unterstützung seiner Kritik der liberalen Konzeption des Selbst macht der Kommunitarist weiterhin geltend, daß die Prioritätsthese sich nicht mit unserer Selbstwahrnehmung in Übereinstimmung bringen ließe: das hinter seinen Zwecken und Überzeugungen stehende, diese nur äußerlich besitzende, jedoch nicht durch sie gebildete Selbst des Liberalismus sei nicht ausfindig zu machen, die liberale Personentheorie müsse aufgrund ihrer uneinlösbaren ontologischen und epistemologischen Voraussetzungen

Culture, Oxford 1989, S. 47-74; ders.: *Contemporary Political Philosophy. An Introduction*, Oxford 1990, S. 207-215.

42 Michael J. Sandel, *Liberalism and the Limits of Justice*, a.a.O., S. 59.

scheitern. Wenn wirklich mit der liberalen Prioritätsthese ein derartiger ontologischer und empistemologischer Anspruch erhoben würde, dann müßten sich die Liberalen in der Tat den Vorwurf einer sträflichen bewußtseinstheoretischen und personentheoretischen Naivität gefallen lassen. Aber natürlich impliziert die liberale Verteidigung dieser Prioritätsthese nicht im mindesten die Behauptung einer introspektiven Erfaßbarkeit eines distinkten, all seiner Attribute entblößten Gegenstandes Selbst; es besteht keine Berechtigung, den Liberalen zu verdächtigen, mit seiner Prioritätsthese den substantialistischen Fehlschluß Descartes' zu wiederholen.

Gegen den vermuteten liberalen Selbstbestimmungswahn, der sich in der ›inneren Zitadelle der Autonomie‹ (Isaiah Berlin) verschanzt, allem mit Heteronomieargwohn begegnet und sich als absurde Emanzipationsgeste perpetuiert wie auch gegen ein sich ontologisch verselbständigendes und aus aller sozialen Konstitutionsreichweite rückendes Selbst setzt der Kommunitarist nun sein Konzept des sozial eingebetteten und gesellschaftlich konstituierten und damit ethisch immer parteilichen Selbst, das sich unabhängig von den identitätsbildenden Zugehörigkeiten nicht erkennen und losgelöst von den kollektiven Selbstverständigungsgrammatiken und kulturellen Interpretationskontexten überhaupt nicht verstehen kann. Unser höchstrangiges Interesse, da läßt sich der Liberale gern von den kommunitaristischen Aristotelikern belehren, liegt darin, ein Leben zu führen, das wir für wertvoll erachten, das unseren Vorstellungen von einem guten Leben entspricht. Wir sind alle Glückssucher, keine Gerechtigkeitssucher: wir richten unser Leben im Netz der Besonderheiten ein; universalistische Orientierungen des Rechts und der Moral bilden in der modernen Welt die Rahmenbedingungen der Suche nach dem guten Leben, jedoch nie den Stoff eines guten Lebens. Diese Überzeugungen, die das Leben zu unserem machen und ihm den Charakter eines für uns sinnvollen Projekts verschaffen, sind jedoch ebensowenig unhintergehbar wie der aus kollektiven Wertvorstellungen und Weltsichten gewebte Traditionshintergrund unserer gesellschaftlichen Lebensverhältnisse. Die Gesellschaft ist keine neutrale Bühne, auf der sich die Individuen wechselseitig bei ihrer Selbstfabrikation zusehen; sie prägt unsere Lebensprojekte und wirkt bei unseren kommunikativ vermittelten Identitätserarbeitungen mit. Identitäten entstehen hypoleptisch, sie sind, wie

die Hermeneutik zu Recht einem sich substantialistisch mißverstehenden aufklärungsethischen Universalismus entgegenhält, keine Vernunftgeburten, sondern Variationen vorgegebener Themen und Motive. Personen beziehen ihre Selbstverständigungsmaterialien aus einem immer schon bereitgestellten Vorrat an Beurteilungsperspektiven, Wertorientierungen und Solidaritätsmustern.
Wir besitzen jedoch die Fähigkeit, die selbst kulturell vermittelte und geschichtlich erworbene Fähigkeit, sowohl die kollektiven Überzeugungen des Traditionshintergrundes als auch unsere eigenen Vorstellungen von einem gelingenden Leben zu überprüfen, im Lichte neuer Erfahrungen neu zu bewerten, unter dem Eindruck neuer Argumente zu revidieren. Und diese Fähigkeit zur deliberativen Fortbildung unserer personalen Identität und unseres Lebensprojekts, zur reflexiven Distanzierung eingelebter Orientierungs- und Rechtfertigungsstandards ist uns wertvoll; sie ist konstitutiv für unser Verständnis von moralischer Subjektivität. Diese reflexions- und distanzierungsbegründete Freiheit liegt im Kern des facettenreichen modernen Freiheitsbegriffs; Menschen betrachten sich als freie Personen, »they think of themselves not as inevitably tied to the pursuit of the particular final ends they have at any given time, but rather as capable of revising and changing these ends on reasonable and rational grounds«[43]. Und genau dieses Verständnis von moralischer Subjektivität bildet auch den Kern der politischen Ethik des Liberalismus. Die politische Ethik des Liberalismus formuliert in allgemein zustimmungsfähigen Gerechtigkeitsgrundsätzen begründete politisch-institutionelle Lebensbedingungen, die einerseits dem Prinzip der teleologischen Neutralität, das meint dem Prinzip der Neutralität der zwangsbewehrten staatlichen Institutionen gegenüber den verschiedenen individuellen Vorstellungen glückender Lebensprojekte, verpflichtet sind und andererseits durch die Etablierung einschlägiger rechtlicher Freiheiten für ein gutes gesellschaftliches Deliberationsklima sorgen.
Bezeichnen wir den Prozeß der moralischen Identitätsbildung, der Bewertung des eigenen Lebensprojektes, der Überprüfung der dem bisherigen Leben zugrundeliegenden normativen Voraussetzungen als praktisches Überlegen, dann ist für den Liberalen

43 John Rawls: »Kantian Constructivism in Moral Theory«, *The Journal of Philosophy* LXXVII/1980, S. 515-572; S. 521/2.

praktisches Überlegen eine justifikatorische Tätigkeit und kann nicht ohne Inanspruchnahme diskursiver Rationalität erfolgen. Der Kommunitarist hingegen ist das Sprachrohr der platonischen *nomoi*, die das autonomiestolze Individuum an die Loyalitätsverpflichtung gegenüber der es schützenden und nährenden Gemeinschaft erinnern und die Bindungen der partikularistischen Gemeinschaftsmoral, die Taylorsche »natural obligation to belong«[44], gegen die kritischen universalistischen Orientierungen

44 Charles Taylor: »Atomism«, in: ders.: *Philosophy and the Human Sciences. Philosophical Papers 2*, Cambridge 1985, S. 187-210; S. 203. Taylor wendet sich in diesem Essay gegen die »primacy-of-rights-thesis« (S. 201) des Liberalismus, die den Begriff des individuellen Grundrechts als normativen Hauptbegriff bestimmt, von dem alle anderen normativen Prädikate bedeutungsabhängig sind. Wir schreiben uns jedoch Rechte nicht ohne Grund zu, so Taylors Argument, sondern als Ausdruck der Affirmation des intrinsischen Wertes bestimmter menschlicher Grundeigenschaften und Grundfähigkeiten. Diese fundamentale Selbstwertschätzung muß aber auch noch andere normative Konsequenzen haben, nämlich die Verpflichtung zur Kultivierung dieser als wertvoll erachteten Eigenschaften in uns selbst und anderen. Dann hat aber auch jedermann aufgrund des leicht zu erbringenden Nachweises, daß die Entwicklung und Kultivierung menschlicher Fähigkeiten nur in einem sozialen Kontext möglich ist, eine Zugehörigkeitspflicht zu dieser Gemeinschaft, die die Anforderung beinhaltet, sie zu bewahren, sich dem sie definierenden und konstituierenden Obligationsprofil zu unterwerfen und ihre Institutionen zu stärken. Wir haben also eine in unserer Natur begründete, direkt aus unumgänglichen Tatsachen ableitbare »natural obligation to belong«. Gegen diese Argumentation, die ein Musterbeispiel des naturalistischen Fehlschlusses darstellt, macht Stephen Holmes zu Recht geltend: »What MacIntyre, Taylor, and others forget is that society is a dangerous place in which to grow up. It is only through intense social interaction that human beings acquire their worst follies and fanaticism. The human capacity for intolerance or racism would never flourish in presocial isolation. To repeat: the fact that human potentials develop only in social settings is morally neutral. In itself, it has no implications at all for what people are morally obliged to do« (Holmes: »The Permanent Structure of Antiliberal Thought«, a.a.O., S. 233). Zu Taylors Konzept der »natural obligation to belong« vgl. auch Wolfgang Kersting: »Liberalismus, Kommunitarismus, Republikanismus«, in: K.-O. Apel/M. Kettner (Hrsg.): *Zur Anwendung der Diskursethik in Politik, Recht und Wissenschaft*, Frankfurt/M. 1992, S. 127-148.

stellen. *Für den Kommunitaristen ist praktisches Überlegen Verständlichmachung der den eigenen Identitätsbildungsprozeß befestigenden und ausrichtenden sozio-kulturellen Ablagerungen, ist praktisches Überlegen Zugehörigkeitshermeneutik und Selbstaneignung*: ich entdecke mich als Mitglied der so und so bestimmten Gemeinschaft, habe teil an den für diese Gemeinschaft konstitutiven und bereits in mein Denken und Handeln eingedrungenen Überzeugungen und Praktiken, Werten und Zwecken und anerkenne sie als meine eigenen. »Where the self is desempowered because undifferentiated from its ends, dispossession is repaired by agency in its cognitive sense, in which the self is related to its ends as a knowing subject to the objects of understanding. Where the ends of the self are given in advance, the relevant agency is not voluntarist but cognitive, since the subject achieves self-command not by choosing that which is already given ... but by reflecting on itself and inquiring into its constituent nature, discerning its laws and imperatives, and acknowledging its purposes as its own«[45]. Für den Kommunitaristen sind diese Überzeugungen, Werte und Zwecke nicht prinzipiell distanzierbare Identitätsattribute, sondern Identitätskonstituentien, die nur um den Preis der Identitätszerstörung entfernt werden können.

Natürlich hat der Liberale nichts gegen eine derartige delphische Hermeneutik einzuwenden: es ist für eine selbstverantwortete Lebensführung sicherlich wichtig, die soziale und kulturelle Textur bis ins eigene lebensgeschichtliche Gewebe hinein zu verfolgen. *Nur kann er sich nicht dazu bereitfinden, die Antwort auf die Frage, wer man denn sei, auch schon als hinreichende Antwort auf die Frage, was für ein Leben man denn führen und in welchen gesellschaftlichen und politischen Verhältnissen man dabei leben wolle, zu betrachten.* Der Liberale besteht auf der These von der Priorität des Selbst; sie besagt, daß es prinzipiell keine Zwecke, Ziele, Normen, Werte und Vorstellungen des Guten gibt, die von einer möglichen Bewertung und einer möglichen Zurückweisung ausgeschlossen sind; und sie leugnet, daß ein interner konstitutiver Zusammenhang zwischen Subjekt und Zweck, Ziel und Vorstellung bestehen könnte, der eine reflexive Distanzierung in einen selbstzerstörerischen Akt verwandeln würde.

45 Michael J. Sandel: *Liberalism and the Limits of Justice*, a.a.O., S. 58.

Der Kommunitarist begnügt sich nicht damit, den Liberalen an die sozialanthropologische Wahrheit der aristotelischen These von der ontologischen Priorität der Gemeinschaft gegenüber ihren Individuen zu erinnern. Seine Kritik der liberalen Personenvorstellung steht im Dienst des größeren Ziels, das normative Komplement der atomistischen Subjektivitätstheorie aus den Angeln zu heben, die Konzeption allgemeiner Grundrechte, die Begründung der politischen und gesellschaftlichen Institutionen auf Prinzipien der Gerechtigkeit und die Verpflichtung der staatlichen Herrschaftsausübung auf weltanschauliche Unparteilichkeit und Neutralität gegenüber allen individuellen Vorstellungen eines moralisch gelingenden Lebens. »The priority of the self over its ends means I am never defined by my aims and attachments, but always capable of standing back to survey and assess and possibly to revise them. This is what is meant to be a free and independent self, capable of choice. And this is the vision of the self that finds expression in the ideal of the state as a neutral framework. On the right-based ethic, it is precisely because we are essentially separate, independent selves that we need a neutral framework, a framework of rights that refuses to choose among competing purposes and ends. If the self is prior to its ends, then the right must be prior to the good«[46]. In dieser Implikationsthese erblicken die Kommunitaristen das argumentationslogische Rückgrat des philosophischen Liberalismus; entsprechend glauben sie diese Theorie im Umkehrschlußverfahren zu Fall bringen zu können: da dem Selbst keinerlei Vorrangigkeit gegenüber seinen Zielen zukommt, diese nicht gewählt, sondern in verästelten Sozialisationsprozessen übernommen und angeeignet werden, kann auch dem Recht kein Vorrang vor dem Guten gegeben werden, muß man die Politik rechtlicher Freiheitsbefestigung durch eine teleokratische Politik der Kultivierung des *bonum commune* ersetzen.

Hier machen sich die Kommunitaristen einer Perspektivenkonfusion schuldig. Sie trennen nicht hinreichend deutlich eine sozialontologische und eine moralepistemologische Perspektive voneinander und konstruieren sowohl in liberalismuskritischer Hinsicht

46 Michael J. Sandel: »Introduction«, in: ders.: *Liberalism and its Critics*, Oxford 1987, S. 5.

wie in eigener Sache ein unhaltbares logisches Abhängigkeitsverhältnis zwischen der deskriptiven Ebene der Sozialanthropologie und der normativen Ebene der gesellschaftlichen Prinzipien der Handlungskoordinierung, zwischen dem atomistischen Begriff der Person und dem liberalen Universalismus des Rechts einerseits und dem sozial eingebetteten Subjekt und der normativen Vorgängigkeit des Konzepts des guten Lebens andererseits. Die kommunitaristische Position basiert auf einem anthropologischen Fehlschluß, den man auch als *›Fehlschluß des makros anthropos‹* bezeichnen könnte: sie verlangt, daß das sich im Begriff des Guten konzentrierende sozialontologische Muster der individuellen Lebensgestaltung in den umfassenden politischen Vergesellschaftungsformen spiegeln und auf der Ebene der gesellschaftlichen Handlungskoordinierung wiederholen müsse, daß der persönlichen Lebenspolitik der vergesellschafteten Subjekte, die nur eine Politik des Guten sein kann, eine staatliche und somit zwangsbewehrte Politik des Guten korrespondieren solle.
Die Kommunitaristen mißverstehen die Funktion gründlich, die die personentheoretischen Annahmen im Gesamtzusammenhang der normativen Begründungsargumentation besitzen. *Rawls' Verfassungswähler sind nicht Produkte einer schlechten Sozialanthropologie*; der Vorwurf der deskriptiven Unzulänglichkeit prallt an ihnen ab. Das abstrakte, isolierte, sozial depravierte Subjekt, das die immer phantastischer werdenden Anfangsszenarien der zeitgenössischen Gerechtigkeitstheorien des Liberalismus bewohnt, ist der Protagonist eines Unparteilichkeits- und Neutralitätsarrangements. *Es ist wie der Urzustand selbst ein Universalismus- und Autonomiesymbol.* Das abstrakte Selbst ist die symbolhafte Darstellung des modernen moralischen Subjekts, das sich durch keinerlei gesellschaftliche Konformitätsansprüche gebunden und durch keine ethischen Prägungen festgestellt weiß und Selbsttranszendierung, Rollentausch und die Einnahme eines Unparteilichkeitsstandpunkts als moralische Erkenntnisverfahren benutzt. Die ihm von der Theorie vorenthaltenen empirischen und sozialen Bestimmungen sind genau die, die der konstruktive Universalismus der modernen Moralphilosophie als in moralischen Angelegenheiten nicht entscheidungsrelevant ansieht, da sich auf sie, wie Kant schlicht sagt, keine allgemeine Gesetzgebung gründen läßt. *Mit diesem abstrakten Selbst sind keinerlei ontologische oder epistemologische Extravaganzen verbunden, die der Kommunitarist*

dem Liberalisten mit Aussicht auf Gewinn in Rechnung stellen könnte. Es ist das normale empirische gesellschaftliche Subjekt selbst – allein unter der Perspektive der ihm zukommenden und von ihm sich selbst zugeschriebenen Fähigkeit zur reflexiven Distanzierung und begründeten moralischen Bewertung betrachtet. Die Rawlssche Ursprungssituation und die verwandten Konstruktionen der anderen Liberalen sind Symbolisierungen und Repräsentationen der Grundzüge moderner universalistischer moralischer Rationalität. Diese ist ohne Zweifel der spitzeste und schmerzhafteste Dorn im Auge des Kommunitaristen.

Aber die personentheoretische These von der sozialen Konstituiertheit personalen Lebens ist ein völlig ungeeignetes Mittel, ihn zu entfernen. Der Erfolg des kommunitaristischen Umkehrschlusses scheitert an dem Kantischen Argument von der mangelnden Universalisierbarkeit der individuellen Konzepte eines guten Lebens. Auch dann, wenn wir von der traditionellen Naturzustandsanthropologie des Liberalismus abrücken und die gesellschaftliche Vermitteltheit aller individuellen Suche nach einem guten Leben anerkennen, gibt es hinreichende Gründe, die Verfassung einer wohlgeordneten Gesellschaft auf formale Rechtsprinzipien zu gründen, die strikte ethische Neutralität üben und jedem individuellen Konzept eines gelingenden Lebens gleiches Recht zubilligen und so auch die Rahmenbedingungen setzen, die vor dem Hintergrund der kulturellen Moderne den Einsichten der Kommunitaristen von der ethischen Bedeutsamkeit sozialer Zugehörigkeiten und eines wertintegrierten personalen Lebensprojekts überhaupt erst ein gedeihliches Verwirklichungsmilieu ermöglichen.

Es ist ein grundlegender Irrtum des Kommunitarismus, die Konzepte der Gerechtigkeit und des Guten als kategoriale Rivalen zu betrachten und die Sozialontologie in den Rang des Schiedsrichters zu rücken. Das Rechte und das Gute konkurrieren nicht um die normative Vormachtstellung in einem umfassenden, alle gesellschaftlichen Bereiche homogenisierenden moralischen Diskurs. Es ist vielmehr von einem mehrsprachigen moralischen Diskurs auszugehen, in dem die einzelnen Sprachen in komplizierten Abhängigkeitsverhältnissen stehen: damit sich die Sprache des Guten in den Prozessen personaler und kollektiver Identitätsbildung entfalten kann, muß die Sprache des Rechts die gesellschaftlichen Bedingungen individueller Autonomie garantieren, einen

Bereich gesellschaftlicher Öffentlichkeit konstituieren und Freiräume legitimer Selbstverwirklichung kenntlich machen und schützen[47].

Damit die liberale moralneutrale politische Lebensform gesellschaftliche Realität wird, bedarf es neben der gesicherten sozialen Geltung des institutionellen Rahmenwerks des liberalen Staates einer breiten affirmativen Identifizierung der Bürger mit der liberalen Lebensform und einer parteilichen Solidarität mit dem liberalen Ethos. Insofern sich der Liberalismus wie jede normative Theorie um Verwirklichung bemüht, muß er sich auch in der Sprache der Tugenden und Werte artikulieren und von seinen Bürgern eine gemeinsame aktive Unterstützung der liberalen Kultur und einen von liberalen Werten geleiteten Gemeinsinn verlangen. Jedoch ist mit dieser nicht sonderlich aufregenden Überlegung der Kommunitarismus keinesfalls ins Recht gesetzt worden und die von ihm behauptete Priorität des Guten gegenüber dem Rechten und Gerechten bestätigt worden. Wenn wir die Perspektive erweitern und Verwirklichungsprobleme mit in den Blick nehmen, gerät die liberale These von der normativen Vorzugsstellung der Rechtsorientierung keineswegs in Schwierigkeiten wie Taylor[48] und Honneth[49] meinen. Von der Erinnerung daran, daß ein wohlgeordnetes liberales Gemeinwesen mehr als ein System externer Koexistenzsicherung ist, mehr als Schlözers *BrandCasse* und mehr als Sieyès' *Aktiengesellschaft*, daß es als Verwirklichungs- und Bestandsvoraussetzung einer gemeinsamen Lebensform bedarf, die durch geteilte liberale Wertüberzeugungen getragen wird, bleibt das rechtfertigungstheoretische Hauptargument des Liberalismus für die Priorität einer rechtsorientierten staatlichen Handlungskoordination gänzlich unberührt: allgemein anerken-

47 »Insofern ist die Politik nicht mehr und nicht weniger als ein Versuch, die Erhaltung und Entfaltung eines gemeinschaftlichen gewollten Lebens nach Vorstellungen einzurichten, die möglichst allen die Chance verschaffen, ihr eigenes Leben zu führen« (Volker Gerhardt:»Politisches Handeln. Über einen Zugang zum Begriff der Politik«, in: ders.: *Der Begriff der Politik. Bedingungen und Gründe politischen Handelns*, Stuttgart 1990, S. 291-309; S. 308).

48 Vgl. Charles Taylor, »Die Motive einer Verfahrensethik«, in: Wolfgang Kuhlmann (Hrsg.): *Moralität und Sittlichkeit*, Frankfurt/M. 1986, S. 101-135.

49 Vgl. Axel Honneth (Anm. 4), S. 92-100.

nungsfähige und legitim erzwingbare Prinzipien der gesellschaftlichen Ordnung können nur auf der Basis der liberalen Konzeption gleicher menschlicher Grundrechte entwickelt werden. Und wenn eine derart rechtsintegrierte Lebensform selbst gemeinschaftsbildende sittliche Valenz besitzen muß, um dauerhafte Wirklichkeit zu erlangen, und auch das individualistische Ideal autonomer Lebensführung nur im Kontext einer gemeinsamen gesellschaftlichen Praxis der Freiheit realisiert werden kann, dann begründet das aufgrund der logischen Differenz zwischen Geltungsvoraussetzungen und Verwirklichungsbedingungen keinen Inkonsistenzvorwurf, dann bedeutet das keinesfalls, daß der deontologische und prozedurale Liberalismus heimlich seine rechtfertigungstheoretische Überlegenheit eingebüßt hätte und als Inbegriff moderner politischer Wertorientierung durch die kommunitaristische Konzeption eines substantiellen Guten abgelöst werden müßte.[50]

50 Damit sich eine liberale Gemeinschaft dauerhaft etablieren kann, muß sich der Liberalismus freilich selbst als eine Theorie des Guten begreifen und die Verwaltensweisen und Einstellungen der Bürger herausstellen und fördern, die für die Einrichtung und Bestandssicherung einer liberalen Gemeinschaft unerläßlich sind. Dabei erweist sich, daß seine Begriffe, Rationalitätskonzepte und Sozialmodelle, die allesamt ihren Ort im Kontext einer Theorie individualistischer Rechtfertigung haben, selbst nicht geeignet sind, die Kohärenz verbürgende Integrationspraxis liberaler Gemeinschaften angemessen zu begreifen. Ziehen wir eine bekannte Kantische Unterscheidung heran, so können wir sagen, daß der Liberalismus dijudikationskompetent, aber exekutionsinkompetent ist, sein kommunitaristischer Widersacher hingegen dijudikationsinkompetent, aber exekutionskompetent ist. Dazu ausführlich Wolfgang Kersting, »Verfassung und kommunitäre Demokratie«, in: Günter Frankenberg (Hrsg.): *Auf der Suche nach der gerechten Gesellschaft*, Frankfurt/M. 1994, S. 84-102; ders.: »Freiheit und Tugend« und »Pluralismus und soziale Einheit« (in diesem Band Kap. 12 u. 13).

4.3 Archimedes, der Troglodyt und der Pluralismus

Der philosophische Liberalismus reflektiert die kulturellen, sozialen, politischen und ökonomischen Modernisierungsprozesse, weiß um den Verlust selbstverständlicher lebensweltlicher Wertplateaus, zieht daraus die rechtfertigungstheoretische Konsequenz des Konsentismus: als gerechtfertigt können Handlungsnormierungen nur dann gelten, wenn sie die Betroffenenzustimmung erlangen können. Der Kommunitarist will hingegen aus seiner deskriptiven Richtigstellung der individualistischen Sozialanthropologie des Liberalismus ein Argument für den normativen Partikularismus ableiten: er will den Kommunitarismus als überlegene normative und rechtfertigungstheoretische Alternative zum Liberalismus etablieren, die traditionellen Gemeinschaften zukommende Wertintegrativität gegen die moderne Moralphilosophie des Liberalismus stark machen und die sittlichen Obligationsprofile von Zugehörigkeitsverhältnissen gegen den abstrakten Universalismus des Rechts ausspielen. Programmatisch für das Begründungsprogramm des gesamten Liberalismus hat Kant Politik als »*ausübende Rechtslehre*« bestimmt.[51] Die kommunitaristische Gegenstrategie zielt hingegen darauf, Politik wieder als ›ausübende Lehre vom substantiellen Gemeinwohl und vom allgemeinen Guten‹ durchzusetzen. Ebenfalls will sie den sittlichen Wert gemeinsamen Lebens wieder in Erinnerung rufen und die eigentümliche Tendenz moderner liberaler Gesellschaften, alle zwischenmenschlichen Verhältnisse der Gestaltungs- und Beurteilungsdominanz ökonomischer Kategorien zu unterwerfen, zurückdrängen. An die Stelle der Ethik universalistischer Handlungsnormierung tritt die alte Praxis- und Sittlichkeitsethik, die die handlungskoordinierenden Gemeinschaftswerte hervorhebt, die selbstverständliche praxisimmanente Normativität herausstreicht, die Partei ergreift für die Üblichkeiten des Alltags, für die historisch gewachsenen Lebensformen und die in ihnen wurzelnden Muster individueller und kollektiver Identitätsbildung. Verbunden ist damit eine energische Parteinahme für das Konzept traditionellen, wertvermittelnden Erziehens. Der Kommunitarist ist ein Holist, er orientiert sich an Kontexten, Totalitäten und

51 Kant: *Zum ewigen Frieden, Anhang* I, Akad.-Ausgabe VIII, S. 370.

substantialen Ganzheiten. Der Liberale jedoch, das wirft ihm der Kommunitarist vor, zerstöre Ganzheiten, Totalitäten und Kontexte: er analysiere und zerlege Ganzheiten, bis sie verschwänden und nur Individuen übrig blieben; er analysiere und zerlege das von Individuen in Gemeinschaft mit anderen geführte Leben, bis dieses Leben unkenntlich werde und nur noch problemlösungstechnisch leicht zu handhabende Handlungen und Aktivitätsepisoden übrig blieben; er analysiere und zerlege die Ganzheit, die eine lebende soziale Person darstellt, bis diese Person sich auflöse und nur Interessen und Meinungen, Gefühle und Positionen übrigblieben.

Der Kommunitarismus wendet sich gegen alle archimedische Begründungsphilosophie, die jenseits unserer kontingenten geschichtlichen Denk- und Lebensverhältnisse nach objektiven und unparteilichen Standpunkten sucht. Kommunitaristen sind Troglodyten; sie mißtrauen allen philosophischen Unternehmungen, die die platonische Höhle verlassen wollen. Kommunitaristische Theorien stellen sich in den Dienst der Interpretation. Philosophen sollen Interpreten sein und ihrer Gemeinschaft verhaftet bleiben; sollen nicht jenseits der von den Gemeinschaftsmitgliedern geteilten Wertvorstellungen und Rechtfertigungsstandards nach nicht-kontingenter Wahrheit suchen, sollen auch nicht den »Pfad der Erfindung« beschreiten und sich als Gerechtigkeitsdesigner versuchen, die die tradierte moralische Welt nach den Vorschriften ihrer utopischen Blaupausen überformen wollen[52]. Die kommunitaristischen Interpreten können durchaus eine kritische Funktion wahrnehmen, doch wird diese auf der Grundlage der gemeinsamen moralischen Überzeugungen wahrgenommen: sie sind das Medium der sittlichen Selbstbesinnung der Gemeinschaft; sie zwingen ihre Mitbürger, das augenblickliche moralische Erscheinungsbild ihres Gemeinwesens mit dem zu vergleichen, was nach der tiefsten Überzeugung aller ihrem gemeinschaftlichen Leben und dem Leben eines jeden in dieser Gemeinschaft Wert und Bedeutung verleiht. Dieses Modell der kritischen Vergewisserung dessen, was man als sittlich richtig immer schon

52 Zu den drei »Pfaden der Entdeckung, Erfindung und Interpretation« in der Moralphilosophie vgl. Michael Walzer: *Interpretation and Social Criticism*, Cambridge, Mass. 1987, Kap. 1; (dt.: *Kritik und Gemeinsinn*, Berlin 1990).

angesehen hat, dieses anamnetische Modell entstammt der republikanischen Tradition: daß politische Gebilde sich sittlich erschöpfen und verschleißen, ihre Spannkraft verlieren und in Zeiten sich beschleunigender Veränderung ihrer ethischen Identität verlustig gehen können, wußten Republikaner schon immer[53] und haben darum besonders die Mitbürger als vorbildlich und, wie Sokrates sagt, »geradezu ... von dem Gott der Stadt beigegeben«[54] angesehen, die die Gemeinschaft unaufhörlich durch öffentliche Rede und eigenes Verhalten an ihre sittliche Grundverfassung erinnerten.

Das Höhlengleichnis ist eine suggestive philosophiemethodologische Metapher, die aber genauso wie Walzers Modell der drei Pfade moralphilosophischer Erkenntnisgewinnung an Stimmigkeit verliert, wenn sich philosophische Erkenntnis nicht mehr als Erkenntnis nichtempirischer Gegenständlichkeit resp. nicht mehr als Erkenntnis höhlentranszendenter Moralprinzipien versteht, sondern als transzendentale Begründungswissenschaft. Dann ist alle intellektuelle Bequemlichkeit des Dualismus dahin, und der Kommunitarismus kann seine troglodytische Borniertheit nicht länger verbergen. Unter transzendentalanalytischer Perspektive zeigt sich, daß der Höhlenvorplatz der Höhle nicht äußerlich vorgelagert ist, sondern intern mit ihr verbunden ist. Nicht-bildlich gesprochen und auf das hier einschlägige Verhältnis von Wahrheit und Meinung bezogen besagt das, daß die Meinung das Medium der Wahrheit ist, daß Wahrheit und Meinung strikt interdefinierte Begriffe sind, einer ohne semantischen Bezug auf den anderen keinen Sinn ergibt. Die wahrheitsferne Meinung gibt es ebensowenig wie es eine meinungsüberhobene Wahrheit gibt. Wir können keine Meinungen haben, ohne diese Meinungen immer schon auf Wahrheit hin entworfen zu haben. Wäre alles Meinen wahrheitsunbezogen, dann könnte das Ändern von Meinungen unter keinen Umständen verächtlich sein: es wäre genauso ein bedeutungsloses Naturereignis wie das Festhalten an ihnen. Eine Reduzierung der Orientierungsprädikate unserer theoretischen und praktischen Diskurse auf kommendatorische Ausdrücke, auf Sprachsignale für subjektive positive und negative Empfindungen und Einstellungen, auf Zuge-

53 Vgl. Wolfgang Kersting: *Niccolò Machiavelli*, München 1988, S. 142 ff.
54 Platon: *Die Apologie des Sokrates*, 30 d.

hörigkeitsindikatoren und Zeichen für »we-intentions«[55] verbietet sich folglich.

Das justifikatorische Unternehmen des philosophischen Liberalismus wird von den Kommunitaristen völlig zu Unrecht als platonistisch und fundamentalistisch denunziert. Ein genaues Studium der Methode des *reflective equilibrium* hätte die Kommunitaristen davon überzeugen können, daß sich ihre philosophiemethodologische Kontroverse mit den Liberalen nicht auf einen ›innen‹-›außen‹-Dualismus reduzieren läßt. Sie hätten auch das revolutionärste moralphilosophische Werk heranziehen können, das je geschrieben worden ist: Kants *Grundlegung zur Metaphysik der Sitten* von 1785, das mit der allgemeinen sittlichen Weltweisheit, also mitten im Dunkel der Höhle, beginnt und durch Anwendung der sokratischen Methode die in jedem Höhlenbewohner ›verborgene dunkle Metaphysik der Sitten‹ abgesondert zur Darstellung bringt und damit die philosophische Begründungsebene etabliert. Als wenn es darauf ankäme, wo man anfängt, als wenn man überhaupt mit etwas anderem als der gemeinen sittlichen Weltweisheit anfangen könnte; wo man aufhört, ist entscheidend, wie weit man die Analyse treibt, ist entscheidend.

Kantische, universalistische Liberale hören erst mit allgemeinen Prinzipien auf, mit Universalisierungsgrundsätzen und Verfahrungsregeln für faire Diskurse. Kommunitaristen hingegen gehen über die material-ethischen Grundüberzeugungen ihrer Gemeinschaft, über die, wie Taylor sagt,» authoritative horizons of life«[56] nicht hinaus. Sie sind überzeugt, allen Begründungsbedarf auf der Grundlage der ›shared convictions‹, ›shared values‹, ›shared understandings‹ befriedigen zu können und auf die von der universalistischen Moral bereitgestellten kontextübergreifenden Kriterien und sich von allen unterschiedlichen Inhalten unabhängig machenden Regeln des prozeduralen Rationalismus verzichten zu dürfen. Um diese Position durchhalten zu können, müssen die Kommunitaristen den real existierenden Pluralismus verharmlosen. Ihre unaufhörliche Anrufung der ›shared convictions‹,

55 Vgl. Richard Rorty: »Postmodernist Bourgeois Liberalism«, in: ders.: *Objectivity, Relativism, and Truth. Philosophical Papers: Volume 1*, Cambridge 1991, S. 197-202; S. 200. Zur Kritik der Rortyschen »we-intentions« vgl. Will Kmylicka: *Liberalism, Community, and Culture*, a.a.O., S. 66.

56 Charles Taylor: *Hegel and the Modern Society*, Cambridge 1979, S. 159.

›shared values‹, ›shared understandings‹ nimmt den Charakter einer Beschwörung an. Es gibt in der ganzen kommunitaristischen Literatur keine konkreten Angaben über diese material-ethischen Gemeinsamkeiten, die in den befestigten Freiräumen der rechtsförmigen Vergesellschaftung substantielle kollektive Identitäten herausbilden und die liberalen Wertorientierungen der Freiheit, der Toleranz und des wechselseitigen Respekts ersetzen könnten. Sie schwimmen wie Geisterschiffe durch die kommunitaristischen Erzählungen und keiner weiß, welche Mannschaft sie bedient, ja, ob sie überhaupt bemannt sind. Die radikalen, modernitätskritischen Kommunitaristen wissen auch, daß die moderne gesellschaftliche Wirklichkeit keinerlei Anknüpfungsmöglichlichkeiten für kommunitäre Erneuerungen bereithält. Die kommunitaristische Kritik ist daher dazu verurteilt, mit ohnmächtiger Gebärde transhistorische Mächte anzurufen. Rousseau rief seinerzeit nach dem Législateur, dem hinter den Sternen wohnenden herzenskundigen Nomotheten. Und MacIntyre hofft »for another – doubtless very different – St.Benedict«[57];und da dieser neue St.Benedictus von dem alten wirklich sehr verschieden sein muß, ist das Risiko gefährlicher Verwechslungen groß.

4.4 Hermeneutische Konvergenz

Die Schwäche des Kommunitarismus wird hinlänglich offenbar, wenn wir ihn mit den begründungstheoretischen Erfordernissen moderner politischer Philosophie konfrontieren. Sie beruht auf einer normativistischen Fehleinschätzung des kommunitaristischen Erkenntnisprogramms. Der Kommunitarismus muß scheitern, wenn er in normative und rechtfertigungstheoretische Konkurrenz zum Liberalismus tritt, wenn er sich als alternative normative Theorie durchsetzen will, die die Rechts- und Gerechtigkeitsorientierung durch eine Orientierung an Gemeinschaftswerten und dem kollektiven Guten ersetzt. Sicherlich zeichnen sich auf dem rechtfertigungstheoretischen Problemfeld der gegenwärtigen Liberalismus-Kommunitarismus-Debatte unverkennbar die Umrisse einer *hermeneutischen Konvergenz* ab: in dem Maße, in dem die posttraditionale und postkonventionelle Prinzipienbasis

57 Alasdair MacIntyre: *After Virtue*, a.a.O., S. 263.

des Liberalismus selbst konventionell geworden ist und den Rahmen der kulturellen Selbstverständigungstradition der Moderne bildet, in dem Maße verliert der metaethische Unterschied zwischen Universalismus und Kontextualismus seine Schärfe. Die Logik der Modernisierung läßt die Interpretationen des kommunitaristischen Troglodyten und die kontraktualistischen Konstruktionsergebnisse des Liberalen konvergieren, Kontextualismus und Konstruktivismus legen dieselbe normative Grammatik der Freiheit und Autonomie frei[58]; gerade wenn der zeitgenössische Kommunitarist die Wurzeln der normativen Überzeugungen seiner politischen Gemeinschaft sucht, stößt er auf die Prinzipien des Liberalismus. Der »hermeneutic turn in recent political philosophy«[59] ist also keinesfalls antiuniversalistisch, spricht sich nicht für das kommunitaristische Ideal einer partikularen Gemeinschaftsmoral aus, sondern rückt nur von einem Beweisprogramm ab, das eine unbedingte, kulturinvariante Begründung universalistischer Prinzipien ins Auge faßt. Mit einem schönen Wort von John Gray: in der hermeneutischen Wende der Rechtfertigungstheorie schrumpft der Kantianismus eines archimedischen, vernunftbegründeten Rechts- und Moraluniversalismus auf einen »Kantianism in one country«[60].

Die hermeneutische Konvergenz findet also auf der Ebene der Rechtfertigungstheorie statt: hier ist alle Letztbegründungsillusion verflogen, hat sich das kommunitaristische Interpretationskonzept durchgesetzt. Keinesfalls ist jedoch auf der Ebene der Normen selbst von einer hermeneutischen Konvergenz auszugehen: die normative Zuständigkeit der universalistischen Gerechtigkeitsnormen für die Einrichtung der institutionellen Grund-

58 Nur der letztbegründungsgläubige Transzendentalpragmatiker sperrt sich gegen die allesumarmende Hermeneutik und hält eigensinnig an dem Programm einer objektiven und von allen normativ imprägnierten kulturellen Kontexten unabhängigen Begründung, einer Begründung sub specie aeternitatis, wovon auch noch Rawls im letzten Kapitel seiner ingeniösen »Theory of Justice« von 1971 träumt, fest, dessen alle Welt überzeugende Einlösung er freilich bislang immer noch schuldig geblieben ist.

59 Georgia Warnke: *Justice and Interpretation*, Oxford 1992, S. 1.

60 John Gray, »Against the New Liberalism. Rawls, Dworkin and the Emptying of Politcal Life«, *Times Literary Supplement*, July 3, 1992, S. 13.

struktur der Gesellschaft wird gerade durch die kommunitaristische Suche nach den geteilten Wertüberzeugungen in den modernen westlichen Gesellschaften bestätigt. Aus der Perspektive des kommunitaristischen Interesses an einer partikularen Moral des Guten hat sich der kommunitaristische Sieg in der rechtfertigungstheoretischen Auseinandersetzung zwischen Konstruktivismus und Kontextualismus als Pyrrhussieg entpuppt: die Anwendung des kontextualistischen Begründungskonzepts auf die Wirklichkeit moderner Gesellschaften führt mit Notwendigkeit zur Bekräftigung der universalistischen Prinzipien des Liberalismus, denn nur diese – und nicht die partikularistischen Wertorientierungen verblichener Sozialwelten – dürfen als philosophische Präzisierungen unserer grundlegenden normativen Überzeugungen gelten; diese auch sind allein in der Lage, im Falle individualisierungsbedingter moralischer Konflikte und pluralisierungsbedingter Wertkollisionen aufgrund ihres universalistischen, formal-negativen und prozeduralistischen Charakters die für eine mögliche Lösung erforderlichen kontextübergreifenden Kriterien bereitzustellen.

Es ist ein Vorurteil, den Universalismus der Traditionszerstörung zu bezichtigen, ihn zu verdächtigen, er würde den mit seinen Identifikations- und Loyalitätsmustern auf Nahwirkungsbereiche angewiesenen Menschen entwurzeln und seiner sittlichen Kontexte entfremden. Der auf universalistische Orientierungen verpflichtende philosophische Liberalismus macht nur geltend, daß die identitätsbildenden gemeinsamen Wertüberzeugungen, auf die sich die kommunitaristische Argumentation unaufhörlich beruft, mit den Prinzipien der Freiheit und menschenrechtlichen Gleichheit und des wechselseitigen Respekts nicht kollidieren dürfen und Lebensformen, Verpflichtungsprofile und Selbstbewertungen von Gruppen nicht darum prinzipiell einer Beurteilung aus unparteilicher Perspektive entzogen werden können, weil sie eine gemeinschaftsbildende Funktion wahrnehmen und für das personale und politische Selbstverständnis der ihnen angehörenden Individuen konstitutiv sind. Es gilt vielmehr umgekehrt, daß sich Wichtigkeit und sittliche Bedeutung der Zugehörigkeit zu einer Gruppe, auch einer nationalen Großgruppe natürlich, nicht darin zeigen, daß man bedenkenlos sich in jedes Verpflichtungsmuster einfügt, das die Gruppe als Zugehörigkeitsausweis ausgibt, sondern darin, daß die Gruppe in ihrem Innern wie in ihren äußeren

Verhältnissen in Übereinstimmung mit moralisch allgemein anerkennungsfähigen Prinzipien bleibt. Die erzkommunitaristische Vorstellung einer partikularistischen kommunalen Binnenmoral, die alle universalistischen externen Bewertungsmaßstäbe abweist, muß überdies unterstellen, daß die kommunal-partikularistische Moral alle aufkommenden moralischen Probleme zu lösen weiß, muß also eine kohärente, sich gegen jede Fragmentierung abschottende Traditionswelt unterstellen und diese vor den differenzierenden und individualisierenden Auswirkungen der Modernisierung schützen. Mit dem Auftreten von Inkonsistenzen, Bewertungsdifferenzen und rivalisierenden Forderungen bricht die kommunale partikularistische Moral als gemeinschaftskontinuierendes Reglement und kohärentes Integrationsmuster zusammen: Konflikte sind moralische Lehrmeister, Konfliktfälle erziehen die moralischen Subjekte zur Reflexion, produzieren Reflexionsdistanz und bewirken eben die Herausbildung eines nachtraditionalen, auf Verfahren diskursiver Konfliktlösung setzenden Moralbewußtseins, das von der Gemeinschaftsmoral so sehr perhorresziert wird. Die geschlossene Gemeinschaftsmoralität, die der Kommunitarist vor Reflexion, Diskurs und dem Impersonalitätsstandpunkt retten möchte, gibt es unter den komplexen modernen Lebensbedingungen nicht. Die postkonventionellen Prozeduren moralischer Konsensbildung sind seit langem erfolgreich auf dem Weg zu moderner Konventionalität. Reflexivität ist ein Strukturmerkmal der Moderne und ihrer gesellschaftlichen Formationen.

Die Platonische Höhle hat ihre Geschichte; Ideale und Überzeugungen verändern sich, Traditionen fächern sich auf, gehen divergierende Wege. Jeder Versuch, materiale Wertvorstellungen zum Fokus einer integrativen Politik des *bonum commune* zu machen, muß angesichts des gegebenen Stands der sozialen, politischen und kulturellen Modernisierungsprozesse scheitern. Der Kommunitarismus irrt sich gründlich: *Die Traditionsfragmente, die durch den Modernisierungsprozeß abgeschleift und wie Endmoränen auf dem Boden unserer Gegenwartskultur abgelagert worden sind, sind das Problem, nicht die Lösung*. Der Pluralismus zwingt die troglodytische Interpretations- und Erinnerungsgemeinschaft, sich in eine virtuell universalistische Diskursgemeinschaft zu verwandeln und die Politik des *bonum commune* und der material-ethischen Formierung der Gemeinschaft durch eine antiperfektionistische und antipaternalistische Politik der liberalen Gleichheit aller individuellen Konzeptionen von einem glükkenden, wertvollen Leben zu ersetzen und in der Nachfolge Kants dem Recht den Vorzug vor dem Guten zu geben.

12. Freiheit und Tugend

Als Max Weber 1904 Mitherausgeber des berühmten »Archivs für Sozialwissenschaft und Sozialpolitik« wurde, stellte er sich mit einem programmatischen wissenschaftstheoretischen Aufsatz über die *»›Objektivität‹ sozialwissenschaftlicher und sozialpolitischer Erkenntnis«* vor, in dem er die Rolle der kulturellen Leitkonzepte und Wertideen bei der Konstitution gesellschaftlicher Erkenntnis untersuchte. Diese kulturbedeutsamen Leitvorstellungen und Losungsworte bilden das normative Grundvokabular der gesellschaftlichen Selbstverständigung. Sie sind nicht unvergänglich, sind keine Fixsterne in einem unbeweglichen Aprioritätenhimmel, sondern ebenso historisch wandelbar wie der von ihnen beleuchtete und darum verständlich werdende Strom der geschichtlichen Geschehnisse. Allerdings ist ihr Wandlungstempo gering, weit geringer als die sich zunehmend beschleunigende Änderungsgeschwindigkeit der kulturellen und sozialen Ereignisse. Die Bedeutung und Sinn verleihenden Grundbegriffe und Wertideen sind konstitutionell konservativ, auf langfristige Geltung ausgelegt. Daher verbleiben sie in den Perioden einer normalen Kulturentwicklung unauffällig im Hintergrund des Selbstverständlichen und entfalten ihre Wirksamkeit unbeachtet.

Irgendwann jedoch, so Weber, »wechselt die Farbe. Die Bedeutung der unreflektiert verwendeten Gesichtspunkte wird unsicher, der Weg verliert sich in der Dämmerung«.[1] Dann treten die Wertideen aus der Kulisse in den Mittelpunkt allseitiger Beachtung; die Aufmerksamkeit wendet sich von den alltäglichen Verrichtungen der Praxis ab und den Fundamenten der Kultur zu; die kulturelle Selbstsicherheit gerät ins Wanken und weicht einer nervösen Reflexivität. Ersichtlich trifft diese Beschreibung unser gegenwärtiges Kulturbewußtsein. Die Farbe hat gewechselt: Geltungen werden bedenklich; Wissenschaft, Philosophie und Kultur wechseln hektisch die Standpunkte; die Moderne leidet heftig unter Selbstzweifeln.

1 Max Weber: »Die ›Objektivität‹ sozialwissenschaftlicher und sozialpolitischer Erkenntnis«, in: ders.: *Methodologische Schriften*, Frankfurt/M. 1968, S. 64.

Sieht man von dem Postmodernismus-Geplänkel, der großformatigen Rationalismuskritik und der ästhetizistischen Selbstauflösung moderner Freiheit in bunte Beliebigkeit ab, denen das unerbittliche sensationsökonomische Gesetz der Medienwirksamkeit ohnehin nur eine kurze Saison beschert hat, so fand die gegenwärtige kulturelle Selbstüberprüfung ihren bislang radikalsten und ernsthaftesten Ausdruck in der ökologie-, technik- und medizinethischen Debatte: hier suchte die sich über ihre ungeheuren technischen Möglichkeiten entsetzende Moderne nach neuen Verbindlichkeiten. Daß der Ruf nach einer neuen Umwelt-, Technik-, Medizin- und Bioethik mittlerweile durch den Ruf nach einer neuen politischen Ethik übertönt wird, bedeutet freilich nicht, daß sich die ökologische Situation nennenswert entspannt hätte. Daß die öffentliche Diskussion sich jetzt verstärkt sittlich-politischen Themen zuwendet, zeigt vielmehr, daß sich die Selbstzweifel der Moderne noch zugespitzt haben: nachdem sie zuerst an der Peripherie, im Bereich des *gesellschaftlichen Naturverhältnisses* aufgebrochen waren, haben sie jetzt das Zentrum, das *gesellschaftliche Selbstverhältnis* erreicht. Ging es sonst um die moralischen Grundlagen unseres Umgangs mit Natur, Wissenschaft und Technik; so geht es jetzt um die moralischen Ressourcen unseres Zusammenlebens, um die schwindenden gesellschaftlichen Solidaritätsvorräte und die ethische Ausbleichung des öffentlichen Lebens. In der sogenannten Liberalismus-Kommunitarismus-Debatte, die seit einiger Zeit die sittlich-politischen Selbstverständigungsdiskurse in den USA und zunehmend auch hierzulande prägt, hat diese kritische Selbstüberprüfung der politisch-gesellschaftlichen Moderne bislang ihren philosophisch anspruchsvollsten Ausdruck gefunden.

1. Eine modernitätstheoretische Deutungsskizze der Liberalismus – Kommunitarismus-Kontroverse

Zeiten der Krise sind immer auch Zeiten der Erinnerung; und im Vergegenwärtigten lassen sich die Defizite des Gegenwärtigen ablesen. Schaut man sich in den Produktionsanlagen der gegenwärtigen Theoriebildung um, dann gewinnt man schnell den Eindruck, an einer Begegnungsstätte von Wiedergängern zu sein. Die Wiederbelebung hat Konjunktur. Von der *Wiederentdeckung* des

Politischen ist da die Rede, von der *Rückkehr* der Tugend, der *Wiedergeburt* des Bürgers, von der *Wiedergewinnung* von Gemeinsinn und Erziehung. Der philosophische Spezialist des Allgemein-Menschlichen mag ja müde abwinken und darin nur eine weitere Bekräftigung seiner Überzeugung sehen, daß das Prinzip der Knappheit in endlichkeitsbeherrschten Kontexten universell gelte und Recycling-Strategien folglich unvermeidbar seien. Insbesondere dort, wo der Boden mager und die Produktivität nur mäßig sei, in den Produktionsanlagen des menschlichen Geistes also, sei Wieder- und Mehrfachverwendung ein unbedingtes Rationalitätsgebot. Der in kleinerem Format denkende philosophische Gegenwartsdiagnostiker hingegen macht sich einen anderen Reim auf dieses Auftauchen aristotelischer Konzepte im Begriffsrepertoire der zeitgenössischen politischen Philosophie. Für ihn sind Renaissancen die Dementis der Moderne. Er schreibt darum der neuerwachten Liebe zu Aristoteles eine katalysatorische Funktion zu; glaubt, daß der Kranz der in die Liberalismus-Kommunitarismus-Kontroverse eingespeisten aristotelischen Motive als Ferment der Selbstkritik der politischen Moderne wirksam wird. Er stellt dieses auffällige Interesse an Konzeptionen, die bereits zu Beginn der Modernisierungsprozesse aus dem Selbstverständigungsvokabular der Moderne ausgemustert worden sind, in den Rahmen einer Selbstüberprüfung der politischen Moderne, die sich zu einer Inventur ihrer kanonischen Reflexionsformen genötigt sieht, da sie die theoretisch überzeugende Artikulation ihrer revisionistischen Einsichten nicht mehr dem traditionellen Begriffsrepertoire des Liberalismus anvertrauen kann.
Für den Kommunitarismus sind die Schwierigkeiten moderner Gesellschaften Auswirkungen eines komplementären Universalismus- und Individualismusversagens. Seine liberalismuspolemische Revision der politischen Theorie zielt auf die Wiedergewinnung der sittlichen Mitte durch Rehabilitierung partikularer Wertorientierungen, auf die Anerkennung der Sozialnatur des Menschen und der daraus entstehenden ethischen und institutionellen Verantwortlichkeiten in Theorie und Praxis. Kommunitaristische Soziologen und Psychologen stellen die identitätsstiftende Bedeutung stabiler sittlicher Milieus heraus, weisen auf die Wichtigkeit der vom Liberalismus notorisch vernachlässigten Gemeinschaftsformen zwischen den komplementären Extremen der individualistischen Solitäre einerseits und den unüberbietbar universell-in-

klusiven Vergesellschaftungsmedien des Marktes, des Rechtes und des Diskurses andererseits hin, weisen darauf hin, daß Menschen in einem Netz von Besonderheiten leben, das gepflegt und instand gehalten werden muß und besonderen Schutz verlangt; sie beklagen die Dissoziations- und Entfremdungswirkung forcierter Autonomisierung und das durch die rücksichtslose Selbstverwirklichungsdynamik hervorgerufene Klima gesellschaftlicher Gereiztheit. Und die kommunitaristischen Politiktheoretiker entdecken wieder die Öffentlichkeit und das allgemeine Leben, sie greifen auf die republikanische Tradition politischer Gemeinschaftlichkeit zurück, werben für eine neue gemeinschaftsbildende und ans Herz gehende Politik der Bürger jenseits von Machtverwaltung, Parteiendemokratie und Staat.

Liberalismus und Kommunitarismus sprechen eine unterschiedliche Sprache und räumen gegensätzlichen Begriffen in ihren Theoriekonzeptionen kategoriale Dominanz ein. Während sich die Sprache des Liberalismus um die begrifflichen Knotenpunkte: *Individuum* und *Interesse*, *Vertrag*, *Diskurs* und *Verfahren*, *Gesellschaft* und *Autonomie*, *Recht*, *Markt* und *Staat*, *Prinzipien* und *Rechtfertigung* herum entfaltet, bietet die Sprache des Kommunitarismus mit den Begriffskomplexen: *Identität* und *Charakter*, *Gemeinschaft*, *Zugehörigkeit* und *Verantwortlichkeit*, das *Gute*, die *Tugenden* und die *Erziehung*, *Verstehen*, *Tradition* und *Praxis* gegenläufige kategoriale Orientierungen. Entsprechend spannungsvoll ist das Verhältnis der in diesen unterschiedlichen Theoriesprachen modellierten Personen-, Politik- und Gesellschaftskonzeptionen. Noch die abstraktesten Begriffe der Gesellschaftstheorie und politischen Philosophie besitzen eine historische Gravitation. Legt man die geschichtlichen Bedeutungssedimente der liberalen und kommunitaristischen Sprachen frei, sucht man ihren Entstehungskontext innerhalb des großen Zusammenhangs der Geschichte gesellschaftlicher Reflexion, dann wird hinter der systematischen Spannung zwischen der liberalen und der kommunitaristischen Begriffsgrammatik eine tiefere historische Gegensätzlichkeit sichtbar. Diese doppelte Entgegensetzung begründet eine ambivalente Stellung des Kommunitarismus zur Modernität, die der Kontroverse erst den Charakter eines politisch-kulturell umfassenden, die enggezogenen Zunftgrenzen eines politikphilosophischen Grundlegungsstreits weit überschreitenden, modernisierungstheoretisch brisanten Selbstverständigungsdiskurses gibt.

Der Kommunitarismus legt sich in eine modernitätsflüchtige und eine modernitätsskeptische Variante auseinander; entsprechend doppeldeutig ist seine liberalismuskritische Sprache verwendbar: Nicht nur der regressive, panisch zu den Herdfeuern der Tradition fliehende Kommunitarismus der Gegenmoderne artikuliert sich in der Sprache des Guten, der Tugend und der Gemeinschaft; auch die modernitätsimmanente Kritik, die Selbstkritik der Moderne muß auf die konzeptuellen Angebote des Kommunitarismus zurückgreifen, um ihre Korrekturen, Revisionen und Relativierungen am Paradigma des Liberalismus vorzutragen. Mag sich der dogmatische Liberalismus des regressiven Kommunitarismus mühelos erwehren, dem sich selbst auf der Höhe der Moderne haltenden Kommunitarismus jedoch muß er sich selbstkritisch öffnen.
Die Sprache des Liberalismus ist die Sprache der politischen Moderne; der Kommunitarismus hingegen spricht die Sprache des Aristoteles und des Republikanismus; in seiner Begrifflichkeit lebt die Erinnerung an untergegangene Sozialwelten und verblichene Traditionen, artikuliert sich aber auch die Selbstkritik einer verlustsensiblen, über ihre eigene Rücksichtslosigkeit erschrockenen und um ihren kulturellen Bestand besorgten, von Rebarbarisierungsängsten geplagten Moderne. Die konzeptuellen Umstellungen des kulturell-politischen Selbstverständnisses der Moderne waren tiefgreifend. Mannigfach läßt sich der binäre Verlaufsrichtungscode der Modernisierung variieren: nicht nur vom *Status* zum *Kontrakt* ging die Entwicklung, sie ging auch von der *Substanz* zum *Verfahren*, vom *Leben* zur *Handlung*, vom *Charakter* zu *Motiv* und *Regel*, von der *Tugend* zum *Interesse*, vom *Guten* zum *Recht*. In den kommunitaristischen Umkehrparolen drückt sich sicherlich viel konservatives Unbehagen an der Moderne, viel diffuse Vergangenheitssehnsucht aus[2]; aber nicht alle Kommunitaristen plädieren für eine Kehrtwendung des Modernisierungsverlaufs; hinter ihren Parolen zeichnet sich dann das kulturell-politische Programm einer reflektierten Modernisierung ab, das die grundlegenden normativen Überzeugungen unserer westlich-demokratischen Kultur nicht antastet[3], jedoch die Integra-

2 Vgl. D. L. Phillips: *Looking Backward. A Critical Appraisal of Communitarian Thought*, Princeton NJ 1993.

3 Unter grundlegenden normativen Überzeugungen verstehe ich die Art von Überzeugungen, auf die sich die rechtliche und moralische Recht-

tionsfähigkeit eines Systems der rechtlichen Disziplinierung der sich aufspreizenden Besonderheit mit wachsender Skepsis betrachtet. Dieser modernisierungskritische Kommunitarismus konvergiert mit einem selbstkritischen Liberalismus, der den Irrtum Kants erkannt hat und weiß, daß das Hobbessche Problem der Staatserrichtung und der geordneten Vergesellschaftung auf der Grundlage des aufgeklärten Eigeninteresses allein nicht lösbar ist.[4]

Modernisierungskritische Kommunitaristen und selbstkritische Liberale vertrauen ihre Einsichten nicht der elaborierten Sprache der Theorien der sozialen Integration an, sondern sie wählen die alte Sprache des Tugendrepublikanismus. Sie wissen, daß die Konstruktionsmuster und Reflexionsformen des dogmatischen Liberalismus ein unzulängliches Beschreibungs- und Bewertungssystem für die innere Struktur von Sozialbeziehungen abgeben; sein allein auf die Klugheitsarrangements einer reflektierten Odysseus-Rationalität setzender rechtfertigungstheoretischer Externalismus macht ihn blind gegenüber den nur aus internalistischer Perspektive aufzuhellenden vielfältigen Facetten des praktischen Lebens in normativen Ordnungen, macht ihn auch blind gegenüber der von ihm aufgrund seiner begründeten Prinzipien notwendig zu fordernden ethischen Parteilichkeit für eine eben diesen Grundsätzen gesellschaftliche Realität verschaffenden politischen Praxis. Der Liberalismus vermag aufgrund seiner auf rechtfertigungstheoretische Zwecke zugeschnittenen Begrifflichkeit seine eigenen Praxis- und Wirklichkeitsbedingungen theoretisch

fertigungspraxis in unserer Kultur stützt, die im Rahmen dieser Rechtfertigungspraxis die Rolle letzter Prinzipien spielen und damit definieren, was im Geltungsbereich dieser Rechtfertigungspraxis als rechtlich-moralische Rationalität und als guter Grund gilt; vgl. zu diesem hier skizzierten Begründungskonzept W. Kersting: »Moralphilosophie und Dezisionismus«, *Ethik und Sozialwissenschaften* 3/1992, S. 17f.; siehe auch in diesem Band Kap. 10.

4 Diese These, daß der modernisierungskritische Kommunitarismus und der selbstkritische Liberalismus konvergieren, beruht auf der anderen, daß die Liberalismus-Kommunitarismus-Kontroverse sich als Lernprozeß rekonstruieren läßt. Ich habe diese These mit unterschiedlichen Akzentuierungen in »Liberalismus und Kommunitarismus« und in »Pluralismus und soziale Einheit« erörtert (siehe Kap. 11 und 13 in diesem Band).

nicht zu beherrschen[5]. Auf den Smithschen Marktautomatismus, der die Reproduktion des Allgemeinen im Rahmen einer Verflechtung nicht-intendierter Nebenwirkungen individuellen Interessenhandelns besorgt, ist kein Verlaß. Die von den Kommunitaristen wiederbelebte Sprache der Einstellungen, Zwecke und Tugenden ist eine dem Nützlichkeitsidiom der Liberalen überlegene Sprache, da sie die internen Beziehungen zwischen der institutionellen Ordnung und den Individuen angemessen darstellen und die Frage nach den motivationalen Voraussetzungen moderner Gesellschaften, d. h. nach den Einstellungen und Verhaltensmustern, die die liberale Gesellschaft in ihren Mitgliedern sowohl um ihrer Kontinuierung als auch um ihrer Verbesserung willen voraussetzen und folglich unaufhörlich herausbilden muß, richtig stellen kann. In der kommunitaristischen Perspektive kann das *neutralistische Selbstmißverständnis* des dogmatischen Liberalismus korrigiert werden. In der kommunitaristischen Begrifflichkeit ist die alte republikanische Einsicht, daß Gesetze und gute Einrichtungen auf die Dauer nichts ausrichten, wenn sie nicht handlungswirksam in der Gesinnung und den Gewohnheiten der Bürger verankert sind, gut aufgehoben. Und der selbstkritische,

5 Dies wird besonders deutlich, wenn wir die von dem philosophischen Liberalismus bevorzugte Argumentationsform des Vertrages betrachten. Das kontraktualistische Argument bietet ein auf der Grundlage des neuzeittypischen normativen Individualismus operierendes allgemeines Rechtfertigungsmodell, welches das Justifikandum – das mögen sein: staatliche Herrschaft, Gerechtigkeitsprinzipien, Verfassungsnormen, Gesetze, moralische Regeln etc. – dadurch rechtfertigt, daß es dies als Ergebnis einer Einigung von Menschen mit bestimmten Eigenschaften unter bestimmten Bedingungen rekonstruiert. Die bei der Darstellung dieses Arguments benutzte anthropologische und soziologische Begrifflichkeit ist gänzlich auf den Rechtfertigungszweck zugeschnitten; in ihm spiegeln sich die normativen Eingangsgrößen der Theorie und das konstruktive Beweisziel. Diese Begrifflichkeit muß versagen, wenn sie sich der Aufgabe konfrontiert sieht, die mit ihrer Hilfe entwickelte normative Grundordnung als Lebensform für wirkliche Menschen zu begreifen und die für die Reproduktion dieser Grundordnung erforderlichen Einstellungen, Sichtweisen und Handlungsmuster zu beschreiben; vgl. dazu W. Kersting: »Die Logik des kontraktualistischen Arguments«, in: V. Gerhardt (Hrsg.): *Der Begriff der Politik. Bedingungen und Gründe politischen Handelns*, Stuttgart 1990, S. 216 f.; ders.: *Die politische Philosophie des Gesellschaftsvertrags*, Darmstadt 1994.

den Tugend- und Erziehungsdiskurs zaghaft wieder aufnehmende Liberalismus hat sich durch sein eigenes gesellschaftspolitisches Werk davon überzeugen lassen müssen, daß Montesquieus Vermutung: die Demokratie sei die anspruchvollste Staatsform und habe ohne politische Tugend und entgegenkommende Gesinnung der Bürger auf die Dauer keinen Bestand, der Wahrheit entspricht.[6]

Zur Erläuterung dieser modernitätstheoretischen Deutungsskizze der Liberalismus-Kommunitarismus-Kontroverse soll die folgende Betrachtung des auffälligen Phänomens der Rückkehr der politischen Tugend, der Bürgertugend in die Diskussion der politischen Philosophie der Gegenwart dienen. Ich beginne mit einer Darstellung der Tugendfeindlichkeit der liberalen Standardtheorie[7] und skizziere dann die Grundzüge einer Liberalismuskonzep-

6 Vgl. Montesquieu, *Vom Geist der Gesetze* III,3; was Montesquieu unter ›Tugend‹ verstand, macht folgende Passage aus den Warren-Adams-Letters deutlich: »There must be a positive Passion for the public good, the public Interest, Honour, Power and Glory, established in the Minds of the People, or there can be no Republican Government, nor any real Liberty: and this public Passion must be Superiour to all private Passions« (zit. nach: G. Stourzh: »Die tugendhafte Republik. Montesquieus Begriff der »vertu« und die Anfänge der Vereinigten Staaten von Amerika«, in: ders.: *Wege zur Grundrechtsdemokratie. Studien zur Begriffs- und Institutionengeschichte des liberalen Verfassungsstaates*, Wien 1989, S. 118).

7 Als liberale Standardtheorie bezeichne ich den in der *rationalistischen* Theorietradition wurzelnden philosophischen Liberalismus; er bringt das Selbstbewußtsein der politischen Moderne auf den Begriff; die revolutionär neue Stellung des Individuums zur Welt der Natur und des Sozialen findet in seinen individualistischen und rationalitätstheoretischen Voraussetzungen und besonders in seiner kontraktualistischen Argumentationsform einen begrifflichen Spiegel von größter konzeptioneller Reinheit. Nur für diesen sich in den Philosophien von Hobbes bis Buchanan historisch ausdifferenzierenden rationalistischen Liberalismus gilt die These von der konstitutionellen, aus der Theorieanlage selbst logisch folgenden Tugendfeindlichkeit. Der in der *empiristischen* Theorietradition beheimatete Liberalismus eines Hume, Adam Smith und John Stuart Mill hingegen ist nicht im mindesten tugendfeindlich. Freilich ist sein Tugenddiskurs keine Fortsetzung des tugendethischen Aristotelismus. Die antiaristotelische Einstellung teilt er mit dem rationalistischen Liberalismus; während dieser jedoch die Tugendethik der Tradition durch eine Interessenethik zum einen und eine externalisti-

tion, die die Tugend rehabilitiert und als selbstkritische Kategorie in ihre Grundbegrifflichkeit aufnimmt.[8]

sche Integrationskonzeption zum anderen ersetzt, für die Tugendkategorie also nicht mehr die geringste Verwendung hat, gibt jener dem überlieferten Tugenddiskurs einen neuen modernitätsadäquaten Inhalt und hält damit an dem mit dem Tugendkonzept verbundenen Interesse an den Bedingungen internalistischer Sozialintegration fest; vgl. Chr. J. Berry: »Adam Smith and the Virtues of Commerce«, in: J. W. Chapman/W. A. Galston (Hrsg.): *Virtue*. Nomos XXXIV, New York 1992, S. 69 f.

8 Eine vollständige Darstellung der Rückkehr der Tugend in der gegenwärtigen praktischen Philosophie muß natürlich auch die Moralphilosophie berücksichtigen, die mit der Rehabilitierung der Tugend begonnen hat und seit MacIntyres *After Virtue* (1981) ein stetig wachsendes Interesse an dieser Zentralkategorie eines vormodernen Moral- und Sozialverständnisses zeigt. Die Gründe für die Wiederaufnahme des Tugenddiskurses liegen in einer zunehmenden Unzufriedenheit mit den deontologischen und teleologischen moralphilosophischen Standardtheorien der Moderne und ihrer prozeduralistischen Verkürzung moralischen Lebens; im Kantianismus wie Utilitarismus schrumpft der Kreis traditionellen ethischen Wissens auf eine *quandary ethics*-Algorithmik; werden die Probleme der moralischen Welt auf Moralepistemologie, das moralische Leben auf eine Handlungssequenz moralischen problembewußten Entscheidens reduziert; vgl. E. L. Pincoffs: *Quandaries and Virtues. Against Reductivism in Ethics*, Lawrence 1986; Michael Slote: *From Morality to Virtue*, Oxford 1992; vgl. auch die Arbeiten von B. Williams und von Martha C. Nussbaum. *Hierzulande ist diese starke Hinwendung zum Tugendkonzept in der moralphilosophischen Diskussion nahezu unbemerkt geblieben*. Die von Annemarie Pieper herausgegebene zweibändige *Geschichte der neueren Ethik* (Tübingen 1992) besitzt die konzeptuelle Abundanz eines überfließenden Bauchladens: was wird dort nicht alles als Ethiktyp präsentiert, selbst ein so merkwürdiges Unternehmen wie eine »Interessenaggregationsethik« – wohlgemerkt: neben utilitaristischen Konzeptionen – ist dort repräsentiert, aber eine Tugendethik, ein ethischer Aristotelismus hat in der Geschichte der neueren Ethik keine Erwähnung gefunden. Natürlich, so könnte man einwenden, hat der ethische Aristotelismus in einer Geschichte der neueren Ethik nichts zu suchen; aber in einer Geschichte der neuesten, der gegenwärtigen Ethik schon. – Welche Mühe der Tugenddiskurs hierzulande seinen Gegnern wie seinen Freunden macht, hat neulich die intellektuell in jeder Hinsicht bejammernswerte Kleinkontroverse zwischen P. Glotz, H. Lübbe und K. Schily in der *ZEIT* gezeigt (1994; Nr. 34, S. 25; Nr. 37, S. 44; Nr. 39, S. 52).

2. Die Metaphysik des Liberalismus

Ich beginne mit einem theoretischen Steckbrief des Liberalismus; damit meine ich das konzeptionelle Geflecht aus Rationalitätsbegriffen, Sozialmodellen und Wertvorstellungen, das die herrschende Grammatik der politisch-kulturellen Selbstverständigungsdiskurse in unseren westlichen demokratischen Industriegesellschaften bildet. Der Liberalismus ist die politische Philosophie des sozial und ethisch ungebundenen Individuums. Die Freiheit des Liberalismus ist die negative Freiheit gleicher Individuen: es ist die Freiheit, innerhalb der Grenzen eines allgemein verträglichen äußeren Freiheitsgebrauchs nur der eigenen Willkür zu folgen und sein Leben autonom zu bestimmen. Die Menschen sind in liberaler Perspektive einander äußerliche Einzelne, die sich lediglich negative Mitmenschlichkeit schulden, die folglich verpflichtet sind, die Grenzen der individuellen Freiheitsparzellen zu respektieren, die jedoch von den weit darüber hinausreichenden moralischen Zumutungen positiver Mitmenschlichkeit und gesellschaftlicher Solidarität befreit sind. Denn, wie Margaret Thatcher einst bündig formulierte: »*There is no such thing as society*«; und damit hatte sie sowohl eine ontologische als auch eine normative These im Sinn.[9]

Die individualistische Sozialtheorie begreift gesellschaftliches Leben als Assoziation, Aggregation und Kooperation; ihre Vergesellschaftungsformen stützen sich teilweise auf das Konzept der individualistischen Rationalität, teilweise auf das Konzept der universalistischen Rationalität. Da ist zum einen die *egalitäre marktförmige Vergesellschaftung* auf der Grundlage des komplementären Interesses und des Austauschs; sie dient der Sicherung und Verfeinerung der materialen Reproduktion der Individuen durch die Etablierung eines arbeitsteiligen Systems gesellschaftlicher Kooperation. Die Standardvernunft der Handlungskoordination der Individuen des Liberalismus ist die ökonomische Rationalität. Die gesellschaftlichen Verhältnisse basieren also auf dem strategischen Kalkül der wechselseitigen Instrumentalisierung komplementärer Interessen. Die soziale Vernetzung der Individuen wurzelt in einer Kooperation zu wechselseitigem Vor-

9 Vgl. J. Kingdon: *No Such Thing As Society? Individualism and Community*, Buckingham 1992.

teil. Die ihr eingeschriebene Reziprozität beruht auf der Anerkennung des gleichen Freiheitsrechts des anderen und der wechselseitigen Unterstellung strategischer Rationalität. *Man rechnet miteinander.* Da ist zum anderen die *staatlich-rechtsförmige Vergesellschaftung*, die die Sicherheit der Menschen garantiert und die Freiheitspositionen der Individuen und die Formen des Leistungstauschs durch Verrechtlichung stabilisiert und die Handlungskoordination auf das Verhaltensmuster strategischer Anpassung stützt. Den utopischen Fluchtpunkt der marktförmigen Vergesellschaftung bildet die Vorstellung eines vollkommenen Marktes, eines sich selbst perpetuierenden Austauschsystems, das selbsterhaltungsfähig ist und keiner externen politischen Stabilisierung bedarf; das den gesamten Koordinationsbedarf dieses Systems intern decken kann und die soziale Kohärenz ohne jeden institutionellen Außenhalt, durch spontane Harmonisierung der individuellen Interessen- und Freiheitsfunktionen gewährleistet. Die Protagonisten dieser Utopie sind geschichtslose Nutzenmaximierer von geradezu monadischer Selbstzentriertheit; also präsoziale Wesen, die die komplexen und heterogenen Motivationsbündel der konkreten, in geschichtlich-gesellschaftlichen Denk- und Lebensverhältnissen handelnden Menschen auf die Eindimensionalität rationaler Nutzenmaximierung reduziert haben. Das universalistische Gegenstück dieser individualistischen Marktutopie ist der postsoziale Diskurs; in der utopischen Welt des Diskurses lebt der Zwillingsbruder des vorsittlichen *homo oeconomicus*, der von allen Obligationsprofilen und Loyalitäten partikularer Gemeinschaften abstrahierende, sich in die individuelle und kollektive Charakterlosigkeit einer differenzfreien Jedermannsposition emporschwingende heimatlose Vernunftmensch. Er ist die Idealversion des zur reflexiven Distanzierung der eigenen Interessen und lebensweltlichen Bindungen aufgeforderten modernen moralischen Subjekts.

Der Liberalismus betrachtet Sozialformationen als Produkte individueller Kooperation. Sein Vergesellschaftungskonzept folgt darum dem Vertragsmodell: komplementäre Interessenlagen verabreden Kooperationsbeziehungen. Der Kommunitarist macht nun geltend, daß die präsozialen Individuen des Liberalismus Chimären seien, gesellschaftlich unvermittelte Individuen nur in der Gedankenretorte der Theoretiker existierten; daß wirkliche Menschen immer schon in einer bestimmten Gesellschaft leben würden und sich durch verschiedene Zugehörigkeiten zu vorgegebenen Gemeinschaften und durch die fraglose Anerkennung ihrer unterschiedlichen Obligationsprofile definieren würden. Es sei von der Vorgängigkeit des Gesellschaftlichen, des vielfältig in sich gestuften, also unterschiedliche Gemeinschaften zusammenbindenden Gesellschaftlichen auszugehen. Damit sei es auch notwendig, ein anderes, wirklichkeitsangepaßtes Menschenbild zugrunde zu legen, ein Menschenbild, das die Individuen nicht in abstraktiver Distanz von allem Verbindlich-Gemeinschaftlichen lokalisiere, sondern sie aus einer internen Perspektive begreife, aus der Perspektive ihres eigenen lebensweltlichen Selbstverständnisses. Statt die wertintegrative Gemeinschaftszugehörigkeit zugunsten einer teils naturalistischen Reduktion auf selbstische Interessenlagen, teils moralisch-universalistischen Transzendierung ins Allgemeinmenschliche aufzulösen, sei der Mensch gerade in dieser empirisch-geschichtlichen Mitte seiner konkreten Sozialität auszusuchen, jenseits aller natürlichen Präsozialität und diesseits aller moralischen Postsozialität.[10]

3. Rechtfertigung und Motivation im Liberalismus

Kant hat in seiner *Friedensschrift* gemeint, daß das »Problem der Staatserrichtung ... selbst für ein Volk von Teufeln ... auflösbar« sei, »wenn sie nur Verstand haben«[11], und mit diesem drastischen Bild der grundlegenden Überzeugung des Liberalismus einprägsamen Ausdruck gegeben, daß alle erforderlichen sozialen Integrationsaufwendungen aus dem motivationalen Fond des aufgeklärten Eigeninteresses bestritten werden könnten, daß die rechtlichen Ordnungsnormen des Liberalismus zur Sicherung ihrer Wirklichkeit, Stabilität und Kontinuität nicht mehr als Klugheit und reflektiertes Selbstinteresse verlangten. Rechtfertigungskonzept und Integrationskonzept spiegeln einander: der Liberalismus beruht auf einer genauen Korrespondenz zwischem einem nor-

10 Die von mir zum Zweck der Charakterisierung der individualistischen und universalistischen Menschenkonzepte verwandten Begriffe der Präsozialität und Postsozialität habe ich von M. Walzer übernommen; vgl. M. Walzer, »The Communitarian Critique of Liberalism«, a.a.O., S. 21.

11 Kant: *Zum ewigen Frieden*, Akad.-Ausg. VIII, S. 366.

mativen Minimalismus der universalistischen und prozeduralistischen Gerechtigkeitstheorie und einem motivationalen Minimalismus der Verwirklichungstheorie. Er ist die Philosophie der metaphysischen und praktischen Minimalbeanspruchung. Der durch erzwingbares Recht geordnete soziale Frieden ist eine allgemeine Vorteilsdistribution, und um sich den Bedingungen zu unterwerfen, die die Wirklichkeit dieser für jedermann vorteilhaften Ordnung garantiert und ihre Aushöhlung durch *free-rider*-Parasitismus verhindert, ist keinerlei moralische Disziplinierung, kein Gemeinsinn, keine Tugendhaftigkeit der Bürger vonnöten. Das Integrationsprogramm des Liberalismus basiert auf einem motivationalen Externalismus, der alle Disziplinierungskosten dem rationalen Zusammenspiel von zwangsbewehrter Rahmenordnung, Anreizsystem und strategischer Anpassung überträgt. Mit großer Genugtuung haben frühe liberale Denker die politische Gemeinschaftsordnung mit privatrechtlich organisierten Wirtschaftsbetrieben, vornehmlich aus der Versicherungsbranche, verglichen: bei Brandkassen, Assekuranzanstalten, Rechtsversicherungsorganisationen und Aktiengesellschaften bedarf es keiner Tugend, nur kluger Interessenverwaltung.

Der dogmatische Liberalismus glaubt an die konstruktive Kraft des reflektierten Interesses, an die produktive List des sich selbst bindenden Egoismus; er ist davon überzeugt, daß er keiner Tugend bedarf. Sein alle Disziplinierungsanstrengungen externalisierendes rationales Ordnungsarrangement entspricht genau dem staatlichen Maschinenwerk, das nach Montesquieus Überzeugung besonders in der Monarchie perfekt zur Sicherung des inneren Friedens gehandhabt wird: der Staat als zugleich Befreier und Meister der Interessen. »In den Monarchien bringt die Politik die wichtigen Dinge mit sowenig wie möglich Tugend zuwege. Ähnlich besteht bei schönen Maschinen die Kunst gerade darin, sowenig wie möglich Triebwerk, Energie und Räder zu verwenden. Der Staat behauptet sich unabhängig von Vaterlandsliebe, echter Ruhmesbegier, Selbstüberwindung, Opferung der Lieblingsinteressen und allen jenen heroischen Tugenden, denen wir bei den Alten begegnen, während wir davon lediglich haben reden hören. Die Gesetze treten hier an die Stelle all jener Tugenden, deren man nicht mehr bedarf. Deren enthebt euch der Staat«.[12]

12 Montesquieu, *Vom Geist der Gesetze* III,5; Montesquieu bildet in sei-

4. Die Tugendfeindlichkeit der liberalen Standardtheorie

Der Liberalismus glaubt aber nicht nur, der sozialintegrativen Leistung der Bürgertugend unbedürftig zu sein, er ist darüberhinaus dezidiert tugendfeindlich. Im tugendethischen Partikularismus konzentrieren sich theoretische und praktische Einstellungen, mit denen der klassische Liberalismus bewußt gebrochen hat. Würde er die Tugend in seine Theoriesprache aufnehmen, dann würde sie sein konzeptionelles Grundgefüge gänzlich durcheinanderbringen. Der dogmatische Liberalismus kann dem Tugendbegriff keinen Platz einräumen, weder dem perfektionistischen noch dem funktionalistischen Tugendbegriff.[13]

Unter perfektionistischen Tugenden verstehe ich intrinsisch wertvolle Tugenden; unter funktionalistischen Tugenden verstehe ich instrumentell nützliche Tugenden. Instrumentelle Tugenden setzen einen formalen Begriff des Guten voraus, relativ zu dem sich bestimmte Fähigkeiten und Fertigkeiten als dienlich erweisen lassen. Von intrinsisch wertvollen Tugenden können wir hingegen nur dann sprechen, wenn wir einen humanistischen Essentialismus zugrundelegen, eine substantielle, normativ gehaltvolle Konzeption menschlicher Natur, die es erlaubt, gelingende und glükkende Weisen des Menschseins von mißglückten und verfehlten menschlichen Lebensweisen zu unterscheiden, die es also gestattet, menschliche Eigenschaften, Fähigkeiten und gesellschaftliche Lebensumstände daraufhin zu befragen, ob und inwieweit sie der Vervollkommnung der menschlichen Natur dienlich sind. Tauglichkeiten, die als konstitutive Dimensionen geglückten Menschseins ausgemacht werden können, sind intrinsisch wertvoll und von universeller Geltung. Und im nationalstaatlichen wie im internationalen Bereich haben geeignete gesellschaftliche und politi-

nem Monarchieporträt den modernen absolutistischen Staat ab, gegen den seine im Ständestaat der alten Freiheiten verankerte Gewaltenteilungskonzeption gerichtet ist; vgl. W. Kersting, *Wohlgeordnete Freiheit*, Frankfurt 1993, 395 f.

13 Zu Fragen der Typologie und Erkenntnistheorie der Tugenden vgl. P. French/Th. E. Uehling, Jr./ H. K. Wettstein (Hrsg.), *Ethical Theory: Character and Virtue, Midwest Studies in Philosophy. Volume* XIII, Notre Dame 1988; J. W. Chapman/W. A. Galston (Hrsg.), *Virtue. Nomos* XXXIV. Yearbook of The American Society for Political and Legal Philosophy, New York 1992.

sche Institutionen durch wirksame Erziehungs-, Entwicklungs- und Rechtssicherungsprogramme für die Ausbildung und Förderung der Fähigkeiten und Tauglichkeiten zu sorgen, die ein menschliches Leben aufweisen muß, damit es ein gutes Leben genannt werden kann[14]: die politischen Implikationen dieses humanistischen Essentialismus sind weitreichend und ohne einen beherzt umverteilenden Staat mit ethischer Gestaltungslust nicht zu implementieren.

Der Liberale ist ein Skeptiker; er hat sich in seiner Epistemologie von allen metaphysischen Verpflichtungen befreit. Der Blick, den er auf die Dinge und die Menschen wirft, ist ein Tatsachenblick; in seiner Welt gibt es keine Wesensnaturen mehr; Allgemeingültiges über die menschliche Natur wird für ihn allenfalls in der Humanbiologie gefunden. Einem normativ gehaltvollen Konzept menschlicher Natur mißtraut er; essentialistische Positionen sind für ihn hochgradig ideologieverdächtig. Sein konsentisches Legitimationskonzept verlangt, die freiheitseinschränkenden Handlungen des Staates auf allgemein zustimmungsfähige Gründe zu stellen, und die bietet nur das Recht, nicht das strittig gewordene Gute. Das Gute muß aus der Mitte des politischen Lebens entfernt und radikal privatisiert werden; der Staat kann unter modernen Bedingungen nicht als allgemeinmenschliche Glücksagentur handeln. Nach dem Nominalismusschock der Moderne existiert das Gute nur noch im Plural, angesichts dessen der legitimationsinteressierte Staat sich auf eine neutrale Position jenseits aller menschlichen Selbstentwürfe und Konzeptionen guten Lebens begeben muß. In dem Maße, in dem die Sittlichkeitsmilieus der Traditionswelt unter den Individualisierungs- und Pluralisierungswirkungen der Modernisierung verblassen, in dem Maße di-

14 Martha C. Nussbaum vertritt eine solche substantielle Theorie des guten menschlichen Lebens; vgl. M. S. Nussbaum, »Non-Relative Virtues: An Aristotelian Approach«, *Midwest Studies in Philosophy Volume* XIII. Ethical Theory: Character and Virtue, Notre Dame 1988, S. 32 f.; dies., »Human Functioning and Social Justice: In Defense of Aristotelian Essentialism«, *Political Theory* 20 (1992), S. 202 f. Zur Theorie von M. C. Nussbaum vgl. D. A. Crocker, »Functioning and Capability. The Foundations of Sen's and Nussbaum's Development Ethic«, *Political Theory* 20 (1992), S. 584 f.; Chr. Scherer, »Martha Nussbaums Fähigkeiten-Ethik«, *Deutsche Zeitschrift für Philosophie* 41 (1993), S. 905 f.

vergieren die Vorstellungen glückenden und gelingenden Lebens. Der Mensch verschwindet hinter den Menschen. Die konzentrierende Kraft des Guten weicht den zentrifugalen Kräften der individuellen Autonomie; und die tugendethische Verwirklichung gelingenden Lebens weicht den Kalkulationen der rationalen Interessenverwaltung. Der Liberalismus hat für die Tugend keine Verwendung mehr: für die perfektionistischen Tugenden nicht, weil er jeden Essentialismus ablehnt und einen normativ gehaltvollen Begriff der allgemeinen menschlichen Natur für eine semantische Luftspiegelung hält, und für die funktionalistischen Tugenden nicht, weil er deontologischer Universalist ist und von der Unmöglichkeit eines allgemein anerkennungsfähigen Konzepts des Guten, dessen Implementierung sich Staat und Gesellschaft verschreiben müßten, überzeugt ist.

Überdies widerstreitet der Tugendbegriff dem liberalen Freiheits- und Rationalitätsideal: Tugenden sind in Fleisch und Blut übergegangene, also habitualisierte sozialfreundliche und gemeinschaftsaffirmative Verhaltensdispositionen, deren Selektionsleistung präreflexiv erfolgt; und genau darum ziehen sie die Kritik des Liberalen auf sich. Denn der Liberale, sowohl der den Interessebegriff ins Zentrum stellende Individualist als auch der den Freiheitsbegriff ins Zentrum stellende Autonomist, verlangt eine reflexive Distanzierung der Verhaltensgewohnheiten und fraglos anerkannten Wertorientierungen: ihre nutzenkalkulatorische Brauchbarkeitsprüfung setzt ebenso wie ihre autonome Geltungsüberprüfung ihre reflexive Entfremdung voraus. Eine sich an emanzipatorischen Vorstellungen orientierende Erziehungskonzeption muß konsequenterweise unpolitisch und privatistisch werden und politisch-sittliche Tugenden als Selbstverwirklichungshindernisse ablehnen.

5. Die Charakterlosigkeit des ›principe nuovo‹

Die radikalste Darstellung dieses Spannungsverhältnisses zwischen tugendethischer Orientierungsfestigkeit und rationaler Interessenverfolgung findet sich übrigens weit vor der Zeit der neuzeitlichen politischen Philosophie; nämlich in Machiavellis Portrait des »principe nuovo«, der als charakterloser und vorurteilsfreier Reflexions-, Rationalitäts- und Distanzierungsvirtuose zu allen Handlungsoptionen in Äquidistanz steht und bei der Suche nach der nutzenmaximalen Alternative durch keine tugendethischen Festlegungen gehindert wird. Der Fürst, so schreibt Machiavelli zum hellen Entsetzen der ganzen tugendethischen Zunft, müsse die »Fähigkeit erlernen, nicht gut zu sein, und diese anwenden oder nicht anwenden, je nach dem Gebot der Notwendigkeit«[15]; er müsse »eine Gesinnung haben, aufgrund derer er bereit ist, sich nach dem Wind des Glücks und dem Wechsel der Umstände zu drehen und ... vom Guten so lange nicht abzulassen, wie es möglich ist, aber sich zum Bösen zu wenden, sobald es nötig ist«[16]. *Wenn das Neue noch keinen Namen hat, kann es sich nur am Alten zeigen, als Spannung, Widerspruch, Paradoxie*: was Machiavelli hier als Gesinnung der Gesinnungslosigkeit, als Charakter der Charakterlosigkeit beschreibt, bezeichnen wir als optimale Rationalität. Für den Machiavellischen Politiker ist Tugendhaftigkeit schädlich, da sie seine Beweglichkeit einschnürt, sein Handlungsrepertoire verkleinert und damit seine Handlungsmächtigkeit mindert.[17] *Tugenden sind Voreingenommenheiten, praktische Vorurteile*. Dem Tugendhaften stehen Handlungsweisen nicht mehr zur Verfügung, die seinen Charakter- und Handlungsgewohnheiten widerstreiten; sie sind seiner Disposition entglitten. Das wird er freilich nicht als Freiheitseinbuße empfinden, da seine Tugendhaftigkeit ihn als aktives und integriertes Mitglied einer allgemein anerkannten und als wertvoll angesehenen Lebensform aufweist. Wenn das Individuum jedoch aus diesen sozialen Zusammenhängen heraustritt, wenn die Menschen die Welt der Natur und des Sozialen nur noch aus der Perspektive der Nützlichkeit betrachten, dann sind Tugenden, Gewohnheiten und moralische Überzeugungen nur Hindernisse einer freien, rationalen und unvoreingenommenen Eignungsprüfung der Dinge, Menschen und Institutionen.

Diesem interesseabsolutistischen Mittelvirtuosen des Liberalismus der individualistischen Rationalität korrespondiert im Lager des Liberalismus der universalistischen Rationalität der argumen-

15 Niccolò Machiavelli: *Il Principe/Der Fürst*. Italienisch-deutsch. Übersetzt und herausgegeben von Ph.Rippel, Stuttgart 1986, S. 119.

16 Ebd., S. 139.

17 Vgl. W. Kersting: »Handlungsmächtigkeit – Machiavellis Lehre vom politischen Handeln«, *Philosophisches Jahrbuch* 95 (1988), S. 235 f.; ders., *Niccolò Machiavelli*, München 1988, S. 86 f.

tationsabsolutistische Kritikvirtuose. Wie jener alle überkommenen Werte und Zwecke instrumentalisiert und vor das Tribunal seiner Interessendienlichkeit zerrt, so problematisiert und delegitimiert dieser alle Traditionen, Konventionen und Üblichkeiten und zieht sie vor das Tribunal diskursiver Geltungsüberprüfung. Beide müssen Tugenden als Freiheitsbarrieren und Rationalitätsfesseln betrachten. Jenem könnten sie Mittel verstellen und damit die Grundlage seiner rationalen Interessenverwaltung schmälern; diesem könnten sie tradierte Institutionen, Üblichkeiten und überlieferte Koordinationsmuster dem Problematisierungszugriff entziehen und damit das Feld der Geltungskritik einengen.

6. Selbstkritik und Ethisierung des Liberalismus

In der gegenwärtigen politisch-kulturellen Orientierungsdebatte der politischen Philosophie hat sich der Liberalismus unter dem Eindruck der kommunitaristischen Einwände einer umfassenden Selbstprüfung unterziehen müssen. Er ist selbstkritisch geworden und weicht in drei Punkten von der Konzeption des dogmatischen Liberalismus der klassischen politischen Philosophie der Neuzeit ab. Er hat den Verzicht auf eine Theorie des Guten als neutralistisches Selbstmißverständnis erkannt und entwickelt eine mit den Grundlagen des normativen Individualismus kompatible Konzeption des Guten. Damit ist, zweitens, eine Rehabilitierung der Tugend verbunden; und diese zieht, drittens, eine Wiederaufnahme des Themas der politischen Erziehung nach sich.[18] Mit einem Wort: die Selbstkritik des Liberalismus führt zu seiner Ethisierung. Es ist evident, daß diese drei Punkte eng zusammengehören; sie bilden die Syntax des Tugendarguments. Ein Tugendargument besteht immer aus drei Teilen: sein logisches Fundament bildet eine Theorie des Guten; sein Herzstück ist die Theorie der Tugenden, in der die für die Realisierung und dauerhafte Wirklichkeit des Guten funktional erforderlichen Einstellungen, Tüchtigkeiten und charakterlichen Dispositionen bestimmt wer-

18 Vgl. W. A. Galston: *Liberal Purposes. Goods, Virtues, and Diversity in the Liberal State*, Cambridge 1991; ders.: »Liberal Virtues«, *American Political Science Review* 82 (1988), S. 1277; St. Macedo: *Liberal Virtues. Citizenship, Virtue, and Community in Liberal Constitutionalism*, Oxford 1990.

den; und sein Abschluß wird durch eine Erziehungskonzeption gebildet, in der die sozialen und politischen institutionellen Arrangements bedacht werden, die zur Herausbildung der Tugenden unerläßlich sind.[19]
Der Themenbereich, auf dem die Einwände der Kommunitaristen ihre kritische Wirkung entfalten, ist der Themenbereich der sozialen und politischen Integration, der Themenbereich der praktischen Verwirklichung des Liberalismus, der Stabilisierung und Kontinuierung liberaler, demokratischer Gesellschaften. Die Lektion, die der Kommunitarist hier dem Liberalen zu geben weiß, hat Machiavelli bereits in seinen *Discorsi* formuliert; auch Montaigne und Tocqueville können als Vorläufer der zeitgenössischen Liberalismuskritik gelten: ohne Tugend der Bürger muß auch ein republikanisches Gemeinwesen mit den besten Einrichtungen und Gesetzen verkümmern;[20] ohne Tugend der Bürger wird keine Demokratie Bestand haben. Liberale wissen heute, daß Kant sich geirrt hat und der »souveräne Grund des Rechts« allein keine Gesellschaft macht, da jede Gesellschaft, insbesondere aber die von den zentrifugalen Kräften der freigesetzten Besonderheit zerdehnte, unter den Strapazen des Individualismus ächzende moderne Gesellschaft, zur Sicherung ihres Zusammenhalts ethische Gemeinsamkeiten braucht, einen kollektiv verbindlichen und darum verbindenden Wert- und Überzeugungshorizont, der einstellungs- und identitätsbildende Wirksamkeit entfaltet und damit

19 In seiner syntaktischen Struktur gleicht das triadische, dem Exekutionskontext angehörende Tugendargument genau dem triadischen, dem Dijudikationskontext angehörenden kontraktualistischen Argument, das den begrifflichen Rahmen für die Rechtfertigungstheorie des philosophischen Liberalismus bereitstellt; vgl. W. Kersting: »Die Logik des kontraktualistischen Arguments«, a.a.O.; ders.: *Die politische Philosophie des Gesellschaftsvertrags*, a.a.O. Beide Argumente lassen sich mühelos verketten: das Ergebnis des rechtfertigungstheoretischen Vertragsarguments muß nur das Fundament des Tugendarguments bilden und als politisches Gut betrachtet werden, um dessen Verwirklichung und Erhaltung man sich Gedanken machen muß.

20 Zur republikanischen Tradition der politischen Tugend vgl. H. Münkler: »Die Idee der Tugend. Ein politischer Leitbegriff im vorrevolutionären Europa«, *Archiv für Kulturgeschichte* 73 (1991), S. 379 f.; ders.: »Politische Tugend. Bedarf die Demokratie einer sozio-moralischen Grundlegung?«, in: ders. (Hrsg.), *Die Chancen der Freiheit. Grundprobleme der Demokratie*, München 1992, S. 25 f.

in dem Wissen, Wollen und Handeln der Subjekte ebenso Wirklichkeit gewinnt, wie diese ihrerseits in dem institutionell verfaßten gesellschaftlichen Sein die Bedingungen eines freien Lebens vorfinden. Weil Stabilität und Kontinuität von Gemeinschaften, Sozialformen und institutionellen Gefügen bejahender Einstellungen und aktiver, aus einem grundsätzlichen Einverständnis erwachsender Unterstützung seitens der Bürger bedürfen, muß der Liberalismus sein neutralistisches Mißverständnis aufgeben und die durch ihn normativ ausgezeichnete menschenrechtliche Freiheitsordnung selbst als ein zu bewahrendes Gut betrachten und das Programm einer normativen sozialen Integration entwickeln. Er darf sich durch seine eigenen Kategorien nicht länger narren lassen und muß sich als Grammatik einer Lebensform erkennen, die zwar innerlich universalistisch ausgerichtet ist, gleichwohl aber in Konkurrenz mit anderen, zumal weniger modernitätsaffirmativen Lebensformen steht und folglich partikularen Charakters ist. Der Liberalismus, der sich seit Hobbes als universeller Makler, allvermittelnder Moderator und unparteiischer Schiedsrichter begreift und gerade in dieser friedensstiftenden Funktion den Grund seiner *Modernitätstauglichkeit* erblickt, ist im kulturellen Hegemoniespiel der Lebensformen nur ein Mitspieler. Das einzusehen verlangt eine ethische Parteilichkeit für eine politische Praxis, die den liberalen Prinzipien auch gegen den Widerstand eines aufbegehrenden Antiliberalismus Geltung und gesellschaftliche Realität verschaffen kann.

7. Der Liberalismus als Theorie des Guten

Der selbstkritische Liberalismus entwickelt eine an Kant erinnernde Strategie und schlägt den Weg einer *trotzigen*, der *zwecklosen Welt trotzenden Autoteleologisierung* ein: wie in der Kantischen Moralphilosophie sich der Mensch angesichts des Verschwindens der verbindlichen, handlungsleitenden Zwecke aus der natürlichen Welt selbst als Zweck ausruft, erklärt im belehrten Liberalismus das eben diesen Zerfall aller teleologischen Objektivität ordnungspolitisch reflektierende liberale Gemeinwesen sich selbst zum verbindlichen, handlungsleitenden Zweck.[21] Und wie

21 Zur Bedeutung dieser Autoteleologisierungsstrategie in einer Welt

die Selbstzweckhaftigkeit des Menschen eine moralische Überformung der empirisch-kontingenten Zwecklandschaft der Menschen verlangt, fordert das sich selbst als allgemeines Gut verstehende liberale Gemeinwesen Bürgersinn und politisch rücksichtsvolles Handeln. Damit die liberale politische Lebensform gesellschaftliche Realität wird, bedarf es neben der gesicherten sozialen Geltung des institutionellen Rahmenwerks des liberalen Staates einer breiten affirmativen Identifizierung der Bürger mit der liberalen Lebensform und einer parteilichen Solidarität mit dem liberalen Ethos. Das, was bislang nur Mittel war, um die individuellen Vorstellungen eines sinnvollen Lebens zu realisieren, und eine sich zunehmend individualisierende Gesellschaft im Rahmen hielt, soll jetzt Zweckqualität bekommen und als Integrationsfokus wirksam werden. Insofern sich der Liberalismus wie jede normative Theorie um Verwirklichung bemüht, muß er sich auch in der Sprache der Tugenden und Werte artikulieren und von seinen Bürgern eine gemeinsame aktive Unterstützung der liberalen Kultur und einen von liberalen Werten geleiteten Gemeinsinn verlangen. Mit einem Wort: wenn ein liberales Gemeinwesen über seine Bestandsvoraussetzungen und Kontinuitätssicherung reflektiert, muß es die Sprache des Guten, der Einstellungen und der Tugenden sprechen, muß es sich selbst als eine wertintegrierte Gemeinschaft begreifen. Verbunden ist damit die Wiedereinführung des Erziehungsthemas in die politische Theorie, denn allein durch Erziehung können sich die liberalen Tugenden herausbilden, die Fertigkeiten, Einstellungen und Handlungsmuster, die für die Sicherung und Kontinuierung einer liberalen Lebensform funktional unerläßlich sind. War die klassische politische Philosophie immer auch eine Philosophie der Tugenderziehung, so fand in den Reflexionsformen, in denen sich die entstehende politische Moderne über sich verständigte, die politische Erziehung keinen Raum mehr. Im Gegenteil, die neuzeitliche politische Theorie ist dem Gedanken der politischen Erziehung gegenüber überaus feindlich eingestellt und reagiert mit größter Heftigkeit auf eine erziehende Politik.[22]

ohne objektive Zwecke vgl. U. J. Wenzel, *Anthroponomie. Kants Archäologie der Autonomie*, Berlin 1992; dazu meine Besprechung: »Kants Archäologie der Autonomie. Zu Uwe Justus Wenzel: Anthroponomie«, *Archiv für Rechts- und Sozialphilosophie* LXXX (1994).

22 Daß politische Ordnungen mehr sind als im souveränen Klugheitsur-

»It matters that we speak the language of rights, interests, and preferences rather than the language of virtues, character formation, and telos. Electing to speak in terms of ends rather than values, virtues rather than rights, judgments rather than preferences, would make a difference, and not just theoretically but also practically. It matters politically whether we are under the sway of a political discourse that privileges Kantian notions of the fortressing of individual rights, or conversely, one that privileges Aristotelian notions of the socialized building of character«[23]. Neo-Aristoteliker wie Ronald Beiner müssen sich davor hüten, den Kantischen Fehlschluß durch einen Aristotelischen Fehlschluß zu ersetzen. Ebensowenig, wie die normativen Orientierungen des Liberalismus das Tugendkonzept a limine aus der Theoriesprache des Liberalismus verbannen, ebensowenig schließt die Wahl der Tugendsprache die normativen Orientierungen des Liberalismus grundsätzlich aus.[24] Gerade weil hier Vereinbarkeit besteht, hat der Liberalismus auch die Chance, durch Selbstkritik zu lernen. Der selbstkritische Liberalismus weiß, daß die Werte der liberalen Ordnung mit dem Tugendkonzept kompatibel sind[25], er weiß zudem, daß es einer ganz bestimmten, auf

teil aufgeklärter Egoisten verankerte Koordinationsordnungen und einer affirmativen Einstellung der Bürger bedürfen, wird in krisenanfälligen Zeiten auffällig. Und es ist kein Zufall, daß in den Krisenperioden der politischen Moderne das Nachdenken über eine politische , sich an Gemeinschaftswerten orientierende Erziehung besonders laut wird: ja, man kann geradezu die Formulierung eines politpsychologischen Gesetzes wagen: *je krisenhafter die Verhältnisse, desto lauter der Ruf nach einer die Krisenerscheinungen durch geeignete Internalisierungsleistungen abfedernden Gemeinschafs-, Wert- und Tugenderziehung. Je stabiler die Verhältnisse, umso ungehemmter die Neigung, die Spannung zwischen den Affirmationsbedürfnissen der Gemeinschaft und dem Selbstverwirklichungsbegehren der Individuen bis zum Zerreißen zu bringen.*

23 Ronald Beiner: »The Moral Vocabulary of Liberalism«, in: Chapman/Galston (Hrsg.), *Virtue. Nomos* XXXIV, New York 1992, S. 173.

24 Vgl. St.Macedo: »Charting Liberal Virtues«, in: Chapman/Galston (Hrsg.), *Virtue. Nomos* XXXIV, New York 1992, S 204 f.; ders.: *Liberal Virtues. Citizenship, Virtue, and Community in Liberal Constitutionalism*, Oxford 1990.

25 Dafür argumentiert J. Budziszewski: *The Resurrection of Nature: Political Theory and the Human Character*, Ithaca 1986.

diese Werte zugeschnittenen, sie internalisierenden liberal-bürgerlichen Tüchtigkeit bedarf, um das riskante Freiheitsexperiment der demokratischen Moderne vor den beiden komplementären Gefahren des sich verabsolutierenden Selbstinteresses einerseits und des militanten Fundamentalismus andererseits zu bewahren. Mühelos läßt sich aus der politischen Ordnung des Liberalismus ein Bürgerideal ableiten, das in seinem Denken, Reden und Handeln für die Werte des Liberalismus, für die Prinzipien der Gerechtigkeit und Autonomie, für den menschenrechtlichen Egalitarismus der wechselseitigen Achtung, für die politische Selbstbestimmung der Bürger einer historisch gewachsenen politischen Gemeinschaft eintritt. Und jenseits aller vernünftigen Meinungsverschiedenheiten ist fraglos ein Konsens darüber zu erzielen, welche Verhaltensmuster und Charakterformationen, welche Einstellungen und Loyalitäten die Mitglieder einer liberalen demokratischen Gemeinschaft in einer hinreichend überwiegenden Mehrheit besitzen müssen, damit diese Gemeinschaft kontinuierlichen Bestand hat, welche politisch-erzieherischen Maßnahmen getroffen werden müssen, damit diese liberal-bürgerlichen Tugenden sich in den in der Gemeinschaft Heranwachsenden ausbilden, und wie der Bereich des allgemeinen Lebens und der demokratischen Öffentlichkeit politisch befestigt werden kann, damit er sich gegen die expansiven Tendenzen des privatisierenden Marktes und der entmündigenden Bürokratie gleichermaßen behaupten kann.[26]

26 Es versteht sich, daß dieses Schema beträchtlicher Differenzierung bedarf; nicht nur ist eine inhaltliche Bestimmung der liberalen Tugenden notwendig, die den einzelnen gesellschaftlichen und politischen Systembereichen zuzuordnen sind und als soziale, ökonomische und politische Tugenden unterschieden werden können, wobei bei letzteren zwischen Bürgertugenden und Politikertugenden noch zu trennen wäre; erforderlich ist auch eine Bestimmung der intrinsischen Tugenden, die einen liberalen Menschen ausmachen und sich auf die Dimensionen einer rationalen, kritischen, freien und selbstbestimmten Lebensführung beziehen. Weiterhin gehört es zur Aufgabe einer Theorie der liberalen Tugenden, ihr internes, oft spannungsvolles Verhältnis zu klären und ein Konzept der liberalen Erziehung zu entwickeln, die den Erfordernissen einer Ausbildung der instrumentellen und der intrinsischen Tugenden gleichermaßen gerecht wird, gleichermaßen Bürger und autonome Menschen heranbildet: »I cannot imagine a line of inquiry of greater significance for the conduct – and the fate – of liberal societies« (W. Galston, »Liberal Virtues«, a.a.O., S. 1288).

13. Pluralismus und soziale Einheit

In einem Zusatz zum § 156 der *Rechtsphilosophie* Hegels heißt es: »Das Sittliche ist nicht abstrakt, wie das Gute, sondern in intensivem Sinne wirklich. Der Geist hat Wirklichkeit, und die Akzidenzen derselben sind die Individuen. Beim Sittlichen sind daher immer nur die zwei Gesichtspunkte möglich, daß man entweder von der Substantialität ausgeht, oder atomistisch verfährt und von der Einzelnheit als Grundlage hinaufsteigt: dieser letztere Gesichtspunkt«, so fährt Hegel fort, »ist geistlos, weil er nur zu einer Zusammensetzung führt, der Geist aber nichts einzelnes ist, sondern Einheit des Einzelnen und Allgemeinen«. Die Entscheidung zwischen diesen Gesichtspunkten ist überaus folgenreich: mit der Wahl der Ausgangslage sind Festlegungen auf den Problemgebieten der politischen Anthropologie und der Gesellschaftstheorie verbunden; die Frage, welche Vergesellschaftungsmedien in der Theorie berücksichtigt werden können, wird durch sie genauso verbindlich vorentschieden wie die Frage nach den Prinzipien der normativen Integration. Darum ist es auch nicht überraschend, daß der Streit darüber, welche dieser beiden entgegengesetzten Verfahrensweisen die angemessene Methode der politischen Philosophie beschreibt, ein systematisches Leitmotiv der nun schon bald ein Vierteljahrhundert währenden Kontroverse zwischen den Liberalen und den Kommunitaristen bildet. Während der Liberalismus »atomistisch« verfährt und die Individuen als sozial ungebundene Interessenten und Rechtsträger zur Grundlage aggregativ-sekundärer Vergesellschaftungsprozesse macht, geht der Kommunitarismus von der »Substantialität«, von der vorgefundenen Gemeinschaftlichkeit aus und stellt die konstitutive Bedeutung der gesellschaftlichen Vermitteltheit aller Individualisierungsprozesse heraus.

1. Vermittlungspositionen in der Liberalismus-Kommunitarismus-Kontroverse

Gegenwärtig freilich, so scheint es jedenfalls, ist der Lernprozeß aller Beteiligten, die komplementäre Aufarbeitung der Dialektik von Sozialisierung und Individualisierung so weit fortgeschritten, daß in der Debatte zunehmend Vermittlungspositionen ausprobiert werden. Man bezweifelt, daß die Gesichtspunkte des Individualismus und des Holismus einander wirklich so unversöhnlich gegenüberstehen, daß sie sich, wie Hegel dachte, wechselseitig ausschließen müssen. Diese Vermittlungspositionen, von denen der Holismus ebenso eine Lösung seines Pluralismusproblems erwartet wie sich der Individualismus von ihnen eine Lösung seines Integrationsproblems erhofft, stehen im Mittelpunkt meiner Ausführungen. Ich bin an den Problemen einer zeitgenössischen, modernitätsadäquaten Sittlichkeitskonzeption interessiert, die natürlich keinerlei Ähnlichkeit mehr mit der Hegelschen Staatsfrömmigkeit besitzen kann und sich bei der Restitution des Politischen, der Erschaffung einer integrativen Mitte nicht auf die »Gesinnung des Staatszutrauens«[1] verlassen wird, sondern allein auf die motivationalen Ressourcen anerkannter Gerechtigkeitsprinzipien und demokratischer Beteiligung setzt. Ich werde zu diesem Zweck einige der in der gegenwärtigen politischen Philosophie angebotenen Ethossurrogate untersuchen, in denen teils der Weg einer *Liberalisierung des Ethosgedankens*, teils der entgegengerichtete Weg einer *Ethisierung des Liberalismus* eingeschlagen wird. Es geht um Konzeptionen, in denen von ›liberaler Gemeinschaft‹[2], ›posttraditionaler Sittlichkeit‹[3], ›demokratischer‹, ›formaler‹ oder ›prozeduraler Sittlichkeit‹[4], von einem ›formalen Konzept des gu-

1 Vgl. Hegel: *Rechtsphilosophie* § 268; dazu: Wolfgang Schild: »Sittlichkeit als politische Gesinnung des Staatszutrauens«, *Hegel-Jahrbuch* 1988, Bochum 1988, S. 158-170.

2 Ronald Dworkin: »Liberal Community«, *California Law Review* 77/1989, S. 479-504.

3 Vgl. Axel Honneth: *Kampf um Anerknnung. Zur moralischen Grammatik sozialer Konflikte*, Frankfurt/M. 1992, S. 285.

4 Albrecht Wellmer: »Bedingungen einer demokratischen Kultur. Zur Debatte zwischen Liberalen und Kommunitaristen«, in: Micha Brumlik/Hauke Brunkhorst (Hrsg.): *Gemeinschaft und Gerechtigkeit*, Frankfurt/M. 1993, S. 173-199; S. 185.

ten Lebens‹[5] oder von ›liberalen Tugenden‹[6] die Rede ist, die zur Selbstkennzeichnung also Ausdrücke wählen, die vom Design her an die berühmten Sternbergerschen Wortprägungen ›Verfassungspatriotismus‹ und ›Staatsfreundschaft‹ erinnern. Es sind allesamt spannungsvolle Versöhnungsausdrücke, die die charakteristischen Selbstverständigungsbegriffe historisch wie systematisch gegensätzlicher politischer Orientierungen in eine semantische Einheit pressen und damit im Kleinformat die grammatische Struktur des Hegelschen Sittlichkeitskonzepts selbst wiederholen und an dessen Versöhnungsprojekt, an das Projekt der Erneuerung der Sittlichkeit unter den Bedingungen der Subjektivität, anknüpfen.

»Die Sittlichkeit«, so schreibt Hegel § 142, eingangs des dritten Teils der *Rechtsphilosophie*, »ist die Idee der Freiheit, als das lebendige Gute, das in dem Selbstbewußtsein sein Wissen, Wollen und durch dessen Handeln seine Wirklichkeit, sowie dieses an dem sittlichen Sein seine an und für sich seiende Grundlage und bewegenden Zweck hat, – der zur vorhandenen Welt und zur Natur des Selbstbewußtseins gewordene Begriff der Freiheit«. Diese Interdependenzformel, die die konstitutive wechselseitige Abhängigkeit von handelndem Subjekt und gesellschaftlicher, institutionell verfaßter Umwelt beschreibt, trifft durchaus auch die Einsichten und Absichten der zeitgenössischen Ethosversionen. Sie sind davon überzeugt, daß Kant sich geirrt hat und der »souveräne Grund des Rechts« allein keine Gesellschaft machen kann, da jede Gesellschaft, insbesondere aber die von den zentrifugalen Kräften der freigesetzten Besonderheit zerdehnte moderne, zur Sicherung ihres Zusammenhalts eines Grundstocks ethischer Gemeinsamkeiten bedarf, eines kollektiv verbindlichen und darum verbindenden Wert- und Überzeugungshorizontes, der einstellungs- und identitätsbildende Wirksamkeit entfaltet und damit in dem Wissen, Wollen und Handeln der Subjekte ebenso Wirklichkeit gewinnt, wie diese ihrerseits in dem verfaßten, institutionell

5 Martin Seel: »Ethik und Lebensformen«, in: Micha Brumlik/Hauke Brunkhorst (Hrsg.): *Gemeinschaft und Gerechtigkeit*, a.a.O., S. 244-259; S. 254 ff.

6 Stephen Macedo: *Liberal Virtues. Citizenship, Virtue, and Community in Liberal Constitutionalism*, Oxford 1990; William A. Galston, *Liberal Purposes: Goods, Virtues, and Diversity in the Liberal State*, Cambridge 1991.

gefestigten gesellschaftlichen Sein die Bedingungen freien, selbstbestimmten Lebens vorfinden.

Weil Stabilität und Kontinuität von Gemeinschaften, Sozialformen und institutionellen Gefügen bejahender Einstellungen und aktiver, aus einem grundsätzlichen Einverständnis erwachsender Unterstützung seitens der Bürger bedürfen, müssen die anthropologischen und gesellschaftstheoretischen Kategorien des Liberalismus deskriptiv und normativ versagen. Sie sind die begrifflichen Knoten eines unzulänglichen Beschreibungs-und Bewertungssystems, das Sozialverhältnisse allein unter der Perspektive der Instrumentalität beurteilt, sie auf ein den Individuen äußerliches und ahistorisches Beziehungsgeflecht reduziert, das ihren Interessen nützlich oder schädlich, ihren Grundrechten förderlich oder hinderlich sein kann, aber keinerlei sittlich-intrinsischen Wert und keine konstitutive Bedeutung für das konkrete Selbstverständnis der Individuen besitzt. Sein *rechtfertigungstheoretischer Externalismus*, der die Legitimität von Institutionen und Sozialformen in dem rationalen Selbstinteresse natürlicher, gegebenenfalls mit natürlichen Rechten ausgestatteter Individuen verankert, macht den Liberalismus blind gegenüber der identitätsbildenden Bedeutung von Zugehörigkeit, Loyalität und Engagement und verhindert ein angemessenes Verständnis der nur aus internalistischer Perspektive aufzuhellenden vielfältigen sittlichen Facetten des nicht auf Interessenverfolgung, Recht und und Moral reduzierbaren praktischen Lebens in normativ-institutionellen Ordnungen mit eigener Geschichte. Insbesondere vermag der durch seine eigenen Kategorien genarrte Liberalismus sich nicht als Grammatik einer Lebensform zu erkennen, die zwar innerlich universalistisch ausgerichtet ist, gleichwohl aber in Konkurrenz mit anderen, zumal weniger modernitätsaffirmativen Lebensformen steht und folglich partikularen Charakters ist.

2. Das neutralistische Selbstmißverständnis des Liberalismus

Der Liberalismus, der sich seit Hobbes als universeller Makler, allvermittelnder Moderator und unparteiischer Schiedsrichter begreift und gerade in dieser friedensstiftenden Funktion den Grund seiner Modernitätstauglichkeit erblickt, ist im kulturellen Hegemoniespiel der Lebensformen nur ein Mitspieler. Das freilich will er nicht wahrhaben und verstellt die Wirklichkeit durch ein *neutralistisches Selbstmißverständnis*: der Liberalismus verbietet sich selbst die ethische Parteilichkeit für eine politische Praxis, die den liberalen Prinzipien auch gegen den Widerstand eines aufbegehrenden Antiliberalismus Geltung und gesellschaftliche Realität verschaffen können. Aufgrund seiner auf die rechtfertigungstheoretischen Bedürfnisse der Moderne zugeschnittenen Begrifflichkeit vermag der Liberalismus also seine eigenen Praxis- und Wirklichkeitsbedingungen theoretisch nicht zu beherrschen.[7] In seiner *Friedensschrift* hat Kant gemeint, daß das »Problem der Staatserrichtung ... selbst für ein Volk von Teufeln ... auflösbar« sei, »wenn sie nur Verstand haben«[8], und mit diesem drastischen Bild einer allgemeinen Überzeugung des Liberalismus einprägsamen Ausdruck gegeben: daß die rechtlichen Ordnungsnormen des Liberalismus zur Sicherung ihrer Wirklichkeit, Stabilität und Kontinuität nicht mehr als Klugheit und aufgeklärtes Selbstinteresse verlangten. Im Theorierahmen des Liberalismus besteht eine exakte Korrespondenz zwischem einem normativen Minimalismus der universalistischen und prozeduralistischen Gerechtigkeitstheorie und einem motivationalen Minimalismus der Verwirklichungstheorie. Der durch erzwingbares Recht geordnete soziale Frieden sei eine allgemeine Vorteilsdistribution, und um sich den Bedingungen zu unterwerfen, die die Wirklichkeit dieser für jedermann vorteilhaften Ordnung garantiert und ihre Aushöhlung durch *free-rider*-Parasitismus verhindert, sei keinerlei moralische Disziplinierung, kein Bürgersinn, keine zivilreligiöse Prägung des Bürgers, »qui lui fasse aimer ses devoirs«[9], vonnöten. Die anspruchslose motivationale Ausstattung des rationalen Egoisten sei völlig ausreichend, da sich am Horizont liberaler Theorie keinerlei Bürgerpflichten abzeichnen, die nach besonderer motivationspsychologischer Anstrengung riefen und eine moralische Überformung des selbstbezogenen Handelns des rationalen Egoisten leisteten. Aber genausowenig, wie der »souveräne Grund des

7 Vgl. Wolfgang Kersting: »Verfassung und kommunitäre Demokratie«, in: G. Frankenberg (Hrsg.), *Auf der Suche nach der gerechten Gesellschaft*, Frankfurt/M. 1994, S. 84-102.

8 Kant, *Zum ewigen Frieden*, Akad.-Ausg. VIII, S. 366.

9 Jean-Jacques Rousseau: *Du contrat social*, Paris 1973, S. 220.

Rechts« allein eine Gesellschaft trägt, sind Errichtung und Erhaltung eines Gemeinwesens allein aus dem motivationalen Fundus des aufgeklärten Eigennutzes zu bestreiten.

Die zeitgenössischen Ethosversionen wollen dieser ethischen und motivationalen Selbstlähmung des Liberalismus wirkungsvoll begegnen. Aber da der Rückgriff auf substantialistische Konzeptionen des Guten und material-sittliche Integrationsstrategien ihnen aufgrund des Faktums des Wertepluralismus verwehrt ist[10], bleibt dem Liberalismus nur der Weg, den bereits Kant in seiner Moralphilosophie beschritten hat, als um ihn herum die objektive Teleologie in Trümmer fiel, der Weg in die Autotelie.[11] Gemeint ist mit dieser Autoteleologisierung die inversive Strategie, sich selbst als sittliche Lebensform zu begreifen und damit die Lasten der gesellschaftlichen Stabilisierung und sittlichen Integration allein der motivationsbildenden Anerkennung universalistischer Prinzipien und formaler Prozeduren aufzubürden. Genauso, wie in der Kantischen Moralphilosophie sich der Mensch angesichts des Verschwindens der verbindlichen, handlungsleitenden Zwecke aus der natürlichen Welt selbst als Zweck ausruft, erklärt im belehrten Liberalismus das eben diesen Zerfall aller teleologischen Objektivität ordnungspolitisch reflektierende liberale Gemeinwesen sich selbst zum verbindlichen, handlungsleitenden Zweck. Und wie die Selbstzweckhaftigkeit des Menschen eine moralische Überformung der empirisch-kontingenten Zwecklandschaft der Menschen verlangt, fordert das sich selbst als allgemeines Gut verstehende liberale Gemeinwesen Bürgersinn und politisch rücksichtsvolles Handeln. Diese Ethisierung des Liberalismus setzt ihre stabilitäts- und integrationspolitischen Hoffnungen damit auf ein Verfahren, das Kant in seiner zweiten Kritik als »Paradoxon der

10 Anders als den Liberalismusgegnern, die vor der »Bodenlosigkeit der Moderne« zu den Herdfeuern der Tradition fliehen und wieder einmal das Naturrecht restaurieren; vgl. Joachim Detjen: *Neopluralismus und Naturrecht*, Paderborn 1988, S. 642; ders.: »Pluralismus und klassische Philosophie«, *Jahrbuch für Politik* 1/1991, S. 151-189; in jeder Hinsicht treffend die Kritik von Georg Geismann: »Politische Philosophie – hinter Kant zurück? Zur Kritik der »klassischen Politischen Philosophie«, *Jahrbuch für Politik* 2/1992, S. 319-336.

11 Zur praktischen Autoteleologisierung des aller objektiven Naturteleologie entrückten Menschen bei Kant vgl. Uwe Justus Wenzel: *Anthroponomie. Kants Archäologie der Autonomie*, Berlin 1992.

Methode in einer Kritik der praktischen Vernunft« apostrophiert hat und das näherhin darin besteht, daß »der Begriff des Guten ... nicht vor dem moralischen Gesetze (dem er dem Anschein nach sogar zum Grunde gelegt werden müßte), sondern nur (...) nach demselben und durch dasselbe bestimmt werden müsse«.[12]
Damit die liberale politische Lebensform gesellschaftliche Realität werden kann, bedarf es neben der gesicherten sozialen Geltung des institutionellen Rahmenwerks des liberalen Staates einer breiten affirmativen Identifizierung der Bürger mit der liberalen Lebensform und einer parteilichen Solidarität mit dem liberalen Ethos. Das Gerechte wird zum Guten. Das, was bislang nur Mittel war, um die individuellen Vorstellungen eines sinnvollen Lebens zu realisieren, und eine sich zunehmend individualisierende Gesellschaft im Rahmen hielt, soll jetzt Zweckqualität bekommen und als Integrationsfokus wirksam werden. Insofern sich der Liberalismus wie jede normative Theorie um Verwirklichung bemüht, muß er sich auch in der Sprache der Tugenden und Werte artikulieren und von seinen Bürgern eine gemeinsame aktive Unterstützung der liberalen Kultur und einen von liberalen Werten geleiteten Gemeinsinn verlangen. Der Liberalismus muß sich darüber belehren lassen, daß das seine normativen Orientierungen und Freiheitskonzepte explizierende und darstellende Sozialmodell der Vertrags- und Tauschbeziehungen selbst nicht die Wirklichkeit einer von diesen liberalen Wertorientierungen geprägten Gesellschaft garantieren kann, daß ein liberales Gemeinwesen nicht auf der Basis der Interessenkomplementarität existieren kann, sondern von seinen Bewohnern als anerkennungswürdiges und verteidigungswertes Gut angesehen werden und als solidarisches Kollektiv agieren muß, nicht durch mechanische Solidarität, sondern allein durch organische Solidarität erhalten werden kann. Mit einem Wort: wenn ein liberales Gemeinwesen über seine Bestandsvoraussetzungen und Kontinuitätssicherung reflektiert, muß es die Sprache des Guten, der Einstellungen und der Tugenden sprechen, muß es sich selbst als eine wertintegrierte Gemeinschaft begreifen.

12 Kant: *Kritik der praktischen Vernunft*, Akademie-Ausgabe Band v, S. 110.

3. Individualistische Vergesellschaftungstheorien

Um meinem Thema noch näher zu kommen, schlage ich einen Umweg über gesellschaftstheoretische Problemstellungen ein. Der sittlichkeitstheoretische Dualismus, von dem Hegel im Eingangszitat gesprochen hat, prägt nicht nur die methodologische Kontroverse zwischen den Freunden der Gerechtigkeit und den Freunden der Gemeinschaft, er manifestiert sich auch als grundlegende typologische Alternative in der soziologischen Theoriebildung. Sozialtheorien lassen sich in der Regel entweder der individualistisch-synthetischen oder der institutionalistisch-analytischen Theoriefamilie zuordnen. Erstere entwickeln ein konstruktives Vergesellschaftungsmodell: zur Lösung des Hobbesschen Problems erzählen sie eine Geschichte des Übergangs von einem, wie Etzioni es einprägsam formuliert hat, »state of social entropy« zu einem »counter-entropic arrangement«[13].

Das Grundmodell dieser individualistischen Vergesellschaftungskonzeptionen ist in den verschiedenen vertragstheoretischen Versionen der klassischen neuzeitlichen politischen Philosophie ausgebildet worden. Die individualistische Sozialtheorie kennt zwei Vergesellschaftungsformen, die sich teilweise auf das Konzept der individualistischen Rationalität, teilweise auf das Konzept der universalistischen Rationalität stützen. Da ist zum einen die egalitäre marktförmige Vergesellschaftung auf der Grundlage des komplementären Interesses und des Austauschs; sie dient der Sicherung und Verfeinerung der materialen Reproduktion der Individuen durch die Etablierung eines arbeitsteiligen Systems gesellschaftlicher Kooperation. Die Standardvernunft der Handlungskoordination der Individuen des Liberalismus ist die ökonomische Rationalität. Die gesellschaftlichen Verhältnisse basieren also auf dem strategischen Kalkül der wechselseitigen Instrumentalisierung komplementärer Interessen. Die soziale Vernetzung der Individuen wurzelt in einer Kooperation zu wechselseitigem Vorteil; sozialer Frieden ist eine akzeptierte Vorteilsdistribution. Die ihr eingeschriebene Reziprozität beruht auf der Anerkennung des gleichen Freiheitsrechts des anderen und der wechselseitigen Unterstellung strategischer Rationalität. Da ist zum anderen die

13 Amitai Etzioni: *The Active Society. A Theory of Social and Political Processes*, New York: Free Press 1968, S. 95.

staatlich-rechtsförmige Vergesellschaftung, die die Sicherheit der Menschen garantiert und die Freiheitspositionen der Individuen und die Formen des Leistungstauschs durch Verrechtlichung stabilisiert. Den utopischen Fluchtpunkt der marktförmigen Vergesellschaftung bildet die Vorstellung eines vollkommenen Marktes, eines sich selbst perpetuierenden Austauschsystems, das selbsterhaltungsfähig ist, sich selbst kontinuiert und keiner externen politischen Stabilisierung bedarf; das den gesamten Koordinationsbedarf dieses Systems intern decken kann und die soziale Kohärenz ohne jeden institutionellen Außenhalt, durch spontane Harmonisierung der individuellen Interessen- und Freiheitsfunktionen gewährleistet. Die Protagonisten dieser Utopie sind geschichtslose Nutzenmaximierer von geradezu monadischer Selbstzentriertheit; also präsoziale Wesen, die die komplexen und heterogenen Motivationsbündel der konkreten, in geschichtlich-gesellschaftlichen Denk- und Lebensverhältnissen handelnden Menschen auf die Eindimensionalität rationaler Nutzenmaximierung reduziert haben. Das universalistische Gegenstück dieser individualistischen Marktutopie ist der postsoziale Diskurs; in der utopischen Welt des Diskurses lebt der Zwillingsbruder des vorsittlichen *homo oeconomicus*, der von allen Obligationsprofilen und Loyalitäten partikularer Gemeinschaften abstrahierende, sich in die individuelle und kollektive Charakterlosigkeit einer differenzfreien Jedermannsposition emporschwingende Vernunftmensch. Er ist die Idealversion des zur reflexiven Distanzierung der eigenen Interessen aufgeforderten modernen moralischen Subjekts, das sich in der realen Welt um eine verständigungsorientierte Integration bemüht. Die drei Vergesellschaftungsmedien der individualistischen Sozialtheorie besitzen bemerkenswerte strukturelle Gemeinsamkeiten: Markt, Recht und Diskurs sind streng egalitaristische Koordinationsformen und daher unüberbietbar allgemein; sie sind Manifestationen strikt reziproker Anerkennungsverhältnisse; sie sind absolut inklusiv; ihre Integrationsleistungen basieren nicht auf dem Prinzip der doppelt partikularisierenden Exklusion, sondern auf dem durch keine Asymmetrie relativierten Gleichheitsprinzip.

Die individualistischen Sozialtheorien entwerfen in idealtypischen Modellskizzen die Wege der Vergesellschaftung ungebundener, freier und gleicher Individuen. Die in ihrem kategorialen Rahmen wirksame, teils auf den konvergierenden Vorteil verweisende, teils universalistisch-prozedural agierende Integrationsvernunft antwortet auf den durch Knappheit und Konkurrenz zugespitzten Pluralismus der Interessen mit dem allseits vorteilhaften Kooperationssystem des Marktes, auf den durch die Verteilungsprobleme erzeugten Pluralismus der Ansprüche mit dem gerechtigkeitsbegründeten und allgemein verbindlichen Recht und auf den modernisierungsbedingten Pluralismus der Werte mit dem Regelwerk der Mehrheitsdemokratie und einem sittlich abstinenten, in politischer Äquidistanz zu allen gesellschaftlich organisierten Wertorientierungen verharrenden Staat, der die individuelle und kollektive Glückssuche innerhalb der Grenzen der Gerechtigkeit gewährleistet.

4. Institutionalistische Sozialtheorien

Institutionalistisch-analytische Sozialtheorien hingegen schlagen den umgekehrten Weg ein. Sie betrachten gegebene soziale Ganzheiten; sie untersuchen ihre charakteristischen Strukturen und beobachten das Zusammenspiel ihrer Teile, ihrer Momente und Sphären. Die Konstitution sozialer Ordnung wird in der Perspektive institutionalistischer oder funktionalistischer Sozialtheorie begriffen als Reproduktion und Kontinuierung immer schon geleisteter und existierender Vergesellschaftung.[14] Die Rekonstruktion dieses Prozesses gesellschaftlicher Selbstkontinuierung entdeckt die Reproduktion der Gesellschaft als eine spannungsvolle Kooperation verschiedener Vergesellschaftungsformen und Integrationsmedien. Der Begriff der Integration gehört sicherlich zu der Gruppe der *higly contested concepts*; seine Bedeutungsgrenzen sind unklar, weil sich keine Kriterien aufstellen lassen, mit deren Hilfe Fälle von Integriertheit und Desintegriertheit eindeutig unterschieden werden können. Wo der eine bereits an sozialpathologischen Abweichungen vom Normalitätszustand leidet, preist der andere das endlich zufriedenstellende Ausmaß an Differenzfreudigkeit und Alteritätstoleranz der Verhältnisse. Aber die ge-

14 Zur modernen funktionalistischen Sozialtheorie vgl. Richard Münch: *Dialektik der Kommunikationsgesellschaft*, Frankfurt/M. 1991; Bernhard Peters: *Die Integration moderner Gesellschaften*, Frankfurt/M. 1993.

sellschaftliche Wirklichkeit ist normativ marmomiert und ungeachtet dieses sich in die Extreme verlierenden und ohnehin nur im gesellschaftlichen Sinnbereich, in den Diskursen der kulturellen Selbstverständigung auftauchenden Bewertungssubjektivismus gibt es in den einzelnen Integrationssphären der Gesellschaft verhaltenswirksame Standards für Ordnung und Stabilität, Integration und Gleichgewicht, finden wir in ihnen Argumentationsroutinen und verläßliche Beurteilungsstandards für die jeweils einschlägigen Integrationsqualitäten vor, die bei der Rekonstruktion des Zusammenspiels der Vergesellschaftungsmodi zu berücksichtigen sind.[15]

5. Integration, soziale Einheit und moderne Sittlichkeit

Wenn ich davon spreche, daß der institutionalistisch-analytische Theorieansatz in den Sozialwissenschaften die vorfindliche gesellschaftliche Einheit als gesellschaftliche Reproduktionsleistung auslegt, in der eine Pluralität von Vergesellschaftungsmodi und Integrationssphären durch bereichsspezifische und funktionsgerechte Beiträge kooperieren, dann habe ich nicht nur eine Reformulierung des Hegelschen Sittlichkeitskonzepts im Sinn, das die sittliche Wirklichkeit als wohlgeordnete, bei Hegel heißt das: organische Einheit von institutionellen Teilbereichen mit je besonderer Funktion darstellt, an der die Individuen als integrierte Träger unterschiedlicher Rollen partizipieren, dann spiele ich auch auf Michael Walzers »Spheres of Justice«[16] an. Walzers gerechtigkeitstheoretische Sphärenharmonie gründet in einer Art ethisch wattierter Systemtheorie: eine gerechte Gesellschaft ist in den Augen Walzers eine integrierte Einheit ausbalancierter Gerechtigkeitszonen, die jeweils gemäß der in ihnen und nur in ihnen geltenden, durch die jeweils zu verteilenden Güter inhaltlich bestimmten Distributionsräson geordnet sind. Analog dazu unterscheide ich gesellschaftliche Integrationssphären, denen bereichsspezifische Rationalitätsformen zugeordnet sind, die auf die Re-

15 Vgl. Bernhard Peters: *Die Integration moderner Gesellschaften* a.a.O., S. 92 ff.

16 Michael Walzer: *Spheres of Justice. A Defense of Pluralism & Equality*, Oxford 1983.

produktions- und Kontinuitätsprobleme, die in der jeweiligen gesellschaftlichen Systemdimension gelöst werden müssen, funktional zugeschitten sind und daher immer die lokalen Bedingungen des Gelingens und Mißlingens sozialer Reproduktion und Integration in den einzelnen Integrationssphären definieren. Gehe ich nun davon aus, daß der Integrationsbegriff normative Bedeutungsfacetten besitzt, daß es damit einen dem Integrationsmedium zugeordneten Rationalitätsbegriff gibt, der die Vorstellung spezifischer Wohlintegriertheit umfaßt und die Kriterien bereitstellt, um das Gelingen der Integration zu beurteilen; gehe ich weiterhin von einem systemtheoretisch nicht reduzierten Politikbegriff aus, begreife ich Politik nicht als Teilsystem neben anderen, sondern als einen die gesamte Gesellschaft umfassenden Integrationshorizont, dann werde ich zu einem Begriff politischer Rationalität geführt, der pluralistisch strukturiert ist und die einzelnen, den Integrationssphären zugeordneten Partialrationalitäten integriert. – Im folgenden möchte ich der Frage nachgehen, ob die gesellschaftlichen Integrationsbedürfnisse allein mit Hilfe der ökonomischen und der moralischen Rationalität befriedigt werden können oder, anders, deskriptiv formuliert, ob die allein auf die Formen und Prozeduren ökonomischer und moralischer Vernunft vertrauenden sozialphilosophischen Konzepte des Liberalismus ausreichen, um das Faktum der sozialen Einheit und der in ihr wirksamen mannigfaltigen Rationalitätsgrammatik angemessen zu rekonstruieren.

Diese Frage geht auf die Notwendigkeit und Möglichkeit einer modernen Konzeption von Sittlichkeit, die eine doppelte Funktion zu erfüllen hätte. Der aristotelischen Gerechtigkeit ähnlich, die zum einen den Tugendkatalog als Einzeltugend vervollständigt und zum anderen als tugendethischer Integrationsbegriff fungiert, der die Einzeltugenden in eine harmonische Lebenspraxis einwebt, müßte diese moderne Sittlichkeit sowohl eine von der ökonomischen und der moralischen Welt deutlich unterscheidbare und darüberhinaus für die Selbstkontinuierung der Gesellschaft unerläßliche Integrationsdimension etablieren als auch dem allgemeinen Leben einen gesellschaftlichen Ort verschaffen, von dem aus die Integrationsroutinen aller Vergesellschaftungsmedien ihrerseits integriert und zu Komponenten einer zunehmend reflexiven rationalen gesamtgesellschaftlichen Reproduktion herabgestuft werden. Können die formalen, universalistischen Koordinationssysteme des Liberalismus, können Verfassung, Rechtsstaat und Demokratie Gegenstände interner Beziehungen werden? Können sie als Kern gemeinschaftsbildender, die Einheit und die Kontinuität des Gemeinwesens sichernder Wertintegration fungieren? Kausalität ist nach einem bekannten Wort Humes der *Zement des Universums*. Die moderne Gesellschaft freilich bedarf einer komplexeren Chemie, um ihre Integrationsprobleme zu lösen; sie braucht eine Art Drei-Komponenten-Kleber, der die Koordinationsleistungen der ökonomischen Rationalität mit den Integrationsleistungen der moralischen Rationalität und den Fundierungsleistungen der ethischen Rationalität verbindet. Ich bezweifle folglich, daß die liberale Autotelie als modernitätsadäquate Sittlichkeit überzeugen kann, daß in Übernahme des Kanttypischen Parallelismus von Grund und Motiv, von *principium dijudicationis* und *principium executionis* Gerechtigkeit und Demokratie die Rolle eines motivbildenden, identitätsstiftenden und sozial integrativen Guten spielen können. Man erinnere sich nur an die Schwierigkeiten, die mit Kants Lehrstück vom vernunftbewirkten Gefühl der moralischen Achtung für das Freiheitsgesetz verbunden sind, das, wie sich gleich zeigen wird, in enger Beziehung zu dem ersten der drei einschlägigen Lehrstücke steht, an dem ich meinen Zweifel erhärten möchte, zum Lehrstück vom verfassungsadressierten Patriotismus. Weiterhin betrachte ich den Rawlsschen Entwurf einer Gerechtigkeitsgemeinschaft und Dworkins Skizze einer »liberal community«. Abschließend werde ich Andeutungen einer Konzeption machen, in der der faden liberalen Tugendsuppe eine beträchtliche Prise republikanischen Salzes zugefügt wird. Ich bezeichne sie als »kommunitäre Demokratie«.

6. Die Anfänge des Verfassungspatriotismus im späten 18. Jahrhundert

Die Tradition des liberalen Verfassungspatriotismus reicht bis ins späte 18. Jahrhundert zurück und ist in der Kantischen Moralphilosophie der reinen gesetzgebenden Vernunft begründet. Anders als die Anhänger der Historischen Rechtsschule, die Ursprung und Geltungsgrund des Rechts in eingelebten Traditionen erblickten, erhoben die Kantianer das Vernunftprinzip in den Rang eines

rechtlichen Ursprungs und Geltungsgrundes; anders als die Savignyaner, die sich gegen prinzipiengeleitete Verfassungsgebung stellten, kämpften die mit dem geschichtlichen Vordringen planvoll hergestellter Rechtsordnungen verbündeten Anhänger der rationalen Machbarkeit der gesellschaftlichen Lebensverhältnisse für eine vernunftrechtlich begründete Verfassung, in der sie den allgemein anerkannten und alle einbindenden Integrationskern einer politischen, sich im »Anschauen und ... Genuß einer gerechten Konstitution« vereinigenden Gemeinschaft vernünftiger Bürger sahen.[17] Die Verfassung ist für sie die »Einrichtung im Bürgerleben«, die alle betrifft und alle angeht; und ist diese nach Gerechtigkeitsgesichtspunkten eingerichtet, hat sie »in ihrer Organisation die rechtlichen Formen, die die praktische Vernunft jedem ihrer Geschöpfe aufdrückt, so darf man versichert seyn, daß das Interesse, das das Recht erzeugt, und unterhält, allgemein, fortdaurend und lebendig seyn wird«[18]. Die zur Zeit Bergks herrschende freiheitswidrige politische Organisationsform vermochte keinerlei Gemeinsamkeit zu stiften; sie entfremdete die Menschen von den allgemeinen Angelegenheiten und beraubte sie ihrer Selbstachtung, die in dem Bewußtsein begründet ist, ein freier Mensch und Bürger zu sein: »nichts existiert in Deutschlands politischer Beschaffenheit, das eine allgemeine Theilnahme erzeugen und alle Gedanken beschäftigen könnte«[19]. Denn »der Patriotismus ist kein Werk des Körpers, sondern eine Frucht des Geistes, Selbstständigkeit erzeugt ihn, Freyheit nährt ihn, und die Gleichheit macht ihn wirksam und lebendig. Wenn wir sein Entstehen und seine Natur untersuchen, so werden wir gewahr, daß ihn nicht der Boden (Geburtsland) hervorbringt, und daß ihn kein Fürst schaffen, und keine Gewalt herbey zaubern kann, sondern daß er nur durch eine Angelegenheit, die alle Bewohner durch ihre Würde, Wichtigkeit und Größe interessiert, erweckt werden kann. Er ist nicht sinnlicher, sondern moralischer Natur«.[20]
Dieser Verfassungspatriotismus ist bis in seine letzten Verzweigungen hinein Kantischen Geistes: der traditionelle antiuniversa-

17 J. S. Bergk: *Untersuchungen aus dem Natur-, Staats- und Völkerrecht*, o.O., 1796, S. 208 f.
18 Bergk a.a.O., S. 213.
19 Bergk a.a.O., S. 212.
20 Bergk a.a.O., S. 211.

listische republikanische Patriotismus eines Machiavelli, La Bruyère und Montesquieu wird vernunftrechtlich überformt; die menschenrechtliche Verfassung wird zum Vaterland[21]; die Vaterlandsliebe weicht einer Beziehung zwischen dem geschichtlichen Menschen und der vernunftbegründeten freiheitsgesetzlichen Ordnung, die unverkennbar nach dem Alphabet der moralischen Gesinnung und dem Vorbild des Kantischen Lehrstücks von dem vernunftbewirkten Gefühl der Achtung vor dem Sittengesetz modelliert ist. Und so wie das Sittengesetz als Prinzip moralischer Sinnstiftung fungiert und uns aus den Niederungen des Kontingenten emporzieht, so befreit die auf Freiheit und Gleichheit basierende vernunftrechtliche Verfassung die Menschen aus würdelosen und niederdrückenden politischen Lebensverhältnissen und vereinigt sie in loyalitätserzeugender Achtung vor der freiheitsgesetzlichen Konstitution und in teilnehmender Sorge um das Geschick des durch diese Verfassung geordneten Gemeinwesens. Es ist klar, daß eine derart erhebende Konstitution mehr sein muß als die Geschäftsordnung der koexistenzverbürgenden Vereinigung eines Volkes von Teufeln, mehr sein muß auch als der im souveränen Nützlichkeitsurteil der Individuen begründete Konstruktionsplan einer Lockeanischen Rechtsversicherungsanstalt. Obwohl sich die Ordnungsmodelle der individualistischen Rationalität strukturell nicht von den Ordnungsmodellen der universalistischen Rationalität unterscheiden, vermag eine sich dem Odysseus-Kalkül der rationalen Selbstbindung verdankende Verfassungskonzeption schwerlich die »innige Liebe und unveränderliche Anhänglichkeit am äußern Recht«[22] zu bewirken, die die Kantianer von einer vernunftbegründeten Verfassung erwarten.

21 Vgl. Josef Isensee: »Die Verfassung als Vaterland. Zur Staatsverdrängung der Deutschen«, in: Armin Mohler (Hrsg.): *Wirklichkeit als Tabu*, München 1986, S. 11-35.

22 »Worinnen besteht nun der Patriotismus? Er ist eine innige Liebe und unveränderliche Anhänglichkeit am äußern Rechte, das durch eine Konstitution organisirt ist. Mit Achtung gehorchen wir einer Verfassung, die unsere Menschenrechte schätzet und die unsere Freyheit für ihre Pflicht hält. Er erzeugt eine lebhafte und fortdauernde Hochachtung gegen das Gute, das allen, die mit uns unter einem Gesetze stehn, zu Theil wird ... Die ganze Nation beseelt ein moralischer Geist und treibt sie, am allgemeinen Besten zu arbeiten, und das Leben dem Dienste der Menschheit zu weihen ... Jedes Unglück des Staates ist ein

7. Kantischer Verfassungspatriotismus und kognitivistisch halbierter Bürgersinn

Die Arrangements der instrumentellen Vernunft taugen nicht zur Erzeugung patriotismuseigentümlicher Gemütslagen und Loyalitäten; auf dem kargen Boden der Nützlichkeit gedeihen die moralisch-motivationalen Ressourcen nicht, deren besonders auch die durch das Prinzip der Subjektivität strapazierte und das Besonderheitsrecht zerdehnte moderne Gesellschaft zur Sicherung ihres Zusammenhalts bedarf. Aber auch der kantische Verfassungspatriotismus muß die Befürchtung hervorrufen, daß abstrakte Verfahren und Prinzipien nicht die ihnen abverlangte Integrationskraft besitzen können, daß ein über die strategische Anerkennung einer koexistenzverbürgenden äußeren Freiheitsordnung hinausreichender Gemeinsinn verkümmern muß, wenn er nur von emphatischer Vernünftigkeit gespeist wird. »Das Volk lebt weder von Brot noch von Begriffen allein«, hat vor mehr als hundertfünfzig Jahren, die vernunfterregte junge deutsche Verfassungsbewegung vor Augen, der preußische Ministerialbeamte Joseph Freiherr von Eichendorff notiert, »es will durchaus etwas Positives zu lieben, zu sorgen und sich daran zu erfrischen, es will vor allem eine Heimat haben in vollem Sinne, d. i. seine eigentümliche Sphäre von einfachen Grundgedanken, Neigungen und Abneigungen, die alle seine Verhältnisse lebendig durchdringen und in keinem Kompendium registriert stehen«[23]. Hier wird der Vorwurf erhoben, daß der Kantische Verfassungspatriotismus nur zu einem kognitivistisch halbierten Bürgersinn führen könne; daß politisches Leben mehr sei als die unsinnliche Existenz eines Verfassungsbürgers auf dem Hochplateau reiner Vernunftförmig-

allgemeines Unglück, das alle mit Aufopferungen gut zu machen bestrebt sind. Jeder Vorfall, der das Vaterland betrift, erregt die Theilnahme und das Interesse aller Bürger. Verachtung würde den verfolgen, der in der Zeit der Noth nicht sein Leben für das allgemeine Beste aufopfern würde ... Man kennt nichts Erhabeneres als die Rechte der Menschheit durch Erhaltung des Staates zu ehren« (Bergk a.a.O., S. 212f).

23 Joseph Freiherr von Eichendorff: *Politischer Brief*, in: Historische, politische und biographische Schriften, Sämtliche Werke. Historisch-kritische Ausgabe, hrsg.von Kosch/Sauer, Bd. 10, 1911, S. 355.

keit.[24] Und dieser Vorwurf ist berechtigt. Wie man in der Moralphilosophie Kants vergeblich nach einer psychologisch aufmerksamen und phänomenologisch sensiblen Erfassung des komplexen Bereichs menschlicher Handlungsmotive und der Verwobenheit menschlicher Handlungen mit Charakter und Geschichte sucht, so ist auch die Suche nach einer angemessenen Berücksichtigung der lebensweltlichen Kontexte, ihrer normativen Zugehörigkeitswirkungen und ihrer Bedeutung für die Herausbildung personaler und kollektiver Identität, für die ethische Situierung des Individuums im sozialen und politischen Raum in der Kantischen Rechtsphilosophie ohne Aussicht. Der Kantische Verfassungspatriotismus erhebt den Untertanen zum Menschen und überspringt dabei den politischen Raum bürgerlichen Lebens. Man kann sich mit universalistischen Regeln und formalen Prozeduren nicht identifizieren, auch nicht mit den in sie eingelagerten formalen Ordnungsmodellen:[25] man kann und soll sie als verbind-

24 Zur Kritik des Verfassungspatriotismus vgl. Josef Isensees glänzende Polemik: »Die Verfassung als Vaterland. Zur Staatsverdrängung der Deutschen« a.a.O. Isensees Bestreben ist es, der Untertitel zeigt es an, die Orientierung an der Verfassung durch eine all die Insuffizienzen, all das Surrogathafte des Verfassungspatriotismus vermeidende Orientierung an Staat und Nation zu ersetzen. Mein Bestreben geht in die entgegengesetzte Richtung: ich beklage keine Staatsverdrängung, sondern eine Demokratieverdrängung, setze nicht auf Staat und Nation, sondern auf eine kommunitäre Demokratie.

25 Die Diskursethik bietet die zeitgenössische Variante eines Kantischen Verfassungspatriotismus: im Verfassungspatriotismus »werden die Identifikationen mit eigenen Lebensformen und Überlieferungen überlagert von einem abstrakter gewordenen Patriotismus, der sich nicht mehr auf das konkrete Ganze einer Nation, sondern auf abstrakte Verfahren und Prinzipien bezieht. Diese zielen auf die Bedingungen des Zusammenlebens und der Kommunikation zwischen verschiedenen, gleichberechtigten koexistierenden Lebensformen – im Innern wie nach außen«(Jürgen Habermas: *Eine Art Schadensabwicklung*, Frankfurt/M. 1987, S. 173). Bietet der Bergksche Verfassungspatriotismus einen Ersatz für mangelnde nationalstaatliche Integration, so will der diskursethische Verfassungspatriotismus – und diese Intention teilt er mit dem ganz anders, nämlich aristotelisch verwurzelten Verfassungspatriotismus Sternbergers – die bessere Alternative zu unerwünschter nationalstaatlicher Integration sein. Ist die frühe Verfas-

liche rechtliche und moralische Koordinationsprinzipien anerkennen und befolgen, aber sie sind kein Gegenstand einer identitätsbildenden sittlichen Einstellung, eines für die eigene Lebensführung wichtigen politischen Engagements. Mag auch die Vernunft über eine größere praktisch-motivationale Kapazität verfügen als Hume meinte, eine rational motivierte Anerkennung der universalistischen Prinzipien von Recht und Moral ist noch keine ethische Einstellung. Affirmative Gefühle und Loyalitäts- und Zugehörigkeitsempfindungen sind anschauungs- und erlebnisgebunden, können sich nur im Begrenzten, Unterschiedenen und Partikularen, nur in einem herkunftsgeprägten Erfahrungsraum entfalten. Der Verfassungspatriotismus, der Kantische ebenso wie seine moderne diskursethische Variante, überfordert den Rechtsuniversalismus, wenn er ihn zum Zentrum gesellschaftlich-sittlicher Integration macht. Ohne jeden Zweifel ist das rechtliche Zwangssystem eine notwendige Bedingung der gesellschaftlichen Reproduktion und prinzipiell nicht durch zwangsfreie Koordinationsleistungen moralischer Spontaneität ersetzbar; jedoch taugt es nicht als Zentrum sittlicher Gemeinschaftsbildung. Rechtsordnungen besitzen aufgrund ihres konstitutiven externen Charakters keine sittliche Zugehörigkeitsvalenz; gerade darum ist ja nach Kants Meinung das Staatserrichtungsproblem selbst für ein Volk von Teufeln, also für ein Volk von moralisierungsresistenten Rationalegoisten, auflöslich, weil die Implementierung der Rechtsordnung keinerlei moralisch-sittlicher Disziplinierung seitens der Bürger bedarf. Eng verbunden ist damit eine zweite Eigenschaft modernen universalistischen Rechts, die ebenfalls entschieden antisittliche, weil individualisierende Konsequenzen hat. Das moderne Recht ermutigt Individualisierung und stellt Verweigerungs- und Trennungslizenzen aus, erlaubt Entzweiung, Rückzug und Nichtidentifikation; die von ihm dem Individuum eingeräumten Möglichkeiten, sich der Allgemeinheit zu bedienen, ohne sich zugleich um sie zu kümmern, durch sie zu leben, ohne sie zugleich in das eigene Leben hereinzulassen, machen das Recht zu einer grundsätzlichen Bedrohung für alle gemeinschaftsbildenden und gemeinschaftsbegründeten Lebensformen. Der Verfassungspatriotismus ist also ein integrationspolitisches hölzernes Eisen;

sungspatriotismusversion kompensatorisch, so ist die späte Verfassungspatriotismusversion therapeutisch.

der von ihm geforderte Übergang von der rechtlichen Rahmenordnung zum universalen Integrationsprogramm kann nicht gelingen.[26]

8. Rawls' politischer Liberalismus

Während die Diskursethik einen »abstrakter gewordenen Patriotismus«[27] vertritt, dessen *patria* die Verfahren und Prinzipien einer universalistischen Weltverfassung sind, setzt eine andere einflußreiche Gestalt des zeitgenössischen Kantianismus ihre Integrationshoffnungen auf eine politische Gerechtigkeitskonzeption, deren allgemeine Anerkennung eine alle Dissoziationsgefahren des Individualismus und Pluralismus bannende Stabilisierung und generationenverbindende Kontinuierung moderner liberaler Gesellschaften ermöglichen soll. Ursprünglich an einer umfassenden metaphysischen Gerechtigkeitsbegründung interessiert, sieht Rawls[28] die Aufgabe der politischen Philosophie jetzt darin, im Rahmen einer Explikation der intuitiven Wertorientierungen un-

26 Die kantisch-diskursethischen Gestalten eines rational-zivilreligiösen Verfassungspatriotismus stellen das apriorische Gegenstück zum aposteriorischen bundesrepublikanischen Verfassungslutheranismus dar. »Identität durch Verfassung ... Die Deutschen der Bundesrepublik suchen im Grundgesetz ihre geistige Einheit zu finden. Gleichsam eine lutheranische Lösung: ohne Tradition und ohne Institution auszukommen und zu bauen auf das geschriebene, reine Wort. Sola scriptura: das Bonner Grundgesetz« (Isensee: »Die Verfassung als Vaterland« a.a.O., S. 14). Wie Isensee in seiner brillanten, etatistischen Polemik deutlich macht, wird unter diesen verfassungspatriotischen Voraussetzungen die Verfassung zu einer Zwangsjacke für Politik und Demokratie; den Freiraum der ersten parzelliert sie zu Spielräumen; die Legitimationsleistungen der letzteren übertrumpft sie durch das autoritative Wort exegetischer Verfassungsgelehrtheit. Die Verfassung wird zu einem Heiligen Text, der Tabuzonen errichtet, Diskurse limitiert, die politische Hoffnung mit quasi-religiösen Verheißungen leitet und das FDGO-Credo als Ausweis der Gemeindemitgliedschaft verlangt.

27 Vgl. J. Habermas: *Eine Art Schadensabwicklung*, Frankfurt/M. 1987, S. 173.

28 Eine Gesamtdarstellung der politischen Philosophie Rawls' findet sich in: Wolfgang Kersting; *John Rawls*, Hamburg 1993.

serer politischen Kultur eine politische Gerechtigkeitskonzeption für den demokratischen Verfassungsstaat zu formulieren, »die nicht nur eine gemeinsame öffentliche Basis für die Rechtfertigung politischer und sozialer Institutionen bietet, sondern darüber hinaus einen Beitrag leistet, Stabilität von einer Generation zur nächsten zu sichern«[29].

Die politische Philosophie muß diesen Abstieg vom Metaphysischen zum Politischen auf sich nehmen, weil sie in der Gegenwart mit dem »Faktum des Pluralismus«[30] konfrontiert ist. Angesichts einer Vielzahl divergierender metaphysischer, religiöser und moralischer Konzeptionen wird die Rechtfertigung einer verbindlichen Gerechtigkeitstheorie für das Gemeinwesen selbst zu einer praktisch-politischen Aufgabe und darf nicht dem traditionellen Muster philosophischer Begründung folgen. Die Philosophie kann sich nicht mehr an der Wahrheit einer Gerechtigkeitstheorie orientieren, sie muß allein ihre politische Brauchbarkeit ins Auge fassen, ihre Eignung, unter den gegebenen Bedingungen einen stabilisierenden, die Sprengkraft des Pluralismus mildernden Konsens zu ermöglichen. Politische Philosophen sollen Friedensstifter im Kulturkampf sein, sie sollen als Schlichter tätig werden und Positionen formulieren, auf die sich die streitenden Parteien als Basis für weitere Kooperation einigen können. Sie müssen daher alles Trennende, Konfliktträchtige ausklammern, auch alle starken und tiefen Begründungen vermeiden, denn diese werden sich nie auf allgemein geteilte Voraussetzungen stützen können. Einigungen gibt es im Rahmen einer demokratisch-pluralistischen Kultur nur an der Oberfläche. Schlichter im moralischen Streit setzen auf die Klugheit der Parteien. Rawls' Gerechtigkeitstheorie schlägt jedoch den Parteien keinen modus vivendi vor, ein kantischer Konsens der klugen Teufel kommt für ihn nicht in Frage.

Trotz aller Metaphysikferne und Wahrheitsabstinenz bleibt auch die Konzeption der politischen Gerechtigkeit eine moralische Theorie; der moralische Diskurs wird nicht durch einen Rekurs auf moralexterne gemeinsame Interessen verlassen. Die politische Philosophie ist der Anwalt der zwischen die konkurrierenden Großtheorien und divergierenden Konzeptionen des Guten tre-

29 John Rawls: *Die Idee des politischen Liberalismus. Aufsätze 1978-1989*, Frankfurt/M. 1992, S. 395.

30 Ebd., S. 393.

tenden öffentlichen Mitte. Ihre Aufgabe besteht darin, die Grundlagen der durch Fragmentierung bedrohten öffentlichen politischen Kultur darzustellen und so zu interpretieren, daß ihre innere Zusammengehörigkeit kenntlich wird und sich ein kohärentes anerkennungsfähiges öffentliches Überzeugungssystem ergibt, das mit allen maßgeblichen umfassenden metaphysisch-religiösen Theorien vereinbar ist und daher von ihnen getragen werden kann. So sehr diese Aufgabenbeschreibung auch der praktischen Hermeneutik der Kommunitaristen gleicht, die Durchführung dieser Aufgabe kann sich angesichts des Faktums des Pluralismus nicht mit der kommunitaristischen Lösung der kulturellen Selbstbesinnung allein begnügen. Die stabilisierende und kontinuitätssichernde Wirkung des politischen Gerechtigkeitskonzepts basiert nach Rawls auf einer Art Schnittmengenkonsens; die Gerechtigkeitsprinzipien samt den aus ihnen abzuleitenden wesentlichen Verfassungsinhalten werden als Teile oder anschlußfähige Zusätze der umfassenden metaphysisch-religiösen und moralischen Theorien ausgewiesen; sie sind die Schnittmenge der divergierenden Doktrinen, die miteinander konkurrieren und je eigene Begründungsargumente und Rechtfertigungsmethoden entwikkeln. Damit zehrt die politische Gerechtigkeit, die keine eigene Wahrheit besitzt, parasitär von den vielen Wahrheiten der umfassenden metaphysischen und moralischen Lehren. Der politische Philosoph Rawls arbeitet hier als Rechtfertigungspolitiker: er delegiert die Rechtfertigungsaufgabe an die internen Begründungsstandards der bestehenden Überzeugungssysteme und verteilt so die Rechtfertigungslast auf viele Schultern.

Die Gemeinsamkeit ist die Funktion einer externen Überzeugungskonvergenz; in der von ihr erhofften Stabilitäts-und Kontinuitätssicherung spielt das Bewußtsein einer Gemeinsamkeit selbst hingegen keine Rolle. Denn ein Gemeinsamkeitsbewußtsein muß im Konkreten gründen, es ist entweder geschichts- oder praxis- oder projektvermittelt; ein Gemeinsamkeitsbewußtsein setzt auch einen anderen, reicheren Gesellschaftsbegriff voraus als die Rawlssche Gerechtigkeitstheorie, für die Gesellschaft nur als rationale Kooperationsveranstaltung in den Blick kommt. Rawls' Hoffnung, daß sich aus den unterschiedlich begründeten gemeinsamen Gerechtigkeitsvorstellungen ein gemeinschaftsbildendes öffentliches Wertsystem, ein öffentliches Ethos entwickeln kann, das mit zunehmender Anerkennungsgewohnheit auf eigenen geltungstheoretischen Füßen zu stehen vermag und eine Gerechtigkeitsgemeinschaft konstituiert, die die Institutionen des Verfassungsstaats sozialethisch stabilisiert, trügt. Seine Konzeption der Gerechtigkeitsgemeinschaft weist gegenüber dem abstrakten diskursethischen Verfassungspatriotismus keinerlei Sittlichkeitsfortschritt auf; sie ist wie dieser in einem Anerkennungskognitivismus befangen und vermag keine motivationalen Ressourcen für die integrationspolitisch notwendige Herausbildung von Gemeinsinn und kommunitärer Solidarität bereitzustellen.

9. Dworkins liberale Gemeinschaft

Auch eine andere weitreichende liberale Stimme in der gegenwärtigen politikphilosophischen Diskussion, auch Ronald Dworkin verkündet keine überzeugendere Botschaft. Die von Dworkin modellierte »liberal community«ist nicht in der Lage, die Sittlichkeitsdefizite, die der Kommunitarist moniert, auszugleichen, und das in dieser liberalen Gemeinschaft begründete »communal life« kann schwerlich als sozialintegratives Medium dienen.[31] Eine Theorie politisch-ethischer Integration muß nach Dworkin zweierlei leisten: zum einen muß sie eine angemessene Vorstellung von dem »communal life of a political community« entwickeln;[32] zum anderen muß sie klären, wie die aristotelische Bedingung der internen Verknüpfung der ethischen Qualität der Gemeinschaft mit der Befindlichkeit ihrer Bürger erfüllt werden kann. Dieser Problembeschreibung kann man durchaus zustimmen. In der Tat wird eine liberale Theorie erst dann eine zufriedenstellende Gemeinschaftskonzeption besitzen, wenn sie die in den sozialen Intermundien zwischen der gesellschaftlichen Entropie des atomistischen Individualismus und der universalistisch-egalitären Rationalordnung der Gerechtigkeit geltenden ethischen Asymmetrien und die politikethische Semantik des »magic pronoun »my««[33] aufzuklären vermag; wenn sie in ihrem normativen Pla-

31 Ronald Dworkin: »Liberal Community«, *California Law Review* 77/1989, S. 479-504; wiederabgedruckt in: Shlomo Avineri/Avner de-Shalit (Hrsg.): *Communitarianism and Individualism*, Oxford 1992, S. 205-224.

32 Ebd., S. 500.

33 Yael Tamir: *Liberal Nationalism*, Princeton, N.J. 1993, S. 95.

teau den Obligationen exklusiver Zugehörigkeiten angemessenen Raum gibt; wenn sie in ihrer Personenkonzeption der konstitutiven Bedeutung von Mitgliedschaften, den besonderen kommunitären Beziehungen gerecht wird, durch die die Individuen und ihre Gemeinschaft wie in einem System kommunizierender Röhren intern miteinander verbunden sind, so daß das Handeln der Gemeinschaft die Selbsteinschätzung der Individuen einfärbt, ihre Erfolge und Verfehlungen in den Individuen Stolz und Scham, Ärger und Besorgnis hervorrufen und ihre Geschichte in die Geschichten der Individuen eindringt und sich dort festsetzt.

Dworkins Lösungsvorschlag ist jedoch enttäuschend. Insbesondere seine Antwort auf die erste Frage ist völlig ungenügend: sie setzt nämlich in institutionalistischer Verkürzung der Volkssouveränität das kollektive Leben der politischen Gemeinschaft mit dem Verwaltungs-, Regierungs- und Parlamentshandeln gleich, durch das der Bürger, dies der zweite Punkt, häufig in tiefe Depressionen gestürzt wird, gelegentlich aber auch zu freudiger Zustimmung gebracht werden mag, damit aber immer seine grundsätzliche Bereitschaft anzeigt, in seiner Lebenseinschätzung sich von der Gerechtigkeitsqualität des Handelns der Politik abhängig zu machen, so daß er sein Leben dann als wertvoller betrachten wird, wenn die politischen Verhältnisse Gerechtigkeitsfortschritte machen. Dworkin bezeichnet dieses aller aktiven Partizipationsmomente wie auch aller historischen Dimensionen bare Konzept allen Ernstes als »civic republicanism«, denn die Republikanismusthese der ethischen Priorität der Gemeinschaft sei in dieser Konzeption der »liberal community« durchaus erfüllt: »If the life of a community is limited to formal political decisions, if the critical success of a community therefore depends only on the success or failure of its legislative, executive and adjudicative decisions, then we accept the ethical primacy of the community's life without abandoning or compromising liberal tolerance and neutrality about the good life«[34].

Die »liberal community« entpuppt sich als die bekannte rechtsstaatliche Ordnung; die ihr von Dworkin zugeschriebenen republikanischen und kommunitären Valenzen verdanken sich allein einem Beschreibungstrick.[35] Mit aller Deutlichkeit wird sichtbar,

34 Dworkin: »Liberal Community«, a.a.O., S. 500.

35 Im Gemeinspruchaufsatz schreibt Kant: »Der Satz: Salus publica su-

daß die kommunitaristisch-republikanische Reformulierung des liberalen Rechts- und Staatsverständnisses alles beim alten beläßt. Weder wird die Rechtsordnung durch kommunitäre Elemente bereichert, noch kann das von Dworkin herangezogene Gerechtigkeitsinteresse der Individuen zur Grundlage sozialer, sittlicher Integration taugen. Sittlichkeit läßt sich gerade nicht auf eine »fusion of political morality and critical self-interest« reduzieren[36].

prema civitatis lex est, bleibt in seinem unverminderten Werth und Ansehen; aber das öffentliche Heil, welches zuerst in Betrachtung zu ziehen steht, ist gerade diejenige gesetzliche Verfassung, die jedem seine Freiheit durch Gesetze sichert« (AA 8, S. 298). Das ist eine arglistige Täuschung des Lesers. Natürlich bleibt der Satz vom höchsten öffentlichen Heil nicht in »unvermindertem Ansehen«; dieser Satz formuliert das Fundamentalprinzip der eudämonistischen Staatslehre, und eben das wird durch die praktische Philosophie Kants auf allen Gebieten außer Kraft gesetzt. Indem »salus publica« bei Kant die Bedeutung von »iustitia publica« bekommt, wird der Zentralbegriff des materialen Wohlfahrtsstaats gegen den Zentralbegriff des formalen Rechtsstaats ausgewechselt; das sich in diesem organisierende Rechts- und Freiheitsverständnis verlangt die öffentlich-allgemeine Unverfügbarkeit des menschlichen Glücks. Es ist offenkundig, daß Dworkin eine komplementäre Strategie in seinem »Liberal community«-Essay anwendet: versieht Kant hinterrücks die Programmformel des Kommunitarismus des 18. Jahrhunderts mit einem neuen liberal-rechtsstatlichen Inhalt, so gibt Dworkin seinem Neutralitäts- und Gerechtigkeitsliberalismus eine neue, sich dem Kommunitarismus des 20. Jahrhundert annähernde Lesart. Ändert sich bei Kant semantisch alles, so ändert sich bei Dworkin semantisch nichts.

36 Die für Dworkin »the true nerve of civic republicanism« und »the important way in which individual citizens should merge their interests and personality into political community« zu sein scheint (ebd., S. 501). Dworkin kann sich nicht von dem rationalitätstheoretischen Bann befreien, der das liberale Denken auf das Konzept des rationalen Selbstinteresses festlegt; hinsichtlich des Bürgers und seines Verhältnisses zu seinen Mitbürgern schreibt Dworkin, daß »the argument from integration...argues that he must be concerned for his own wellbeing, and that, just in virtue of that concern, he must take an interest in the moral life of the community of which he is a member« (ebd., S. 492).

Sternberger, dem wir die Wortprägung *Verfassungspatriotismus* und die noch gewagtere *Staatsfreundschaft* verdanken, will der ethischen Ausbleichung des Patriotismus und Bürgerbegriffs durch das prozedurale Vernunftrecht mit einer entschiedenen Rearistotelisierung begegnen und so den Graben wieder schließen, den die historische Semantik zwischen den beiden Teilbegriffen aufgerissen hat. Sein Patriotismuskonzept handelt von dem »Vaterland«, das wir nur lieben können, »insofern wir tätig, frei und mündig an seiner wirklichen Verfassung teilhaben«[37]. Die »wirkliche Verfassung«, das bezieht sich nicht auf die transpositiven universalistischen Grundprinzipien unserer modernen moralischen und rechtlichen Kultur, sondern auf das Insgesamt der »Verfassungs-Lebensvorgänge«[38], die wirkliche Verfassung steht jenseits der die verfassungsrechtlichen Diskussionen in den siebziger und in den achtziger Jahren hierzulande beschäftigenden Spannung zwischen Verfassungsnorm und Verfassungswirklichkeit. Es geht um eine Verlebendigung des Gemeinwesens und tägliche Neukonstitution der politischen Gemeinschaftlichkeit durch allseitige Teilnahme am Verfassungsleben, das reich und komplex ist und von den Grundrechts- und Organisationsnormen der geschriebenen Verfassung über die Tätigkeit der darin definierten Verfassungsorgane und der Teilnahme der Bürger in Vereinen, Verbänden, Bürgerinitiativen und Demonstrationen bis zu dem »vielstimmigen Simultan-Gespräch der sogenannten öffentlichen Meinung« reicht[39], die Institutionen umfaßt und die »Medien der politischen Einübung, wo man mit seinesgleichen beratschlagt und beschließt, und zwar ebensowohl aus der Nötigung wie aus der Lust, an den gemeinsamen Angelegenheiten mitzuwirken; nicht aus finsterem ethischen Pflichtgefühl und nicht aus beschränktem ökonomischen Interesse, sondern nur eben – aus Bürgersinn«[40]. Als Theorie des Bürgersinns und der stärkenden Belebung der politischen Ordnung durch tätige Teilnahme bleibt

37 D. Sternberger: *Staatsfreundschaft*, Schriften IV, Frankfurt/M. 1980, S. 20.
38 D. Sternberger: *Verfassungspatriotismus*, Schriften X, Frankfurt/M. 1990, S. 15.
39 Ebd.
40 Sternberger: *Staatsfreundschaft*, a.a.O., S. 208.

Sternbergers Verfassungspatriotismus vor der kognitivistischen Halbierung verschont, die alle Verfassungspatriotismusversionen ereilt, die dem Integrationskonzept der liberalen Autoteleologisierung folgen. Freilich vermag die tätige Teilnahme am Verfassungsleben in dem aristotelischen Kontext der Sternbergerschen Politologie nicht die Qualität eines kategorialen Fundaments für eine modernitätsadäquate Sittlichkeitskonzeption zu gewinnen. Zudem stellt sich Sternbergers politischer Leitbegriff der Verfassung in ein spannungsvolles Verhältnis zur Demokratie und kann den Verdacht nicht unterdrücken, daß demokratische Orientierungen die bürgerliche Staatsfreundschaft und den im Verfassungspatriotismus verankerten Grundkonsens über Gebühr strapazieren. Sternbergersches Verfassungsleben ist daher der Gefahr ausgesetzt, zu einem routiniert-selbstsicheren, von keiner nervösen Reflexivität gestörten und sich verfestigenden gemeinsamen Vollzug des Üblichen zu schrumpfen. Es bedarf einer Verstärkung der demokratischen Orientierungen und partizipatorischen Komponenten, es bedarf einer Transformation des Verfassungspatriotismus in eine kommunitäre Demokratie.

11. Kommunitäre Demokratie

Zurecht hat der Kommunitarismus die Fragen der personalen und politischen Identitätsbildung aufgeworfen, zurecht weist er darauf hin, daß Selbstverwirklichung nicht in der Realisierung privater Präferenzen und Projekte aufgeht, sondern Teilnahme und Teilhabe am Gemeinschaftsleben umfaßt, daß Gemeinschaftlichkeit intrinsisch wertvoll und die sie ermöglichende Lebensform ein kollektives Gut ist und daß eine sich nur an der rechtlichen Parzellierung negativer Freiheit orientierende Denk- und Lebensweise zu keiner angemessenen Berücksichtigung des Gemeinwohls und zu keiner Beförderung der öffentlichen Güter, der nur zu teilenden und gemeinsam zu genießenden und gerade nicht aufzuteilenden und einzeln zu genießenden Güter fähig ist. Zurecht hat er auch das Problem der sozialen Integration in die politikphilosophische Diskussion zurückgebracht und die Frage nach den motivationalen Voraussetzungen moderner Gesellschaften gestellt, d. h. nach den Einstellungen und Verhaltensmustern, die eine Gesellschaft in ihren Mitgliedern sowohl um ihrer Kontinuierung wie auch ihrer Verbesserung willen voraussetzen und folglich unaufhörlich herausbilden muß.

Angesichts eines für die Bewältigung von Modernitätskrisen zu ärmlich ausgestatteten philosophischen Liberalismus rehabilitieren die durchgeschüttelten gesellschaftlichen Verhältnisse selbst Problemstellungen der klassischen politischen Philosophie, die durch das Bündnis zwischen rationalem Egoismus und externer Koordination, das die moderne politische Philosophie zur moralisch-sittlichen Entlastung der Individuen gestiftet hat, verdrängt worden sind. Aber daß wieder die Fragen der sittlich-politischen Tüchtigkeit, des Bürgersinns und der politischen Erziehung gestellt werden, sollte niemanden erschrecken. Die Beantwortung dieser Frage teilt die Kommunitaristen in ein substantialistisches und ein partizipatorisches Lager; während die einen die sozialen Fliehkräfte der Individualisierung und Pluralisierung durch die Wiederbelebung vormoderner Integrationsmächte bändigen wollen[41], greifen die anderen, gleichsam im Sinne einer modernitätskritischen Serologie, auf Elemente der Moderne selbst zurück. Meine Vorstellungen von einer kommunitären Demokratie sind dem partizipatorischen Lager zuzuordnen. Ihnen liegt eine Überlegung zugrunde, die die modernitätstypische Autoteleologisierungsstrategie aufgreift, sie aber nicht auf Verfassung und Gerechtigkeitsordnung richtet, sondern auf die deliberative Demokratie: während die vorne abgehandelten liberalen Philosophen die Verfassung als sozialintegrativ effektive Lebensform etablieren wollen und durch diese teleologische Zurückkrümmung der universalistischen Prinzipien und Verfahrensnormen auf sich selbst die Grammatik der liberalen Ordnung in den Rang eines gemeinsamkeitsstiftenden kollektiven Guts erheben, setzt das Konzept der kommunitären Demokratie seine integrationspolitischen Hoffnungen auf das gemeinsamkeitsstiftende Element der politischen Praxis.

Es ist offenkundig, daß diese beiden Alternativen einander nicht

41 Obwohl der Nationalismus eine Geburt der Moderne ist, betrachte ich das von ihm bereitgestellte Integrationskonzept als vormodern, da in ihm die Nation substantialistisch ausgelegt wird; vgl. Wolfgang Kersting: »Verfassungspatriotismus, kommunitäre Demokratie und die politische Vereinigung der Deutschen«, in: Petra Braitling/Walter Reese-Schäfer (Hrsg.): *Universalismus, Nationalismus und die neue Einheit der Deutschen*, Frankfurt/M. 1991, S. 143-166; bes. S. 150ff.

ausschließen. Dem Anhänger der liberalen Gemeinschaft ist zwar alle rousseauistische Überschwenglichkeit suspekt, und er glaubt, ohne die Integrationsleistungen der kommunitären Demokratie auszukommen. Der Anhänger der kommunitären Demokratie hingegen versteht die kommunitäre Demokratie als Komplementierung und Festigung verfassungspatriotischer Einstellungen und weiß, daß er auf die effektiven Koordinationsleistungen der liberalen Gerechtigkeitsordnung angewiesen ist. Eine sittlich wertvolle und für jeden an ihr Teilnehmenden wichtige und sozial integrative Lebensform ist unter modernen Lebensverhältnissen nur als kommunitäre Demokratie verwirklichbar. In der Teilnahme am politischen Diskurs, in der sich ein immer konkretes Sich-Kümmern um die für allgemein wichtig erachteten Angelegenheiten manifestiert, erfahren sich die autonomen Subjekte als Mitglieder einer auf Selbstbestimmung, Freiheit und wechselseitiger Achtung gründenden, konkreten, sowohl herkunftsgeprägten als auch zukunftsgerichteten politischen Gemeinschaft, erleben sie, was es heißt, ein Bürger zu sein. Die kommunitäre Demokratie ist die notwendige Ergänzung des Verfassungspatriotismus; beide zusammen erst bilden eine zufriedenstellende Antwort auf die Frage nach den Integrationsprinzipien einer vollständigen politischen Philosophie.

Die kommunitäre Demokratie ist ein Geflecht von Diskursen, in dem keinesfalls der diskursethisch favorisierte Typ des geltungsüberprüfenden Gerechtigkeitsdiskurses dominiert. Der politische Diskurs in der kommunitären Demokratie hält sich nicht an die diskursethische Dichotomisierung: auf der einen Seite die prinzipiell konsensfähigen Gerechtigkeitsfragen, auf der anderen Seite die Fragen des guten Lebens; er läßt sich nicht durch das Kriterium der Konsensfähigkeit einengen und engagiert sich auch dann in rationalen Erörterungen, wenn keinerlei Aussicht auf eine Einigung besteht. Natürlich gehören gerade Fragen des guten richtigen Lebens und der konkreten politischen Gestaltung der Lebensverhältnisse zu den Dingen, um die sich Bürger kümmern; und die Selbstverständigungsdiskurse bilden das wichtigste Medium für die Selbstvergewisserung der kommunitären Demokratie. Die identitätsstiftende Gemeinsamkeit ist im öffentlichen politischen Bereich nicht die des Konsenses, sondern die des Sichkümmerns, des Sichkümmerns um die allgemeinen Belange in einer bestimmten, in ihren Erfahrungs-, Verständigungs- und Be-

wertungsweisen durch geschichtliche und kulturelle Überlieferung geprägten Gesellschaft. Denn die Etablierung eines Bürgerbewußtseins und die Einrichtung einer kommunitären Demokratie kann nicht in einem luftleeren Raum gelingen; sie bedarf immer einer herkunftsgeprägten lebensweltlichen Fundierung, mit der die Verständigungsgrundlagen und Bewertungsdimensionen bereitgestellt werden, von denen die Bürger bei der Herausbildung ihrer Beteiligungsperspektiven ausgehen, die jedoch der öffentlichen Erörterung keinerlei sittliche Grenze ziehen können. Der Bürgersinn ist nicht in einer sittlich kompakten vorpolitischen Gemeinsamkeit verankert, er ist nicht prinzipienvermittelt, wurzelt nicht in einem einheitlichen Überzeugungssystem, sondern er ist handlungsvermittelt, stellt sich durch die Teilhabe an der offenen, deliberativen Praxis des politischen Diskurses ein, und die Gemeinschaft gründet in einer »reciprocity of consciousness which is achieved and sustained by equals who discourse together publically for the specific purpose of social decision and action«.[42] Der Anhänger der kommunitären Demokratie glaubt, eine bessere Lösung des Motivations- und Integrationsproblems zu besitzen als der kantianische Liberale, der genötigt ist, nach dem Vorbild der vernunftbewirkten Achtung Rechtfertigungsargumente unmittelbar in handlungswirksame Motivation umzumünzen. Er glaubt, daß durch Praxisteilnahme, durch erlebte Mitwirkung krisenresistente motivationale Grundlagen für den Zusammenhalt einer modernen Gesellschaft gebildet werden können. Er ersetzt das universalistische Prinzip der vernunftbewirkten Achtung gegenüber Recht und Gerechtigkeit durch das partikularistische Prinzip des praxisbewirkten Bürgersinns.
Die kommunitäre Demokratie ist offenkundig rousseauistischen Geistes, aber sie ist kein plebiszitäres Pfingsten, keine Epiphanie des Allgemeinen Willens; sie vermeidet den Rousseauschen Fehlschluß, der zur Identifizierung der Konstitutionsbedingungen politischer Gemeinschaft und der Legitimationsbedingungen der Demokratie mit den Organisationsprinzipien politischer Herrschaft führt; und läßt die Volkssouveränität doppelt auftreten: institutionell verfaßt und vielstimmig-ungeordnet.[43] Das demo-

42 Robert Paul Wolff: *The Poverty of Liberalism*, New York 1968, S. 187.
43 Vgl. Ingeborg Maus: »Basisdemokratische Aktivitäten und rechtsstaatliche Verfassung. Zum Verhältnis von institutionalisierter und nichtin-

kratische Netz öffentlicher Diskurse bezeichne ich darum, scheinbar paradox, als kommunitär, weil mir allein im Rahmen einer aktiven Teilnahme an dem öffentlichen politischen Diskurs eine politische Gemeinschaftsbildung möglich zu sein scheint, die mit der Moderne al pari ist, aber gleichwohl Gemeinschafsbildung ist und folglich wertintegrative und verhaltensprägende, affirmative Einstellungen erzeugende Leistungen erbringt. Und wenn überhaupt, dann erscheint es mir auch allein unter den Bedingungen einer kommunitären Demokratie möglich, eine Ebene zu etablieren, von der aus eine rationale Integration der sich verselbständigenden, sittlichkeitsentblößten gesellschaftlichen Subsysteme und damit eine Verbesserung der gemeinsamen Lebensform vorstellbar zu sein scheint – handlungstheoretische Gesellschaftstheoretiker sprechen in diesem Zusammenhang von der »Demokratisierung der Differenzierungsfrage«[44].

12. Partikularisierung

Ich muß hier darauf verzichten, dem Konzept der kommunitären Demokratie durch Abgrenzung von anderen Gestalten aus der partizipationistischen Theoriefamilie, etwa von der Diskursethik oder der Zivilgesellschaftskonzeption, eine schärfere Kontur zu verleihen. Ich möchte aber abschließend noch andeuten, wo für mich die entscheidende Differenz liegt. Und damit kann ich auch den Kreis schließen, denn in diesem Unterscheidungsmerkmal sehe ich die Berechtigung, die kommunitäre Demokratie als Gestalt einer modernitätsadäquaten Sittlichkeit zur Diskussion zu stellen. Gemeint ist der für die erhoffte Integrationsleistung unerläßliche Vorgang der Partikularisierung[45], durch den nicht eine

stitutionalisierter Volkssouveränität«, in: Thomas Kreuder (Hrsg.): *Der orientierungslose Leviathan*, Marburg 1992, S. 99-116.

44 Hans Joas: *Die Kreativität des Handelns*, Frankfurt/M. 1992, S. 348.

45 Zur Partikularisierung vgl. Rüdiger Bubner: »Die Nation – das partikularisierte Allgemeine«, *Politisches Denken. Jahrbuch 1992*, Stuttgart 1993, S. 19-28. Bubner stellt in diesem Essay die Partikularisierung als wirklichkeitssichernde Operation heraus, die Facetten der Kontextualisierung, Historisierung, Konkretisierung und Institutionalisierung bündelt und zu einem richtig verstandenen, seine Verwirklichungsbedingungen immer mitbedenkenden Freiheitsprinzip hinzugehört. In

partikularistische Ethik den Prinzipien des Rechts- und Moraluniversalismus und des demokratischen Prozeduralismus entgegengesetzt wird, sondern durch den die Prinzipien der Verfassung und der Demokratie so weit in die vorgegebene geschichtlich-kulturelle Besonderheit eingelassen werden, daß die Bürger Verfassung und Demokratie als *ihre* anerkennen und wertschätzen, ihre Prinzipien als Grammatik *ihrer* Lebensform pflegen und die ihnen eingeschriebenen Wohlgeordnetheitsideale als normative Orientierungen für die Verbesserung *ihres* gemeinsamen Lebensprojekts verwenden. Partikularisierung ist Belebung, Verkörperung, oder gar, denken wir an Montesquieu, Begeist(er)ung des Allgemeinen. Nur im Horizont der Partikularisierung läßt sich die politische Semantik des »magic pronoun »my««[46] aufklären, läßt sich die asymmetrische kommunitäre Solidarität gewinnen, die der egalitaristischen Gerechtigkeit hinzugesellt werden muß, um den modernen, durch die Zentrifugalkräfte der Besonderheit strapazierten Gesellschaften eine stabile motivationale Grundlage zu verschaffen. Unterschiedliche Vermittlungsformen entstehen, wenn sich Besonderheit und Allgemeinheit im Zeichen der Partikularisierung oder im Rahmen eines Applikationsvollzugs begegnen. Nur von der durch Partikularisierung generierten Vermittlungsgestalt kann gehofft werden, daß das Sittliche in ihr »in intensivem Sinn wirklich« werden kann.

In der kommunitären Demokratie verliert sich der Antagonismus zwischen Universalismus und Partikularismus, tritt die Solidaritätsmoral der ethischen Asymmetrie neben die Gerechtigkeitsmoral des menschenrechtlichen Egalitarismus. Gerechtigkeitsnormen sind ebenso wie die Normen der Hilfeleistung universalistischer Natur. Sie verpflichten menschliche Individuen als menschliche Individuen und konstituieren eine universell-inklusive Ver-

meinen Ausführungen geht es nicht um die Nation, sondern um die kommunitäre Demokratie, die freilich wie die Nation partikularisiertes Allgemeines ist und ihre notwendigen Verwirklichungsbedingungen im institutionell gefestigten nationalstaatlichen Rahmen hat. Es liegt auf der Hand, daß ein Plädoyer für die kommunitäre Demokratie implizit immer auch ein Plädoyer für die Beibehaltung des Nationalstaates ist. Die kommunitäre Demokratie läßt sich nicht in die ungeschichtlich-abstrakten Organisationsräume überstaatlicher Großinstitutionen verpflanzen.

46 Yael Tamir: *Liberal Nationalism*, Princeton 1993, S. 95.

pflichtungssymmetrie zwischen Menschen als Menschen. Solidaritätsnormen sind hingegen partikularistischer Natur. Sie verpflichten nicht menschliche Individuen als menschliche Individuen, sondern als Mitgleider einer bestimmten sozialen Gemeinschaft; sie konstituieren somit auch keine inklusive Verpflichtungssymmetrie zwischen Menschen als Menschen, sondern nur eine partikular-exklusive Verpflichtungssymmetrie zwischen den Mitgliedern einer bestimmten Gemeinschaft; zwischen diesen und den anderen, den Nicht-Gemeinschaftsmitgliedern, besteht hingegen ein Verhältnis der ethischen Asymmetrie. Das, was man den Normen der Solidaritätsmoral gemäß als Gemeinschaftsmitglied den Mitgliedern seiner Gemeinschaft schuldet, schuldet man gerade nicht Fremden. Wir gehören vielen Gemeinschaften an, vorgefundenen, sich ereignenden, gewählten. Jede dieser Gemeinschaften hat ihr eigenes Obligationsprofil; jede dieser Gemeinschaften zieht eine andere Grenze zwischen dem Eigenen und dem Fremden. Die Solidaritätsmoral ist also in sich mehrfach gestuft; sie kennt folglich nicht nur den externen Konflikt mit den Regeln der universalistischen Gerechtigkeitsmoral, sie kennt auch den internen Konflikt, den Streit im eigenen Haus, wenn die einzelnen Gruppenloyalitäten kollidieren. Die solidaritätsgenerierenden Gemeinschaften reichen von der Freundschaft bis zur nationalstaatlichen Großgruppe.

13. Moralisch-rechtlicher Universalismus *und* ethischer Partikularismus

Aber gibt es diese Solidaritätsmoral überhaupt? Ist sie moralphilosophisch ernstzunehmen oder nur eine Endmoräne der Modernisierung, die sich bald völlig in der universalistischen Landschaft verliert? Die These des Rechts- und Moraluniversalismus besagt, alle verpflichtende Normierung zwischenmenschlichen Verhaltens folgt in rechtlicher wie in moralischer Hinsicht universalistischen Prinzipien. Unterhalb dieser Ebene universalistischer Normen, demokratisch-diskursidealer Prozeduralität und menschenrechtlicher Gleichheit gibt es nur Kontingenz, Geschichte, Subjektivität, Geschmack, Idiosynkrasie, den Pöbel der Sinnlichkeit, Herzensbrei, Gewohnheit, Üblichkeiten, Konventionen, Traditionen; mit einem Wort: unterhalb dieser Ebene verliert alle Philosophie Interesse und Zuständigkeit. Der Universalismus ist ein Humanismus; sein Protagonist ist der Mensch, der Mensch *qua talis*, etwas also, was es außerhalb der Biologie- und Logikbücher gar nicht gibt, etwas, das nur durch Abstraktion und Distanzierung geschaffen werden kann; *der Humanismus ist also eine gleichheitsorientierte Moral des Wegsehens*. Und dieses Wegsehen wird in den einschlägigen moralepistemologischen Formeln und Prinzipien operationalisiert. Die rechtsuniversalistische Menschenrechtsthese versucht, die individuellen Rechtspositionen und die politische Ordnung des gesellschaftlichen Zusammenlebens allein auf die Grundlage von normativen Bestimmungen zu stellen, die Menschen als Menschen, unabhängig von aller sie unterscheidenden empirischen, natürlichen und geschichtlich-gesellschaftlichen Besonderheit zukommen. Mit diesem unüberbietbar revolutionären Ansatz werden alle geschichtlichen Rechts- und Machtverteilungen, die empirische und gesellschaftliche Unterschiede in den Rang von Distributionskriterien erheben, delegitimiert. Der menschenrechtliche Egalitarismus macht jeder Apartheidsregelung, jeder wie immer motivierten Diskriminierung ein Ende. Es gibt keine empirische Differenz, die eine Ungleichverteilung von individuellen und politischen Grundrechten begründen könnte. Das Ordnungsmodell des menschenrechtlichen Egalitarismus beansprucht notwendig allgemeine Geltung und setzt alle kontingenten politischen Traditionslinien außer Kraft. Dort wo Menschen wohnen, ihre Verhältnisse ordnen, Herrschaftsverbände errichten und Macht und Recht verteilen, besitzt dieses Ordnungsmodell des menschenrechtlichen Egalitarismus Gültigkeit. Mit der Erhebung des Menschen *qua talis* zum legitimationstheoretischen Protagonisten und des allgemeinen Menschenrechts zum normativen Führungsprinzip der Rechtfertigungstheorie wird die Globalisierung des Ordnungsmodells des menschenrechtlichen Egalitarismus, die Globalisierung von Markt und Demokratie logisch unvermeidlich. Gleiche Entdifferenzierung, Entindividualisierung und Entbesonderung verlangt die Unparteilichkeitsmoral, die Moral des *moral point of view* und *impartial observer*. Moralisch relevante Erkenntnis ergibt sich erst von einem Standpunkt symmetrischer Interessenabwägung und ungetrübter Gleichberücksichtigung aus; Gleichheit und Symmetrie sind die Grundsätze moralischer Beurteilung. Der Rawlssche Schleier der Unwissenheit ist ein ebenso zuverlässiger Kompaß durch die moralische Welt des Universalismus wie der kategorische Imperativ oder die Prozeduren des Diskurses. Wechselseitige Anerkennung, wechselseitiger Respekt als Mensch, vernünftiges Wesen, Person, bilden die Verfassung der moralischen Welt. Nun ist es so, daß wir sehr selten Menschen als solchen begegnen. Die rationalmoralische Anerkennungschoreographie des Universalismus wirkt im alltäglichen sozialen Raum steif und verkrampft und merkwürdig fremd und kalt, wenn sie nicht durch die Loyalitätsethik, *die ungleichheitsorientierte Ethik des Hinsehens*, vervollständigt wird. Der Grund ist der, daß Menschen sich immer als bestimmte begegnen, eingebunden in ein Netz von Beziehungen der unterschiedlichsten Art, die je für sich ein eigenes normatives Profil, ein eigenes normatives Erwartungsniveau besitzen. Als soziale Wesen, als in vielerlei Beziehungen lebende Wesen haben Menschen vielerlei besondere Pflichten, die sie nicht als Menschen haben und nicht gegenüber Menschen haben, sondern die sie als Mitglieder von Gruppen, als Angehörige von sozialen Vereinigungen haben. Diese besonderen Pflichten bilden das normative Wurzelwerk unserer geteilten Lebenswelt; diese Loyalitäten sind nicht in inklusive Anerkennungswechselseitigkeit und allgemeinhumane Respektsreziprozität auflösbar; sie sind wesentlich exklusiv und asymmetrisch. Unser ethisches Empfinden würde revoltieren, wenn diese normativen Asymmetrien universalistisch eingeebnet würden und das Prinzip der Gleichberücksichtigung und Interessengleichheit die besonderen Pflichten außer Kraft setzen würde; wenn die Gerechtigkeitsunparteilichkeit von uns verlangte, Familieninteressen und die Interessen von Fremden gleich zu behandeln, das normative Profil der Freundschaft zu einem humanistischen Anerkennungsverhältnis zu verdünnen, das Loyalitätsgefälle durch alle Besonderheiten neutralisierende Achtungsgleichheit zu ersetzen, Bürger und Nicht-Bürger auf die gleiche Berechtigungsstufe zu stellen, Solidarität universalistisch und unparteilich zu verteilen, die Gravitation fürs Eigene in jedem Fall zu neutralisieren. In dem Maße, in dem die asymmetrische Loyalitätsmoral der besonderen sozialen Beziehungen durch eine universalistische Ordnung rein zwischenmenschlicher Verhältnisse verdrängt wird, verliert die Lebenswelt ihren besonderen ethisch-normativen Status; in dem Maße, in dem uns in den unterschiedlichen Beziehungspartnern moralisch immer nur Menschen als Menschen begegnen, in dem Maße trocknet unsere moralische und politische Identität aus. Der menschenrechtliche Egalitarismus formuliert die Rahmenbedingungen gleichgültiger Koexistenz, mag auch in einem wechselseitigen Anerkennungsbewußtsein vage motivbildende Wirksamkeit entfalten, aber eine gemeinsame politische Praxis mag er ebensowenig zu inspirieren wie identitätsbildende Selbstverständigungsprozesse zu motivieren. Derartiges gelingt nur im Bereich des gemeinsamen geschichtlich Besonderen. Wir haben vielfältige Verpflichtungen; in der Ethik der Loyalität spiegelt sich unsere soziale Identität. Wir sind fraglos auch den Imperativen der Unparteilichkeitsmoral unterworfen und halten an den menschenrechtlich begründeten Formen der politischen Selbstorganisation von individualistischen modernen Gesellschaften fest. Aber eine Theorie, die in der Unparteilichkeitsmoral die einzig relevante normative Theorie erblickt, für die der Bereich der ethischen Asymmetrie und der besonderen moralischen Beziehungen nicht existiert, die in ihrer radikalen Dekontextualisierung den ganzen Bereich der besonderen ethischen Verpflichtungen aufhebt, die zwischen Markt und Diskurs keine besonderen Loyalitäten der Freundschaft, der Familie und der nationalen Zugehörigkeit kennt, ist in soziologischer wie in anthropologischer Hinsicht wirklichkeitsunterbietend und in politischer und demokratieethischer Hinsicht schlechthin desaströs.

Nicht minder freilich ist eine Theorie zu kritisieren, die nur den moralischen Partikularismus der Lebenswelt zuläßt, eine Selbsterhaltungsethik des Nationalen vertritt und den moralischen und rechtlichen Universalismus für eine Chimäre hält. Die Universalismus-Partikularismus-Problematik existiert bei Lichte betrachtet nicht. Wenn man hier eine Konkurrenz sich ausschließender Theoriekonzeptionen und normativer Orientierungen erblickt, dann hat man ein überaus unvollkommenes Verständnis von der moralischen und politischen Welt. Die Moralphilosophie wird vielmehr ihre systematischen Möglichkeiten beträchtlich unterbieten, wenn sie sich davon abhalten läßt, die komplexe moralische Welt vollständig zu vermessen und die Unparteilichkeitsmoral durch eine Loyalitätsmoral der besonderen, von der Freundschaft bis zur nationalen Gemeinschaft reichenden Beziehungen zu *vervollständigen*.

Diese vollständige Theorie der Verpflichtungen würde ohnehin nur das tun, was nach Aristoteles gerecht ist: nämlich Gleiches gleich und Ungleiches ungleich zu behandeln. Wird Gleiches ungleich behandelt, dann kommt es zu einer gerechtigkeitsmoralischen Verfehlung großen Ausmaßes. Wir haben für sie viele Namen: wir nennen sie Diskriminierung, Privilegierung, unangemessene Bevorzugung, Unterdrückung, Apartheid. Wird hingegen Ungleiches gleich behandelt, dann kommt es zu komplementären gerechtigkeitsmoralischen Verfehlungen, für die wir nicht so viele Namen haben. Wir haben Namen für die Verletzung besonderer Pflichten: wir sprechen dann von Treulosigkeit, von Verrat, von Pflichtvergessenheit, wir sprechen von Glaubwürdigkeitsverlust, von Unloyalität; und wenn wir die kernige Moralsprache des Alltagsaristotelismus vermeiden wollen und den sanfteren psychologischen Jargon unserer Zeit bevorzugen, dann müssen wir von Bindungsschwäche, struktureller Oberflächlichkeit, Loyalitätsflucht reden. Auffällig ist aber, daß wir keine eigenen Begriffe für die Verletzung der Gerechtigkeitsforderung der Ungleichbehandlung von Ungleichen besitzen. Wir haben Begriffe für die Verletzung der Gleich-Gleich-Regel: wir haben Begriffe für das unzulässige Ungleichmachen von Gleichen; wir haben aber keine Begriffe für die Verletzung der Ungleich-Ungleich-Regel: wir haben keine Begriffe für das unzulässige Gleichmachen von Ungleichen. Wir können es nur fallbezogen beschreiben: als Verletzung der besonderen Verpflichtung, die das Obligationsprofil dieser Beziehung, dieses Zugehörigkeitsverhältnisses bestimmt, als Enttäuschung dieser konstitutiven normativen Erwartungen, die den sittlichen Gehalt dieser Rolle, Praxis, Beziehung ausmachen. Und diese Begriffe sind so alt wie die menschliche Gesellschaft, die immer ein Geflecht besonderer Beziehungen gewesen ist.

Wenn wir einen eigenen Begriff für den sittlichen Verfehlungstyp des Gleichmachens von Ungleichem finden wollen, dann müssen wir uns vergegenwärtigen, was mit diesem Gleichmachen des Ungleichen verbunden ist: eine Nichtanerkennung der besonderen Verpflichtungen. Vater, Mutter, Bruder, Schwester, Sohn, Tochter, Ehefrau, Freundin, Freund, Angehöriger von Gruppen, nationale Zugehörigkeit, Berufszugehörigkeit, Politiker usf.: all diese Begriffe beschreiben besondere Verpflichtungsverhältnisse, die nur innerhalb der Beziehungen, Rollen und Praxisfunktionen eine Bedeutung haben, die diese normativ konstituieren; beschreiben also ungleiche Verpflichtungsverhältnisse. Die Moralepistemologie des Universalismus vermag die Innenarchitektur des Jedermannstandpunkts zu bestimmen, mit ihr ist aber nicht zu ermitteln, was die jeweils besonderen Verpflichtungen beinhalten und wen sie wemgegenüber binden. Wird Ungleiches aber nun gleich behandelt, dann wird dieser ganze Bereich der besonderen Verpflichtungen eingeebnet. Verbunden ist damit nicht, wie die Universalisten gern glauben machen, eine Steigerung des moralischen Anspruchs an die Individuen, sondern eine Minderung des moralischen Anspruchs. Man kann alle besonderen Verpflichtungen verletzen, ohne sich einer einzigen moralisch unzulässigen Handlung im universalistischen Sinne schuldig machen zu müssen. Wenn man seinen lebensweltlichen Beziehungspartnern das vorenthält, was das Ihrige ist, was wir ihnen schulden, weil wir mit ihnen in diesen ganz besonderen Beziehungen stehen, muß man ihnen nicht auch das nehmen, was wir als Menschen ihnen als Menschen schuldig sind. Die Verletzung besonderer Beziehungspflichten impliziert nicht Menschenrechtswidrigkeit. Die Verletzung der Ungleich-Ungleich-Regel läuft also auf eine ethische Verarmung des menschlichen Lebens, auf eine ethische Verwahrlosung der Individuen, auf eklatante ethische Unterforderung hinaus. Der sich verabsolutierende menschenrechtliche Egalitarismus ist eine Discount-Moral für Migranten; er definiert den normativen Minimalismus für einander völlig Fremde. Anders formuliert: er würde zu einer Entleerung der ethisch-semantischen Bedeutung des Wörtchens »mein« führen, dessen besondere »Magie« (MacIntyre) sich allein im Kontext ethischer Partikularität, allein in der Welt der besonderen Beziehungen enthüllt. Würde allein die Unparteilichkeitsmoral die Verfassung unserer moralischen Welt und die Grammatik unserer moralischen Rede bestimmen, dann wäre es nicht mehr möglich, diesem eigentümlichen, nicht-possessistischen Zugehörigkeits-»mein« die ethische Bedeutung zu lassen, die es nach unserem Sprachverständnis besitzt. Unter der Perspektive des Universalismus begegnen Menschen, Betroffene, Rechtsbesitzer, Interessierte; keiner von ihnen steht in einer besonderen Beziehung zu mir, so daß ich von ›meinem‹ Menschen, ›meinem‹ Betroffenen, ›meinem Interessierten‹ reden könnte. Umgekehrt ist ein Bruder, ein Vater, eine Ehefrau kein mich besonders ansprechender ethischer Adressat meiner ethischen Einstellung. Erst dann, wenn es sich um ›meinen‹ Bruder, ›meinen‹ Vater, ›meinen‹ Freund, ›meine‹ Frau handelt, bin ich in besonderer Weise ethisch angesprochen; und nur ich, und eben darum, weil es sich um ›meinen‹ Bruder handelt. Es ist kein Zufall, daß die universalistische Karriere des Fraternitätsprinzips gescheitert ist.

Nachweis

1. *Die Verbindlichkeit des Rechts*. Erschien unter dem Titel: »Die verbindlichkeitstheoretischen Argumente der kantischen Rechtsphilosophie«, in: R. Dreier (Hrsg.), *Positives Recht und Wertbezug des Rechts*, ARSP-Beiheft 37, Stuttgart 1990, S. 62-74.

2. *Transzendentalphilosophische Eigentumsbegründung*. Erschien unter dem Titel »Eigentum, Vertrag und Staat bei Kant und Locke«, in: M. P. Thompson (Hrsg.), *Locke und Kant*, Berlin 1991, S. 109-134.

3. *»Das starke Gesetz der Schuldigkeit und das schwächere der Gütigkeit«*. Erschien unter dem Titel »Das starke Gesetz der Schuldigkeit und das schwächere der Gütigkeit. Kant und die naturrechtliche Pflichtenlehre«, in: *Studia Leibnitiana* XIV (1982), S. 184-220.

4. *Gesellschaft als Postulat*. Erschien unter dem Titel »Gesellschaft als Postulat. Kant und das Problem der Gesellschaftsbegründung« in: *prima philosophia* 2 (1989), S. 325-338.

5. *Ethischer Kapitalismus? Probleme der Wirtschaftsethik*. Erweiterte Fassung von »Probleme der Wirtschaftsethik«, *Zeitschrift für Philosophische Forschung* 48/1994, S. 351-372.

6. *Gerechtigkeit und Medizin*. Gekürzte Fassung von *Gerechtigkeit und Medizin*, Köln 1994.

7. *Methodologische Probleme einer Theorie der sozialen Gerechtigkeit*. Erweiterte Fassung des gleichnamigen Beitrags in: Peter Koller/Klaus Puhl (Hrsg.), *Akten des 19. Internationalen Wittgenstein Symposiums 1996: Aktuelle Probleme der politischen Philosophie*, Wien 1997.

8. *Globale Rechtsordnung oder weltweite Verteilungsgerechtigkeit? Über den systematischen Grundriß einer politischen Philosophie der internationalen Beziehungen*. Erweiterte Fassung des gleichnamigen Beitrags, in: V. Gerhardt, Henning Ottmann, Martyn P. Thompson u. a. (Hrsg.), *Politisches Denken. Jahrbuch 1995/96*, Stuttgart 1996, S. 197-246.

9. *Philosophische Friedenstheorie und internationale Friedensordnung*. Erweiterte Fassung von »Globale Sicherheit und internationale Gerechtigkeit«, *Kursbuch 126: Wieder Krieg*, Berlin 1996, S. 153-168.

10. *Moralphilosophie, Dezisionismus und pragmatische Rationalität*. Erweiterte Fassung von »Moralphilosophie und Dezisionismus«, *Ethik und Sozialwissenschaften. Sonderband »Ethik und Dezisionismus«*, hrsg. von Matthias Kaufmann, 3/1 (1992), S. 17-30.

11. *Liberalismus und Kommunitarismus.* Überarbeitete Fassung von »Die Liberalismus – Kommunitarismus-Kontroverse in der amerikanischen politischen Philosophie«, in: Volker Gerhard, Henning Ottmann, Martyn P. Thompson (Hrsg.), *Politisches Denken. Jahrbuch 1991*, Stuttgart 1992, S. 82-102.

12. *Freiheit und Tugend.* Erschien unter dem Titel »Die Wiederkehr der Tugend« in: *Gemeinschaft und Freiheit/Communauté et Liberté, Studia Philosophica, Jahrbuch der Schweizerischen Philosophischen Gesellschaft*, vol. 53/1994, Bern 1995, S. 35-57.

13. *Pluralismus und soziale Einheit.* Erweiterte Fassung von »Pluralismus und soziale Einheit. Elemente der politischen Vernunft«, in: Hans Friedrich Fulda (Hrsg.), *Vernunftbegriffe in der Moderne*, Stuttgart 1994, S. 627-652.

suhrkamp taschenbücher wissenschaft
Philosophie

Adorno: Ästhetische Theorie. stw 2
– Drei Studien zu Hegel. stw 110
– Einleitung in die Musiksoziologie. stw 142
– Kierkegaard. stw 74
– Die musikalischen Monographien. stw 640
– Negative Dialektik. stw 113
– Philosophie der neuen Musik. stw 239
– Philosophische Terminologie. Bd. 1. stw 23
– Philosophische Terminologie. Bd. 2. stw 50
– Zur Metakritik der Erkenntnistheorie. stw 872
Adorno-Konferenz 1983. Hg. v. L. v. Friedeburg und J. Habermas. stw 460
Analytische Handlungstheorie, *siehe Beckermann und Meggle*
Angehrn u.a. (Hg.): Dialektischer Negativismus. stw 1034
Apel: Der Denkweg von Charles Sanders Peirce. stw 141
– Diskurs und Verantwortung. stw 893
– Transformation der Philosophie. Bd. 1/2. stw 164/165
– *siehe auch Kuhlmann/Böhler*
Apel (Hg.): Sprachpragmatik und Philosophie. stw 375
Apel/Kettner (Hg.): Zur Anwendung der Diskursethik in Politik, Recht und Wissenschaft. stw 999
Assmann/Hölscher (Hg.): Kultur und Gedächtnis. stw 724
Bachelard: Die Bildung des wissenschaftlichen Geistes. stw 668
– Die Philosophie des Nein. stw 325
Barth: Wahrheit und Ideologie. stw 68
Bateson: Geist und Natur. stw 691
– Ökologie des Geistes. stw 571
Batscha: »Despotismus von jeder Art reizt zur Widersetzlichkeit.« stw 759
Batscha (Hg.): Materialien zu Kants Rechtsphilosophie. stw 171
Batscha/Saage (Hg.): Friedensutopien. stw 267
Beckermann (Hg.): Analytische Handlungstheorie. Bd. 2: Handlungserklärungen. stw 489
– *siehe auch Meggle*
Benjamin: Gesammelte Schriften I–VII. stw 931-937
– *siehe auch Tiedemann*
Berkeley: Schriften über die Grundlagen der Mathematik und Physik. stw 496
Biervert/Held/Wieland (Hg.): Sozialphilosophische Grundlagen ökonomischen Handelns. stw 870
Bloch: Werkausgabe in 17 Bänden. stw 550-566
– Bd. 1: Spuren. stw 550
– Bd. 2: Thomas Münzer als Theologe der Revolution. stw 551

201/1/8.92

201/2/8.92

201/3/8.92

suhrkamp taschenbücher wissenschaft
Philosophie

– Kants transzendentale Deduktion und die Möglichkeit von Transzendentalphilosophie. stw 723
– Martin Heidegger: Innen- und Außenansichten. stw 779
– Philosophie und Begründung. stw 673
– Realismus und Antirealismus. stw 976
– Zeiterfahrung und Personalität. stw 986
– Zerstörung des moralischen Selbstbewußtseins – Chance oder Gefährdung? stw 752
Foucault: Archäologie des Wissens. stw 356
– Die Ordnung der Dinge. stw 96
– Sexualität und Wahrheit 1. Der Wille zum Wissen. stw 716
– Sexualität und Wahrheit 2. Der Gebrauch der Lüste. stw 717
– Sexualität und Wahrheit 3. Die Sorge um sich. stw 718
– Überwachen und Strafen. stw 184
– Wahnsinn und Gesellschaft. stw 39
Frank, M.: Eine Einführung in Schellings Philosophie. stw 520
Frank, M. (Hg.): Selbstbewußtseinstheorien von Fichte bis Sartre. stw 964
Frank, M./Kurz (Hg.): Materialien zu Schellings philosophischen Anfängen. stw 139
Frank, Ph.: Das Kausalgesetz und seine Grenzen. stw 734
Friedeburg: *siehe Adorno-Konferenz*
Frisby: Georg Simmel. stw 926
Fulda/Horstmann/Theunissen: Kritische Darstellung der Metaphysik. stw 315
Furth: Intelligenz und Erkennen. Die Grundlagen der genetischen Erkenntnistheorie Piagets. stw 160
Gert: Die moralischen Regeln. stw 405
Gethmann (Hg.): Logik und Pragmatik. stw 399
Gethmann-Siefert/Pöggeler (Hg.): Heidegger und die praktische Philosophie. stw 694
Goodman: Tatsache, Fiktion, Voraussage. stw 732
– Weisen der Welterzeugung. stw 863
Goodman/Elgin: Revisionen. Philosophie und andere Künste und Wissenschaften. stw 1050
Haag: Der Fortschritt in der Philosophie. stw 579
Habermas: Erkenntnis und Interesse. stw 1
– Erläuterungen zur Diskursethik. stw 975
– Moralbewußtsein und kommunikatives Handeln. stw 422
– Nachmetaphysisches Denken. stw 1004
– Philosophisch-politische Profile. stw 659
– Der philosophische Diskurs der Moderne. stw 749
– Strukturwandel der Öffentlichkeit. stw 891

201/4/8.92

suhrkamp taschenbücher wissenschaft
Philosophie

– Texte und Kontexte. stw 944
– Theorie und Praxis. stw 243
– Zur Logik der Sozialwissenschaften. stw 517
– Zur Rekonstruktion des Historischen Materialismus. stw 154
– *siehe auch Honneth/Joas*
– *siehe auch McCarthy*
Hahn: Empirismus, Logik, Mathematik. stw 645
Hampe/Maaßen (Hg.): Prozeß, Gefühl und Raum-Zeit. stw 920
– Die Gifford Lectures und ihre Deutung. stw 921
Hare: Freiheit und Vernunft. stw 457
– Die Sprache der Moral. stw 412
Harman: Das Wesen der Moral. stw 324
Hausen/Nowotny (Hg.): Wie männlich ist die Wissenschaft. stw 590
Haussmann: Erklären und Verstehen: Zur Theorie und Praxis der Geschichtswissenschaft. stw 918
Hegel: Werke in 20 Bänden. stw 601-621
– Bd. 1: Frühe Schriften. stw 601
– Bd. 2: Jenaer Schriften. stw 602
– Bd. 3: Phänomenologie des Geistes. stw 603
– Bd. 4: Nürnberger und Heidelberger Schriften. stw 604
– Bd. 5: Wissenschaft der Logik I. stw 605
– Bd. 6: Wissenschaft der Logik II. stw 606
– Bd. 7: Grundlinien der Philosophie des Rechts. stw 607
– Bd. 8: Enzyklopädie der philosophischen Wissenschaften I. stw 608
– Bd. 9: Enzyklopädie der philosophischen Wissenschaften II. stw 609
– Bd. 10: Enzyklopädie der philosophischen Wissenschaften I-II. stw 610
– Bd. 11: Berliner Schriften. stw 611
– Bd. 12: Philosophie der Geschichte. stw 612
– Bd. 13: Ästhetik I. stw 613
– Bd. 14: Ästhetik II. stw 614
– Bd. 15: Ästhetik III. stw 615
– Bd. 16: Philosophie der Religion I. stw 616
– Bd. 17: Philosophie der Religion II. stw 617
– Bd. 18: Geschichte der Philosophie I. stw 618
– Bd. 19: Geschichte der Philosophie II. stw 619
– Bd. 20: Geschichte der Philosophie III. stw 620
– Bd. 21: Registerband von H. Reinicke. stw 621
Materialien zu Hegels ›Phänomenologie des Geistes‹. stw 9
Materialien zu Hegels Rechtsphilosophie. Bd. 1/2. stw 88/89
– *siehe auch Horstmann*
– *siehe auch Jakobson/Gadamer/Holenstein*
– *siehe auch Jamme/Schneider*

201/5/8.92

201/7/8.92

suhrkamp taschenbücher wissenschaft
Philosophie

Lorenzen: Grundbegriffe technischer und politischer Kultur. stw 494
– Methodisches Denken. stw 73
Luhmann/Spaemann: Paradigm lost: Über die ethische Reflexion der Moral. stw 797
Lukács: Der junge Hegel. 2 Bde. stw 33
Mandeville: Die Bienenfabel oder Private Laster, öffentliche Vorteile. stw 300
Marquard: Schwierigkeiten mit der Geschichtsphilosophie. stw 394
McCarthy: Kritik der Verständigungsverhältnisse. stw 782
McGuinness: Wittgensteins frühe Jahre. stw 1014
McGuinness/Habermas/Apel u.a.: »Der Löwe spricht ... und wir können ihn nicht verstehen«. stw 866
McGuinness/Schulte (Hg.): Einheitswissenschaft. stw 963
Meggle (Hg.): Analytische Handlungstheorie. Bd. 1: Handlungsbeschreibungen. stw 488
– siehe auch Beckermann
Menke: Die Souveränität der Kunst. stw 958
Merleau-Ponty: Die Abenteuer der Dialektik. stw 105
Millar: Vom Ursprung des Unterschieds in den Rangordnungen und Ständen der Gesellschaft. stw 483
Mises: Kleines Lehrbuch des Positivismus. stw 871
Mittelstraß: Der Flug der Eule. stw 796
– Leonardo-Welt. stw 1042
– Die Möglichkeit der Wissenschaft. stw 62
– Wissenschaft als Lebensform. stw 376
Morris: Pragmatische Semiotik und Handlungstheorie. stw 179
Moscovici: Versuch über die menschliche Geschichte der Natur. stw 873
Münch (Hg.): Kognitionswissenschaft. stw 989
Neurath: Wissenschaftliche Weltauffassung, Sozialismus und Logischer Empirismus. stw 281
Niehues-Pröbsting: Der Kynismus des Diogenes und der Begriff des Zynismus. stw 713
Oelmüller: Die unbefriedigte Aufklärung. stw 263
Pannenberg: Wissenschaftstheorie und Theologie. stw 676
Peirce: Naturordnung und Zeichenprozeß. stw 912
– Schriften zum Pragmatismus und Pragmatizismus. stw 945
– siehe auch Apel
Peukert: Wissenschaftstheorie - Handlungstheorie - Fundamentale Theologie. stw 231
Piaget: Einführung in die genetische Erkenntnistheorie. stw 6
– Weisheit und Illusionen der Philosophie. stw 539
– siehe auch Furth
Picardi/Schulte: *siehe Davidson*

201/8/8.92

suhrkamp taschenbücher wissenschaft
Philosophie

Plessner: Die verspätete Nation. stw 66
Polanyi, M.: Implizites Wissen. stw 543
Pothast: Die eigentlich metaphysische Tätigkeit. stw 787
– Die Unzulänglichkeit der Freiheitsbeweise. stw 688
Pothast (Hg.): Freies Handeln und Determinismus. stw 257
Putnam: Vernunft, Wahrheit und Geschichte. stw 853
Quine: Grundzüge der Logik. stw 65
– Theorien und Dinge. stw 960
– Wurzeln der Referenz. stw 764
Rawls: Eine Theorie der Gerechtigkeit. stw 271
Ricœur: Die Interpretation. stw 76
Riedel: Für eine zweite Philosophie. stw 720
– Urteilskraft und Vernunft. stw 773
Riedel (Hg.): Materialien zu Hegels Rechtsphilosophie. Bd. 1/2. stw 88/89
– Hegel und die antike Dialektik. stw 907
Riegas/Vetter (Hg.): Zur Biologie der Kognition. stw 850
Ritter: Metaphysik und Politik. stw 199
Rodi: Erkenntnis des Erkannten. stw 858
– *siehe auch Dilthey*
Ropohl: Technologische Aufklärung. stw 971
Rorty: Kontingenz, Ironie und Solidarität. stw 981
– Der Spiegel der Natur. stw 686
Rusch/Schmidt (Hg.): Konstruktivismus: Geschichte und Anwendung. DELFIN 1992. stw 1040
Sandkühler (Hg.): Natur und geschichtlicher Prozeß. Studien zur Naturphilosophie F. W. J. Schellings. stw 397
Schadewaldt: Die Anfänge der Philosophie bei den Griechen. stw 218
Scheidt: Die Rezeption der Psychoanalyse in der deutschsprachigen Philosophie vor 1940. stw 589
Schelling: Ausgewählte Schriften. 6 Bde. stw 521-526
– Bd. 1: Schriften 1794-1800. stw 521
– Bd. 2: Schriften 1801-1803. stw 522
– Bd. 3: Schriften 1804-1806. stw 523
– Bd. 4: Schriften 1807-1834. stw 524
– Bd. 5: Schriften 1842-1852. 1. Teil. stw 525
– Bd. 6: Schriften 1842-1852. 2. Teil. stw 526
– Philosophie der Offenbarung. stw 181
– Philosophische Untersuchungen über das Wesen der menschlichen Freiheit. stw 138
Materialien zu Schellings philosophischen Anfängen. Hg. von M. Frank und G. Kurz. stw 139
– *siehe auch Frank*

201/9/8.92

suhrkamp taschenbücher wissenschaft
Philosophie

– *siehe auch Frank/Kurz*
– *siehe auch Sandkühler*
Schleiermacher: Hermeneutik und Kritik. stw 211
Schlick: Allgemeine Erkenntnislehre. stw 269
– Fragen der Ethik. stw 477
– Philosophische Logik. stw 598
– Die Probleme der Philosophie in ihrem Zusammenhang. stw 580
Schmidt, S. J. (Hg.): Der Diskurs des Radikalen Konstruktivismus. stw 636
– Gedächtnis. stw 900
– Kognition und Gesellschaft. Der Diskurs des Radikalen Konstruktivismus 2. stw 950
Schmidt-Biggemann: Theodizee und Tatsachen. stw 722
Schnädelbach: Philosophie in Deutschland 1831-1933. stw 401
– Vernunft und Geschichte. stw 683
– Zur Rehabilitierung des animal rationale. stw 1043
Scholtz: Zwischen Wissenschaftsanspruch und Orientierungsbedürfnis. stw 966
Schopenhauer: Sämtliche Werke in 5 Bänden. stw 661-665
– Bd. 1: Die Welt als Wille und Vorstellung I. stw 661
– Bd. 2: Die Welt als Wille und Vorstellung II. stw 662
– Bd. 3: Kleinere Schriften. stw 663
– Bd. 4: Parerga und Paralipomena I. stw 664
– Bd. 5: Parerga und Paralipomena II. stw 665
Materialien zu Schopenhauers ›Die Welt als Wille und Vorstellung‹. Hg. v. V. Spierling. stw 444
Schulte: Chor und Gesetz. stw 899
Schulte (Hg.): Texte zum Tractatus. stw 771
Schwemmer: Ethische Untersuchungen. stw 599
– Handlung und Struktur. stw 669
– Philosophie der Praxis. stw 331
– Die Philosophie und die Wissenschaften. stw 869
Searle: Ausdruck und Bedeutung. stw 349
– Geist, Hirn und Wissenschaft. stw 591
– Intentionalität. stw 956
– Sprechakte. stw 458
Serres: Der Parasit. stw 677
Siep: Praktische Philosophie im Deutschen Idealismus. stw 1035
Simmel: Aufsätze 1887-1890. Über sociale Differenzierung (1890). Die Probleme der Geschichtsphilosophie (1892). stw 802
– Einleitung in die Moralwissenschaft I. stw 803
– Einleitung in die Moralwissenschaft II. stw 804
– Aufsätze und Abhandlungen 1894-1900. stw 805
– Philosophie des Geldes. stw 806

201/10/8.92

suhrkamp taschenbücher wissenschaft
Philosophie

- Aufsätze und Abhandlungen 1901-1908. Band II. stw 808
- Das individuelle Gesetz. stw 660
- *siehe auch Frisby*

Skirbekk (Hg.): Wahrheitstheorien. stw 210

Sommer: Lebenswelt und Zeitbewußtsein. stw 851
- Identität im Übergang: Kant. stw 751

Sorel: Über die Gewalt. stw 360

Spierling: *siehe Schopenhauer*

Spinner: Pluralismus als Erkenntnismodell. stw 32

Strauss: Naturrecht und Geschichte. stw 216

Taylor: Hegel. stw 416
- Negative Freiheit. stw 1027

Theorie der Subjektivität. Hg. v. K. Cramer, H. F. Fulda, R.-P. Horstmann, U. Pothast. stw 862

Theunissen: Negative Theologie der Zeit. stw 938
- Sein und Schein. stw 314
- *siehe auch Angehrn*

Theunissen/Greve (Hg.): Materialien zur Philosophie Sören Kierkegaards. stw 241

Tiedemann: Dialektik im Stillstand. stw 445

Toulmin: Kritik der kollektiven Vernunft. stw 437
- Voraussicht und Verstehen. stw 358

Tugendhat: Philosophische Aufsätze. stw 1017
- Selbstbewußtsein und Selbstbestimmung. stw 221
- Vorlesungen zur Einführung in die sprachanalytische Philosophie. stw 45

Turgot: Über die Fortschritte des menschlichen Geistes. stw 657

Varela: Kognitionswissenschaft - Kognitionstechnik. stw 882

Vranicki: Geschichte des Marxismus. stw 406

Wahl (Hg.): Einführung in den Strukturalismus. stw 10

Waldenfels: In den Netzen der Lebenswelt. stw 545
- Phänomenologie in Frankreich. stw 644
- Der Spielraum des Verhaltens. stw 311
- Der Stachel des Fremden. stw 868

Waldenfels/Broekman/Pažanin (Hg.): Phänomenologie und Marxismus. Bd. 1. stw 195
- Phänomenologie und Marxismus. Bd. 2. stw 196
- Phänomenologie und Marxismus. Bd. 3. stw 232
- Phänomenologie und Marxismus. Bd. 4. stw 273

Wellmer: Ethik und Dialog. stw 578
- Zur Dialektik von Moderne und Postmoderne. stw 532

Whitehead: Prozeß und Realität. stw 690
- Wie entsteht Religion? stw 847
- Wissenschaft und moderne Welt. stw 753

Whitehead/Russell: Principia Mathematica. stw 593
- *siehe auch Holzhey/Rust/Wiehl*

201/11/8.92

201/12/8.92